中國國家圖書館編

國家圖書館藏敦煌遺書

第四十九冊　北敦〇三五二九號——北敦〇三六〇〇號

北京圖書館出版社

圖書在版編目(CIP)數據

國家圖書館藏敦煌遺書·第四十九册/中國國家圖書館編;任繼愈主編.—北京:北京圖書館出版社,2007.1

ISBN 978-7-5013-2991-5

Ⅰ.國… Ⅱ.①中…②任… Ⅲ.敦煌學—文獻 Ⅳ.K870.6

中國版本圖書館 CIP 數據核字(2006)第 149706 號

ISBN 978-7-5013-2991-5

9 787501 329915 >

書　　名　國家圖書館藏敦煌遺書·第四十九册
著　　者　中國國家圖書館編　任繼愈主編
責任編輯　徐　蜀　孫　彦
封面設計　李　璀

出　　版　北京圖書館出版社　(100034　北京西城區文津街 7 號)
發　　行　010-66139745　66151313　66175620　66126153
　　　　　66174391(傳真)　66126156(門市部)
E-mail　cbs@nlc.gov.cn(投稿)　btsfxb@nlc.gov.cn(郵購)
Website　www.nlcpress.com
經　　銷　新華書店
印　　刷　北京文津閣印務有限責任公司

開　　本　八開
印　　張　58.5
版　　次　2007 年 2 月第 1 版第 1 次印刷
印　　數　1-250 册(套)

書　　號　ISBN 978-7-5013-2991-5/K·1274
定　　價　990.00 圓

目錄

十小劫
半日尒時四衆亦
薩遍滿无量百千万
薩衆中有四導師一名上
无邊行三名淨行四名安立行是四
薩於其衆中最為上首唱導之師在大
衆前各共合掌觀釋迦牟尼佛而問訊言世
尊少病少惱安樂行不所應度者受教易不
不令世尊生疲勞耶尒時四大菩薩而說偈言
世尊安樂 少病少惱 教化衆生 得无疲惓
又諸衆生 受化易不 不令世尊 生疲勞耶
尒時世尊於菩薩大衆中而作是言如是如
是諸善男子如來安樂少病少惱諸衆生等
易可化度无有疲勞所以者何是諸衆生世
世已來常受我化亦於過去諸佛供養尊重
種諸善根此諸衆生始見我身聞我所說即
皆信受入如來慧除先脩習學小乘者如是
之人我今亦令得聞是經入於佛慧尒時諸
大菩薩而說偈言
善哉善哉 大雄世尊 諸衆生等 易可化度

BD03529號　妙法蓮華經卷五　（12–1）

種諸善根此諸衆生始見我身聞我所說即
皆信受入如來慧除先脩習學小乘者如是
之人我今亦令得聞是經入於佛慧尒時諸
大菩薩而說偈言
善哉善哉 大雄世尊 諸衆生等 易可化度
能問諸佛 甚深智慧 聞已信行 我等隨喜
於時世尊讚歎上首諸大菩薩善哉善哉善
男子汝等能於如來發隨喜心尒時弥勒菩
薩及八千恒河沙諸菩薩衆皆作是念我等
從昔已來不見不聞如是大菩薩摩訶薩衆
從地踊出住世尊前合掌供養問訊如來時
弥勒菩薩摩訶薩知八千恒河沙諸菩薩等
心之所念并欲自決所疑合掌向佛以偈問曰
无量千万億 大衆諸菩薩 昔所未曾有 願兩足尊說
是從何所來 以何因緣集 巨身大神通 智慧叵思議
其志念堅固 有大忍辱力 衆生所樂見 為從何所來
一一諸菩薩 所將諸眷屬 其數无有量 如恒河沙等
或有大菩薩 將六万恒河 如是諸大衆 一心求佛道
是諸大師等 六万恒河沙 俱來供養佛 及護持此經
將五万恒沙 其數過於是 四万及三万 二万至一万
一千一百等 乃至一恒沙 半及三四分 億万分之一
千万那由他 万億諸弟子 乃至於半億 其數復過上
百万至一万 一千及一百 五十與一十 乃至三二一
單己无眷屬 樂於獨處者 俱來至佛所 其數轉過上
如是諸大衆 若人行籌數 過於恒沙劫 猶不能盡知
是諸大威德 精進菩薩衆 誰為其說法 教化而成就

BD03529號　妙法蓮華經卷五　（12–2）

單己无眷屬　樂於獨處者　俱來至佛所　其數轉過上
如是諸大衆　若人行籌數　過於恒沙劫　猶不能盡知
是諸大威德　精進菩薩衆　誰爲其說法　教化而成就
從誰初發心　稱揚何佛法　受持行誰經　脩習何佛道
如是諸菩薩　神通大智力　四方地震裂　皆從中踊出
世尊我昔來　未曾見是事　願說其所從　國土之名號
我常遊諸國　未曾見是衆　我於此衆中　乃不識一人
忽然從地出　願說其因緣　今此之大會　无量百千億
是諸菩薩等　皆欲知此事　是諸菩薩衆　本末之因緣
无量德世尊　唯願決衆疑
尒時釋迦牟尼佛分身諸佛從无量千万億
他方國土來者在於八方諸寶樹下師子座上
結加趺坐其佛侍者各各見是菩薩大衆
於三千大千世界四方從地踊出住於虛空
各白其佛言世尊此諸无量无邊阿僧祇菩
薩大衆從何所來尒時諸佛各告侍者諸
善男子且待須臾有菩薩摩訶薩名曰弥勒
釋迦牟尼佛之所授記次後作佛已問斯事佛
今荅之汝等自當因是得聞尒時釋迦牟尼
佛告弥勒菩薩善哉善哉阿逸多乃能問佛如
是大事汝當共一心被精進鎧發堅固意如
來今欲顯發宣示諸佛智慧諸佛自在神通
之力諸佛師子奮迅之力諸佛威猛大勢之力尒
時世尊欲重宣此義而說偈言
當精進一心　我欲說此事　勿得有疑悔　佛智叵思議
汝今出信力　住於忍善中　昔所未聞法　今皆當得聞

時世尊欲重宣此義而說偈言
當精進一心　我欲說此事　勿得有疑悔　佛智叵思議
汝今出信力　住於忍善中　昔所未聞法　今皆當得聞
我今安慰汝　勿得懷疑懼　佛无不實語　智慧不可量
所得第一法　甚深叵分別　如是今當說　汝等一心聽
尒時世尊說此偈已告弥勒菩薩我今於此
大衆宣告汝等阿逸多是諸大菩薩摩訶薩
无量无數阿僧祇從地踊出汝等昔所未見者
我於是娑婆世界得阿耨多羅三藐三菩提
已教化示導是諸菩薩調伏其心令發道意
此諸菩薩皆於是娑婆世界之下此界虛空
中住於諸經典讀誦通利思惟分別正憶
念阿逸多是諸善男子等不樂在衆多有
所說常樂靜處勤行精進未曾休息亦不依
止人天而住常樂深智无有障礙亦常樂於
諸佛之法一心精進求无上慧尒時世尊欲
重宣此義而說偈言
阿逸汝當知　是諸大菩薩　從无數劫來　脩習佛智慧
悉是我所化　令發大道心　此等是我子　依止是世界
常行頭陀事　志樂於靜處　捨大衆憒閙　不樂多所說
如是諸子等　學習我道法　晝夜常精進　爲求佛道故
在娑婆世界　下方空中住　志念力堅固　常勤求智慧
說種種妙法　其心无所畏　我於伽耶城　菩提樹下坐
得成最正覺　轉无上法輪　尒乃教化之　令初發道心
今皆住不退　悉當得成佛　我今說實語　汝等一心信
我從久遠來　教化是等衆

説種種妙法　其心无所畏　我於伽耶城　菩提樹下坐
得成最正覺　轉无上法輪　尒乃教化之　令初發道心
今皆住不退　悉當得成佛　我今説實語　汝等一心信
我從久遠來　教化是等衆
尒時弥勒菩薩摩訶薩及无數諸菩薩等心
生疑惑恠未曾有而作是念云何世尊於少
時間教化如是无量无邊阿僧祇諸大菩薩
令住阿耨多羅三藐三菩提即白佛言世尊
如來為太子時出於釋宮去伽耶城不遠坐
於道場得成阿耨多羅三藐三菩提從是已
來始過四十餘年世尊云何於此少時大作佛
事以佛勢力以佛功德教化如是无量大菩
薩衆當成阿耨多羅三藐三菩提世尊此
大菩薩衆假使有人於千万億劫數不能盡
不得其邊斯等久遠已來於无量无邊諸佛
所植諸善根成就菩薩道常脩梵行世尊如
此之事世所難信譬如有人色美髮黑年二
十五指百歲人言是我子其百歲人亦指年
少言是我父生育我等是事難信佛亦如是
得道已來其實未久而此大衆諸菩薩等已
於无量千万億劫為佛道故勤行精進善
入出住无量百千万億三昧得大神通久脩
梵行善能次第習諸善法巧於問荅人中之
寶一切世間甚為希有今日世尊方云得佛
道時初令發心教化示導令向阿耨多羅三藐
三菩提世尊得佛未久乃能作此大功德事

BD03529號　妙法蓮華經卷五　（12–5）

寶一切世間甚為希有今日世尊方云得佛
道時初令發心教化示導令向阿耨多羅三藐
三菩提世尊得佛未久乃能作此大功德事
我等雖復信佛隨宜所説佛所出言未曾虚
妄佛所知者皆悉通達然諸新發意菩薩於
佛滅後若聞是語或不信受而起破法罪業
因緣唯然世尊願為解説除我等疑及未來
世諸善男子聞此事已亦不生疑尒時弥勒
菩薩欲重宣此義而説偈言
佛昔從釋種　出家近伽耶　坐於菩提樹　尒來尚未久
此諸佛子等　其數不可量　久已行佛道　住神通智力
善學菩薩道　不染世間法　如蓮華在水　從地而踊出
皆起恭敬心　住於世尊前　是事難思議　云何而可信
佛得道甚近　所成就甚多　願為除衆疑　如實分別説
譬如少壯人　年始二十五　示人百歲子　髮白而面皺
是等我所生　子亦説是父　父少而子老　舉世所不信
世尊亦如是　得道來甚近　是諸菩薩等　志固无怯弱
從无量劫來　而行菩薩道　巧於難問荅　其心无所畏
忍辱心決定　端正有威德　十方佛所讚　善能分別説
不樂在人衆　常好在禪定　為求佛道故　於下空中住
我等從佛聞　於此事无疑　願佛為未來　演説令開解
若有於此經　生疑不信者　即當墮惡道　願今為解説
是无量菩薩　云何於少時　教化令發心　而住不退地
妙法蓮華經如來壽量品第十六
尒時佛告諸菩薩及一切大衆諸善男子汝
等當信解如來誠諦之語復告大衆汝等當

BD03529號　妙法蓮華經卷五　（12–6）

是无量菩薩　云何於少時　教化令發心　而住不退地
妙法蓮華經如來壽量品第十六
尒時佛告諸菩薩及一切大衆諸善男子汝
等當信解如來誠諦之語復告大衆汝等當
信解如來誠諦之語又復告諸大衆汝等當
信解如來誠諦之語是時菩薩大衆弥勒為
首合掌白佛言世尊唯願說之我等當信受佛
語如是三白已復言唯願說之我等當信受佛
語尒時世尊知諸菩薩三請不止而告之言汝
等諦聽如來秘密神通之力一切世間天人
及阿脩羅皆謂今釋迦牟尼佛出釋氏宮
去伽耶城不遠坐於道場得阿耨多羅三藐
三菩提然善男子我實成佛已來无量无邊
百千万億那由他辟如五百千万億那由他
阿僧祇三千大千世界假使有人抹為微塵
過於東方五百千万億那由他阿僧祇國
乃下一塵如是東行盡是微塵諸善男子
於意云何是諸世界可得思惟挍計知其
數不弥勒菩薩俱白佛言世尊是諸世界
无量无數非筭數所知亦非心力所及一切
聲聞辟支佛以无漏智不能思惟知其限
數我等住阿惟越致地於是事中亦所不達
世尊如是諸世界无量无邊尒時佛告大菩
薩衆諸善男子今當分明宣語汝等是諸世
界若著微塵及不著者盡以為塵一塵一劫

BD03529號　妙法蓮華經卷五　（12–7）

數我等住阿惟越致地於是事中亦所不達
世尊如是諸世界无量无邊尒時佛告大菩
薩衆諸善男子今當分明宣語汝等是諸世
界若著微塵及不著者盡以為塵一塵一劫
我成佛已來復過於此百千万億那由他阿僧
祇劫自從是來我常在此娑婆世界說法教化
亦於餘處百千万億那由他阿僧祇國導利
衆生諸善男子於是中間我說然燈佛等又
復言其入於涅槃如是皆以方便分別諸善
男子若有衆生來至我所我以佛眼觀其
信等諸根利鈍隨所應度處處自說名字不
同年紀大小亦復現言當入涅槃又以種種方
便說微妙法能令衆生發歡喜心諸善男子如
來見諸衆生樂於小法德薄垢重者為是人
說我少出家得阿耨多羅三藐三菩提然我
實成佛已來久遠若斯但以方便教化衆生
令入佛道作如是說諸善男子如來所演經
典皆為度脫衆生或說己身或說他身或
示己身或示他身或示己事或示他事諸所
言說皆實不虛所以者何如來如實知見三
界之相无有生死若退若出亦无在世及滅
度者非實非虛非如非異不如三界見於三界
如斯之事如來明見无有錯謬以諸衆生有
種種性種種欲種種行種種憶想分別故欲
令生諸善根以若干因緣譬喻言辭種種
說法所作佛事未曾暫廢如是我成佛已

BD03529號　妙法蓮華經卷五　（12–8）

度者非實非虛非如非異不如三界見於三界
如斯之事如來明見无有錯謬以諸衆生有
種種性種種欲種種行種種憶想分別故欲
令生諸善根以若干因緣譬喻言辭種種
說法所作佛事未曾暫廢如是我成佛已
來甚大久遠壽命无量阿僧祇劫常住不滅
諸善男子我本行菩薩道所成壽命今猶
未盡復倍上數然今非實滅度而便唱言
當取滅度如來以是方便教化衆生所以者
何若佛久住於世薄德之人不種善根貧窮
下賤貪著五欲入於憶想妄見網中若見如
來常在不滅便起憍恣而懷猒怠不能生難
遭想恭敬之心是故如來以方便說比丘當知
諸佛出世難可值遇所以者何諸薄德人過
无量百千万億劫或有見佛或不見者以
此事故我作是言諸比丘如來難可得見斯
衆生等聞如是語必當生於難遭之想心懷
戀慕渴仰於佛便種善根是故如來雖不
實滅而言滅度又善男子諸佛如來法皆
如是為度衆生皆實不虛譬如良醫智慧
聰達明練方藥善治衆病其人多諸子息
若十二十乃至百數以有事緣遠至餘國
諸子於後飲他毒藥藥發悶亂宛轉于地
是時其父還來歸家諸子飲毒或失本心
或不失者遙見其父皆大歡喜拜跪問訊善
安隱歸我等愚癡誤服毒藥願見救療更賜

若十二十乃至百數以有事緣遠至餘國
諸子於後飲他毒藥藥發悶亂宛轉于地
是時其父還來歸家諸子飲毒或失本心
或不失者遙見其父皆大歡喜拜跪問訊善
安隱歸我等愚癡誤服毒藥願見救療更賜
壽命父見子等苦惱如是依諸經方求好藥草
色香美味皆悉具足擣篩和合與子令服而
作是言此大良藥色香美味皆悉具足汝等
可服速除苦惱无復衆患其諸子中不失
心者見此良藥色香俱好即便服之病盡
除愈餘失心者見其父來雖亦歡喜問訊
求索治病然與其藥而不肯服所以者何
毒氣深入失本心故於此好色香藥而謂不
美父作是念此子可愍為毒所中心皆顛倒
雖見我喜求索救療如是好藥而不肯服
我今當設方便令服此藥即作是言汝等
當知我今衰老死時已至是好良藥今留
在此汝可取服勿憂不差作是教已復至
他國遣使還告汝父已死是時諸子聞父
背喪心大憂惱而作是念若父在者慈愍
我等能見救護今者捨我遠喪他國自惟
孤露无復恃怙常懷悲感心遂醒悟乃知
此藥色味香美即取服之毒病皆愈其父聞
子悉已得差尋便來歸咸使見之諸善男子
於意云何頗有人能說此良醫虛妄罪不不
也世尊佛言我亦如是成佛已來无量无邊
[illegible]

此藥色味香美即取服之毒病皆愈其父聞
子悉已得差尋便來歸咸使見之諸善男子
於意云何頗有人能說此良醫虛妄罪不不
也世尊佛言我亦如是成佛已來无量无邊
百千万億那由他阿僧祇劫為衆生故以方
便力言當滅度亦无有能如法說我虛妄
過者尒時世尊欲重宣此義而說偈言
自我得佛來　所經諸劫數　无量百千万　億載阿僧祇
常說法教化　无數億衆生　令入於佛道　尒來无量劫
為度衆生故　方便現涅槃　而實不滅度　常住此說法
我常住於此　以諸神通力　令顛倒衆生　雖近而不見
衆見我滅度　廣供養舍利　咸皆懷戀慕　而生渴仰心
衆生既信伏　質直意柔軟　一心欲見佛　不自惜身命
時我及衆僧　俱出靈鷲山　我時語衆生　常在此不滅
以方便力故　現有滅不滅　餘國有衆生　恭敬信樂者
我復於彼中　為說无上法　汝等不聞此　但謂我滅度
我見諸衆生　沒在於苦惱　故不為現身　令其生渴仰
因其心戀慕　乃出為說法　神通力如是　於阿僧祇劫
常在靈鷲山　及餘諸住處　衆生見劫盡　大火所燒時
我此土安隱　天人常充滿　園林諸堂閣　種種寶莊嚴
寶樹多華菓　衆生所遊樂　諸天擊天鼓　常作衆伎樂
雨曼陀羅華　散佛及大衆　我淨土不毀　而衆見燒盡
憂怖諸苦惱　如是悉充滿　是諸罪衆生　以惡業因緣
過阿僧祇劫　不聞三寶名　諸有脩功德　柔和質直者
則皆見我身　在此而說法　或時為此衆　說佛壽无量
久乃見佛者　為說佛難值　我智力如是　慧光照无量

BD03529號　妙法蓮華經卷五　（12–11）

時我及衆僧　俱出靈鷲山　我時語衆生　常在此不滅
以方便力故　現有滅不滅　餘國有衆生　恭敬信樂者
我復於彼中　為說无上法　汝等不聞此　但謂我滅度
我見諸衆生　沒在於苦惱　故不為現身　令其生渴仰
因其心戀慕　乃出為說法　神通力如是　於阿僧祇劫
常在靈鷲山　及餘諸住處　衆生見劫盡　大火所燒時
我此土安隱　天人常充滿　園林諸堂閣　種種寶莊嚴
寶樹多華菓　衆生所遊樂　諸天擊天鼓　常作衆伎樂
雨曼陀羅華　散佛及大衆　我淨土不毀　而衆見燒盡
憂怖諸苦惱　如是悉充滿　是諸罪衆生　以惡業因緣
過阿僧祇劫　不聞三寶名　諸有脩功德　柔和質直者
則皆見我身　在此而說法　或時為此衆　說佛壽无量
久乃見佛者　為說佛難值　我智力如是　慧光照无量
壽命无數劫　久脩業所得　汝等有智者　勿於此生疑
當斷令永盡　佛語實不虛　如醫善方便　為治狂子故
實在而永死　无能說虛妄　我亦為世父　救諸苦患者
為凡夫顛倒　實在而言滅　以常見我故　而生憍恣心
放逸著五欲　墮於惡道中　我常知衆生　行道不行道
隨應所可度　為說種種法　每自作是意　以何令衆生
得入无上道　速成就佛身

BD03529號　妙法蓮華經卷五　（12–12）

BD03529 號背　藏文陀羅尼經　　　　　　　　　　　　　　　　　　　　　　（5–1）

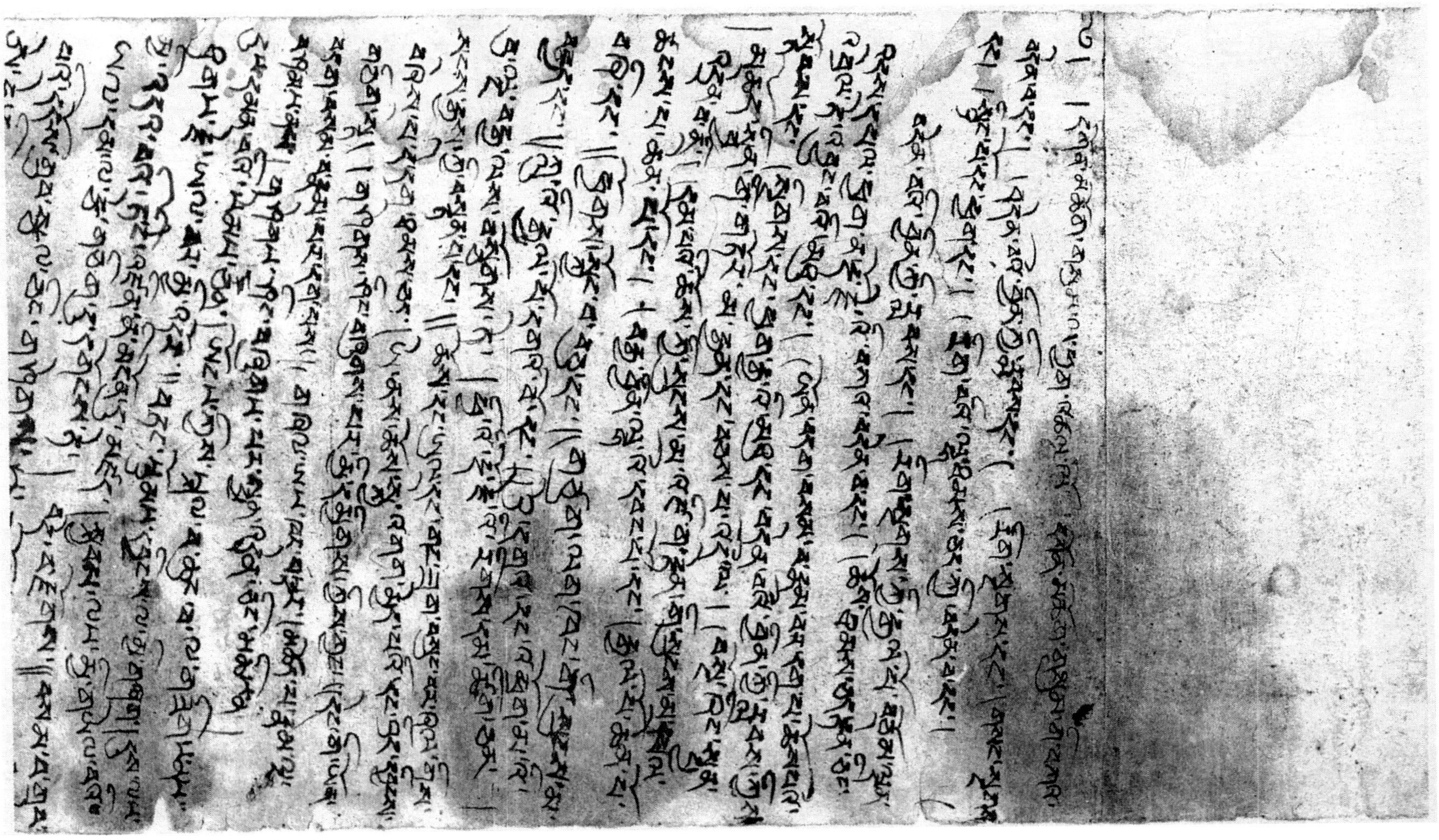

BD03529 號背　藏文陀羅尼經　　　　　　　　　　　　　　　　　　　　　　（5–2）

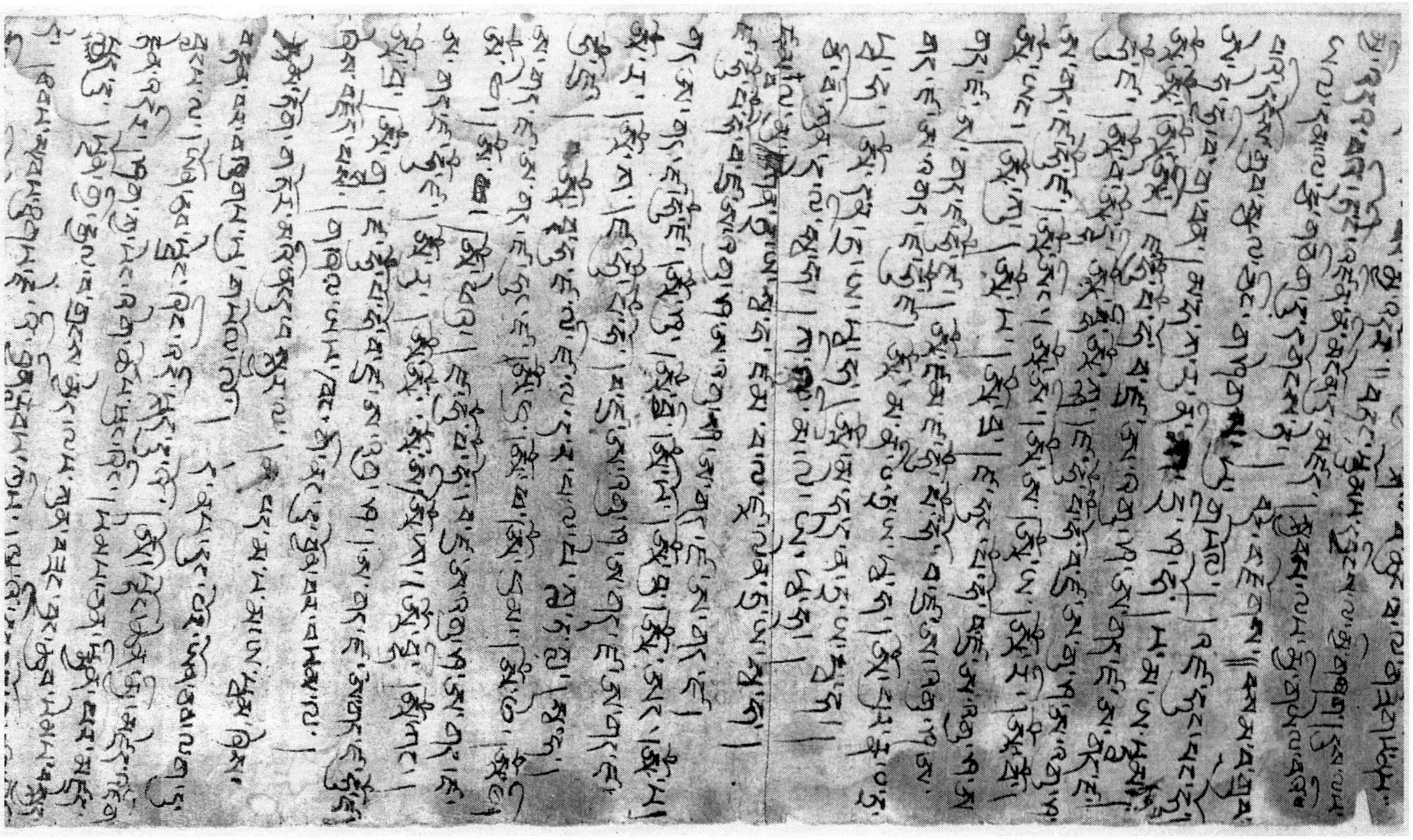

BD03529 號背　藏文陀羅尼經　　（5–3）

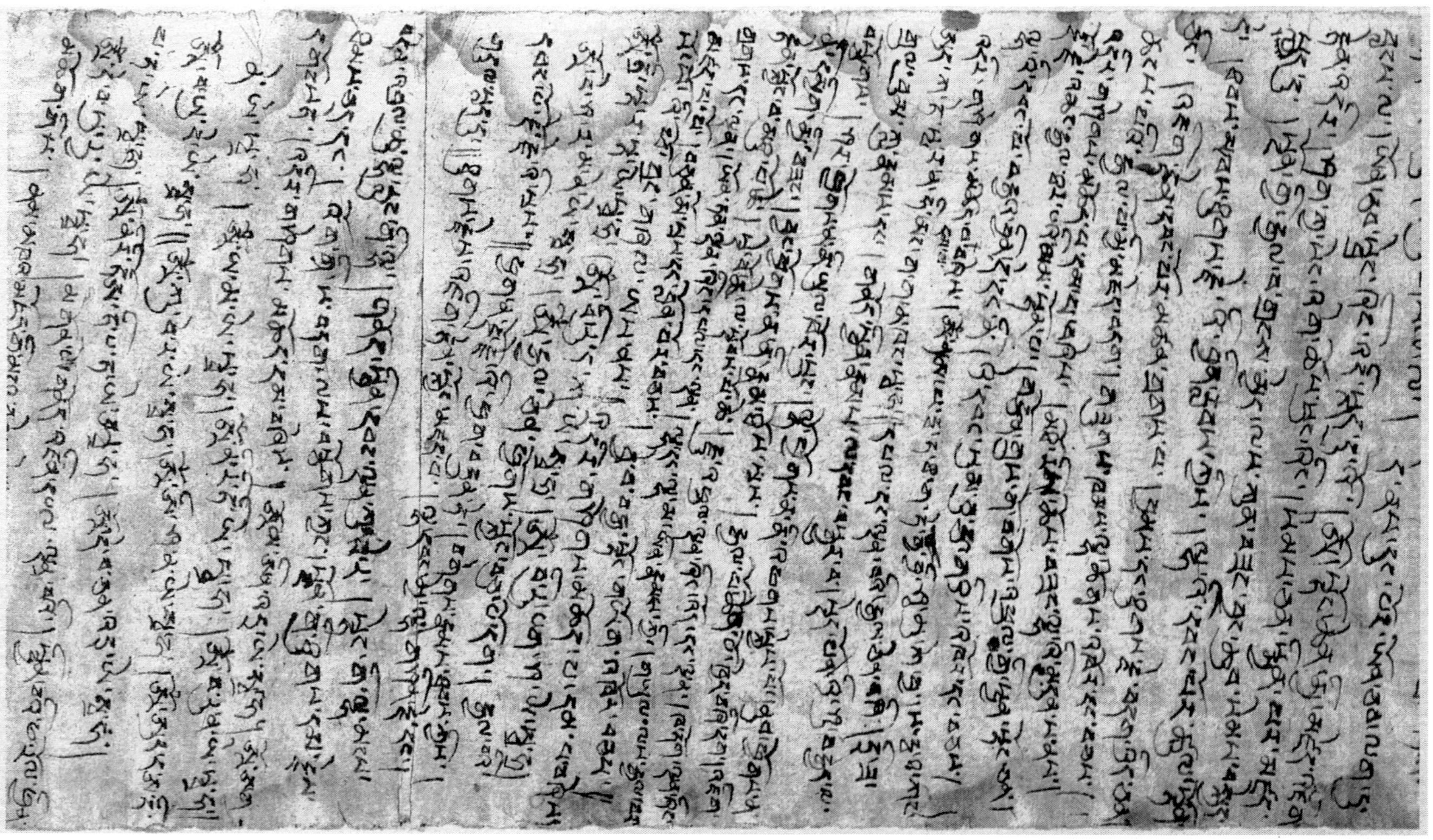

BD03529 號背　藏文陀羅尼經　　（5–4）

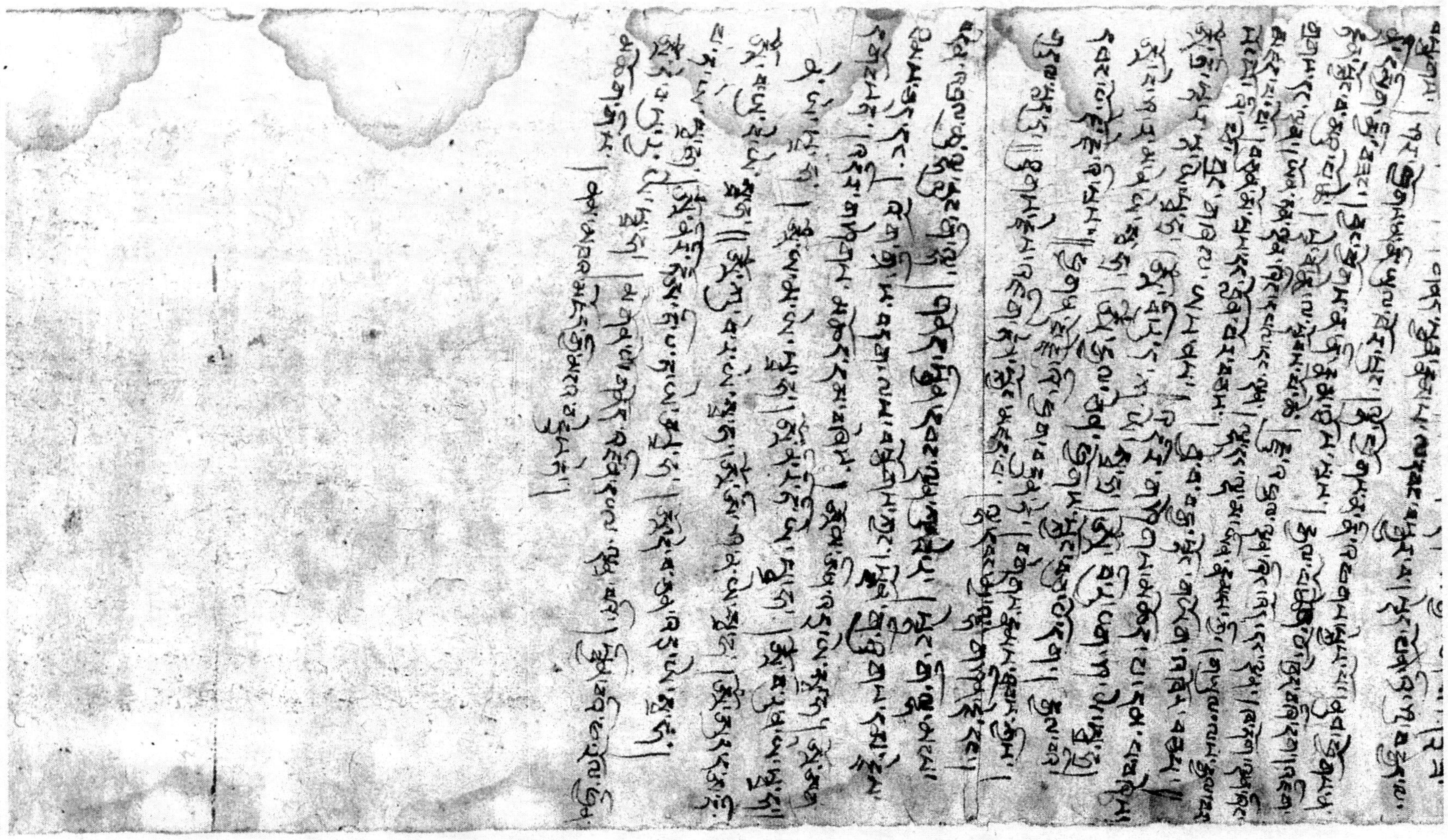

BD03529 號背　藏文陀羅尼經　（5–5）

乘四法經論及廣釋開決記
將釋此經先以五門料簡然後解釋經文云何為五一明造論所以二立所宗
三辯歸乘四顯歸分五辯歸藏初言明造論所以者問何故世親菩薩而
造其論釋此經耶答為饒益他故謂彼菩薩作是思惟云何當令諸
有情類於佛聖教无倒受持精進思惟籌量觀察由此无量煩惱
惡行不現在前便得悟入甚深法性故造斯論譬如人有為饒益他
故於黑闇處然大明燈令有目者見種種色菩薩亦尒為饒益他於佛
滅後制造此論令有智者入深法性又如諸佛為饒益他開示演說十二分
教所以者何諸有情類雖有目力若无緣力而覺發者終不能循勝
進之行要遇緣力乃能修行譬如地雖有種種鉢羅等衆妙蓮花若日月
光不照觸者則不開發出種種香要日月光之所照觸乃得隨類開
發出香又如闇中有種種物若无燈照終不可見要假燈照乃得見之
有情亦尒雖有目力若无緣力廣說如前如有頌言
譬如闇室中 雖有種種物 无燈闇所隱 有目不能見 如是雖有智
不從他聞法 是人終不能 分別善惡義 譬如有智者 因燈見種色
有智依多聞 能別善惡義 多聞能知法 多聞離不善 多聞捨无義
多聞得涅槃 又如經說有二因緣能生正見一外聞他法音二內如理作意又契經
說有四法人多有所作一親近善友二從他聞法三如理作意四法隨法行故如諸
佛饒益他說十二分教如是菩薩為饒益他制造此論復次為破无明闇故如燈
破闇能發光明阿毗達磨亦復如是破无明闇發智慧明故彼菩薩制造此論復
次為顯无我像故譬如鏡面極善磨瑩種種色像皆於中現阿毗磨達亦復
如是分別諸法自相共相令无我像分明現顯故彼菩薩制造此論復次為度生死
河故如牢舩筏百千衆人无畏從河此岸度至彼岸阿毗達磨亦復如是无數諸
佛及諸有情依之无畏從生死岸至涅槃彼岸故彼菩薩制造此論復次為顯阿
毗達磨諸大論師不傾動故如妙高山踞金輪上劫猛風搖鼓飃轉不能傾動
阿毗達磨諸大論師亦復如是住淨尸羅諸惡見者輕毀耶論不能摧伏故彼菩
薩制造此論 二言立所宗者世間宗見總有其二一外二內彼外宗見雖有
衆多不出二種謂斷及常廣說如論內宗見者大師在世同一師學无有異部

BD03530號　大乘四法經論及廣釋開決記　（3–1）

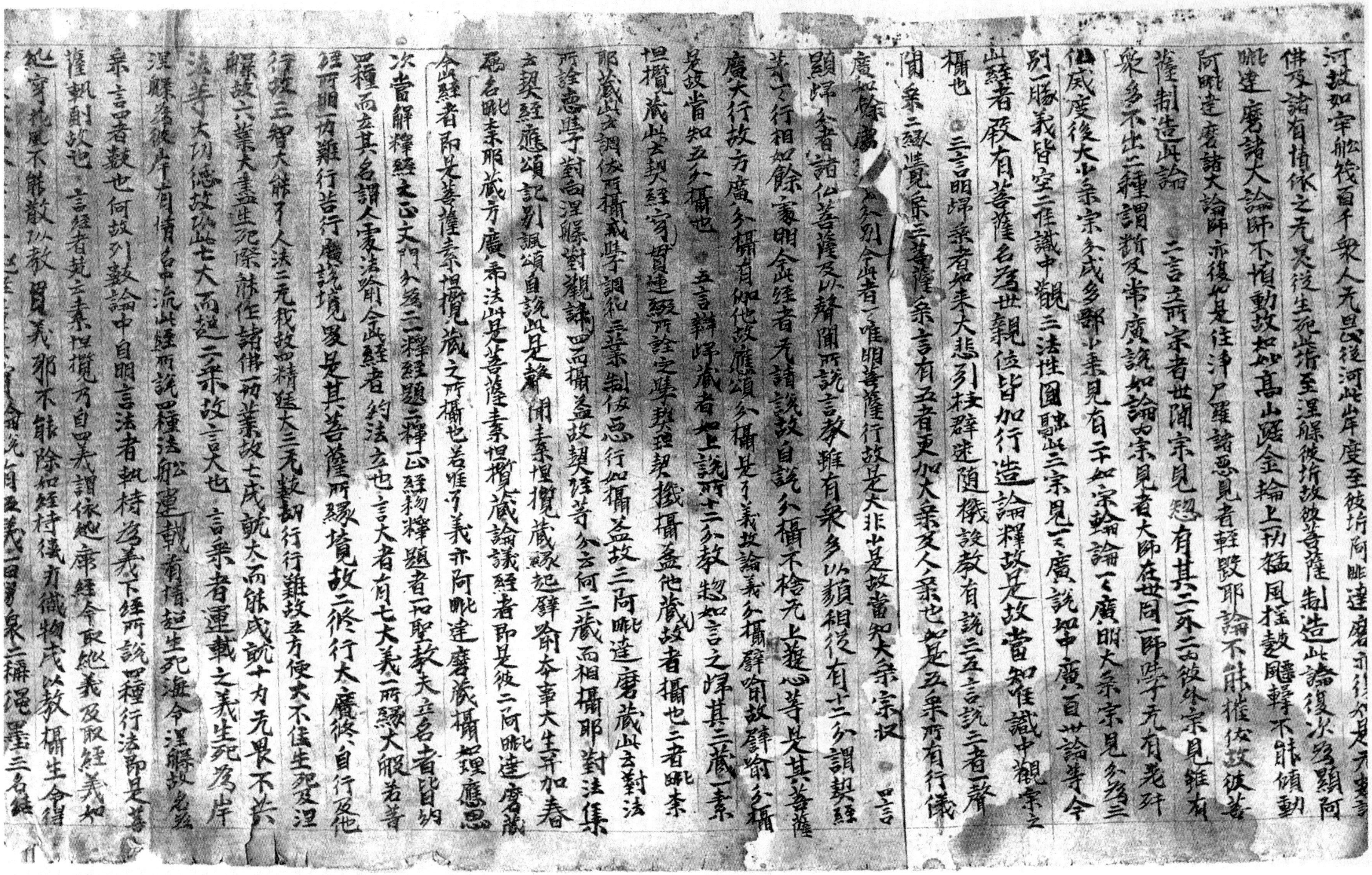

BD03530 號　大乘四法經論及廣釋開決記　　（3–2）

[illegible]
所詮慧學對治涅槃對觀諦四而攝盡故契經等分云何三藏而相攝耶對法集
云契經應頌記別諷頌自說此是聲聞素怛纜藏緣起譬喻本事本生并加眷
屬名毗柰耶藏方廣希法此是菩薩素怛纜藏論議經者即是彼二阿毗達磨藏
今此經者即是菩薩素怛纜藏之所攝也若唯了義亦阿毗達磨藏攝如理應思
次當解釋經之正文門分為三一釋經題二釋正經初釋題者一切聖教夫立名者皆約
四種而立其名謂人處法喻今此經者約法立也言大者有七大義一所緣大般若等
經所明一切難行苦行所說境界是其菩薩所緣境故二修行大廣修自行及他
行故三智大能了人法二無我故四精進大三無數劫行行難故五方便大不住生死及涅
槃故六業大盡生死際能作諸佛所有事業故七成就大而能成就十力無畏不共
法等大功德故由此七大而超二乘故言大也。言乘者運載之義生死為岸
涅槃為彼岸有情為中流此經所說四種法船運載有情超生死海令涅槃故名為
乘言四者數也何故列數論中自明言法者執持為義下經所說四種行法即是菩
薩軌則故也。言經者梵云素怛纜有四義謂依經序經今取經義及取經義如
經穿花風不能散以教貫義邪不能除如經持纓有識物成以教攝生令得
聖果故以教法自手然經者具實論說有五義一曰涌泉二稱繩墨三名結
鬘四謂出生五呈顯示若唯此方經者常也法者逕也古今不易故措定正
耶故津通物理故莊嚴經論云示處及於相法義名為經 釋題竟 第二
言釋經正文者大門分三一物從如是我聞至願不身命行此四法此則是其教
起因緣說經由致名為序分次從云何為四至降伏眾魔成等覺聖教所說[illegible]
談經體名正宗分後從爾時薄伽梵說是經已至信受奉行歡喜[illegible]名傳
流通分且初序分文中復為二一證信序亦云通序此同經文諸經共有故名通
序亦發起序亦名別序爾時薄伽梵已下當經別緣名為別序言證信
者世親造論智威撰釋但明別序已下不釋證信今略明之三門分別一起之因
中云說之所以三正釋其文言起之因由者佛化緣畢將歸涅槃迦葉菩薩等啓
問佛言如來在世以佛為師世尊滅後以何為師如來在世依佛而住世尊滅後

BD03530號　大乘四法經論及廣釋開決記　（3–3）

泣而白佛言希有世尊佛說如是甚深
我從昔來所得慧眼未曾得聞如是之
世尊若復有人得聞是經信心清淨則
相當知是人成就冣上第一希有功德世
是實相者則是非相是故如來說名實
世尊我今得聞如是經典信解受持
為難若當來世後五百歲其有眾生得
是經信解受持是人則為第一希有何
此人无我相人相眾生相壽者相所以者
相即是非相人相眾生相壽者相即是
何以故離一切諸相則名諸佛
佛告須菩提如是如是若復有人得聞
經不驚不怖不畏當知是人甚為希
故須菩提如來說第一波羅蜜非第
蜜是名第一波羅蜜須菩提忍辱波羅
如來說非忍辱波羅蜜何以故須菩提如我
昔為歌利王割截身體我於尒時无我相
无人相无眾生相无壽者相何以故我於往

BD03531 號　金剛般若波羅蜜經　（7–1）

故須菩提如來說第一波羅蜜非第
蜜是名第一波羅蜜須菩提忍辱波羅
如來說非忍辱波羅蜜何以故須菩提如我
昔為歌利王割截身體我於尒時无我相
无人相无眾生相无壽者相何以故我於往
昔節節支解時若有我相人相眾生相壽
者相應生瞋恨
須菩提又念過去於五百世作忍辱仙人於
尒所世无我相无人相无眾生相无壽者相
是故須菩提菩薩應離一切相發阿耨多羅三
藐三菩提心不應住色生心不應住聲香味
觸法生心應生无所住心若心有住則為非
住是故佛說菩薩心不應住色布施須菩提
菩薩為利益一切眾生應如是布施如來說
一切諸相即是非相又說一切眾生則非眾生
須菩提如來是真語者實語者如語者不
誑語者不異語者須菩提如來所得法此
法无實无虛須菩提若菩薩心住於法而行
布施如人入闇則无所見若菩薩心不住法
而行布施如人有目日光明照見種種色須
菩提當來之世若有善男子善女人能於此
經受持讀誦則為如來以佛智慧悉知是人
悉見是人皆得成就无量无邊功德
須菩提若有善男子善女人初日分以恒河
沙等身布施中日分復以恒河沙等身布施

BD03531 號　金剛般若波羅蜜經　（7–2）

經受持讀誦則為如來以佛智慧悉知是人
悉見是人皆得成就无量无邊功德
須菩提若有善男子善女人初日分以恒河
沙等身布施中日分復以恒河沙等身布施
後日分亦以恒河沙等身布施如是无量百千
万億劫以身布施若復有人聞此經典信心
不逆其福勝彼何況書寫受持讀誦為人
解說須菩提以要言之是經有不可思議不
可稱量無邊功德如來為發大乘者說為發
最上乘者說若有人能受持讀誦廣為人說
如來悉知是人悉見是皆得成就不可量不可
稱无有邊不可思議功德如是人等則為荷擔
如來阿耨多羅三藐三菩提何以故須菩提
若樂小法者着我見人見衆生見壽者見則於
此經不能聽受讀誦為人解說須菩提在在
處處若有此經一切世間天人阿脩羅所應
供養當知此處則為是塔皆應恭敬作礼圍
遶以諸華香而散其處
復次須菩提若善男子善女人受持讀誦此
經若為人輕賤是人先世罪業應墮惡道以
今世人輕賤故先世罪業則為消滅當得阿
耨多羅三藐三菩提
須菩提我念過去无量阿僧祇劫於然燈佛
前得值八百四千万億那由他諸佛悉皆供

BD03531 號　金剛般若波羅蜜經　　（7–3）

今世人輕賤故先世罪業則為消滅當得阿
耨多羅三藐三菩提
須菩提我念過去无量阿僧祇劫於然燈佛
前得值八百四千万億那由他諸佛悉皆供
養承事无空過者若復有人於後末世能受
持讀誦此經所得功德於我所供養諸佛功德
百分不及一千万億分乃至筭數譬喻所不
能及須菩提若善男子善女人於後末世有
受持讀誦此經所得功德我若具說者或有
人聞心則狂亂狐疑不信須菩提當知是經
義不可思議果報亦不可思議
尒時須菩提白佛言世尊善男子善女人發
阿耨多羅三藐三菩提心云何應住云何降
伏其心
佛告須菩提若善男子善女人發阿耨多羅
三藐三菩提者當生如是心我應滅度一切
衆生滅度一切衆生已而无有一衆生實滅
度者何以故若菩薩有我相人相衆生相壽
者相則非菩薩所以者何須菩提實无有法發
阿耨多羅三藐三菩提心者
須菩提於意云何如來於然燈佛所有法得
阿耨多羅三藐三菩提不不也世尊如我解
佛所說義佛於然燈佛所无有法得阿耨多
羅三藐三菩提

BD03531 號　金剛般若波羅蜜經　　（7–4）

[illegible]
阿耨多羅三藐三菩提不不也世尊如我解
佛所說義佛於然燈佛所无有法得阿耨多
羅三藐三菩提
佛言如是如是須菩提實无有法如来得阿
耨多羅三藐三菩提須菩提若有法如来得
阿耨多羅三藐三菩提者然燈佛則不與我
授記汝於来世當得作佛号釋迦牟尼以實
无有法得阿耨多羅三藐三菩提是故然燈
佛與我授記作是言汝於来世當得作佛号
釋迦牟尼何以故如来者即諸法如義若有
人言如来得阿耨多羅三藐三菩提須菩提
實无有法佛得阿耨多羅三藐三菩提須菩
提如来所得阿耨多羅三藐三菩提於是中
无實无虛是故如来說一切法皆是佛法須
菩提所言一切法者即非一切法是故名一切法
須菩提譬如人身長大須菩提言世尊如来
說人身長大則為非大身是名大身須菩
提菩薩亦如是若作是言我當滅度无量衆
生則不名菩薩何以故須菩提實无有法名
為菩薩是故佛說一切法无我无人无衆生
无壽者須菩提若菩薩作是言我當莊嚴佛
土是不名菩薩何以故如来說莊嚴佛土者
即非莊嚴是名莊嚴須菩提若菩薩通達
无我法者如来說名真是菩薩

BD03531號　金剛般若波羅蜜經　（7–5）

无壽者須菩提若菩薩作是言我當莊嚴佛
土是不名菩薩何以故如来說莊嚴佛土者
即非莊嚴是名莊嚴須菩提若菩薩通達
无我法者如来說名真是菩薩
須菩提於意云何如来有肉眼不如是世尊
如来有肉眼須菩提於意云何如来有天眼
不如是世尊如来有天眼須菩提於意云何
如来有慧眼不如是世尊如来有慧眼須菩
提於意云何如来有法眼不如是世尊如来有
法眼須菩提於意云何如来有佛眼不如是
世尊如来有佛眼須菩提於意云何如恒河
中所有沙佛說是沙不如是世尊如来說是
沙須菩提於意云何如一恒河中所有沙有如
是等恒河是諸恒河所有沙數佛世界如是
寧為多不甚多世尊佛告須菩提尒所國土
中所有衆生若干種心如来悉知何以故如
来說諸心皆為非心是名為心所以者何過
去心不可得現在心不可得未来心不可得
須菩提於意云何若有人滿三千大千世界
七寶以用布施是人以是因緣得福多不如
是世尊此人以是因緣得福甚多須菩提若
福德有實如来不說得福德多以福德无故
如来說得福德多
須菩提於意云何佛可以具足色身見不不
如来不應以色身見何以故如来說

BD03531號　金剛般若波羅蜜經　（7–6）

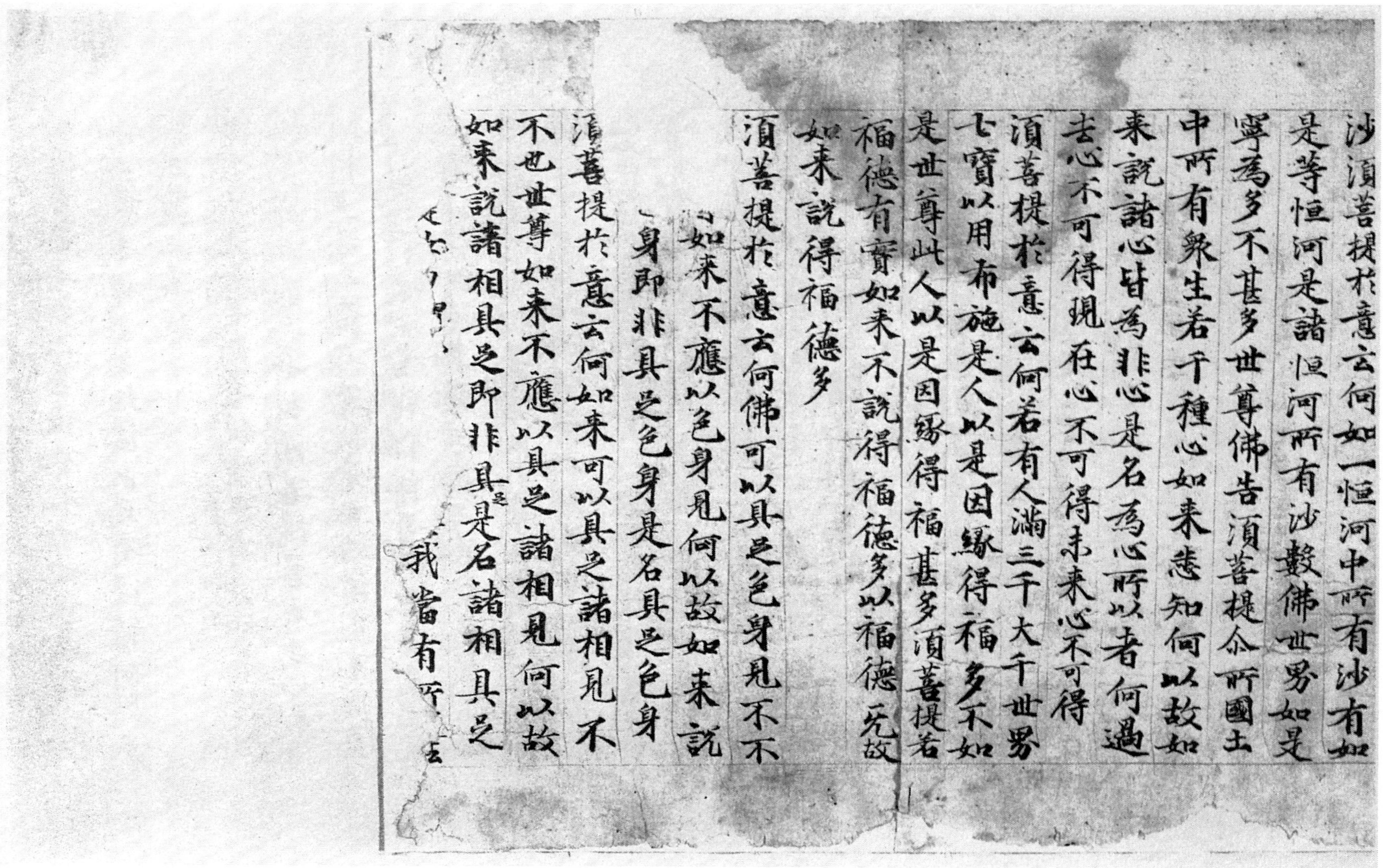
沙須菩提於意云何如一恒河中所有沙有如
是等恒河是諸恒河所有沙數佛世界如是
寧為多不甚多世尊佛告須菩提尒所國土
中所有衆生若干種心如来悉知何以故如
来說諸心皆為非心是名為心所以者何過
去心不可得現在心不可得未来心不可得
須菩提於意云何若有人滿三千大千世界
七寶以用布施是人以是因緣得福多不如
是世尊此人以是因緣得福甚多須菩提若
福德有實如来不說得福德多以福德无故
如来說得福德多
須菩提於意云何佛可以具足色身見不不
也如来不應以色身見何以故如来說
身即非具足色身是名具足色身
須菩提於意云何如来可以具足諸相見不
不也世尊如来不應以具足諸相見何以故
如来說諸相具足即非具足是名諸相具足
我當有所

BD03531 號　金剛般若波羅蜜經　（7–7）

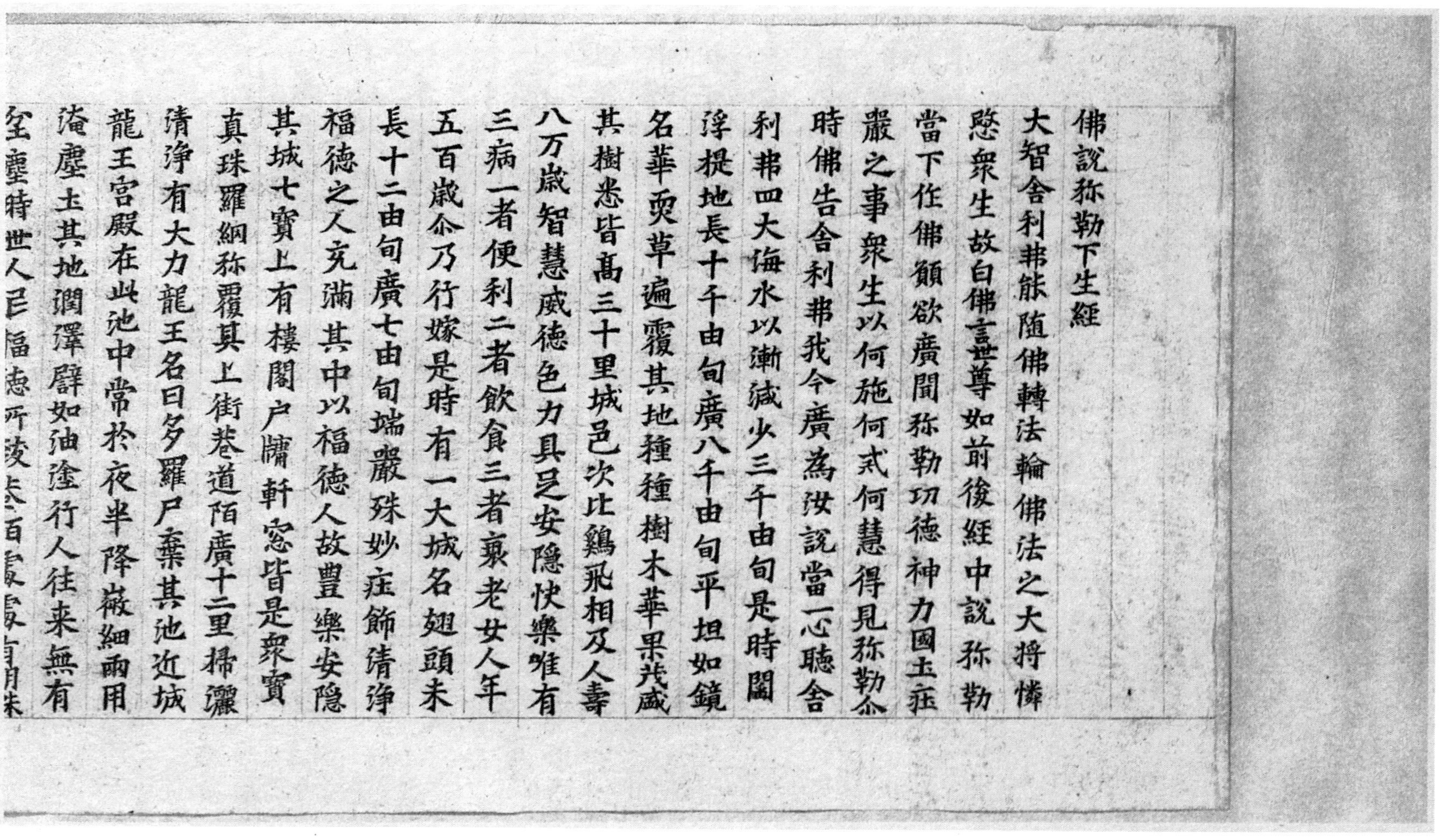
佛說弥勒下生經
大智舍利弗能隨佛轉法輪佛法之大將憐
愍衆生故白佛言世尊如前後經中說弥勒
當下作佛願欲廣聞弥勒功德神力國土莊
嚴之事衆生以何施何戒何慧得見弥勒尒
時佛告舍利弗我今廣為汝說當一心聽舍
利弗四大海水以漸減少三千由旬是時閻
浮提地長十千由旬廣八千由旬平坦如鏡
名華耎草遍覆其地種種樹木華果茂盛
其樹悉皆高三十里城邑次比鷄飛相及人壽
八万歲智慧威德色力具足安隱快樂唯有
三病一者便利二者飲食三者衰老女人年
五百歲尒乃行嫁是時有一大城名翅頭末
長十二由旬廣七由旬端嚴殊妙莊飾清淨
福德之人充滿其中以福德人故豊樂安隱
其城七寶上有樓閣戶牖軒窓皆是衆寶
真珠羅網弥覆其上街巷道陌廣十二里掃灑
清淨有大力龍王名曰多羅尸棄其池近城
龍王宮殿在此池中常於夜半降微細雨用
淹塵土其地潤澤譬如油塗行人往来無有
塵坌時世人民福德所致巷陌處處有明珠

BD03532 號　彌勒下生成佛經（鳩摩羅什本）　（9–1）

其城七寶上有樓閣戶牖軒窓皆是衆寶
真珠羅網弥覆其上街巷道陌廣十二里掃灑
清淨有大力龍王名曰多羅尸棄其池近城
龍王宮殿在此池中常於夜半降微細雨用
淹塵土其地潤澤譬如油塗行人往来無有
坌塵時世人民福德所致巷陌處處有明珠
柱皆高十里其光照耀晝夜無異燈燭之明
不復為用城邑舍宅及諸里巷乃至無有細
微土塊純以金沙覆地處處皆有金銀之聚
有大夜叉神名跋陁波羅賒塞迦（秦言善教）常護此
城掃除清淨若有便利不淨地裂受之受已
還合人命將終自然行詣冢間而死時世安
樂無有惡賊劫竊之患城邑聚落無閉門者
亦無衰惱水火刀兵及諸飢饉毒害之難人
常慈心恭敬和順調伏諸根語言謙遜舍利
弗我今為汝粗略說彼國土城邑富樂之事
其諸園林池泉之中自然而有八功德水青
紅赤白雜色蓮華遍覆其上其池四邊四寶
階道衆鳥和集鵝鴨鴛鴦孔雀翡翠鸚鵡
舍利鳩那羅耆婆耆婆等諸妙音鳥常在其
中復有異類妙音之鳥不可稱數菓樹香樹
充滿國界尒時閻浮提中常有好香譬如香山
流水美好味甘除患雨澤隨時穀稼滋茂不
生草穢一種七穫用功甚少所收甚多食之
香美氣力充實其國尒時有轉輪王名曰儴
佉有四種兵不以威武治四天下其王千子

BD03532 號　彌勒下生成佛經（鳩摩羅什本）　（9–2）

生草穢一種七穫用功甚少所收甚多食之
香美氣力充實其國尒時有轉輪王名曰儴
佉有四種兵不以威武治四天下其王千子
勇健多力能破怨敵王有七寶金輪寶象寶
馬寶珠寶女寶主藏寶主兵寶又其國土有
七寶臺舉高千丈千頭千輪廣六十丈又有
四大藏一一大藏各有四億小藏圍遶伊勒
鉢大藏在乾陁羅國般軸迦大藏在弥提羅
國賓伽羅大藏在須羅吒國儴佉王大藏在
波羅㮈國此四大藏縱廣千由旬滿中弥寶
各有四億小藏附之有四大龍王各自守護此
四大藏及諸小藏自然涌出形如蓮華無央
數人皆共往觀是時衆寶無守護者衆人見
之心不貪著棄之於地猶如瓦石草木土塊
時人見者皆生猒心而作是念往昔衆生為
此寶故共相殘害更相偷劫欺誑妄語令生
死罪緣展轉增長翅頭末城衆寶羅網弥
覆其上寶鈴莊嚴微風吹動其聲和雅如扣鍾
磬其城中有大婆羅門主名曰妙梵婆羅門
女名曰梵摩婆提弥勒託生以為父母身紫
金色卅二相衆生視之無有猒足身力无量
不可思議光明炤耀無所鄣礙日月火珠都
不復現身長千尺匈廣三十丈面長二丈四
尺身體具足端正無比成就相好如鑄金像
肉眼清淨見十由旬常光四照面百由旬日
月火珠光不復現但有佛光殊妙第一弥勒

BD03532 號　彌勒下生成佛經（鳩摩羅什本）　（9–3）

不可思議光明炽烱無所鄣礙日月火珠者
不復現身長千尺匈廣三十丈面長二丈四
尺身體具足端正無比成就相好如鑄金像
肉眼清淨見十由旬常光四照面百由旬日
月火珠光不復現但有佛光殊妙第一弥勒
菩薩觀世五欲致患甚多衆生沉沒在天生
死甚可憐愍自以如是正念觀故不樂在家
時儴佉王共諸大臣持此寶臺奉上弥勒弥
勒受已施諸婆羅門婆羅門受已即便毀壞
各共分之弥勒菩薩見此妙臺須臾無常知
一切法皆亦磨滅脩無常想出家學道坐於
龍華菩提樹下樹莖枝葉高五十里即以出
家日得阿耨多羅三藐三菩提尒時諸天龍
神王不現其身而雨華香供養於佛三千大
千世界皆大震動佛身出光照無量國應可
度者皆得見佛尒時人民各作是念雖復千
万億歲受五欲樂不能得免三惡道苦妻子
財產所不能救世間無常命難久保我等今
者宜於佛法中脩行梵行作是念已出家學
道時儴佉王亦共八万四千大臣恭敬圍遶
出家學道復有八万四千諸婆羅門聰明大
智於佛法中亦共出家復有長者名須達那
今須達長者是是人亦與八万四千人俱共
出家復有梨師達多富蘭那兄弟亦與八万
四千人出家復有二大臣一名栴檀二名須
曼王所愛重亦與八万四千人俱於佛法中
出家儴佉王寶女名舍弥婆帝今之毗舍佉

BD03532號　彌勒下生成佛經（鳩摩羅什本）　（9–4）

出家復有梨師達多富蘭那兄弟亦與八万
四千人出家復有二大臣一名栴檀二名須
曼王所愛重亦與八万四千人俱於佛法中
出家儴佉王寶女名舍弥婆帝今之毗舍佉
是亦與八万四千綵女俱共出家儴佉王太
子名曰天色今提婆娑那是亦與八万四千
人俱共出家弥勒佛親族婆羅門子名須摩
提利根智慧今欝多羅是亦與八万人俱於
佛法中出家如是等无量千万億衆見苦
惱皆於弥勒佛法中出家尒時弥勒佛見諸
大衆作是念言今諸人等不以生天樂故不
復不為今世樂故来至我所但為涅槃常樂
因緣是諸人等皆於佛法中種諸善根釋迦
牟尼佛遣来付我是故今者皆至我所我今受
之是諸人等或以讀誦分別決之脩妬路毗尼
阿毗曇藏脩諸功德来至我所或以衣食
施人持戒智慧脩此功德来至我所或以幡
蓋華香供養於佛脩此功德来至我所或以
布施持齋脩習慈心行此功德来至我所或
為苦惱衆生令其得樂脩此功德来至我所
或以持戒忍辱脩清淨慈以此功德来至我
所或以施僧常食齋講設會供養飲食脩此
功德来至我所或以持戒多聞脩行禪定無
漏智慧以此功德来至我所或有起塔供養
舍利以此功德来至我所善哉釋迦牟尼佛
能善教化如是等百千万億衆生令至我所
弥勒佛如是三稱讚釋迦牟尼佛然後說法

BD03532號　彌勒下生成佛經（鳩摩羅什本）　（9–5）

遍智慧以此功德来至我所或有起塔供養
舍利以此功德来至我所善哉釋迦牟尼佛
能善教化如是等百千万億衆生令至我所
弥勒佛如是三稱讚釋迦牟尼佛然後說法
而作是言汝等衆生能為難事於彼惡世
貪欲瞋恚愚癡迷惑短命人中能脩持戒作
諸功德甚為希有尒時衆生不識父母沙門婆
羅門不知道法手相惱害近刀兵劫深著五
欲嫉妬諂佞曲濁耶偽無憐愍心更相煞害
食肉飲血汝等而能於中脩行善事是為
希有善哉釋迦牟尼佛以大悲心能於苦惱衆
生之中說誠實語示我當来度脫汝等如是
之師甚為難遇深心憐愍惡世衆生救拔苦
惱令得安隱釋迦牟尼佛為汝等故以頭布
施截割耳鼻手足支體受諸苦惱以利汝等
弥勒佛如是開導安慰无量衆生令其歡
喜然後說法福德之人充彌其所恭敬信受渴
仰大師各欲聞法皆作是念五欲不淨衆苦
之本又能除捨憂慼愁恨知苦樂法皆是無
常弥勒佛觀察時會大衆心淨調柔為說四
諦聞者同時得涅槃道尒時弥勒佛於華林
園其園縱廣一百由旬大衆彌中初會說法
九十六億人得阿羅漢第二大會九十四億
人得阿羅漢第三大會九十二億人得阿羅
漢弥勒佛既轉法輪度天人已將諸弟子入
城乞食无量淨居天衆恭敬從佛入翅頭末
城當入城時現種種神[illegible]

BD03532 號　彌勒下生成佛經（鳩摩羅什本）　（9–6）

人得阿羅漢第三大會九十二億人得阿羅
漢弥勒佛既轉法輪度天人已將諸弟子入
城乞食无量淨居天衆恭敬從佛入翅頭末
城當入城時現種種神力无量變現釋提桓
因與欲界諸天梵天王與色界諸天作百千
伎樂歌詠佛德雨諸天華栴檀末香供養於
佛街巷道陌竪諸幡蓋燒衆名香其烟若雲
世尊入城時大梵天王釋提桓因合掌恭敬
以偈讚言
正遍知者兩足尊　天人世間無與等
十力世尊甚希有　無上最勝良福田
其供養者生天上　稽首無比大精進
尒時天人羅刹等見大力魔佛降伏之百千
万億無量衆生皆大歡喜合掌唱言甚為希
有甚為希布如来神力功德具足不可思議是
時天人以種種雜色蓮華及曼陀羅華散佛
前地積至于膝諸天空中作百千伎樂歌歎
佛德尒時魔王於初夜後夜覺諸人民作如
是言汝等既得人身值遇好時不應竟夜眠
睡覆心汝等若立若坐當勤精進正念諦觀
五陰無常苦空無我汝等勿為放逸不行佛
教若起惡業後必致悔時街巷男女皆效此
語言汝等勿為放逸不行佛教若起惡業後
必有悔當勤方便精進求道莫失法利而徒
生徒死也如是大師拔苦惱者甚為難遇堅
固精進當得常樂涅槃尒時弥勒佛諸弟子

BD03532 號　彌勒下生成佛經（鳩摩羅什本）　（9–7）

語言汝等勿為放逸不行佛教若起惡業彼
必有悔當勤方便精進求道莫失法利而徒
生徒死也如是大師狀苦惱者甚為難遇堅
固精進當得常樂涅槃尒時弥勒佛諸弟子
普皆端正威儀具足猒生老病死多聞廣學
守護法藏行於禪定得離諸欲如鳥出𣪘尒
時弥勒佛欲往長老大迦葉所即與四眾俱
就耆闍崛山於山頂上見大迦葉時男女大
眾心皆驚怪弥勒佛讚言大迦葉比丘是釋
迦牟尼佛大弟子釋迦牟尼佛於大眾中常
所讚歎頭陁第一通達禪定解脫三昧是人
雖有大神力而無高心能令眾生得大歡喜
常愍下賤貧惱眾生弥勒佛讚迦葉骨身
言善哉大神德釋師子大弟子大迦葉於彼
惡世能脩其心尒時人眾見大迦葉為弥勒
佛所讚百千億人因是事已猒世得道是諸
人等念釋迦牟尼佛於惡世中教化无量眾
生令得具六神通成阿羅漢尒時說法之處
廣八十由旬長百由旬其中人眾若坐若立
若近若遠各各自見佛在其前獨為說法弥
勒佛住世六万歲憐愍眾生令得法眼滅度
之後法住於世亦六万歲汝等宜應精進發
清淨心起諸善業得見世間燈明弥勒佛身
必無有疑也佛說是經已舍利弗等歡喜受
持

BD03532號　彌勒下生成佛經（鳩摩羅什本）　（9–8）

言善哉大神德釋師子大弟子大迦葉於彼
惡世能脩其心尒時人眾見大迦葉為弥勒
佛所讚百千億人因是事已猒世得道是諸
人等念釋迦牟尼佛於惡世中教化无量眾
生令得具六神通成阿羅漢尒時說法之處
廣八十由旬長百由旬其中人眾若坐若立
若近若遠各各自見佛在其前獨為說法弥
勒佛住世六万歲憐愍眾生令得法眼滅度
之後法住於世亦六万歲汝等宜應精進發
清淨心起諸善業得見世間燈明弥勒佛身
必無有疑也佛說是經已舍利弗等歡喜受
持

佛說弥勒下生經

BD03532號　彌勒下生成佛經（鳩摩羅什本）　（9–9）

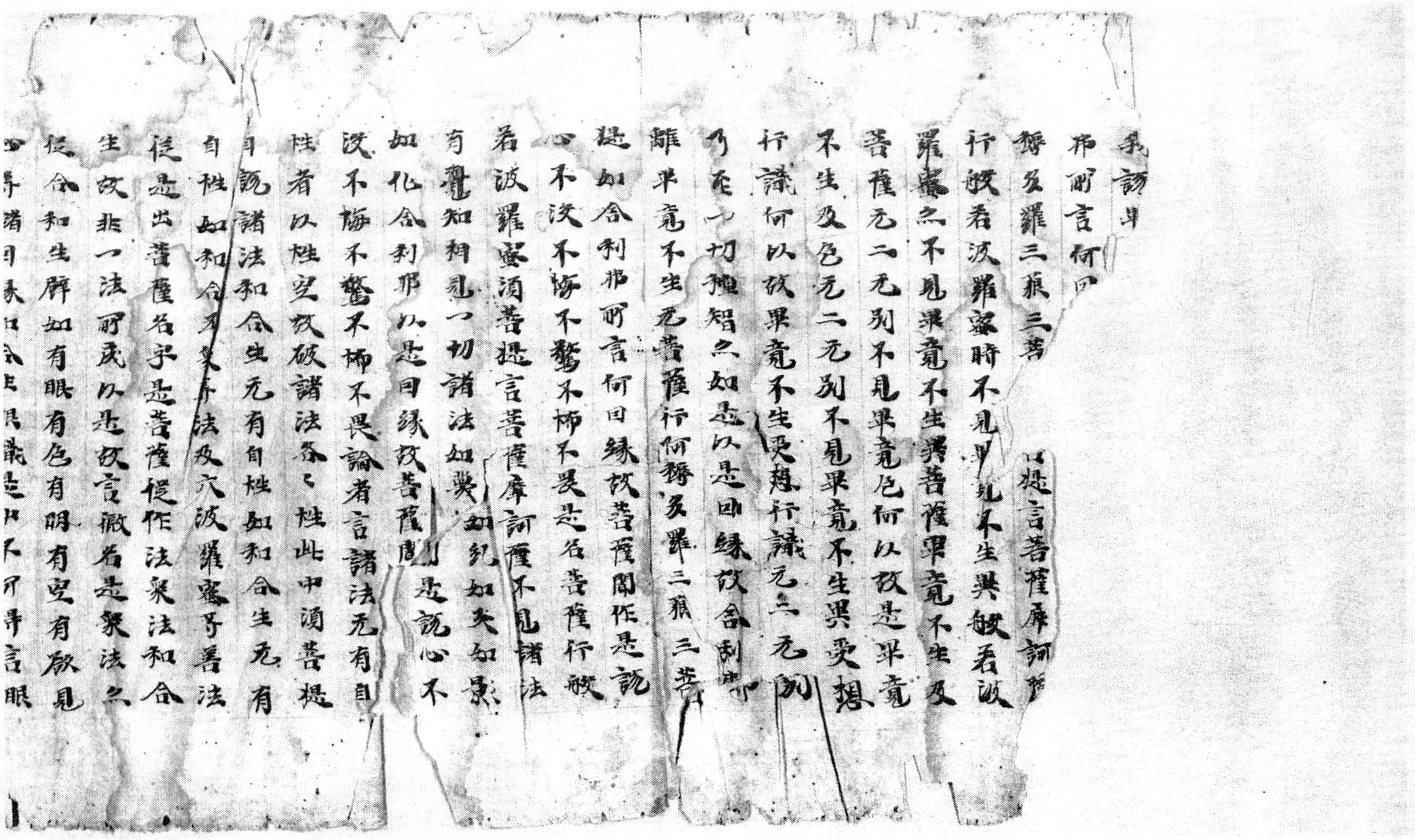

我說此
弗所言何因
耨多羅三藐三菩
□提言菩薩摩訶薩
行般若波羅蜜時不見畢竟不生異般若波
羅蜜亦不見畢竟不生異菩薩畢竟不生及
菩薩无二无別不見畢竟色何以故是畢竟
不生及色无二无別不見畢竟不生異受想
行識何以故畢竟不生受想行識无二无別
乃至一切種智亦如是以是因緣故舍利弗
離畢竟不生无菩薩行阿耨多羅三藐三菩
提如舍利弗所言何因緣故菩薩聞作是說
心不沒不悔不驚不怖不畏是名菩薩行般
若波羅蜜須菩提言菩薩摩訶薩不見諸法
有覺知相亂一切諸法如夢如幻如焰如影
如化舍利弗以是因緣故菩薩聞是說心不
沒不悔不驚不怖不畏論者言諸法无有自
性者以性空故破諸法各々性此中須菩提
自說諸法和合生无有自性如和合生无有
自性如和合界入法及六波羅蜜等善法
從是出菩薩名字是菩薩從作法衆法和合
生故非一法所成以是故言衆者是衆法亦
從合和生譬如有眼有色有明有空有欲見
心等諸因緣和合生眼識是中不可得言眼

BD03533號　大智度論卷五二　（3–1）

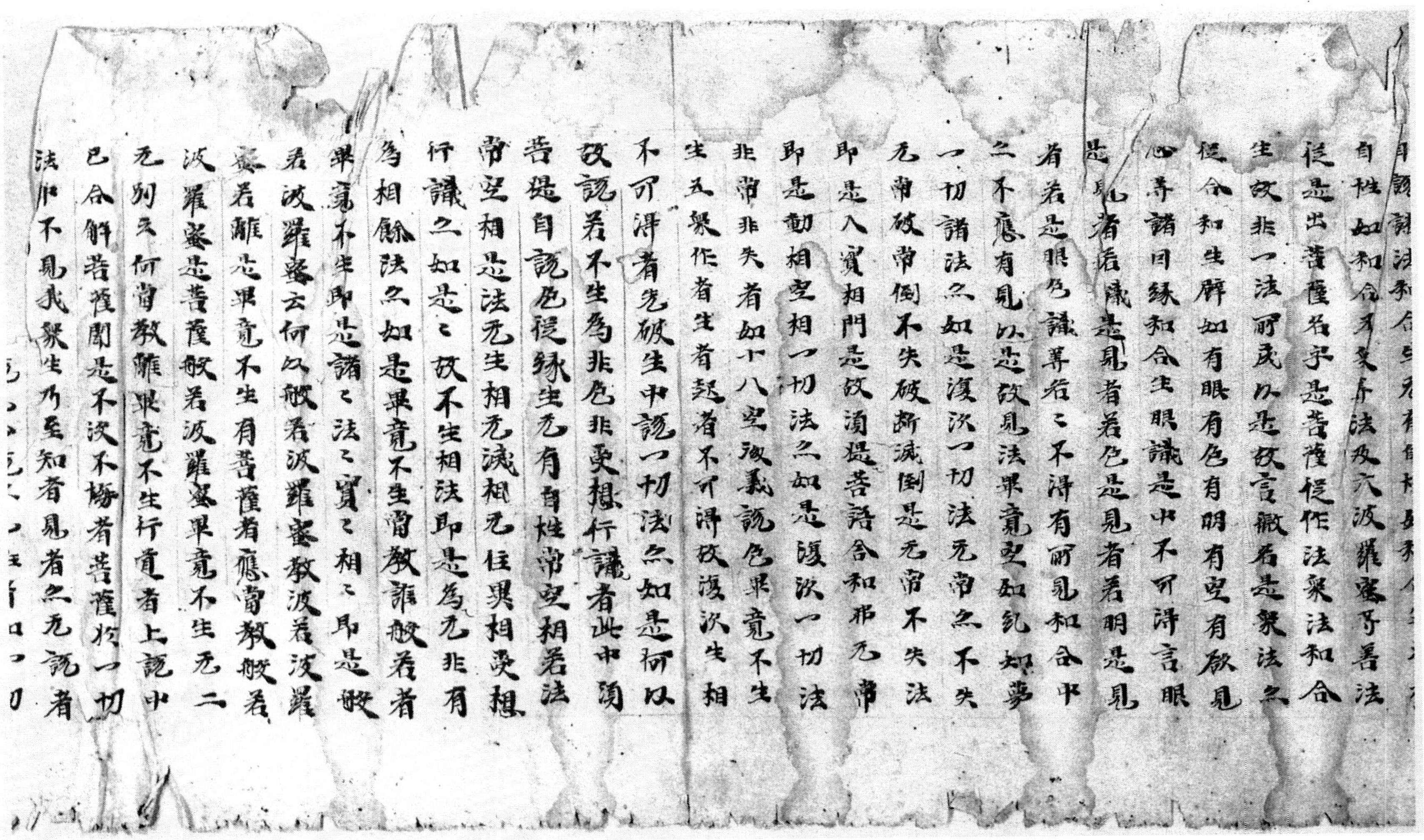

自說諸法和合生无有自性如和合
自性如和合界入法及六波羅蜜等善法
從是出菩薩名字是菩薩從作法衆法和合
生故非一法所成以是故言衆者是衆法亦
從合和生譬如有眼有色有明有空有欲見
心等諸因緣和合生眼識是中不可得言眼
是見者若識是見者若色是見者若明是見
者若是眼色識等若々不得有所見和合中
亦不應有見以是故見法畢竟空如幻如夢
一切諸法亦如是復次一切法无常亦不失
无常破常倒不失破斷滅倒是无常不失法
即是入實相門是故須菩提語舍利弗无常
即是動相空相一切法亦如是復次一切法
非常非失者如十八空破義說色畢竟不生
生五衆作者生者起者不可得故復次生相
不可得者先破生中說一切法亦如是何以
故說若不生爲非色非受想行識者此中須
菩提自說色從緣生无有自性常空相若法
常空相是法无生相无滅相无住異相受想
行識亦如是々々故不生相法即是爲无非有
爲相餘法亦如是畢竟不生當教誰般若者
畢竟不生即是諸々法々實々相々即是般
若波羅蜜云何以般若波羅蜜教般若波羅
蜜若離是畢竟不生有菩薩者應當教般若
波羅蜜是菩薩般若波羅蜜畢竟不生无二
无別云何當教離畢竟不生行道者上說中
已合解菩薩聞是不沒不悔者菩薩於一切
法中不見我衆生乃至知者見者亦无說者
[illegible]

BD03533號　大智度論卷五二　（3–2）

即是一切相空相一切法亦如是復次一切法
非常非失者如下八空破義說色畢竟不生
生五衆作者生者起者不可得故復次生相
不可得者先破生中說一切法亦如是何以
故說若不生為非色非受想行識者此中須
菩提自說色從緣生无有自性常空相若法
常空相是法无生相无滅相无住異相受想
行識亦如是々故不生相法即是為无非有
為相餘法亦如是畢竟不生當教誰般若者
畢竟不生即是諸々法々實々相々即是般
若波羅蜜云何以般若波羅蜜教波若波羅
蜜者離是畢竟不生有菩薩者應當教般若
波羅蜜是菩薩般若波羅蜜畢竟不生无二
无別云何當教離畢竟不生行道者上說中
已合解菩薩聞是不沒不悔者菩薩於一切
法中不見我衆生乃至知者見者亦无說者
說无所說亦无誰者知一切
有起者无
切

BD03533號　大智度論卷五二　（3-3）

善女人欲……言　……著新淨衣長
跪合掌而作是言
南无東方阿閦佛　南无火光佛
南无寶月佛　南无无畏佛
南无不可思議佛　南无燈王佛
南无放光佛　南无光明莊嚴佛
南无大勝佛　南无成就大事佛
南无寶見佛　南无堅玉華佛
歸命東方如是等无量无邊諸佛
南无南方普滿佛　南无威王佛
南无住持疾行佛　南无點慧佛
南无羅聲佛　南无不厭見身佛
南无師子聲佛　南无不空見佛
南无起行佛　南无一切行清淨行佛
南无莊嚴佛
歸命南方如是等无量无邊諸佛
南无西方无量壽佛　南无師子佛
南无香積王佛　南无香佛

BD03534號　佛名經（十六卷本）卷一　（35-1）

南无起行佛　南无一切行清淨行佛
南无莊嚴佛
歸命南方如是等无量无邊諸佛
南无西方无量壽佛　南无師子佛
南无香積王佛　南无香佛
南无盡迭佛　南无虛空藏佛
南无寶幢佛　南无清淨眼佛
南无樂莊嚴佛　南无寶山佛
南无光王佛
歸命西方如是等无量无邊諸佛
南无北方難勝佛　南无月光佛
南无栴檀佛　南无自在佛
南无金色王佛　南无月色旃檀佛
南无普眼見佛　南无普照眼見佛
南无輪手佛　南无无垢佛
歸命北方如是等无量无邊諸佛
南无東南方治地佛　南无自在佛
南无法自在佛　南无法慧佛
南无法思佛　南无常法慧佛
南无常樂佛　南无善思惟佛
南无善住佛　南无善辟佛
歸命東南方如是等无量无邊諸佛
南无西南方那羅延佛　南无龍王德佛
南无寶聲佛　南无地自在佛
南无人王佛　南无妙聲佛

BD03534號　佛名經（十六卷本）卷一　（35–2）

歸命東南方如是等无量无邊諸佛
南无西南方那羅延佛　南无龍王德佛
南无寶聲佛　南无地自在佛
南无人王佛　南无妙聲佛
南无黠慧佛　南无妙香華佛
南无天王佛　南无常清淨眼佛
歸命西南方如是等无量无邊諸佛
南无西北方月光面佛　南无月光佛
南无月幢佛　南无勇猛佛
南无日光面佛　南无日藏佛
南无日光莊嚴佛　南无華身佛
南无波頭摩藏佛　南无波頭摩勝佛
南无師子聲王佛
歸命西北方如是等无量无邊諸佛
南无東北方齊諸根佛　南无齊誠佛
南无大將佛　南无淨勝佛
南无淨妙聲佛　南无淨天供養佛
南无善化佛　南无化佛
南无善意佛　南无善意住持佛
歸命東北方如是等无量无邊諸佛
南无下方寶行佛　南无疾行佛
南无黠慧佛　南无堅固王佛
南无金剛齊佛　南无師子佛
南无盡迭佛
從此以上一百佛
南无如意住佛

BD03534號　佛名經（十六卷本）卷一　（35–3）

南无[illegible]佛　南无[illegible]佛

南无金剛齊佛　南无師子佛

南无蓋迗佛

從此以上一百佛

南无如實住佛　南无成功德佛

南无功德得佛　南无善安樂佛

歸命下方如是等无量无邊佛

南无上方无量勝佛　南无雲王佛

南无雲功德佛　南无无量稱名佛

南无聞身王佛　南无大功德佛

南无大須彌佛　南无降伏魔王佛

歸命上方如是等无量无邊佛

南无未來普賢佛　南无彌勒佛

南无觀世自在佛　南无得大勢至佛

南无盧空藏佛　南无无垢稱佛

南无成就義佛　南无寶聲佛

南无大海佛　南无无盡意佛

歸命未來如是等无量无邊佛

善男子若人受持讀誦是諸佛名現世安隱
遠離諸難及消滅諸罪未來畢竟得阿耨多
羅三藐三菩提

南无无垢光佛　南无樂莊嚴思惟佛

南无无垢月幢稱佛　南无華光佛

南无火光佛　南无寶上佛

南无无畏觀佛　南无遠離諸畏驚怖佛

南无師子蓋迗力佛　南无[illegible]

南无无垢月幢稱佛　南无華光佛

南无火光佛　南无寶上佛

南无无畏觀佛　南无遠離諸畏驚怖佛

南无師子蓋迗力佛　南无金光明王佛

若善男子善女人十日讀誦思惟是佛名
必遠離一切業障

南无一切同名佛　南无日龍蓋迗二佛

南无一切同名日龍蓋迗佛　南无六十功德寶佛

南无一切同名功德寶佛　南无六十二毗留羅佛

南无一切同名毗留羅佛　南无八万四千名自在幢佛

南无一切同名自在幢佛　南无三百大幢佛

南无一切同名大幢佛　南无五百淨聲王佛

南无一切同名淨聲王佛　南无五百波頭摩王佛

南无一切同名波頭摩王佛　南无五百日聲佛

南无一切同名日聲佛　南无五百樂自在聲佛

南无一切同名樂自在聲佛　南无五百日佛

南无一切同名日佛　南无五百普光佛

南无一切同名普光佛　南无五百波頭摩上王佛

南无一切同名波頭摩上王佛　南无七百法光莊嚴佛

南无一切同名法光莊嚴佛　南无千法莊嚴王佛

南无一切同名法莊嚴王佛　南无千八百稱聲王佛

南无一切同名千八百稱聲佛　南无三万散華佛

南无一切同名散華佛　南无三万三百稱聲王佛

南无一切同名稱聲王佛　南无八万四千阿難陀佛

南无一切同名阿難陀佛　南无千八百[illegible]城佛

南无一切同名千八百[illegible]佛　南无三万[illegible]華佛
南无一切同名散華佛　南无三万三百稱聲王佛
南无一切同名稱聲王佛　南无八万四千阿難陁佛
南无一切同名阿難陁佛　南无千八百崩滅佛
南无一切同名崩滅佛　南无五百歡喜佛
南无一切同名歡喜佛　南无五百威德佛
南无一切同名威德佛　南无五百上威德佛
南无一切同名上威德佛　南无五百日王佛
南无一切同名日王佛　南无千雲雷聲王佛
南无一切同名雲雷聲佛　南无千日藏自在聲佛
南无一切同名日藏自在聲佛　南无千離垢聲自在王佛
南无一切同名離垢聲自在王佛　南无千勢自在聲佛
南无一切同名勢自在聲佛　南无千功德蓋幢安隱自在王佛
南无一切同名功德蓋幢安隱自在王佛　南无千閻浮檀佛
南无一切同名閻浮檀佛　南无千无垢聲自在王佛
南无一切同名无垢聲自在王佛　南无遠離諸怖聲自在王佛
南无一切同名遠離諸怖聲自在王佛　南无二千駒隣佛
從此以上二百佛
南无一切同名駒隣佛　南无二千寶幢佛
南无一切同名寶幢佛　南无八千堅精進佛
南无一切同名堅精進佛　南无八千威德佛
南无一切同名威德佛　南无八千然燈佛
南无一切同名然燈佛　南无十千迦葉佛
南无一切同名迦葉佛　南无十千清淨面蓮華香積佛
南无一切同名清淨面蓮華香積佛　南无十千莊嚴王佛

BD03534 號　佛名經（十六卷本）卷一　（35–6）

南无一切同名威德佛　南无八千然燈佛
南无一切同名然燈佛　南无十千迦葉佛
南无一切同名迦葉佛　南无十千清淨面蓮華香積佛
南无一切同名清淨面蓮華香積佛　南无十千莊嚴王佛
南无一切同名莊嚴王佛　南无十千星宿佛
南无一切同名星宿佛　南无八千娑羅王佛
南无一切同名娑羅王佛　南无一万八千娑羅自在王佛
南无一切同名娑羅自在王佛　南无一万八千普護佛
南无一切同名普護佛　南无四万顧莊嚴佛
南无一切同名顧莊嚴佛　南无三千毗盧舍那佛
南无一切同名毗盧舍那佛　南无三千放光佛
南一切同名放光佛　南无三千釋迦牟尼佛
南无一切同名釋迦牟尼佛　南无三千日月太白佛
南无一切同名日月太白佛　南无六万波頭摩上王佛
南无一切同名波頭摩上王佛　南无六万能令衆生離諸見佛
南无一切同名能令衆生離諸見佛　南无六十百千万成就義見佛
南无一切同名成就義見佛　南无无量百千万名不可勝佛
南无一切同名不可勝佛　南无二億拘隣佛
南无一切同名拘隣佛　南无三億弗沙佛
南无一切同名弗沙佛　南无六十億大莊嚴佛
南无一切同名大莊嚴佛　南无八十億寶體法決定佛
南无一切同名寶體法決定佛　南无六十億娑羅自在王佛
南无一切同名娑羅自在王佛　南无十八億寶體決定佛
南无一切同名寶體法決定佛　南无十八億日月燈明佛
南无一切同名日月燈明佛　南无百億決定光明佛

BD03534 號　佛名經（十六卷本）卷一　（35–7）

南无一切同名實體法決定佛　南无六十億娑羅自在王佛
南无一切同名娑羅自在王佛　南无十八億實體法決定佛
南无一切同名實體法決定佛　南无十八億日月燈明佛
南无一切同名日月燈明佛　南无百億決定光明佛
南无一切同名決定光明佛　南无二十億日月燈明佛
南无一切同名日月燈明佛　南无二十億妙聲王佛
南无一切同名妙聲王佛　南无二十百億雲自在王佛
南无一切同名雲自在王佛　南无三十億釋迦牟尼佛
南无一切同名釋迦牟尼佛　南无二十億千怖畏聲王佛
南无一切同名怖畏聲王佛　南无四十億那由他妙聲佛
南无一切同名妙聲佛　南无億千樂莊嚴佛
南无一切同名樂莊嚴佛　南无億那由他百千覺華佛
南无一切同名覺華佛　南无六千頻婆羅遠離諸怖畏佛
南无一切同名遠離諸怖畏佛　南无須彌微塵數一切功德山王勝名佛
南无一切同名功德山王勝名佛　南无佛國土不可說億那由他微塵普賢佛
南无一切同名普賢佛　南无過去未來現在諸佛
南无稱禮遠離諸煩惱藏佛
南无功德奮迅佛　南无勝奮迅佛
南无脩寂靜佛　南无上寂靜佛
南无住虛空佛　南无降伏諸魔怨佛
南无百寶佛　南无難勝光佛
南无自在作佛　南无日作佛
南无无垢光佛　南无自在觀佛
南无金光明師子奮迅佛　南无无垢威德佛
南无觀自在佛　南无金光明師子奮迅佛
南无无量光佛　南无釋迦牟尼佛

BD03534號　佛名經（十六卷本）卷一　（35-8）

南无无垢光佛　南无自在觀佛
南无金光明師子奮迅佛　南无无垢威德佛
南无觀自在佛　南无金光明師子奮迅佛
南无无量光佛　南无釋迦牟尼佛
南无靜去佛
從此以上三百佛
南无寂靜佛　南无普光明積上功德王佛
南无普現見佛　南无金剛功德佛
南无不動佛　南无普賢佛
南无普照佛　南无寶法上決定佛
南无无畏王佛　南无无垢光佛
南无樂說莊嚴思惟佛　南无无垢月幢稱佛
南无拘蘇摩莊嚴光明作佛　南无出火佛
南无寶上佛　南无无畏觀佛
南无師子奮迅力佛　南无遠離怖畏毛堅稱佛
南无金剛牟尼佛　南无飲甘露佛
南无金剛光明佛　南无善見佛
南无尸棄佛　南无毗舍浮佛
南无拘留孫佛　南无難勝佛
南无阿閦佛　南无盧舍佛
南无阿彌陀佛　南无尼彌佛
南无寶光炎佛　南无彌留佛
南无自在佛　南无寶精進月光莊嚴威德聲自在王佛
南无遠離一切諸畏煩惱上功德佛　南无初發心念斷疑斷煩惱佛
南无斷諸煩惱闇三昧上王佛　南无寶[illegible]佛

BD03534號　佛名經（十六卷本）卷一　（35-9）

南无自在佛　南无寶精進月光莊嚴威德聲自在王佛
南无遠離一切諸煩惱一切德佛　南无初發心念斷疑斷一切煩惱佛
南无斷諸煩惱闇三昧上王佛　南无寶炎佛
南无大炎積佛　南无稱種佛
南无手上王佛　南无寶上佛
南无善住智慧王障佛　南无大光慧滅昏闇佛
南无為增上佛　南无截金剛佛
南无天王佛　南无一切義上王佛
南无三昧喻佛　南无念王佛
南无光明觀佛　南无一切所依王佛
南无善護幢王佛　南无發趣速自在王佛
南无寶炎佛　南无積大炎佛
南无稱種香佛　南无善住慧王无障佛
南无炎智音佛　南无寶藏佛
南无放炎佛　南无迦葉佛
南无多羅住佛　南无智來佛
南无龍聖佛　南无過一切憂惱王佛
南无一切德莊嚴佛　南无成就一切義佛
南无无畏王佛　南无一切衆生導師佛
次礼十二部尊經大藏法輪
凡閻浮界內一切經合有八万四千卷
南无山海慧經　南无日曜經
南无月曜經　南无日淨經
南无池喻經　南无月淨經

凡閻浮界內一切經合有八万四千卷
南无山海慧經　南无日曜經
南无月曜經　南无日淨經
南无池喻經　南无月淨經
南无華鮮經　南无斧柯經
南无法華經　南无摩訶般若波羅蜜經
南无摩訶衍經　南无毗婆沙經
南无增一阿含經　南无華嚴經
南无大般涅槃經　南无大品經
南无阿毗曇經　南无大集經
南无誠實論經　南无雜阿毗曇經
南无長阿含經　南无諸佛下生經
南无舍利弗阿毗曇經　南无出曜經
南无四分經　南无妙讚經
南无光讚經　南无雜阿含經
從此以上四百佛十二部經
次礼十方諸大菩薩　南无文殊師利菩薩
南无无垢稱菩薩　南无地藏菩薩
南无虛空藏菩薩　南无觀世音菩薩
南无大勢菩薩　南无香象菩薩
南无大香象菩薩　南无藥王菩薩
南无藥上菩薩　南无金剛藏菩薩
南无解脫月菩薩　南无弥勒菩薩
南无奮迅菩薩　南无无所發菩薩
南无陀羅尼自在王菩薩　南无无盡意菩薩

南无龍□王菩薩　南无金剛藏菩薩
南无解脫月菩薩　南无彌勒菩薩
南无奮迅菩薩　南无无所發菩薩
南无陀羅尼自在王菩薩　南无无盡意菩薩
南无堅意菩薩　南无歸命如是无量无邊菩薩
南无東方九十億百千万同名梵勝菩薩
南无南方九十億百千万同名不降陀羅菩薩
南无西方九十億百千万同名大功德菩薩
南无北方九十億百千万同名大藥王菩薩
歸命如是等十方世无量无邊菩薩
南无舍利弗應當敬礼十方諸大菩薩摩訶薩
南无文殊師利菩薩摩訶薩　南无觀世音菩薩
南无大勢至菩薩　南无普賢菩薩
南无龍勝菩薩　南无龍德菩薩
次礼聲聞緣覺一切賢聖
南无阿利多辟支佛　南无婆利多辟支佛
南无多伽樓辟支佛　南无彌辟支佛
南无見辟支佛　南无愛見辟支佛
南无見辟支佛　南无乾陀羅辟支佛
南无无妻辟支佛　南无梨沙婆辟支佛
歸命如是等无量无邊辟支佛
礼三寶已次復懺悔
夫欲礼懺必須先敬三寶所以然者三寶即
是一切眾生良友福田若能歸向者則滅无
量罪長无量福能令行者離生死苦得解脫
樂是故弟子某甲等歸依十方盡虛空界一

BD03534號　佛名經（十六卷本）卷一　（35–12）

夫欲礼懺必須先敬三寶所以然者三寶即
是一切眾生良友福田若能歸向者則滅无
量罪長无量福能令行者離生死苦得解脫
樂是故弟子某甲等歸依十方盡虛空界一
切諸佛歸依十方盡虛空界一切尊法歸依
十方盡虛空界一切聖僧弟子今日所以懺
悔者正言无始以來在凡夫地莫問貴賤罪
自无量或因三業而生罪或從六根而起過
或以內心自邪思惟或藉外境起於染著如
是乃至十惡增長八万四千諸塵勞門然其
罪相雖復无量大而為語不出有三何等為
三一者煩惱二者是業三者是果報此三種
法能障聖道及以人天勝妙好事是故經中
目為三障所以諸佛菩薩教作方便懺悔除
滅此三滅者則六根十惡乃至八万四千諸
塵勞門皆悉清淨是故弟子今日運此增上
勝心懺悔三障欲滅此三罪者當用何等心
可令此罪滅除先當興七種心以為方便然
後此罪乃可得滅何等為七一者慚愧二者
恐怖三者猒離四者發菩提心五者怨親平
等六者念報佛恩七者觀罪性空
第一慚愧者自惟我與釋迦如來同為凡夫
而今世尊成道以來已經尒所塵沙劫數而
我等相与耽染六塵流浪生死永无出期此
實天下可慚可愧可羞可耻

BD03534號　佛名經（十六卷本）卷一　（35–13）

第一慚愧者自惟我與釋迦如來同為凡夫而今世尊成道以來已經爾所塵沙劫數而我等相与耽染六塵流浪生死永无出期此實天下可慙可愧可羞可恥

第二恐怖者既是凡夫身口意業常与罪相應以是因緣命終之後應墮地獄畜生餓鬼受无量苦如此實為可驚可恐可怖可懼

第三厭離者相与常觀生死之中唯有无常苦空无我不淨虛假如水上泡速起速滅往來流轉猶若車輪生老病死八苦交煎无時蹔息衆等相与但觀自身從頭至足其中但有卅六物髮毛爪齒眵淚涕唾生熟二藏大腸小腸脾腎心肺肝膽膶胃肪膏腦膜筋脉骨髓大小便利九孔常流是故經言此身苦所集一切皆不淨何有智慧者而當樂此身生死既有如此種種惡法甚可患厭

第四發菩提心者經言當樂佛身佛身者即法身也從无量功德智慧生從六波羅蜜生從慈悲喜捨生從卅七助菩提法生從如是等種種功德智慧生如來身欲得此身者當發菩提心求一切種智常樂我淨薩婆若果淨佛國土成就衆生於身命財无所悋惜

第五怨親平等者於一切衆生起慈悲心无彼我想何以故爾若見怨異親即是分別以分別故起諸相着相着因緣生諸煩惱煩惱因

第五怨親平等者於一切衆生起慈悲心无彼我想何以故爾若見怨異親即是分別以分別故起諸相着相着因緣生諸煩惱煩惱因緣造諸惡業惡業因緣故得苦果

第六念報佛恩者如來往昔无量劫中捨頭目髓腦支節手足國城妻子象馬七珍為我等故脩諸苦行此恩此德實難酬報是故經言若以頂戴兩肩荷負於恒沙劫亦不能報我等欲報如來恩者當於此世勇猛精進捍勞忍苦不惜身命建立三寶弘通大乘廣化衆生同入正道

第七觀罪性空者无有實相從因緣生顛倒而有既從因緣而生則可從因緣而滅從因緣而生者狎近惡友造作无端從因緣而滅者即是今日洗心懺悔是故經言此罪相不在內不在外不在中間故知此罪從本是空生如是等七種心已緣想十方諸佛賢聖拳捲合掌披陳至到慙愧改革舒麁心肝洗蕩腸胃如此懺悔亦何罪而不滅亦何障而不消若復泛泛悠悠緩縱情慮徒自勞形於事何益且復人命无常喻如轉燭一息不還便同灰壤三塗苦報即身應受不可以錢財寶貨囑託求脫窈窈冥冥恩赦无期獨嬰此苦无代受者莫言我今生中无有此罪所以不能懇到懺悔經中道言凡夫之人舉足動步

向灰壞三塗苦報即身應受不可以錢財寶
貨賄託求脫竄竄寘寘恩赦无期獨嬰此苦
无代受者莫言我今生中无有此罪所以不
能懇到懺悔經中道言凡夫之人舉足動步
无非是罪又復過去生中皆悉成就无量惡
業追逐行者如影隨形若不懺悔罪惡日深
故苞藏瑕疵佛教不許說悔先罪淨名所尚
故知長淪苦海寔由隱覆是故弟子今日發
露懺悔不敢覆藏所言三障者一曰煩惱二
名為業三是果報此三種法更相由藉因煩
惱故所以起惡業惡業因緣故得苦果是故
弟子今日至心第一先應懺悔煩惱障又此
煩惱諸佛菩薩入理聖人種種呵責亦詺此
煩惱以為怨家何以故能斷衆生慧命根故
亦詺此煩惱以之為賊能劫衆生諸善法故
詺此煩惱以為瀑河能漂衆生入於生死大
苦海故亦詺此煩惱以為羈鏁能繫衆生於
生死獄不能得出所以六道牽連四生不絕
惡業无窮苦果不息當知皆是煩惱過患是
故弟子今日運此增上善心歸依佛
東方善德佛　南方寶相佛　西方普光佛
北方相德佛　東南方綱明佛　西南方上智佛
西北方華德佛　東北方明智佛　下方明德佛
上方香積佛
如是十方盡虛空界一切三寶弟子從无始

BD03534號　佛名經（十六卷本）卷一　（35–16）

西北方華德佛　東北方明智佛　下方明德佛
上方香積佛
如是十方盡虛空界一切三寶弟子從无始
以來至于今日或在人天六道受報有此心
識常懷愚惑繁滿充衿或因三毒根造一切
罪或因三漏造一切罪或因三苦造一切罪
或緣三假造一切罪或貪三有造一切罪如
是等罪无量无邊惱亂一切六道四生今日
慚愧皆悉懺悔
又復弟子无始以來至于今日或因四識住
造一切罪或因四流造一切罪或因四取造
一切罪或因四執造一切罪或因四緣造一
切罪或因四大造一切罪或因四縛造一切
罪或因四食造一切罪或因四生造一切罪
如是等罪无量无邊惱亂六道一切衆生今
日慚愧皆悉懺悔
又復弟子无始以來至於今日或因五住地
煩惱造一切罪或因五受根造一切罪或因
五蓋造一切罪或因五慳造一切罪或因五
見造一切罪或因五心造一切罪如是等煩
惱无量无邊惱亂六道一切四生今日發露
皆悉懺悔
又復弟子无始以來至於今日或因六情根
造一切罪或因六識造一切罪或因六想造
一切罪或因六受造一切罪或因六行造一

BD03534號　佛名經（十六卷本）卷一　（35–17）

皆悉懺悔
又復弟子无始以來至於今日或因六情根
造一切罪或因六識造一切罪或因六想造
一切罪或因六受造一切罪或因六行造一切
切罪或因六愛造一切罪或因六疑造一切
罪如是等煩惱无量无邊惱亂六道一切四
生今日慚愧發露皆悉懺悔
又復弟子无始以來至於今日或因七漏造
一切罪或因七使造一切罪或因八倒造一
切罪或因八垢造一切罪或因八苦造一切
罪惱亂六道一切四生今日發露皆悉懺悔
又復无始以來至於今日或因九惱造一切
罪或因九結造一切罪或因九上緣造一切
罪或因十煩惱造一切罪或因十纏造一切
罪或因十一遍使造一切罪或因十二入造
一切罪或因十六知見造一切罪或因十八
界造一切罪或因二十五我造一切罪或因
六十二見造一切罪或因見諦思惟九十八
使百八煩惱晝夜熾然開諸漏門造一切罪惱
惱亂賢聖及以四生遍滿三界彌亘六道无
處可藏无處可避今日至到向十方佛尊法
聖衆慚愧發露皆悉懺悔
願弟子承是懺悔三毒一切煩惱生生世世
三慧明三達朗三苦滅三願滿願弟子承是
懺悔四識等一切煩惱所生功德生生世世
廣四等心立四信業四惡趣滅得四无畏願

願弟子承是懺悔三毒一切煩惱生生世世
三慧明三達朗三苦滅三願滿願弟子承是
懺悔四識等一切煩惱所生功德生生世世
廣四等心立四信業四惡趣滅得四无畏願
弟子承是懺悔五蓋等諸煩惱度五道樹五
根淨五眼成五分懺悔六愛等諸煩惱所生
功德願生生世世具足六神通滿足六度業
不爲六塵惑常行六妙行又願弟子承是懺
悔七漏八垢九結十纏等一切諸煩惱所生
功德生生世世坐七淨華洗八水具九斷
智成十地行願以懺悔十一遍使及十二入
十八界等一切諸煩惱所生功德願十一空
解常用栖心自在能轉十二行輪具十八不
共之法无量功德一切圓滿
三部合卷　罪報應經　此經有六十品略此一品流行
南无不動光觀自在无量命尼彌寶炎彌留金剛佛
南无火奮迅通佛　南无善寂慧月佛
南无聲自在王佛　南无清淨月輪佛
南无住阿僧祇精進功德佛
南无无盡意佛　南无寶幢佛
南无光明无垢藏佛　南无火焰迅通佛
南无雲音讃佛　南无師子奮迅通佛
南无彌留上王佛　南无智慧來佛
南无讃妙法幢佛　南无金光明師子奮迅王佛
南无普照積上功德王佛　南无善住如意積王佛

[illegible]
南无雲音讃佛　南无師子奮迅通佛
南无弥留上王佛　南无智慧来佛
南无讃妙法幢佛　南无金光明師子奮迅王佛
南无普照積上功德王佛　南无善住如意積王佛
南无普現佛　南无釋迦牟尼佛
南无无量光佛　南无放炎佛
南无旃檀香佛　南无无垢慧深聲王佛
南无斷一切障佛　南无无量光明佛
南无作功德佛　南无普香上佛
南无不可勝奮迅聲去佛　南无降伏憍慢佛
南无毗婆尸佛　南无尸棄佛
南无毗舍浮佛　南无拘留孫佛
南无拘那含牟尼佛　南无迦葉佛
南无釋迦牟尼佛　南无成就一切義佛
南无能作无畏佛　南无獅靜王佛
南无阿閦佛　南无盧至佛
南无阿弥多佛　南无尼弥佛
南无住法佛　南无寶炎佛
南无弥留佛
從此以上五百佛十二部經一切賢聖
南无金剛佛
南无持法佛　南无勇猛法佛
南无妙法光明佛　南无法月面佛
南无住法佛　南无法幢佛
南无法威德佛　南无法自在佛

BD03534號　佛名經（十六卷本）卷一　（35-20）

南无金剛佛
南无持法佛　南无勇猛法佛
南无妙法光明佛　南无法月面佛
南无住法佛　南无法幢佛
南无法威德佛　南无法自在佛
南无善住法佛　南无法家佛
南无善知力佛　南无弥勒等无量佛
南无毗婆尸佛　南无尸棄佛
南无毗舍浮佛　南无拘留孫佛
南无拘那含牟尼佛　南无迦葉佛
南无釋迦牟尼佛　南无阿弥陁佛
南无照佛　南无勝色佛
南无樂意佛　南无大道師佛
南无大聖天佛　南无那羅延佛
南无樹提佛　南无慈他佛
南无毗盧遮那佛　南无栴檀佛
南无具足佛　南无化佛
南无善化佛　南无世自在佛
南无人自在佛　南无摩醯那自在佛
南无勝自在佛　南无十力自在佛
南无毗頭羅佛　南无離諸畏佛
南无離諸憂佛　南无能破諸邪佛
南无叢諸邪佛　南无破異意佛
南无智慧藏佛　南无寶獄佛
南无弥留獄佛　南无降魔佛

BD03534號　佛名經（十六卷本）卷一　（35-21）

南无離諸憂佛　南无能破諸耶佛
南无衆諸耶佛　南无破異意佛
南无智慧嚴佛　南无寶獄佛
南无弥留獄佛　南无降魔佛
南无善才佛　南无堅才佛
南无堅盡逆佛　南无堅精進佛
南无堅莎羅佛　南无堅心佛
南无堅勇猛破陣佛　南无破陣佛
南无寶體佛　南无曇无竭佛
南无尼陁佛
南无波羅羅堅佛　南无普光佛
南无普賢佛　南无勝海佛
南无功德海佛　南无法海佛
南无虛空蘇佛　南无虛空功德佛
南无虛空庫藏佛　南无虛空心佛
南无虛空多羅佛　南无无垢心佛
南无放光世界中現在說法虛空勝離塵无
垢塵平等眼清淨功德幢光明華波頭摩琉
璃光寶香爲身勝妙羅網莊嚴頂无量日月
光明照莊嚴顧上莊嚴法界善化无障㝵王
佛彼佛世界中有菩薩名无比彼佛授記不
久得阿耨多羅三藐三菩提号種種光華寶
波頭摩金色身普照莊嚴不住眼放光照十
方世界幢王佛
若有善男子善女人信心受持讀誦彼佛及

久得阿耨多羅三藐三菩提号種種光華寶
波頭摩金色身普照莊嚴不住眼放光照十
方世界幢王佛
若有善男子善女人信心受持讀誦彼佛及
菩薩名是善男子善女人超越閻浮提微塵
數劫得陁羅尼一切諸惡病不及其身
南无无量功德寶集樂示現金光明師子奮
迅王佛
南无師子奮迅心雲聲王佛
南无无垢淨光明覺寶華不斷光莊嚴王佛
南无寶光明莊嚴智功德聲自在王佛
南无寶波頭摩智清淨上王佛
南无摩善住山王佛
南无光花種種奮迅王佛
南无拘蘇摩奮迅王佛
南无波頭摩上弥留幢王佛
南无法幢空俱蘇摩王佛
南无莎羅華上光王佛
南无无垢眼上光王佛
南无无垢意山王佛
南无種種樂說莊嚴王佛
南无无㝵藥王成就勝王佛
南无千雷雲聲王佛
南无金光明師子奮迅王佛
南无善斷智慧月聲自在王佛

南无千雷雲聲王佛
南无金光明師子奮迅王佛
南无善寂智慧月聲自在王佛
南无善住摩尼山王佛
南无歡喜藏勝山王佛
南无普光上勝功德山王佛
南无功德藏增上山王佛
南无動山獄王佛　南无善住諸禪藏王佛
南无法海潮功德王佛　南无稱功德山王佛
從此以上六百佛十二部經一切賢聖
南无一切華香在王佛
南无銀幢蓋王佛　南无雷燈幢王佛
南无月摩尼光王佛　南无波頭摩上星宿王佛
南无无量上王佛　南无覺王佛
南无称留幢王佛　南无娑羅華上王佛
南无因陁羅幢王佛　南无師子奮迅王佛
南无俱蘇摩生王佛　南无微細華佛
南无說義佛　南无无量精進佛
南无无邊称留佛　南无離藏佛
南无无量眼佛　南无无量發行佛
南无發行難佛　南无无所發行佛
南无无量發行佛　南无斷諸難佛
南无不定願佛　南无善住諸願佛
南无不念示現佛　南无无量善根成就諸行佛
南无无垢盡迳佛　南无不住盡迳佛

BD03534號　佛名經（十六卷本）卷一　（35–24）

南无无量發行佛　南无斷諸難佛
南无不定願佛　南无善住諸願佛
南无不念示現佛　南无无量善根成就諸行佛
南无无垢盡迳佛　南无不住盡迳佛
南无妙色佛　南无无相聲佛
南无樂意佛　南无旃檀室佛
南无虛空星宿增上佛　南无善行佛
南无境界自在佛　南无樂行佛
南无樂解脫佛　南无遠離怖畏毛竪佛
南无清淨眼佛　南无進寂靜佛
南无世間可樂佛　南无隨世間意佛
南无隨世間眼佛　南无寶佛
南无寶愛佛　南无羅睺羅佛
南无羅睺羅天佛　南无羅睺羅淨佛
南无寶慧佛　南无寶積佛
南无寶形佛　南无羅網手佛
南无摩尼輪佛　南无解脫威德佛
南无善行佛　南无大愛佛
南无人面佛　南无吉佛
南无夢陁羅佛　南无淨聖佛
南无淨宿佛　南无離胎佛
南无虛空莊嚴佛　南无集功德佛
南无師子步佛　南无功德海佛
南无摩尼功德佛　南无廣功德佛
南无稱成佛　南无大如意輪佛

BD03534號　佛名經（十六卷本）卷一　（35–25）

南无[illegible]　南无[illegible]
南无摩尼功德佛　南无廣功德佛
南无稱成佛　南无大如意輪佛
南无无畏上王佛　南无惧蘊摩國土佛
南无功德憧佛　南无威德佛
南无華眼佛　南无善身佛
南无慧國土佛　南无喜威德佛
南无波頭池智慧奮迅佛
南无功德聚佛　南无寂滅慧佛
南无降魔佛　南无无上光佛
南无法自在佛　南无得世間功德佛
南无寶諦稱佛　南无智勝佛
南无智愛佛　南无得智佛
南无智憧佛　南无羅網光憧佛
善男子善女人与一切衆生安隱樂如諸佛
者當讀誦是諸佛名復作是言
南无離諸无智礙佛　南无虛空平等心佛
南无清淨无垢佛　南无善无垢藏佛
南无堅固行佛　南无精進聲佛
從此以上七百佛十二部經一切賢聖
南无不離一切衆主門佛　南无斷諸過佛
南无成就觀佛　南无平等須弥面佛
南无无障无导精進堅佛　南无娑羅華華王佛
南无无量功德王佛　南无弥留燈王佛
南无藥王聲聲王佛　南无梵聲王佛
南无娑波[illegible]王佛　[illegible]

BD03534號　佛名經（十六卷本）卷一　（35–26）

南无无障无导精進堅佛　南无娑羅華華王佛
南无无量功德王佛　南无弥留燈王佛
南无藥王聲聲王佛　南无梵聲王佛
南无妙鼓聲王佛　南无雲聲王佛
南无龍自在王佛　南无世間自在王佛
南无陁羅尼自在王佛　南无深王佛
南无治諸病王佛　南无藥王佛
南无鳥王佛　南无燈王佛
南无樹提王佛　南无喜王佛
南无星宿王佛　南无雲王佛
南无雷王佛　南无娑羅王佛
南无堅固自在王佛　南无功德聚佛
南无華聚佛　南无寶聚佛
南无寶住持庭燎佛　南无住持功德佛
南无住持无障力佛　南无住持地力進去佛
南无住持妙无垢住佛
南无一切寶莊嚴色住持佛
南无自在轉一切法佛　南无轉法輪佛
南无勝威德佛　南无淨威德佛
南无聖威德佛　南无大威德佛
南无師子威德佛　南无娑羅威德佛
南无悲威德佛　南无地威德佛
南无无垢威德佛　南无无垢琉璃佛
南无无垢辟佛　南无无垢眼佛
南无无垢面佛　南无波頭摩面佛

BD03534號　佛名經（十六卷本）卷一　（35–27）

南无无垢威德佛　南无无垢琉璃佛
南无无垢辟佛　南无无垢眼佛
南无无垢面佛　南无波頭摩面佛
南无月面佛　南无日面佛
南无日威德莊嚴佛　南无金色佛
南无金色形佛　南无可樂色佛
南无瞻婆伽色佛　南无能與樂佛
南无能與眼佛　南无難勝佛
南无難降伏佛　南无斷諸惡佛
南无難量佛　南无難成佛
南无俱蘇摩成佛　南无甘露成佛
南无寶成就佛　南无功德成就佛
南无日成就佛　南无華成就佛
南无成就樂有佛　南无成就功德佛
南无大勝佛　南无妙佛
南无无垢佛　南无離諸障佛
南无婆獲那佛　南无婆獲那天佛
南无勇猛仙佛　南无精進仙佛
南无无垢仙佛　南无金剛仙佛
南无觀眼佛　南无无障㝵佛
南无住虛空佛　南无住清淨佛
南无善住清淨功德寶佛　南无善跡佛
南无善思義佛　南无善化佛
南无善愛佛　南无善眼佛
南无善觀佛　南无善行佛

南无善住清淨功德寶佛　南无善跡佛
南无善思義佛　南无善化佛
南无善愛佛　南无善眼佛
南无善觀佛　南无善行佛
南无善生佛　南无善華佛
南无善香佛　南无善壽佛
從此以上八百佛十二部經一切賢聖
南无善辟佛　南无善光佛
南无善山佛　南无功德山佛
南无寶山佛　南无智山佛
南无勝山佛　南无上山佛
南无光明莊嚴佛　南无大光明莊嚴佛
南无清淨莊嚴佛　南无波頭摩莊嚴佛
南无寶中佛　南无金剛合佛
南无金剛齊佛　南无碎金剛佛
南无碎金剛堅佛　南无降伏魔佛
南无不空見佛　南无愛見佛
南无現見佛　南无善見佛
南无大善見佛　南无普見佛
南无无垢見佛　南无見平等不平等佛
南无見一切義佛　南无斷一切障㝵佛
南无斷一切衆生病佛　南无一切世間愛見佛
南无上妙佛　南无大莊嚴佛
南无一切三昧佛　南无度一切疑佛

南无斷一切衆生病佛　南无一切世間愛見佛
南无上妙佛　南无大莊嚴佛
南无一切三昧佛　南无度一切疑佛
南无度一切法佛　南无不取諸法佛
南无一切清淨佛　南无一切義成就佛
南无一切通佛　南无華通佛
南无波頭摩樹提盧迦通佛
南无俱蘇摩通佛
南无海住持勝智慧盧迦通佛
次禮十二部尊經大藏法輪
南无賢思經　南无雜寶藏經
南无賢劫經　南无大般涅槃經
南无十住毗婆沙經　南无三藏經
南无大莊嚴論經　南无阿育王經
南无優婆塞經　南无道行經
南无小品經　南无菩薩地經
南无菩薩地持經　南无阿差尼經
南无雜心經　南无中阿含經
南无彌勒成佛經　南无大臣經
南无百緣經　南无華手經
南无悲華經　南无觀三昧經
南无大雲經　南无中論經
南无法華經　南无普曜經
南无大樓炭經　南无佛本行經
次禮十方諸大菩薩

南无大雲經　南无中論經
南无法華經　南无普曜經
南无大樓炭經　南无佛本行經
次禮十方諸大菩薩
南无勝成就菩薩　南无勝藏菩薩
南无波頭摩勝菩薩　南无成就有菩薩
南无地持菩薩　南无寶掌菩薩
南无寶印手菩薩　南无師子意菩薩
南无師子奮迅吼聲菩薩　南无虛空藏菩薩
南无發心即轉法輪菩薩
南无一切聲差別樂說菩薩
南无山樂說菩薩　南无大海意菩薩
南无大山菩薩　南无愛見菩薩
南无歡喜王菩薩　南无无邊觀菩薩
南无无邊觀行菩薩　南无破邪見魔菩薩
南无无憂德菩薩　南无成就一切義菩薩
南无師子菩薩　南无善住意菩薩
南无无比心菩薩　南无那羅德菩薩
次禮聲聞緣覺一切賢聖
從此以上九百佛十二部經一切賢聖
南无毗耶離辟支佛　南无俱薩羅辟支佛
南无波藪陀羅辟支佛　南无无妻淨心辟支佛
南无寶无垢辟支佛　南无福德辟支佛
南无黑辟支佛　南无唯黑辟支佛
南无直福德辟支佛　南无識辟支佛

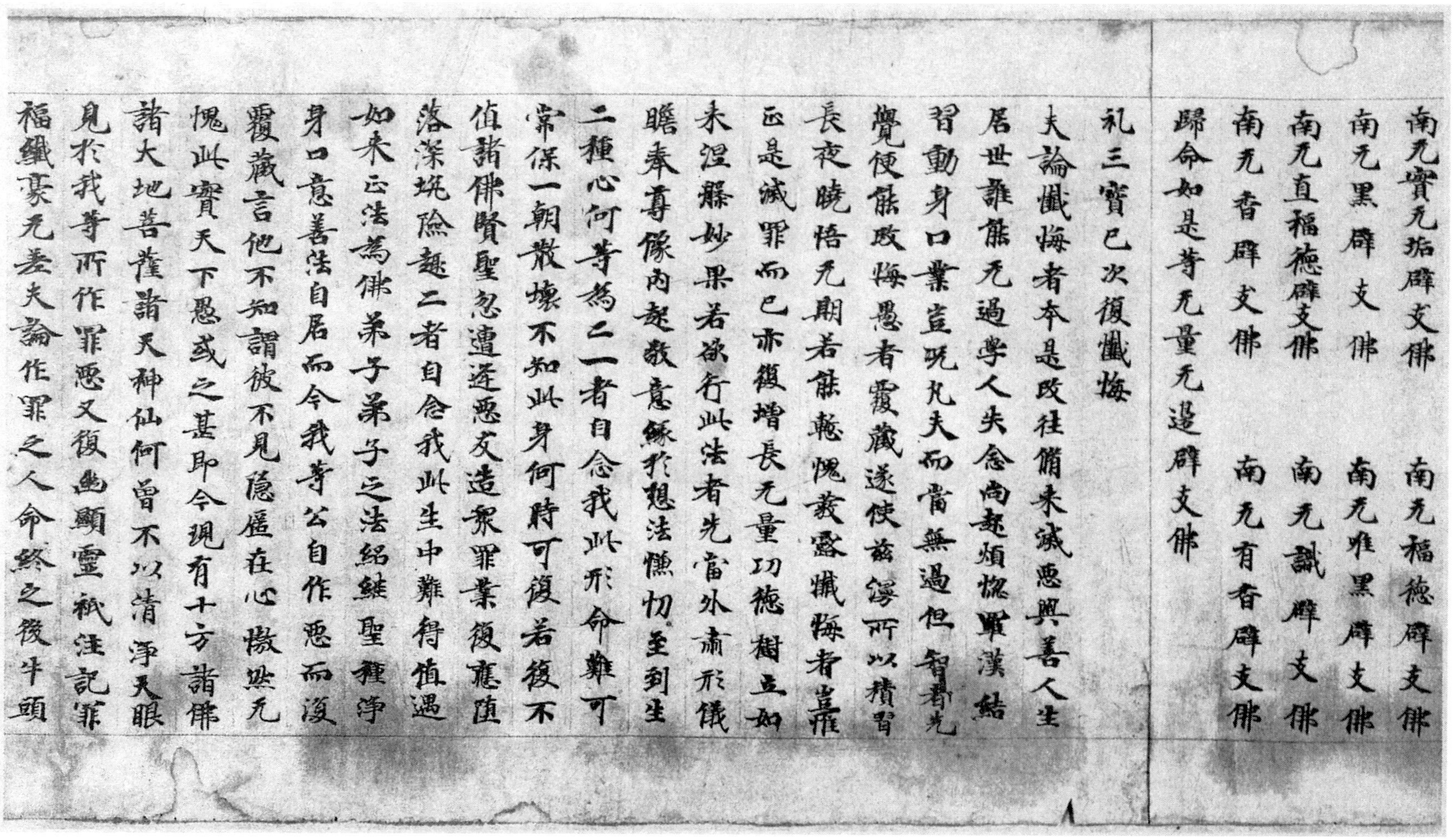

南无寶无垢辟支佛　南无福德辟支佛
南无黑辟支佛　南无惟黑辟支佛
南无直福德辟支佛　南无識辟支佛
南无香辟支佛　南无有香辟支佛
歸命如是等无量无邊辟支佛
礼三寶已次復懺悔
夫論懺悔者本是改往脩來滅惡興善人生
居世誰能无過學人失念尚起煩惱羅漢結
習動身口業豈況凡夫而當無過但智者先
覺便能改悔愚者覆藏遂使滋蔓所以積習
長夜曉悟无期若能慚愧發露懺悔者豈
正是滅罪而已亦復增長无量功德樹立如
來涅槃妙果若欲行此法者先當外肅形儀
瞻奉尊像內起敬意緣於想法懇切至到生
二種心何等為二一者自念我此形命難可
常保一朝散壞不知此身何時可復若復不
值諸佛賢聖忽遭逢惡友造衆罪業復應墮
落深坑險趣二者自念我此生中難得值遇
如來正法為佛弟子弟子之法紹繼聖種淨
身口意善法自居而今我等公自作惡而復
覆藏言他不知謂彼不見隱匿在心傲然无
愧此實天下愚惑之甚即今現有十方諸佛
諸大地菩薩諸天神仙何曾不以清淨天眼
見於我等所作罪惡又復幽顯靈祇注記罪
福纖豪无差夫論作罪之人命終之後牛頭

BD03534 號　佛名經（十六卷本）卷一　（35–32）

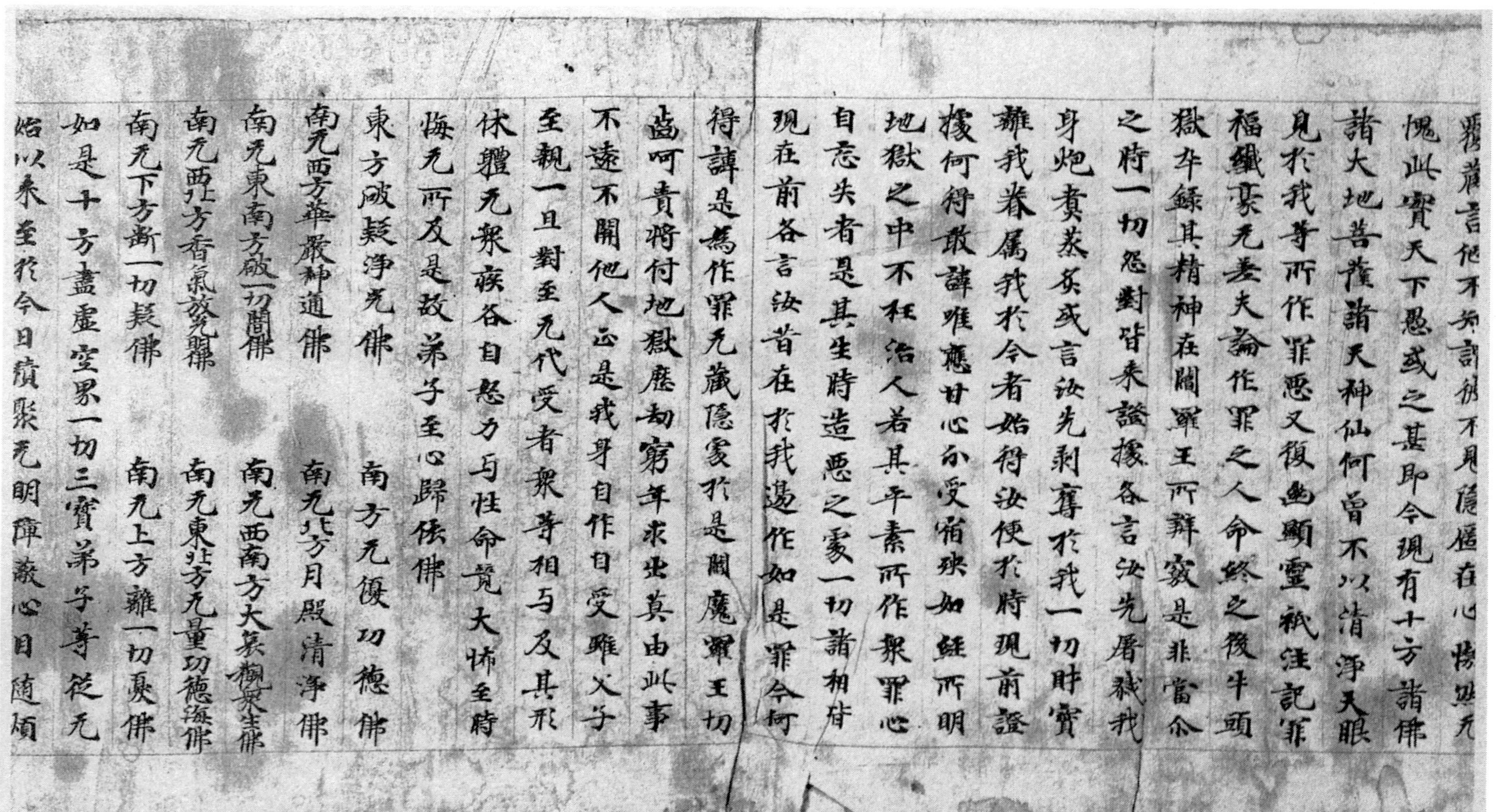

覆藏言他不知謂彼不見隱匿在心傲然无
愧此實天下愚惑之甚即今現有十方諸佛
諸大地菩薩諸天神仙何曾不以清淨天眼
見於我等所作罪惡又復幽顯靈祇注記罪
福纖豪无差夫論作罪之人命終之後牛頭
獄卒錄其精神在閻羅王所辯竅是非當今
之時一切怨對皆來證據各言汝先屠裂我
身炮煮蒸炙或言汝先剝奪於我一切財寶
離我眷屬我於今者始得汝便於時現前證
據何得敢諱唯應甘心分受宿殃如經所明
地獄之中不枉治人若其平素所作衆罪心
自忘失者是其生時造惡之處一切諸相皆
現在前各言汝昔在於我邊作如是罪今何
得諱是為作罪无藏隱處於是閻魔羅王切
齒呵責將付地獄歷劫窮年求出莫由此事
不遠不關他人正是我身自作自受雖父子
至親一旦對至无代受者衆等相與及其形
休體无衆病各自努力与性命競大怖至時
悔无所及是故弟子至心歸依佛
東方成疑淨无佛　南方无優功德佛
南无西方華嚴神通佛　南无北方月殿清淨佛
南无東南方破一切闇佛　南无西南方大哀觀衆生佛
南无西北方香氣放光明佛　南无東北方无量功德海佛
南无下方斷一切疑佛　南无上方離一切憂佛
如是十方盡虛空界一切三寶弟子等從无
始以來至於今日積聚无明障蔽心目隨煩

BD03534 號　佛名經（十六卷本）卷一　（35–33）

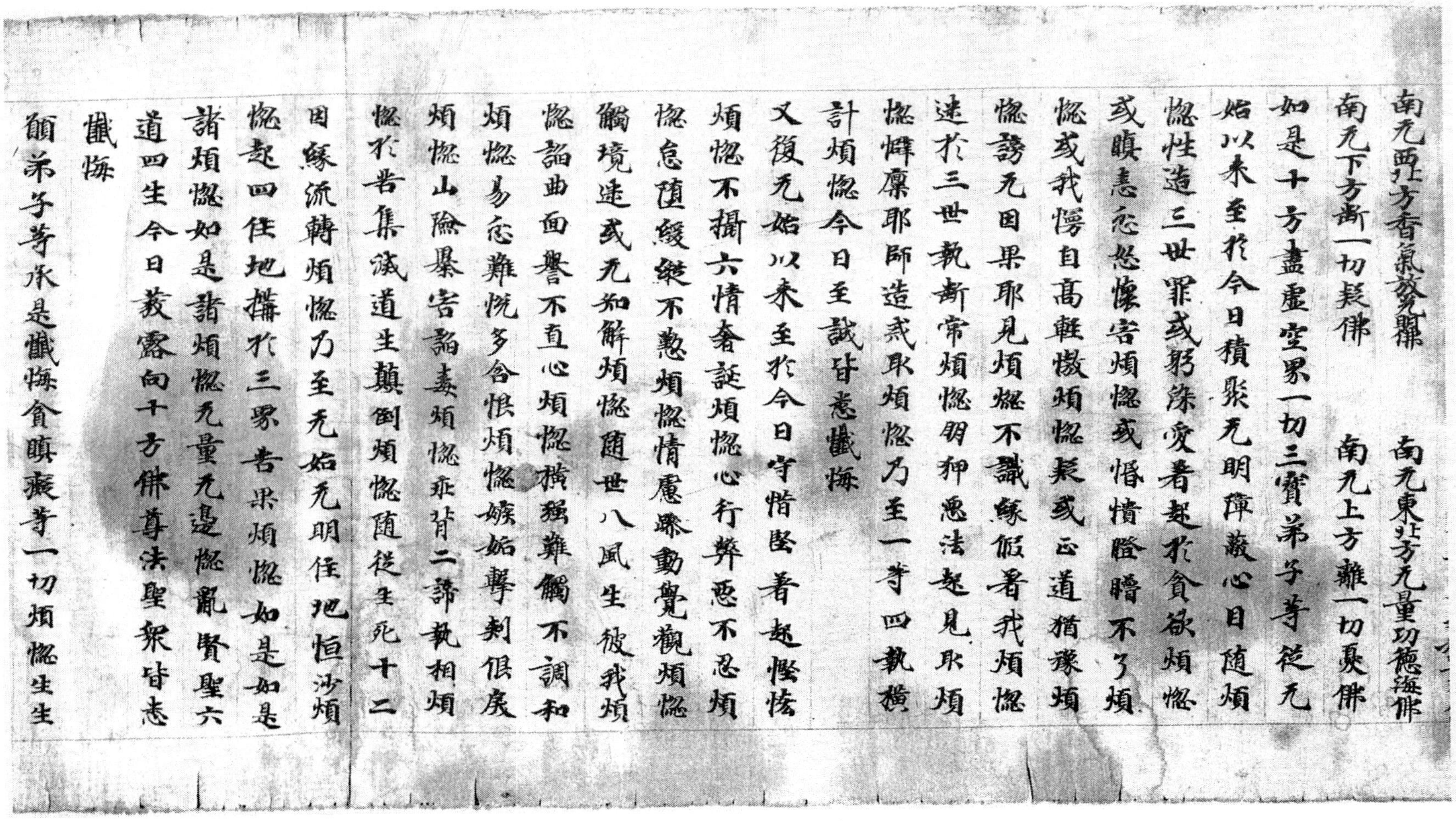

南无西北方香氣熒佛　南无東北方无量功德海佛
南无下方斷一切疑佛　南无上方離一切憂佛
如是十方盡虛空界一切三寶弟子等從无
始以來至於今日積聚无明障蔽心目隨煩
惱性造三世罪或躭染愛著起於貪欲煩惱
或瞋恚忿怒懷害煩惱或惛懵瞪矒不了煩
惱或我慢自高輕傲煩惱疑或正道猶豫煩
惱謗无因果耶見煩惱不識緣假著我煩惱
迷於三世執斷常煩惱朋狎惡法起見取煩
惱僻稟耶師造戒取煩惱乃至一切四執橫
計煩惱今日至誠皆悉懺悔
又復无始以來至於今日守惜堅著起慳恡
煩惱不攝六情奢誕煩惱心行弊惡不忍煩
惱怠墮緩縱不懃煩惱情慮躁動覺觀煩惱
觸境迷或无知解煩惱隨世八風生彼我煩
惱諂曲面譽不直心煩惱橫強難觸不調和
煩惱易忿難悅多含恨煩惱嫉妬擊刺很戾
煩惱山險暴害諂毒煩惱乖背二諦執相煩
惱於苦集滅道生顛倒煩惱隨從生死十二
因緣流轉煩惱乃至无始无明住地恒沙煩
惱起四住地攝於三界苦果煩惱如是如是
諸煩惱如是諸煩惱无量无邊惱亂賢聖六
道四生今日發露向十方佛尊法聖眾皆悉
懺悔
願弟子等承是懺悔貪瞋癡等一切煩惱生生

BD03534號　佛名經（十六卷本）卷一　（35–34）

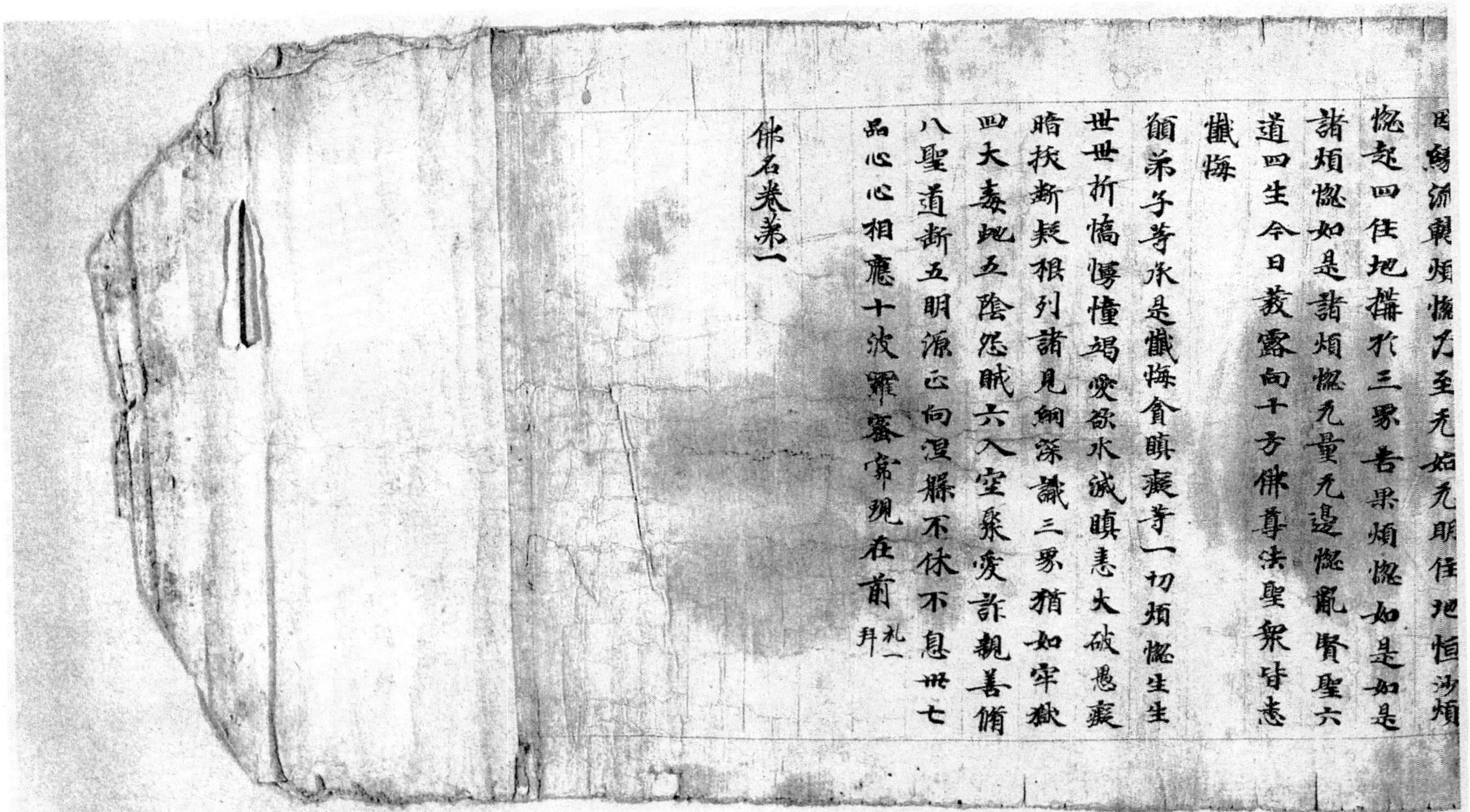

因緣流轉煩惱乃至无始无明住地恒沙煩
惱起四住地攝於三界苦果煩惱如是如是
諸煩惱如是諸煩惱无量无邊惱亂賢聖六
道四生今日發露向十方佛尊法聖眾皆悉
懺悔
願弟子等承是懺悔貪瞋癡等一切煩惱生生
世世折憍慢幢竭愛欲水滅瞋恚火破愚癡
闇拔斷疑根列諸見網深識三界猶如牢獄
四大毒蛇五陰怨賊六入空聚愛詐親善脩
八聖道斷五明源正向涅槃不休不息卅七
品心心相應十波羅蜜常現在前 禮一拜
佛名卷第一

BD03534號　佛名經（十六卷本）卷一　（35–35）

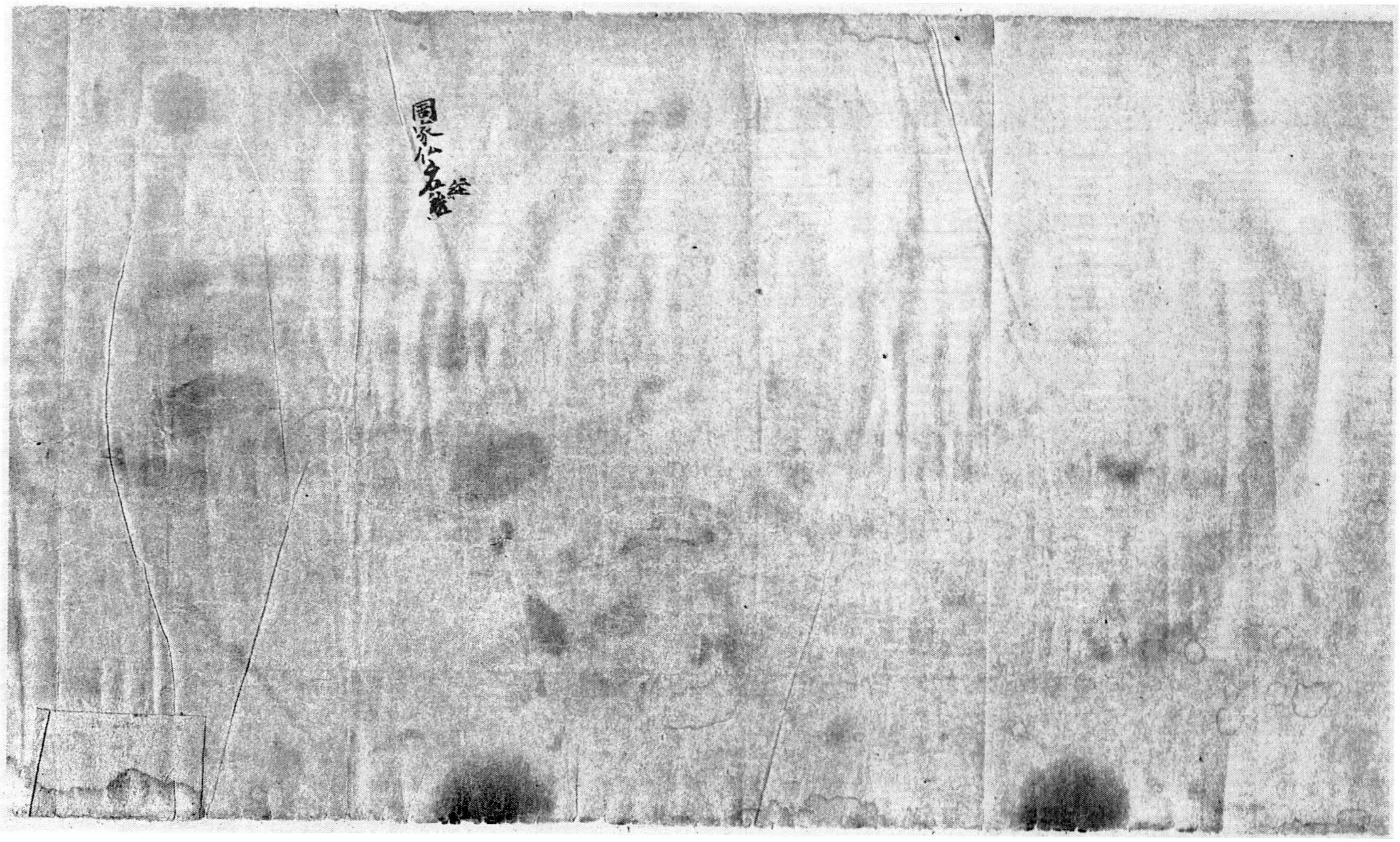

BD03534 號背　題記　　（1–1）

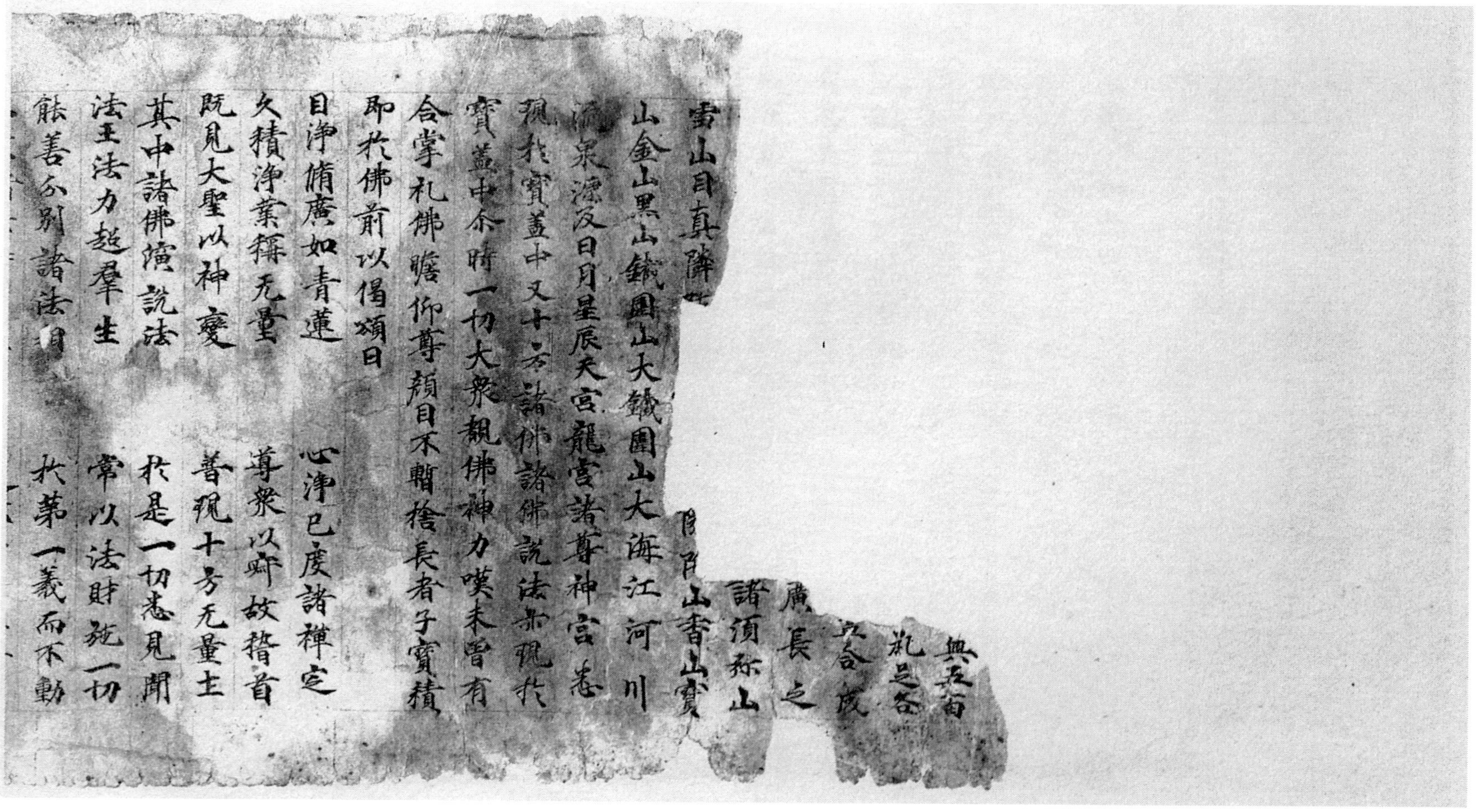

雷山目真隣
山金山黑山鐵圍山大鐵圍山大海江河川
流泉源及日月星辰天宫龍宫諸尊神宫悉
現於寶蓋中又十方諸佛諸佛說法亦現於
寶蓋中尒時一切大衆覩佛神力嘆未曾有
合掌礼佛瞻仰尊顏目不暫捨長者子寶積
即於佛前以偈頌日
目淨脩廣如青蓮　心淨已度諸禪定
久積淨業稱无量　導衆以寂故稽首
既見大聖以神變　普現十方无量土
其中諸佛演說法　於是一切悉見聞
法王法力超群生　常以法財施一切
能善分別諸法相　於第一義而不動

BD03535 號　維摩詰所說經卷上　　（26–1）

久積淨業稱无量　導衆以寂故稽首
既見大聖以神變　普現十方无量土
其中諸佛演說法　於是一切悉見聞
法王法力超羣生　常以法財施一切
能善分別諸法相　於第一義而不動
已於諸法得自在　是故稽首此法王
說法不有亦不无　以因緣故諸法生
无我无造无受者　善惡之業亦不亡
始在佛樹力降魔　得甘露滅覺道成
已无心意无受行　而悉摧伏諸外道
三轉法輪於大千　其輪本來常清淨
天人得道此為證　三寶於是現世間
以斯妙法濟羣生　一受不退常寂然
度老病死大醫王　當禮法海德无邊
毀譽不動如須弥　於善不善等以慈
心行平等如虛空　孰聞人寶不敬承
今奉世尊此微蓋　於中現我三千界
諸天龍神所居宮　揵闥婆等及夜叉
悉見世間諸所有　十力哀現是化變
衆覩希有皆嘆佛　今我稽首三界尊
大聖法王衆所歸　淨心觀佛靡不欣
各見世尊在其前　斯則神力不共法
佛以一音演說法　衆生隨類各得解
皆謂世尊同其語　斯則神力不共法
佛以一音演說法　衆生各各隨所解
普得受行獲其利　斯則神力不共法
佛以一音演說法　或有恐畏或歡喜

BD03535 號　維摩詰所說經卷上　（26–2）

佛以一音演說法　衆生隨類各得解
皆謂世尊同其語　斯則神力不共法
佛以一音演說法　衆生各各隨所解
普得受行獲其利　斯則神力不共法
佛以一音演說法　或有恐畏或歡喜
或生厭離或斷疑　斯則神力不共法
稽首十力大精進　稽首已得无所畏
稽首住於不共法　稽首一切大導師
稽首能斷衆結縛　稽首已到於彼岸
稽首能度諸世間　稽首永離生死道
悉知衆生來去相　善於諸法得解脫
不著世間如蓮華　常善入於空寂行
達諸法相无罣㝵　稽首如空无所依
尒時長者子寶積說此偈已白佛言世尊是
五百長者子皆已發阿耨多羅三藐三菩提
心願聞得佛國土清淨唯願世尊說諸菩薩
淨土之行佛言善哉寶積乃能為諸菩薩問
於如來淨土之行諦聽諦聽善思念之當為
汝說於是寶積及五百長者子受教而聽佛
言寶積衆生之類是菩薩佛土所以者何菩
薩隨所化衆生而取佛土隨所調伏衆生而
取佛土隨諸衆生應以何國入佛智慧而取
佛土隨諸衆生應以何國起菩薩根而取佛
土所以者何菩薩取於淨國皆為饒益諸衆
生故譬如有人欲於空地造立宮室隨意无
礙若於虛空終不能成菩薩如是為成就衆
生故願取佛國願取佛國者非於空也寶積

BD03535 號　維摩詰所說經卷上　（26–3）

佛土隨諸衆生應以何國起菩薩根而取佛
土所以者何菩薩取於淨國皆為饒益諸衆
生故譬如有人欲於空地造立宮室隨意无
礙若於虛空終不能成菩薩如是為成就衆
生故願取佛國願取佛國者非於空也寶積
當知直心是菩薩淨土菩薩成佛時不諂衆
生來生其國深心是菩薩淨土菩薩成佛時
具足功德衆生來生其國發大乘心是菩薩淨
土菩薩成佛時大乘衆生來生其國布施
是菩薩淨土菩薩成佛時一切能捨衆生來
生其國持戒是菩薩淨土菩薩成佛時行十
善道滿願衆生來生其國忍辱是菩薩淨土
菩薩成佛時卅二相莊嚴衆生來生其國精
進是菩薩淨土菩薩成佛時懃脩一切功德
衆生來生其國禪定是菩薩淨土菩薩成佛
時攝心不亂衆生來生其國智慧是菩薩淨
土菩薩成佛時正定衆生來生其國四无量
心是菩薩淨土菩薩成佛時成就慈悲喜捨
衆生來生其國四攝法是菩薩淨土菩薩成
佛時解脫所攝衆生來生其國方便是菩薩
淨土菩薩成佛時於一切法方便无閡衆生
來生其國卅七道品是菩薩淨土菩薩成佛
時念處正懃神足根力覺道衆生來生其國迴
向心是菩薩淨土菩薩成佛時得一切具足
功德國土說除八難是菩薩淨土菩薩成佛
時國土无有三惡八難自守戒行不譏彼闕是

BD03535號　維摩詰所說經卷上　（26–4）

向心是菩薩淨土菩薩成佛時得一切具足
功德國土說除八難是菩薩淨土菩薩成佛
時國土无有三惡八難自守戒行不譏彼闕是
菩薩淨土菩薩成佛時國土无有犯禁之名
十善道是菩薩淨土菩薩成佛時命不中夭
大富梵行所言誠諦常以濡語眷屬不離善和
諍訟言必饒益不嫉不恚正見衆生來生其
國如是寶積菩薩隨其直心則能發行隨其
發行則得深心隨其深心則意調伏隨意調
伏則如說行隨如說行則能迴向隨其迴向
則有方便隨其方便則成就衆生隨成就衆
生則佛土淨隨佛土淨則說法淨隨說法淨
則智慧淨隨智慧淨則其心淨隨其心淨則
一切功德淨是故寶積若菩薩欲得淨土當
淨其心隨其心淨則佛土淨
尒時舍利弗承佛威神作是念若菩薩心淨
則佛土淨者我世尊本為菩薩時意豈不淨
而是佛土不淨若此佛知其念即告之言於
意云何日月豈不淨耶而盲者不見對曰不
也世尊是盲者過非日月咎舍利弗衆生罪
故不見如來佛國嚴淨非如來咎舍利弗我
此土淨而汝不見尒時螺髻梵王語舍利弗
勿作是意謂此佛土以為不淨所以者何我
見釋迦牟尼佛土清淨譬如自在天宮舍利
弗言我見此土丘陵坑坎荊棘沙礫土石諸
山穢惡充滿螺髻梵言仁者心有高下不依

BD03535號　維摩詰所說經卷上　（26–5）

見釋迦牟尼佛土清淨譬如自在天宮舍利
弗言我見此土丘陵坑坎荊棘沙礫土石諸
山穢惡充滿螺髻梵言仁者心有高下不依
佛慧故見此土為不淨耳舍利弗菩薩於一
切衆生悉皆平等深心清淨依佛智慧則能
見此佛土清淨於是佛以足指案地即時三
千大千世界若干百千珍寶嚴飾譬如寶莊
嚴佛无量功德寶莊嚴土一切大衆嘆未曾
有而皆自見坐寶蓮華佛告舍利弗汝且觀
是佛土嚴淨舍利弗言唯然世尊本所不
見本所不聞今佛國土嚴淨悉現佛語舍利
弗我佛國土常淨若此為欲度斯下劣人故
示是衆惡不淨土耳譬如諸天共寶器食隨
其福德飯色有異如是舍利弗若人心淨便
見此土功德莊嚴當佛現此國土嚴淨之時
寶積所將五百長者子皆得无生法忍八万
四千人發阿耨多羅三藐三菩提心佛攝神足
於是世界還復如故求聲聞乘三万二千天及
人知有為法皆悉无常遠塵離垢得法眼淨
八千比丘不受諸法漏盡意解
方便品第二
尒時毗耶離大城中有長者名維摩詰已曾
供養无量諸佛深殖善本得无生忍辯才无
礙遊戲神通逮諸揔持獲无所畏降魔勞怨
入深法門善於智度通達方便大願成就明
了衆生心之所趣又能分別諸根利鈍久於

BD03535號　維摩詰所說經卷上　（26–6）

尒時毗耶離大城中有長者名維摩詰已曾
供養无量諸佛深殖善本得无生忍辯才无
礙遊戲神通逮諸揔持獲无所畏降魔勞怨
入深法門善於智度通達方便大願成就明
了衆生心之所趣又能分別諸根利鈍久於
佛道心已純淑決定大乘諸有所作能善思
量住佛威儀心大如海諸佛咨嗟弟子釋梵
世主所敬欲度人故以善方便居毗耶離資財
无量攝諸貧民奉戒清淨攝諸毀禁以
忍調行攝諸恚怒以大精進攝諸懈怠一心禪
寂攝諸亂意以決定慧攝諸无智雖為白衣
奉持沙門清淨律行雖處居家不著三界示
有妻子常脩梵行現有眷屬常樂遠離雖服
寶飾而以相好嚴身雖復飲食而以禪悅為
味若至博弈戲處輙以度人受諸異道不毀
正信雖明世典常樂佛法一切見敬為供養
中最執持正法攝諸長幼一切治生諧偶雖
獲俗利不以喜悅遊諸四衢饒益衆生入治
政法救護一切入講論處導以大乘入諸學
堂誘開童蒙入諸婬舍示欲之過入諸酒肆
能立其志若在長者長者中尊為說勝法若
在居士居士中尊斷其貪著若在剎利剎利
中尊教以忍辱若在婆羅門婆羅門中尊
除其我慢若在大臣大臣中尊教以正法若
在王子王子中尊示以忠孝若在內官內官
中尊化政宮女若在庶民庶民中尊令興福
力若在梵天梵天中尊誨以勝慧若在帝釋

BD03535號　維摩詰所說經卷上　（26–7）

在居士居士中尊斷其貪著若在剎利剎利
中尊教以忍辱若在婆羅門婆羅門中尊
除其我慢若在大臣大臣中尊教以正法若
在王子王子中尊示以忠孝若在內官內官
中尊化政宮女若在庶民庶民中尊令興福
力若在梵天梵天中尊誨以勝慧若在帝釋
帝釋中尊示現无常若在護世護世中尊護
諸衆生長者維摩詰以如是等无量方便饒
益衆生其以方便現身有疾以其疾故國王
大臣長者居士婆羅門等及諸王子并餘官
屬无數千人皆往問疾其往者維摩詰因以
身疾廣為說法諸仁者是身无常无強无力
无堅速朽之法不可信也為苦為惱衆病所集
諸仁者如此身明智者所不怙是身如聚沫
不可撮摩是身如泡不得久立是身如炎從
渴愛生是身如芭蕉中无有堅是身如幻從
顛倒起是身如夢為虛妄見是身如影從業
緣現是身如響屬諸因緣是身如浮雲須臾
變滅是身如電念念不住是身无住為如地
是身无我為如火是身无壽為如風是身无
人為如水是身不實四大為家是身為空離
我我所是身无知如草木瓦礫是身无作風
力所轉是身不淨穢惡充滿是身為虛偽雖
假以澡浴衣食必歸磨滅是身為災百一病
惱是身如丘井為老所逼是身无定為要當
死是身如毒蛇如怨賊如空聚陰界諸入所

BD03535號　維摩詰所說經卷上　　（26–8）

假以澡浴衣食必歸磨滅是身為災百一病
惱是身如丘井為老所逼是身无定為要當
死是身如毒蛇如怨賊如空聚陰界諸入所
共合成諸仁者此可患厭當樂佛身所以者
何佛身者即法身也從无量功德智慧生從
戒定慧解脫解脫知見生從慈悲喜捨生從
布施持戒忍辱柔和懃行精進禪定解脫三
昧多聞智慧諸波羅蜜生從方便生從六通
生從三明生從卅七道品生從止觀生從十力
四无所畏十八不共法生從斷一切不善法
集一切善法生從真實生從不放逸生從如
是无量清淨法生如來身諸仁者欲得佛身
斷一切衆生病者當發阿耨多羅三藐三菩
提心如是長者維摩詰為諸問疾者如應說
法令无數千人皆發阿耨多羅三藐三菩提
心

弟子品第三

尒時長者維摩詰自念寢疾于林世尊大慈
寧不垂愍佛知其意即告舍利弗汝行詣維
摩詰問疾舍利弗白佛言世尊我不堪任詣
彼問疾所以者何憶念我昔曾於林中宴坐
樹下時維摩詰來謂我言唯舍利弗不必是
坐為宴坐也夫宴坐者不於三界而現身意是
為宴坐不起滅定而現諸威儀是為宴坐不
捨道法而現凡夫事是為宴坐心不住內亦
不在外是為宴坐於諸見不動而脩行三十
七品是為宴坐不斷煩惱而入涅槃是為宴

BD03535號　維摩詰所說經卷上　　（26–9）

樹下時維摩詰來謂我言唯舍利弗不必是
坐為宴坐也夫宴坐者不於三界現身意是
為宴坐不起滅定而現諸威儀是為宴坐不
捨道法而現凡夫事是為宴坐心不住內亦
不在外是為宴坐於諸見不動而修行三十
七品是為宴坐不斷煩惱而入涅槃是為宴
坐若能如是坐者佛所印可時我世尊聞是
語嘿然而止不能加報故我不任詣彼問疾
佛告大目揵連汝行詣維摩詰問疾目連白
佛言世尊我不堪任詣彼問疾所以者何憶
念我昔入毗耶離大城於里巷中為諸居士
說法時維摩詰來謂我言唯大目連為白
衣居士說法不當如仁者所說夫說法者當如
法說法无眾生離眾生垢故法无有我離我
垢故法无壽命離生死故法无有人前後際
斷故法常寂然滅諸相故法離於相无所緣
故法无名字言語斷故法无有說離覺觀故
法无形相如虛空故法无戲論畢竟空故法
无我所離我所故法无分別離諸識故法无
有比无相待故法不屬因不在緣故法同法
性入諸法故法隨於如无所隨故法住實際
諸邊不動故法无動搖不依六塵故法无去
來常不住故法順空隨无相應无作法離好
醜法无增損法无生滅法无所歸法過眼耳
鼻舌身心法无高下法常住不動法離一切
觀行唯大目連法相如是豈可說乎夫說法
者无說无示其聽法者无聞无得譬如幻士

BD03535號　維摩詰所說經卷上　（26–10）

醜法无增損法无生滅法无所歸法過眼耳
鼻舌身心法无高下法常住不動法離一切
觀行唯大目連法相如是豈可說乎夫說法
者无說无示其聽法者无聞无得譬如幻士
為幻人說法當建是意而為說法當了眾生
根有利鈍善於知見无所罣礙以大悲心讚
于大乘念報佛恩不斷三寶然後說法維摩
詰說是法時八百居士發阿耨多羅三藐三
菩提心我无此辯是故不任詣彼問疾
佛告大迦葉汝行詣維摩詰問疾迦葉白佛
言世尊我不堪任詣彼問疾所以者何憶念
我昔於貧里而行乞食時維摩詰來謂我言
唯大迦葉有慈悲心而不能普捨豪富從貧
乞迦葉住平等法應次行乞食為不食故應
行乞食為壞和合相故應取揣食為不受故
應受彼食以空聚想入於聚落所見色與盲
等所聞聲與響等所嗅香與風等所食味不
分別受諸觸如智證知諸法如幻相无自性无
他性本自不然今則无滅迦葉若能不捨八
邪入八解脫以邪相入正法以一食施一切
供養諸佛及眾賢聖然後可食如是食者非
有煩惱非離煩惱非入定意非起定意非
住世間非住涅槃其有施者无大福无小福
不為益不為損是為正入佛道不依聲聞迦
葉若如是食為不空食人之施也時我世尊聞
說是語得未曾有即於一切菩薩深起敬心
復作是念斯有家名辯才智慧乃能如是其

BD03535號　維摩詰所說經卷上　（26–11）

住世間非住涅槃其有施者无大福无小福
不為益不為損是為正入佛道不依聲聞迦
葉若如是食為不空食人之施也時我世尊聞
說是語得未曾有即於一切菩薩深起敬心
復作是念斯有家名辯才智慧乃能如是其
誰不發阿耨多羅三藐三菩提心我從是來
不復勸人以聲聞辟支佛行是故不任詣彼
問疾
佛告須菩提汝行詣維摩詰問疾須菩提白
佛言世尊我不堪任詣彼問疾所以者何憶
念我昔入其舍從乞食時維摩詰取我鉢盛
滿飯謂我言唯須菩提若能於食等者諸法
亦等諸法等者於食亦等如是行乞乃可取
食若須菩提不斷婬怒癡亦不與俱不壞於
身而隨一相不滅癡愛起於明脫以五逆相
而得解脫亦不解不縛不見四諦非不見諦
非得果非凡夫非離凡夫法非聖人非不聖人
雖成就一切法而離諸法相乃可取食若
須菩提不見佛不聞法彼外道六師富蘭那
迦葉末迦梨拘賒梨子那闍夜毗羅胝子阿
耆多翅舍欽婆羅迦羅鳩馱迦旃延尼犍陀
若提子等是汝之師因其出家彼師所墮汝
亦隨墮乃可取食若須菩提入諸耶見不到
彼岸住於八難不得无難同於煩惱離清淨
法汝得无諍三昧一切衆生亦得是定其施
汝者不名福田供養汝者墮三惡道為與衆
魔共一手作諸勞侶汝與衆魔及諸塵勞等

亦隨墮乃可取食若須菩提入諸耶見不到
彼岸住於八難不得无難同於煩惱離清淨
法汝得无諍三昧一切衆生亦得是定其施
汝者不名福田供養汝者墮三惡道為與衆
魔共一手作諸勞侶汝與衆魔及諸塵勞等
无有異於一切衆生而有怨心謗諸佛毀於
法不入衆數終不得滅度汝若如是乃可取
食時我世尊聞此語茫然不識是何言不知以
何荅便置鉢欲出其舍維摩詰言唯須菩提
取鉢勿懼於意云何如來所作化人若以是
事詰寧有懼不我言不也維摩詰言一切諸
法如幻化相汝今不應有所懼也所以者何
一切言說不離是相至於智者不著文字故
无所懼何以故文字性離无有文字是則解
脫解脫相者則諸法也維摩詰說是語時二
百天子得法眼淨故我不任詣彼問疾
佛告富樓那彌多羅尼子汝行詣維摩詰問
疾富樓那白佛言世尊我不堪任詣彼問疾
所以者何憶念我昔於大林中在一樹下為
諸新學比丘說法時維摩詰來謂我言唯富
樓那先當入定觀此人心然後說法无以穢
食置於寶器當知是比丘心之所念无以琉
璃同彼水精汝不能知衆生根原无得發起
以小乘法彼自无創勿傷之也欲行大道莫
示小徑无以大海內於牛跡无以日光等彼
螢火富樓那此比丘久發大乘心中忘此意
如何以小乘法而教導之我觀小乘智慧微

以小乘法彼自无創勿傷之也欲行大道莫
示小徑无以大海内於牛跡无以日光等彼
熒火富樓那此比丘久發大乘心中忘此意
如何以小乘法而教導之我觀小乘智慧微
淺猶如盲人不能分別一切衆生根之利鈍
時維摩詰即入三昧令此比丘自識宿命曾
於五百佛所殖衆德本迴向阿耨多羅三藐
三菩提即時豁然還得本心於是諸比丘稽
首礼維摩詰足時維摩詰因為說法於阿耨
多羅三藐三菩提不復退轉我念聲聞不觀
人根不應說法是故不任詣彼問疾
佛告摩訶迦旃延汝行詣維摩詰問疾迦旃
延白佛言世尊我不堪任詣彼問疾所以者
何憶念昔者佛為諸比丘略說法要我即於
後敷演其義謂无常義苦義空義无我義寂
滅義時維摩詰来謂我言唯迦旃延无以生
滅心行說實相法迦旃延諸法畢竟不生不
滅是无常義五受陰洞達空无所起是苦義
諸法究竟无所有是空義於我无我而不二
是无我義法本不然今則无滅是寂滅義說
是法時彼諸比丘心得解脫故我不任詣彼
問疾
佛告阿那律汝行詣維摩詰問疾阿那律白
佛言世尊我不堪任詣彼問疾所以者何憶
念我昔於一處經行時有梵王名曰嚴淨與
万梵俱放淨光明来詣我所稽首作礼問我

佛言世尊我不堪任詣彼問疾所以者何憶
念我昔於一處經行時有梵王名曰嚴淨與
万梵俱放淨光明来詣我所稽首作礼問我
言幾何阿那律天眼所見我即荅言仁者吾
見此釋迦牟尼佛土三千大千世界如觀掌
中阿摩勒菓時維摩詰来謂我言唯阿那律
天眼所見為作相耶无作相耶假使作相則與
外道五通等若无作相即是无為不應有見
世尊我時嘿然彼諸梵聞其言得未曾有即
為作礼而問曰世孰有真天眼者維摩詰言
有佛世尊得真天眼常在三昧悉見諸佛國不
以二相於是嚴淨梵王及其眷屬五百梵天
皆發阿耨多羅三藐三菩提心礼維摩詰足
已忽然不現故我不任詣彼問疾
佛告優波離汝行詣維摩詰問疾優波離白
佛言世尊我不堪任詣彼問疾所以者何憶
念昔者有二比丘犯律行以為恥不敢問佛
来問我言唯優波離我等犯律誠以為恥不
敢問佛願解疑悔得免斯咎我即為其如法
解說時維摩詰来謂我言唯優波離无重增
此二比丘罪當直除滅勿擾其心所以者何
彼罪性不在内不在外不在中間如佛所說
心垢故衆生垢心淨故衆生淨心亦不在内
不在外不在中間如其心然罪垢亦然諸法
亦然不出於如如優波離以心相得解脫時
寧有垢不我言不也維摩詰言一切衆生心
相[illegible]

心垢故衆生垢心淨故衆生淨心亦不在內
不在外不在中間如其心然罪垢亦然諸法
亦然不出於如如優波離以心相得解脫時
寧有垢不我言不也維摩詰言一切衆生心
相无垢亦復如是唯優波離妄想是垢无妄
想是淨顛倒是垢无顛倒是淨取我是垢不
取我是淨優波離一切法生滅不住如幻如電
諸法不相待乃至一念不住諸法皆妄見如
夢如炎如水中月如鏡中像以妄想生其知
此者是名奉律其知此者是名善解於是二
比丘言上智哉是優波離所不及持律之上
而不能說我即荅言自捨如來未有聲聞及
菩薩能制其樂說之辯其智慧明達爲若此
也時二比丘疑悔即除發阿耨多羅三藐三菩
提心作是願言令一切衆生皆得是辯故我
不任詣彼問疾
佛告羅睺羅汝行詣維摩詰問疾羅睺羅白
佛言世尊我不堪任詣彼問疾所以者何憶
念昔時毗耶離諸長者子來詣我所稽首作
礼問我言唯羅睺羅汝佛之子捨轉輪王
位出家爲道其出家者有何等利我即如法
爲說出家功德之利時維摩詰來謂我言唯
羅睺羅不應說出家功德之利所以者何无
利无功德是爲出家有爲法者可說有利有
功德夫出家者爲无爲法无爲法中无利无
功德羅睺羅出家者无彼无此亦无中間離

BD03535 號　維摩詰所說經卷上　（26–16）

利无功德是爲出家有爲法者可說有利有
功德夫出家者爲无爲法无爲法中无利无
功德羅睺羅出家者无彼无此亦无中間離
六十二見處於涅槃智者所受聖所行處降伏
衆魔度五道淨五眼得五力立五根不惱於
彼離衆雜惡摧諸外道越越假名出淤泥无
繫著无我所无所受无擾亂內懷喜護彼意
隨禪定離衆過若能如是是真出家於是維
摩詰語諸長者子汝等於正法中宜共出家
所以者何佛世難值諸長者子言居士我聞
佛言父母不聽不得出家維摩詰言然汝等
便發阿耨多羅三藐三菩提心是即出家是
即具足尒時卅二長者子皆發阿耨多羅三
藐三菩提心故我不任詣彼問疾
佛告阿難汝行詣維摩詰問疾阿難白佛言
世尊我不堪任詣彼問疾所以者何憶念昔
時世尊身小有疾當用牛乳我即持鉢詣大
婆羅門家門下立時維摩詰來謂我言唯阿
難何爲晨朝持鉢住此我言居士世尊身
小有疾當用牛乳故來至此維摩詰言止止
阿難莫作是語如來身者金剛之體諸惡已
斷衆善普會當有何疾當有何惱嘿往阿難
勿謗如來莫使異人聞此麁言令无大威德
諸天及他方淨土諸來菩薩得聞斯語阿難
轉輪聖王以少福故尚得无病豈況如來无
量福會普勝者哉行矣阿難勿使我等受斯
恥也外道梵志若聞此語當作是念何名爲師

BD03535 號　維摩詰所說經卷上　（26–17）

諸天及他方淨土諸來菩薩得聞斯語阿難
轉輪聖王以少福故尚得无病豈況如來无
量福會普勝者哉行矣阿難勿使我等受斯
恥也外道梵志若聞此語當作是念何名為師
自疾不能救而能救諸疾人可密速去勿使
人聞當知阿難諸如來身即是法身非思欲
身佛為世尊過於三界佛身无漏諸漏已盡
佛身无為不墮諸數如此之身當有何疾時
我世尊實懷慙愧得无近佛而謬聽耶即聞
空中聲曰阿難如居士言但為佛出五濁惡
世現行斯法度脫衆生行矣阿難取乳勿慙
世尊維摩詰智慧辯才為若此也是故不任
詣彼問疾如是五百大弟子各各向佛說其
本緣稱述維摩詰所言皆曰不任詣彼問疾

菩薩品第四

於是佛告彌勒菩薩汝行詣維摩詰問疾彌
勒白佛言世尊我不堪任詣彼問疾所以者
何憶念我昔為兜率天王及其眷屬說不退
轉地之行時維摩詰來謂我言彌勒世尊授
仁者記一生當得阿耨多羅三藐三菩提為
用何生得受記乎過去耶未來耶現在耶若
過去生過去生已滅若未來生未來生未至
若見在生見在生无住如佛所說比丘汝今
即時亦生亦老亦滅若以无生得受記者无
生即是正位於正位中亦无受記亦无得阿
耨多羅三藐三菩提云何彌勒受一生記乎

BD03535 號　維摩詰所說經卷上　（26–18）

若見在生見在生无住如佛所說比丘汝今
即時亦生亦老亦滅若以无生得受記者无
生即是正位於正位中亦无受記亦无得阿
耨多羅三藐三菩提云何彌勒受一生記乎
為從如生得受記耶為從如滅得受記耶若
以如生得受記者如无有生若以如滅得受
記者如无有滅一切衆生皆如也一切法亦
如也衆聖賢亦如也至於彌勒亦如也若彌
勒得受記者一切衆生亦應受記所以者何
夫如者不二不異若彌勒得阿耨多羅三藐
三菩提者一切衆生皆亦應得所以者何一
切衆生即菩提相若彌勒滅度者一切衆生
亦當滅度所以者何諸佛知一切衆生畢竟
寂滅即涅槃相不復更滅是故彌勒无以此
法誘諸天子實无發阿耨多羅三藐三菩提
心者亦无退者彌勒當令此諸天子捨於分
別菩提之見所以者何菩提者不可以身得
不可以心得寂滅是菩提滅諸相故不觀是
菩提離諸緣故不行是菩提无憶念故斷是
菩提捨諸見故離是菩提離諸妄想故鄣是
菩提鄣諸願故不入是菩提无貪著故順是
菩提順於如故住是菩提住法性故至是菩
提至實際故不二是菩提離意法故等是菩
提等虛空故无為是菩提无生住滅故知是
菩提了衆生心行故不會是菩提諸入不會
故不合是菩提離煩惱習故无處是菩提无

BD03535 號　維摩詰所說經卷上　（26–19）

提等虛空故无爲是菩提无生住滅故知是
菩提了衆生心行故不會是菩提諸入不會
故不合是菩提離煩惱習故无處是菩提无
形色故假名是菩提名字空故如化是菩提
无取捨故无乱是菩提常自靜故善寂是菩
提性清淨故无取是菩提離攀緣故无異是
菩提諸法等故无比是菩提无可喻故微妙
是菩提諸法難知故世尊維摩詰説是法
時二百天子得无生法忍故我不任詣彼問
疾
佛告光嚴童子汝行詣維摩詰問疾光嚴白
佛言世尊我不堪任詣彼問疾所以者何憶
念我昔出毗耶離大城時維摩詰方入城我
即爲作礼而問言居士從何所來荅我言吾
從道場來我問道場者何所是荅曰直心是
道場无虛假故發行是道場能辦事故深心
是道場增益功德故菩提心是道場无錯謬
故布施是道場不望報故持戒是道場得願
具故忍辱是道場於諸衆生心无閡故精進
是道場不懈退故禪定是道場心調柔故智
慧是道場現見諸法故慈是道場等衆生故
悲是道場忍疲苦故喜是道場悅樂法故捨
是道場憎愛斷故神通是道場成就六通故
解脫是道場能背捨故方便是道場教化衆
生故四攝是道場攝衆生故多聞是道場如
聞行故伏心是道場正觀諸法故卅七道

解脫是道場能背捨故方便是道場教化衆
生故四攝是道場攝衆生故多聞是道場如
聞行故伏心是道場正觀諸法故卅七道
品是道場捨有爲法故四諦是道場不誑世
間故緣起是道場无明乃至老死皆无盡故
諸煩惱是道場知如實故衆生是道場知无
我故一切法是道場知諸法空故降魔是道
場不傾動故三界是道場无所趣故師子吼是
道場无所畏故力无畏不共法是道場无諸
過故三明是道場无餘礙故一念知一切法是
道場成就一切智故如是善男子菩薩若
應諸波羅蜜教化衆生諸有所作舉足下足
當知皆從道場來住於佛法矣説是法時五
百天子皆發阿耨多羅三藐三菩提心故我
不任詣彼問疾
佛告持世菩薩汝行詣維摩詰問疾持世白
佛言世尊我不堪任詣彼問疾所以者何憶
念我昔住於靜室時魔波旬從万二千天女
狀如帝釋鼓樂絃歌來詣我所與其眷屬稽
首我足合掌恭敬於一面立我意謂是帝釋
而語之言善來憍尸迦雖福應有不當自恣
當觀五欲无常以求善本於身命財而脩堅
法即語我言正士受是万二千天女可備掃
灑我言憍尸迦无以此非法之物要我沙門
釋子此非我宜所言未訖維摩詰來謂我言
非帝釋也是爲魔來嬈固汝耳即語魔言是
諸女等可以與我如我應受魔即驚懼念維

法即語我言正士受是万二千天女可備掃
灑我言憍尸迦无以此非法之物要我沙門
釋子此非我宜所言未訖維摩詰來謂我言
非帝釋也是爲魔來嬈固汝耳即語魔言是
諸女等可以與我如我應受魔即驚懼念維
摩詰將无惱我欲隱形去而不能隱盡其神力
亦不得去即聞空中聲曰波旬以女與之乃
可得去魔以畏故俛仰而與尒時維摩詰語
諸女言魔以汝等與我汝今皆當發阿耨多
羅三藐三菩提心即隨所應而爲說法令發
道意復言汝等已發道意有法樂可以自娛
不應復樂五欲樂也天女即問何謂法樂荅
言樂常信佛樂欲聽法樂供養衆樂離五
欲樂觀五陰如怨賊樂觀四大如毒虵樂觀内
入如空聚樂隨護道意樂饒益衆生樂敬養
師樂廣行施樂堅持戒樂忍辱柔和樂懃集
善根樂神定不亂樂離垢明慧樂廣菩提心
樂降伏衆魔樂斷諸煩惱樂淨佛國土樂成
就相好故脩諸功德樂嚴飾道場樂聞深法
不畏樂三脫門不樂非時樂近同學樂於非
同學中心无恚礙樂將護惡知識樂近善知
識樂心喜清淨樂脩无量道品之法是爲菩
薩法樂於是波旬告諸女言我欲與汝俱還
天宮諸女言以我等與此居士有法樂我等
甚樂不復樂五欲樂也魔言居士可捨此女
一切所有施於彼者是爲菩薩維摩詰言我
已捨矣汝便將去令一切衆生得法願具足

天宮諸女言以我等與此居士有法樂我等
甚樂不復樂五欲樂也魔言居士可捨此女
一切所有施於彼者是爲菩薩維摩詰言我
已捨矣汝便將去令一切衆生得法願具足
於是諸女問維摩詰我等云何止於魔宮維
摩詰言諸姉有法門名无盡燈汝等當學无
盡燈者譬如一燈然百千燈冥者皆明明終
不盡如是諸姉夫一菩薩開導百千衆生令
發阿耨多羅三藐三菩提心於其道意亦不滅
盡隨所說法而自增益一切善法是名无盡
燈也汝等雖住魔宮以是无盡燈令无數
天子天女發阿耨多羅三藐三菩提心者爲
報佛恩亦大饒益一切衆生尒時天女頭面
礼維摩詰足隨魔還宮忽然不現世尊維
摩詰有如是自在神力智慧辯才故我不
任詣彼問疾
佛告長者子善得汝行詣維摩詰問疾善得
白佛言世尊我不堪任詣彼問疾所以者何
憶念我昔自於父舍設大施會供養一切沙
門婆羅門及諸外道貧窮下賤孤獨乞人期
滿七日時維摩詰來入會中謂我言長者子
夫大施會不當如汝所設當爲法施之會何
用是賤施會爲我言居士何謂法施之會法
施會者无前无後一時供養一切衆生是名
法施之會何謂也謂以菩提起於慈心以救
衆生起大悲心以持正法起於喜心以攝智
慧行於捨心以攝慳貪起檀波羅蜜以化犯

施會者无前无後一時供養一切衆生是名
法施之會何謂也謂以菩提起於慈心以救
衆生起大悲心以持正法起於喜心以攝智
慧行於捨心以攝慳貪起檀波羅蜜以化犯
戒起尸羅波羅蜜以无我法起羼提波羅蜜
以離身心相起毗梨耶波羅蜜以菩提相起
禪波羅蜜以一切智起般若波羅蜜教化衆生
而起於空不捨有爲法而起无相示現受生
而起无作護持正法起方便力以度衆生起
四攝法以敬事一切起除慢法於身命財起
三堅法於六念中起思念法於六和敬起質
直心正行善法起於淨命心淨歡喜起近賢
聖不增惡人起調伏心以出家法起於深心
以如說行起於多聞以无諍法起空閑處趣
向佛慧起於宴坐解衆生縛起脩行地以具
相好及淨佛土起福德業知一切衆生心念
如應說法起於智業知一切法不取不捨入
一相門起於慧業斷一切煩惱一切鄣礙一
切不善法起一切善業以得一切智慧一切
善法起於一切助佛道法如是善男子是爲
法施之會若菩薩住是法施會者爲大施主
亦爲一切世間福田世尊維摩詰說是法時
婆羅門衆中二百人皆發阿耨多羅三藐三
菩提心我時心得清淨嘆未曾有稽首礼維
摩詰足即解瓔珞價直百千以上之不肯取
我言居士願必納受隨意所與維摩詰乃

BD03535 號　維摩詰所說經卷上　（26–24）

法施之會若菩薩住是法施會者爲大施主
亦爲一切世間福田世尊維摩詰說是法時
婆羅門衆中二百人皆發阿耨多羅三藐三
菩提心我時心得清淨嘆未曾有稽首礼維
摩詰足即解瓔珞價直百千以上之不肯取
我言居士願必納受隨意所與維摩詰乃
受瓔珞分作二分持一分施此會中一最下
乞人持一分奉彼難勝如來一切衆會皆見
光明國土難勝如來又見珠瓔在彼佛上變
成四柱寶臺四面嚴餝不相鄣蔽時維摩詰
現神變已作是言若施主等心施一最下乞
人猶如如來福田之相无所分別等于大悲不
求果報是則名曰具足法施城中一最下乞
人見是神力聞其所說即發阿耨多羅三藐
三菩提心故我不任詣彼問疾如是諸菩薩
各各向佛說其本緣稱述維摩詰所言皆日
不任詣彼問疾

維摩詰經卷上

BD03535 號　維摩詰所說經卷上　（26–25）

人見是神力聞其所說即發阿耨多羅三藐
三菩提心故我不任詣彼問疾如是諸菩薩
各各向佛說其本緣稱述維摩詰所言皆曰
不任詣彼問疾

維摩詰經卷上

BD03535 號　維摩詰所說經卷上　（26–26）

名娑婆佛号釋迦牟尼今現在於
爲樂小法衆生敷演道教彼有菩薩名維摩
詰住不可思議解脫爲諸菩薩說法故遣化
來稱揚我名并讚此土令彼菩薩增益功德
彼菩薩言其人何如乃作是化德力无畏神
足若斯佛言甚大一切十方皆遣化往施作
佛事饒益衆生於是香積如來以衆香鉢盛
滿香飯與化菩薩時彼九百万菩薩俱發聲
言我欲詣娑婆世界供養釋迦牟尼佛并欲
見維摩詰等諸菩薩衆佛言可往攝汝身香
无令彼諸衆生起惑著心又當捨汝本形勿
使彼國求菩薩者而自鄙恥又汝於彼莫懷
輕賤而作閡想所以者何十方國土皆如虛
空又諸佛爲欲化諸樂小法者不盡現其清
淨土耳時化菩薩既受鉢飯與彼九百万菩
薩俱承佛威神及維摩詰力於彼世界忽然
不現須臾之間至維摩詰舍維摩詰即化作

BD03536 號　維摩詰所說經卷下　（12–1）

輕賤而作閡想所以者何十方國土皆如虛
空又諸佛為欲化諸樂小法者不盡現其清
淨土耳時化菩薩既受鉢飯與彼九百万菩
薩俱承佛威神及維摩詰力於彼世界忽然
不現須臾之間至維摩詰舍維摩詰即化作
九百万師子之座嚴好如前諸菩薩皆坐其
上化菩薩以滿鉢香飯與維摩詰飯香普薰
毗耶離城及三千大千世界時毗耶離婆羅
門居士等聞是香氣身意快然歎未曾有於
是長者主月蓋從八万四千人來入維摩詰舍
見其室中菩薩甚多諸師子座高廣嚴好皆
大歡喜禮眾菩薩及大弟子却住一面諸地神
虛空神及欲色界諸天聞此香氣亦皆來入
維摩詰舍時維摩詰語舍利弗等諸大聲聞
仁者可食如來甘露味飯大悲所薰无以限
意食之使不消也有異聲聞念是飯少而此
大眾人人當食化菩薩曰勿以聲聞小德小
智稱量如來无量福慧四海有竭此飯无盡
使一切人食揣若須彌乃至一劫猶不能盡所
以者何无盡戒定慧解脫解脫知見功德具足
者所食之餘終不可盡於是鉢飯悉飽眾會
猶故不賜其諸菩薩聲聞天人食此飯者身
安快樂譬如一切樂莊嚴國諸菩薩也又諸
毛孔皆出妙香亦如眾香國土諸樹之香
尒時維摩詰問眾香菩薩香積如來以何說
法彼菩薩曰我土如來无文字說但以眾香

猶故不賜其諸菩薩聲聞天人食此飯者身
安快樂譬如一切樂莊嚴國諸菩薩也又諸
毛孔皆出妙香亦如眾香國土諸樹之香
尒時維摩詰問眾香菩薩香積如來以何說
法彼菩薩曰我土如來无文字說但以眾香
令諸天人得入律行菩薩各各坐香樹下聞
斯妙香即獲一切德藏三昧得是三昧者菩
薩所有功德皆悉具足彼諸菩薩問維摩詰
今世尊釋迦牟尼以何說法維摩詰言此土
眾生剛強難化故佛為說剛強之語以調伏
之言是地獄是畜生是餓鬼是諸難處是愚
人生處是身邪行是身邪行報是口邪行是
口邪行報是意邪行是意邪行報是煞生是煞
生報是不與取是不與取報是邪婬是邪婬
報是妄語是妄語報是兩舌是兩舌報是惡
口是惡口報是无義語是无義語報是貪嫉
是貪嫉報是瞋惱是瞋惱報是邪見是邪見
報是慳悋是慳悋報是毀戒是毀戒報是瞋
恚是瞋恚報是懈怠是懈怠報是亂意是
亂意報是愚癡是愚癡報是結戒是持戒是
犯戒是應作是不應作是鄣閡是不鄣閡是
得罪是離罪是淨是垢是有漏是无漏是邪
道是正道是有為是无為是世間是涅槃以
難化之人心如猨猴故以若干種法制御其
心乃可調伏譬如為馬憶悷不調加諸楚毒

得罪是離罪是淨是垢是有漏是无漏是耶
道是正道是有為是无為是世間是涅槃以
難化之人心如猨猴故以若干種法制御其
心乃可調伏辟如象馬憹悷不調加諸楚毒
乃至徹骨然後調伏如是剛强難化衆生故
以一切苦切之言乃可入律彼諸菩薩聞說
是已皆曰未曾有也如世尊釋迦牟尼佛隱
其无量自在之力乃以貧所樂法度脫衆生
斯諸菩薩亦能勞謙以无量大悲生是佛土
維摩詰言此土菩薩於諸衆生大悲堅固誠
如所言然其一世饒益衆生多於彼國百千
劫行所以者何此娑婆世界有十事善法諸
餘淨土之所无有何等為十以布施攝貧窮
以淨戒攝毀禁以忍辱攝瞋恚以精進攝懈
怠以禪定攝乱意以智慧攝愚癡說除難法
度八難者以大乘法度樂小乘者以諸善根
濟无德者常以四攝成就衆生是為十彼菩
薩曰菩薩成就幾法於此世界行无瘡疣生
于淨土維摩詰言菩薩成就八法於此世界
行无瘡疣生于淨土何等為八饒益衆生而
不望報代一切衆生受諸苦惱所作功德盡
以施之等心衆生謙下无导於諸菩薩視之
如佛所未聞經聞之不疑不與聲聞而相違
背不嫉彼供不高己利而於其中調伏其心
常省己過不訟彼短恒以一心求諸功德是

BD03536 號　維摩詰所說經卷下　（12–4）

不望報代一切衆生受諸苦惱所作功德盡
以施之等心衆生謙下无导於諸菩薩視之
如佛所未聞經聞之不疑不與聲聞而相違
背不嫉彼供不高己利而於其中調伏其心
常省己過不訟彼短恒以一心求諸功德是
為八維摩詰文殊師利於大衆中說是法時
百千天人皆發阿耨多羅三藐三菩提心十
千菩薩得无生法忍

菩薩行品第十一

是時佛說法於菴羅樹園其地忽然廣博嚴
事一切衆會皆作金色阿難白佛言世尊以
何因緣有此瑞應是處忽然廣博嚴事一切
衆會皆作金色佛告阿難是維摩詰文殊師
利與諸大衆恭敬圍遶發意欲來故先為此
瑞應於是維摩詰語文殊師利可共見佛與
諸菩薩礼事供養文殊師利言善哉行矣今
正是時維摩詰即以神力持諸大衆并師子
座置於右掌往詣佛所到已著地稽首佛足
右遶七帀一心合掌在一面立其諸菩薩即
皆避坐稽首佛足亦遶七帀於一面立諸大
弟子釋梵四天王等亦皆避坐稽首佛足在
一面立於是世尊如法慰問諸菩薩已各令
復坐即皆受教衆坐已定佛語舍利弗汝見
菩薩大士自在神力之所為乎唯然已見汝
意云何世尊我覩其為不可思議非意所圖

BD03536 號　維摩詰所說經卷下　（12–5）

一面立於是世尊如法慰問諸菩薩已各令
復坐即皆受教衆坐已定佛語舍利弗汝見
菩薩大士自在神力之所為乎唯然已見汝
意云何世尊我覩其為不可思議非意所圖
非度所測尒時阿難白佛言世尊今所聞香
自昔未有是為何香佛告阿難是彼菩薩毛
孔之香於是舍利弗語阿難言我等毛孔亦
出是香阿難言此所從来曰是長者維摩詰
從衆香國取佛餘飯於舍食者一切毛孔皆
香若此阿難問維摩詰是香氣住當久如維
摩詰言至此飯消曰此飯久如當消曰此飯
勢力至于七日然後乃消又阿難若聲[illegible]人
未入正位食此飯者得入正位然後乃消已
入正位食此飯者得心解脫然後乃消若未
發大乘意食此飯者至發意乃消已發意食
此飯者得无生忍然後乃消已得无生忍食
此飯者至一生補處然後乃消譬如有藥名
曰上味其有服者身諸毒滅然後乃消此飯
如是滅除一切諸煩惱毒然後乃消阿難白
佛言未曾有也世尊如此香飯能作佛事佛
言如是如是阿難或有佛土以佛光明而作
佛事有以諸菩薩而作佛事有以佛所化人
而作佛事有以菩提樹而作佛事有以佛衣
服卧具而作佛事有以飯食而作佛事有以
園林臺觀而作佛事有以卅二相八十隨形

BD03536 號　維摩詰所說經卷下　（12–6）

佛事有以諸菩薩而作佛事有以佛所化人
而作佛事有以菩提樹而作佛事有以佛衣
服卧具而作佛事有以飯食而作佛事有以
園林臺觀而作佛事有以卅二相八十隨形
好而作佛事有以佛身而作佛事有以虛空
而作佛事衆生應以此緣得入律行有以夢
幻影響鏡中像水中月熱時炎如是等喻而
作佛事有以音聲語言文字而作佛事或有
清淨佛土寂漠无言无說无示无識无作无
為而作佛事如是阿難諸佛威儀進止諸所
施為无非佛事阿難有此四魔八万四千諸
煩惱門而諸衆生為之疲勞諸佛即以此法
而作佛事是名入一切諸佛法門菩薩入此
門者若見一切淨妙佛土不以為喜不貪不
高若見一切不淨佛土不以為憂不㝵不没
但於諸佛生清淨心歡喜恭敬未曾有也諸
佛如来功德平等為教化衆生故而現佛土
不同阿難汝見諸佛國土地有若干而虛空
无若干也如是見諸佛色身有若干耳其无
㝵慧无若干也阿難諸佛色身威相種性戒
定智慧解脫解脫知見力无所畏不共之法大
慈大悲威儀所行及其壽命說法教化成就
衆生淨佛國土具諸佛法悉皆同等是故名
為三藐三佛陁名為多陁阿伽度名為佛陁
阿難若我廣說此三句義汝以劫壽不能盡受

BD03536 號　維摩詰所說經卷下　（12–7）

定智慧解脫解脫知見力无所畏不共之法大
慈大悲威儀所行及其壽命說法教化成就
衆生淨佛國土具諸佛法悉皆同等是故名
為三藐三佛陁名為多陁阿伽度名為佛陁
阿難若我廣說此三句義汝以劫壽不能盡受
正使三千大千世界滿中衆生皆如阿難多
聞第一得念總持此諸人等以劫之壽亦不
能受如是阿難諸佛阿耨多羅三藐三菩提
无有限量智慧辯才不可思議阿難白佛言
我從今已後不敢自謂以為多聞佛告阿難勿
起退意所以者何我說汝於聲聞中為最多
聞非謂菩薩且止阿難其有智者不應限度
諸菩薩也一切海淵尚可測量菩薩禪定智
慧總持辯才一切功德不可量也阿難汝等
捨置菩薩所行是維摩詰一時所現神通之
力一切聲聞辟支佛於百千劫盡力變化所
不能作
尒時衆香世界菩薩來者合掌白佛言世尊
我等初見此土生下劣想今自悔責捨離是
心所以者何諸佛方便不可思議為度衆生
故隨其所應現佛國異唯然世尊願賜少法
還於彼土當念如來佛告諸菩薩有盡无盡
解脫法門汝等當學何謂為盡謂有為法何
謂无盡謂无為法如菩薩者不盡有為不住
无為何謂不盡有為謂不離大慈不捨大悲
深發一切智心而不忽忘教化衆生終不猒

BD03536 號　維摩詰所說經卷下　（12–8）

謂无盡謂无為法如菩薩者不盡有為不住
无為何謂不盡有為謂不離大慈不捨大悲
深發一切智心而不忽忘教化衆生終不猒
惓於四攝法常念順行護持正法不惜軀命
種諸善根无有疲猒志常安住方便迴向求
法不懈說法无悋勤供養諸佛不畏生死於
諸榮辱心无憂喜不輕未學敬學如佛墮煩
惱者令發正念於遠離樂不以為貴不著己樂
慶於彼樂在諸禪定如地獄想於生死中如
園觀想見來求者為善師想捨諸所有具一
切智想見毀戒人起救護想諸波羅蜜為父
母想道品之法為眷屬想發行善根无有齊
限以諸淨國嚴餝之事成己佛土行不限施
具足相好除一切惡淨身口意生死无數劫
意而有勇聞佛无量德志而不倦以智慧劍
破煩惱賊出陰界入荷負衆生永使解脫以
大精進摧伏魔軍常求无念實相智慧行少
欲知足而不捨世法不壞威儀而能隨俗起
神通慧引導衆生得念總持所聞不忘善別
諸根斷衆生疑以樂說辯演法无閡淨十善
道受天人福脩四无量開梵天道勸請說法隨
喜讚善得佛音聲身口意善得佛威儀深脩
善法所行轉勝以大乘教成菩薩僧心无放
逸不失衆善行如此法是名菩薩不盡有為
何謂菩薩不住无為謂脩學空不以空為證

BD03536 號　維摩詰所說經卷下　（12–9）

善法所行轉勝以大乘教成菩薩僧心无放
逸不失衆善行如此法是名菩薩不盡有為
何謂菩薩不住无為謂脩學空不以空為證
脩學无相无作不以无相无作為證脩學无
起不以无起為證觀於无常而不猒善本觀世
間苦而不惡生死觀於无我而誨人不惓觀於
寂滅而不永寂滅觀於遠離而身心脩善觀
无所歸而歸趣善法觀於无生而以生法荷
負一切觀於无漏而不斷諸漏觀无所行而
以行法教化衆生觀於空无而不捨大悲觀
正法位而不隨小乘觀諸法虛妄无牢无人
无主无相本願未滿而不虛福德禪定智慧
脩如此法是名菩薩不住无為又具福德故不
住无為具智慧故不盡有為大慈悲故不住
无為滿本願故不盡有為集法藥故不住无
為隨授藥故不盡有為知衆生病故不住无
為滅衆生病故不盡有為諸正士菩薩已脩
此法不盡有為不住无為是名盡无盡解脫
法門汝等當學尒時彼諸菩薩聞說是法
皆大歡喜以衆妙華若干種色若干種香
散遍三千大千世界供養於佛及此經法并
諸菩薩已稽首佛足歎未曾有言釋迦牟尼
佛乃能於此善行方便言已忽然不現還到
彼國

BD03536號　維摩詰所說經卷下　（12–10）

散遍三千大千世界供養於佛及此經法并
諸菩薩已稽首佛足歎未曾有言釋迦牟尼
佛乃能於此善行方便言已忽然不現還到
彼國

見阿閦佛品第十二　見

尒時世尊問維摩詰汝欲見如來為以何等
觀如來乎維摩詰言如自觀身實相觀佛亦
然我觀如來前際不來後際不去今則不住
不觀色不觀色如不觀色性不觀受想行識
不觀識如不觀識性非四大起同於虛空六
入无積眼耳鼻舌身心已過不在三界三垢
已離順三脫門三明與无明等不一相不異
相不自相不他相非无相非取相不此岸不
彼岸不中流而教化衆生觀於寂滅亦不永
滅不此不彼不以此不以彼不可以智知不
可以識識无晦无明无名无相无強无弱非
淨非穢不在方不離方非有為非无為无示
无說不施不慳不戒不犯不忍不恚不進不
怠不定不亂不智不愚不誠不欺不來不去
不出不入一切言語道斷非福田非不福田
非應供養非不應供養非取非捨非有相非无
相同真際等法性不可稱不可量過諸稱量
非大非小非見非聞非覺非知離衆結縛等
諸智同衆生於諸法无分別一切无失无濁
无惱无作无起无生无滅无畏无憂无喜无猒

BD03536號　維摩詰所說經卷下　（12–11）

相同真際等法性不可稱不可量過諸稱量
非大非小非見非聞非覺非知離衆結縛等
諸智同衆生於諸法无分別一切无失无濁
无惱无作无起无生无滅无畏无憂无喜无猒
无着无已有无當有无今有不可以一切言說
分別顯示世尊如來身爲若此作如是觀以
斯觀者名爲正觀若他觀者名爲耶觀尒時
舍利弗問維摩詰汝於何沒而來生此維摩
詰言汝所得法有沒生乎舍利弗言无沒生
也若諸法无沒生相云何問言汝於何沒而
來生此於意云何譬如幻師幻作男女寧有
沒生耶舍利弗言无沒生也汝豈不聞佛說
諸法如幻相乎荅曰如是若一切法如幻相
者云何問言汝於何沒而來生此舍利弗沒
者爲虛誑法敗壞之相生者爲虛誑法相續
之相菩薩雖沒不盡善本雖生不長諸惡是
時佛告舍利弗有國名妙喜佛号无動是維
摩詰於彼國沒而來生此舍利弗言未曾有
也世尊是人乃能捨清淨土而來樂此多怒
害處維摩詰語舍利弗於意云何日光出時
與冥合乎荅曰不也日光出時則无衆冥維
摩詰言夫日何故行閻浮提荅曰欲以明照

BD03536號　維摩詰所說經卷下　（12–12）

怨賊當得解脫衆商
世音菩薩稱其名故即得解脫
音菩薩摩訶薩威神之力巍巍如是若有
若有衆生多於婬欲常念恭敬觀世音菩薩便得
離欲若多瞋恚常念恭敬觀世音
離瞋若多愚癡常念恭敬觀世音
癡无盡意觀世音菩薩有如是等大威
多所饒益是故衆生常應心念若有女人設
欲求男礼拜供養觀世音菩薩便生福德智
慧之男設欲求女便生端正有相之女宿植
德本衆人愛敬无盡意觀世音菩薩有如是
力若有衆生恭敬礼拜觀世音菩薩福不唐
捐是故衆生皆應受持觀世音菩薩名号无
盡意若有人受持六十二億恒河沙菩薩名
字復盡形供養飲食衣服臥具醫藥於汝意
云何是善男子善女人功德多不无盡意言
甚多世尊佛言若復有人受持觀世音菩薩
名号乃至一時礼拜供養是二人福正等无
異於百千万億劫不可窮盡无盡意受持觀
世音菩薩名号得如是无量无邊福德之利
无盡意菩薩白佛言世尊觀世音菩薩云何

BD03537號　觀世音經　（5–1）

云何是善男子善女人功德多不无盡意言
甚多世尊佛言若復有人受持觀世音菩薩
名号乃至一時礼拜供養是二人福正等无
異於百千万億劫不可窮盡无盡意受持觀
世音菩薩名号得如是无量无邊福德之利
无盡意菩薩白佛言世尊觀世音菩薩云何
遊此娑婆世界云何而為衆生說法方便之
力其事云何佛告无盡意菩薩善男子若
有國土衆生應以佛身得度者觀世音菩薩即
現佛身而為說法應以辟支佛身得度者即
現辟支佛身而為說法應以聲聞身得度者
即現聲聞身而為說法應以梵王身得度者
即現梵王身而為說法應以帝釋身得度者
即現帝釋身而為說法應以自在天身得度
者即現自在天身而為說法應以大自在天
身得度者即現大自在天身而為說法應以
天大將軍身得度者即現天大將軍身而為
說法應以毗沙門身得度者即現毗沙門身
而為說法應以小王身得度者即現小王身
而為說法應以長者身得度者即現長者身
而為說法應以居士身得度者即現居士身
而為說法應以宰官身得度者即現宰官身
而為說法應以婆羅門身得度者即現婆羅
門身而為說法應以比丘比丘尼優婆塞優
婆夷身得度者即現比丘比丘尼優婆塞
優婆夷身而為說法應以長者居士宰官婆羅

BD03537號　觀世音經　（5–2）

而為說法應以居士身得度者即現居士身
而為說法應以宰官身得度者即現宰官身
而為說法應以婆羅門身得度者即現婆羅
門身而為說法應以比丘比丘尼優婆塞優
婆夷身得度者即現比丘比丘尼優婆塞
優婆夷身而為說法應以長者居士宰官婆羅
門婦女身得度者即現婦女身而為說法應
以童男童女身得度者即現童男童女身而
為說法應以天龍夜叉乾闥婆阿脩羅迦樓
羅緊那羅摩睺羅伽人非人等身得度者即
皆現之而為說法應以執金剛神得度者即
現執金剛神而為說法无盡意是觀世音菩
薩成就如是功德以種種形遊諸國土度脫
衆生是故汝等應當一心供養觀世音菩薩是
觀世音菩薩摩訶薩於怖畏急難之中能施
无畏是故此娑婆世界皆号之為施无畏者
无盡意菩薩白佛言世尊我今當供養觀世
音菩薩即解頸衆寶珠瓔珞價直百千兩金
而以與之作是言仁者受此法施珍寶瓔珞
時觀世音菩薩不肯受之无盡意復白觀世
音菩薩言仁者愍我等故受此瓔珞尒時佛
告觀世音菩薩當愍此无盡意菩薩及四衆
天龍夜叉乾闥婆阿脩羅迦樓羅緊那羅摩
睺羅伽人非人等故受是瓔珞即時觀世音
菩薩愍諸四衆及於天龍人非人等受其瓔

BD03537號　觀世音經　（5–3）

告觀世音菩薩當愍此无盡意菩薩及四衆
天龍夜叉乾闥婆阿脩羅迦樓羅緊那羅摩
睺羅伽人非人等故受是瓔珞即時觀世音
菩薩愍諸四衆及於天龍人非人等受其瓔
珞分作二分一分奉釋迦牟尼佛一分奉多寶
佛塔无盡意觀世音菩薩有如是自在神力
遊於娑婆世界尒時无盡意菩薩以偈問曰
世尊妙相具　我今重問彼　佛子何因緣　名為觀世音
具足妙相尊　偈答无盡意　汝聽觀音行　善應諸方所
弘誓深如海　歷劫不思議　侍多千億佛　發大清淨願
我為汝略說　聞名及見身　心念不空過　能滅諸有苦
假使興害意　推落大火坑　念彼觀音力　火坑變成池
或漂流巨海　龍魚諸鬼難　念彼觀音力　波浪不能沒
或在須弥峯　為人所推墮　念彼觀音力　如日虛空住
或被惡人逐　墮落金剛山　念彼觀音力　不能損一毛
或值怨賊遶　各執刀加害　念彼觀音力　咸即起慈心
或遭王難苦　臨刑欲壽終　念彼觀音力　刀尋段段壞
或囚禁枷鎖　手足被杻械　念彼觀音力　釋然得解脫
呪咀諸毒藥　所欲害身者　念彼觀音力　還著於本人
或遇惡羅剎　毒龍諸鬼等　念彼觀音力　時悉不敢害
若惡獸圍遶　利牙爪可怖　念彼觀音力　疾走无邊方
蚖蛇及蝮蠍　氣毒煙火然　念彼觀音力　尋聲自迴起
雲雷鼓掣電　降雹澍大雨　念彼觀音力　應時得消散
衆生被苦厄　无量苦逼身　觀音妙智力　能救世間苦
具足神通力　廣脩智方便　十方諸國土　无剎不現身
種種諸惡趣　地獄鬼畜生　生老病死苦　以漸悉令滅

BD03537號　觀世音經　　（5–4）

衆生被苦厄　无量苦逼身　觀音妙智力　能救世間苦
具足神通力　廣脩智方便　十方諸國土　无剎不現身
種種諸惡趣　地獄鬼畜生　生老病死苦　以漸悉令滅
觀　廣大智慧觀　悲觀及慈觀　常願常瞻仰
无垢清淨光　慧日破諸闇　能伏災風火　普明照世間
悲體戒雷震　慈意妙大雲　澍甘露法雨　滅除煩惱焰
諍訟經官處　怖畏軍陣中　念彼觀音力　衆怨悉退散
妙音觀世音　梵音海潮音　勝彼世間音　是故須常念
念念勿生疑　觀世音淨聖　於苦惱死厄　能為作依怙
具一切功德　慈眼視衆生　福聚海无量　是故應頂禮
尒時持地菩薩即從座起前白佛言世尊若
有衆生聞是觀世音菩薩品自在之業普門
示現神通力者當知是人功德不少佛說是
普門品時衆中八万四千衆生皆發无等等阿
耨多羅三藐三菩提心
妙法蓮花經觀世音菩薩普門品第廿五

BD03537號　觀世音經　　（5–5）

BD03538 號　四分律刪繁補闕行事鈔卷中　（2–1）

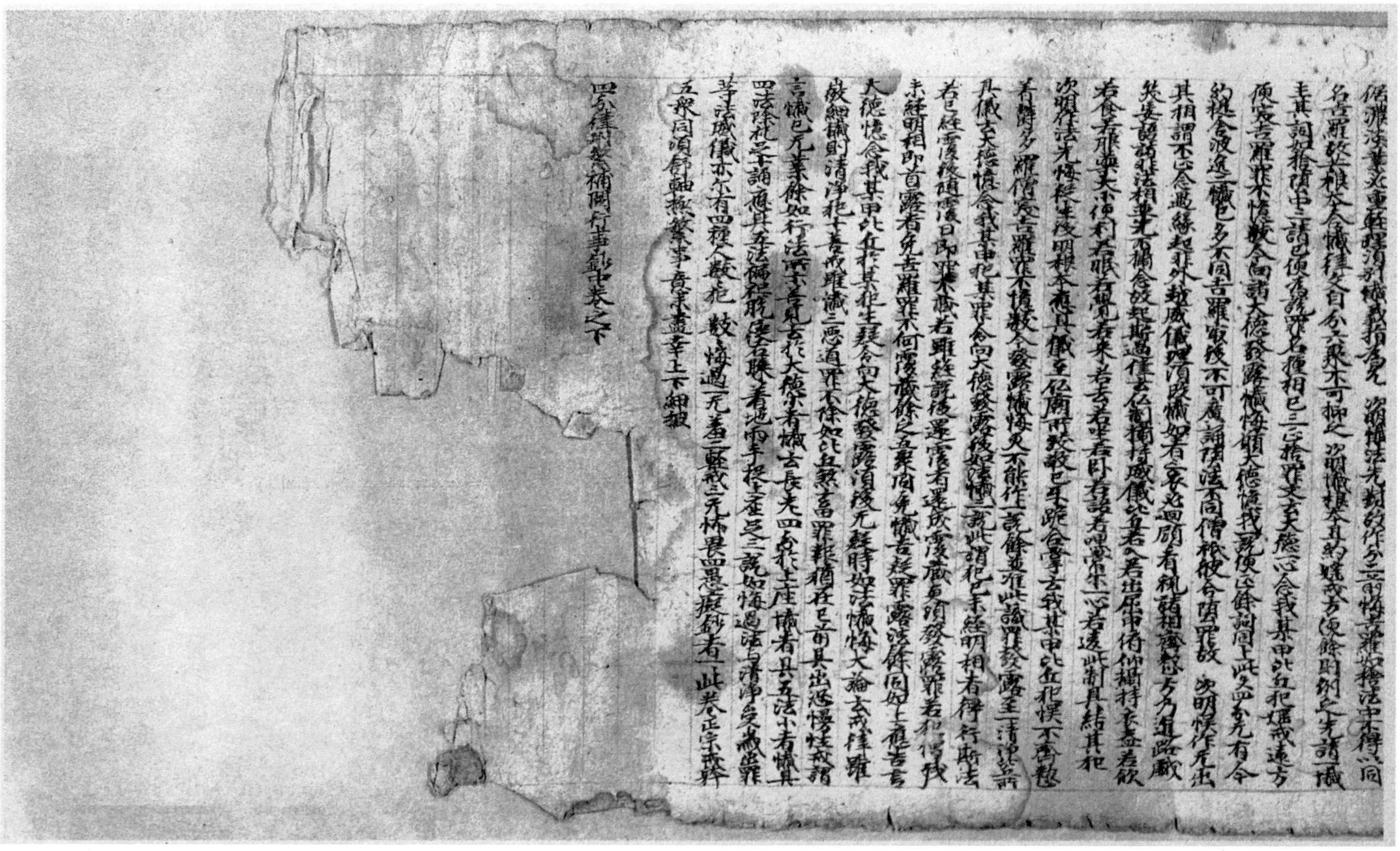

BD03538 號　四分律刪繁補闕行事鈔卷中　（2–2）

言世尊唯
大願殊勝功德令
樂像法轉時諸有情故
尒時世尊讚曼殊室利童子言善哉善哉曼
殊室利汝以大悲勸請我說諸佛名号本
願功德爲拔業鄣所纏有情利益安樂像法
轉時諸有情故汝今諦聽極善思惟當爲汝
說曼殊室利言唯然願說我等樂聞
佛告曼殊室利東方去此過十殑伽沙等佛
土有世界名淨瑠璃佛号藥師瑠璃光如來
應正等覺明行圓滿善逝世間解无上丈夫
調御士天人師佛薄伽梵曼殊室利彼世尊
藥師瑠璃光如來本行菩薩道時發十二大
願令諸有情所求皆得
苐一大願願我來世得阿耨多羅三藐三菩
提時自身光明熾然照曜无量无數无邊世
界以三十二大丈夫相八十隨好莊嚴其身
令一切有情如我无異
苐二大願願我來世得菩提時身如琉璃內
外明徹淨无瑕穢光明廣大功德巍巍身善安
住燄網莊嚴過於日月幽冥衆生悉蒙開曉

BD03539號　藥師琉璃光如來本願功德經　（14–1）

界以三十二大丈夫相八十隨好莊嚴其身
令一切有情如我无異
苐二大願願我來世得菩提時身如琉璃內
外明徹淨无瑕穢光明廣大功德巍巍身善安
住燄網莊嚴過於日月幽冥衆生悉蒙開曉
隨意所趣作諸事業
苐三大願願我來世得菩提時以无量无邊智
慧方便令諸有情皆得无盡所受用物莫令衆
生有所乏少
苐四大願願我來世得菩提時若諸有情行
邪道者悉令安住菩提道中若行聲聞獨覺
乘者皆以大乘而安立之
苐五大願願我來世得菩提時若有无量无
邊有情於我法中脩行梵行一切皆令得不缺
戒具三聚戒設有毀犯聞我名已還得清淨
不墮惡趣
苐六大願願我來世得菩提時若諸有情其
身下劣諸根不具醜陋頑愚盲聾瘖瘂攣躄
背僂白癩癲狂種種病苦聞我名已一切皆
得端政黠慧諸根完具无諸疾苦
苐七大願願我來世得菩提時若諸有情衆
病逼切无救无歸无醫无藥无親无家貧窮
多苦我之名号一經其耳衆病悉除身心安
樂家屬資具悉皆豐足乃至證得无上菩提
苐八大願願我來世得菩提時若有女人爲
女百惡之所逼惱極生厭離願捨女身聞我
名已一切皆得轉女成男具丈夫相乃至證得

BD03539號　藥師琉璃光如來本願功德經　（14–2）

…病悉除身心安
樂家屬資具悉皆豐足乃至證得无上菩提
第八大願願我來世得菩提時若有女人為
女百惡之所逼惱極生厭離願捨女身聞我
名已一切皆得轉女成男具丈夫相乃至證得
无上菩提
第九大願願我來世得菩提時令諸有情出魔
羂網解脫一切外道纏縛若墮種種惡見稠
林皆當引攝置於正見漸令修習諸菩薩行
速證无上正等菩提
第十大願願我來世得菩提時若諸有情王
法所錄縲縛鞭撻繫閉牢獄或當刑戮乃餘无
量災難陵辱悲愁煎迫身心受苦若聞我
名以我福德威神力故皆得解脫一切憂苦
第十一大願願我來世得菩提時若諸有情飢
渴所惱為求食故造諸惡業得聞我名專
念受持我當先以上妙飲食飽足其身後以
法味畢竟安樂而建立之
第十二大願願我來世得菩提時若諸有情
貧无衣服蚊䖟寒熱晝夜逼惱若聞我名專
念受持如其所好即得種種上妙衣服亦得
一切寶莊嚴具華鬘塗香鼓樂眾伎隨心所
翫皆令滿足
曼殊室利是為彼世尊藥師瑠璃光如來應
正等覺行菩薩道時所發十二微妙上願
復次曼殊室利彼世尊藥師瑠璃光如來行
菩薩道時所發大願及彼佛土功德莊嚴我
若一劫若一劫餘說不能盡然彼佛土一向清淨

BD03539 號　藥師琉璃光如來本願功德經　（14-3）

曼殊室利是為彼世尊藥師瑠璃光如來應
正等覺行菩薩道時所發十二微妙上願
復次曼殊室利彼世尊藥師瑠璃光如來行
菩薩道時所發大願及彼佛土功德莊嚴我
若一劫若一劫餘說不能盡然彼佛土一向清淨
无有女人亦无惡趣及苦音聲瑠璃為地金
繩界道城闕宮閣軒窻羅網皆七寶成亦
如西方極樂世界功德莊嚴等无差別於
其國中有二菩薩摩訶薩一名日光遍照二
名月光遍照是彼无量无數菩薩眾之上首
悉能持彼世尊藥師瑠璃光如來正法寶藏
是故曼殊室利諸有信心善男子善女人等應
當願生彼佛世界
尒時世尊復告曼殊室利童子言曼殊室利
有諸眾生不識善惡唯懷貪悋不知布施及
施果報愚癡无智闕於信根多聚財寶勤加
守護見乞者來其心不喜設不獲已而行施
時如割身肉深生痛惜復有无量慳貪有情
積集資財於其自身尚不受用何況能與父
母妻子奴婢作使及來乞者彼諸有情從此
命終生餓鬼界或傍生趣由昔人間曾得暫
聞藥師琉璃光如來名故今在惡趣暫得憶
念彼如來名即於念時從彼處沒還生人中
得宿命念畏惡趣苦不樂欲樂好行惠施讚
歎施者一切所有悉无貪惜漸次尚能以頭
目手足血肉身分施來求者況餘財物
復次曼殊室利若諸有情雖於如來受諸學

BD03539 號　藥師琉璃光如來本願功德經　（14-4）

念彼如來名即於念時從彼處沒還生人中
得宿命念畏惡趣苦不樂欲樂好行惠施讚
歎施者一切所有悉無貪惜漸次尚能以頭
目手足血肉身分施來求者況餘財物
復次曼殊室利若諸有情雖於如來受諸學
處而破尸羅有雖不破尸羅而破軌則有於
尸羅軌則雖得不壞然毀正見有雖不毀正
見而棄多聞於佛所說契經深義不能解了
有雖多聞而增上慢由增上慢覆蔽心故自
是非他嫌謗正法為魔伴黨如是愚人自行
邪見復令無量俱胝有情墮大險坑此諸有
情應於地獄傍生鬼趣流轉無窮若得聞此
藥師瑠璃光如來名号便捨惡行修諸善法
不墮惡趣設有不能捨諸惡行修行善法墮
惡趣者以彼如來本願威力令其現前暫聞
名号從彼命終還生人趣得正見精進善調
意樂便能捨家趣於非家如來法中受持學
處無有毀犯正見多聞解甚深義離增上慢
不謗正法不為魔伴漸次修行諸菩薩行速
得圓滿
復次曼殊室利若諸有情慳貪嫉妬自讚毀
他當墮三惡趣中無量千歲受諸劇苦受劇
苦已從彼命終還生人間作牛馬駝驢恒被
鞭撻飢渴逼惱又常負重隨路而行或得
為人生下賤作人奴婢受他驅役恒不自在若
昔人中曾聞世尊藥師瑠璃光如來名号
由此善因今復憶念至心歸依以佛神力眾苦

BD03539 號　藥師琉璃光如來本願功德經　（14–5）

苦已從彼命終還生人間作牛馬駝驢恒被
鞭撻飢渴逼惱又常負重隨路而行或得
為人生下賤作人奴婢受他驅役恒不自在若
昔人中曾聞世尊藥師瑠璃光如來名号
由此善因今復憶念至心歸依以佛神力眾苦
解脫諸根聰利智慧多聞恒求勝法常遇
善友永斷魔羂破無明㲉竭煩惱河解脫一
切生老病死憂悲苦惱
復次曼殊室利若諸有情好喜乖離更相
鬪訟惱亂自他以身語意造作增長種種惡
業展轉常為不饒益事互相謀害告召山林
樹塚等神殺諸眾生取其血肉祭祀藥叉邏
剎娑等書怨人名作其形像以惡呪術而呪
咀之厭媚蠱道呪起屍鬼令斷彼命及壞其
身是諸有情若得聞此藥師瑠璃光如來名
号彼諸惡事悉不能害一切展轉皆起慈心
利益安樂無損惱意及嫌恨心各各歡悅於
自所受生於喜足不相侵凌互為饒益
復次曼殊室利若有四眾苾芻苾芻尼鄔波
索迦鄔波斯迦及餘淨信善男子善女人等
有能受持八分齋戒或經一年或復三月
受持學處以此善根願生西方極樂世界無量
壽佛所聽聞正法而未定者若聞世尊藥師
瑠璃光如來名号臨命終時有八菩薩乘神
通來示其道路即於彼界種種雜色眾寶華
中自然化生或有因此生於天上雖生天中
而本善根亦未窮盡不復更生諸餘惡趣天

BD03539 號　藥師琉璃光如來本願功德經　（14–6）

壽佛所聽聞正法而未定者若聞世尊藥師
瑠璃光如來名号臨命終時有八菩薩乘神
通來示其道路即於彼界種種雜色衆寶華
中自然化生或有因此生於天上雖生天中
而本善根亦未窮盡不復更生諸餘惡趣天
上壽盡還生人間或為輪王統攝四洲威德
自在安立无量百千有情於十善道或生剎
帝利婆羅門居士大家多饒財寶倉庫盈溢
形相端嚴眷屬具足聰明智慧勇健威猛如
大力士若是女人得聞世尊藥師瑠璃光
如來名号至心受持於後不復更受女身
尒時曼殊室利童子白佛言世尊我當誓於
像法轉時以種種方便令諸淨信善男子善女
人等得聞世尊藥師瑠璃光如來名号乃至
睡中亦以佛名覺悟其耳世尊若於此經受持
讀誦或復為他演說開示若自書若使人
書恭敬尊重以種種華香塗香抹香燒香
花鬘瓔珞幡蓋伎樂而為供養以五色綵作
囊盛之掃灑淨處敷設高座而用安處尒時
四大天王與其眷屬及餘无量百千天衆皆詣
其所供養守護世尊若此經寶流行之處
有能受持以彼世尊藥師瑠璃光如來本願
功德及聞名号當知是處无復橫死亦復不
為諸惡鬼神奪其精氣設已奪者還如故
身心安樂
佛告曼殊室利如是如是如汝所說曼殊室
利若有淨信善男子善女人等欲供養彼世尊

BD03539號　藥師琉璃光如來本願功德經　（14-7）

為諸惡鬼神奪其精氣設已奪者還如故
身心安樂
佛告曼殊室利如是如是如汝所說曼殊室
利若有淨信善男子善女人等欲供養彼世尊
藥師瑠璃光如來者應先造立彼佛形像敷
清淨座而安處之散種種花燒種種香以種
種幢幡莊嚴其處七日七夜受八分齋戒
食清淨食澡浴香潔著新淨衣應生无垢濁
心无怒害心於一切有情起利益安樂慈悲喜
捨平等之心鼓樂歌讚右遶佛像復應念
彼如來本願功德讀誦此經思惟其義演說
開示隨所樂願一切皆遂求長壽得長壽求富饒
得富饒求官位得官位求男女得男女若復
有人忽得惡夢見諸惡相或怪鳥來集或
於住處百怪出現此人若以衆妙資具恭敬
供養彼世尊藥師瑠璃光如來者惡夢惡相
諸不吉祥皆悉隱沒不能為患或有水火刀毒
懸嶮惡象師子虎狼熊羆毒虵惡蝎蜈蚣蚰蜒
蚊虻等怖若能至心憶念彼佛恭敬供養一切
怖畏皆得解脫若他國侵擾盜賊反亂憶念
恭敬彼如來者亦皆解脫
復次曼殊室利若有淨信善男子善女人等
乃至盡形不事餘天唯當一心歸佛法僧受
持禁戒若五戒十戒菩薩四百戒苾芻二百
五十戒苾芻尼五百戒於所受中或有毀犯
怖墮惡趣若能專念彼佛名号恭敬供養者
必定不受三惡趣生或有女人臨當產時受諸

BD03539號　藥師琉璃光如來本願功德經　（14-8）

乃至盡形不事餘天唯當一心歸佛法僧受
持禁戒若五戒十戒菩薩四百戒苾芻二百
五十戒苾芻尼五百戒於所受中或有毀犯
怖墮惡趣若能專念彼佛名号恭敬供養者
必定不受三惡趣生或有女人臨當產時受諸
楚苦若能至心稱名礼讚恭敬供養彼如来
者衆苦皆除所生之子身分具足形色端正
見者歡喜利根聡明安隱少病无有非人奪
其精氣
尒時世尊告阿難言如我稱揚彼佛世尊藥
師瑠璃光如来所有功德此是諸佛甚深行
處難可解了汝為信不阿難白言大德世尊
我於如来所說契經不生疑惑所以者何一切
如来身語意業无不清淨世尊此日月輪可
令墮落妙高山王可使傾動諸佛所言无
有異也世尊有諸衆生信根不具聞說諸佛
甚深行處作是思惟云何但念藥師瑠璃光
如来一佛名号便獲尒所功德勝利由此不
信返生誹謗彼於長夜失大利樂墮諸惡趣
流轉无窮佛告阿難是諸有情若聞世尊藥
師瑠璃光如来名号至心受持不生疑惑墮
惡趣者无有是處阿難此是諸佛甚深所行
難可信解汝今能受當知皆是如来威力阿
難一切聲聞獨覺及未登地諸菩薩等皆悉
不能如實信解唯除一生所繫菩薩阿難人身
難得於三寶中信敬尊重亦難可得聞世
尊藥師瑠璃光如来名号復難於是阿難彼

難可信解汝今能受當知皆是如来威力阿
難一切聲聞獨覺及未登地諸菩薩等皆悉
不能如實信解唯除一生所繫菩薩阿難人身
難得於三寶中信敬尊重亦難可得聞世
尊藥師瑠璃光如来名号復難於是阿難彼
藥師瑠璃光如来无量菩薩行无量巧方便无
量廣大願我若一劫若一劫餘而廣說者劫可
速盡彼佛行願善巧方便无有盡也尒時衆
中有一菩薩摩訶薩名曰救脫即從座起偏
袒一肩右膝著地曲躬合掌而白佛言大德世
尊像法轉時有諸衆生為種種患之所困厄長
病羸瘦不能飲食喉脣乾燥見諸方暗死相
現前父母親屬朋友知識啼泣圍遶然彼自
身卧在本處見琰魔使引其神識至于琰魔
法王之前然諸有情有俱生神隨其所作若
罪若福皆具書之盡持授與琰魔法王尒
時彼王推問其人筭計所作隨其罪福而處斷
之時彼病人親屬知識若能為彼歸依世
尊藥師瑠璃光如来請諸衆僧轉讀此經然
七層之燈懸五色續命神幡或有是處神識
得還如在夢中明了自見或經七日或二十一
日或三十五日或四十九日彼識還時如從夢
覺皆自憶知善不善業所得果報由自證
見業果報故乃至命難亦不造作諸惡之業
是故淨信善男子善女人等皆應受持藥師
瑠璃光如来名号隨力所能恭敬供養
尒時阿難問救脫菩薩曰善男子應云何恭敬
供養彼世尊藥師瑠璃光如来續命幡燈復

見業果報故乃至命難亦不造作諸惡之業
是故淨信善男子善女人等皆應受持藥師
瑠璃光如來名号隨力所能恭敬供養
尒時阿難問救脫菩薩曰善男子應云何恭敬
供養彼世尊藥師瑠璃光如來續命幡燈復
云何造救脫菩薩言大德若有病人欲脫病
苦當為其人七日七夜受持八分齋戒應以
飲食及餘資具隨力所辦供養苾芻僧晝夜
六時礼拜供養彼世尊藥師瑠璃光如來讀誦
此經四十九遍然四十九燈造彼如來形像七
軀一一像前各置七燈一一燈量大如車輪乃
至四十九日光明不絕造五色綵幡長四十九
搩手應放雜類衆生至四十九可得過度危
厄之難不為諸橫惡鬼所持
復次阿難若剎帝利灌頂王等災難起時所
謂人衆疾疫難他國侵逼難自界叛逆難星
宿變怪難日月薄蝕難非時風雨難過時不
雨難彼剎帝利灌頂王等尒時應於一切有
情起慈悲心赦諸繫閉依前所說供養之法
供養彼世尊藥師瑠璃光如來由此善根及
彼如來本願力故令其國界即得安隱風雨順
時穀稼成熟一切有情无病歡樂於其國中
无有暴惡藥叉等神惱有情者一切惡相皆
即隱沒而剎帝利灌頂王等壽命色力无病
自在皆得增益阿難若帝后妃主儲君王子
大臣輔相中宮綵女百官黎庶為病所苦及餘
厄難亦應造立五色神幡然燈續明放諸生命

BD03539號　藥師琉璃光如來本願功德經　（14–11）

即隱沒而剎帝利灌頂王等壽命色力无病
自在皆得增益阿難若帝后妃主儲君王子
大臣輔相中宮綵女百官黎庶為病所苦及餘
厄難亦應造立五色神幡然燈續明放諸生命
散雜色華燒衆名香病得除愈衆難解脫
尒時阿難問救脫菩薩言善男子云何已盡
之命而可增益救脫菩薩言大德汝豈不聞
如來說有九橫死邪是故勸造續命幡燈脩
諸福德以脩福故盡其壽命不經苦患阿難
問言九橫云何救脫菩薩言有諸有情得病
雖輕然无醫藥及看病者設復遇醫授以非
藥實不應死而便橫死又信世間邪魔外道
妖蠥之師妄說禍福便生恐動心不自正卜
問覓禍殺種種衆生解奏神明呼諸魍魎請
乞福祐欲冀延年終不能得愚癡迷惑信邪
倒見遂令橫死入於地獄无有出期是名初
橫二者橫被王法之所誅戮三者畋獵嬉戲耽
婬嗜酒放逸无度橫為非人奪其精氣四
者橫為火焚五者橫為水溺六者橫為種種
惡獸所噉七者橫墮山崖八者橫為毒藥厭
禱呪詛起屍鬼等之所中害九者飢渴所困不
得飲食而便橫死是為如來略說橫死有此
九種其餘復有无量諸橫難可具說
復次阿難彼琰魔王主領世間名籍之記若
諸有情不孝五逆破辱三寶壞君臣法毀於
信戒琰魔法王隨罪輕重考而罰之是故我
今勸諸有情然燈造幡放生脩福令度苦厄

BD03539號　藥師琉璃光如來本願功德經　（14–12）

九種其餘復有无量諸橫難可具說
復次阿難彼琰魔王主領世間名籍之記若
諸有情不孝五逆破辱三寶壞君臣法毀於
信戒琰魔法王隨罪輕重考而罰之是故我
今勸諸有情然燈造幡放生脩福令度苦厄
不遭衆難
尒時衆中有十二藥叉大將俱在會坐所謂
宮毗羅大將　伐折羅大將　迷企羅大將　安底羅大將
頞你羅大將　珊底羅大將　因達羅大將　波夷羅大將
摩虎羅大將　真達羅大將　招杜羅大將　毗羯羅大將
此十二藥叉大將一一各有七千藥叉以為眷
屬同時舉聲白佛言世尊我等今者蒙佛
威力得聞世尊藥師瑠璃光如來名号不復
更有惡趣之怖我等相率皆同一心乃至盡
形歸佛法僧誓當荷負一切有情為作義利
饒益安樂隨於何等村城國邑空閑林中若
有流布此經或復受持藥師瑠璃光如來名
号恭敬供養者我等眷屬衛護是人皆使解
脫一切苦難諸有願求悉令滿足或有疾厄求
度脫者亦應讀誦此經以五色縷結我名
字得如願已然後解結
尒時世尊讚諸藥叉大將言善哉善哉大藥
叉將汝等念報世尊藥師瑠璃光如來恩德
者常應如是利益安樂一切有情
尒時阿難白佛言世尊當何名此法門我等
云何奉持佛告阿難此法門名說藥師瑠璃光
如來本願功德亦名說十二神將饒益有

BD03539號　藥師琉璃光如來本願功德經　（14–13）

尒時阿難白佛言世尊當何名此法門我等
云何奉持佛告阿難此法門名說藥師瑠璃光
如來本願功德亦名說十二神將饒益有
情結願神呪亦名拔除一切業鄣應如是持
時薄伽梵說是語已諸菩薩摩訶薩及大
聲聞國王大臣婆羅門居士天龍藥叉揵達
縛阿素洛揭路荼緊捺洛莫呼洛伽人非人等
一切大衆聞佛所說皆大歡喜信受奉行

藥師瑠璃光如來本願功德經

BD03539號　藥師琉璃光如來本願功德經　（14–14）

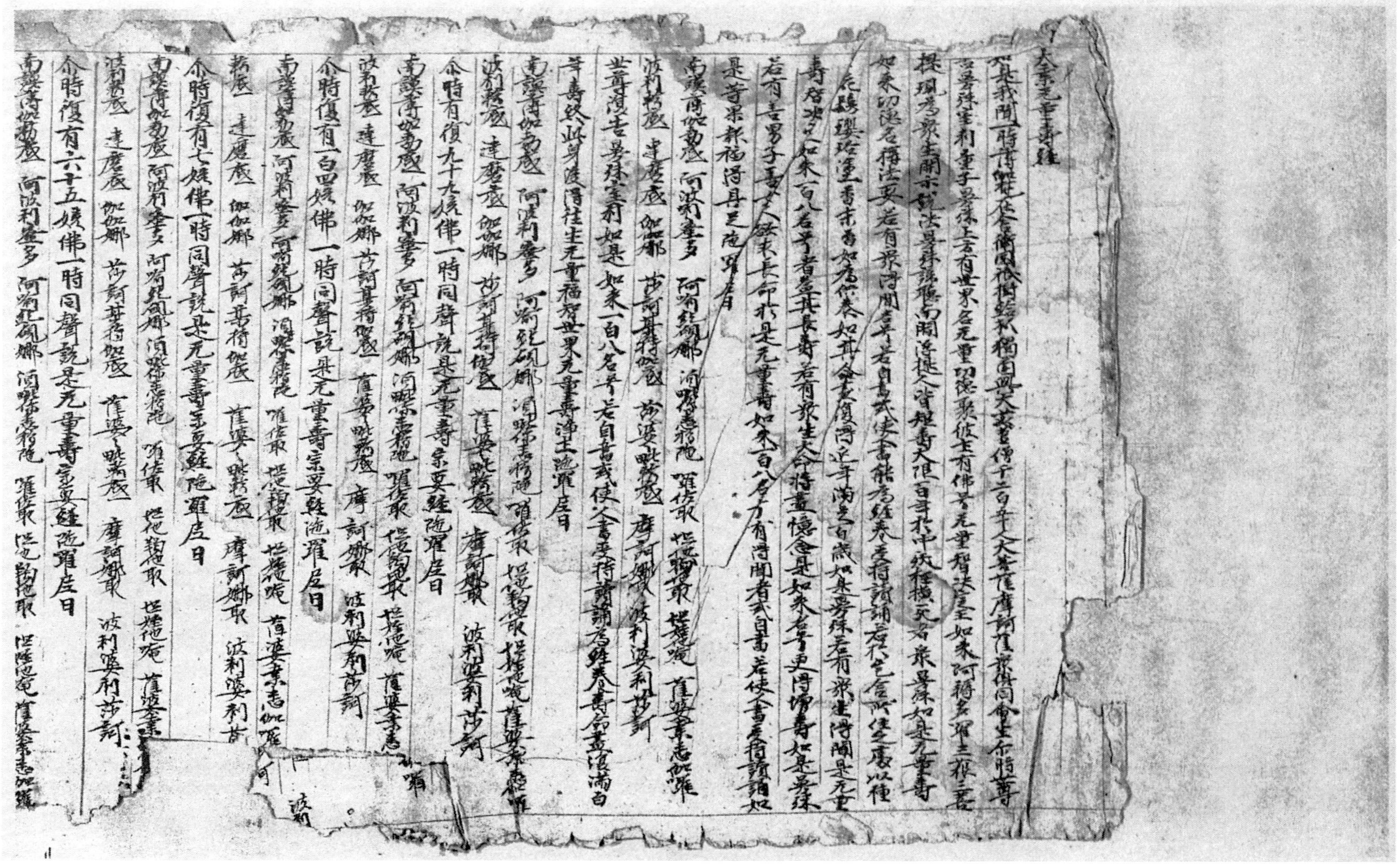

大乘无量壽經
如是我聞一時薄伽梵在舍衛國祇樹給孤獨園與大苾芻僧千二百五十人大菩薩摩訶薩眾俱尒時世尊
告曼殊室利童子曼殊上方有世界名无量功德聚彼土有佛號无量智決定王如來阿羅訶三藐三菩
提現為眾生開示說法曼殊聽南閻浮提人皆短壽大限百年於中夭枉橫死者眾曼殊如是无量壽
如來功德名稱法要若有眾生得聞名號若自書或使人書能為經卷受持讀誦於舍宅所住之處以種
種花鬘瓔珞塗香末香而為供養如其命盡復得延年滿足百歲如是曼殊若有眾生得聞是无量
壽智決定如來一百八名號者益其長壽若有眾生大命將盡憶念是如來名號更得增壽如是曼殊
若有善男子善女人欲求長命於是无量壽如來一百八名號有得聞者或自書若使人書受持讀誦如
是等果報福得具足陀羅尼曰
南謨薄伽勃底 阿波唎蜜多 阿喻紇硯那 須毗你悉指陀 囉佐耶 怛他羯他耶 怛姪他 唵 薩婆桑悉迦囉
波利輸底 達磨底 伽伽那 莎訶娑莫持伽底 莎婆婆毗輸底 摩訶娜耶 波利婆利莎訶
世尊復告曼殊室利如是如來一百八名號若自書或使人書受持讀誦為經卷於壽命盡復滿百
年壽終此身後得往生无量福智世界无量壽淨土陀羅尼曰
南謨薄伽勃底 阿波唎蜜多 阿喻紇硯那 須毗你悉指陀 囉佐耶 怛他羯他耶 怛姪他 唵 薩婆桑悉迦囉
波利輸底 達磨底 伽伽那 莎訶娑莫持伽底 莎婆婆毗輸底 摩訶娜耶 波利婆利莎訶
尒時有復九十九姟佛一時同聲說是无量壽宗要經陀羅尼曰
南謨薄伽勃底 阿波唎蜜多 阿喻紇硯那 須毗你悉指陀 囉佐耶 怛他羯他耶 怛姪他 唵 薩婆桑悉迦囉
波利輸底 達磨底 伽伽那 莎訶娑莫持伽底 莎婆婆毗輸底 摩訶娜耶 波利婆利莎訶
尒時復有一百四姟佛一時同聲說是无量壽宗要經陀羅尼曰
南謨薄伽勃底 阿波唎蜜多 阿喻紇硯那 須毗你悉指陀 囉佐耶 怛他羯他耶 怛姪他 唵 薩婆桑悉迦囉
波利輸底 達磨底 伽伽那 莎訶娑莫持伽底 莎婆婆毗輸底 摩訶娜耶 波利婆利莎訶
尒時復有七姟佛一時同聲說是无量壽宗要經陀羅尼曰
南謨薄伽勃底 阿波唎蜜多 阿喻紇硯那 須毗你悉指陀 囉佐耶 怛他羯他耶 怛姪他 唵 薩婆桑悉迦囉
波利輸底 達磨底 伽伽那 莎訶娑莫持伽底 莎婆婆毗輸底 摩訶娜耶 波利婆利莎訶
尒時復有六十五姟佛一時同聲說是无量壽宗要經陀羅尼曰
南謨薄伽勃底 阿波利蜜多 阿喻紇硯那 須毗你悉指陀 囉佐耶 怛他羯他耶 怛姪他 唵 薩婆桑悉迦囉

BD03540 號　無量壽宗要經　（5–1）

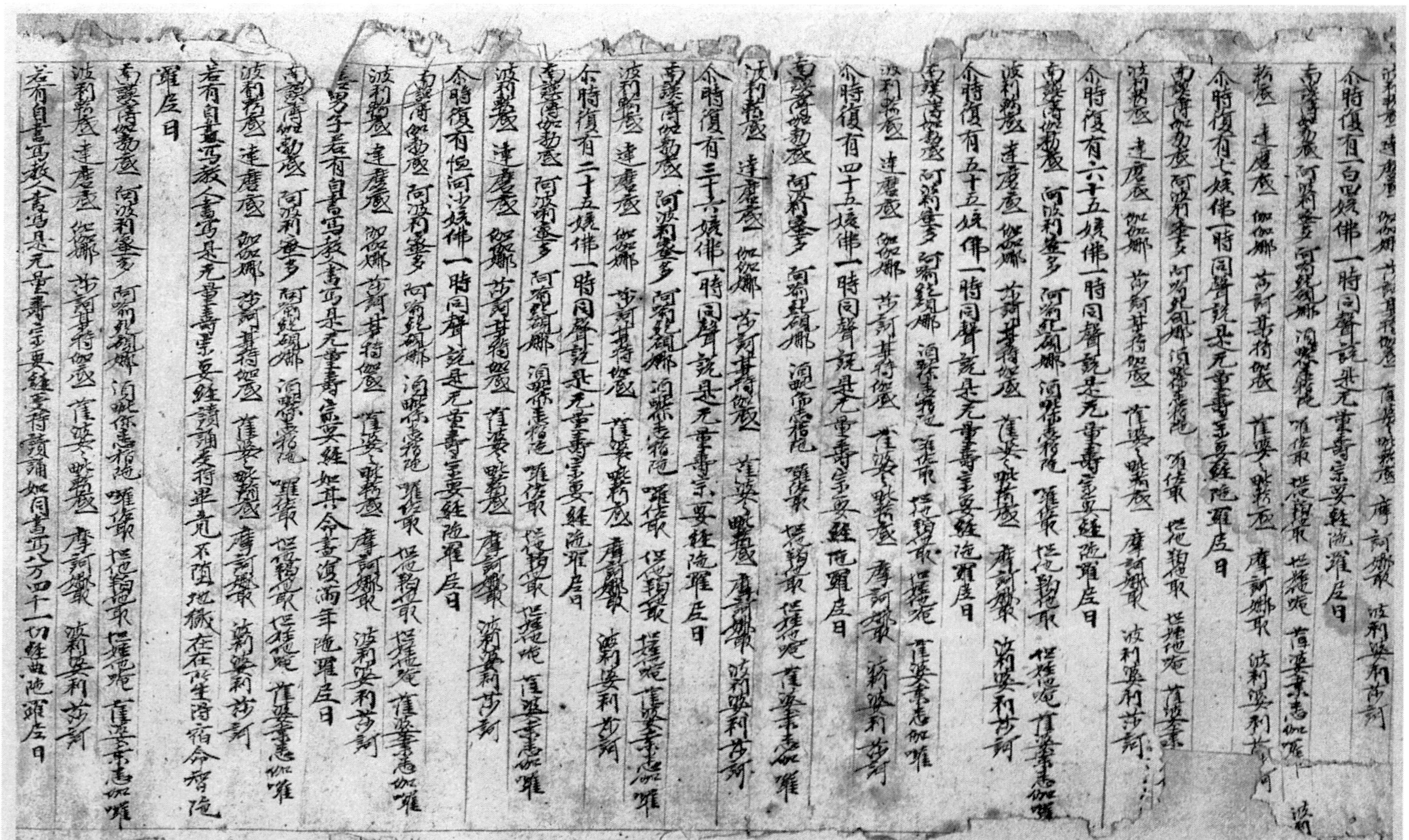

波利輸底 達磨底 伽伽那 莎訶娑莫持伽底 莎婆婆毗輸底 摩訶娜耶 波利婆利莎訶
尒時復有一百四姟佛一時同聲說是无量壽宗要經陀羅尼曰
南謨薄伽勃底 阿波唎蜜多 阿喻紇硯那 須毗你悉指陀 囉佐耶 怛他羯他耶 怛姪他 唵 薩婆桑悉迦囉
波利輸底 達磨底 伽伽那 莎訶娑莫持伽底 莎婆婆毗輸底 摩訶娜耶 波利婆利莎訶
尒時復有七姟佛一時同聲說是无量壽宗要經陀羅尼曰
南謨薄伽勃底 阿波唎蜜多 阿喻紇硯那 須毗你悉指陀 囉佐耶 怛他羯他耶 怛姪他 唵 薩婆桑悉迦囉
波利輸底 達磨底 伽伽那 莎訶娑莫持伽底 莎婆婆毗輸底 摩訶娜耶 波利婆利莎訶
尒時復有六十五姟佛一時同聲說是无量壽宗要經陀羅尼曰
南謨薄伽勃底 阿波唎蜜多 阿喻紇硯那 須毗你悉指陀 囉佐耶 怛他羯他耶 怛姪他 唵 薩婆桑悉迦囉
波利輸底 達磨底 伽伽那 莎訶娑莫持伽底 莎婆婆毗輸底 摩訶娜耶 波利婆利莎訶
尒時復有五十五姟佛一時同聲說是无量壽宗要經陀羅尼曰
南謨薄伽勃底 阿波唎蜜多 阿喻紇硯那 須毗你悉指陀 囉佐耶 怛他羯他耶 怛姪他 唵 薩婆桑悉迦囉
波利輸底 達磨底 伽伽那 莎訶娑莫持伽底 莎婆婆毗輸底 摩訶娜耶 波利婆利莎訶
尒時復有四十五姟佛一時同聲說是无量壽宗要經陀羅尼曰
南謨薄伽勃底 阿波唎蜜多 阿喻紇硯那 須毗你悉指陀 囉佐耶 怛他羯他耶 怛姪他 唵 薩婆桑悉迦囉
波利輸底 達磨底 伽伽那 莎訶娑莫持伽底 莎婆婆毗輸底 摩訶娜耶 波利婆利莎訶
尒時復有三十六姟佛一時同聲說是无量壽宗要經陀羅尼曰
南謨薄伽勃底 阿波唎蜜多 阿喻紇硯那 須毗你悉指陀 囉佐耶 怛他羯他耶 怛姪他 唵 薩婆桑悉迦囉
波利輸底 達磨底 伽伽那 莎訶娑莫持伽底 莎婆婆毗輸底 摩訶娜耶 波利婆利莎訶
尒時復有二十五姟佛一時同聲說是无量壽宗要經陀羅尼曰
南謨薄伽勃底 阿波唎蜜多 阿喻紇硯那 須毗你悉指陀 囉佐耶 怛他羯他耶 怛姪他 唵 薩婆桑悉迦囉
波利輸底 達磨底 伽伽那 莎訶娑莫持伽底 莎婆婆毗輸底 摩訶娜耶 波利婆利莎訶
尒時復有恒河沙姟佛一時同聲說是无量壽宗要經陀羅尼曰
南謨薄伽勃底 阿波唎蜜多 阿喻紇硯那 須毗你悉指陀 囉佐耶 怛他羯他耶 怛姪他 唵 薩婆桑悉迦囉
波利輸底 達磨底 伽伽那 莎訶娑莫持伽底 莎婆婆毗輸底 摩訶娜耶 波利婆利莎訶
善男子若有自書寫教人書寫是无量壽宗要經如其命盡復滿年陀羅尼曰
南謨薄伽勃底 阿波唎蜜多 阿喻紇硯那 須毗你悉指陀 囉佐耶 怛他羯他耶 怛姪他 唵 薩婆桑悉迦囉
波利輸底 達磨底 伽伽那 莎訶娑莫持伽底 莎婆婆毗輸底 摩訶娜耶 波利婆利莎訶
若有自書寫教人書寫是无量壽宗要經讀誦受持畢竟不墮地獄在在所生得宿命智陀
羅尼曰
南謨薄伽勃底 阿波唎蜜多 阿喻紇硯那 須毗你悉指陀 囉佐耶 怛他羯他耶 怛姪他 唵 薩婆桑悉迦囉
波利輸底 達磨底 伽伽那 莎訶娑莫持伽底 莎婆婆毗輸底 摩訶娜耶 波利婆利莎訶
若有自書寫教人書寫是无量壽宗要經受持讀誦如同書寫八万四千一切經典陀羅尼曰

BD03540 號　無量壽宗要經　（5–2）

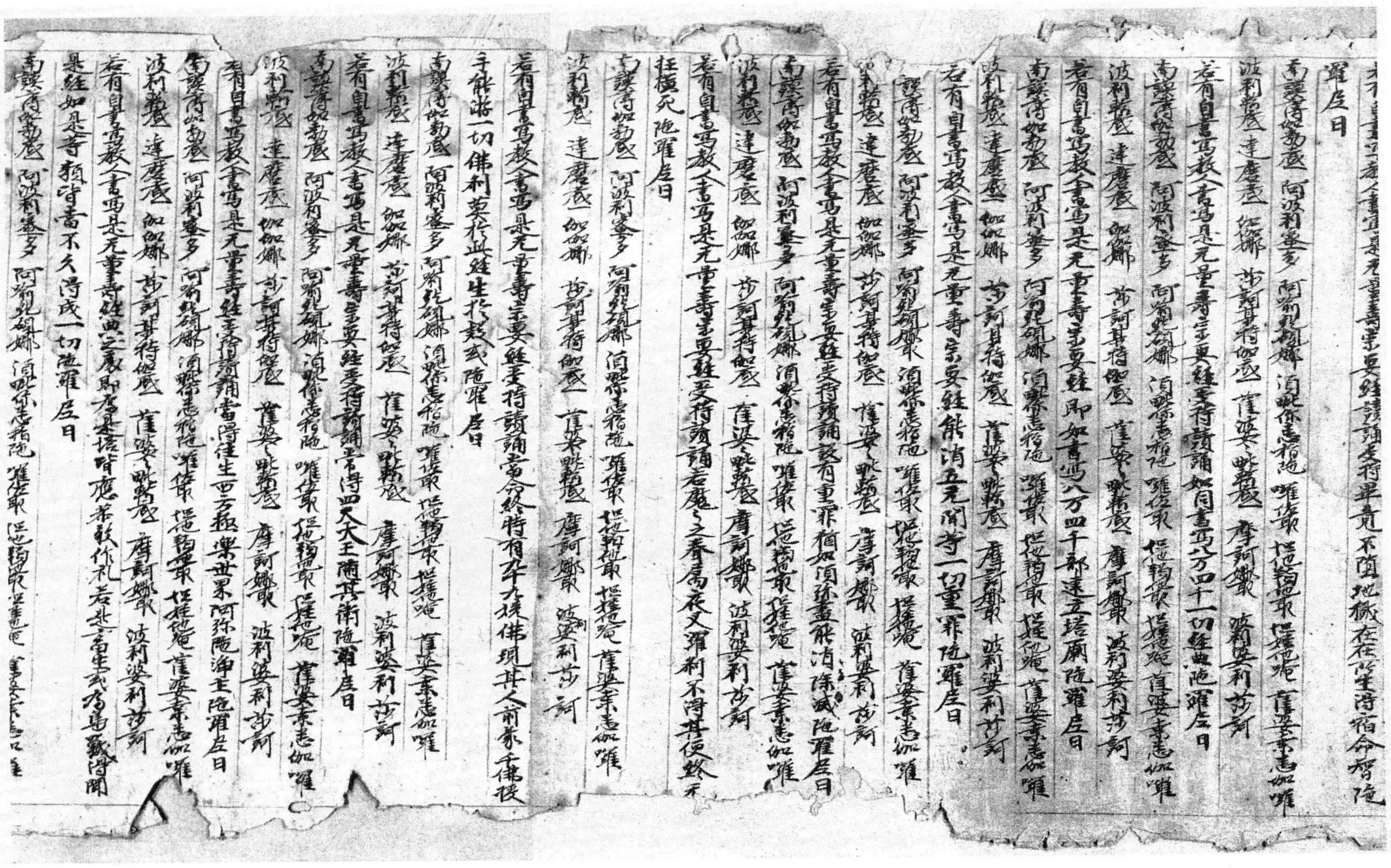

若有自書寫教人書寫是無量壽宗要經讀誦受持畢竟不墮地獄在在所生得宿命智陀
羅尼曰
南謨薄伽勃底 阿波利蜜多 阿喻紇硯娜 須毗你悉指陀 囉佐耶 怛他羯他耶 怛姪他 薩婆桑悉迦囉
波利輸底 達磨底 伽伽娜 莎訶其揭伽底 薩婆婆毗輸底 摩訶娜耶 波利婆利 莎訶
若有自書寫教人書寫是無量壽宗要經受持讀誦如同書寫八万四千一切經典陀羅尼曰
南謨薄伽勃底 阿波利蜜多 阿喻紇硯娜 須毗你悉指陀 囉佐耶 怛他羯他耶 怛姪他 薩婆桑悉迦囉
波利輸底 達磨底 伽伽娜 莎訶其揭伽底 薩婆婆毗輸底 摩訶娜耶 波利婆利 莎訶
若有自書寫教人書寫是無量壽宗要經即如書寫八万四千部建立塔廟陀羅尼曰
南謨薄伽勃底 阿波利蜜多 阿喻紇硯娜 須毗你悉指陀 囉佐耶 怛他羯他耶 怛姪他 薩婆桑悉迦囉
波利輸底 達磨底 伽伽娜 莎訶其揭伽底 薩婆婆毗輸底 摩訶娜耶 波利婆利 莎訶
若有自書寫教人書寫是無量壽宗要經能消五無間等一切重罪陀羅尼曰
南謨薄伽勃底 阿波利蜜多 阿喻紇硯娜 須毗你悉指陀 囉佐耶 怛他羯他耶 怛姪他 薩婆桑悉迦囉
波利輸底 達磨底 伽伽娜 莎訶其揭伽底 薩婆婆毗輸底 摩訶娜耶 波利婆利 莎訶
若有自書寫教人書寫是無量壽宗要經受持讀誦設有重罪猶如須弥盡能消除滅陀羅尼曰
南謨薄伽勃底 阿波利蜜多 阿喻紇硯娜 須毗你悉指陀 囉佐耶 怛他羯他耶 怛姪他 薩婆桑悉迦囉
波利輸底 達磨底 伽伽娜 莎訶其揭伽底 薩婆婆毗輸底 摩訶娜耶 波利婆利 莎訶
若有自書寫教人書寫是無量壽宗要經受持讀誦若魔魔之眷屬夜叉羅剎不得其便終不
枉橫死陀羅尼曰
南謨薄伽勃底 阿波利蜜多 阿喻紇硯娜 須毗你悉指陀 囉佐耶 怛他羯他耶 怛姪他 薩婆桑悉迦囉
波利輸底 達磨底 伽伽娜 莎訶其揭伽底 薩婆婆毗輸底 摩訶娜耶 波利婆利 莎訶
若有自書寫教人書寫是無量壽宗要經受持讀誦當命終時有九十九俱胝佛現其人前來千佛授
手能遊一切佛剎莫於此經生於疑惑陀羅尼曰
南謨薄伽勃底 阿波利蜜多 阿喻紇硯娜 須毗你悉指陀 囉佐耶 怛他羯他耶 怛姪他 薩婆桑悉迦囉
波利輸底 達磨底 伽伽娜 莎訶其揭伽底 薩婆婆毗輸底 摩訶娜耶 波利婆利 莎訶
若有自書寫教人書寫是無量壽宗要經受持讀誦當得四大天王隨其衛護陀羅尼曰
南謨薄伽勃底 阿波利蜜多 阿喻紇硯娜 須毗你悉指陀 囉佐耶 怛他羯他耶 怛姪他 薩婆桑悉迦囉
波利輸底 達磨底 伽伽娜 莎訶其揭伽底 薩婆婆毗輸底 摩訶娜耶 波利婆利 莎訶
若有自書寫教人書寫是無量壽經受持讀誦當得往生西方極樂世界阿弥陀淨土陀羅尼曰
南謨薄伽勃底 阿波利蜜多 阿喻紇硯娜 須毗你悉指陀 囉佐耶 怛他羯他耶 怛姪他 薩婆桑悉迦囉
波利輸底 達磨底 伽伽娜 莎訶其揭伽底 薩婆婆毗輸底 摩訶娜耶 波利婆利 莎訶
若有自書寫教人書寫是無量壽經典之處即為是塔皆應恭敬作礼若此畜生或為鳥獸得聞
是經如是等類皆當不久得成一切陀羅尼曰
南謨薄伽勃底 阿波利蜜多 阿喻紇硯娜 須毗你悉指陀 囉佐耶 怛他羯他耶 怛姪他 薩婆桑悉迦囉

BD03540 號　無量壽宗要經

（5–3）

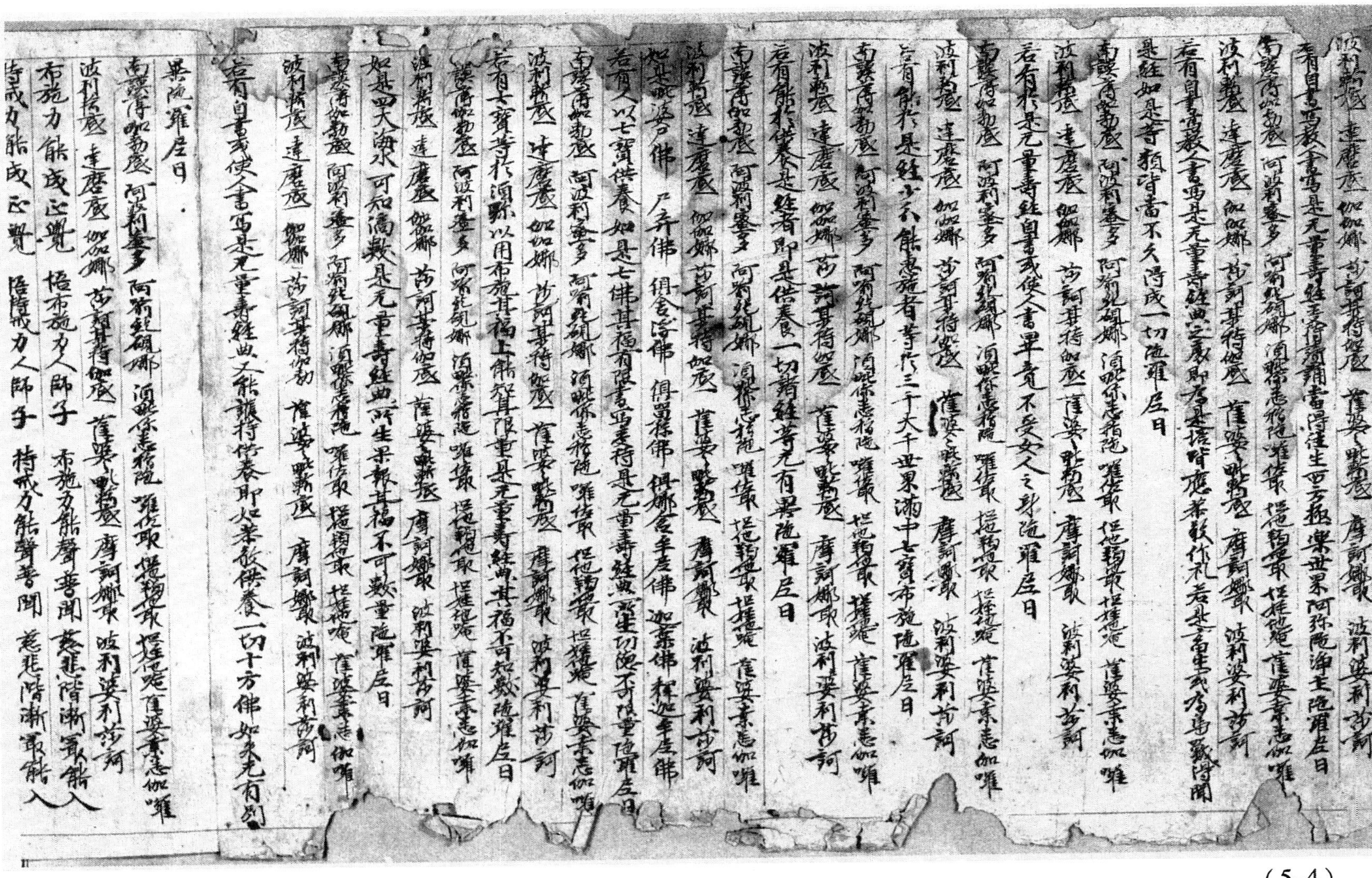

波利輸底 達磨底 伽伽娜 莎訶其揭伽底 薩婆婆毗輸底 摩訶娜耶 波利婆利 莎訶
若有自書寫教人書寫是無量壽經受持讀誦當得往生西方極樂世界阿弥陀淨土陀羅尼曰
南謨薄伽勃底 阿波利蜜多 阿喻紇硯娜 須毗你悉指陀 囉佐耶 怛他羯他耶 怛姪他 薩婆桑悉迦囉
波利輸底 達磨底 伽伽娜 莎訶其揭伽底 薩婆婆毗輸底 摩訶娜耶 波利婆利 莎訶
若有自書寫教人書寫是無量壽經典之處即為是塔皆應恭敬作礼若此畜生或為鳥獸得聞
是經如是等類皆當不久得成一切陀羅尼曰
南謨薄伽勃底 阿波利蜜多 阿喻紇硯娜 須毗你悉指陀 囉佐耶 怛他羯他耶 怛姪他 薩婆桑悉迦囉
波利輸底 達磨底 伽伽娜 莎訶其揭伽底 薩婆婆毗輸底 摩訶娜耶 波利婆利 莎訶
若有於是無量壽經自書或使人書畢竟不受女人之身陀羅尼曰
南謨薄伽勃底 阿波利蜜多 阿喻紇硯娜 須毗你悉指陀 囉佐耶 怛他羯他耶 怛姪他 薩婆桑悉迦囉
波利輸底 達磨底 伽伽娜 莎訶其揭伽底 薩婆婆毗輸底 摩訶娜耶 波利婆利 莎訶
若有能於是經少分能惠施者等於三千大千世界滿中七寶布施陀羅尼曰
南謨薄伽勃底 阿波利蜜多 阿喻紇硯娜 須毗你悉指陀 囉佐耶 怛他羯他耶 怛姪他 薩婆桑悉迦囉
波利輸底 達磨底 伽伽娜 莎訶其揭伽底 薩婆婆毗輸底 摩訶娜耶 波利婆利 莎訶
若有能於供養是經者即是供養一切諸經等無有異陀羅尼曰
南謨薄伽勃底 阿波利蜜多 阿喻紇硯娜 須毗你悉指陀 囉佐耶 怛他羯他耶 怛姪他 薩婆桑悉迦囉
波利輸底 達磨底 伽伽娜 莎訶其揭伽底 薩婆婆毗輸底 摩訶娜耶 波利婆利 莎訶
如是毗婆尸佛 尸棄佛 俱舍浮佛 俱留孫佛 俱那含牟尼佛 迦葉佛 釋迦牟尼佛
若有人以七寶供養如是七佛其福有限書寫受持是無量壽經典所生功德不可限量陀羅尼曰
南謨薄伽勃底 阿波利蜜多 阿喻紇硯娜 須毗你悉指陀 囉佐耶 怛他羯他耶 怛姪他 薩婆桑悉迦囉
波利輸底 達磨底 伽伽娜 莎訶其揭伽底 薩婆婆毗輸底 摩訶娜耶 波利婆利 莎訶
若有自七寶等於須弥以用布施其福上能知其限量是無量壽經典其福不可知數陀羅尼曰
南謨薄伽勃底 阿波利蜜多 阿喻紇硯娜 須毗你悉指陀 囉佐耶 怛他羯他耶 怛姪他 薩婆桑悉迦囉
波利輸底 達磨底 伽伽娜 莎訶其揭伽底 薩婆婆毗輸底 摩訶娜耶 波利婆利 莎訶
如是四大海水可知滴數是無量壽經典所生果報其福不可數量陀羅尼曰
南謨薄伽勃底 阿波利蜜多 阿喻紇硯娜 須毗你悉指陀 囉佐耶 怛他羯他耶 怛姪他 薩婆桑悉迦囉
波利輸底 達磨底 伽伽娜 莎訶其揭伽底 薩婆婆毗輸底 摩訶娜耶 波利婆利 莎訶
若有自書或使人書寫是無量壽經典又能護持供養即如來敬供養一切十方佛如來无有別
異陀羅尼曰
南謨薄伽勃底 阿波利蜜多 阿喻紇硯娜 須毗你悉指陀 囉佐耶 怛他羯他耶 怛姪他 薩婆桑悉迦囉
波利輸底 達磨底 伽伽娜 莎訶其揭伽底 薩婆婆毗輸底 摩訶娜耶 波利婆利 莎訶
布施力能成正覺 悟布施力人師子 布施力能聲普聞 慈悲階漸能入
持戒力能成正覺 悟持戒力人師子 持戒力能聲普聞 慈悲階漸能入

BD03540 號　無量壽宗要經

（5–4）

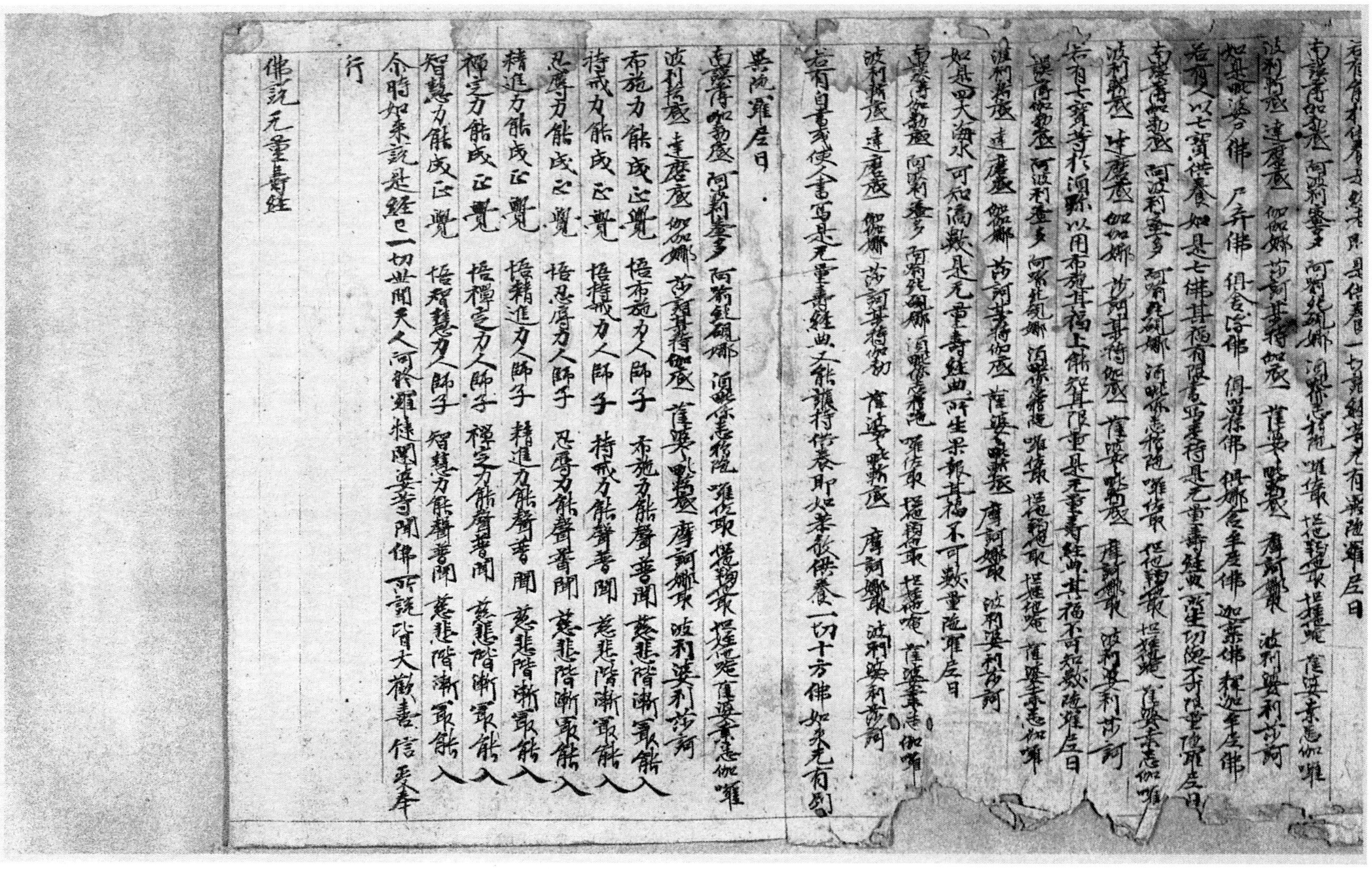

若有供養是經典者即是供養一切諸經無有異陁羅尼曰
南謨薄伽勃底 阿波唎蜜多 阿喻紇硯那 須毗你悉指陁 囉佐耶 怛他羯他耶 怛姪他 唵 薩婆桑悉迦囉
波唎輸底 達磨底 伽伽那 莎訶娑莫訶伽底 莎婆婆毗輸底 摩訶娜耶 波唎婆唎莎訶
如是毗婆尸佛 尸棄佛 毗舍浮佛 俱留孫佛 俱那含牟尼佛 迦葉佛 釋迦牟尼佛
若有人以七寶供養如是七佛其福有限書寫是无量壽經典一切德不可限量陁羅尼曰
南謨薄伽勃底 阿波唎蜜多 阿喻紇硯那 須毗你悉指陁 囉佐耶 怛他羯他耶 怛姪他 唵 薩婆桑悉迦囉
波唎輸底 達磨底 伽伽那 莎訶娑莫訶伽底 莎婆婆毗輸底 摩訶娜耶 波唎婆唎莎訶
若有七寶等於須彌以用布施其福上能知其限量是无量壽經典其福不可知數陁羅尼曰
南謨薄伽勃底 阿波唎蜜多 阿喻紇硯那 須毗你悉指陁 囉佐耶 怛他羯他耶 怛姪他 唵 薩婆桑悉迦囉
波唎輸底 達磨底 伽伽那 莎訶娑莫訶伽底 莎婆婆毗輸底 摩訶娜耶 波唎婆唎莎訶
如是四大海水可知滴數是无量壽經典所生果報其福不可數量陁羅尼曰
南謨薄伽勃底 阿波唎蜜多 阿喻紇硯那 須毗你悉指陁 囉佐耶 怛他羯他耶 怛姪他 唵 薩婆桑悉迦囉
波唎輸底 達磨底 伽伽那 莎訶娑莫訶伽底 莎婆婆毗輸底 摩訶娜耶 波唎婆唎莎訶
若有自書或使人書寫是无量壽經典又能護持供養即如恭敬供養一切十方佛如來无有別
異陁羅尼曰
南謨薄伽勃底 阿波唎蜜多 阿喻紇硯那 須毗你悉指陁 囉佐耶 怛他羯他耶 怛姪他 唵 薩婆桑悉迦囉
波唎輸底 達磨底 伽伽那 莎訶娑莫訶伽底 莎婆婆毗輸底 摩訶娜耶 波唎婆唎莎訶
布施力能成正覺 悟布施力人師子 布施力能聲普聞 慈悲階漸眾能入
持戒力能成正覺 悟持戒力人師子 持戒力能聲普聞 慈悲階漸眾能入
忍辱力能成正覺 悟忍辱力人師子 忍辱力能聲普聞 慈悲階漸眾能入
精進力能成正覺 悟精進力人師子 精進力能聲普聞 慈悲階漸眾能入
禪定力能成正覺 悟禪定力人師子 禪定力能聲普聞 慈悲階漸眾能入
智慧力能成正覺 悟智慧力人師子 智慧力能聲普聞 慈悲階漸眾能入
尒時如來說是經已一切世間天人阿修羅揵闥婆等聞佛所說皆大歡喜信受奉
行
佛說无量壽經

BD03540 號　無量壽宗要經　（5–5）

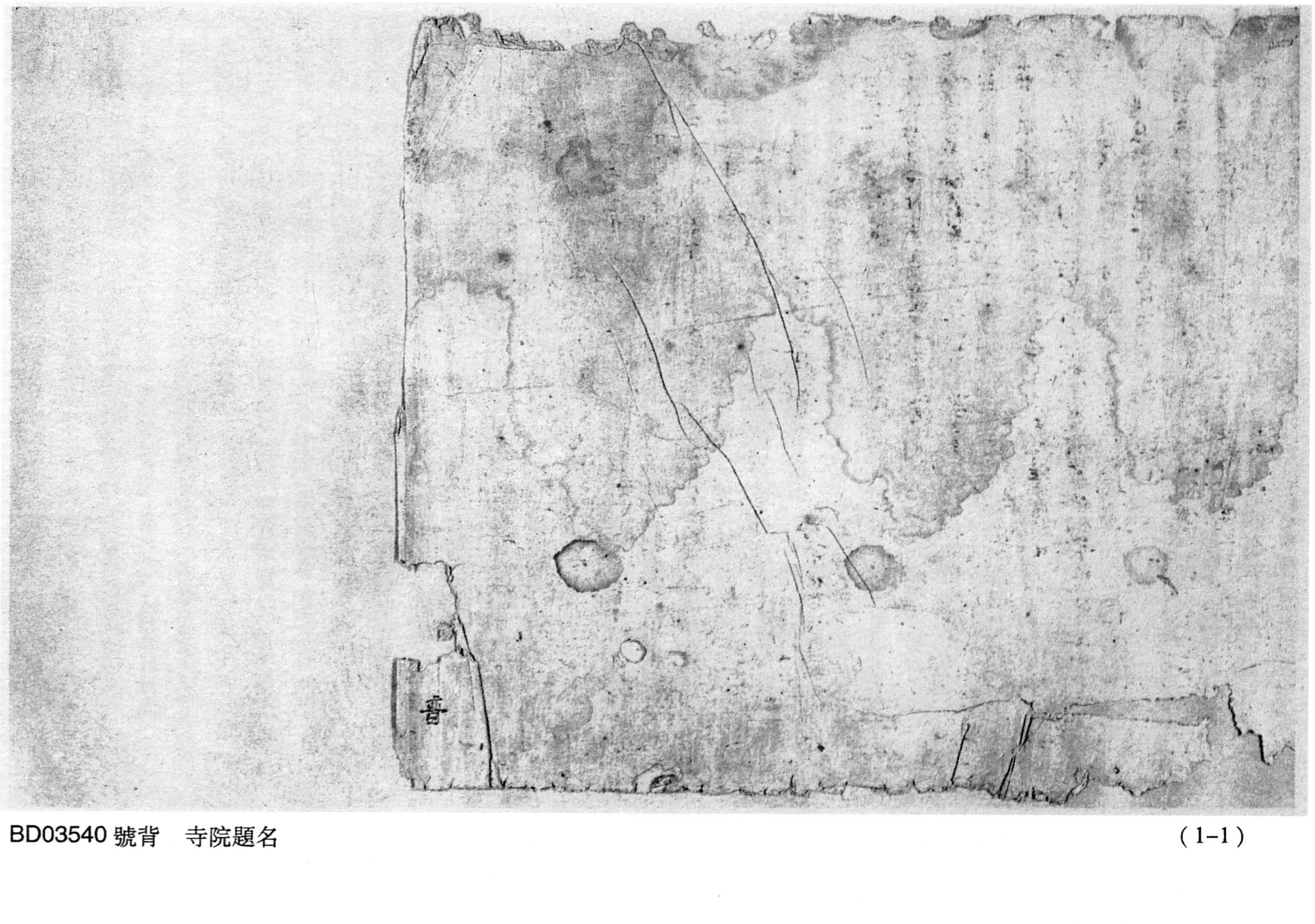

BD03540 號背　寺院題名　（1–1）

BD03541 號　四分律刪繁補闕行事鈔卷中　　（2–1）

BD03541 號　四分律刪繁補闕行事鈔卷中　　（2–2）

又我自度預發慚心得生慚愧不知此慚愧有四五十條六十千歲苦受地獄如是等輕之為非長
方便深自慨責恥已罪累塵垢清衆如是離惡已四面禮僧足訖至羯磨者前互跪合
掌告白言陳傳人授之亦得 若犯者乃多不過三五 今取要者說之觀之 大德僧聽某甲比丘犯故漏失摩觸麤
語三僧殘罪各不憶數 憶者言之 或覆藏一夜乃至百夜者 其罪過從從少至多任時所稱 今從僧乞百夜覆藏羯
磨願僧與我百夜覆藏羯磨慈愍故三乞已 次明與法 衆僧聞和合已作言大德僧聽某甲比
丘犯故漏失摩觸麤語三僧殘罪各不憶數或覆藏一夜乃至百夜今從僧乞百夜覆藏羯磨
若僧時到僧忍聽僧與某甲比丘百夜覆藏羯磨白如是 大德僧聽某甲比丘犯故漏失摩
觸麤語僧殘罪各不憶數或覆藏一夜乃至百夜今從僧乞百夜覆藏羯磨僧今與某甲比丘
百夜覆藏羯磨誰諸長老忍僧與某甲比丘百夜覆藏羯磨者默然誰不忍者說是初羯磨
第二第三 亦如是 僧已忍與某甲比丘百夜覆藏羯磨竟僧忍默然故是事如是持 行事者依此於中有羯磨作
磨即須改張 乞明奪三十五事行羯磨者告云此白四羯磨猶如良藥遵之在心奉尊三十五事是揆
不可通之
法勿得有違執衆勞苦奉請淨比丘具顯伏法無事慎行自善事是發露說罪加慚恥深自貶
責修法不得有失 失者失宿 自摽意語已即白僧集白僧令知應教言大德僧聽某甲
比丘犯故漏失僧殘罪 餘罪如之 不憶數覆藏一夜乃至百夜已從僧乞百夜覆藏羯磨僧已與我
百夜覆藏羯磨我某甲比丘從今日行白大德僧知我行覆藏 說三 其奪卅五事如衆網中
律云彼行覆藏者應日三時見清淨比丘應作者一切如法不應遠達至布薩日應掃洒布薩
處供給調度乃至自恣小房中住有客來還去者各言不得二人共宿故若衆僧分衣物隨次取之身
在下行坐沙弥上不得與清淨比丘共經行同一板長林長教作隔斷然後坐乃至供給清淨比丘如
和尚法大同故不出 十誦擯少四清淨比丘作別住二別住人不得同一床坐不得在屏處使以客比丘來
不見故善見若行別住人有人請戒與人受戒得傳行法事罷續行之捨時應言我今捨波利婆
三說 又如治明 若寺中多有比丘來去難白盡日得捨行法明相未出還須白行之十誦乃至六夜法白僧得
得廿五夜罪若大衆難集若不欲行若彼人數弱多有著恥應至清淨比丘所白言大德上座令
日捨教勅不作若欲行時還至清淨人所白云我今隨所教勅當作彼得自更來作使禮拜迎逆承侍
受沙弥淨人禮拜及使律云 八事失夜法一往餘寺不白二有客比丘來不白三有緣自出界外不白四寺內
餘行者不白五病不遣信白六二三人同一屋宿七在无比丘處住八不半月說戒白通一事闕皆失一夜 已得不失

BD03541 號背　四分律刪繁補闕行事鈔卷中　（2–1）

比丘犯故漏失僧殘罪 餘罪如之 不憶數覆藏一夜乃至百夜已從僧乞百夜覆藏羯磨僧已與我
百夜覆藏羯磨我某甲比丘從今日行白大德僧知我行覆藏 說三 其奪卅五事如衆網中
律云彼行覆藏者應日三時見清淨比丘應作者一切如法不應遠達至布薩日應掃洒布薩
處供給調度乃至自恣小房中住有客來還去者各言不得二人共宿故若衆僧分衣物隨次取之身
在下行坐沙弥上不得與清淨比丘共經行同一板長林長教作隔斷然後坐乃至供給清淨比丘如
和尚法大同故不出 十誦擯少四清淨比丘作別住二別住人不得同一床坐不得在屏處使以客比丘來
不見故善見若行別住人有人請戒與人受戒得傳行法事罷續行之捨時應言我今捨波利婆
三說 又如治明 若寺中多有比丘來去難白盡日得捨行法明相未出還須白行之十誦乃至六夜法白僧得
得廿五夜罪若大衆難集若不欲行若彼人數弱多有著恥應至清淨比丘所白言大德上座令
日捨教勅不作若欲行時還至清淨人所白云我今隨所教勅當作彼得自更來作使禮拜迎逆承侍
受沙弥淨人禮拜及使律云 八事失夜法一往餘寺不白二有客比丘來不白三有緣自出界外不白四寺內
餘行者不白五病不遣信白六二三人同一屋宿七在无比丘處住八不半月說戒白通一事闕皆失一夜 已得不失
未得不成 白清淨比丘法 律云不具威儀白者 具脩威儀與白言大德僧聽我某甲比丘犯故漏失 餘罪准知 一僧殘罪不
憶數覆藏一夜乃至百夜已從僧乞百夜覆藏羯磨僧已與我百夜覆藏羯磨我某甲比丘已行若
干日餘有若干日未行白 大德知我行覆藏 三說 若五人十人數來集一處行者趣告白言諸大德聽
餘詞同上 若不盡集未克別衆此是對人發露法有大德勝人來寺應安置房中白之不須門
首更成難脫其餘諸白說戒白等一同上文改白與僧為異耳 十誦若行時先思惟我今到前
比丘所不去剋便去五分若不捨行法出界見比丘應趣白云我某甲比丘別住已若干日餘若干日大德
憶持不尔者捨行法已見比丘不須白到餘處後來彼僧更行之四分寺內餘行者不白失宿若住
意欲白前人行疾出界雖不白不失宿元罪 十誦客比丘至寺界當如常行法不應未至寺白界
住若行別住六夜人病遣使白僧云某甲別住人病不得來白僧令知應具如四分白僧法五分一如法
比丘得行別住法如上第五方中說師者云佛法東流行此法者亦少縱有有悔則逆不取大依仏
名方等而懺者余意所不安由心懷厭欣求令大道但偏聚儀教自澈業道住自靜恩惟發露
可為教結此心衆病相治不得不行又行覆者多不滿日諸師立理不加回更令取或行之師傅
授云此依教懺法大小乘中校量心行折伏為先若有別住事業則大成殷重若唯十誦不行別
住六夜出罪恐並成斷得罪出用嚴此理須相准雖然忘事不稱法則改張慈悲羯磨者云某
甲比丘已行覆藏白今從僧乞六夜若教請白羯磨者因住故當於乞六夜前上座集僧已白

BD03541 號背　四分律刪繁補闕行事鈔卷中　（2–2）

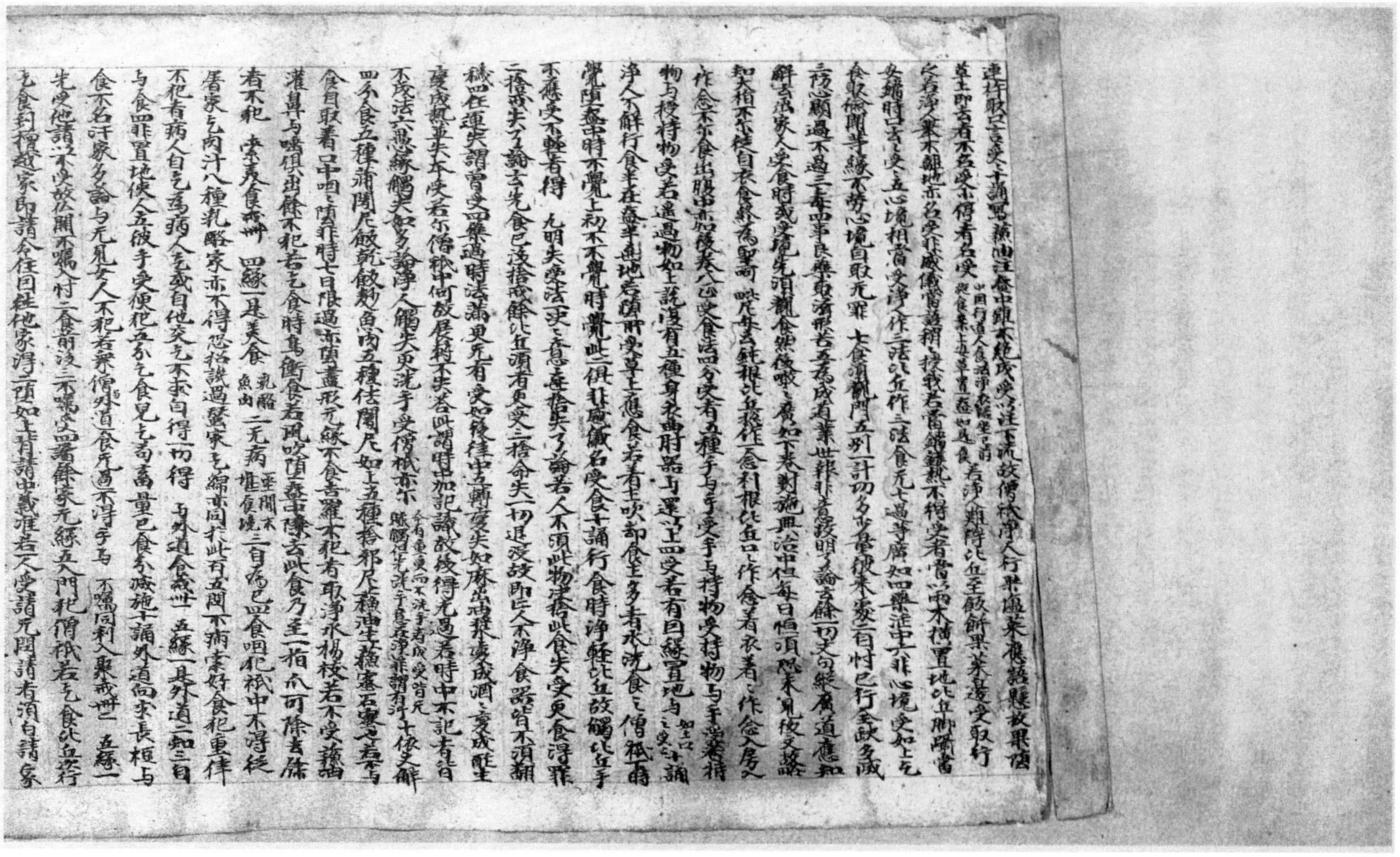

BD03542 號背　四分律删繁補闕行事鈔卷中　（2–1）

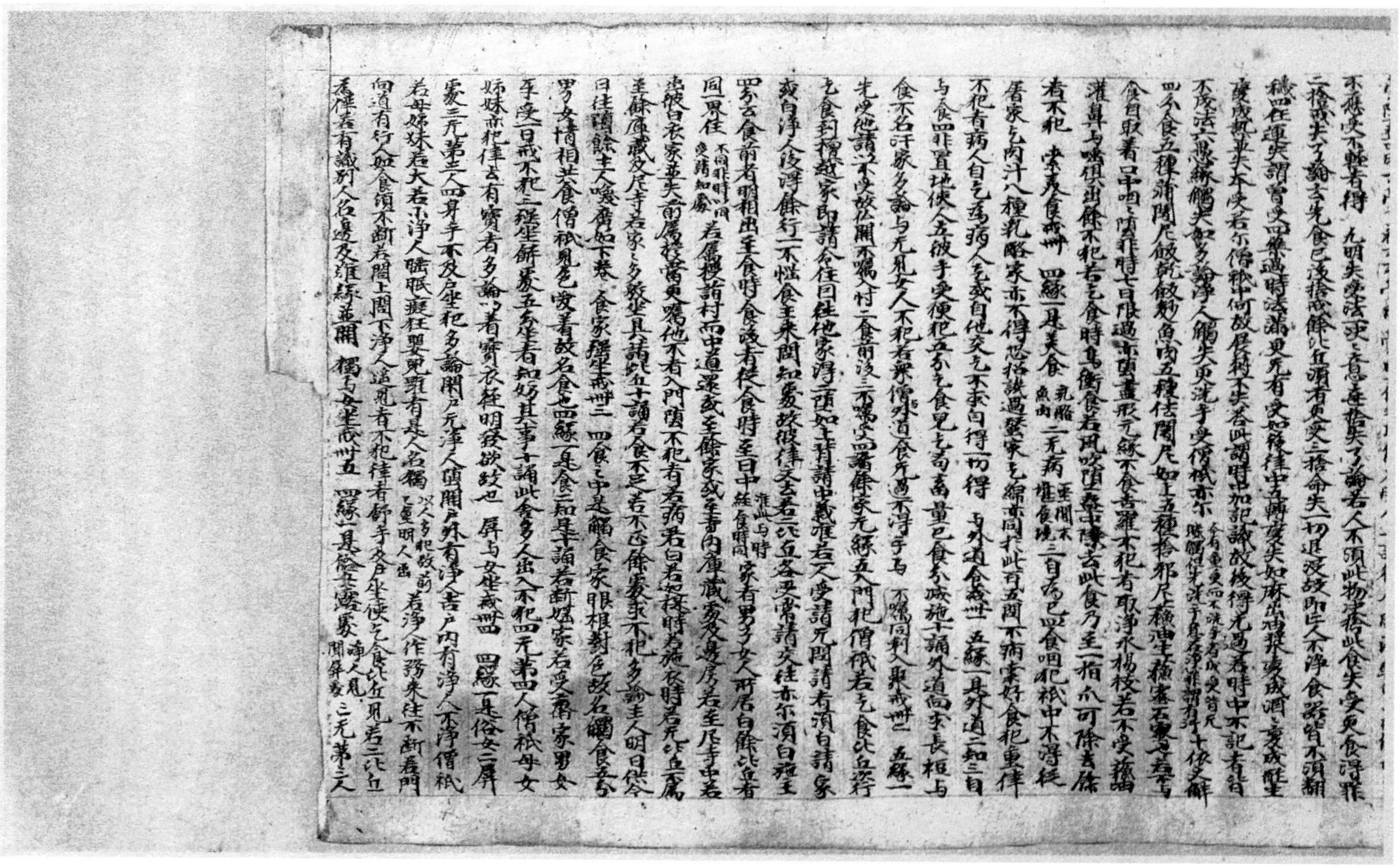

BD03542 號背　四分律删繁補闕行事鈔卷中　（2–2）

名一時二說者聽者共會遇時
化時无别故初就刹那相續无斷說聽究竟
有二解一者道理時說聽二徒雖唯現在諸行刹那生滅
即此現法有酬於前引後之義即以所酬假名過去
引假名未來對此二種名現在此過未世無於現在法
立即說聽者五蘊諸法刹那生滅前後相續
假立三世總名一時非一之時一也二者
徒識心之上變作三時相狀而起變是現在
短作長事緒終說總名一時有多
唯心都无實境聽者心變三
行蘊法界法處
約相續三不定約四時六時八時十二時等四不定
後年數時節名為一時但是聽者根熟感佛為說
悲應機為談說聽事訖總名一時不定約刹那等者聽
法之徒根熟鈍說時雖短聽時解長或說者時長聽
者二久於一刹那猶未　之約相續
者由能說者陀羅尼說一字義一切
淨耳意聞一字時一切能解故非相續
根機有利有鈍如來神

BD03543 號　妙法蓮華經玄贊卷一

法之徒相業或鈌說時稱短聽時角長或說者時長聽
者二久於一剎那猶未終 或非剎那 之約相續
者由能說者陁羅尼說一字義一切字
淨耳意聞一字時一切能解故非相續
根機有利有鈍如來神
劫有短念二不定故攝
六時八時十二時者 一月 一日 一歲 寒 過
諸方不定恒二天下同起用故又除已下上諸天等无此四
時及八時等經據上地諸方流通若說四時等流行不
遍故不定約成道已後年數時節者三乘凡聖所
報化年數短長成道已來近遠不同故經彼三乘 一身同
聞故不別說成道已後若干年歲然諸經中有說相
者此經下云說是法花經滿六十小劫即其事也
時者卅卅經言二月十五日有說六時八時十二時等即
云於其晨朝時登枝時金剛波若云飯食訖 午
是已敷座而坐日昕 諸上生經云於初夜
遺教經云於其中夜寂然无聲有說成道已
節者十地經云第二七日於他化自在天王宮摩尼寶
藏內說花嚴經法花經云二七日中思惟是事已即趣波
羅奈轉四諦法輪又无量義此經等云我成道來卌餘年
雖有是說隨一方域化度眾生聞見結集且作是言仍非
初款說法時也是故但應總說一時聞處 有行職
宣說處時中凡聖殊何容不別說答說 不
定知說時有短長凡聖不可隹一會機宜有利有
時如何定准故處可說而時但總言　經仏
第三教主世梵云 佛陀此云覺
有三義一自覺勝凡夫不自覺故二覺他勝二乘
世故三覺行圓滿勝諸廾廾廾雖復備於二覺行未一

已知說時有短長凡聖不可但一會機宜有別
時如何定唯欲表了說已時但總言 經佛
第三教主世尊云佛 此云覺
有三義一自覺勝凡夫不自覺故二覺他勝二乘
他故三覺行圓滿勝諸菩薩雖復備於二覺行未一
地論云具一切智一切種智能自開覺亦能開覺一切
睡夢覺如蓮花開故名為佛一切智者能自開
覺智觀於空智理 無分別智如所有世俗相而
斷煩惱得一切種智者覺有情智如蓮
智等智俗智後所得智盡所有
得諸經覺本得稱本師名薄伽梵佛
諸德故翻譯之主意存省略隨方立善故稱佛
身中何身所攝答 聲聞而未化
菩教菩薩而即報身 者根器不同應現亦通報化
鷲領劫盡大燒鷲子聞經即化佛也我土安隱壽量長遠
文殊在中即報身也應化非真佛亦非說法者推功歸本
即法身也所以稱讚大乘功德經住法界藏明法身說佛
地經等住寶花王十八圓滿乃報身說此經王城應
佛說攝理而言要通三佛應物現身非定一故
說三佛身說法各別 說法故由此胎師羅長者
以菩心百五婆羅門見灰身而起信無邊身菩薩
有餘住小聖之 今顯主尊教
初標教主令生喜心 經住王舍城耆闍崛山中
贊曰第四化處也 化居也曰之為住住者 遊
義居也在山遊化城中佛依此中遊化安處名人因 解脫
與覺佛等住住名雖同義意全別語遠義出之處
屬心名因理別文之處 樣樣此為未可也梵云姞舍揭羅
補羅城唐言上茅城摩揭陀國之以中古先君王所都

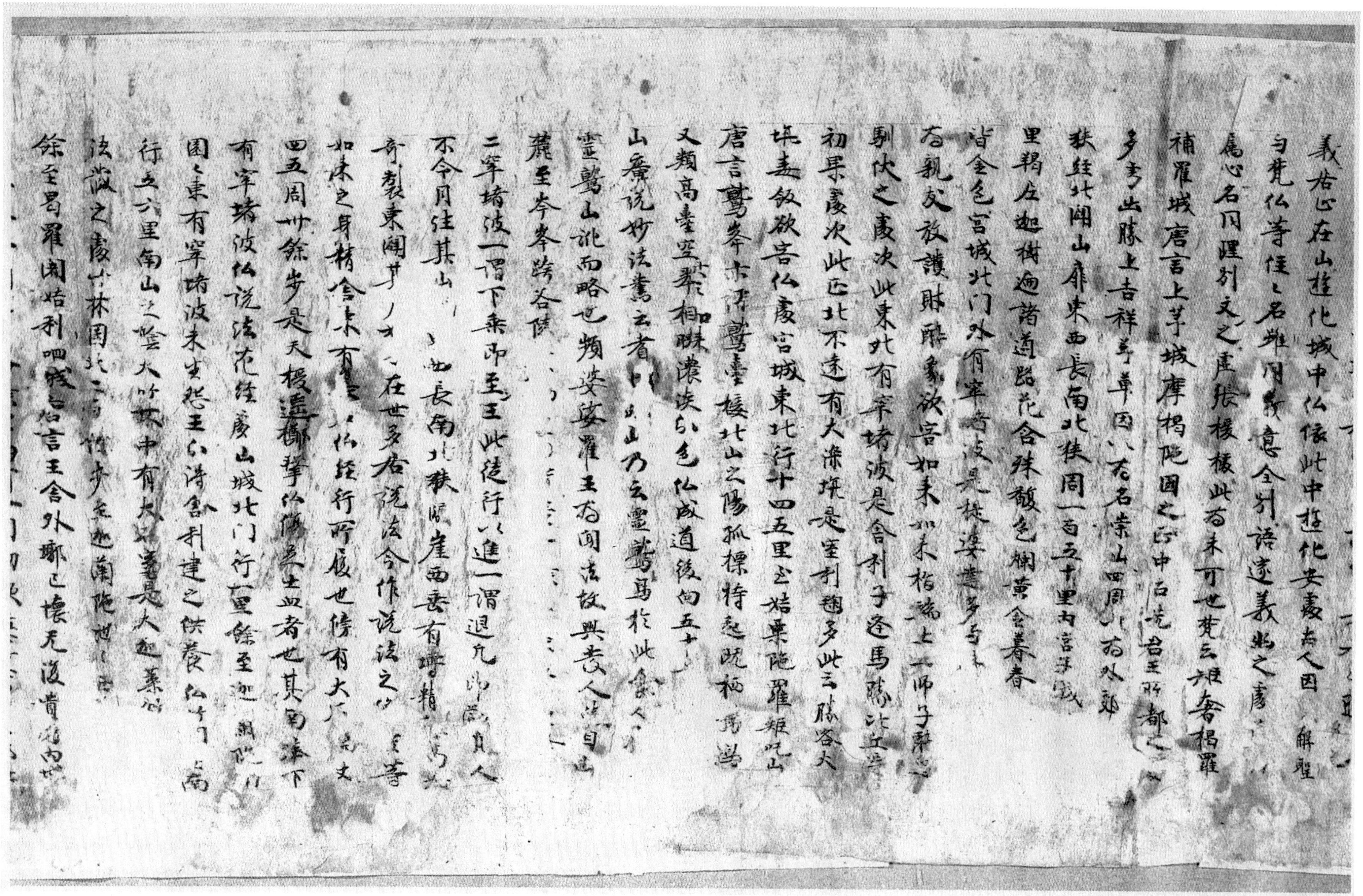

BD03543號　妙法蓮華經玄贊卷一

（11–4）

園々東有窣堵波未生怨王分得舍利建之供養仏寺門南
行五六里南山之陰大竹林中有大石室是大迦葉波
法藏之處竹林園北二百餘步至迦蘭陀池々西
餘至曷羅闍姞利呬城々言王舍外郭已壞无復遺趾內城
雖毀基址猶存周廿餘里面有一門初頻毗娑羅王都在
上茅宮城編戶之家頻遭火害一家纔逸四隣罹災不安其
居衆庶嗟怨王曰我以无德人庶遭患脩何德業可以禳
之羣臣白言大王德化黎庶不謹清勑嚴刑以懲發私右
更有犯遷之寒林々々者弃屍之所俗謂不祥之地々
便同弃尸彼既耻居當自攝謹王遂其言以施嚴令
宮內自失火王曰我其遷矣乃命太子監國
林吠舍釐王聞住於野集軍未伐邊候奏聞王遂建城
名以王先舍於此故稱王舍城焉有云至未生怨嗣位方
築此城乃更有高厚非新築也至无憂王遷都波吒釐以王
舍城施婆羅門今城中无復凡庶唯婆羅門減千家
矣古人有說山城爲王舍有九億家義云置千王於此
王都既在王舍仏住鷲峯城山兩處雙彰自他二化俱說
素故論序云成就者此法門中示現二種義成就一
門中最勝故如王舍城勝餘一切城舍故城乃摩揭陀
中人王之所都處表一乘乃三乘之中適法王之所住處
餘城故經勝餘經世二者示現自在功德成就故如耆闍崛山
勝餘諸山頭此法勝々久且護摩城既是山城近於王舍乃有
多山此山獨勝高而顯故表法高顯出過二乘自在威勢
德滿故或如城勝餘城无麁物而不出法勝餘法无毒德而
不具山勝餘山爲好鳥之所栖止法勝餘法爲上人之
故彼云據喻通教理或教妙如城含妙理故理高如山
故所以此經在王城故鷲嶺有所表矣或者通要云

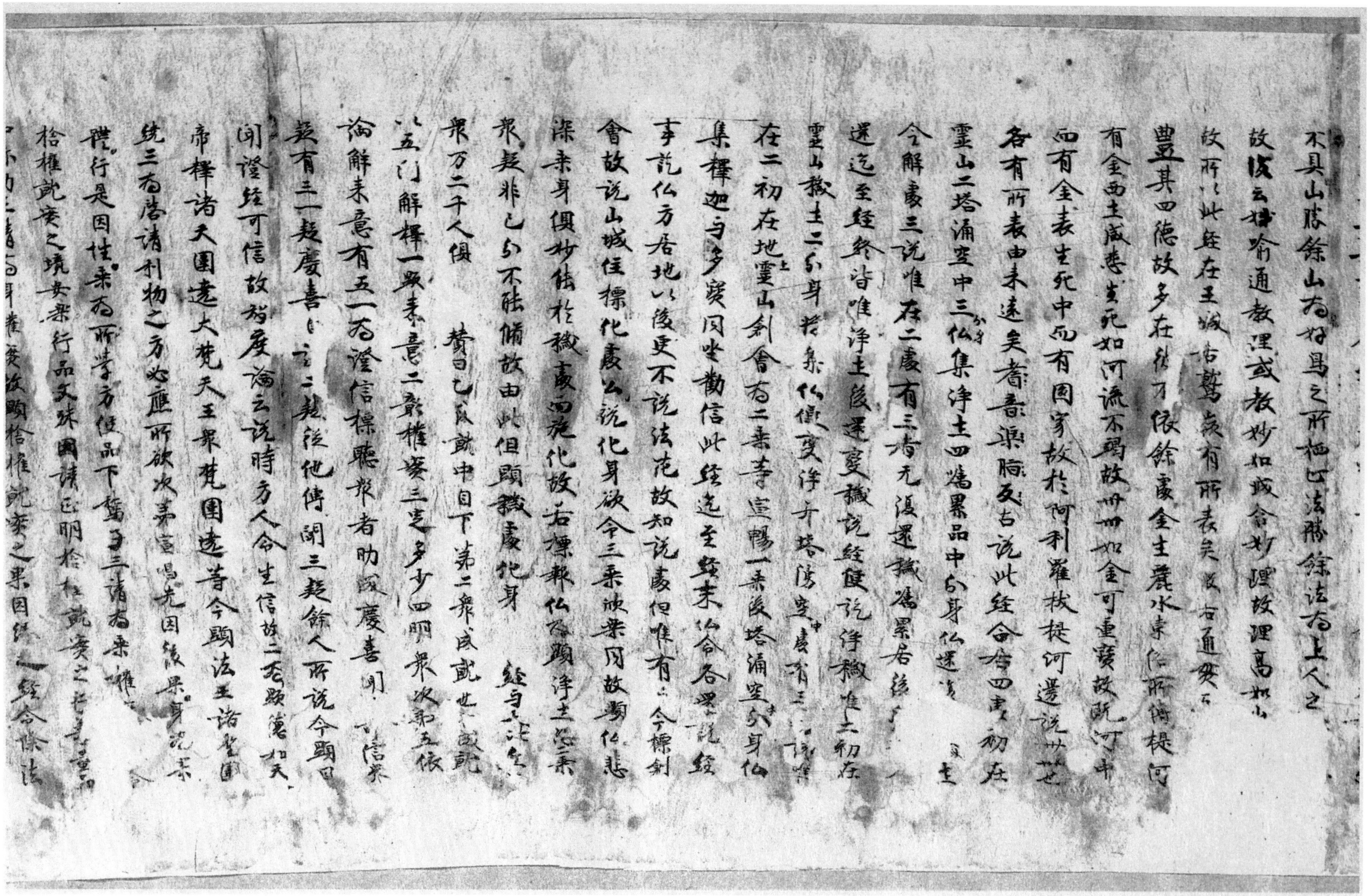
不具山勝餘山為好鳥之所栖此法勝餘法為上人之
故浚云譬喻通教理或教妙如城合妙理故理高如山
故所以此經在王城者鷲嶺有所表矣皆通要石
豐其四德故多在彼乃依餘處金生麗水隨所偏提河
有金西土咸悉生死如河流不竭故四四如金可重寶故既河中
而有金表生死中而有圓寂故於阿利羅拔提河邊說廿世
各有所表由來遠矣耆闍崛山涅槃臨反古說此經合為四處初在
靈山二塔涌空中三佛集淨土四還靈山說累品中分身佛還後
今解處三說唯在二處有三者無復還靈山說累居後
還迄至經終皆唯淨土後還變穢說經便說淨穢唯二初在
靈山穢土二分身將集佛欲變淨升塔涌空中處有三
在二初在地上靈山劍會為二乘等宣暢一乘後塔涌空分身佛
集釋迦與多寶同坐勸信此經迄至經末佛令各還說經
事訖佛方居地以後更不說法花故知說處但唯有二 今標劍
會故說山城住標化處山說化身欲令三乘欣樂同故彰佛悲
深乘身俱妙依於穢處而施化故若標報佛即顯淨土說三乘
衆疑非己分不能備故由此但顯穢處化身 經與大比丘
衆萬二千人俱 贊曰 已下第二衆成就 此成就
五門解釋一叙來意二彰權實三定多少四明衆次第五依
論解來意有五一為證信標聽衆者助成慶喜明 下信衆
疑有三一疑慶喜自說二疑從他傳聞三疑餘人所說今顯四
閒證經可信故智度論云說時方人令生信故二丟顯... 如天
帝釋諸天圍遶大梵天王衆梵圍遶菩今顯法王諸聖圍
繞三為啓請利物之方必應所欲次第宣唱先因後果身說乘
體行是因佳乘為所學方便品下舊多三請為乘權
捨權就實之境安樂行品文殊國請正明捨權就實之
[illegible]

BD03543號　妙法蓮華經玄贊卷一　（11–6）

統三爲居請利物之方必應所欲次第宣唱先因後果身說示
體行是因性乘爲所等方便品下覺了三請爲乘權
捨權就實之境安樂行品文殊國請正明捨權就實之行壽量品
中除勤三請爲身權實故顯捨權就實之果因經一經合除法
場若不因請企意雖生故聲聞請境一乘正道彼根菩薩請行
及果讚證因二利之四爲當機退菩提心者三根領悟三周說一
乘菩薩領悟說壽量品等隨類獲益聲聞凡夫遠塵離垢菩提
心彼醒者類迴向大乘菩薩凡大疑網皆遣證真建聖之
无生法忍等當……故爲三根說斯妙法五爲引攝當
時衆集爲引當時餘生發心經具陳者爲引今時衆生發
意若无依佛淨信不生佛地論云列菩薩者稱讚圓滿大乘
等者眷屬圓滿淨土尚然何況穢刹上來五義並答來意
二彰權實如佛地論一處化佛淨穢土中聲聞等實菩薩爲權
報佛土中菩薩爲實聲聞中亦權
今之化報雙有隨應兩變二權初列靈山化……菩薩在中九權
報土見於劫盡淨土常安壽量无邊報身報土聲聞等
衆非實既多寶分身悉爲化現准知報化權實理數論中說
說有化聲聞滿慈等是自餘化衆多寶分身等也三
者初有十五衆一高名大德衆二无名大德衆三尊
衆四內眷諸庄衆五聖德難思衆六帝釋諸天衆
四王衆八二自在衆九色界諸天衆十龍衆十一緊那羅衆十
二乾闥衆十三阿脩羅衆十四迦樓羅衆十五人王衆後有六
衆一多寶二分身三說宮四涌出五妙音六普賢此衆不從聞
法證法行法持法識法悟法有善利故此中有……菩薩一三
乘无獨覺多分土无佛世教雖被彼時无果成……在會
仁……中所具有之……陳有來彼者二三界无色光照有
緣可未聞法彼界光所不及根二不熟所以不來仁王上有三

乘无獨々覺々多分土无仏世教雖被彼時无果成以本花會

仁々之中昂具有之[illegible]陳有來彼者三三界无々色光照有

缘可未聞法彼界光所不及摂之不熟所以不来仁王亦有三

五趣无地獄光雖照彼无缘不来々有二義一光照二有缘地

獄光照无缘不至无色並闕所以不来一乘進習要假名發之

身地獄苦逼无暇可習陀羅尼經令息衆苦咸力所以地獄

亡来此經進善彼无容發故彼不来所以光照者令[illegible]

故令彼見光发心息苦故四々衆无優婆塞優婆夷下威儀

成就中具列初文略五八部无夜又及摩睺羅伽下一具有

六二王无持輪聖王唯有小王下亦具有此後三天下明所依成

儀成就中一切具列四明衆次第者初衆分四一声聞衆二卄

卄衆三八部衆四法王衆或内護外護為次内淨中聲聞卄卄

次聲聞中僧尼為次僧中有名无名為次尼中尊重眷属為

次外護中八部王人為次八部中天非天為次天中世者為

為次地居中帝臣為次空居中非禪々主々為次後衆次第

者證法衆開塔衆經利廣大衆持法无邊界他方々行法衆

他方勸持衆初衆之中聲聞居先卄卄居後者仏地[illegible]

今為四解一形相不同聲聞出家形同諸仏卄卄不[illegible]亦有

近遠聲聞近仏卄卄遠之三戒德有殊聲聞出家持出家

戒卄卄不尔隨類化生故四欲令卄卄於聲聞所捨憍慢故

然花嚴經羅摩伽經拒樓王經和休經大五濁[illegible]先列卄

卄後列聲聞以德大小明先後故五依論釋論解成就

中有四一數二行三攝功德四儀威如法住數成就者謂大

衆无數故格谈无數論各別標謂万二千等行成就十

有四一諸聲聞脩小乘行依乞食等自活以比丘等為名

二卄卄脩大乘行求饒利有情以卄卄提卄埵為目三以卄々神

衆无數故惣談无數論各别標謂万二千等行成就中
有四一諸聲聞脩小乘行依乞食等自活以比丘等爲名
二菩薩脩大乘行求學利有情以菩提薩埵爲目三以菩薩神
通力隨時亦現能脩行大乘如跋陀婆羅等十六人具
足菩薩不可思議事由不定故而能亦現優婆塞等四衆
之形說爲菩薩四出家人威儀一定不同菩薩由此定故說爲
比丘攝功德成就者十六句歎聲聞德十三句歎菩薩德菩
是聖本論中不别標條文義顯故威儀如法住所說若尔
時世尊四衆圍遶等是明其四衆遶仏威儀恭敬供法
而住相故雖各礼仏亦是威儀非如說法相故此不說十三衆
中合爲三類菩薩聲聞具四成就其學无學及比丘尼具三
成就不歎德故餘天等具二无行无德論說衆成中合有四
成就不言一一皆具四種然經明衆成就中有二
十五衆後明威儀初中後二初别列衆後明礼仏
十五衆中分二初明內護衆後明外護衆內護衆中有二初
明聲聞後明菩薩聲聞有二初比丘後尼衆比丘中初有名
高德後无名大德初中有三一標類舉數二歎德三列名
此初也有二成就一數二行与者并共及之義能對釋
言一處一時一心一戒一見一道同一解脫是名爲共大比丘者智
度論三義解大諸衆中最大大部畢斷大衆恭敬真諦三
釋一勝大學无學人中勝二體大功德智惠極高廣三數大万二千
人合爲六數大
二離大大部断故三位大大阿羅漢故四德大如經所說故
五名大名稱遠聞故六識大人大衆所知識故
訛云比丘由具五義所以不翻一曰怖魔初出家時魔宮動
故二云乞士既出家已乞食自濟故三名淨戒持淨戒以僧數應

人令合為六二數大
二離大〻鄣所故三位大〻阿羅漢故四德大如經所說故
五名大名稱遠聞故六識大〻人大衆所知識故贊云
訖云比丘由具五義所以不翻一曰怖魔初出家時魔宮動
故二云乞士既出家已乞食自濟故三名淨持戒漸入僧數應
持戒故四云淨命既受得戒所起三業〻无貪昔不依於貪
邪活命故五日破惡漸漸證道斷煩惱故衆
二和得衆名世三人已上得僧名故　經皆是阿
心得自在　〻贊曰此歎德也經有六句新翻及贊
十六句皆是阿羅漢諸漏已盡无後煩惱得去
云心得自在心善解脫惠善解脫論云善得心惠解脫
如調惠馬論云心善調伏之如大龍已作所作
弃諸重擔逮得已利盡諸有結正智解脫
正智心解脫至心自在第一究竟論有三釋一上〻起門二
揔別相門三攝取事門上〻起門者由上句故下句得起或
由下句上句方起非唯一故名上〻起論以第二句釋初句云
諸漏已盡故名阿羅漢即是論言應已永害煩惱故名
阿羅漢漏以五門分別一釋揔諸名論云煩惱
心連注流散不絕名之為漏如論云漏含隱可厭汗穢汗
處廣發責過夫立以漏名此唯現行无後煩惱是種子
故攝寬通種二列名漏有三種一欲漏二有漏三无明漏
三土體欲界見道卅煩惱四諦一〻皆具十故并修道六謂
貪嗔慢无明身見邊見此中除五无明餘卅一故
并忿根等廿隨惑通名欲漏色无色界以无嗔故合卅一
於中除五并擬合七十二根本煩惱并色界論滿及二界攝此
四隨惑眠七十大大隨煩惱說名有漏三界合有十五无明

處廣嚴責遍失立〻滿名此唯現行无記煩惱是種子
故攝資遍種二列名滿有三種一欲滿二有滿三无明滿
三生體欲界見道卌煩惱四諦一〻皆具十故并脩道六謂
貪嗔慢无明身見邊見 除五无明餘一〻於合相說
并忿恨等廿隨惑通名欲滿色无色界〻无嗔故合卌一
於中除五見合七十二根本煩惱并色界論說及二界脩此
四隨惑〻十大隨煩惱說名有滿三界合下十五无明
名无明滿四離合㦲立欲唯欲地唯有滿地〻立通〻
界與空通无滿地一趣一生一煩惱〻此合立〻煩滿
身四生地不善有覆无記二性惑地所〻攝立名一欲滿上
无明力等 已相應不共前二所依〻身十一勝〻等故
五障名所從雖知三界一切煩惱〻〻〻
〻之滿從下地界煩惱多〻〻

〻名增上
如林中華如
尺廿名〻
删滿此滿非一〻
名有滿无
此說言謂餘本
所依

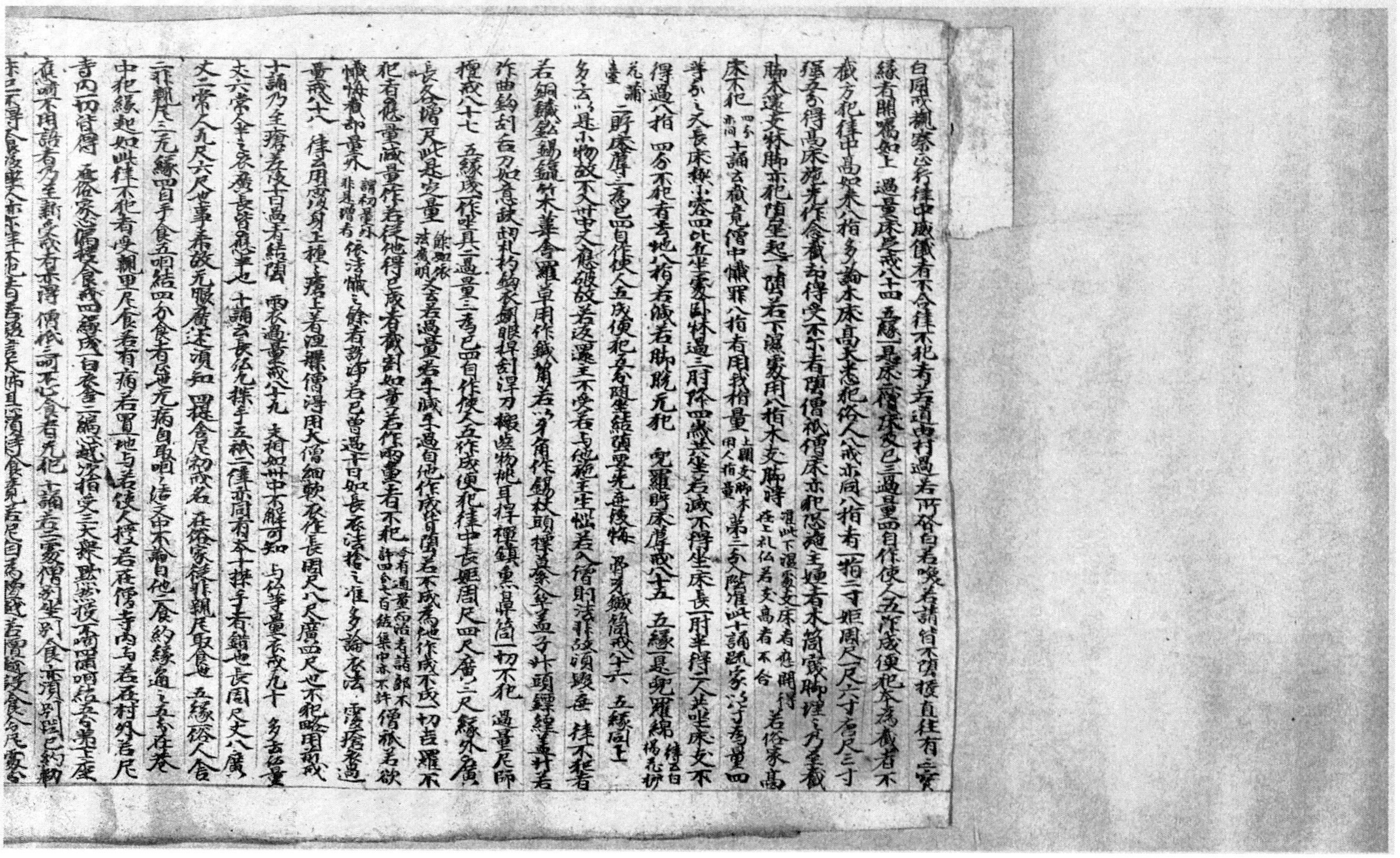

BD03544 號　四分律刪繁補闕行事鈔卷中　（2–1）

BD03544 號　四分律刪繁補闕行事鈔卷中　（2–2）

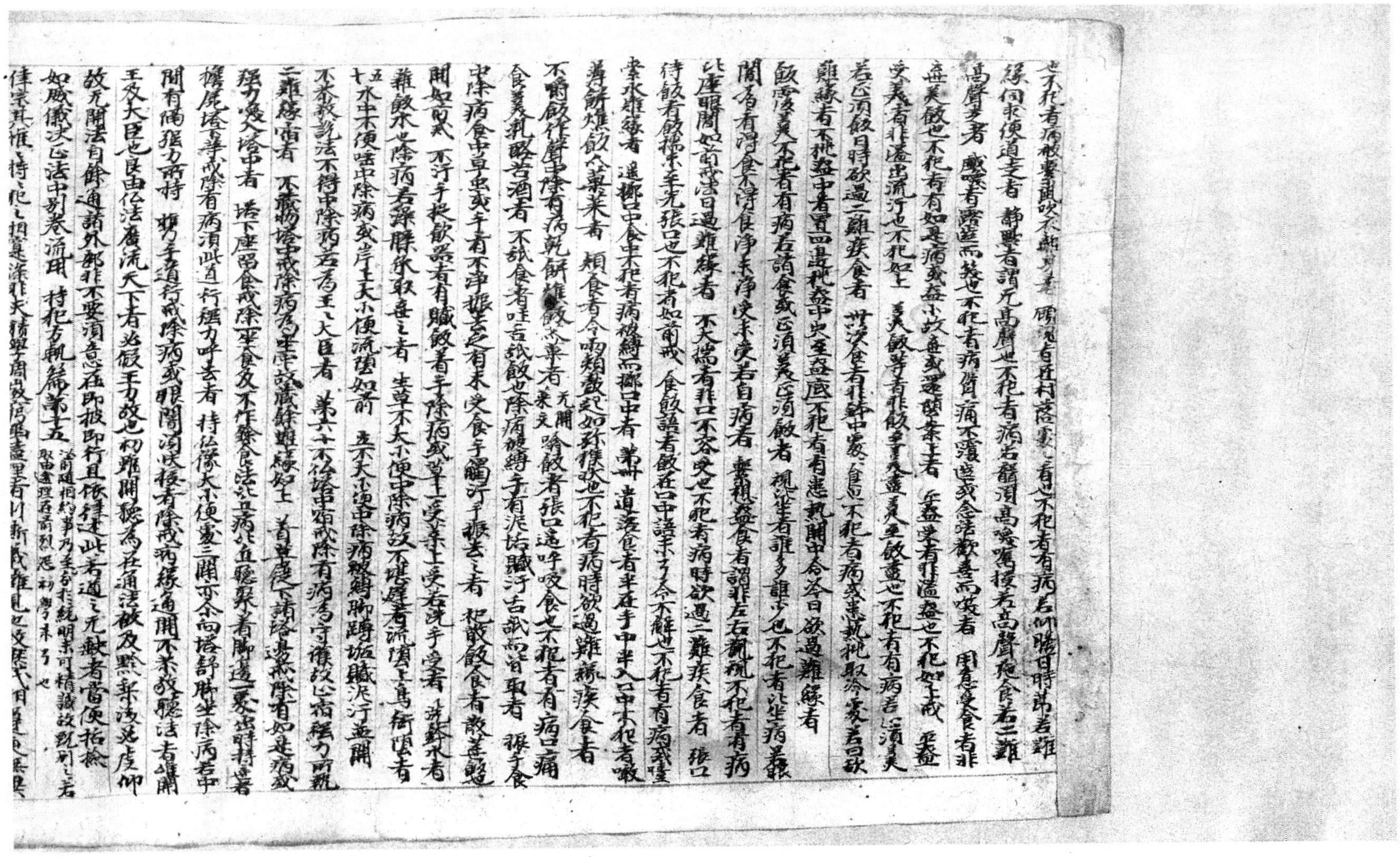

BD03544號背　四分律刪繁補闕行事鈔卷中　（2–1）

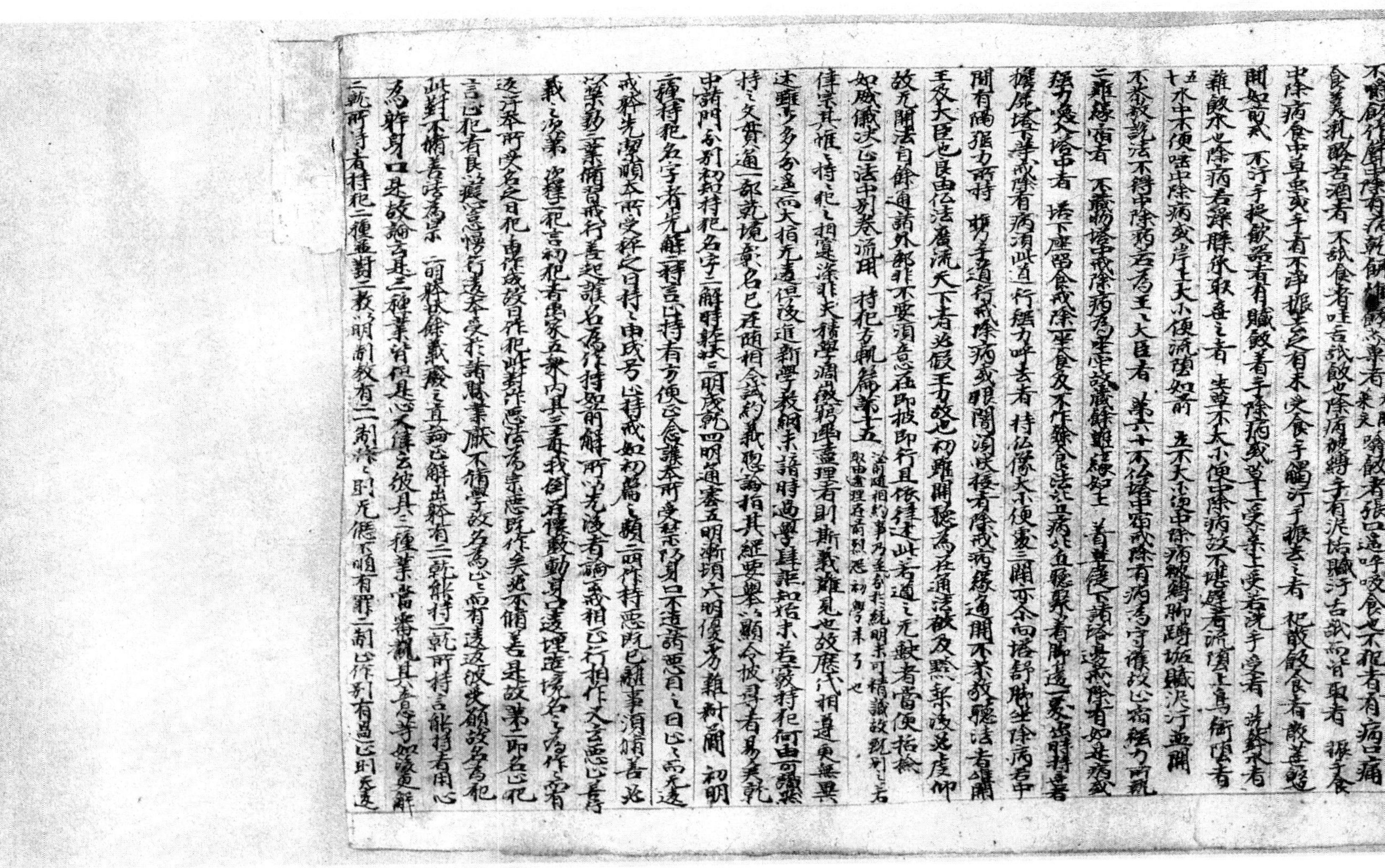

BD03544號背　四分律刪繁補闕行事鈔卷中　（2–2）

微塵如來說世界非世界是名世界須菩提
於意云何可以卅二相見如來不不也世尊
不可以三十二相得見如來何以故如來說
三十二相即是非相是名三十二相須菩提
若有善男子善女人以恒河沙等身命
布施若復有人於此經中乃至受持四句
偈等為他人說其福甚多
尒時須菩提聞說是經深解義趣涕淚悲
泣而白佛言希有世尊佛說如是甚深經典
我從昔來所得慧眼未曾得聞如是之經世
尊若復有人得聞是經信心清淨則生實相
當知是人成就第一希有功德世尊是實相
者則是非相是故如來說名實相世尊我今得
聞如是經典信解受持不足為難若當來世
後五百歲其有衆生得聞是經信解受持是
人則為第一希有何以故此人无我相人相
衆生相壽者相所以者何我相即是非相人
相衆生相壽者相即是非相何以故離一切
諸相則名諸佛
佛告須菩提如是如是若復有人得聞是經
不驚不怖不畏當知是人甚為希有何以故

BD03545號　金剛般若波羅蜜經　（9–1）

衆生相壽者相所以者何我相即是非相人
相衆生相壽者相即是非相何以故離一切
諸相則名諸佛
佛告須菩提如是如是若復有人得聞是經
不驚不怖不畏當知是人甚為希有何以故
須菩提如來說第一波羅蜜非第一波羅蜜
是名第一波羅蜜
須菩提忍辱波羅蜜如來說非忍辱波羅蜜
何以故須菩提如我昔為歌利王割截身體
我於尒時无我相无人相无衆生相无壽者
相何以故我於往昔節節支解時若有我相
人相衆生相壽者相應生瞋恨須菩提又念
過去於五百世作忍辱仙人於尒所世无我
相无人相无衆生相无壽者相是故須菩提
菩薩應離一切相發阿耨多羅三藐三菩提
心不應住色生心不應住聲香味觸法生心
應生无所住心若心有住則為非住是故佛
說菩薩心不應住色布施須菩提菩薩為利
益一切衆生應如是布施如來說一切諸相
即是非相又說一切衆生則非衆生須菩提
如來是真語者實語者如語者不誑語者不
異語者須菩提如來所得法此法无實无虛
須菩提若菩薩心住於法而行布施如人入
闇則无所見若菩薩心不住法而行布施如
人有目日光明照見種種色須菩提當來之
世若有善男子善女人能於此經受持讀誦
則為如來以佛智慧悉知是人悉見是人皆
得成就无量无邊功德

BD03545號　金剛般若波羅蜜經　（9–2）

闇則无所見若菩薩心不住法而行布施如
人有目日光明照見種種色須菩提當來之
世若有善男子善女人能於此經受持讀誦
則爲如來以佛智慧悉知是人悉見是人皆
得成就无量无邊功德
須菩提若有善男子善女人初日分以恒河沙
等身布施中日分復以恒河沙等身布施後
日分亦以恒河沙等身布施如是无量百
千萬億劫以身布施若復有人聞此經典信
心不逆其福勝彼何況書寫受持讀誦爲人
解說須菩提以要言之是經有不可思議不
可稱量无邊功德如來爲發大乘者說爲發
最上乘者說若有人能受持讀誦廣爲人說
如來悉知是人悉見是人皆得成就不可量不
可稱无有邊不可思議功德如是人等則爲
荷擔如來阿耨多羅三藐三菩提何以故須
菩提若樂小法者著我見人見衆生見壽者
見則於此經不能聽受讀誦爲人解說須菩
提在在處處若有此經一切世間天人阿脩
羅所應供養當知此處則爲是塔皆應恭
敬作禮圍繞以諸花香而散其處
復次須菩提善男子善女人受持讀誦此經
若爲人輕賤是人先世罪業應墮惡道以今
世人輕賤故先世罪業則爲消滅當得阿耨
多羅三藐三菩提須菩提我念過去无量阿
僧祇劫於然燈佛前得值八百四千萬億那
由他諸佛悉皆供養承事无空過者若復有
人於後末世能受持讀誦此經所得功德於

BD03545 號　金剛般若波羅蜜經　（9–3）

世人輕賤故先世罪業則爲消滅當得阿耨
多羅三藐三菩提須菩提我念過去无量阿
僧祇劫於然燈佛前得值八百四千萬億那
由他諸佛悉皆供養承事无空過者若復有
人於後末世能受持讀誦此經所得功德於
我所供養諸佛功德百分不及一千萬億分
乃至筭數譬喻所不能及須菩提若善男子
善女人於後末世有受持讀誦此經所得功
德我若具說者或有人聞心則狂亂狐疑不
信須菩提當知是經義不可思議果報亦不
可思議
尒時須菩提白佛言世尊善男子善女人發
阿耨多羅三藐三菩提心云何應住云何降
伏其心佛告須菩提善男子善女人發阿耨
多羅三藐三菩提者當生如是心我應滅度
一切衆生滅度一切衆生已而无有一衆生
實滅度者何以故若菩薩有我相人相衆生
相壽者相則非菩薩所以者何須菩提實
无有法發阿耨多羅三藐三菩提心者須菩
提於意云何如來於然燈佛所有法得阿耨多
羅三藐三菩提不不也世尊如我解佛所說義
佛於然燈佛所无有法得阿耨多羅三藐三
菩提佛言如是如是須菩提實无有法如來得
阿耨多羅三藐三菩提須菩提若有法如來得
阿耨多羅三藐三菩提者然燈佛則不與我受
記汝於來世當得作佛號釋迦牟尼以實无
有法得阿耨多羅三藐三菩提是故然燈佛
與我受記作是言汝於來世當得作佛號釋

BD03545 號　金剛般若波羅蜜經　（9–4）

阿耨多羅三藐三菩提然燈佛則不與我受
記汝於來世當得作佛号釋迦牟尼以實无
有法得阿耨多羅三藐三菩提是故然燈佛
與我受記作是言汝於來世當得作佛号釋
迦牟尼何以故如來者即諸法如義若有人
言如來得阿耨多羅三藐三菩提須菩提實
无有法佛得阿耨多羅三藐三菩提須菩提
如來所得阿耨多羅三藐三菩提於是中无
實无虛是故如來說一切法皆是佛法須菩
提所言一切法者即非一切法是故名一切法
須菩提譬如人身長大須菩提言世尊如來
說人身長大則為非大身是名大身須菩
提菩薩亦如是若作是言我當滅度无量衆
生則不名菩薩何以故須菩提實无有法名
為菩薩是故佛說一切法以无我无人无衆生
无壽者須菩提若菩薩作是言我當莊嚴佛
土是不名菩薩何以故如來說莊嚴佛土者即
非莊嚴是名莊嚴須菩提若菩薩通達无我
法者如來說名真是菩薩
須菩提於意云何如來有肉眼不如是世尊
如來有肉眼須菩提於意云何如來有天眼
不如是世尊如來有天眼須菩提於意云何
如來有慧眼不如是世尊如來有慧眼須菩
提於意云何如來有法眼不如是世尊如來
有法眼須菩提於意云何如來有佛眼不如
是世尊如來有佛眼須菩提於意云何如恒
河中所有沙佛說是沙不如是世尊如來說

提於意云何如來有法眼不如是世尊如來
有法眼須菩提於意云何如來有佛眼不如
是世尊如來有佛眼須菩提於意云何如恒
河中所有沙佛說是沙不如是世尊如來說
是沙須菩提於意云何如一恒河中所有沙
有如是沙等恒河是諸恒河所有沙數佛世界
如是寧為多不甚多世尊佛告須菩提尒所國
土中所有衆生若干種心如來悉知何以故
如來說諸心皆為非心是名為心所以者何
須菩提過去心不可得現在心不可得未來
心不可得須菩提於意云何若有人滿三千
大千世界七寶以用布施是人以是因緣得
福多不如是世尊此人以是因緣得福甚多
須菩提若福德有實如來不說得福德多以
福德无故如來說得福德多
須菩提於意云何佛可以具足色身見不不
也世尊如來不應以具足色身見何以故如來
說具足色身即非具足色身是名具足色身須
菩提於意云何如來可以具足諸相見不不
也世尊如來不應以具足諸相見何以故如
來說諸相具足即非具足是名諸相具足須
菩提汝勿謂如來作是念我當有所說法莫
作是念何以故若人言如來有所說法即為
謗佛不能解我所說故須菩提說法者无法
可說是名說法須菩提白佛言世尊佛得阿
耨多羅三藐三菩提為无所得耶如是如是
須菩提我於阿耨多羅三藐三菩提乃至无

謗佛不能解我所說故須菩提說法者无法
可說是名說法須菩提白佛言世尊佛得阿
耨多羅三藐三菩提為无所得耶如是如是
須菩提我於阿耨多羅三藐三菩提乃至无
有少法可得是名阿耨多羅三藐三菩提復
次須菩提是法平等无有高下是名阿耨多
羅三藐三菩提以无我无人无衆生无壽者脩
一切善法則得阿耨多羅三藐三菩提須
菩提所言善法者如來說非善法是名善法
須菩提若三千大千世界中所有諸須弥山
王如是等七寶聚有人持用布施若人以此般
若波羅蜜經乃至四句偈等受持讀誦為他
人說於前福德百分不及一百千萬億分乃
至筭數譬喻所不能及
須菩提於意云何汝等勿謂如來作是念我
當度衆生須菩提莫作是念何以故實无有
衆生如來度者若有衆生如來度者如來則
有我人衆生壽者須菩提如來說有我者則
非有我而凡夫之人以為有我須菩提凡夫
者如來說則非凡夫須菩提於意云何可以
卅二相觀如來不須菩提言如是如是以卅
二相觀如來佛言須菩提若以卅二相觀如
來者轉輪聖王則是如來須菩提白佛言世
尊如我解佛所說義不應以卅二相觀如來
尒時世尊而說偈言
若以色見我　以音聲求我　是人行耶道　不能見如來
須菩提汝若作是念如來不以具足相故得
阿耨多羅三藐三菩提須菩提莫作是念如

BD03545 號　金剛般若波羅蜜經　（9–7）

尊如我解佛所說義不應以卅二相觀如來
尒時世尊而說偈言
若以色見我　以音聲求我　是人行耶道　不能見如來
須菩提汝若作是念如來不以具足相故得
阿耨多羅三藐三菩提須菩提莫作是念如
來不以具足相故得阿耨多羅三藐三菩提
須菩提汝若作是念發阿耨多羅三藐三菩
提者說諸法斷滅莫作是念何以故發阿耨
多羅三藐三菩提者於法不說斷滅相須菩
提若菩薩以滿恒河沙等世界七寶布施若
復有人知一切法无我得成於忍此菩薩勝
前菩薩所得功德須菩提以諸菩薩不受福
德故須菩提白佛言世尊云何菩薩不受福
德須菩提菩薩所作福德不應貪著是故說
不受福德須菩提若有人言如來若來若去
若坐若卧是人不解我所說義何以故如來
者无所從來亦无所去故名如來須菩提若
善男子善女人以三千大千世界碎為微塵
於意云何是微塵衆寧為多不甚多世尊何
以故若是微塵衆實有者佛則不說是微塵
衆所以者何佛說微塵衆則非微塵衆是
名微塵衆世尊如來所說三千大千世界則非
世界是名世界何以故若世界實有者則是
一合相如來說一合相則非一合相是名一
合相須菩提一合相者則是不可說但凡夫
之人貪著其事須菩提若人言佛說我見人
見衆生見壽者見須菩提於意云何是人解
我所說義不世尊是人不解如來所說義何

BD03545 號　金剛般若波羅蜜經　（9–8）

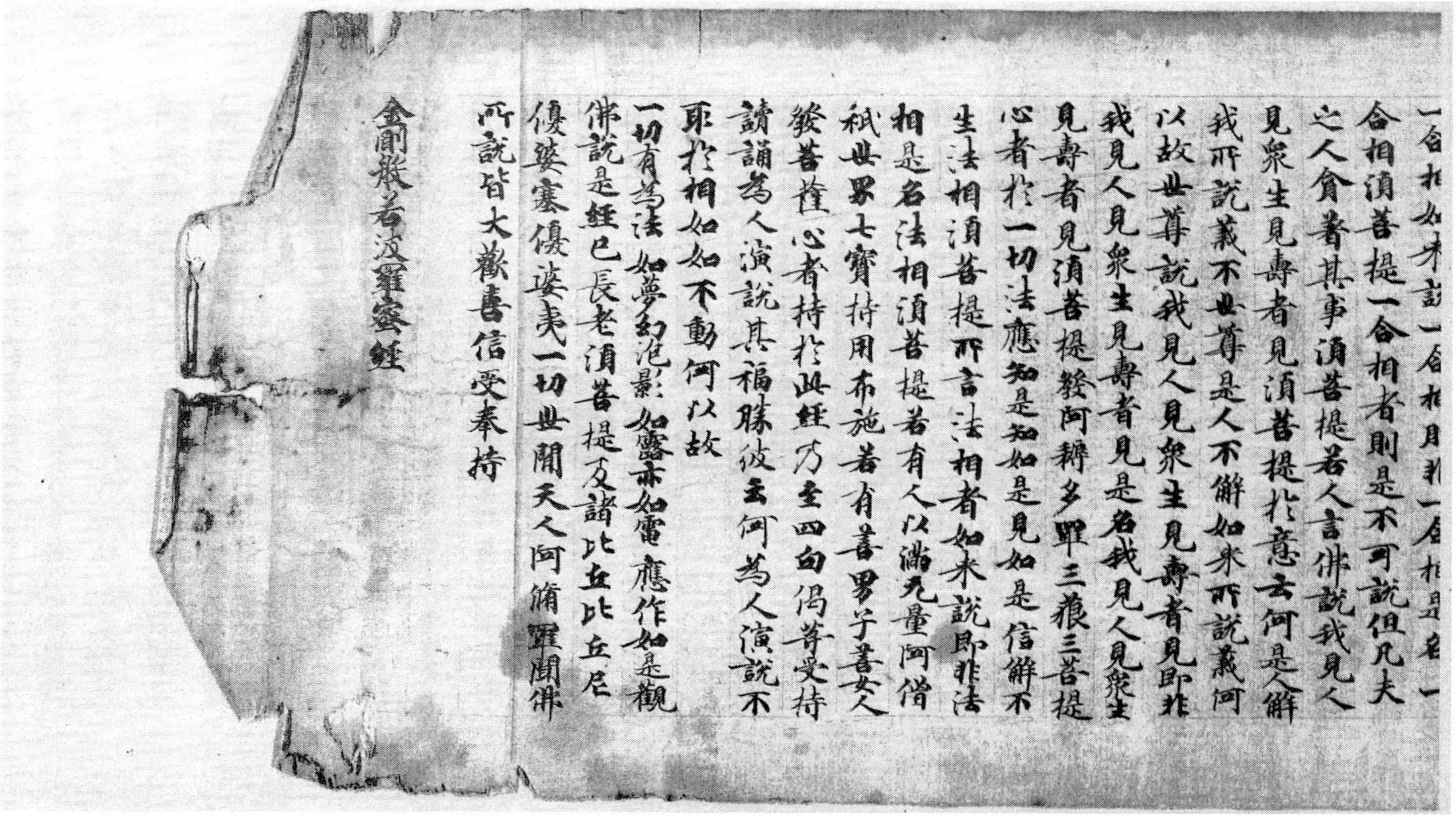

一合相如來說一合相則非一合相是名一
合相須菩提一合相者則是不可說但凡夫
之人貪著其事須菩提若人言佛說我見人
見衆生見壽者見須菩提於意云何是人解
我所說義不世尊是人不解如來所說義何
以故世尊說我見人見衆生見壽者見即非
我見人見衆生見壽者見是名我見人見衆生
見壽者見須菩提發阿耨多羅三藐三菩提
心者於一切法應如是知如是見如是信解不
生法相須菩提所言法相者如來說即非法
相是名法相須菩提若有人以滿无量阿僧
祇世界七寶持用布施若有善男子善女人
發菩薩心者持於此經乃至四句偈等受持
讀誦為人演說其福勝彼云何為人演說不
取於相如如不動何以故
一切有為法　如夢幻泡影　如露亦如電　應作如是觀
佛說是經已長老須菩提及諸比丘比丘尼
優婆塞優婆夷一切世間天人阿脩羅聞佛
所說皆大歡喜信受奉持

金剛般若波羅蜜經

BD03545 號　金剛般若波羅蜜經　（9–9）

BD03546 號　四分律刪繁補闕行事鈔卷中　（2–1）

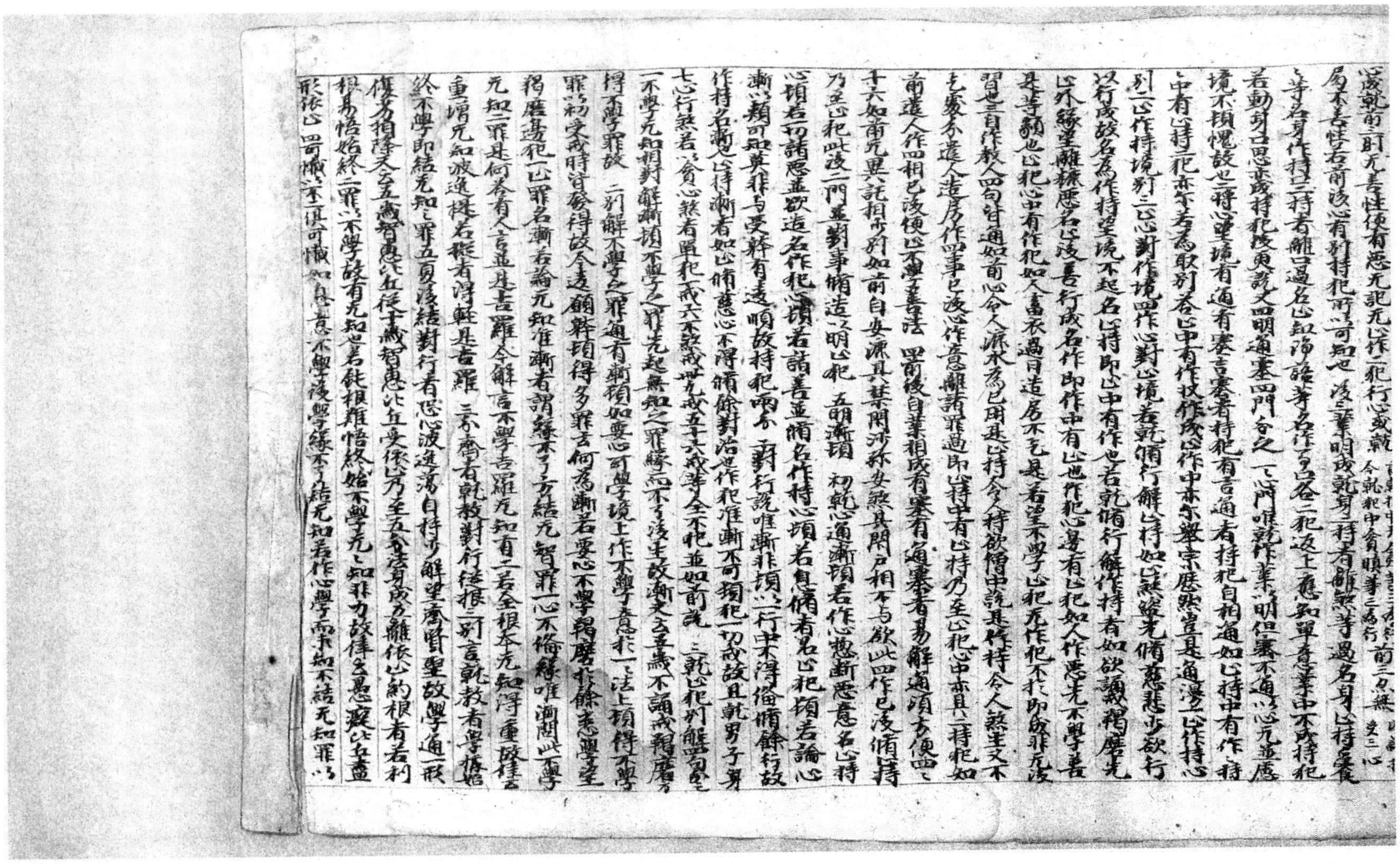

BD03546 號　四分律刪繁補闕行事鈔卷中　　（2–2）

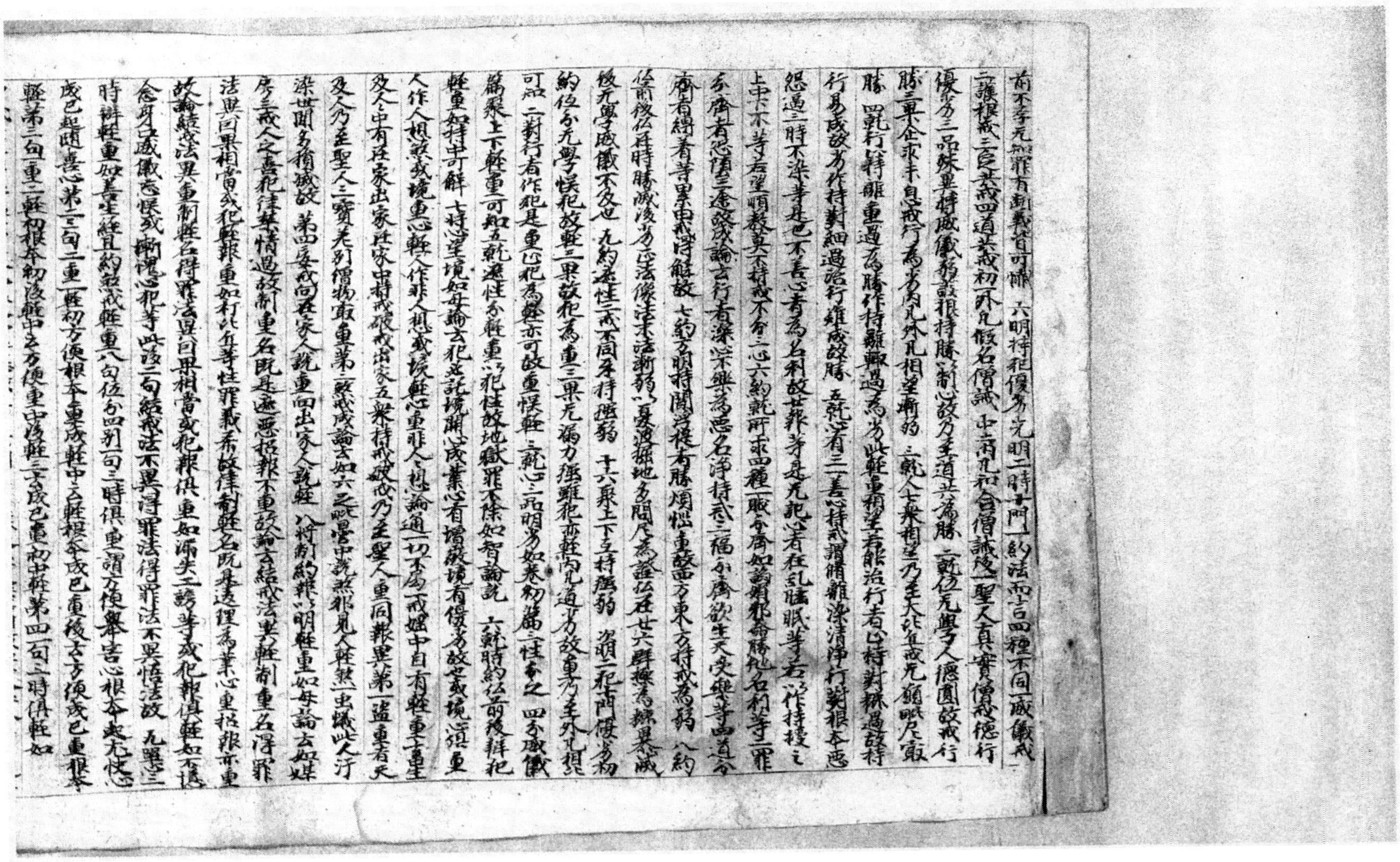

BD03546 號背　四分律刪繁補闕行事鈔卷中　　（2–1）

BD03546 號背　四分律刪繁補闕行事鈔卷中　　（2–2）

BD03547 號　四分律刪繁補闕行事鈔卷中　　（2–1）

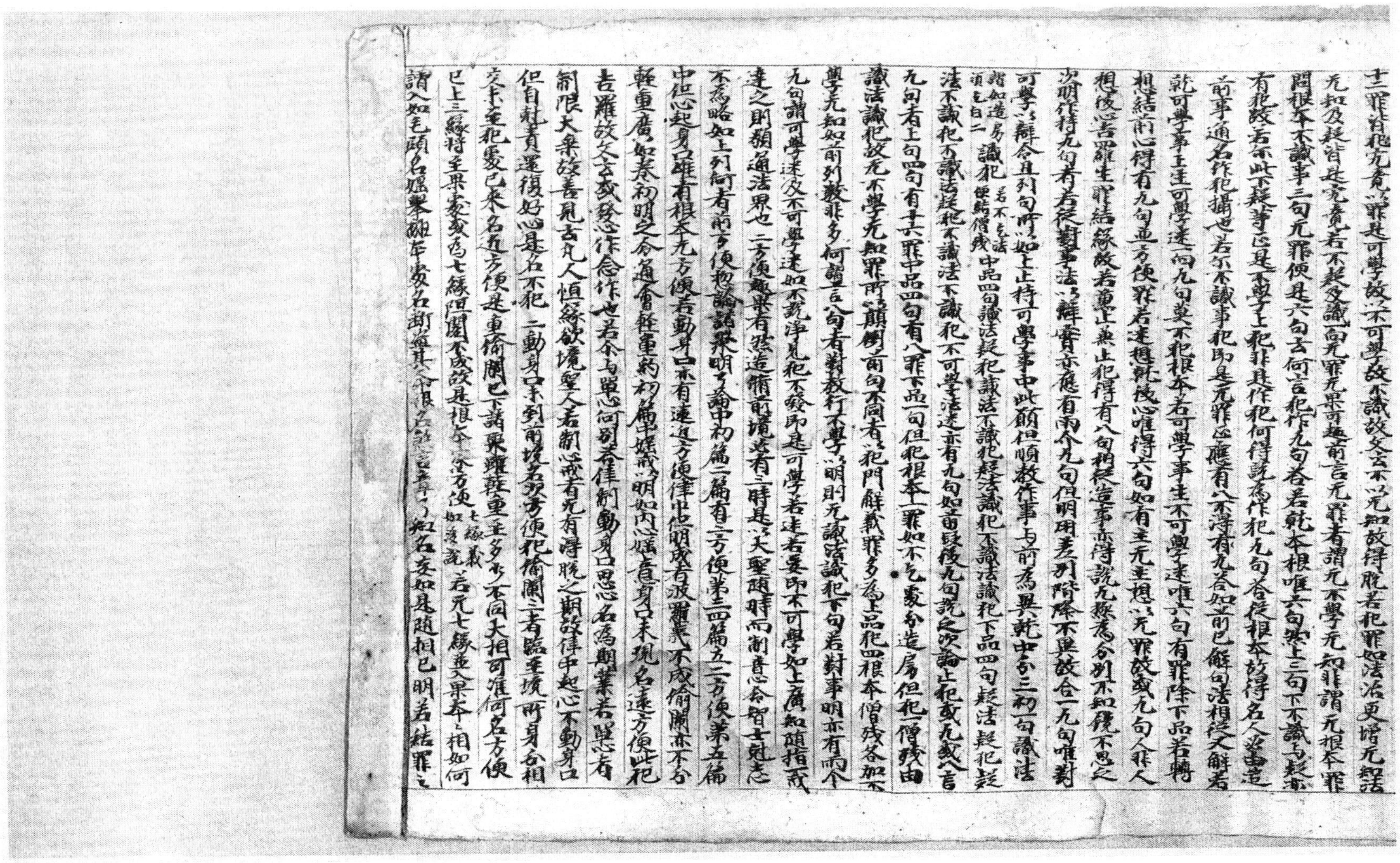

BD03547 號　四分律刪繁補闕行事鈔卷中　（2–2）

BD03547 號背　四分律刪繁補闕行事鈔卷中　（2–1）

BD03547 號背　四分律刪繁補闕行事鈔卷中　（2–2）

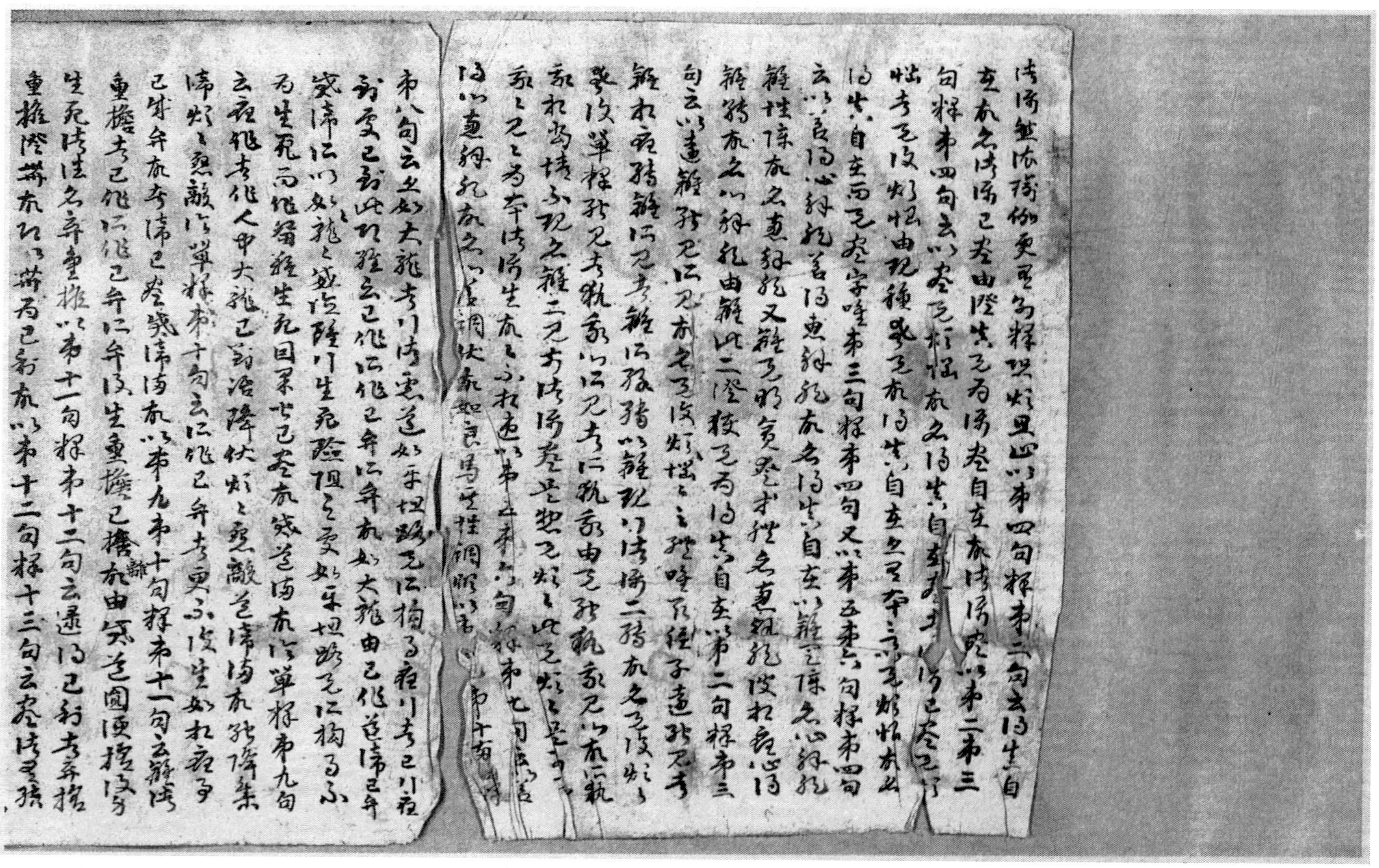

BD03548 號　妙法蓮華經玄贊卷一　（6–1）

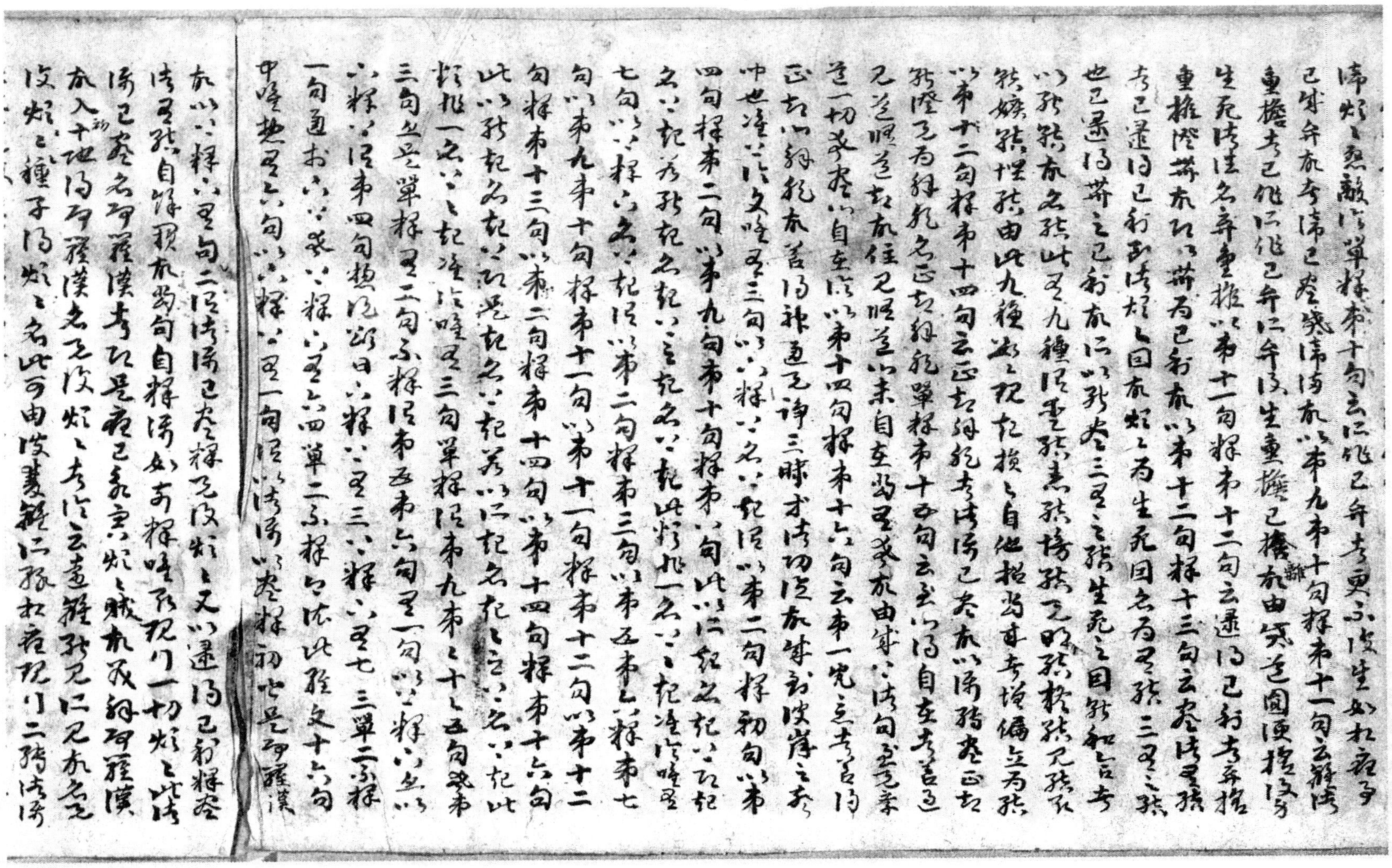

BD03548 號　妙法蓮華經玄贊卷一　　（6–2）

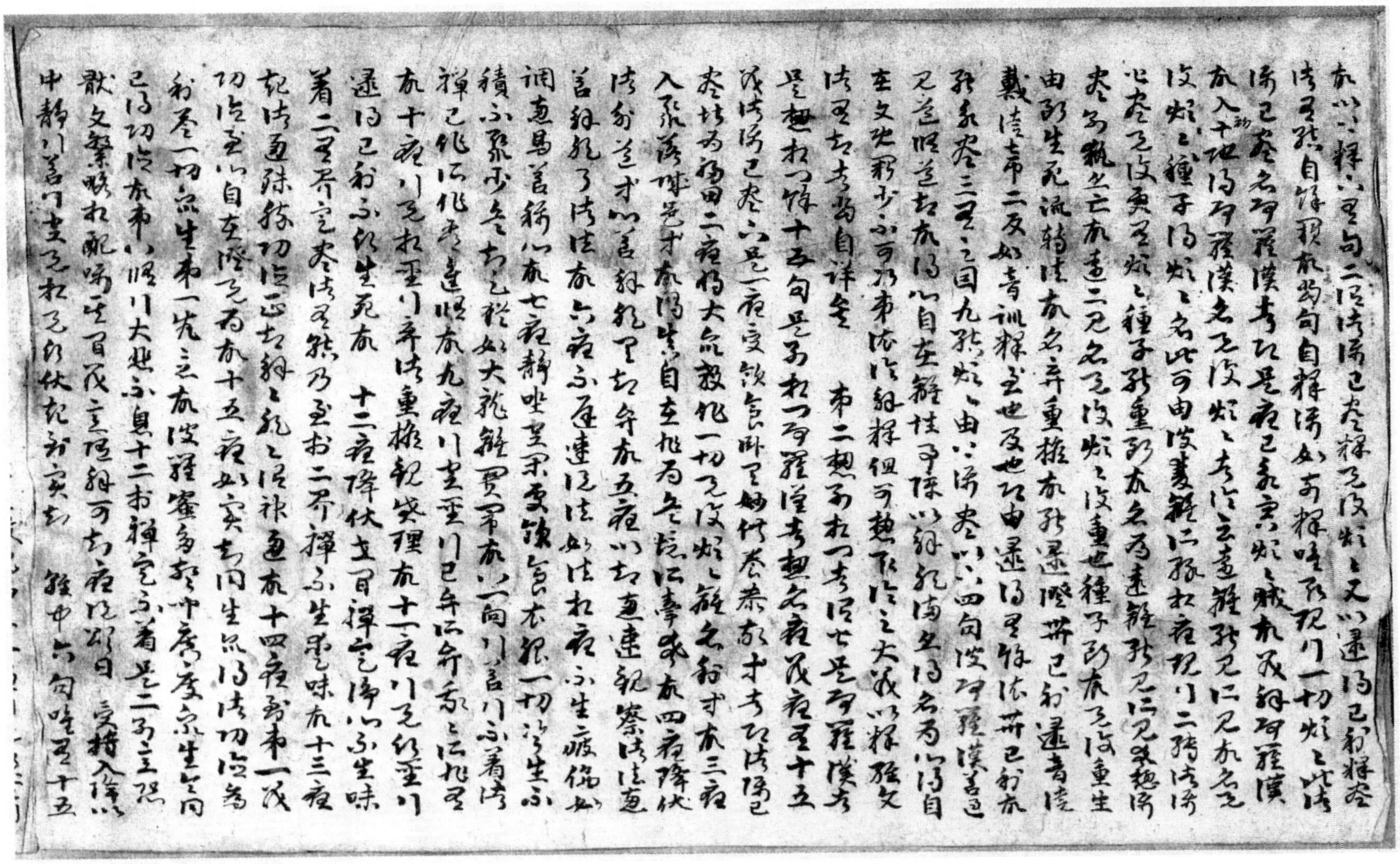

BD03548 號　妙法蓮華經玄贊卷一　　（6–3）

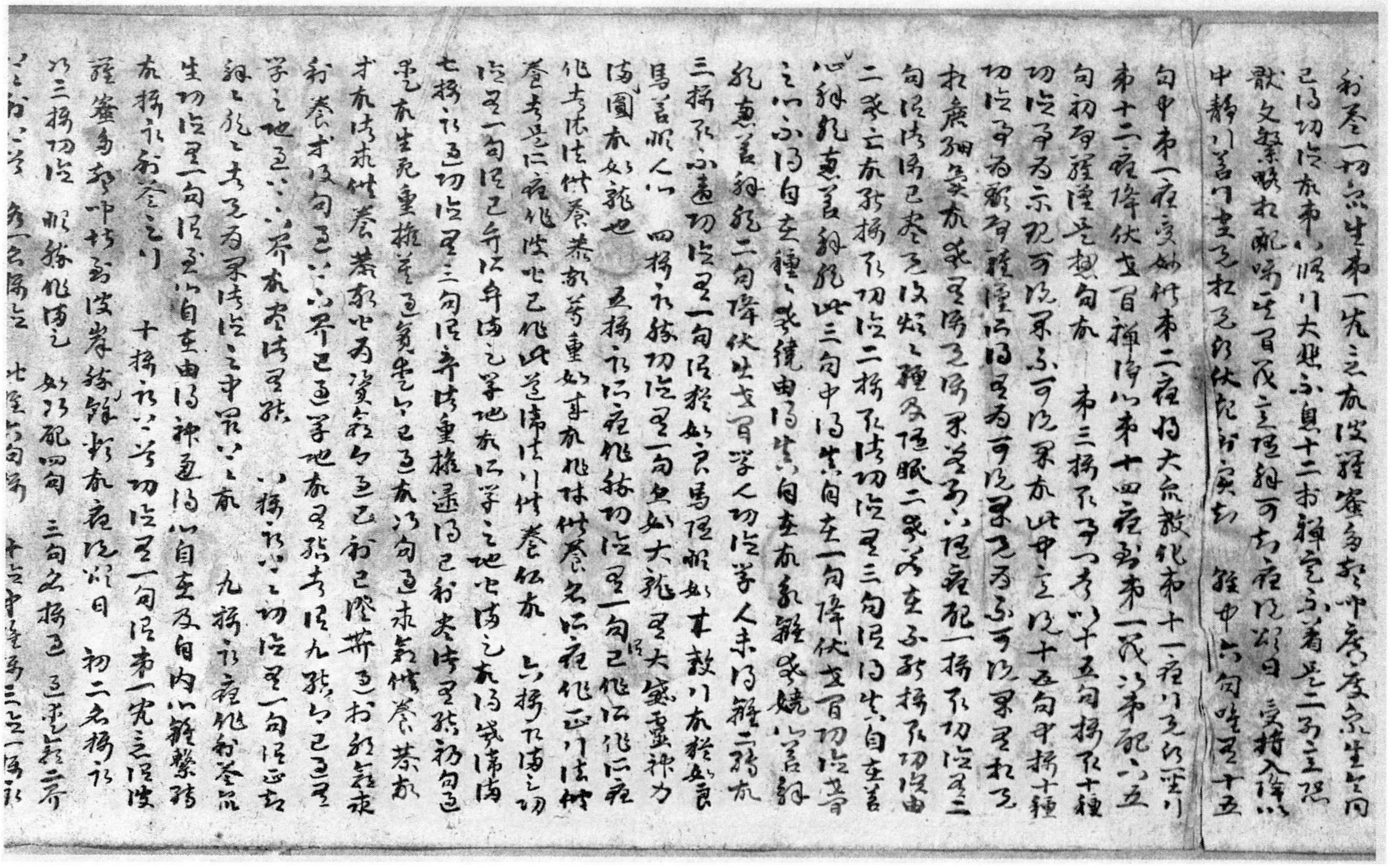

BD03548號　妙法蓮華經玄贊卷一　（6–4）

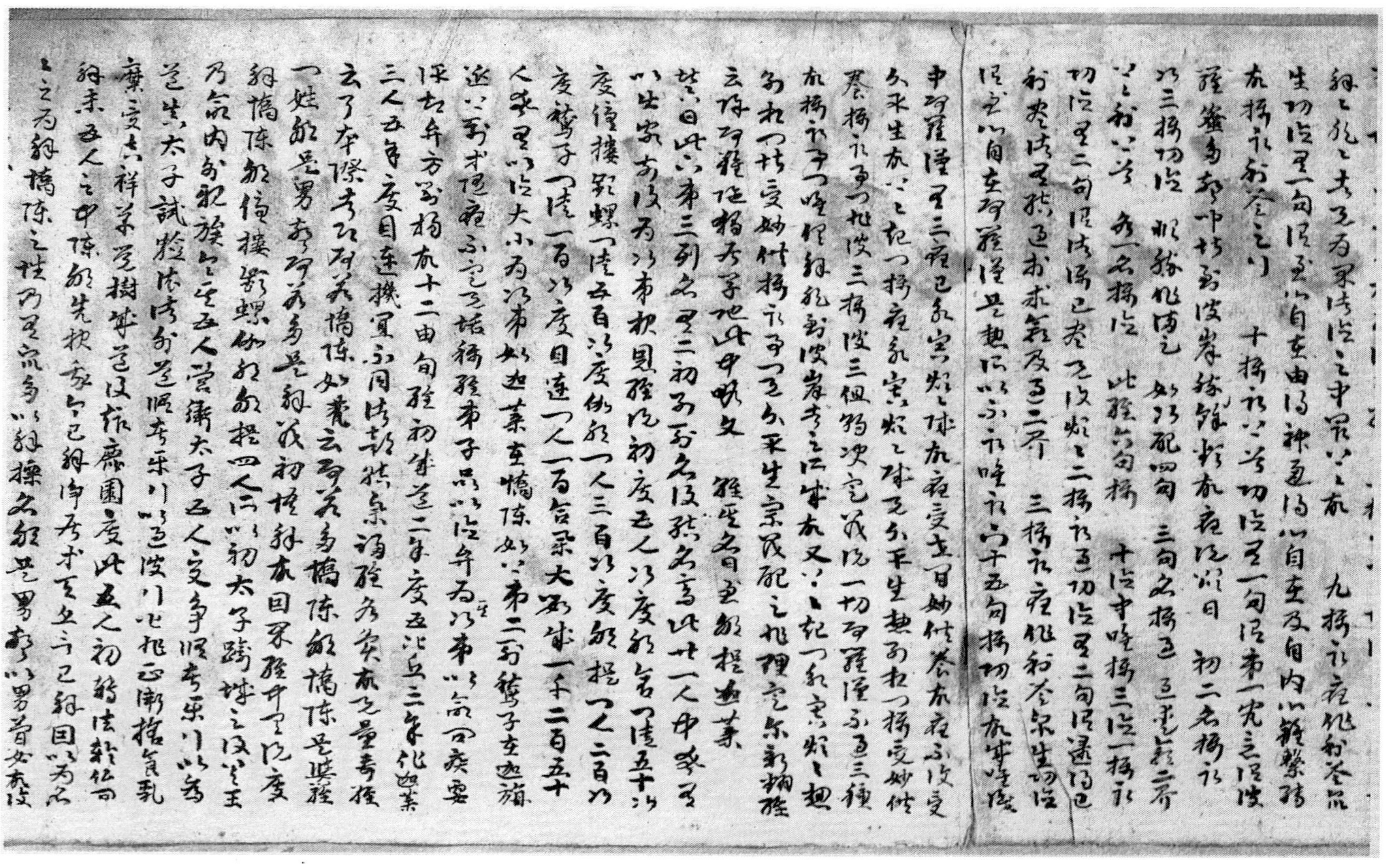

BD03548號　妙法蓮華經玄贊卷一　（6–5）

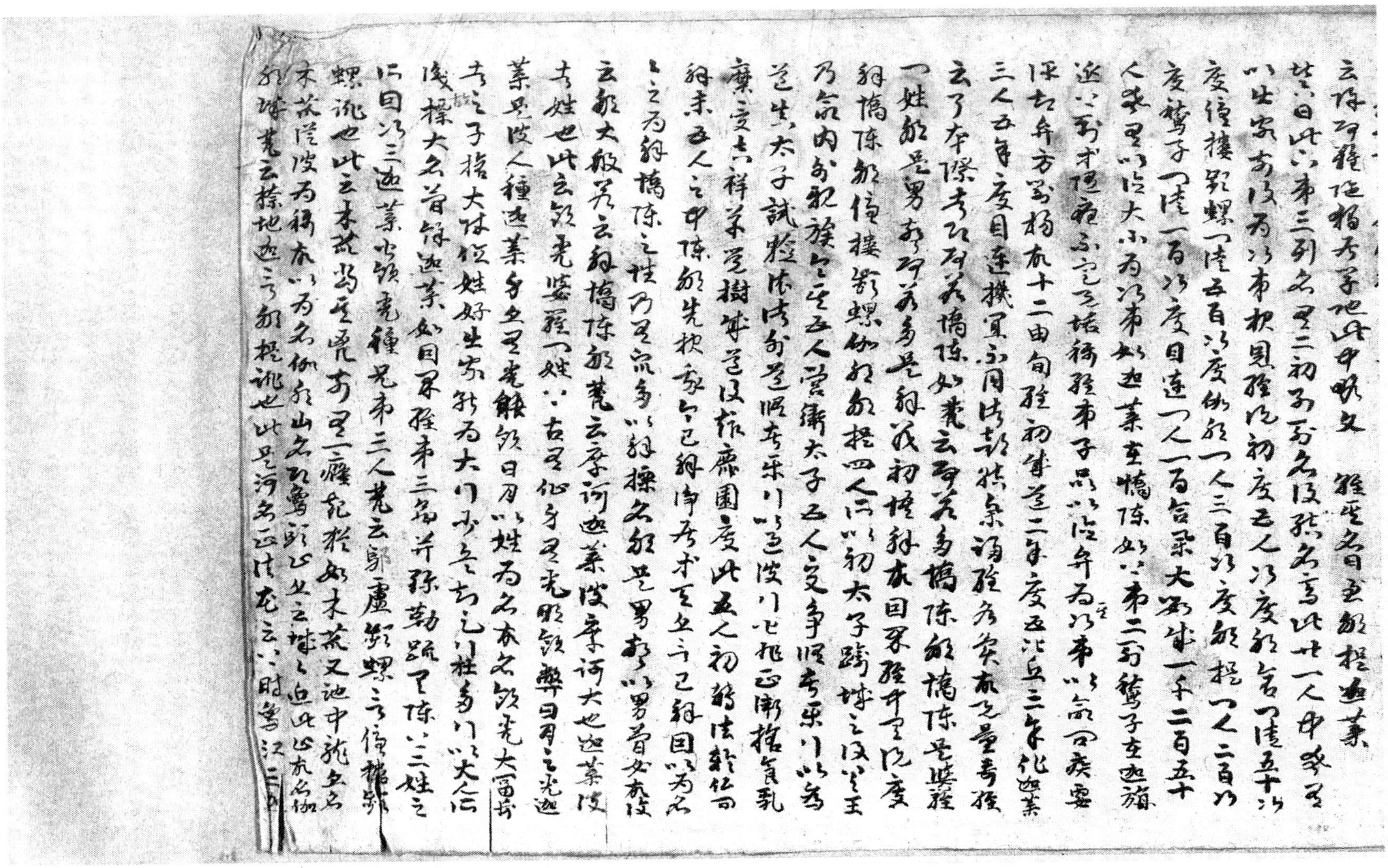

BD03548 號　妙法蓮華經玄贊卷一　　（6–6）

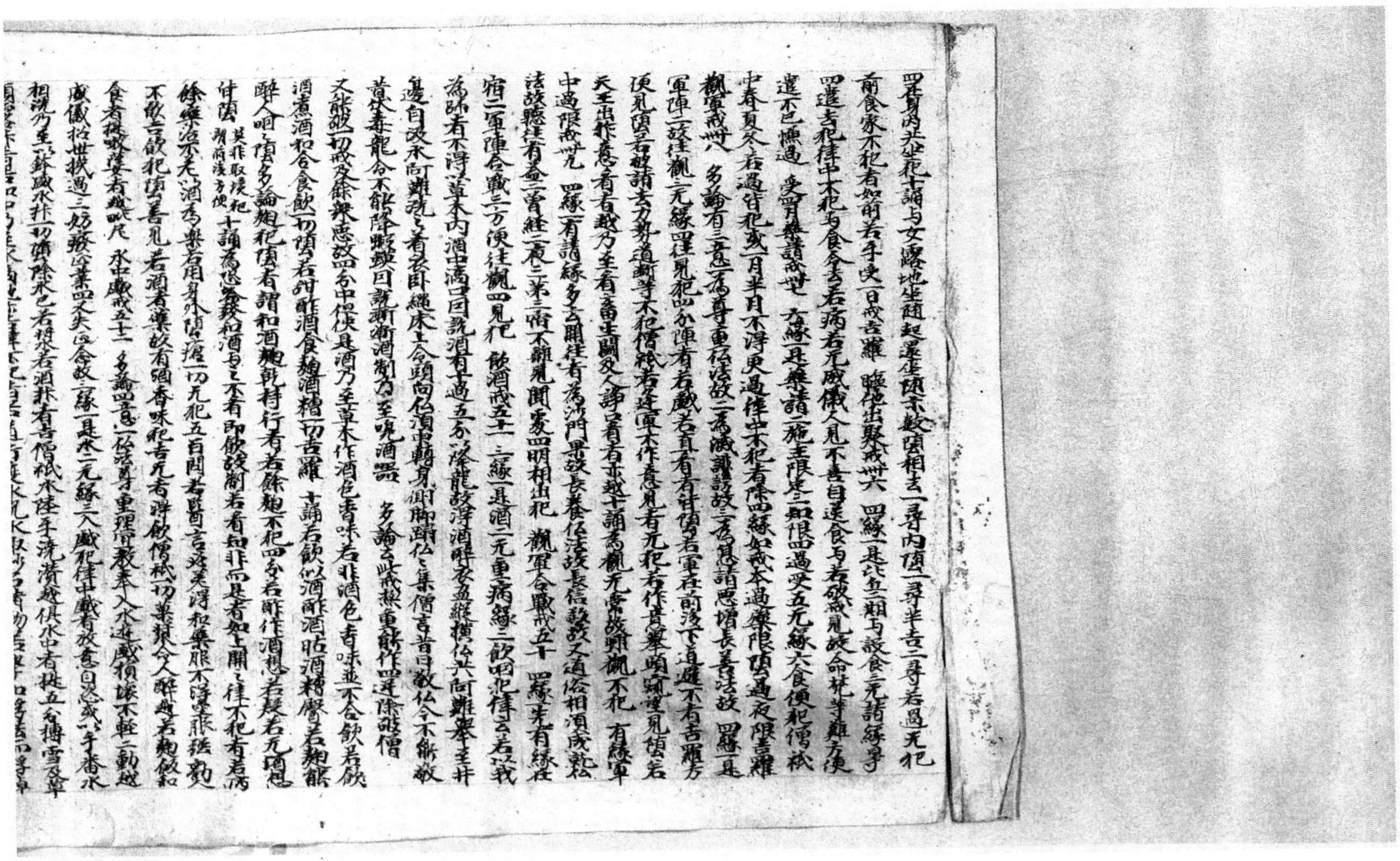

BD03549 號　四分律刪繁補闕行事鈔卷中　　（2–1）

BD03549 號　四分律刪繁補闕行事鈔卷中

（2–2）

BD03549 號背　四分律刪繁補闕行事鈔卷中

（2–1）

BD03549 號背　四分律删繁補闕行事鈔卷中　　（2–2）

BD03550 號　四分律删繁補闕行事鈔卷中　　（2–1）

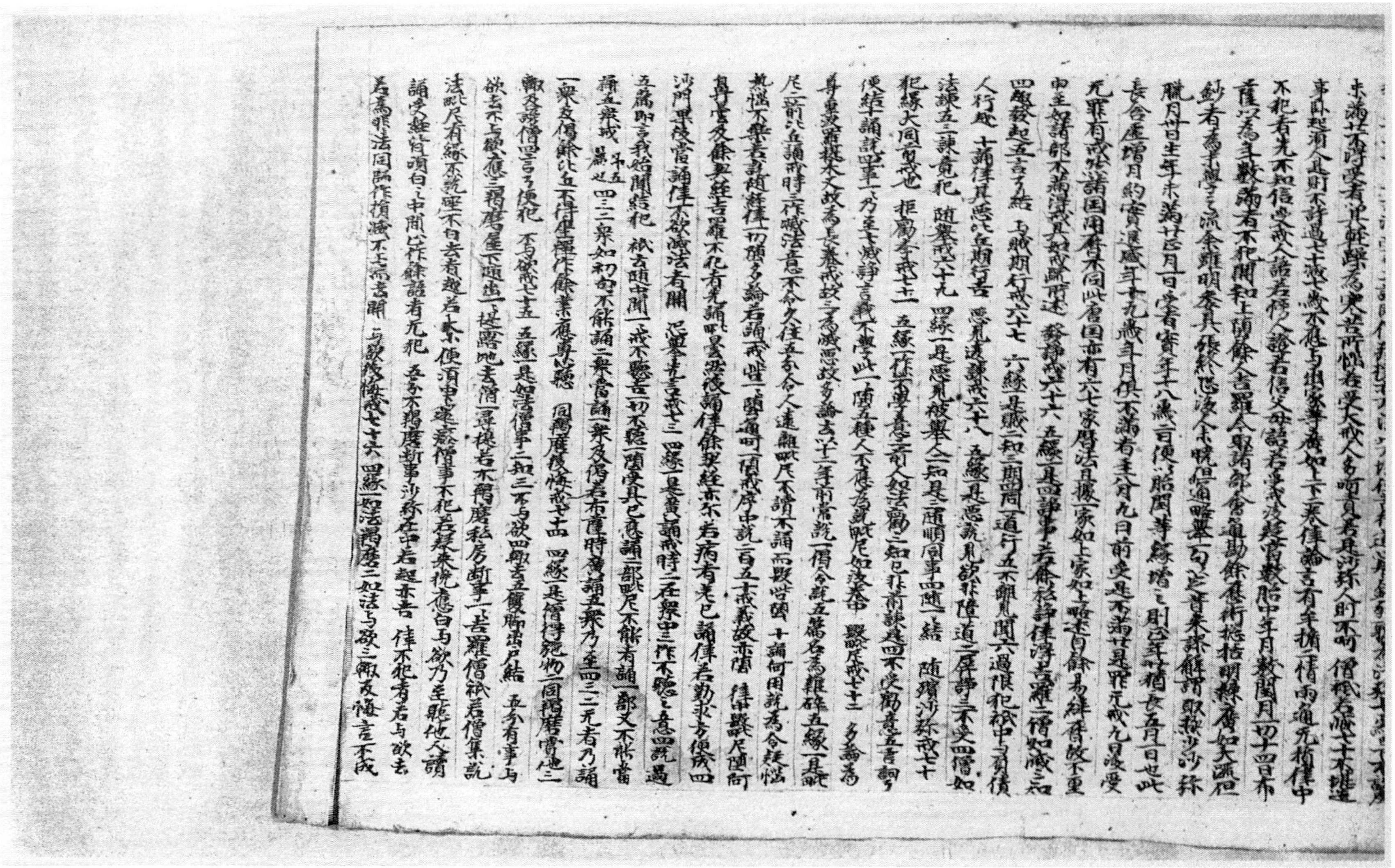

BD03550 號　四分律刪繁補闕行事鈔卷中　（2–2）

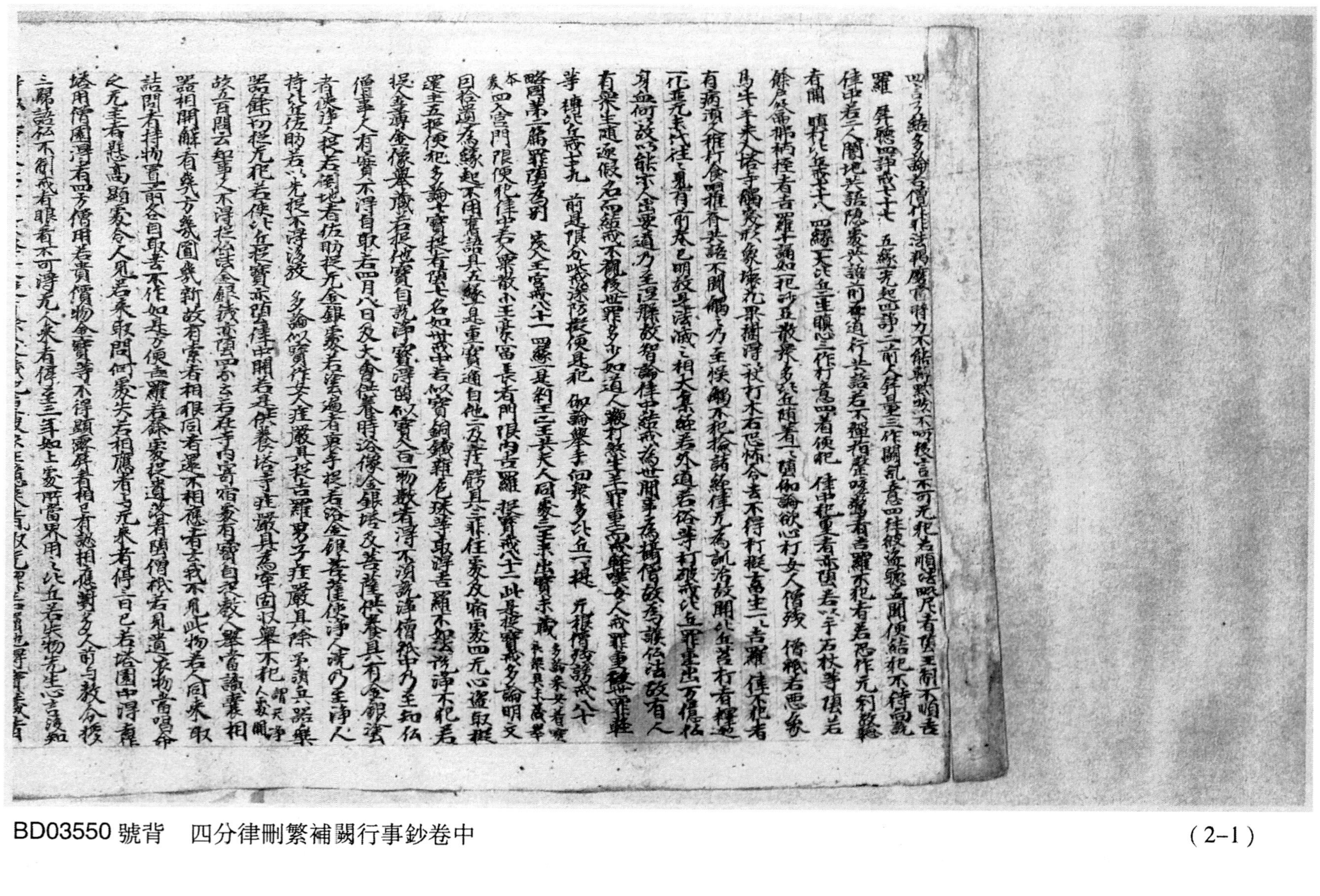

BD03550 號背　四分律刪繁補闕行事鈔卷中　（2–1）

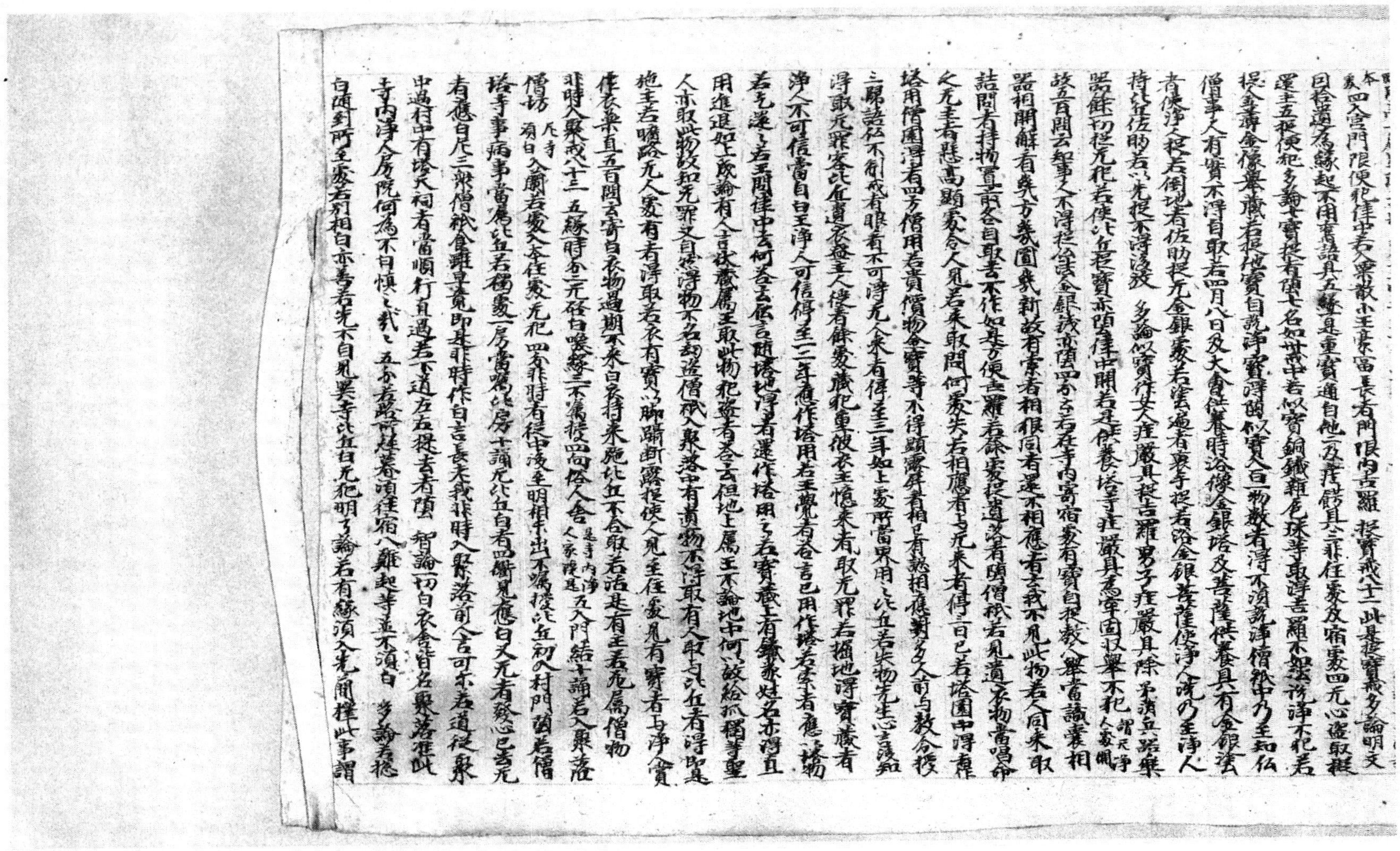

BD03550 號背　四分律刪繁補闕行事鈔卷中　　（2–2）

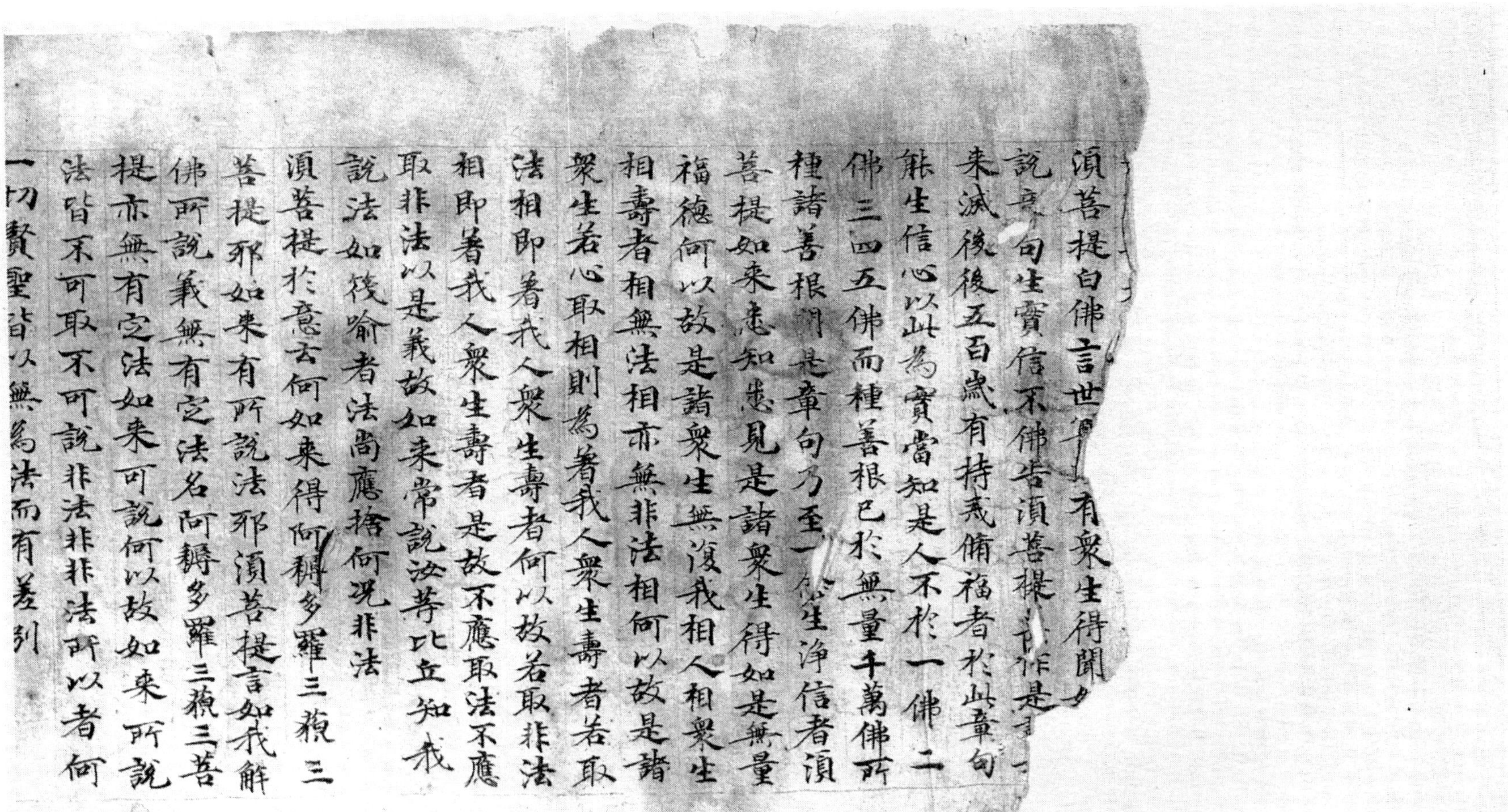

須菩提白佛言世尊頗有衆生得聞如
說章句生實信不佛告須菩提莫作是說如
來滅後後五百歲有持戒脩福者於此章句
能生信心以此爲實當知是人不於一佛二
佛三四五佛而種善根已於無量千萬佛所
種諸善根聞是章句乃至一念生淨信者須
菩提如來悉知悉見是諸衆生得如是無量
福德何以故是諸衆生無復我相人相衆生
相壽者相無法相亦無非法相何以故是諸
衆生若心取相則爲著我人衆生壽者若取
法相即著我人衆生壽者何以故若取非法
相即著我人衆生壽者是故不應取法不應
取非法以是義故如來常說汝等比丘知我
說法如筏喻者法尚應捨何況非法
須菩提於意云何如來得阿耨多羅三藐三
菩提耶如來有所說法耶須菩提言如我解
佛所說義無有定法名阿耨多羅三藐三菩
提亦無有定法如來可說何以故如來所說
法皆不可取不可說非法非非法所以者何
一切賢聖皆以無爲法而有差別

BD03551 號　金剛般若波羅蜜經　　（11–1）

菩提邪如来有所說法邪須菩提言如我解
佛所說義無有定法名阿耨多羅三藐三菩
提亦無有定法如来可說何以故如来所說
法皆不可取不可說非法非非法所以者何
一切賢聖皆以無為法而有差别
須菩提於意云何若人滿三千大千世界七
寳以用布施是人所得福德寧為多不須菩提
言甚多世尊何以故是福德即非福德性是
故如来說福德多若復有人於此經中受持
乃至四句偈等為他人說其福勝彼何以故
須菩提一切諸佛及諸佛阿耨多羅三藐三
菩提法皆從此經出須菩提所謂佛法者即
非佛法
須菩提於意云何須陁洹能作是念我得須
陁洹果不須菩提言不也世尊何以故須陁
洹名為入流而無所入不入色聲香味觸法
是名須陁洹須菩提於意云何斯陁含能作
是念我得斯陁含果不須菩提言不也世尊
何以故斯陁含名一往来而實無往来是名
斯陁含須菩提於意云何阿那含能作是念
我得阿那含果不須菩提言不也世尊何以
故阿那含名為不来而實無来是故名阿那
含須菩提於意云何阿羅漢能作是念我得
阿羅漢道不須菩提言不也世尊何以故實
無有法名阿羅漢世尊若阿羅漢作是念我
得阿羅漢道即為著我人衆生壽者世尊佛

BD03551 號　金剛般若波羅蜜經　（11–2）

含須菩提於意云何阿羅漢能作是念我得
阿羅漢道不須菩提言不也世尊何以故實
無有法名阿羅漢世尊若阿羅漢作是念我
得阿羅漢道即為著我人衆生壽者世尊佛
說我得無諍三昧人中最為第一是第一離
欲阿羅漢我不作是念我是離欲阿羅漢世
尊我若作是念我得阿羅漢道世尊則不說
須菩提是樂阿蘭那行者以須菩提實無所
行而名須菩提是樂阿蘭那行
佛告須菩提於意云何如来昔在然燈佛所
於法有所得不世尊如来在然燈佛所於法
實無所得須菩提於意云何菩薩莊嚴佛
土不不也世尊何以故莊嚴佛土者則非莊
嚴是名莊嚴是故須菩提諸菩薩摩訶薩應如
是生清淨心不應住色生心不應住聲香味
觸法生心應無所住而生其心須菩提譬如
有人身如須弥山王於意云何是身為大不
須菩提言甚大世尊何以故佛說非身是名
大身
須菩提如恒河中所有沙數如是沙等恒河
於意云何是諸恒河沙寧為多不須菩提言
甚多世尊但諸恒河尚多無數何况其沙須
菩提我今實言告汝若有善男子善女人以
七寳滿尒所恒河沙數三千大千世界以用
布施得福多不須菩提言甚多世尊佛告須
菩提若善男子善女人於此經中乃至受持

BD03551 號　金剛般若波羅蜜經　（11–3）

甚多世尊但諸恒河尚多無數何況其沙須
菩提我今實言告汝若有善男子善女人以
七寶滿尒所恒河沙數三千大千世界以用
布施得福多不須菩提言甚多世尊佛告須
菩提若善男子善女人於此經中乃至受持
四句偈等為他人說而此福德勝前福德復
次須菩提隨說是經乃至四句偈等當知此
處一切世間天人阿脩羅皆應供養如佛塔
廟何況有人盡能受持讀誦須菩提當知是
人成就最上第一希有之法若是經典所在
之處則為有佛若尊重弟子
尒時須菩提白佛言世尊當何名此經我等
云何奉持佛告須菩提是經名為金剛般若
波羅蜜以是名字汝當奉持所以者何須菩
提佛說般若波羅蜜則非般若波羅蜜須菩
提於意云何如來有所說法不須菩提白佛言
世尊如來無所說須菩提於意云何三千
大千世界所有微塵是為多不須菩提言甚
多世尊須菩提諸微塵如來說非微塵是名
微塵如來說世界非世界是名世界須菩提
於意云何可以三十二相見如來不不也世
尊不可以三十二相得見如來何以故如來說
三十二相即是非相是名三十二相須菩提
若有善男子善女人以恒河沙等身命布施
若復有人於此經中乃至受持四句偈等為
他人說其福甚多

BD03551號　金剛般若波羅蜜經　（11–4）

三十二相即是非相是名三十二相須菩提
若有善男子善女人以恒河沙等身命布施
若復有人於此經中乃至受持四句偈等為
他人說其福甚多
尒時須菩提聞說是經深解義趣涕淚悲泣
而白佛言希有世尊佛說如是甚深經典我
從昔來所得慧眼未曾得聞如是之經世尊
若復有人得聞是經信心清淨則生實相當
知是人成就第一希有功德世尊是實相者
則是非相是故如來說名實相世尊我今得
聞如是經典信解受持不足為難若當來世後
五百歲其有眾生得聞是經信解受持是人
則為第一希有何以故此人無我相人相眾
生相壽者相所以者何我相即是非相人相
眾生相壽者相即是非相何以故離一切諸
相則名諸佛
佛告須菩提如是如是若復有人得聞是經
不驚不怖不畏當知是人甚為希有何以故
須菩提如來說第一波羅蜜非第一波羅蜜
是名第一波羅蜜須菩提忍辱波羅蜜如來
說非忍辱波羅蜜何以故須菩提如我昔為
歌利王割截身體我於尒時無我相無人相
無眾生相無壽者相何以故我於往昔節節
支解時若有我相人相眾生相壽者相應生
瞋恨須菩提又念過去於五百世作忍辱仙
人於尒所世無我相無人相無眾生相無壽者

BD03551號　金剛般若波羅蜜經　（11–5）

無衆生相無壽者相何以故我於往昔節節
支解時若有我相人相衆生相壽者相應生
瞋恨須菩提又念過去於五百世作忍辱仙
人於尒所世無我相無人相無衆生相無壽者
相是故須菩提菩薩應離一切相發阿耨
多羅三藐三菩提心不應住色生心不應住
聲香味觸法生心應生無所住心若心有住
則為非住是故佛說菩薩心不應住色布施
須菩提菩薩為利益一切衆生應如是布施
如來說一切諸相即是非相又說一切衆生
則非衆生須菩提如來是真語者實語者如
語者不誑語者不異語者須菩提如來所得
法此法無實無虛須菩提若菩薩心住於法
而行布施如人入闇則無所見若菩薩心不
住法而行布施如人有目日光明照見種種
色須菩提當來之世若有善男子善女人
能於此經受持讀誦則為如來以佛智慧悉知
是人悉見是人皆得成就無量無邊功德
須菩提若有善男子善女人初日分以恒河
沙等身布施中日分復以恒河沙等身布施
後日分亦以恒河沙等身布施如是無量百
千万億劫以身布施若復有人聞此經典信
心不逆其福勝彼何况書寫受持讀誦為人
解說須菩提以要言之是經有不可思議不
可稱量無邊功德如來為發大乘者說為發

BD03551號　金剛般若波羅蜜經　（11-6）

千万億劫以身布施若復有人聞此經典信
心不逆其福勝彼何况書寫受持讀誦為人
解說須菩提以要言之是經有不可思議不
可稱量無邊功德如來為發大乘者說為發
最上乘者說若有人能受持讀誦廣為人說
如來悉知是人悉見是人皆得成就不可量不
可稱無有邊不可思議功德如是人等則為
荷擔如來阿耨多羅三藐三菩提何以故須
菩提若樂小法者著我見人見衆生見壽者
見則於此經不能聽受讀誦為人解說須菩
提在在處處若有此經一切世間天人阿修
羅所應供養當知此處則為是塔皆應恭敬
作礼圍遶以諸華香而散其處
復次須菩提善男子善女人受持讀誦此經
若為人輕賤是人先世罪業應墮惡道以今
世人輕賤故先世罪業則為消滅當得阿耨
多羅三藐三菩提須菩提我念過去無量阿
僧祇劫於然燈佛前得值八百四千萬億那
由他諸佛悉皆供養承事無空過者若復有
人於後末世能受持讀誦此經所得功德於
我所供養諸佛功德百分不及一千万億分
乃至筭數譬喻所不能及須菩提若善男子
善女人於後末世有受持讀誦此經所得功
德我若具說者或有人聞心則狂亂狐疑不
信須菩提當知是經義不可思議果報亦不
可思議

BD03551號　金剛般若波羅蜜經　（11-7）

乃至筭數譬喻所不能及須菩提若善男子
善女人於後末世有受持讀誦此經所得功
德我若具說者或有人聞心則狂亂狐疑不
信須菩提當知是經義不可思議果報亦不
可思議
尒時須菩提白佛言世尊善男子善女人發
阿耨多羅三藐三菩提心云何應住云何降
伏其心佛告須菩提善男子善女人發阿耨
多羅三藐三菩提者當生如是心我應滅度
一切衆生滅度一切衆生已而無有一衆生
實滅度者何以故若菩薩有我相人相衆
生相壽者相則非菩薩所以者何須菩提實無
有法發阿耨多羅三藐三菩提者
須菩提於意云何如來於然佛所有法得
阿耨多羅三藐三菩提不不也世尊如我解
佛所說義佛於然燈佛所無有法得阿耨多
羅三藐三菩提佛言如是如是須菩提實無
有法如來得阿耨多羅三藐三菩提須菩提
若有法如來得阿耨多羅三藐三菩提者
然燈佛則不與我受記汝於來世當得作佛
号釋迦牟尼以實無有法得阿耨多羅三藐三
菩提是故然燈佛與我受記作是言汝於來世
當得作佛号釋迦牟尼何以故如來者即諸
法如義若有人言如來得阿耨多羅三藐三
菩提須菩提實無有法佛得阿耨多羅三藐
三菩提須菩提如來所得阿耨多羅三藐三

BD03551號　金剛般若波羅蜜經　（11–8）

當得作佛号釋迦牟尼何以故如來者即諸
法如義若有人言如來得阿耨多羅三藐三
菩提須菩提實無有法佛得阿耨多羅三藐
三菩提須菩提如來所得阿耨多羅三藐三
菩提於是中無實無虛是故如來說一切法
皆是佛法須菩提所言一切法者即非一切
法是故名一切法
須菩提譬如人身長大須菩提言世尊如來
說人身長大則為非大身是名大身須菩提
菩薩亦如是若作是言我當滅度無量衆生
則不名菩薩何以故須菩提實無有法名為
菩薩是故佛說一切法無我無人無衆生無
壽者須菩提若菩薩作是言我當莊嚴佛
土是不名菩薩何以故如來說莊嚴佛土者即
非莊嚴是名莊嚴須菩提若菩薩通達無
我法者如來說名真是菩薩
須菩提於意云何如來有肉眼不如是世尊
如來有肉眼須菩提於意云何如來有天眼
不如是世尊如來有天眼須菩提於意云何
如來有慧眼不如是世尊如來有慧眼須菩
提於意云何如來有法眼不如是世尊如來
有法眼須菩提於意云何如來有佛眼不如
是世尊如來有佛眼
須菩提於意云何恒河中所有沙佛說是沙
不如是世尊如來說是沙須菩提於意云何
[illegible]

BD03551號　金剛般若波羅蜜經　（11–9）

提於意云何如来有法眼不如是世尊如来
有法眼須菩提於意云何如来有佛眼不如
是世尊如来有佛眼
須菩提於意云何恒河中所有沙佛說是沙
不如是世尊如来說是沙須菩提於意云何
如一恒河中所有沙有如是等恒河是諸恒
河所有沙數佛世界如是寧為多不甚多世
尊佛告須菩提尒所國土中所有衆生若干
種心如来悉知何以故如来說諸心皆為非
心是名為心所以者何須菩提過去心不可
得現在心不可得未来心不可得
須菩提於意云何若有人滿三千大千世界
七寶以用布施是人以是因緣得福多不如
是世尊此人以是因緣得福甚多須菩提若
福徳有實如来不說得福徳多以福徳無故
如来說得福徳多
須菩提於意云何佛可以具足色身見不不
也世尊如来不應以色身見何以故如来說
具足色身即非具足色身是名具足色身須
菩提於意云何如来可以具足諸相見不不
也世尊如来不應以具足諸相見何以故如
来說諸相具足即非具足是名諸相具足須
菩提汝勿謂如来作是念我當有所說法莫
作是念何以故若人言如来有所說法則為
謗佛不能解我所說故須菩提說法者無法
可說是名說法

BD03551號　金剛般若波羅蜜經　（11–10）

福徳有實如来不說得福徳多以福徳無故
如来說得福徳多
須菩提於意云何佛可以具足色身見不不
也世尊如来不應以色身見何以故如来說
具足色身即非具足色身是名具足色身須
菩提於意云何如来可以具足諸相見不不
也世尊如来不應以具足諸相見何以故如
来說諸相具足即非具足是名諸相具足須
菩提汝勿謂如来作是念我當有所說法莫
作是念何以故若人言如来有所說法則為
謗佛不能解我所說故須菩提說法者無法
可說是名說法
須菩提白佛言世尊佛得阿耨多羅三藐三
菩提為無所得耶如是如是須菩提我於阿
耨多羅三藐三菩提乃至無有少法可得是
名阿耨多羅三藐三菩提復次須菩提是法
平等無有高下是名阿耨多羅三藐三菩提
以無我無人無衆生無壽者修一切善法則
得阿耨多羅三藐三菩提須菩提所言善法
者如来說非善法是名善法
須菩提若三千大千世界中所有諸須弥山
王如是等七寶聚有人持用布施若人以此

BD03551號　金剛般若波羅蜜經　（11–11）

何受是惡法若受惡覺則不任為衆生福田
我自不言是良福田衆生見相便言我是我
今若起如是惡覺則[illegible]於
往昔以欺誑故无量劫中[illegible]
道我若惡心受人信施一切天人及五通仙
悉當證知而見呵責我若惡覺受人信施或
令施主果報滅少或空无報我若惡心受檀
越施則與施主而為怨讎一切施主恒於我
所起赤子想我當云何欺誑於彼而生怨想
何以故或令施主不[illegible]或少果故我常
自稱為出家人夫出家[illegible]起惡若起惡
者則非出家出家之人身口相應若不相應
則非出家我棄父母兄弟妻子眷屬知識出
家脩道正是脩習諸善覺時非是脩習不善
覺時譬如有人入海求寶不取真寶直取水
精亦如有人棄妙音樂遊戲糞穢如捨寶女
與婢交通如棄金器用於瓦盂如棄甘露服
食毒藥如捨親舊良善之醫從怨惡醫求藥
而服我亦如是捨離大師如來世尊甘露法

BD03552 號　大般涅槃經（北本）卷二三　（21–1）

精亦如有人棄妙音樂遊戲糞穢如捨寶女
與婢交通如棄金器用於瓦盂如棄甘露服
食毒藥如捨親舊良善之醫從怨惡醫求藥
而服我亦如是捨離大師如來世尊甘露法
味而服魔怨種種惡覺人身難得如優曇華
我今已得如來難值過優曇華我今已值清淨
法寶難得見聞我今已聞猶如盲龜值浮
木孔人命不停過於山水今日雖存明亦難
保云何縱心令住惡法壯色不停猶如奔馬
云何恃怙而生憍慢猶如惡鬼伺求人過四大
惡鬼亦復如是常來伺求我之過失云何
當令惡覺發起譬如朽宅垂崩之屋我命亦
尒云何起惡我名沙門沙門之人名覺善覺
我今乃起不善之覺云何當得名沙門也我
名出家出家之人名脩善道我今行惡云何
當得名為出家我今名為真婆羅門婆羅門
者名脩淨行我今乃行不淨惡覺云何當得
名婆羅門我今亦名刹利刹利大姓刹利姓者能
除怨敵我今不能除惡怨敵云何當得名刹
利姓我名比丘比丘之人名破煩惱我今不
破惡覺煩惱云何當得名為比丘世有六處
難可值遇我今已得云何當令惡覺居心何
等為六一佛世難遇二正法難聞三怖心難
生四難生中國五難得人身六諸根難具如
是六事難得已得是故不應起於惡覺菩薩
[illegible]

BD03552 號　大般涅槃經（北本）卷二三　（21–2）

難可值遇我今已得云何當令惡覺居心何
等為六一佛世難遇二正法難聞三怖心難
生四難生中國五難得人身六諸根難具如
是六事難得已得是故不應起於惡覺菩薩
尒時脩行如是大涅槃經常懃觀察是諸惡
心一切凡夫不見如是惡心過患故受三覺
名為受漏菩薩見已不受不著放捨不護依
八聖道摧之令去斬之令斷是故菩薩无有
受漏云何當言如來有漏以是義故如來世
尊非是有漏復次善男子凡夫若遇身心苦
惱起種種惡若得身病若得心病令身口意
作種種惡以作惡故輪迴三趣具受諸苦何
以故凡夫之人无念慧故是故生於種種諸
漏是名念漏菩薩摩訶薩常自思惟我從往
昔无數劫來為是身心造種種惡以是因緣
流轉生死在三惡道具受衆苦遂令我遠三
乘正路菩薩以是惡因緣故於己身心生大
怖畏捨離衆惡趣向善道善男子譬如有王
以四毒虵盛之一篋令人瞻養餧飤卧起摩
洗其身若令一虵生瞋恚者我當准法戮之
都市尒時其人聞王切令心生惶怖捨篋逃
走王時復遣五旃陁羅拔刀隨後其人迴顧
見後五人遂疾捨去是時五人以惡方便藏
所持刀密遣一人詐為親善而語之言汝可
還來其人不信投一聚落欲自隱匿既入聚
中闚看諸舍都不見人執捉瓦器悉空无物

BD03552號　大般涅槃經（北本）卷二三　（21–3）

都市尒時其人聞王切令心生惶怖捨篋逃
走王時復遣五旃陁羅拔刀隨後其人迴顧
見後五人遂疾捨去是時五人以惡方便藏
所持刀密遣一人詐為親善而語之言汝可
還來其人不信投一聚落欲自隱匿既入聚
中闚看諸舍都不見人執捉瓦器悉空无物
既不見人求物不得即便坐地聞空中聲咄
哉男子此聚空曠无有居民今夜當有六大
賊來汝設遇者命將不全汝當云何而得免
之尒時其人恐怖遂增復捨而去路值一河其
河漂急无有船栰以怖畏故即取種種草
木為栰復更思惟我設住此當為毒虵五旃
陁羅一詐親者及六大賊之所危害若度此
河栰不可依當没水死寧没水死終不為彼
虵賊所害即推草栰置之水中身倚其上手
抱脚蹹截流而渡既達彼岸安隱无患心意
泰然怖懼消除菩薩摩訶薩得聞受持大涅
槃經觀身如篋地水火風如四毒虵見毒觸
毒氣毒齧毒一切衆生遇是四毒故喪其命
衆生四大亦復如是或見為惡或觸為惡或
氣為惡或齧為惡以是因緣遠離衆善復次
善男子菩薩摩訶薩觀四毒虵有四種姓所
謂剎利婆羅門毗舍首陁是四大虵亦復如
是有四種性堅性濕性熱性動性是故菩薩
觀是四大與四毒虵同其種性復次善男子
菩薩摩訶薩觀是四大如四毒虵云何為觀

BD03552號　大般涅槃經（北本）卷二三　（21–4）

謂剎利婆羅門毗舍首陀是四大蚖亦復如
是有四種性堅性濕性熱性動性是故菩薩
觀是四大與四毒蚖同其種性復次善男子
菩薩摩訶薩觀是四大如四毒蚖云何為觀
是四毒蚖常伺人便何時當視何時當觸何
時當噓何時當齧四大毒蚖亦復如是常伺
衆生求其短缺若為四蚖之所煞者終不至
於三惡道中若為四大之所煞害必至三惡
定无有疑是四毒蚖雖復瞻養亦欲煞人四
大亦尒雖常供養亦常牽人造作衆惡是四
毒蚖若一瞋者則能煞人四大之性亦復如是
若一大發亦能害人是四毒蚖雖同一處四心
各異四大毒蚖亦復如是雖同一處性各別
異是四毒蚖雖復恭敬亦難可親近四大毒蚖
亦復如是雖復恭敬亦難親近是四毒蚖若
害人時或有沙門婆羅門等若以呪藥則可
療治四大煞人雖有沙門婆羅門等神呪良藥
則不能治如自喜人聞四毒蚖氣臭可惡則
便遠離諸佛菩薩亦復如是聞四大臭即
便遠離尒時菩薩復更思惟四大毒蚖生大
怖畏背之馳走脩八聖道五旃陀羅即是五
陰云何菩薩觀於五陰如旃陀羅旃陀羅者
常能令人恩愛別離怨憎集會五陰亦尒令
人貪近不善之法遠離一切純善之法復次
善男子如旃陀羅種種器仗以自莊嚴若刀

陰云何菩薩觀於五陰如旃陀羅旃陀羅者
常能令人恩愛別離怨憎集會五陰亦尒令
人貪近不善之法遠離一切純善之法復次
善男子如旃陀羅種種器仗以自莊嚴若刀
若楯若弓若箭若鎧若矟能害於人五陰亦
尒以諸煩惱牢自莊嚴害諸癡人令墮諸有
善男子如旃陀羅有過之人得便害之五陰
亦尒有諸結過常能害人以是義故菩薩深
觀五陰如旃陀羅復次菩薩觀察五陰如旃
陀羅旃陀羅人无慈愍心怨親俱害五陰亦
尒无慈愍心善惡俱害如旃陀羅惱一切人
五陰亦尒以諸煩惱常惱一切生死衆生是
故菩薩觀於五陰如旃陀羅復次菩薩觀察
五陰如旃陀羅旃陀羅人常懷害心五陰亦
尒常懷諸結惱害之心如人无足刀仗侍從
當知必為旃陀羅人之所煞害衆生亦尒无
足无刀无有侍從則為五陰之所賊害足名
為戒刀名為慧侍從名為善知識也无此三
事故為五陰之所賊害是故菩薩觀於五陰
如旃陀羅復次善男子菩薩摩訶薩觀察五
陰過旃陀羅何以故衆生若為五旃陀羅之
所煞者不墮地獄為陰煞者則墮地獄以是
義故菩薩觀陰過旃陀羅作是觀已而作願
言我寧終身近旃陀羅不能蹔時近於五陰
旃陀羅者唯能害於欲界癡人是五陰賊通

義故菩薩觀陰過旃陀羅作是觀已而作猶
言我寧終身近旃陀羅不能蹔時近於五陰
旃陀羅者唯能害於欲界癡人是五陰賊遍
害三界凡夫衆生旃陀羅人唯能殺有罪
之人是五陰賊不問衆生有罪无罪悉能害
之旃陀羅人不害衰耆婦女稚小是五陰賊
不問衆生耆稚婦女一切悉害是故菩薩深
觀此陰過旃陀羅是故發願寧當終身近旃
陀羅不能蹔時親近五陰復次善男子旃陀
羅者唯害他人終不自害五陰之賊自害害
他及旃陀羅旃陀羅人可以善言錢財寶貨
求而得脫五陰不尒不可強以善言誘喻錢
財寶貨求而得脫旃陀羅人於四時中不必
常殺五陰不尒常於念念害諸衆生旃陀羅
人唯在一處可有逃避五陰不尒遍一切處
无可逃避旃陀羅人雖復害人害已不隨五
陰不尒殺衆生已隨逐不離是故菩薩寧以
終身近旃陀羅不能蹔時近於五陰有智之
人以善方便得脫五陰善方便者即八聖道
六波羅蜜四无量心以是方便而得解脫身
心不爲五陰所害何以故身如金剛心如虛
空是故身心難可俎壞以是義故菩薩觀陰
成就種種諸不善法生大怖畏脩八聖道亦
如彼人畏四毒蛇五旃陀羅涉路而去无所
顧留
詐親善者名爲貪愛菩薩摩訶薩深觀愛結

BD03552號　大般涅槃經（北本）卷二三　（21–7）

空是故身心難可俎壞以是義故菩薩觀陰
成就種種諸不善法生大怖畏脩八聖道亦
如彼人畏四毒蛇五旃陀羅涉路而去无所
顧留
詐親善者名爲貪愛菩薩摩訶薩深觀愛結
如怨詐親若知實者則无能爲若不能知必
爲所害貪愛亦尒若知其性則不能令衆生
輪轉生死苦中如其不知輪迴六趣具受衆
苦何以故愛之爲病難捨離故如怨詐親難
可遠離怨詐親者常伺人便令愛別離怨憎
合會愛亦如是令人遠離一切善法近於一
切不善之法以是義故菩薩摩訶薩深觀貪
愛如怨詐親見不見故聞不聞故如凡夫人
見生死過雖有智慧以癡覆故後還不見聲
聞緣覺亦復如是雖見不見雖聞不聞何以
故以愛心故所以者何見生死過不能疾至
阿耨多羅三藐三菩提以是義故菩薩摩訶
薩觀此愛結如怨詐親云何名爲怨詐親相
如怨不實詐現實相不可親近詐現近相實
是不善詐現善相實是不愛詐爲愛相何以
故常伺人便欲爲害故愛亦如是常爲衆生
非實詐實非近詐近非善詐善非愛詐愛常
誑一切輪迴生死以是義故菩薩觀愛如怨
詐親怨詐親者但見身口不覩其心是故能
誑愛亦如是唯爲虛誑實不可得是故能惑
一切衆生怨詐親者有始有終易可遠離愛

BD03552號　大般涅槃經（北本）卷二三　（21–8）

誑一切輪迴生死以是義故菩薩觀愛如怨
詐親怨詐親者但見身口不覩其心是故能
誑愛亦如是唯為虛誑實不可得是故能惑
一切衆生怨詐親者有始有終易可遠離愛
不如是无始无終難可遠離怨詐親者遠則
難知近則易知愛不如是近尚難知况復遠
耶以是義故菩薩觀愛過於詐親一切衆生
以愛結故遠大涅槃近於生死遠常樂我淨
近无常苦无我不淨是故我於處處經中說
為三垢於現在事以无明故不見過患不能
捨離愛怨詐親終不能害有智之人是故菩
薩深觀此愛生大怖畏脩八聖道猶如彼人
畏四毒虵五旃陁羅及一詐親涉路不迴
空聚落者即是六入菩薩摩訶薩觀內六入
空无所有猶如空聚如彼怖人既入聚已乃
至不見有一居人遍捉瓨器不得一物菩薩
亦尒諦觀六入空无所有不見衆生一物之
實是故菩薩觀內六入空无所有如彼空聚
善男子彼空聚落羣賊遠望終不生於虛空
之想凡夫之人亦復如是於六入聚不生空
想以其不能生空想故輪迴生死受无量苦
善男子羣賊既至乃生空想菩薩亦尒觀此
六入常生空想生空想故則不輪迴生死受
苦菩薩摩訶薩於此六入常无顛倒无顛倒
故是故不復輪迴生死復次善男子如有羣賊

想以其不能生空想故輪迴生死受无量苦
善男子羣賊既至乃生空想菩薩亦尒觀此
六入常生空想生空想故則不輪迴生死受
苦菩薩摩訶薩於此六入常无顛倒无顛倒
故是故不復輪迴生死復次善男子如有羣賊
入此空聚則得安樂煩惱諸賊亦復如是入
此六入則得安樂如賊住空聚心无所畏煩
惱羣賊亦復如是住是六入亦无所畏如彼
空聚乃是師子虎狼種種惡獸之所住處
是內六入亦復如是一切衆惡煩惱走獸之
所住處是故菩薩深觀六入空无所有純是
一切不善住處復次善男子菩薩摩訶薩觀
內六入空无所有如彼空聚何以故虛誑不
實故空无所有作有想故實无有樂作樂想
故實无有人作人想故內六入者亦復如是
空无所有而作有想實无有樂而作樂想實
无有人而作人想唯有智人乃能知之得其
真實復次善男子如空聚落或時有人或時
无人六入不尒一向无人何以故性常空故智
者所知非是眼見是故菩薩觀內六入多諸
怨害脩八聖道不休不息猶如彼人畏四毒
虵五旃陁羅一詐親善及六大賊怖者正路
六大賊者即外六塵菩薩摩訶薩觀此六
塵如六大賊何以故能劫一切諸善法故如六
大賊能劫一切人民財寶是六塵賊亦復如
是能劫一切衆生善財如六大賊若入人舍

虵五旃陁羅一詐親善及六大賊怖者正路
六大賊者即外六塵菩薩摩訶薩觀此六
塵如六大賊何以故能劫一切諸善法故如六
大賊能劫一切人民財寶是六塵賊亦復如
是能劫一切衆生善財如六大賊若入人舍
則能劫奪現家所有不擇好惡令巨富者忽
尒貧窮是六塵賊亦復如是若入人根則能
劫奪一切善法善法既盡貧窮孤露作一闡
提是故菩薩諦觀六塵如六大賊復次善男
子如六大賊欲劫人時要因內人若无內人則
便中還是六塵賊亦復如是欲劫善法要
因內有衆生知見常樂我淨不空等相若內
无有如是等相六塵惡賊則不能劫一切善
法有智之人內无是相凡夫則有是故六塵
常來侵奪善法之財不善護故為其所劫護
者名慧有智之人能善防護故不被劫是故
菩薩觀是六塵如六大賊等无差別復次善
男子如六大賊能為人民身心苦惱是六塵
賊亦復如是常為衆生身心苦惱六大賊者
唯能劫人現在財物是六塵賊常劫衆生三
世善財六大賊者夜則歡喜六塵惡賊亦復
如是處无明闇則得歡樂是六大賊唯有諸
王乃能遮止六塵惡賊亦復如是唯佛菩薩
乃能遮止是六大賊凡欲劫奪不擇端正種
姓聰哲多聞博學豪貴貧賤六塵惡賊亦復
如是欲劫善法不擇端正乃至貧賤是六大

王乃能遮止六塵惡賊亦復如是唯佛菩薩
乃能遮止是六大賊凡欲劫奪不擇端正種
姓聰哲多聞博學豪貴貧賤六塵惡賊亦復
如是欲劫善法不擇端正乃至貧賤是六大
賊雖有諸王截其手足猶故不能令其心息
六塵惡賊亦復如是雖須陁洹斯陁含阿那
含截其手足亦不能令不劫善法如勇健人
乃能摧伏是六大賊諸佛菩薩亦復如是乃
能摧伏六塵惡賊譬如有人多諸種族宗黨
熾盛則不為彼六賊所劫衆生亦尒有善知
識不為六塵惡賊所劫是六大賊若見人物
則能偷劫六塵不尒若見若知若聞若嗅若
觸若覺皆悉能劫六大賊者唯能劫奪欲界
人財不能劫奪色无色界六塵惡賊則不如
是能劫三界一切善寶是故菩薩諦觀六塵
過彼六賊作是觀已脩八聖道直往不迴如
彼怖人畏四毒虵五旃陁羅一詐親善及六
大賊捨空聚落涉路而去
路值一河者即是煩惱云何菩薩觀此煩惱
猶如大河如彼駛河能漂香象煩惱駛河亦
復如是能漂緣覺是故菩薩深觀煩惱猶如
駛河深難得底故名為河邊不可得故名為
大其中多有種種惡魚煩惱大河亦復如是
唯佛菩薩能得底故故名極深唯佛菩薩得
其邊故故名廣大常害一切癡衆生故故名
惡魚是故菩薩觀此煩惱猶如大河如大河

大其中多有種種惡魚煩惱大河亦復如是
唯佛菩薩能得底故故名極深唯佛菩薩得
其邊故故名廣大常害一切衆衆生故故名
惡魚是故菩薩觀此煩惱猶如大河如大河
水能長一切草木叢林煩惱大河亦復如是
能長衆生二十五有是故菩薩觀此煩惱猶
如大河譬如有人墮大河水无有慚愧衆生亦
尒墮煩惱河无有慚愧如墮河者未得其
底即便命終墮煩惱河亦復如是未盡其底
周迴輪轉二十五有所言底者名爲空相若
有不脩如是空相當知是人不得出離二十
五有一切衆生不能善脩空无相故常爲煩
惱駛河所漂如彼大河唯能壞身不能漂沒
一切善法煩惱大河則不如是能壞一切身
心善法彼大暴河唯能漂沒欲界中人煩惱
大河乃能漂沒三界人天世間大河手抱脚
蹹則到彼岸煩惱大河唯有菩薩因六波羅
蜜乃能得渡如大河水難可得渡煩惱大河
亦復如是難可得渡云何名爲難可得渡乃
至十住諸大菩薩猶故未能畢竟得渡唯有
諸佛乃畢竟渡是故名爲難可得渡譬如有
人爲河所漂不能脩習毒蠚善法衆生亦尒
爲煩惱河所漂沒者亦復不能脩習善法如
人墮河爲水所漂餘有力者則能拔濟墮煩
惱河爲一闡提聲聞緣覺乃至諸佛不能拔
濟世間大河劫盡之時七日竝照能令枯涸

爲煩惱河所漂沒者亦復不能脩習善法如
人墮河爲水所漂餘有力者則能拔濟墮煩
惱河爲一闡提聲聞緣覺乃至諸佛不能拔
濟世間大河劫盡之時七日竝照能令枯涸
煩惱大河則不如是聲聞緣覺雖脩七覺猶
不能乾是故菩薩觀諸煩惱猶如暴河譬如
彼人畏四毒虵五旃陁羅一詐親善及六大
賊捨空聚落隨路而去既至河上取草爲栰
者菩薩亦尒畏四大虵五陰旃陁羅愛詐親
善六入空聚六塵惡賊至煩惱河脩戒定慧
解脫解脫知見六波羅蜜三十七品以爲舩
栰依乘此栰渡煩惱河到於彼岸常樂涅槃
菩薩脩行大涅槃者作是思惟我若不能忍
受如是身苦心苦則不能令一切衆生渡煩
惱河以是思惟雖有如是身心苦惱嘿然忍
受以忍受故則不生漏如是菩薩尚无諸漏
況佛如來而當有漏是故諸佛不名有漏云
何如來非无漏也如來常行有漏中故有漏
即是二十五有是故聲聞凡夫之人言佛有
漏諸佛如來真實无漏善男子以是因緣諸
佛如來无有定相善男子是故犯四重禁謗
方等經及一闡提悉皆不定
尒時光明遍照高貴德王菩薩摩訶薩言如
是如是誠如聖教一切諸法皆悉不定以不定
故當知如來亦不畢竟入於涅槃
口佛説況菩薩摩訶薩脩大涅槃聞不聞中

尒時光明遍照高貴德王菩薩摩訶薩言如
是如是誠如聖教一切諸法皆悉不定以不定
故當知如来亦不畢竟入於涅槃
如佛先說菩薩摩訶薩脩大涅槃聞不聞中
涅槃大涅槃云何涅槃云何大涅槃
尒時佛讚光明遍照高貴德王菩薩摩訶薩
言善哉善哉善男子若有菩薩得念惣持乃
能如汝之所諮問善男子如世人言有海大
海有河大河有山大山有地大地有城大城
有衆生大衆生有王大王有人大人有天天
中天有道大道涅槃亦尒有涅槃有大涅槃
云何涅槃善男子如人飢餓得少飯食名為
安樂如是安樂亦名涅槃如病得差則名安
樂如是安樂亦名涅槃如人怖畏得歸依處
則得安樂如是安樂亦名涅槃如貧窮人穫
七寶物則得安樂如是安樂亦名涅槃如人
觀骨不起貪欲則得安樂如是安樂亦名涅
槃如是涅槃不得名為大涅槃也何以故以
飢渴故病故怖故生貪者故是名涅槃非大
涅槃善男子若凡夫人及以聲聞或因世俗
或因聖道斷欲界結則得安樂如是安樂亦
名涅槃不得名為大涅槃也能斷初禪乃至
能斷非想非非想處結則得安樂如是安樂
亦名涅槃不得名為大涅槃也何以故還生煩
惱有習氣故云何名為煩惱習氣聲聞緣覺

BD03552號　大般涅槃經（北本）卷二三　（21–15）

能斷非想非非想處結則得安樂如是安樂
亦名涅槃不得名為大涅槃也何以故還生煩
惱有習氣故云何名為煩惱習氣聲聞緣覺
有煩惱氣所謂我身我衣我去我来我說我
我聽諸佛如来入於涅槃涅槃之性无我无
樂唯有常淨是則名為煩惱習氣佛法衆僧
有差別相如来畢竟入於涅槃聲聞緣覺諸
佛如来所得涅槃等无差別以是義故二乘
所得非大涅槃何以故无常樂我淨故常樂
我淨乃得名為大涅槃也善男子譬如有處
能受衆水名為大海隨有聲聞緣覺菩薩諸
佛如来所入之處名大涅槃四禪三三昧八
背捨八勝處十一切處隨能攝取如是无量
諸善法者名大涅槃善男子譬如有河第一
香象不能得底則名為大聲聞緣覺至十住
菩薩不見佛性名為涅槃非大涅槃若能了
了見於佛性則得名為大涅槃也是大涅槃
唯大象王能盡其底大象王者謂諸佛也善
男子若摩訶那伽及鉢揵陀大力士等逕歷
多時所不能上乃名大山聲聞緣覺及諸菩
薩摩訶那伽大力士等所不能見如是乃名
大涅槃也復次善男子隨有小王之所住處
名為小城轉輪聖王所住之處乃名大城聲
聞緣覺八万六万四万二万一万住處名為
涅槃无上法主聖王住處乃得名為大般涅

BD03552號　大般涅槃經（北本）卷二三　（21–16）

名為小城轉輪聖王所住之處乃名大城聲
聞緣覺八万六万四万二万一万住處名為
涅槃无上法主聖王住處乃得名為大般涅
槃以是故名大般涅槃善男子辟如有人見
四種兵不生怖畏當知是人名大衆生若有
衆生於三惡道煩惱惡業不生怖畏而能於
中廣度衆生當知是人得大涅槃若有人能
供養父母恭敬沙門及婆羅門脩治善法所
言誠實无有欺誑能忍諸惡惠施貧之名大
丈夫菩薩亦尒有大慈悲憐愍一切於諸衆
生猶如父母能度衆生於生死河普示衆生
一實之道是則名為大般涅槃
善男子大名不可思議若不可思議一切衆
生所不能信是則名為大般涅槃唯佛菩薩
之所見故名大涅槃以何因緣復名為大以
无量因緣然後乃得故名為大善男子如世
間人以多因緣之所得者則名為大涅槃亦
尒以多因緣之所得故故名為大云何復名
為大涅槃有大我故名大涅槃涅槃无我大
自在故名為大我云何名為大自在耶有八
自在則名為我何等為八一者能示一身以
為多身身數大小猶如微塵充滿十方无量
世界如來之身實非微塵以自在故現微塵
身如是自在則為大我二者示一塵身滿於
三千大千世界如來之身實不滿於三千大

為多身身數大小猶如微塵充滿十方无量
世界如來之身實非微塵以自在故現微塵
身如是自在則為大我二者示一塵身滿於
三千大千世界如來之身實不滿於三千大
千世界何以故以无㝵故直以自在故滿於
三千大千世界如是自在名為大我三者能
以滿此三千大千世界之身輕舉飛空過於
三十恒河沙等諸佛世界而无鄣㝵如來之
身實无輕重以自在故能為輕重如是自在
名為大我四者以自在故而得自在云何自
在如來一心安住不動所可示化无量形類
各令有心如來有時或造一事而令衆生各
各成辦如來之身常住一土而令他土一切
悉見如是自在名為大我五者根自在故云
何名為根自在耶如來一根亦能見色聞聲
嗅香別味覺觸知法如來六根亦不見色聞
聲嗅香別味覺觸知法以自在故令根自在
如是自在名為大我六者以自在故得一切法
如來之心亦无得想何以故无所得故若是
有者可名為得實无所有云何名得若使如
來計有得想是則諸佛不得涅槃以无得
故名得涅槃以自在故得一切法得諸法故
名為大我七者說自在故如來演說一偈之
義逕无量劫義亦不盡所謂若戒若定若施
若慧如來尒時都不生念我說彼聽亦復不

名為大我七者說自在故如來演說一偈之
義經无量劫義亦不盡所謂若戒若定若施
若慧如來尒時都不生念我說彼聽亦復不
生一偈之想世間之人以四句為偈隨世俗故
說名為偈一切法性亦无有說以自在故如
來演說以演說故名為大我八者如來遍
滿一切諸處猶如虛空虛空之性不可得見
如來亦尒實不可見以自在故令一切見如
是自在名為大我如是大我名大涅槃以是
義故名大涅槃復次善男子譬如寶藏多諸
珍異百種具足故名大藏諸佛如來甚深奧
藏亦復如是多諸奇異具足无缺名大涅槃
復次善男子无邊之物乃名為大涅槃无邊
是故名大復次善男子有大樂故名大涅槃
涅槃无樂以四樂故名大涅槃何等為四一
者斷諸樂故不斷樂者則名為苦若有苦者
不名大樂以斷樂故則无有苦无苦无樂乃
名大樂涅槃之性无苦无樂是故涅槃名為
大樂以是義故名大涅槃復次善男子樂有
二種一者凡夫二者諸佛凡夫之樂无常敗壞
是故无樂諸佛常樂无有變異故名大樂
復次善男子有三種受一者苦受二者樂受
三者不苦不樂受不苦不樂是亦為苦涅槃
雖同不苦不樂然名大樂以大樂故名大涅
槃二者大寂靜故名為大樂涅槃之性是大
寂靜可以故遠離一切憒閙法故以大寂故

BD03552 號　大般涅槃經（北本）卷二三　（21–19）

三者不苦不樂受不苦不樂是亦為苦涅槃
雖同不苦不樂然名大樂以大樂故名大涅
槃二者大寂靜故名為大樂涅槃之性是大
寂靜何以故遠離一切憒閙法故以大寂故
名大涅槃三者一切知故名為大樂非一切
知不名大樂諸佛如來一切知故名為大樂
以大樂故名大涅槃四者身不壞故名為大
樂身若可壞則不名樂如來之身金剛无壞
非煩惱身无常之身故名大樂以大樂故名
大涅槃善男子世間名字或有因緣或无因
緣有因緣者如舍利弗母名舍利因母立字
故名舍利弗如摩鍮羅道人生摩鍮羅國因
國立名故名摩鍮羅道人如目揵連目揵連
者即是姓也因姓立名故名目揵連如我生
於瞿曇種姓因姓立名稱為瞿曇如毗舍佉
道人毗舍佉者即是星名因星為名名毗舍
佉如有六指因六指故名六指人如佛奴天
奴因佛因天故名佛奴天奴因濕生故故名
濕生如因聲故名為迦迦名究究羅咀咀邏
如是等名是因緣名无因緣者如蓮華地水
火風虛空如曼陀婆一名二實一名殿堂二
名飲漿堂不飲漿亦復得名為曼陀婆如薩
婆車多名為蛇蓋實非蛇蓋是名无因強立
名字如坻羅婆夷名為食油實不食油強為
立名名為食油是名无因強立名字善男子

BD03552 號　大般涅槃經（北本）卷二三　（21–20）

BD03552 號　大般涅槃經（北本）卷二三　（21–21）

BD03552 號背　勘記　（1–1）

万億衆寶樹下師子座上諸佛及見釋
佛共多寶如来在寶塔中坐師子座又見无
量无邊百千万億菩薩摩訶薩及諸四衆恭
敬圍繞釋迦牟尼佛既見是已皆大歡喜得
未曽有即時諸□□空中高聲唱言過此
无量无邊□千万億阿僧祇世界有國名娑
婆是中有□□□迦牟尼今為諸菩薩摩訶
薩説大乘□□妙法蓮華教菩薩法佛所護
念汝等當深心隨喜亦當礼拜供養釋迦牟
尼佛彼諸衆生聞虚空中聲已合掌向娑婆
世界作如是言南无釋迦牟尼佛南无釋迦
牟尼佛以種種華香瓔珞幡蓋及諸嚴身之
具珎寶妙物皆共遥散娑婆世界所散諸物
従十方来譬如雲集變成寶帳遍覆此間
諸佛之上于時十方世界通達无礙如一佛
尒時佛告上行等菩薩大衆諸佛神力如是
无量无邊不可思議若我以是神力於无量
无邊百千万億阿僧祇劫為囑累故説此經
功德猶不能盡以要言之如来一切所有之

BD03553號　妙法蓮華經卷六　（12–1）

具珎寶妙物皆共遥散娑婆世界所散諸物
従十方来譬如雲集變成寶帳遍覆此間
諸佛之上于時十方世界通達无礙如一佛
尒時佛告上行等菩薩大衆諸佛神力如是
无量无邊不可思議若我以是神力於无量
无邊百千万億阿僧祇劫為囑累故説此經
功德猶不能盡以要言之如来一切所有之
法如来一切自在神力如来一切秘要之藏
如来一切甚深之事皆於此經宣示顯説是
故汝等於如来滅後應一心受持讀誦解説
書寫如説修行所在國土若有受持讀誦解
説書寫如説修行若經卷所住之處若於園
中若於林中若於樹下若於僧坊若白衣舍
若在殿堂若山谷曠野是中皆應起塔供養
所以者何當知是處即是道場諸佛於此得
阿耨多羅三藐三菩提諸佛於此轉于法輪
諸佛於此而般涅槃尒時世尊欲重宣此義
而説偈言
諸佛救世者　住於大神通　為悦衆生故　現无量神力
舌相至梵天　身放无數光　為求佛道者　現此希有事
諸佛謦欬聲　及彈指之聲　周聞十方國　地皆六種動
以佛滅度後　能持是經故　諸佛皆歡喜　現无量神力
囑累是經故　讃美受持者　於无量劫中　猶故不能盡
是人之功德　无邊无有窮　如十方虚空　不可得邊際
能持是經者　則為已見我　亦見多寶佛　及諸分身者
又見我今日　教化諸菩薩　能持是經者　令我及分身

BD03553號　妙法蓮華經卷六　（12–2）

是人之功德　无邊无有窮　如十方虛空　不可得邊際
能持是經者　則為已見我　亦見多寶佛　及諸分身者
又見我今日　教化諸菩薩　能持是經者　令我及分身
滅度多寶佛　一切皆歡喜　十方現在佛　并過去未來
亦見亦供養　亦令得歡喜　諸佛坐道場　所得祕要法
能持是經者　不久亦當得　能持是經者　於諸法之義
名字及言辭　樂說无窮盡　如風於空中　一切无障礙
於如來滅後　知佛所說經　因緣及次第　隨義如實說
如日月光明　能除諸幽冥　斯人行世間　能滅眾生闇
教无量菩薩　畢竟住一乘　是故有智者　聞此功德利
於我滅度後　應受持斯經　是人於佛道　決定无有疑

妙法蓮華經囑累品第二十二

尒時釋迦牟尼佛從法座起現大神力以右手
摩无量菩薩摩訶薩頂而作是言我於无
量百千万億阿僧祇劫修習是難得阿耨多
羅三藐三菩提法今以付囑汝等汝等應當
一心流布此法廣令增益如是三摩諸菩
薩摩訶薩頂而作是言我於无量百千万億阿
僧祇劫修習是難得阿耨多羅三藐三菩提
法今以付囑汝等汝等當受持讀誦廣宣此
法令一切眾生普得聞知所以者何如來有
大慈悲无諸慳悋亦无所畏能與眾生佛之
智慧如來智慧自然智慧如來是一切眾生
之大施主汝等亦應隨學如來之法勿生慳
悋於未來世若有善男子善女人信如來智
慧者當為演說此法華經使得聞知為令其

智慧如來智慧自然智慧如來是一切眾生
之大施主汝等亦應隨學如來之法勿生慳
悋於未來世若有善男子善女人信如來智
慧者當為演說此法華經使得聞知為令其
人得佛慧故若有眾生不信受者當於如來
餘深妙法中示教利喜汝等若能如是則為
已報諸佛之恩時諸菩薩摩訶薩聞佛作是
說已皆大歡喜遍滿其身益加恭敬曲躬低
頭合掌向佛俱發聲言如世尊勅當具奉行
唯然世尊願不有慮諸菩薩摩訶薩眾如是
三反俱發聲言如世尊勅當具奉行唯然世
尊願不有慮尒時釋迦牟尼佛令十方來諸
分身佛各還本土而作是言諸佛各隨所安
多寶佛塔還可如故說是語時十方无量分
身諸佛坐寶樹下師子座上者及多寶佛并
上行等无邊阿僧祇菩薩大眾舍利弗等聲
聞四眾及一切世間天人阿脩羅等聞佛所
說皆大歡喜

妙法蓮華經藥王菩薩本事品第二十三

尒時宿王華菩薩白佛言世尊藥王菩薩云何
遊於娑婆世界世尊是藥王菩薩有若干百
千万億那由他難行苦行善哉世尊願少解說
諸天龍神夜叉乾闥婆阿脩羅迦樓羅緊那
羅摩睺羅伽人非人等又他國土諸來菩薩
及此聲聞眾聞皆歡喜尒時佛告宿王華菩
薩乃往過去无量亘可沙劫有佛号日月淨

諸天龍神夜叉乾闥婆阿脩羅迦樓羅緊那
羅摩睺羅伽人非人等又他國土諸來菩薩
及此聲聞衆聞皆歡喜尒時佛告宿王華菩
薩乃往過去无量恒河沙劫有佛号日月淨
明德如來應供正遍知明行足善逝世間解
无上士調御丈夫天人師佛世尊其佛有八
十億大菩薩摩訶薩七十二恒河沙大聲聞
衆佛壽四万二千劫菩薩壽命亦等彼國无
有女人地獄餓鬼畜生阿脩羅等及以諸難
地平如掌瑠璃所成寶樹莊嚴寶帳覆上
垂寶華幡寶瓶香鑪周遍國界七寶爲臺
一樹一臺其樹去臺盡一箭道此諸寶樹
皆有菩薩聲聞而坐其下諸寶臺上各有百
億諸天作天伎樂歌嘆於佛以爲供養尒時彼
佛爲一切衆生憙見菩薩及衆菩薩諸聲聞
衆說法華經是一切衆生憙見菩薩樂習苦
行於日月淨明德佛法中精進經行一心求
佛滿万二千歲已得現一切色身三昧得此
三昧已心大歡喜即作念言我得現一切色
身三昧皆是得聞法華經力我今當供養日
月淨明德佛及法華經即時入是三昧於虛
空中雨曼陁羅華摩訶曼陁羅華細抹堅黑
栴檀滿虛空中如雲而下又雨海此岸栴檀
之香此香六銖價直娑婆世界以供養佛作
是供養已從三昧起而自念言我雖以神力

栴檀滿虛空中如雲而下又雨海此岸栴檀
之香此香六銖價直娑婆世界以供養佛作
是供養已從三昧起而自念言我雖以神力
供養於佛不如以身供養即服諸香栴檀薰
陸兜樓婆畢力迦沈水膠香又飲瞻蔔諸華
香油滿千二百歲已香油塗身於日月淨明
德佛前以天寶衣而自纏身灌諸香油以神
通力願而自然身光明遍照八十億恒河沙
世界其中諸佛同時讚言善哉善哉善男子
是真精進是名真法供養如來若以華香瓔
珞燒香抹香塗香天繒幡蓋及海此岸栴檀
之香如是等種種諸物供養所不能及假使
國城妻子布施亦所不及善男子是名第一
之施於諸施中最尊最上以法供養諸如來
故作是語已而各嘿然其身火燃千二百歲
過是已後其身乃盡一切衆生憙見菩薩作
如是法供養已命終之後復生日月淨明德
佛國中於淨德王家結跏趺坐忽然化生即
爲其父而說偈言
大王今當知　我經行彼處　即時得一切　現諸身三昧
勤行大精進　捨所愛之身
說是偈已而白父言日月淨明德佛今故現
在我先供養佛已得解一切衆生語言陁羅尼
復聞是法華經八百千万億那由他甄迦羅頻
婆羅阿閦婆等偈大王我今當還供養此佛白

說是偈已而白父言日月淨明德佛今故現
在我先供養佛已得解一切衆生語言陁羅尼
復聞是法華經八百千万億那由他甄迦羅頻
婆羅阿閦婆等偈大王我今當還供養此佛白
已即坐七寶之臺上昇虛空高七多羅樹往到
佛所頭面礼足合十指爪以偈讚曰
容顏甚奇妙　光明照十方　我適曾供養　今復還親覲
尒時一切衆生憙見菩薩說是偈已而白佛言
世尊世尊猶故在世尒時日月淨明德佛告一
切衆生憙見菩薩善男子我涅槃時到滅
盡時至汝可安施牀座我於今夜當般涅槃
又勑一切衆生憙見菩薩善男子我以佛法囑
累於汝及諸菩薩大弟子并阿耨多羅三藐
三菩提法亦以三千大千七寶世界諸寶樹
寶臺及給侍諸天悉付於汝我滅度後所有
舍利亦付囑汝當令流布廣設供養應起
若干千塔如是日月淨明德佛勑一切衆生
憙見菩薩已於夜後分入於涅槃尒時一切
衆生憙見菩薩見佛滅度悲感懊惱戀慕
於佛即以海此岸栴檀爲積供養佛身而以燒
之火滅已後收取舍利作八万四千寶瓶以
起八万四千塔高三世界表刹莊嚴垂諸幡
蓋懸衆寶鈴尒時一切衆生憙見菩薩復自
念言我雖作是供養心猶未足我今當更供
養舍利便語諸菩薩大弟子及天龍夜叉

BD03553號　妙法蓮華經卷六　（12–7）

蓋懸衆寶鈴尒時一切衆生憙見菩薩復自
念言我雖作是供養心猶未足我今當更供
養舍利便語諸菩薩大弟子及天龍夜叉
等一切大衆汝等當一心念我今供養日月
淨明德佛舍利作是語已即於八万四千塔
前然百福莊嚴臂七万二千歲而以供養令
无數求聲聞衆无量阿僧祇人發阿耨多羅
三藐三菩提心皆使得住現一切色身三昧
尒時諸菩薩天人阿脩羅等見其无臂憂惱
悲哀而作是言此一切衆生憙見菩薩是我
等師教化我者而今燒臂身不具足于時一切
衆生憙見菩薩於大衆中立此誓言我捨兩
臂必當得佛金色之身若實不虛令我兩
臂還復如故作是誓已自然還復由斯菩薩
福德智慧淳厚所致當尒之時三千大千世
界六種震動天雨寶華一切人天得未曾有
佛告宿王華菩薩於汝意云何一切衆生憙
見菩薩豈異人乎今藥王菩薩是也其所捨
身布施如是无量百千万億那由他數宿王
華若有發心欲得阿耨多羅三藐三菩提者
能燃手指乃至足一指供養佛塔勝以國城
妻子及三千大千國土山林河池諸珎寶物
而供養者若復有人以七寶滿三千大千世
界供養於佛及大菩薩辟支佛阿羅漢是人
所得功德不如受持此法華經乃至一四句偈

BD03553號　妙法蓮華經卷六　（12–8）

而供養者若復有人以七寶滿三千大千世
界供養於佛及大菩薩辟支佛阿羅漢是人
所得功德不如受持此法華經乃至一四句偈
其福最多宿王華譬如一切川流江河諸水
之中海為第一此法華經亦復如是於諸
如來所說經中最為深大又如土山黑山小
鐵圍山大鐵圍山及十寶山衆山之中須弥
山為第一此法華經亦復如是於諸經中最
為其上又如衆星之中月天子最為第一此
法華經亦復如是於千万億種諸經法中最
為照明又如日天子能除諸闇此經亦復如
是能破一切不善之闇又如諸小王中轉輪
聖王最為第一此經亦復如是於衆經中最
為其尊又如帝釋於三十三天中王此經亦
復如是諸經中王又如大梵天王一切衆生
之父此經亦復如是一切賢聖學无學及
發菩薩心者之父又如一切凡夫人中須陁洹
斯陁含阿那含阿羅漢辟支佛為第一此經
亦復如是一切如來所說若菩薩所說若聲
聞所說諸經法中最為第一有能受持是
經典者亦復如是於一切衆生中亦為第一
切聲聞辟支佛中菩薩為第一此經亦復如
是於一切諸經法中最為第一如佛為諸法
王此經亦復如是諸經中王宿王華此經能
救一切衆生者此經能令一切衆生離諸苦

BD03553號　妙法蓮華經卷六　（12–9）

切聲聞辟支佛中菩薩為第一此經亦復如
是於一切諸經法中最為第一如佛為諸法
王此經亦復如是諸經中王宿王華此經能
救一切衆生者此經能令一切衆生離諸苦
惱此經能大饒益一切衆生充滿其願如清
涼池能滿一切諸渴之者如寒者得火如裸
者得衣如商人得主如子得母如渡得船如
病得醫如暗得燈如貧得寶如民得王如賈
客得海如炬除暗此法華經亦復如是能令
衆生離一切苦一切病痛能解一切生死之
縛若人得聞此法華經若自書若使人書所
得功德以佛智慧籌量多少不得其邊若
書是經卷華香瓔珞燒香抹香塗香幡蓋
衣服種種之燈蘇燈油燈諸香油燈瞻蔔油燈
須曼那油燈波羅羅油燈婆利師迦油燈那婆
摩利油燈供養所得功德亦復无量宿王華
若有人聞是藥王菩薩本事品者亦得无量
无邊功德若有女人聞是藥王菩薩本事品
能受持者盡是女身後不復受若如來滅後
後五百歲中若有女人聞是經典如說脩行
於此命終即往安樂世界阿弥陁佛大菩薩
衆圍繞住處生蓮華中寶座之上不復為貪
欲所惱亦復不為瞋恚愚癡所惱亦復不為
憍慢嫉妬諸垢所惱得菩薩神通无生法忍
得是忍已眼根清淨以是清淨眼根見七百

BD03553號　妙法蓮華經卷六　（12–10）

衆圍繞住處生蓮華中寶座之上不復爲貪
欲所惱亦復不爲瞋恚愚癡所惱亦復不爲
憍慢嫉妬諸垢所惱得菩薩神通无生法忍
得是忍已眼根清淨以是清淨眼根見七百
万二千億那由他恒河沙等諸佛如來是時
諸佛遥共讚言善哉善哉善男子汝能於釋
迦牟尼佛法中受持讀誦思惟是經爲他人
說所得福德无量无邊火不能焚水不能漂
汝之功德千佛共說不能令盡汝今已能破諸
魔賊壞生死軍諸餘怨敵皆悉摧滅善男
子百千諸佛以神通力共守護汝於一切世
間天人之中无如汝者唯除如來其諸聲聞
辟支佛乃至菩薩智慧禪定无有與汝等者
宿王華此菩薩成就如是功德智慧之力若
有人聞是藥王菩薩本事品能隨喜讚善
者見人現世口中常出青蓮華香身毛孔中常
出牛頭栴檀之香所得功德如上所說是故宿
王華以此藥王菩薩本事品囑累於汝我滅度
後後五百歲中廣宣流布於閻浮提无令
斷絶惡魔魔民諸天龍夜叉鳩槃荼等得
其便也宿王華汝當以神通之力守護是經
所以者何此經則爲閻浮提人病之良藥若
人有病得聞是經病即消滅不老不死宿王
華汝若見有受持是經者應以青蓮華盛滿
抹香供散其上散已作是念言此人不久必
當取草坐於道場破諸魔軍當吹法螺擊大

BD03553號　妙法蓮華經卷六　（12–11）

斷絶惡魔魔民諸天龍夜叉鳩槃荼等得
其便也宿王華汝當以神通之力守護是經
所以者何此經則爲閻浮提人病之良藥若
人有病得聞是經病即消滅不老不死宿王
華汝若見有受持是經者應以青蓮華盛滿
抹香供散其上散已作是念言此人不久必
當取草坐於道場破諸魔軍當吹法螺擊大
法鼓度脫一切衆生老病死海是故求佛道
者見有受持是經典人應當如是生恭敬心說
是藥王菩薩本事品時八万四千菩薩得解
一切衆生語言陁羅尼多寶如來於寶塔
中讚宿王華菩薩言善哉善哉宿王華汝成
就不可思議功德乃能問釋迦牟尼佛如此
之事利益无量一切衆生

妙法蓮華經卷第六

BD03553號　妙法蓮華經卷六　（12–12）

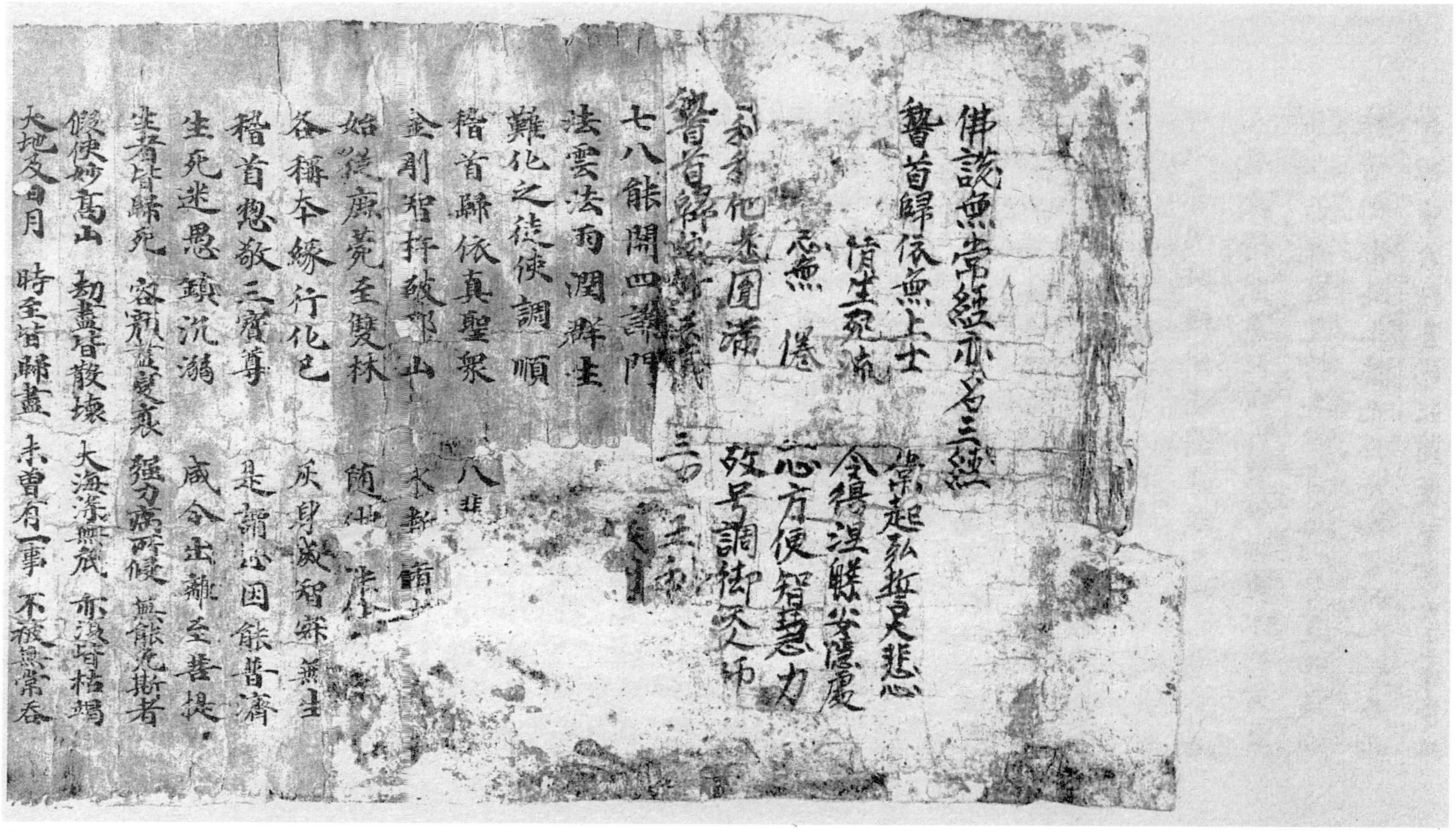

佛說無常經亦名三啓經
稽首歸依無上士　常起弘誓大悲心
情生死流　令得涅槃安隱處
忍無倦　一心方便智慧力
利他悉圓滿　故號調御天人師
稽首歸依妙法藏　三四 [illegible]
七八能開四諦門
法雲法雨潤群生
難化之徒使調順
稽首歸依真聖眾　八輩
金剛智杵破邪山　永斷
始從鹿苑至雙林　隨佛
各稱本緣行化已　灰身滅智寂無生
稽首總敬三寶尊　是謂正因能普濟
生死迷愚鎮沉溺　咸令出離至菩提
生者皆歸死　容顏盡變衰　強力病所侵　無能免斯者
假使妙高山　劫盡皆散壞　大海深無底　亦復皆枯竭
大地及日月　時至皆歸盡　未曾有一事　不被無常吞

BD03554 號　無常三啓經　　（4–1）

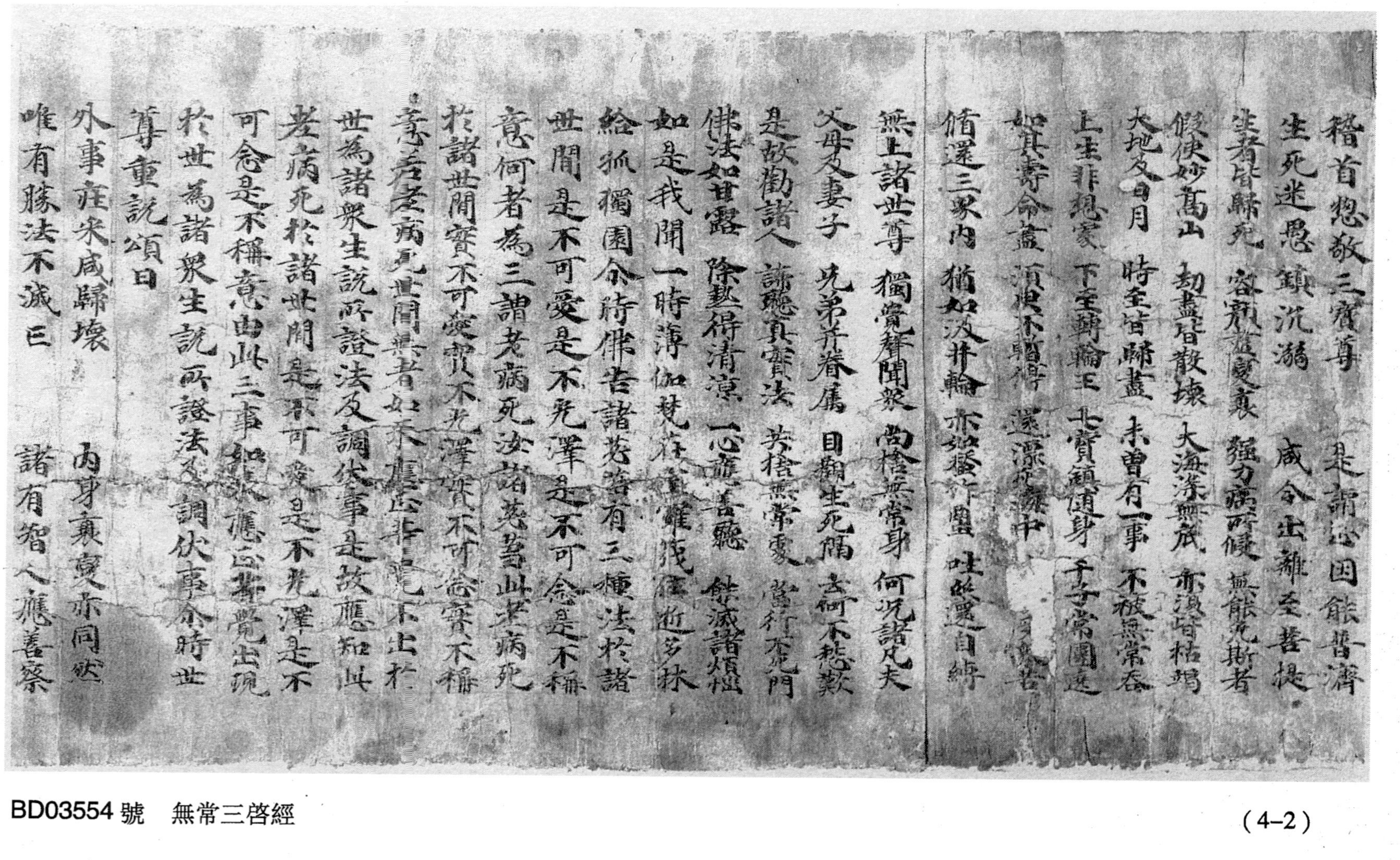

稽首總敬三寶尊　是謂正因能普濟
生死迷愚鎮沉溺　咸令出離至菩提
生者皆歸死　容顏盡變衰　強力病所侵　無能免斯者
假使妙高山　劫盡皆散壞　大海深無底　亦復皆枯竭
大地及日月　時至皆歸盡　未曾有一事　不被無常吞
上至非想處　下至轉輪王　七寶鎮隨身　千子常圍遶
如其壽命盡　須臾不暫停　還漂死海中　隨緣受眾苦
循環三界內　猶如汲井輪　亦如蠶作繭　吐絲還自縛
無上諸世尊　獨覺聲聞眾　尚捨無常身　何況諸凡夫
父母及妻子　兄弟并眷屬　目觀生死隔　云何不愁歎
是故勸諸人　諦聽真實法　共捨無常處　當行不死門
佛法如甘露　除熱得清涼　一心應善聽　能滅諸煩惱
如是我聞一時薄伽梵在室羅伐城逝多林
給孤獨園爾時佛告諸苾芻有三種法於諸
世間是不可愛是不光澤是不可念是不稱
意何者為三謂老病死汝諸苾芻此老病死
於諸世間實不可愛實不光澤實不可念實不稱
意若老病死世間無者如來應正等覺不出於
世為諸眾生說所證法及調伏事是故應知此
老病死於諸世間是不可愛是不光澤是不
可念是不稱意由此三事如來應正等覺出現
於世為諸眾生說所證法及調伏事爾時世
尊重說頌曰
外事莊彩咸歸壞　內身衰變亦同然
唯有勝法不滅亡　諸有智人應善察

BD03554 號　無常三啓經　　（4–2）

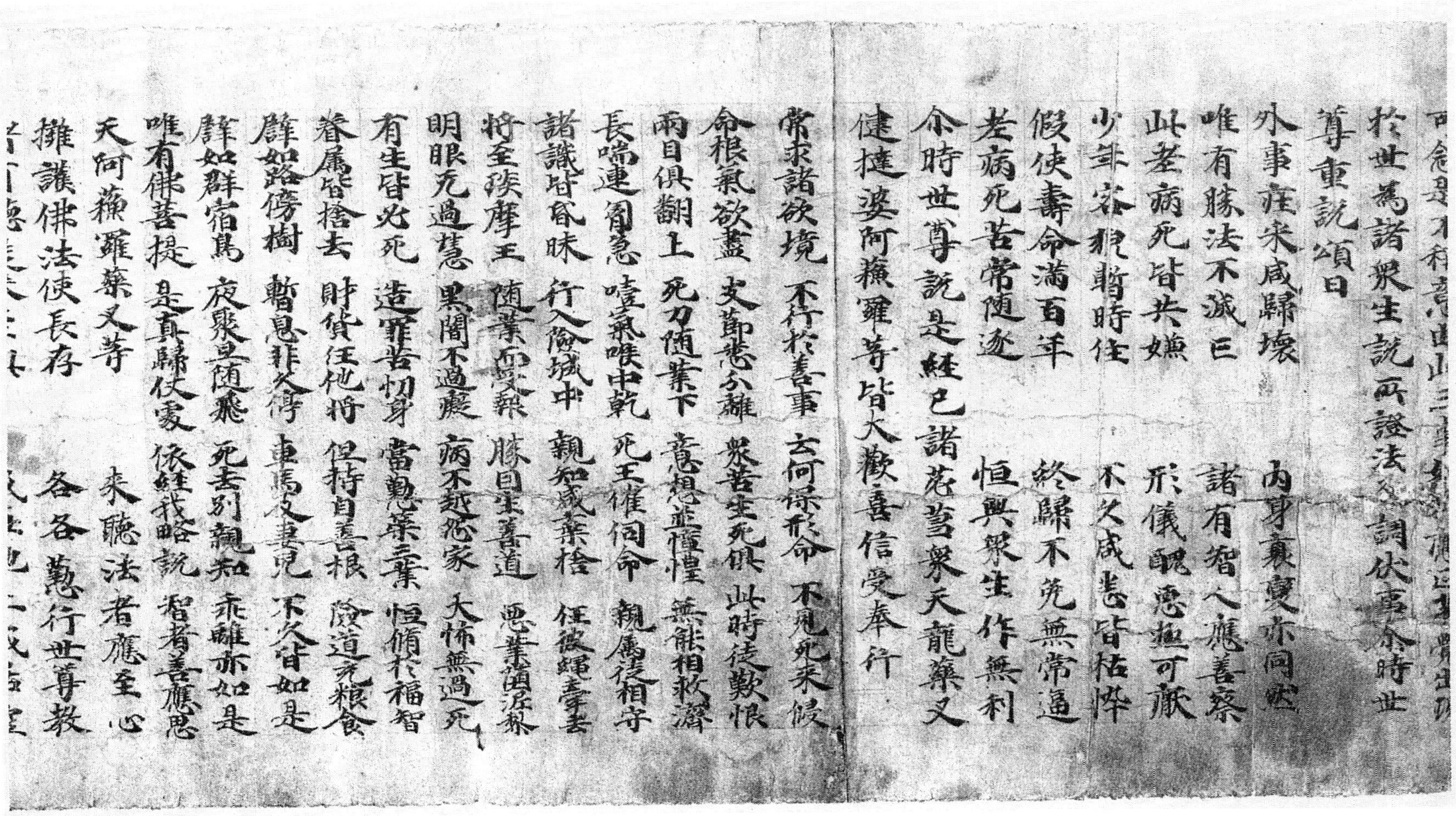

於世為諸眾生說所證法，為調伏雲，爾時世
尊重說頌曰
外事莊彩咸歸壞　內身衰變亦同然
唯有勝法不滅亡　諸有智人應善察
此老病死皆共嫌　形儀醜惡極可厭
少年容貌暫時住　不久咸悉皆枯悴
假使壽命滿百年　終歸不免無常逼
老病死苦常隨逐　恒與眾生作無利
爾時世尊說是經已，諸苾芻眾天龍藥叉
揵闥婆阿蘇羅等，皆大歡喜，信受奉行
常求諸欲境　不行於善事　云何保形命　不見死來侵
命根氣欲盡　支節悉分離　眾苦與死俱　此時徒歎恨
兩目俱翻上　死刀隨業下　意想並慞惶　無能相救濟
長喘連胸急　短氣喉中乾　死王催伺命　親屬徒相守
諸識皆昏昧　行入險城中　親知咸棄捨　任彼繩牽去
將至琰魔王　隨業而受報　勝因生善道　惡業墮泥犁
明眼無過慧　黑闇不過癡　病不越怨家　大怖無過死
有生皆必死　造罪苦切身　當勤策三業　恒脩於福智
眷屬皆捨去　財貨任他將　但持自善根　險道充粮食
譬如路傍樹　暫息非久停　車馬及妻兒　不久皆如是
譬如群宿鳥　夜聚旦隨飛　死去別親知　乖離亦如是
唯有佛菩提　是真歸仗處　依經我略說　智者善應思
天阿蘇羅藥叉等　來聽法者應至心
擁護佛法使長存　各各勤行世尊教

BD03554 號　無常三啓經　（4–3）

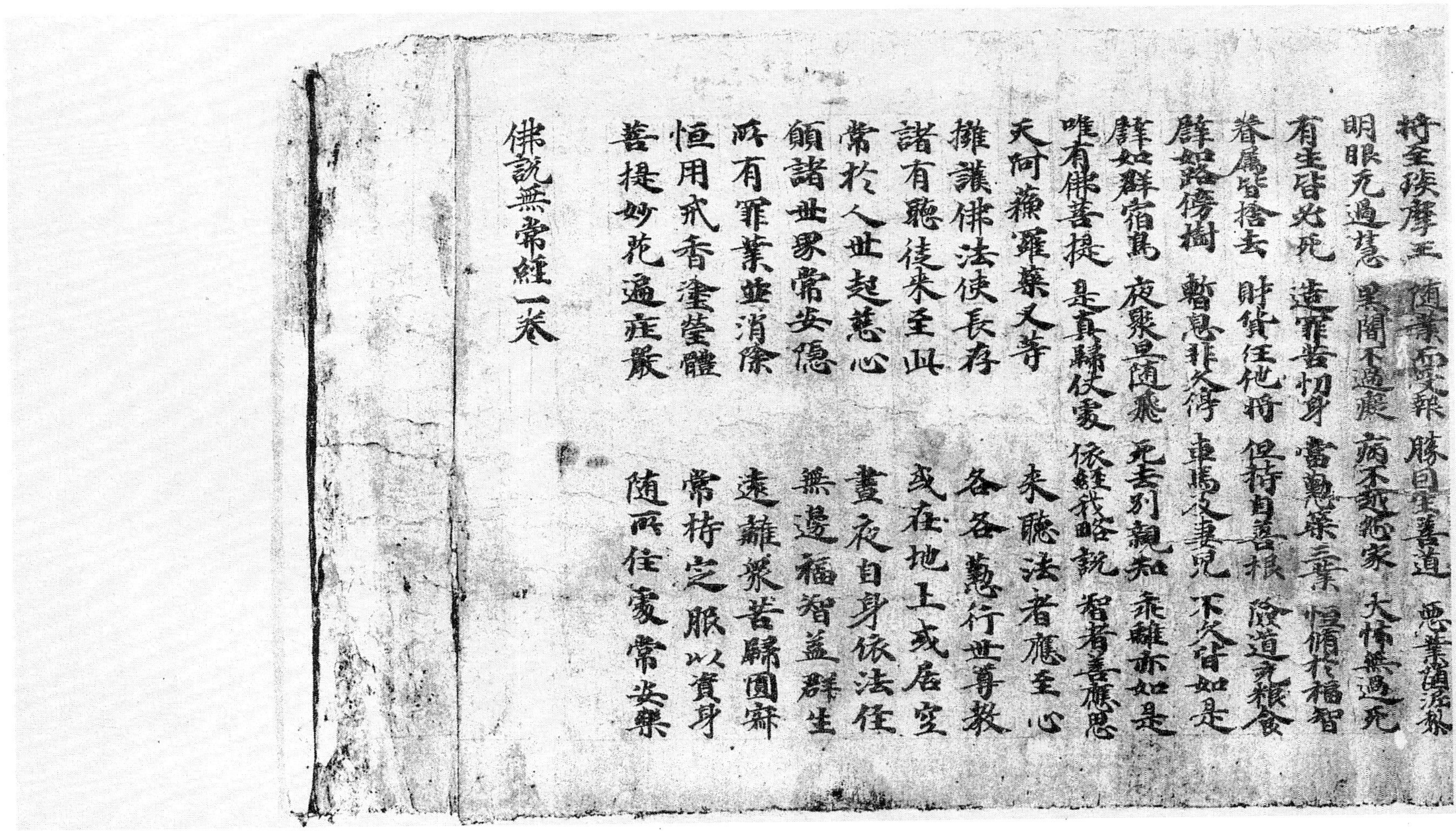

將至琰魔王　隨業而受報　勝因生善道　惡業墮泥犁
明眼無過慧　黑闇不過癡　病不越怨家　大怖無過死
有生皆必死　造罪苦切身　當勤策三業　恒脩於福智
眷屬皆捨去　財貨任他將　但持自善根　險道充粮食
譬如路傍樹　暫息非久停　車馬及妻兒　不久皆如是
譬如群宿鳥　夜聚旦隨飛　死去別親知　乖離亦如是
唯有佛菩提　是真歸仗處　依經我略說　智者善應思
天阿蘇羅藥叉等　來聽法者應至心
擁護佛法使長存　各各勤行世尊教
諸有聽徒來至此　或在地上或居空
常於人世起慈心　晝夜自身依法住
願諸世界常安隱　無邊福智益群生
所有罪業並消除　遠離眾苦歸圓寂
恒用戒香塗瑩體　常持定服以資身
菩提妙花遍莊嚴　隨所住處常安樂
佛說無常經一卷

BD03554 號　無常三啓經　（4–4）

華經隨喜
所福
而說偈言
世尊滅度後　其有聞是經　若能隨喜者　為得幾所福
尒時佛告弥勒菩薩摩訶薩阿逸多如來滅
後若比丘比丘尼優婆塞優婆夷及餘智者
若長若幼聞是經隨喜已從法會出至於餘
處若在僧坊若空閑地若城邑巷陌聚落田
里如其所聞為父母宗親善友知識隨力演
說是諸人等聞已隨喜復行轉教餘人聞已
亦隨喜轉教如是展轉至第五十阿逸多其
第五十善男子善女人隨喜功德我今說之
汝當善聽若四百万億阿僧祇世界六趣四
生衆生卵生胎生濕生化生若有形無形有
想無想非有想非無想無足二足四足多足
如是等在衆生數者有人求福隨其所欲娛
樂之具皆給與之一一衆生與滿閻浮提金
銀琉璃車璖馬瑙珊瑚虎珀諸妙珎寶及鳥
馬車乘七寶所成宮殿樓閣等是大施主如
是布施滿八十年已而作是念我已施衆生
娛樂之具隨意所欲然此衆生皆已衰老年

BD03555號　妙法蓮華經卷六　（28–1）

[illegible]
樂之具皆給與之一一衆生與滿閻浮提金
銀琉璃車璖馬瑙珊瑚虎珀諸妙珎寶及鳥
馬車乘七寶所成宮殿樓閣等是大施主如
是布施滿八十年已而作是念我已施衆生
娛樂之具隨意所欲然此衆生皆已衰老年
過八十髮白面皺將死不久我當以佛法而
訓導之即集此衆生宣布法化示教利喜一
時皆得須陁洹道斯陁含道阿那含道阿羅
漢道盡諸有漏於深禪定皆得自在具八解
脫於汝意云何是大施主所得功德寧為多
不弥勒白佛言世尊是人功德甚多無量無
邊若是施主但施衆生一切樂具功德無量
何况令得阿羅漢果佛告弥勒我今分明語
汝是人以一切樂具施於四百万億阿僧祇世
界六趣衆生又令得阿羅漢果所得功德不
如是第五十人聞法華經一偈隨喜功德百
分千分百千万億分不及其一乃至筭數譬
喻所不能知阿逸多如是第五十人展轉聞
法華經隨喜功德尚無量無邊阿僧祇何况
最初於會中聞而隨喜者其福復勝無量
無邊阿僧祇不可得比又阿逸多若人為是
經故往詣僧坊若坐若立須臾聽受緣是功
德轉身所生得好上妙鳥馬車乘珎寶輦轝
及乘天宮若復有人於講法處坐更有人來
勸令坐聽若分座令坐是人功德轉身得帝
釋坐處若梵天王坐處若轉輪聖王所坐之處

BD03555號　妙法蓮華經卷六　（28–2）

經故往詣僧坊若坐若立須臾聽受緣是功
德轉身所生得好上妙象馬車乘珎寶輦轝
及乘天宮若復有人於講法處坐更有人來
勸令坐聽若分座令坐是人功德轉身得帝
釋坐處若梵王坐處若轉輪聖王所坐之處
阿逸多若復有人語餘人言有經名法華可
共往聽即受其教乃至須臾間聞是人功德
轉身得與陁羅尼菩薩共生一處利根智慧
百千万世終不瘖瘂口氣不臭舌常無病口
亦無病齒不垢黑不黃不踈亦不缺落不差不
曲脣不下垂亦不褰縮不麁澀不瘡緊亦不
缺壞亦不喎斜不厚不大亦不黧黑無諸可
惡鼻不匾㔸亦不曲戾面色不黑亦不狹長
亦不窊曲無有一切不可喜相脣舌牙齒悉皆
嚴好鼻脩高直面皃圓滿眉高而長額廣
平正人相具足世世所生見佛聞法信受教
誨阿逸多汝且觀是勸於一人令往聽法功
德如此何況一心聽說讀誦而於大眾為人
分別如說脩行尒時世尊欲重宣此義而說
偈言
若人於法會　得聞是經典　乃至於一偈　隨喜為他說
如是展轉教　至于第五十　最後人獲福　今當分別之
如有大施主　供給無量眾　具滿八十歲　隨意之所欲
見彼衰老相　髮白而面皺　齒踈形枯竭　念其死不久
我今應當教　令得於道果　即為方便說　涅槃真實法
世皆不牢固　如水沫泡焰　汝等咸應當　疾生猒離心

BD03555號　妙法蓮華經卷六　　（28–3）

如有大施主　供給無量眾　具滿八十歲　隨意之所欲
見彼衰老相　髮白而面皺　齒踈形枯竭　念其死不久
我今應當教　令得於道果　即為方便說　涅槃真實法
世皆不牢固　如水沫泡焰　汝等咸應當　疾生猒離心
諸人聞是法　皆得阿羅漢　具足六神通　三明八解脫
最後第五十　聞一偈隨喜　是人福勝彼　不可為譬喻
如是展轉聞　其福尚無量　何況於法會　初聞隨喜者
若有勸一人　將引聽法華　言此經深妙　千万劫難遇
即受教往聽　乃至須臾聞　斯人之福報　今當分別說
世世無口患　齒不踈黃黑　脣不厚褰缺　無有可惡相
舌不乾黑短　鼻高脩且直　額廣而平正　面目悉端嚴
為人所喜見　口氣無臭穢　優鉢華之香　常從其口出
若故詣僧坊　欲聽法華經　須臾聞歡喜　今當說其福
後生天人中　得妙象馬車　珎寶之輦轝　及乘天宮殿
若於講法處　勸人坐聽經　是福因緣得　釋梵轉輪座
何況一心聽　解說其義趣　如說而脩行　其福不可量
妙法蓮華經法師功德品第十九
尒時佛告常精進菩薩摩訶薩若善男子善
女人受持是法華經若讀若誦若解說若書
寫是人當得八百眼功德千二百耳功德八百
鼻功德千二百舌功德八百身功德千二百意
功德以是功德莊嚴六根皆令清淨是善男
子善女人父母所生清淨肉眼見於三千大
千世界內外所有山林河海下至阿鼻地獄
上至有頂亦見其中一切眾生及業因緣果

BD03555號　妙法蓮華經卷六　　（28–4）

功德以是功德莊嚴六根皆令清淨是善男
子善女人父母所生清淨肉眼見於三千大
千世界內外所有山林河海下至阿鼻地獄
上至有頂亦見其中一切衆生及業因緣果
報生處悉見悉知尒時世尊欲重宣此義而
說偈言
若於大衆中　以無所畏心　說是法華經　汝聽其功德
是人得八百　功德殊勝眼　以是莊嚴故　其目甚清淨
父母所生眼　悉見三千界　內外弥樓山　須弥及鐵圍
并諸餘山林　大海江河水　下至阿鼻獄　上至有頂處
其中諸衆生　一切皆悉見　雖未得天眼　肉眼力如是
復次常精進若善男子善女人受持此經若讀
若誦若解說若書寫得千二百耳功德以是
清淨耳聞三千大千世界下至阿鼻地獄上至
有頂其中內外種種語言音聲象聲馬聲
牛聲車聲啼哭聲愁歎聲螺聲皷聲鍾聲
鈴聲咲聲語聲男聲女聲童子聲童女聲法
聲非法聲苦聲樂聲凡夫聲聖人聲喜聲不
喜聲天聲龍聲夜叉聲乾闥婆聲阿脩羅聲
迦樓羅聲緊那羅聲摩睺羅伽聲火聲水聲
風聲地獄聲畜生聲餓鬼聲比丘聲比丘尼
聲聲聞聲辟支佛聲菩薩聲佛聲以要言之
三千大千世界中一切內外所有諸聲雖未得
天耳以父母所生清淨常耳皆悉聞知如是分別
種種音聲而不壞耳根尒時世尊欲重宣此

BD03555 號　妙法蓮華經卷六

（28–5）

聲聲聞聲辟支佛聲菩薩聲佛聲以要言之
三千大千世界中一切內外所有諸聲雖未得
天耳以父母所生清淨常耳皆悉聞知如是分別
種種音聲而不壞耳根尒時世尊欲重宣此
義而說偈言
父母所生耳　清淨無濁穢　以此常耳聞　三千世界聲
象馬車牛聲　鍾鈴螺皷聲　琴瑟箜篌聲　簫笛之音聲
清淨好歌聲　聽之而不著　無數種人聲　聞悉能解了
又聞諸天聲　微妙之歌音　及聞男女聲　童子童女聲
山川嶮谷中　迦陵頻伽聲　命命等諸鳥　悉聞其音聲
地獄衆苦痛　種種楚毒聲　餓鬼飢渴逼　求索飲食聲
諸阿脩羅等　居在大海邊　自共語言時　出于大音聲
如是說法者　安住於此間　遙聞是衆聲　而不壞耳根
十方世界中　禽獸鳴相呼　其說法之人　於此悉聞之
其諸梵天上　光音及遍淨　乃至有頂天　言語之音聲
法師住於此　悉皆得聞之　一切比丘衆　及諸比丘尼
若讀誦經典　若為他人說　法師住於此　悉皆得聞之
復有諸菩薩　讀誦於經法　若為他人說　撰集解其義
如是諸音聲　悉皆得聞之　諸佛大聖尊　教化衆生者
於諸大會中　演說微妙法　持此法華者　悉皆得聞之
三千大千界　內外諸音聲　下至阿鼻獄　上至有頂天
皆聞其音聲　而不壞耳根　其耳聰利故　悉能分別知
持是法華者　雖未得天耳　但用所生耳　功德已如是
復次常精進若善男子善女人受持是經若
讀若誦若解說若書寫成就八百鼻功德以
是清淨鼻根聞於三千大千世界上下內外

BD03555 號　妙法蓮華經卷六

（28–6）

持是法華者，雖未得天耳，但用所生耳，功德已如是。
復次常精進，若善男子善女人受持是經，若
讀若誦若解說若書寫，成就八百鼻功德。以
是清淨鼻根，聞於三千大千世界上下內外
種種諸香：須曼那華香、闍提華香、末利華香、
瞻蔔華香、波羅羅華香、赤蓮華香、青蓮華
香、白蓮華香、華樹香、菓樹香、栴檀香、沉水香、多
摩羅跋香、多伽羅香，及千万種和香，若末若
丸若塗香，持是經者，於此間住，悉能分別。又
復別知衆生之香，象香、馬香、牛羊等香，男香、
女香、童子香、童女香，及草木叢林香，若近若
遠所有諸香，悉皆得聞，分別不錯。持是經者
雖住於此，亦聞天上諸天之香，波利質多羅、拘
鞞陁羅樹香，及曼陁羅華香、摩訶曼陁羅華
香、曼殊沙華香、摩訶曼殊沙華香、栴檀沉水
種種末香、諸雜華香，如是等天香和合所出
之香，無不聞知。又聞諸天身香，釋提桓因在勝
殿上，五欲娛樂嬉戲時香，若在妙法堂上，為
忉利諸天說法時香，若於諸園遊戲時香，及
餘天等男女身香，皆悉遙聞。如是展轉乃至
梵世，上至有頂諸天身香，亦皆聞之，并聞諸
天所燒之香，及聲聞香、辟支佛香、菩薩香、
諸佛身香，亦皆遙聞，知其所在。雖聞此香，然
於身根不壞不錯，若欲分別為他人說，憶念
不謬。尔時世尊欲重宣此義而說偈言：

天所燒之香及聲聞香辟支佛香菩薩香
諸佛身香亦皆遙聞知其所在雖聞此香然
於身根不壞不錯若欲分別為他人說憶念
不謬尔時世尊欲重宣此義而說偈言
是人鼻清淨　於此世界中　若香若臭物　種種悉聞知
須曼那闍提　多摩羅栴檀　沉水及桂香　種種華菓香
及知衆生香　男子女人香　說法者遠住　聞香知所在
大勢轉輪王　小轉輪及子　群臣諸宮人　聞香知所在
身所著珍寶　及地中寶藏　轉輪王寶女　聞香知所在
諸人嚴身具　衣服及瓔珞　種種所塗香　聞香知其身
諸天若行坐　遊戲及神變　持是法華經　聞香悉能知
諸樹華菓實　及酥油香氣　持經者住此　悉知其所在
諸山深險處　栴檀樹華敷　衆生在中者　聞香皆能知
鐵圍山大海　地中諸衆生　持經者聞香　悉知其所在
阿脩羅男女　及其諸眷屬　鬪諍遊戲時　聞香皆能知
曠野險隘處　師子象虎狼　野牛水牛等　聞香知所在
若有懷妊者　未辯其男女　無根及非人　聞香悉能知
以聞香力故　知其初懷妊　成就不成就　安樂產福子
以聞香力故　知男女所念　染欲癡恚心　亦知脩善者
地中衆伏藏　金銀諸珍寶　銅器之所盛　聞香悉能知
種種諸瓔珞　無能識其價　聞香知貴賤　出處及所在
天上諸華等　曼陁曼殊沙　波利質多樹　聞香悉能知
天上諸宮殿　上中下差別　衆寶華莊嚴　聞香悉能知
天園林勝殿　諸觀妙法堂　在中而娛樂　聞香悉能知
諸天若聽法　或受五欲時　來往行坐卧　聞香悉能知
天女所著衣　好華香莊嚴　周旋遊戲時　聞香悉能知

天上諸宮殿　上中下差別　衆寶花莊嚴　聞香悉能知
天園林勝殿　諸觀妙法堂　在中而娛樂　聞香悉能知
諸天若聽法　或受五欲時　來往行坐卧　聞香悉能知
天女所著衣　好華香莊嚴　周旋遊戲時　聞香悉能知
如是展轉上　乃至於梵世　入禪出禪者　聞香悉能知
光音遍淨天　乃至于有頂　初生及退沒　聞香悉能知
諸比丘衆等　於法常精進　若坐若經行　及讀誦經法
或在林樹下　專精而坐禪　持經者聞香　悉知其所在
菩薩志堅固　坐禪若讀誦　或為人說法　聞香悉能知
在在方世尊　一切所恭敬　愍衆而說法　聞香悉能知
衆生在佛前　聞經皆歡喜　如法而脩行　聞香悉能知
雖未得菩薩　無漏法生鼻　而是持經者　先得此鼻相
復次常精進　若善男子善女人受持是經　若
讀若誦若解說若書寫　得千二百舌功德　若
好若醜　若美不美　及諸苦澀物　在其舌根　皆
變成上味　如天甘露　無不美者　若以舌根於
大衆中有所演說　出深妙聲　能入其心　皆令
歡喜快樂　又諸天子天女　釋梵諸天　聞是深
妙音聲　有所演說言論次第　皆悉來聽　及諸
龍龍女　夜叉夜叉女　乾闥婆乾闥婆女　阿脩
羅阿脩羅女　迦樓羅迦樓羅女　緊那羅緊那
羅女　摩睺羅伽摩睺羅伽女　為聽法故　皆來
親近恭敬供養　及比丘比丘尼優婆塞優婆夷
國王王子群臣眷屬　小轉輪王大轉輪王　七寶
千子內外眷屬　乘其宮殿　俱來聽法　以是菩
薩善說法故　婆羅門居士國內人民　盡其
形壽　隨侍供養　又諸聲聞辟支佛菩薩諸

BD03555 號　妙法蓮華經卷六　（28–9）

國王王子群臣眷屬　小轉輪王大轉輪王　七寶
千子內外眷屬　乘其宮殿　俱來聽法　以是菩
薩善說法故　婆羅門居士國內人民　盡其
形壽　隨侍供養　又諸聲聞辟支佛菩薩諸
佛　常樂見之　是人所在方面　諸佛皆向其處
說法　悉能受持一切佛法　又能出於深妙法
音　尒時世尊欲重宣此義　而說偈言
是人舌根淨　終不受惡味　其有所食噉　悉皆成甘露
以深淨妙聲　於大衆說法　以諸因緣喻　引導衆生心
聞者皆歡喜　設諸上供養　諸天龍夜叉　及阿脩羅等
皆以恭敬心　而共來聽法　是說法之人　若欲以妙音
遍滿三千界　隨意即能至　大小轉輪王　及千子眷屬
合掌恭敬心　常來聽受法　諸天龍夜叉　羅剎毗舍闍
亦以歡喜心　常樂來供養　梵天王魔王　自在大自在
如是諸天衆　常來至其所　諸佛及弟子　聞其說法音
常念而守護　或時為現身
復次常精進　若善男子善女人受持是經　若
讀若誦若解說若書寫　得八百身功德　得清
淨身　如淨琉璃　衆生喜見　其身淨故　三千大
千世界衆生　生時死時　上下好醜　生善處惡
處　悉於中現　及鐵圍山　大鐵圍山　彌樓山　摩
訶彌樓山　諸山　及其中衆生　悉於中現　下至阿
鼻地獄　上至有頂　所有及衆生　悉於中現　若
聲聞辟支佛菩薩諸佛說法　皆於身中現其
色像　尒時世尊欲重宣此義　而說偈言
若持法華者　其身甚清淨　如彼淨琉璃　衆生皆喜見

BD03555 號　妙法蓮華經卷六　（28–10）

鼻地獄　上至有頂　所有及衆生　悉於中現　若
聲聞辟支佛　菩薩諸佛　說法皆於身中現其
色像　尒時世尊欲重宣此義而說偈言
若持法華者　其身甚清淨　如彼淨琉璃　衆生皆喜見
又如淨明鏡　悉見諸色像　菩薩於淨身　皆見世所有
唯獨自明了　餘人所不見　三千世界中　一切諸群萌
天人阿脩羅　地獄鬼畜生　如是諸色像　皆於身中現
諸天等宮殿　乃至於有頂　鐵圍及弥樓　摩訶弥樓山
諸大海水等　皆於身中現　諸佛及聲聞　佛子菩薩等
若獨若在衆　說法悉皆現　雖未得無漏　法性之妙身
以清淨常體　一切於中現
復次常精進　若善男子善女人　如來滅後受
持是經　若讀若誦若解說若書寫　得千二百
意功德　以是清淨意根　乃至聞一偈一句　通
達無量無邊之義　解是義已　能演說一句一
偈　至於一月四月乃至一歲　諸所說法　隨其
義趣　皆與實相不相違背　若說俗間經書　治
世語言　資生業等　皆順正法　三千大千世界
六趣衆生　心之所行　心所動作　心所戲論　皆悉
知之　雖未得無漏智慧　而其意根清淨如
此　是人有所思惟籌量言說　皆是佛法　無
不真實　亦是先佛經中所說　尒時世尊欲重
宣此義而說偈言
是人意清淨　明利無穢濁　以此妙意根　知上中下法
乃至聞一偈　通達無量義　次第如法說　月四月至歲

BD03555號　妙法蓮華經卷六　（28–11）

是人意清淨　明利無穢濁　以此妙意根　知上中下法
乃至聞一偈　通達無量義　次第如法說　月四月至歲
是世界內外　一切諸衆生　若天龍及人　夜叉鬼神等
其在六趣中　所念若干種　持法華之報　一時皆悉知
十方無數佛　百福莊嚴相　爲衆生說法　悉聞能受持
思惟无量義　說法亦無量　終始不忘錯　以持法華故
悉知諸法相　隨義識次第　達名字語言　如所知演說
此人有所說　皆是先佛法　以演此法故　於衆無所畏
持法華經者　意根淨若斯　雖未得無漏　先有如是相
是人持此經　安住希有地　爲一切衆生　歡喜而愛敬
能以千万種　善巧之語言　分別而說法　持法華經者
妙法蓮華經常不輕菩薩品第二十
尒時佛告得大勢菩薩摩訶薩　汝今當知　若
比丘比丘尼優婆塞優婆夷　持法華經者　若
有惡口罵詈誹謗　獲大罪報　如前所說　其所
得功德　如向所說　眼耳鼻舌身意清淨　得大
勢　乃往古昔　過無量無邊不可思議阿僧祇
劫　有佛名威音王如來　應供　正遍知　明行足
善逝　世間解　無上士　調御丈夫　天人師　佛　世
尊　劫名離衰　國名大成　其威音王佛　於彼世
中爲天人阿脩羅說法　爲求聲聞者　說應四
諦法　度生老病死　究竟涅槃　爲求辟支佛者
說應十二因緣法　爲諸菩薩　因阿耨多羅三
藐三菩提　說應六波羅蜜法　究竟佛慧　得大
勢　是威音王佛壽四十万億那由他恒河沙
劫　正法住世劫數如一閻浮提微塵　像法住

BD03555號　妙法蓮華經卷六　（28–12）

諦法度生老病死究竟涅槃為求辟支佛者
說應十二因緣法為諸菩薩因阿耨多羅三
藐三菩提說應六波羅蜜法究竟佛慧得大
勢是威音王佛壽四十万億那由他恒河沙
劫正法住世劫數如一閻浮提微塵像法住
世劫數如四天下微塵其佛饒益衆生已然
後滅度正法像法滅盡之後於此國土復有
佛出亦号威音王如來應供正遍知明行足善
逝世間解無上士調御丈夫天人師佛世尊如
是次第有二万億佛皆同一号冣初威音王
如來既已滅度正法滅後於像法中增上慢
比丘有大勢力尒時有一菩薩比丘名常不
輕得大勢以何因緣名常不輕是比丘凡有
所見若比丘比丘尼優婆塞優婆夷皆悉礼
拜讚歎而作是言我深敬汝等不敢輕慢所
以者何汝等皆行菩薩道當得作佛而是比
丘不專讀誦經典但行礼拜乃至遠見四衆亦
復故往礼拜讚歎而作是言我不敢輕於汝等
汝等皆當作佛四衆之中有生瞋恚心不淨者
惡口罵詈言是無智比丘從何所來自言我不
輕汝而與我等授記當得作佛我等不用
如是虛妄受記如此逕歷多年常被罵詈不
生瞋恚常作是言汝當作佛說是語時衆人
或以杖木瓦石而打擲之避走遠住猶高
聲唱言我不敢輕於汝等汝等皆當作佛以
其常作是語故增上慢比丘比丘尼優婆塞

或以杖木瓦石而打擲之避走遠住猶高
聲唱言我不敢輕於汝等汝等皆當作佛以
其常作是語故增上慢比丘比丘尼優婆塞
優婆夷皆号之為常不輕是比丘臨欲終時
於虛空中具聞威音王佛先所說法華經二
十千万億偈悉能受持即得如上眼根清淨
耳鼻舌身意根清淨得是六根清淨已更增
壽命二百万億那由他歲廣為人說是法華
經於時增上慢四衆比丘比丘尼優婆塞優
婆夷輕賤是人為作不輕名者見其得大神通
力樂說辯力大善寂力聞其所說皆信伏隨
從是菩薩復化千万億衆令住阿耨多羅三藐
三菩提命終之後得值二千億佛皆号日月
燈明於其法中說是法華經以是因緣復值
二千億佛同号雲自在燈王於此諸佛法中
受持讀誦為諸四衆說此經典故得是常
眼清淨耳鼻舌身意諸根清淨於四衆中
說法心無所畏得大勢是常不輕菩薩摩訶
薩供養如是若干諸佛恭敬尊重讚歎種諸
善根於後復值千万億佛亦於諸佛法中說
是經典功德成就當得作佛得大勢於意云
何尒時常不輕菩薩豈異人乎則我身是也
若我於宿世不受持讀誦此經為他人說者
不能疾得阿耨多羅三藐三菩提我於先佛
所受持讀誦此經為人說故疾得阿耨多羅三

若我於宿世不受持讀誦此經為他人說者
不能疾得阿耨多羅三藐三菩提我於先佛
所受持讀誦此經為人說故疾得阿耨多羅三
藐三菩提得大勢彼時四衆比丘比丘尼優婆
塞優婆夷以瞋恚意輕賤我故二百億劫常不
值佛不聞法不見僧千劫於阿鼻地獄受大
苦惱畢是罪已復遇常不輕菩薩教化阿
耨多羅三藐三菩提得大勢於汝意云何尒
時四衆常不輕菩薩者豈異人乎今此會
中䟦陀婆羅等五百菩薩師子月等五百比
丘尼思佛等五百優婆塞皆於阿耨多羅三
藐三菩提不退轉者是得大勢當知是法華經
大饒益諸菩薩摩訶薩能令至於阿耨多羅三
藐三菩提是故諸菩薩摩訶薩於如來滅後
常應受持讀誦解說書寫是經尒時世尊欲
重宣此義而說偈言
過去有佛 号威音王 神智無量 將導一切
天人龍神 所共供養
是佛滅後 法欲盡時 有一菩薩 名常不輕
時諸四衆 計著於法 不輕菩薩 往到其所
而語之言 我不輕汝 汝等行道 皆當作佛
諸人聞已 輕毀罵詈 不輕菩薩 能忍受之
其罪畢已 臨命終時 得聞此經 六根清淨
神通力故 增益壽命 復為諸人 廣說是經
諸著法衆 皆蒙菩薩 教化成就 令住佛道

諸人聞已 輕毀罵詈 不輕菩薩 能忍受之
其罪畢已 臨命終時 得聞此經 六根清淨
神通力故 增益壽命 復為諸人 廣說是經
諸著法衆 皆蒙菩薩 教化成就 令住佛道
不輕命終 值無數佛 說是經故 得無量福
漸具功德 疾成佛道 彼時不輕 則我身是
時四部衆 著法之者 聞不輕言 汝當作佛
以是因緣 值無數佛 此會菩薩 五百之衆
并及四部 清信士女 今於我前 聽法者是
我於前世 勸是諸人 聽受斯經 第一之法
開示教人 令住涅槃 世世受持 如是經典
億億万劫 至不可議 時乃得聞 是法華經
億億万劫 至不可議 諸佛世尊 時說是經
是故行者 於佛滅後 聞如是經 勿生疑惑
應當一心 廣說此經 世世值佛 疾成佛道
妙法蓮華經如來神力品第二十一
尒時千世界微塵等菩薩摩訶薩從地踊出
者皆於佛前一心合掌瞻仰尊顏而白佛言
世尊我等於佛滅後世尊分身所在國土滅
度之處當廣說此經所以者何我等亦自欲
得是真淨大法受持讀誦解說書寫而供養
之尒時世尊於文殊師利等無量百千万億
舊住娑婆世界菩薩摩訶薩及諸比丘比丘
尼優婆塞優婆夷天龍夜叉乾闥婆阿脩羅
迦樓羅緊那羅摩睺羅伽人非人等一切衆
前現大神力出廣長舌上至梵世一切毛孔

舊住娑婆世界菩薩摩訶薩及諸比丘比丘
尼優婆塞優婆夷天龍夜叉乾闥婆阿脩羅
迦樓羅緊那羅摩睺羅伽人非人等一切衆
前現大神力出廣長舌上至梵世一切毛孔
放於無量無數色光皆悉遍照十方世界衆
寶樹下師子座上諸佛亦復如是出廣長舌
放無量光釋迦牟尼佛及寶樹下諸佛現神
力時滿百千歲然後還攝舌相一時謦欬俱
共彈指是二音聲遍至十方諸佛世界地皆
六種震動其中衆生天龍夜叉乾闥婆阿脩
羅迦樓羅緊那羅摩睺羅伽人非人等以佛
神力故皆見此娑婆世界無量無邊百千万
億衆寶樹下師子座上諸佛及見釋迦牟尼
佛共多寶如来在寶塔中坐師子座又見無
量無邊百千万億菩薩摩訶薩及諸四衆恭
敬圍遶釋迦牟尼佛既見是已皆大歡喜得
未曾有即時諸天於虛空中高聲唱言過此
無量無邊百千万億阿僧祇世界有國名娑
婆是中有佛名釋迦牟尼今為諸菩薩摩訶
薩說大乘經名妙法蓮華教菩薩法佛所護
念汝等當深心隨喜亦當礼拜供養釋迦牟
尼佛彼諸衆生聞虛空中聲已合掌向娑婆
世界作如是言南無釋迦牟尼佛南無釋迦
牟尼佛以種種華香瓔珞幡蓋及諸嚴身之
具珍寶妙物皆共遙散娑婆世界所散諸物
從十方来譬如雲集變成寶帳遍覆此間諸

BD03555號　妙法蓮華經卷六　(28–17)

世界作如是言南無釋迦牟尼佛南無釋迦
牟尼佛以種種華香瓔珞幡蓋及諸嚴身之
具珍寶妙物皆共遙散娑婆世界所散諸物
從十方来譬如雲集變成寶帳遍覆此間諸
佛之上于時十方世界通達無㝵如一佛土
尒時佛告上行等菩薩大衆諸佛神力如是
無量無邊不可思議若我以是神力於無量
無邊百千万億阿僧祇劫為囑累故說此經
功德猶不能盡以要言之如来一切所有之
法如来一切自在神力如来一切秘要之藏
如来一切甚深之事皆於此經宣示顯說是
故汝等於如来滅後應一心受持讀誦解說
書寫如說脩行所在國土若有受持讀誦解
說書寫如說脩行若經卷所住之處若於薗
中若於林中若於樹下若於僧坊若白衣舍
若在殿堂若山谷曠野是中皆應起塔供養
所以者何當知是處即是道場諸佛於此得
阿耨多羅三藐三菩提諸佛於此轉于法輪
諸佛於此而般涅槃尒時世尊欲重宣此義
而說偈言
諸佛救世者　住於大神通　為悅衆生故　現無量神力
舌相至梵天　身放無數光　為求佛道者　現此希有事
諸佛謦欬聲　及彈指之聲　周聞十方國　地皆六種動
以佛滅度後　能持是經故　諸佛皆歡喜　現無量神力
囑累是經故　讚美受持者　於無量劫中　猶故不能盡
是人之功德　無邊無有窮　如十方虛空　不可得邊際

BD03555號　妙法蓮華經卷六　(28–18)

舌相至梵天　身放無數光　為求佛道者　現此希有事
諸佛謦欬聲　及彈指之聲　周聞十方國　地皆六種動
以佛滅度後　能持是經故　諸佛皆歡喜　現無量神力
囑累是經故　讚美受持者　於無量劫中　猶故不能盡
是人之功德　無邊無有窮　如十方虛空　不可得邊際
能持是經者　則為已見我　亦見多寶佛　及諸分身者
又見我今日　教化諸菩薩
能持是經者　令我及分身　滅度多寶佛　一切皆歡喜
十方現在佛　并過去未來　亦見亦供養　亦令得歡喜
諸佛坐道場　所得祕要法　能持是經者　不久亦當得
能持是經者　於諸法之義　名字及言辭　樂說無窮盡
如風於空中　一切無障礙
於如來滅後　知佛所說經　因緣及次第　隨義如實說
如日月光明　能除諸幽冥　斯人行世間　能滅眾生闇
教無量菩薩　畢竟住一乘
是故有智者　聞此功德利　於我滅度後　應受持斯經
是人於佛道　決定無有疑

妙法蓮華經囑累品第二十二

尒時釋迦牟尼佛從法座起現大神力以右手
摩無量菩薩摩訶薩頂而作是言我於無量
百千万億阿僧祇劫脩集是難得阿耨多羅
三藐三菩提法今以付囑汝等汝等當應一
心流布此法廣令增益如是三摩諸菩薩摩
訶薩頂而作是言我於無量百千万億阿僧
祇劫脩集是難得阿耨多羅三藐三菩提法
令以付囑汝等汝等當受持讀誦廣宣此法

BD03555號　妙法蓮華經卷六　（28–19）

心流布此法廣令增益如是三摩諸菩薩摩
訶薩頂而作是言我於無量百千万億阿僧
祇劫脩集是難得阿耨多羅三藐三菩提法
令以付囑汝等汝等當受持讀誦廣宣此法
令一切眾生普得聞知所以者何如來有大
慈悲無諸慳悋亦無所畏能與眾生佛之智
慧如來智慧自然智慧如來是一切眾生之
大施主汝等亦應隨學如來之法勿生慳悋
於未來世若有善男子善女人信如來智慧
者當為演說此法華經使得聞知為令其人
得佛慧故若有眾生不信受者當於如來餘
深法中示教利喜汝等若能如是則為已報
諸佛之恩時諸菩薩摩訶薩聞佛作是說已
皆大歡喜遍滿其身益加恭敬曲躬低頭合
掌向佛俱發聲言如世尊勑當具奉行唯然
世尊願不有慮諸菩薩摩訶薩眾如是三反
俱發聲言如世尊勑當具奉行唯然世尊願
不有慮尒時釋迦牟尼佛令十方來諸分身
佛各還本土而作是言諸佛各隨所安多寶
佛塔還可如故說是語時十方無量分身諸
佛坐寶樹下師子座上者及多寶佛并上行
等無邊阿僧祇菩薩大眾舍利弗等聲聞
四眾及一切世間天人阿脩羅等聞佛所說
皆大歡喜

妙法蓮華經藥王菩薩本事品第二十三

尒時宿王華菩薩白佛言世尊藥王菩薩云

BD03555號　妙法蓮華經卷六　（28–20）

等無邊阿僧祇菩薩大衆舍利弗等聲聞
四衆及一切世間天人阿脩羅等聞佛所說
皆大歡喜
妙法蓮華經藥王菩薩本事品第二十三
尒時宿王華菩薩白佛言世尊藥王菩薩云
何遊於娑婆世界世尊是藥王菩薩有若干
百千万億那由他難行苦行善哉世尊願少
解說諸天龍神夜叉乾闥婆阿脩羅迦樓羅
緊那羅摩睺羅伽人非人等又他方國土諸來
菩薩及此聲聞衆聞皆歡喜尒時佛告宿王華
菩薩乃往過去無量恒河沙劫有佛号日月
淨明德如來應供正遍知明行足善逝世間
解無上士調御丈夫天人師佛世尊其佛有
八十億大菩薩摩訶薩七十二恒河沙大聲
聞衆佛壽四万二千劫菩薩壽命亦等彼國
無有女人地獄餓鬼畜生阿脩羅等及以諸
難地平如掌琉璃所成寶樹莊嚴寶帳覆上
垂寶華幡寶瓶香爐周遍國界七寶為臺
一樹一臺其樹去臺盡一箭道此諸寶樹皆
有菩薩聲聞而坐其下諸寶臺上各有百億
諸天作天伎樂歌歎於佛以為供養尒時彼
佛為一切衆生喜見菩薩及衆菩薩諸聲聞
衆說法華經是一切衆生喜見菩薩樂集苦
行於日月淨明德佛法中精進經行一心求
佛滿万二千歲已得現一切色身三昧得此
三昧已心大歡喜即作念言我得現一切色

BD03555 號　妙法蓮華經卷六　（28–21）

衆說法華經是一切衆生喜見菩薩樂集苦
行於日月淨明德佛法中精進經行一心求
佛滿万二千歲已得現一切色身三昧得此
三昧已心大歡喜即作念言我得現一切色
身三昧皆是得聞法華經力我今當供養日
月淨明德佛及法華經即時入是三昧於虛
空中雨曼陁羅華摩訶曼陁羅華細末堅黑
栴檀滿虛空中如雲而下又雨海此岸栴檀
之香此香六銖價直娑婆世界以供養佛作
是供養已從三昧起而自念言我雖以神力
供養於佛不如以身供養即服諸香栴檀薰
陸兜樓婆畢力迦沉水膠香又飲瞻蔔諸華
香油滿千二百歲已香油塗身於日月淨明
德佛前以天寶衣而自纏身灌諸香油以神
通力願而自燃身光明遍照八十億恒河沙
世界其中諸佛同時讚言善哉善哉善男子
是真精進是名真法供養如來若以華香瓔
珞燒香末香塗香天繒幡蓋及海此岸栴檀
之香如是等種種諸物供養所不能及假使
國城妻子布施亦所不及善男子是名第一
之施於諸施中最尊最上以法供養諸如來
故作是語已而各嘿然其身火然千二百歲
過是已後其身乃盡一切衆生喜見菩薩作
如是法供養已命終之後復生日月淨明德
佛國中於淨德王家結加趺坐忽然化生即
為其父而說偈言

BD03555 號　妙法蓮華經卷六　（28–22）

過是已後其身乃盡一切衆生喜見菩薩作
如是法供養已命終之後復生日月淨明德
佛國中於淨德王家結加趺坐忽然化生即
爲其父而說偈言
大王今當知　我經行彼處　即時得一切　現諸身三昧
懃行大精進　捨所愛之身
說是偈已而白父言日月淨明德佛今故現
在我先供養佛已得解一切衆生語言陁羅
尼復聞是法華經八百千万億那由他甄迦
羅頻婆羅阿閦婆等偈大王我今當還供養
此佛白已即坐七寶之臺上昇虛空高七多
羅樹往到佛所頭面礼足合十指爪以偈讚
佛
容顏甚奇妙　光明照十方　我適曾供養　今復還親覲
尒時一切衆生喜見菩薩說是偈已而白佛
言世尊世尊猶故在世尒時日月淨明德佛
告一切衆生喜見菩薩善男子我涅槃時到
滅盡時至汝可安施牀座我於今夜當般涅
槃又勑一切衆生喜見菩薩善男子我以佛
法囑累於汝及諸菩薩大弟子并阿耨多羅
三藐三菩提法亦以三千大千七寶世界諸
寶樹寶臺及給侍諸天悉付於汝我滅度後
所有舍利亦付囑汝當令流布廣設供養應
起若干千塔如是日月淨明德佛勑一切衆
生喜見菩薩已於夜後分入於涅槃尒時一
切衆生喜見菩薩見佛滅度悲感懊惱戀慕

BD03555號　妙法蓮華經卷六

(28–23)

所有舍……
起若千千塔如是日月淨明德佛勑一切衆
生喜見菩薩已於夜後分入於涅槃尒時一
切衆生喜見菩薩見佛滅度悲感懊惱戀慕
於佛即以海此岸栴檀爲𧂐供養佛身而以
燒之火滅已後收取舍利作八万四千寶瓶
以起八万四千塔高三世界表刹莊嚴垂諸
幡蓋懸衆寶鈴尒時一切衆生喜見菩薩復
自念言我雖作是供養心猶未足我今當更
供養舍利便語諸菩薩大弟子及天龍夜叉
等一切大衆汝等當一心念我今供養日月
淨明德佛舍利作是語已即於八万四千塔
前然百福莊嚴臂七万二千歲而以供養令
無數求聲聞衆無量阿僧祇人發阿耨多羅
三藐三菩提心皆使得住現一切色身三昧
尒時諸菩薩天人阿脩羅等見其無臂憂惱
悲哀而作是言此一切衆生喜見菩薩是我
等師教化我者而今燒臂身不具足于時一
切衆生喜見菩薩於大衆中立此誓言我捨
兩臂必當得佛金色之身若實不虛令我兩
臂還復如故作是誓已自然還復由斯菩薩
福德智慧淳厚所致當尒之時三千大千世
界六種震動天雨寶華一切人天得未曾有
佛告宿王華菩薩於汝意云何一切衆生喜
見菩薩豈異人乎今藥王菩薩是也其所捨
身布施如是無量百千万億那由他數宿王

BD03555號　妙法蓮華經卷六

(28–24)

界六種震動天雨寶華一切人天

佛告宿王華菩薩於汝意云何一切衆生喜
見菩薩豈異人乎今藥王菩薩是也其所捨
身布施如是無量百千万億那由他數宿王
華若有發心欲得阿耨多羅三藐三菩提者
能燃手指乃至一足指供養佛塔勝以國城
妻子及三千大千國土山林河池諸珎寶物
而供養者若復有人以七寶滿三千大千世
界供養於佛及大菩薩辟支佛阿羅漢是人
所得功德不如受持此法華經乃至一四句
偈其福最多宿王華譬如一切川流江河諸
水之中海為第一此法華經亦復如是於諸
如來所說經中最為深大又如土山黑山小
鐵圍山大鐵圍山及十寶山衆山之中須弥
山為第一此法華經亦復如是於諸經中最
為其上又如衆星之中月天子最為第一此
法華經亦復如是於千万億種諸經法中最
為照明又如日天子能除諸闇此經亦復如
是能破一切不善之闇又如諸小王中轉輪
聖王最為第一此經亦復如是於衆經中最
為其尊又如帝釋於三十三天中王此經亦
復如是諸經中王又如大梵天王一切衆生
之父此經亦復如是一切賢聖學無學及發
菩薩心者之父又如一切凡夫人中須陁洹
斯陁含阿那含阿羅漢辟支佛為第一此經
亦復如是一切如來所說若菩薩所說若聲

BD03555號　妙法蓮華經卷六　（28–25）

之父此經亦復如是一切賢聖學無學及發
菩薩心者之父又如一切凡夫人中須陁洹
斯陁含阿那含阿羅漢辟支佛為第一此經
亦復如是一切如來所說若菩薩所說若聲
聞所說諸經法中最為第一有能受持是經
典者亦復如是於一切衆生中亦為第一一
切聲聞辟支佛中菩薩為第一此經亦復如
是於一切諸經法中最為第一如佛為諸法
王此經亦復如是諸經中王宿王華此經能
救一切衆生者此經能令一切衆生離諸苦
惱此經能大饒益一切衆生充滿其願如清
涼池能滿一切諸渴乏者如寒者得火如裸
者得衣如商人得主如子得母如渡得船如
病得醫如闇得燈如貧得寶如民得王如賈
客得海如炬除闇此法華經亦復如是能令
衆生離一切苦一切病痛能解一切生死之
縛若人得聞此法華經若自書若使人書所
得功德以佛智慧籌量多少不得其邊若書
是經卷華香瓔珞燒香末香塗香幡蓋衣服
種種之燈蘇燈油燈諸香油燈瞻蔔油燈須
曼那油燈波羅羅油燈婆利師迦油燈那婆摩
利油燈供養所得功德亦復無量宿王華若
有人聞是藥王菩薩本事品者亦得無量無
邊功德若有女人聞是藥王菩薩本事品能
受持者盡是女身後不復受若如來滅後後
五百歲中若有女人聞是經典如說修行於

BD03555號　妙法蓮華經卷六　（28–26）

有人聞是藥王菩薩本事品者亦得無量無
邊功德若有女人聞是藥王菩薩本事品能
受持者盡是女身後不復受若如來滅後後
五百歲中若有女人聞是經典如說修行於
此命終即往安樂世界阿彌陁佛大菩薩眾
圍遶住處生蓮華中寶座之上不復為貪欲
所惱亦復不為瞋恚愚癡所惱亦復不為憍
慢嫉妬諸垢所惱得菩薩神通無生法忍得
是忍已眼根清淨以是清淨眼根見七百万二
千億那由他恒河沙等諸佛如來是時諸佛
遙共讚言善哉善哉善男子汝能於釋迦牟
尼佛法中受持讀誦思惟是經為他人說所
得福德無量無邊火不能燒水不能漂汝之
功德千佛共說不能令盡汝今已能破諸魔
賊壞生死軍諸餘怨敵皆悉摧滅善男子百
千諸佛以神通力共守護汝於一切世間天人
之中無如汝者唯除如來其諸聲聞辟支佛乃
至菩薩智慧禪定無有與汝等者宿王華此菩
薩成就如是功德智慧之力若有人聞是藥
王菩薩本事品能隨喜讚善者是人現世口
中常出青蓮華香身毛孔中常出牛頭栴檀
之香所得功德如上所說是故宿王華以此
藥王菩薩本事品囑累於汝我滅度後後五
百歲中廣宣流布於閻浮提無令斷絶惡魔
魔民諸天龍夜叉鳩槃荼等得其便也宿王
華汝當以神通之力守護是經所以者何此

BD03555號　妙法蓮華經卷六　（28–27）

王菩薩本事品能隨喜讚善者是人現世口
中常出青蓮華香身毛孔中常出牛頭栴檀
之香所得功德如上所說是故宿王華以此
藥王菩薩本事品囑累於汝我滅度後後五
百歲中廣宣流布於閻浮提無令斷絶惡魔
魔民諸天龍夜叉鳩槃荼等得其便也宿王
華汝當以神通之力守護是經所以者何此
經則為閻浮提人病之良藥若人有病得
聞是經病即消滅不老不死宿王華汝若見
有受持是經者應以青蓮華盛滿末香供散
其上散已作是念言此人不久必當取草坐於
道場破諸魔軍當吹法螺擊大法鼓度脫
一切眾生老病死海是故求佛道者見有受
持是經典人應當如是生恭敬心說是藥王
菩薩本事品時八万四千菩薩得解一切眾
生語言陁羅尼多寶如來於寶塔中讚宿王
華菩薩言善哉善哉宿王華汝成就不可思
議功德乃能問釋迦牟尼佛如此之事利益
無量一切眾生

妙法蓮華經卷第六

BD03555號　妙法蓮華經卷六　（28–28）

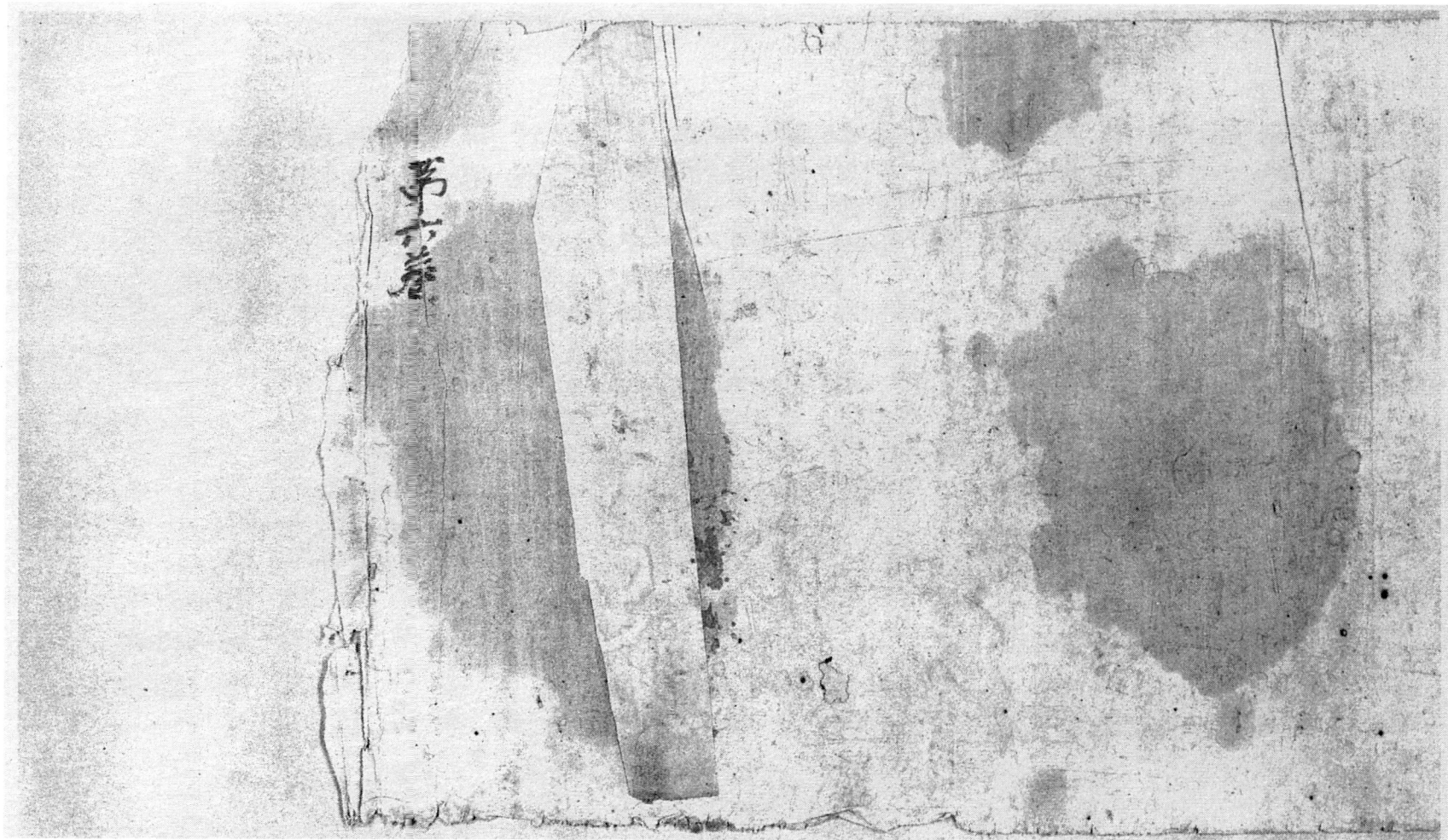

BD03555 號背　勘記　（1–1）

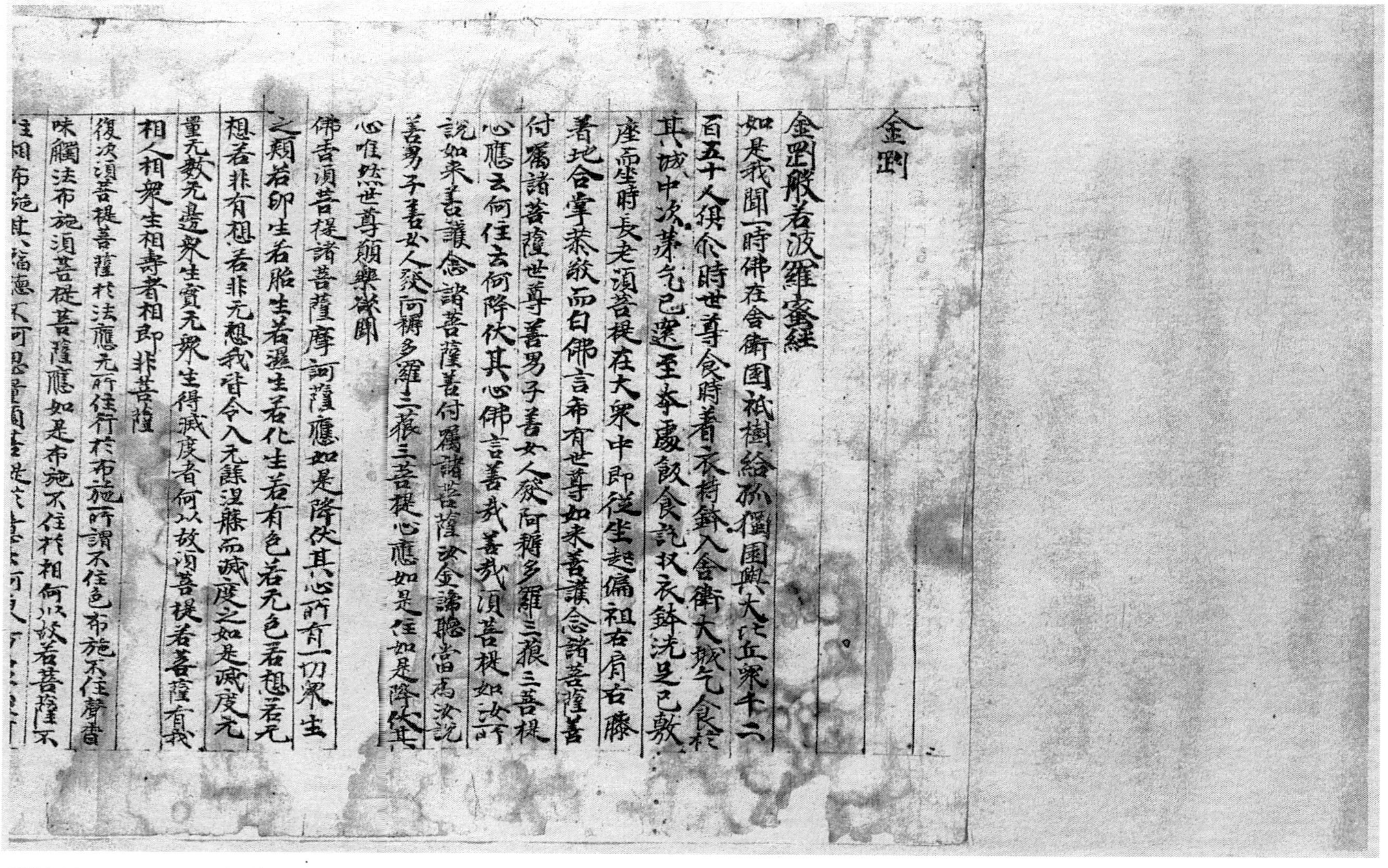

BD03556 號　金剛般若波羅蜜經（兌廢稿）　（7–1）

想若非有想若非无想我皆令入无餘涅槃而滅度之如是滅度无
量无數无邊衆生實无衆生得滅度者何以故須菩提若菩薩有我
相人相衆生相壽者相即非菩薩
復次須菩提菩薩於法應无所住行於布施所謂不住色布施不住聲香
味觸法布施須菩提菩薩應如是布施不住於相何以故若菩薩不
住相布施其福德不可思量須菩提於意云何東方虛空可
思量不不也世尊須菩提南西北方四維上下虛空可思量不
不也世尊須菩提菩薩无住相布施福德亦復如是不可思
量須菩提菩薩但應如所教住須菩提於意云何可以身
相見如來不不也世尊不可以身相得見如來何以故如來所
說身相即非身相佛告須菩提凡所有相皆是虛妄若見諸
相非相則見如來
須菩提白佛言世尊頗有衆生得聞如是言說章句生實信不佛
告須菩提莫作是說如來滅後後五百歲有持戒脩福者於此章句
能生信心以此為實當知是人不於一佛二佛三四五佛而種善根已於无
量千万佛所種諸善根聞是章句乃至一念生淨信者須菩提
如來悉知悉見是諸衆生得如是无量福德何以故是諸衆生无復
我相人相衆生相壽者相无法相亦无非法相何以故是諸衆生若心
取相則為着我人衆生壽者若取法相即着我人衆生壽者何以故
若取非法相即着我人衆生壽者是故不應取法不應取非法以是
義故如來常說汝等比丘知我說法如筏喻者法尚應捨何況非法
須菩提於意云何如來得阿耨多羅三藐三菩提耶如來有所說法
耶須菩提言如我解佛所說義无有定法名阿耨多羅三藐三
菩提亦无有定法如來可說何以故如來所說法皆不可取不可說非法
非非法所以者何一切賢聖皆以无為法而有差別
須菩提於意云何若人滿三千大千世界七寶以用布施是人所得福德
寧為多不須菩提言甚多世尊何以故是福德即非福德性是故
如來說福德多若復有人於此經中受持乃至四句偈等為他人說其
福勝彼何以故須菩提一切諸佛及諸佛阿耨多羅三藐三菩提法皆
從此經出須菩提所謂佛法者即非佛法須菩提於意云何須陁洹能
作是念我得須陁洹果不須菩提言不也世尊何以故須陁洹名為

BD03556號　金剛般若波羅蜜經（兑廢稿）　（7–2）

寧為多不須菩提言甚多世尊何以故是福德即非福德性是故
如來說福德多若復有人於此經中受持乃至四句偈等為他人說其
福勝彼何以故須菩提一切諸佛及諸佛阿耨多羅三藐三菩提法皆
從此經出須菩提所謂佛法者即非佛法須菩提於意云何須陁洹能
作是念我得須陁洹果不須菩提言不也世尊何以故須陁洹名為
入流而无所入不入色聲香味觸法是名須陁洹須菩提於意云何
斯陁含能作是念我得斯陁含果不須菩提言不也世尊何以故
斯陁含名一往來而實无往來是名斯陁含須菩提於意云何
那含能作是念我得阿那含果不須菩提言不也世尊何以故阿那
含名為不來而實无來是故名阿那含須菩提於意云何阿羅
漢能作是念我得阿羅漢道不須菩提言不也世尊何以故實无
有法名阿羅漢世尊若阿羅漢作是念我得阿羅漢道即為着
我人衆生壽者世尊佛說我得无諍三昧人中最為第一是第一離
欲阿羅漢我不作是念我是離欲阿羅漢世尊我若作是念我
得阿羅漢道世尊則不說須菩提是樂阿蘭那行者以須菩提
實无所行而名須菩提是樂阿蘭那行
佛告須菩提於意云何如來昔在然燈佛所於法有所得不世尊如來在
然燈佛所於法實无所得須菩提於意云何菩薩莊嚴佛土不
不也世尊何以故莊嚴佛土者則非莊嚴是名莊嚴是故須菩
提諸菩薩摩訶薩應如是生清淨心不應住色生心不應住聲
香味觸法生心應无所住而生其心須菩提譬如有人身如須彌山王
於意云何是身為大不須菩提言甚大世尊何以故佛說非身是
名大身須菩提如恒河中所有沙數如是沙等恒河於意云何是
諸恒河沙寧為多不須菩提言甚多世尊但諸恒河尚多无數何
況其沙須菩提我今實言告汝若有善男子善女人以七寶滿爾
所恒河沙數三千大千世界以用布施得福多不須菩提言甚
多世尊佛告須菩提若善男子善女人於此經中乃至受持
四句偈等為他人說而此福德勝前福德復次須菩提隨說
是經乃至四句偈等當知此處一切世間天人阿脩羅皆應供
養如佛塔廟何況有人盡能受持讀誦須菩提當知是人成就

BD03556號　金剛般若波羅蜜經（兑廢稿）　（7–3）

所恒河沙數三千大千世界以用布施得福多不須菩提言甚
多世尊佛告須菩提若善男子善女人於此經中乃至受持
四句偈等為他人說而此福德勝前福德復次須菩提隨說
是經乃至四句偈等當知此處一切世間天人阿脩羅皆應供
養如佛塔廟何況有人盡能受持讀誦須菩提當知是人成就
最上第一希有之法若是經典所在之處則為有佛若尊
重弟子
尒時須菩提白佛言世尊當何名此經我等云何奉持佛告須
菩提是經名為金剛般若波羅蜜以是名字汝當奉持所
以者何須菩提佛說般若波羅蜜則非般若波羅蜜須菩
提於意云何如來有所說法不須菩提白佛言世尊如來无
所說須菩提於意云何三千大千世界所有微塵是為多
不須菩提言甚多世尊須菩提諸微塵如來說非微塵
是名微塵如來說世界非世界是名世界須菩提於意
云何可以卅二相見如來不不也世尊不可以卅二相得見如來何
以故如來說卅二相即是非相是名卅二相須菩提若有善男子
善女人以恒河沙等身命布施若復有人於此經中乃至
受持四句偈等為他人說其福甚多
尒時須菩提聞說是經深解義趣涕淚悲泣而白佛言
希有世尊佛說如是甚深經典我從昔來所得慧眼未
曾得聞如是之經世尊若復有人得聞是經信心清淨則
生實相當知是人成就第一希有功德世尊是實相者則
是非相是故如來說名實相世尊我今得聞如是經典信解
受持不足為難若當來世後五百歲其有眾生得聞是經
信解受持是人則為第一希有何以故此人无我相人相眾生
相壽者相所以者何我相即是非相人相眾生相壽者相即
是非相何以故離一切諸相則名諸佛
佛告須菩提如是如是若復有人得聞是經不驚不怖不畏當
知是人甚為希有何以故須菩提如來說第一波羅蜜非第一波羅
蜜是名第一波羅蜜須菩提忍辱波羅蜜如來說非忍辱波
羅蜜何以故須菩提如我昔為歌利王割截身體我於尒時无

BD03556號　金剛般若波羅蜜經（兌廢稿）　（7–4）

佛告須菩提如是如是若復有人得聞是經不驚不怖不畏當
知是人甚為希有何以故須菩提如來說第一波羅蜜非第一波羅
蜜是名第一波羅蜜須菩提忍辱波羅蜜如來說非忍辱波
羅蜜何以故須菩提如我昔為歌利王割截身體我於尒時无
我相无人相无眾生相无壽者相何以故我於往昔節節支解時若
有我相人相眾生相壽者相應生瞋恨須菩提又念過去於五
百世作忍辱仙人於尒所世无我相无人相无眾生相无壽者相是故
須菩提菩薩應離一切相發阿耨多羅三藐三菩提心不應住色
生心不應住聲香味觸法生心應生无所住心若心有住則為非住
是故佛說菩薩心不應住色布施須菩提菩薩為利益一切眾生
應如是布施如來說一切諸相即是非相又說一切眾生則非眾
生須菩提如來是真語者實語者如語者不誑語者不異語
者須菩提如來所得法此法无實无虛須菩提若菩薩心住於法
而行布施如人入闇則无所見若菩薩心不住法而行布施如人有目
日光明照見種種色須菩提當來之世若有善男子善女人能於
此經受持讀誦則為如來以佛智慧悉知是人悉見是人皆得
成就无量无邊功德
須菩提若有善男子善女人初日分以恒河沙等身命布施中日分復
以恒河沙等身布施後日分亦以恒河沙等身布施如是无量百千万
億劫以身布施若復有人聞此經典信心不逆其福勝彼何況書寫
受持讀誦為人解說須菩提以要言之是經有不可思議不可
稱量无邊功德如來為發大乘者說為發最上乘者說若有
人能受持讀誦廣為人解說如來悉知是人悉見是人皆成就不可
量不可稱无有邊不可思議功德如是人等則為荷擔如來阿耨多羅
三藐三菩提何以故須菩提若樂小法者著我見人見眾生見壽者
見則於此經不能聽受讀誦為人解說須菩提在在處處若有
此經一切世間天人阿脩羅所應供養當知此處則為是塔皆應
恭敬作礼圍遶以諸華香而散其處
復次須菩提善男子善女人受持讀誦此經若為人輕賤是人
先世罪業應墮惡道以今世人輕賤故先世罪業則為消滅當
得阿耨多羅[illegible]

BD03556號　金剛般若波羅蜜經（兌廢稿）　（7–5）

此经一切世間天人阿脩羅所應供養當知此處則為是塔皆應
恭敬作礼圍遶以諸華香而散其處
復次須菩提善男子善女人受持讀誦此經若為人輕賤是人
先世罪業應墮惡道以今世人輕賤故先世罪業則為消滅當
得阿耨多羅三藐三菩提須菩提我念過去无量阿僧祇劫於然燈佛
前得值八百四千万億那由他諸佛悉皆供養承事无空過者
若復有人於後末世能受持讀誦此經所得功德於我所供養諸
佛功德百分不及一千万億分乃至筭數譬喻所不能及須菩提若
善男子善女人於後末世有受持讀誦此經所得功德我若具說
者或有人聞心則狂亂狐疑不信須菩提當知是經義不可思
議果報亦不可思議
尒時須菩提白佛言世尊善男子善女人發阿耨多羅三藐三
菩提心云何應住云何降伏其心佛告須菩提善男子善女人發
阿耨多羅三藐三菩提者當生如是心我應滅度一切衆生滅度一切
衆生已而无有一衆生實滅度者何以故若菩薩有我相人相衆生相
壽者相則非菩薩所以者何須菩提實无有法發阿耨多羅三藐
三菩提者須菩提於意云何如來於然燈佛所有法得阿耨多羅三
藐三菩提不不也世尊如我觧佛所說義佛於然燈佛所无有法
得阿耨多羅三藐三菩提佛言如是如是須菩提實无有法如來得
阿耨多羅三藐三菩提須菩提若有法如來得阿耨多羅三藐三
菩提者然燈佛則不與我受記汝於來世當得作佛号釋迦牟
尼以實无有法得阿耨多羅三藐三菩提是故然燈佛與我受
記作是言汝於來世當得作佛号釋迦牟尼何以故如來者即諸
法如義若有人言如來得阿耨多羅三藐三菩提須菩提實无有
法佛得阿耨多羅三藐三菩提須菩提如來所得阿耨多羅三
藐三菩提於是中无實无虛是故如來說一切法皆是佛法
須菩提所言一切法者即非一切法是故名一切法須菩提譬如人
身長大須菩提言世尊如來說人身長大則為非大身是
名大身須菩提菩薩亦如是若作是言我當滅度无量衆
生則不名菩薩何以故須菩提无有法名為菩薩是故佛說

BD03556 號　金剛般若波羅蜜經（兌廢稿）　（7–6）

尼以實无有法得阿耨多羅三藐三菩提是故然燈佛與我受
記作是言汝於來世當得作佛号釋迦牟尼何以故如來者即諸
法如義若有人言如來得阿耨多羅三藐三菩提須菩提實无有
法佛得阿耨多羅三藐三菩提須菩提如來所得阿耨多羅三
藐三菩提於是中无實无虛是故如來說一切法皆是佛法
須菩提所言一切法者即非一切法是故名一切法須菩提譬如人
身長大須菩提言世尊如來說人身長大則為非大身是
名大身須菩提菩薩亦如是若作是言我當滅度无量衆
生則不名菩薩何以故須菩提无有法名為菩薩是故佛說
一切法无我无人无衆生无壽者須菩提若菩薩作是言我
當莊嚴佛土是不名菩薩何以故如來說莊嚴佛土者即
非莊嚴是名莊嚴須菩提若菩薩通達无我法者如來說
名真是菩薩
須菩提於意云何如來有肉眼不如是世尊如來有肉眼須菩提
於意云何如來有天眼不如是世尊如來有天眼須菩提於意云
何如來有慧眼不如是世尊如來有慧眼須菩提於意云何如來
有法眼不如是世尊如來有法眼須菩提於意云何如來有
佛眼不如是世尊如來有佛眼
須菩提於意云何恒河中所有沙佛說是沙不如是世尊如
來說是沙須菩提於意云何如一恒河中所有沙有如是等恒

BD03556 號　金剛般若波羅蜜經（兌廢稿）　（7–7）

千舌　經无量…
…不思議　冣勝其深…
假令我舌有百千　讚歎一佛一功德
於中少分尚難知　況諸佛德无邊際
假使大地及諸天　乃至有頂為海水
可以毛端滴知數　佛一功德甚難量
我以至誠身語意　礼讚諸佛德无邊
所有勝福果難思　迴施衆生速成佛
彼王讚歎如來已　倍復深心發弘願
願我當於未來世　生在无量无數劫
夢中常見大金鼓　得聞顯說懺悔音
讚佛功德喻蓮花　願證无生成正覺
諸佛出世時一現　於百千劫甚難遇
夜夢常聞妙鼓音　晝則隨應而懺悔
我當圓滿修六度　拔濟衆生出苦海
然後得成无上覺　佛土清淨不思議
以妙金鼓奉如來　并讚諸佛實功德
曰斯當見釋迦佛　記我當紹人中尊
金龍金光是我子　過去曾為善知識
世世願生於我家　共受无上菩提記
若有衆生无救護　長夜輪迴受衆苦

BD03557 號　金光明最勝王經卷五　（17–1）

我當圓滿修六度　拔濟衆生出苦海
然後得成无上覺　佛土清淨不思議
以妙金鼓奉如來　并讚諸佛實功德
曰斯當見釋迦佛　記我當紹人中尊
金龍金光是我子　過去曾為善知識
世世願生於我家　共受无上菩提記
若有衆生无救護　長夜輪迴受衆苦
我於來世作歸依　令彼常得安隱樂
三有衆苦願除滅　悉得隨心安樂處
於未來世修菩提　皆如過去成佛者
願此金光懺悔福　永竭苦海罪消除
業障煩惱悉皆亡　令我速招清淨果
福智大海量无邊　清淨離垢深无底
願我獲斯功德海　速成无上大菩提
以此金光懺悔力　當獲福德淨光明
既得清淨妙光明　常以智光照一切
願我身光等諸佛　福德智慧亦復然
一切世界獨稱尊　威力自在无倫匹
有漏苦海願超越　无為樂海願常遊
現在福海願恒盈　當來智海願圓滿
願我剎土超三界　殊勝功德量无邊
諸有緣者悉同生　皆得速成清淨智
妙幢汝當知　國王金龍主　曾發如是願　彼即是汝身
往時有二子　金龍及金光　即銀相銀光　當受我所記
大衆聞是說　皆發菩提心　願現在未來　常依此懺悔
金光明冣勝王經金勝陁羅尼品第八
尒時世尊復於衆中告善住菩薩摩訶薩

BD03557 號　金光明最勝王經卷五　（17–2）

往時有二子　金龍及金光　即銀相銀光　當受我所記
大衆聞是説　皆發菩提心　願現在未來　常依此懺悔
金光明㝡勝王經金勝陁羅尼品第八
尒時世尊復於衆中告善住菩薩摩訶薩
善男子有陁羅尼名曰金勝若有善男子善
女人欲求親見過去未來現在諸佛恭敬供
養者應當受持此陁羅尼何以故此陁羅尼
乃是過現未來諸佛之母是故當知持此陁
羅尼者具大福德已於過去无量佛所殖諸
善本今得受持於戒清淨不毀不缺无有障
礙決定能入甚深法門世尊即為説持呪法
先稱諸佛及菩薩名至心礼敬然後誦呪
南謨十方一切諸佛　南謨諸大菩薩摩訶薩
南謨聲聞緣覺一切賢聖
南謨釋迦牟尼佛　南謨東方不動佛
南謨南方寶幢佛　南謨西方阿弥陁佛
南謨北方天鼓音王佛　南謨上方廣衆德佛
南謨下方明德佛　南謨寶藏佛
南謨普光佛　南謨普明佛
南謨香積王佛　南謨蓮花勝佛
南謨平等見佛　南謨寶髻佛
南謨寶上佛　南謨寶光佛
南謨无垢光明佛　南謨辯才莊嚴思惟佛
南謨淨月光稱相王佛　南謨花嚴光佛
南謨光明王佛　南謨善光无垢稱王佛
南謨觀察无畏自在佛　南謨无畏名稱佛
南謨㝡勝王佛

BD03557號　金光明最勝王經卷五　（17-3）

南謨无垢光明佛　南謨辯才莊嚴思惟佛
南謨淨月光稱相王佛　南謨花嚴光佛
南謨光明王佛　南謨善光无垢稱王佛
南謨觀察无畏自在佛　南謨无畏名稱佛
南謨㝡勝王佛
南謨觀自在菩薩摩訶薩　南謨地藏菩薩摩訶薩
南謨虛空藏菩薩摩訶薩　南謨妙吉祥菩薩摩訶薩
南謨金剛手菩薩摩訶薩　南謨普賢菩薩摩訶薩
南謨无盡意菩薩摩訶薩　南謨大勢至菩薩摩訶薩
南謨慈氏菩薩摩訶薩　南謨善惠菩薩摩訶薩
陁羅尼曰
南謨曷喇怛娜怛喇夜也　怛姪他
君睇君睇　矩折囇矩折囇
壹窒哩蜜窒哩　莎訶
佛告善住菩薩此陁羅尼是三世佛母若有
善男子善女人持此呪者能生无量无邊福
德之聚即是供養恭敬尊重讚歎无數諸佛
如是諸佛皆與此人授阿耨多羅三藐三菩
提記善住若有人能持此呪者隨其所欲衣
食財寶多聞聰慧无病長壽獲福甚多隨所
願求无不遂意善住持是呪者乃至未證无
上菩提常與金城山菩薩慈氏菩薩大海菩
薩觀自在菩薩妙吉祥菩薩大氷伽羅菩薩
等而共居止為諸菩薩之所攝護善住當知
持此呪時作如是法先應誦持滿一万八遍
為前方便次於闇室莊嚴道場黑月一日清
淨洗浴著鮮潔衣燒香散花種種供養并諸
飲食入道場中先當稱礼如前所説諸佛菩

BD03557號　金光明最勝王經卷五　（17-4）

持此呪時作如是法先應誦持滿一万八遍
爲前方便次於闇室莊嚴道場黒月一日清
淨洗浴著鮮潔衣燒香散花種種供養并諸
飲食入道場中先當稱礼如前所説諸佛菩
薩至心懇重悔先罪已右膝著地可誦前呪
滿一千八遍端坐思惟念其所願日未出時
於道場中食淨黒食日唯一食至十五日方
出道場能令此人福德威力不可思議隨所
願求无不圓滿若不遂意重入道場既稱心
已常持莫忘

金光明最勝王經重顯空性品第九

尒時世尊説此呪已爲欲利益菩薩摩訶薩
人天大衆令得悟解甚深真實弟一義故重
明空性而説頌曰

我已於餘甚深經　廣説真空微妙法
今復於此經王内　略説空法不思議
於諸廣大甚深法　有情無智不能解
故我於斯重敷演　令於空法得開悟
大悲哀愍有情故　以善方便勝因縁
我今於此大衆中　演説令彼明空義
當知此身如空聚　六賊依止不相知
六塵諸賊別依根　各不相知亦如是
眼根常觀於色處　耳根聽聲不斷絶
鼻根恒齅於香境　舌根鎮嘗於美味
身根受於輕耎觸　意根了法不知猒
此等六根隨事起　各於自境生分別
識如幻化非真實　依止根處妄貪求

鼻根恒齅於香境　舌根鎮嘗於美味
身根受於輕耎觸　意根了法不知猒
此等六根隨事起　各於自境生分別
識如幻化非真實　依止根處妄貪求
如人奔走空聚中　六識依根亦如是
心遍馳求隨處轉　託根縁境了諸事
常愛色聲香味觸　於法尋思無暫停
隨縁遍行於六根　如鳥飛空無障礙
藉此諸根作依處　方能了別於外境
此身無知無作者　體不堅固託縁成
皆從虚妄分別生　譬如機關由業轉
地水火風共成身　隨彼因縁招異果
同在一處相違害　如四毒虵居一篋
此四大虵性各異　雖居一處有昇沉
或上或下遍於身　斯等終歸於滅法
於此四種毒虵中　地水二虵多沉下
風火二虵性輕舉　由此乖違衆病生
心識依止於此身　造作種種善惡業
當往人天三惡道　隨其業力受身形
遭諸疾病身死後　大小便利悉盈流
膿爛蟲蛆不可樂　棄在屍林如朽木
汝等當觀法如是　云何執有我衆生
一切諸法盡無常　悉從無明縁力起
彼諸大種咸虚妄　本非實有體無生
故説大種性皆空　知此浮虚非實有
无明自性本是無　藉衆縁力和合有
於一切時失正慧　故我説彼爲無明

一切諸法盡無常　悉從無明緣力起
彼諸大種咸虛妄　本非實有體無生
故說大種性皆空　知此浮虛非實有
无明自性本是無　藉衆緣力和合有
於一切時失正慧　故我說彼爲無明
行識爲緣有名色　六處及觸受隨生
愛取有緣生老死　憂悲苦惱恒隨逐
衆苦惡業常纏迫　生死輪迴無息時
本來非有體是空　由不如理生分別
我斷一切諸煩惱　常以正智現前行
了五蘊宅悉皆空　求證菩提真實處
我開甘露大城門　示現甘露微妙器
既得甘露真實味　常以甘露施群生
我擊最勝大法鼓　我吹最勝大法蠡
我然最勝大明燈　我降最勝大法雨
降伏煩惱諸怨結　建立無上大法幢
於生死海濟群迷　我當關閉三惡趣
煩惱熾火燒衆生　無有救護無依止
清涼甘露充足彼　身心熱惱並皆除
由是我於无量劫　恭敬供養諸如來
堅持禁戒趣菩提　求證法身安樂處
施他眼耳及手足　妻子僮僕心無悋
財寶七珎莊嚴具　隨來求者咸供給
忍等諸度皆遍修　十地圓滿成正覺
故我得稱一切智　無有衆生度量者
假使三千大千界　盡此土地生長物
所有叢林諸樹木　稻麻竹葦及枝條
此等諸物皆伐取　並悉細末作微塵

財寶七珎莊嚴具　隨來求者咸供給
忍等諸度皆遍修　十地圓滿成正覺
故我得稱一切智　無有衆生度量者
假使三千大千界　盡此土地生長物
所有叢林諸樹木　稻麻竹葦及枝條
此等諸物皆伐取　並悉細末作微塵
隨處積集量難知　乃至充滿虛空界
一切十方諸刹土　所有三千大千界
地土皆悉末爲塵　此微塵量不可數
假使一切衆生智　以此智慧與一人
如是智者量無邊　容可知彼微塵數
牟尼世尊一念智　令彼智人共度量
於多俱胝劫數中　不能算知其少分

時諸大衆聞佛說此甚深空性有无量衆生悉能了達四大五蘊體性俱空六根六境妄生繫縛願捨輪迴正修出離深心慶喜如說奉持

金光明最勝王經依空滿願品第十

尒時如意寶光耀天女於大衆中聞說深法歡喜踊躍從座而起偏袒右肩右膝着地合掌恭敬白佛言世尊唯願爲說於甚深理修行之法而說頌言

我問照世界　兩足最勝尊　菩薩正行法　唯願慈聽許
佛言善女天　若有疑惑者　隨汝意所問　吾當分別說

是時天女請世尊曰

云何諸菩薩　行菩提正行　離生死涅槃　饒益自他故

佛告善女天依於法界行菩提法修平等行

云何依於法界行菩提法修平等行謂於五

是時天女請世尊曰
云何諸菩薩 行菩提正行 離生死涅槃 饒益自他故
佛告善女天依於法界行菩提法修平等行
云何依於法界行菩提法修平等行謂於五
蘊能現法界法界即是五蘊五蘊不可說非
五蘊亦不可說何以故若法界是五蘊即是
斷見若離五蘊即是常見離於二相不著二
邊不可見過所見無名無相是則名為說於
法界善女天云何五蘊能現法界如是五蘊
不從因緣生何以故若從因緣生者為已生
故生為未生故生若已生生者何用因緣若
未生生者不可得生何以故未生諸法即是
非有無名無相非挍量譬喻之所能及非是
因緣之所生故善女天譬如鼓聲依木依皮
及桴手等故得出聲如是鼓聲過去亦空未
來亦空現在亦空何以故是鼓音聲不從木
生不從皮生及桴手生不於三世生是則不
生若不可生則不可滅若不可滅無所從來
若無所從來亦無所去若無所去則非常非
斷若非常非斷則不一不異何以故此若是
一則不異法界若如是者凡夫之人應見真
諦得於無上安樂涅槃既不如是故知不一
若言異者一切諸佛菩薩行相即是執著未
得解脫煩惱繫縛即不證阿耨多羅三藐三
菩提何以故一切聖人於行非行同真實性
是故不異故知五蘊非有非無不從因緣生
非無因緣生是聖所知非餘境故亦非言說

BD03557 號　金光明最勝王經卷五　(17–9)

若言異者一切諸佛菩薩行相即是執著未
得解脫煩惱繫縛即不證阿耨多羅三藐三
菩提何以故一切聖人於行非行同真實性
是故不異故知五蘊非有非無不從因緣生
非無因緣生是聖所知非餘境故亦非言說
之所能及無名無相無因無緣亦無譬喻始
終寂靜本來自空是故五蘊能現法界善女
天若善男子善女人欲求阿耨多羅三藐三
菩提異真異俗難可思量於凡聖境體非一
異不捨於俗不離於真依於法界行菩提行
尒時世尊作是語已時善女天踊躍歡喜即
從座起偏袒右肩右膝著地合掌恭敬一心
頂禮而白佛言世尊如上所說菩提正行我
今當學是時索訶世界主大梵天王於大眾
中問如意寶光耀善女天曰此菩提行難可
修行汝今云何於菩提行而得自在尒時善
女天荅梵王曰大梵王如佛所說實是甚深
一切異生不解其義是聖境界微妙難知若
使我今依於此法得安樂住是實語者願令
一切五濁惡世無量無數無邊眾生皆得金
色三十二相非男非女坐寶蓮花受無量樂
雨天妙花諸天音樂不鼓自鳴一切供養皆
悉具是時善女天說是語已一切五濁惡世
所有眾生皆悉金色具大人相非男非女坐
寶蓮花受無量樂猶如他化自在天宮無諸
惡道寶樹行列七寶蓮花遍滿世界又雨七
寶上妙天花作天伎樂如意寶光耀善女天

BD03557 號　金光明最勝王經卷五　(17–10)

悉具是時善女天說是語已一切五濁惡世
所有衆生皆悉金色具大人相非男非女坐
寶蓮花受無量樂猶如他化自在天宮無諸
惡道寶樹行列七寶蓮花遍滿世界又雨七
寶上妙天花作天伎樂如意寶光耀善女天
即轉女身作梵天身時大梵王問如意寶光
耀菩薩言仁者如何行菩提行荅言梵王若
水中月行菩提行我亦行菩提行若夢中行
菩提行我亦行菩提行若陽焰行菩提行我
亦行菩提行若谷響行菩提行我亦行菩提
行時大梵王聞此說已白菩薩言仁依何義
而說此語荅言梵王無有一法是實相者但
由因緣而得成故梵王言若如是者諸凡夫
人皆悉應得阿耨多羅三藐三菩提荅言仁
以何意而作是說愚癡人異智慧人異菩提
異非菩提異解脫異非解脫異梵王如是諸
法平等无異於此法界真如不異无有中間
而可執着无增无減梵王譬如幻師及幻弟
子善解幻術於四衢道取諸沙土草木葉
等聚在一處作諸幻術使人覩見象衆馬衆車
兵等衆七寶之聚種種倉庫若有衆生愚癡
无智不能思惟不知幻本若見若聞作是思
惟我所見聞象馬等衆此是實有餘皆虛妄
於後更不審察思惟有智之人則不如是了
於幻本若見若聞作如是念如我所見象馬等
衆非是真實唯有幻事惑人眼目妄謂象等
及諸倉庫有名无實如我見聞不執爲實後
時思惟知其虛妄是故智者了一切法皆无

BD03557號　金光明最勝王經卷五　（17–11）

於後更不審察思惟有智之人則不如是了
於幻本若見若聞作如是念如我所見象馬等
衆非是真實唯有幻事惑人眼目妄謂象等
及諸倉庫有名无實如我見聞不執爲實後
時思惟知其虛妄是故智者了一切法皆无
實體但隨世俗如見如聞表宣其事思惟諦
理則不如是復由假說顯實義故梵王愚癡
異生未得出世聖慧之眼未知一切諸法真
如不可說故是諸凡愚若見若聞行非行法
如是思惟便生執着謂以爲實於第一義不
能了知諸法真如是不可說是諸聖人若見
若聞行非行法隨其力能不生執着以爲實
有了知一切无實行法无實非行法但妄思
量行非行相唯有名字无有實體是諸聖人
隨世俗說爲欲令他知真實義如是梵王是
諸聖人以聖智見了法真如不可說故行非
行法亦復如是令他證知故說種種世俗名
言時大梵王問如意寶光耀菩薩言有幾衆
生能解如是甚深正法荅言梵王有衆幻人
心心數法能解如是甚深正法梵王曰此幻化
人體是非有此之心數從何而生荅曰若知
法界不有不无如是衆生能解深義
尒時梵王白佛言世尊是如意寶光耀菩薩
不可思議通達如是甚深之義佛言如是如
是梵王如汝所言此如意寶光耀已教汝等
發心修學无生忍法是時大梵天王與諸梵
衆從座而起偏袒右肩合掌恭敬頂礼如意
寶光耀菩薩是作如是言希有希有我等今

BD03557號　金光明最勝王經卷五　（17–12）

……言世尊是如意寶光耀菩薩
不可思議道達如是甚深之義佛言如是如
是梵王如汝所言此如意寶光耀已教汝等
發心修學无生忍法是時大梵天王與諸梵
衆從座而起偏袒右肩合掌恭敬頂礼如意
寶光耀菩薩是作如是言希有希有我等今
日幸遇大士得聞正法
尒時世尊告梵王言是如意寶光耀於未來
世當得作佛号寶燄吉祥藏如來應正遍知
明行圓滿善逝世間解无上士調御丈夫天
人師佛世尊說是品時有三千億菩薩於阿
耨多羅三藐三菩提得不退轉八千億天子
无量无數國王臣民遠塵離垢得法眼淨
尒時會中有五十億苾芻行菩薩行欲退菩
提心聞如意寶光耀菩薩說是法時皆得堅
固不可思議滿足上願更復發起菩提之心
各自脫衣供養菩薩重發无上勝進之心作
如是願願令我等功德善根悉皆不退迴向
阿耨多羅三藐三菩提梵王是諸苾芻依此
功德如說修行過九十大劫當得解悟出離
生死尒時世尊即為授記汝諸苾芻過世
阿僧祇劫當得作佛劫名難勝光王國名
无垢光同時皆得阿耨多羅三藐三菩提皆同
一号名願莊嚴聞飾王十号具足梵王是金
光明微妙經典若正聞持有大威力假使有
人於百千大劫行六波羅蜜无有方便若有
善男子善女人書寫如是金光明經半月半
月專心讀誦是功德聚於前功德百分不及

BD03557號　金光明最勝王經卷五　（17–13）

一号名願莊嚴聞飾王十号具足梵王是金
光明微妙經典若正聞持有大威力假使有
人於百千大劫行六波羅蜜无有方便若有
善男子善女人書寫如是金光明經半月半
月專心讀誦是功德聚於前功德百分不及
一乃至筭數譬喻所不能及梵王是故我今令
汝修學憶念受持為他廣說何以故我於往
昔行菩薩道時猶如勇士入於戰陣不惜身
命流通如是微妙經王受持讀誦為他解說
梵王譬如轉輪聖王若王在世七寶不滅王
若命終所有七寶自然滅盡梵王是金光明
微妙經王若現在世无上法寶悉皆不滅若
无是經隨處隱沒是故應當於此經王專
心聽聞受持讀誦為他解說勸令書寫行
精進波羅蜜不惜身命不憚疲勞功德中勝
我諸弟子應當如是精勤修學
尒時大梵天王與无量梵衆帝釋四王及諸
藥叉俱從座起偏袒右肩右膝著地合掌恭
敬而白佛言世尊我等皆願守護流通是金
光明微妙經典及說法師若有諸難我當除
遣令具衆善色力充足辯才无礙身意泰然
時會聽者皆受安樂所在國土若有飢饉怨
賊非人為惱害者我等天衆皆為擁護使其
人民安隱豐樂无諸枉橫皆是我等天衆之
力若有供養是經典者我等亦當恭敬供養
如佛不異
尒時佛告大梵天王及諸梵衆乃至四王諸
藥叉等善哉善哉汝等得聞甚深妙法復能

BD03557號　金光明最勝王經卷五　（17–14）

人民安隱豐樂无諸枉橫皆是我等天衆之
力若有供養是經典者我等亦當恭敬供養
如佛不異
尒時佛告大梵天王及諸梵衆乃至四王諸
藥叉等善哉善哉汝等得聞甚深妙法復能
於此微妙經王發心擁護及持經者當獲无
邊殊勝之福速成无上正等菩提時梵王等
聞佛語已歡喜頂受
金光明最勝王經四天王觀察人天品第十一
尒時多聞天王持國天王增長天王廣目天
王俱從座起偏袒右肩右膝著地合掌向佛
礼佛足已白言世尊是金光明最勝王經一
切諸佛常念觀察一切菩薩之所恭敬一切
天龍常所供養及諸天衆常生歡喜一切護
世稱揚讚歎聲聞獨覺皆共受持悉明照
諸天宮殿能與一切衆生殊勝安樂止息地
獄餓鬼傍生諸趣苦惱一切怖畏悉能除殄
所有怨敵尋即退散飢饉惡時能令豐稔疾
疫病苦皆令蠲愈一切災變百千苦惱咸悉
消滅世尊是金光明最勝王經能爲如是安
隱利樂饒益我等唯願世尊於大衆中廣爲
宣說我等四王并諸眷屬聞此甘露无上法
味氣力充實增益威光精進勇猛神通倍勝
世尊我等四王修行正法常說正法以法化
世我等令彼天龍藥叉健闥婆阿蘇羅揭路
荼俱槃荼緊那羅莫呼羅伽及諸人王常以
正法而化於世遮去諸惡所有鬼神吸人精
氣无慈悲者悉令遠去世尊我等四王與二

BD03557號　金光明最勝王經卷五　（17–15）

世尊我等四王修行正法常說正法以法化
世我等令彼天龍藥叉健闥婆阿蘇羅揭路
荼俱槃荼緊那羅莫呼羅伽及諸人王常以
正法而化於世遮去諸惡所有鬼神吸人精
氣无慈悲者悉令遠去世尊我等四王與二
十八部藥叉大將并與无量百千藥叉以淨
天眼過於世人觀察擁護此贍部洲世尊以
此因緣我等諸王名護世者又復於此洲中
若有國王被他怨賊常來侵擾及多飢饉疾
疫流行无量百千災厄之事世尊我等四王
於此金光明最勝王經恭敬供養若有苾芻
法師受持讀誦我等四王共往覺悟勸請其
人時彼法師由我神通覺悟力故往彼國界
廣宣流布是金光明微妙經典由經力故令
彼无量百千衰惱災厄之事悉皆除遣世尊
若諸人王於其國內有持是經苾芻法師至
彼國時當知此經亦至其國世尊時彼國王
應往法師處聽其所說聞已歡喜於彼法師
恭敬供養深心擁護令无憂惱演說此經利
益一切世尊以是緣故我等四王皆共一心
護是人王及國人民令離災患常得安隱世
尊若有苾芻苾芻尼鄔波索迦鄔波斯迦持
是經者時彼人王隨其所須供給供養令无
乏少我等四王令彼國主及以國人悉皆安
隱遠離災患世尊若有受持讀誦是經典者
人王於此供養恭敬尊重讚歎我等當令彼
王於諸王中恭敬尊重最爲第一諸餘國王
共所稱歎大衆聞已歡喜受持

BD03557號　金光明最勝王經卷五　（17–16）

人時彼法師由我神通覺悟力故往彼國界
廣宣流布是金光明微妙經典由經力故令
彼无量百千衰惱災厄之事悉皆除遣世尊
若諸人王於其國內有持是經苾芻法師至
彼國時當知此經亦至其國世尊時彼國王
應往法師處聽其所說聞已歡喜於彼法師
恭敬供養深心擁護令无憂惱演說此經利
益一切世尊以是緣故我等四王皆共一心
護是人王及國人民令離災患常得安隱世
尊若有苾芻苾芻尼鄔波索迦鄔波斯迦持
是經者時彼人王隨其所須供給供養令无
乏少我等四王令彼國主及以國人悉皆安
隱遠離災患世尊若有受持讀誦是經典者
人王於此供養恭敬尊重讚歎我等當令彼
王於諸王中恭敬尊重最為第一諸餘國王
共所稱歎大眾聞已歡喜受持

金光明經卷第五

奕 盈益 覲 許救 臺 丁結 稔 任甚

BD03557號　金光明最勝王經卷五　（17–17）

諸佛滅度已　若人善軟心　如是諸眾生　皆已成佛道
諸佛滅度已　供養舍利者　起万億種塔　金銀及頗梨
車𤦲與馬瑙　玫瑰琉璃珠　清淨廣嚴飾　莊校於諸塔
或有起石廟　栴檀及沉水　木蜜并餘材　塼瓦泥土等
若於曠野中　積土成佛廟　乃至童子戲　聚沙為佛塔
如是諸人等　皆已成佛道
若人為佛故　建立諸形像　刻雕成眾相　皆已成佛道
或以七寶成　鍮石赤白銅　白鑞及鉛錫　鐵木及與泥
或以膠漆布　嚴飾作佛像　如是諸人等　皆已成佛道
綵畫作佛像　百福莊嚴相　自作若使人　皆已成佛道
乃至童子戲　若草木及筆　或以指爪甲　而畫作佛像
如是諸人等　漸漸積功德　具足大悲心　皆已成佛道
但化諸菩薩　度脫无量眾
若人於塔廟　寶像及畫像　以華香幡蓋　敬心而供養
若使人作樂　擊鼓吹角貝　簫笛琴箜篌　琵琶鐃銅鈸
如是眾妙音　盡持以供養
或以歡喜心　歌唄頌佛德　乃至一小音　皆已成佛道

BD03558號　妙法蓮華經卷一　（5–1）

若人於塔廟　寶像及畫像　以華香幡蓋　敬心而供養
若使人作樂　擊鼓吹角貝　簫笛琴箜篌　琵琶鐃銅鈸
如是眾妙音　盡持以供養
或以歡喜心　歌唄頌佛德　乃至一小音　皆已成佛道
若人散亂心　乃至以一華　供養於畫像　漸見无數佛
或有人禮拜　或復但合掌　乃至舉一手　或復小低頭
以此供養像　漸見无量佛　自成无上道　廣度无數眾
入无餘涅槃　如薪盡火滅
若人散亂心　入於塔廟中　一稱南无佛　皆已成佛道
於諸過去佛　現在或滅度　若有聞是法　皆已成佛道
未來諸世尊　其數无有量　是諸如來等　亦方便說法
一切諸如來　以无量方便　度脫諸眾生　入佛无漏智
若有聞法者　无一不成佛
諸佛本誓願　我所行佛道　普欲令眾生　亦同得此道
未來世諸佛　雖說百千億　无數諸法門　其實為一乘
諸佛兩足尊　知法常无性　佛種從緣起　是故說一乘
是法住法位　世間相常住　於道場知已　導師方便說
天人所供養　現在十方佛　其數如恒沙　出現於世間
安隱眾生故　亦說如是法
知第一寂滅　以方便力故　雖示種種道　其實為佛乘
知眾生諸行　深心之所念　過去所習業　欲性精進力
及諸根利鈍　以種種因緣　譬喻亦言辭　隨應方便說
今我亦如是　安隱眾生故　以種種法門　宣示於佛道
我以智慧力　知眾生性欲　方便說諸法　皆令得歡喜
舍利弗當知　我以佛眼觀　見六道眾生　貧窮无福慧
入生死險道　相續苦不斷　深著於五欲　如犛牛愛尾
以貪愛自蔽　盲瞑无所見　不求大勢佛　及與斷苦法

BD03558號　妙法蓮華經卷一　　（5–2）

今我亦如是　安隱眾生故　以種種法門　宣示於佛道
我以智慧力　知眾生性欲　方便說諸法　皆令得歡喜
舍利弗當知　我以佛眼觀　見六道眾生　貧窮无福慧
入生死險道　相續苦不斷　深著於五欲　如犛牛愛尾
以貪愛自蔽　盲瞑无所見　不求大勢佛　及與斷苦法
深入諸邪見　以苦欲捨苦　為是眾生故　而起大悲心
我始坐道場　觀樹亦經行　於三七日中　思惟如是事
我所得智慧　微妙最第一
眾生諸根鈍　著樂癡所盲　如斯之等類　云何而可度
尒時諸梵王　及諸天帝釋　護世四天王　及大自在天
并餘諸天眾　眷屬百千万　恭敬合掌禮　請我轉法輪
我即自思惟　若但讚佛乘　眾生沒在苦　不能信是法
破法不信故　墜於三惡道　我寧不說法　疾入於涅槃
尋念過去佛　所行方便力　我今所得道　亦應說三乘
作是思惟時　十方佛皆現　梵音慰喻我　善哉釋迦文
第一之導師　得是无上法　隨諸一切佛　而用方便力
我等亦皆得　最妙第一法　為諸眾生類　分別說三乘
少智樂小法　不自信作佛　是故以方便　分別說諸果
雖復說三乘　但為教菩薩
舍利弗當知　我聞聖師子　深淨微妙音　稱南无諸佛
復作如是念　我出濁惡世　如諸佛所說　我亦隨順行
思惟是事已　即趣波羅㮈　諸法寂滅相　不可以言宣
以方便力故　為五比丘說
是名轉法輪　便有涅槃音　及以阿羅漢　法僧差別名
從久遠劫來　讚示涅槃法　生死苦永盡　我常如是說
舍利弗當知　我見佛子等　志求佛道者　无量千万億
咸以恭敬心　皆來至佛所　曾從諸佛聞　方便所說法

BD03558號　妙法蓮華經卷一　　（5–3）

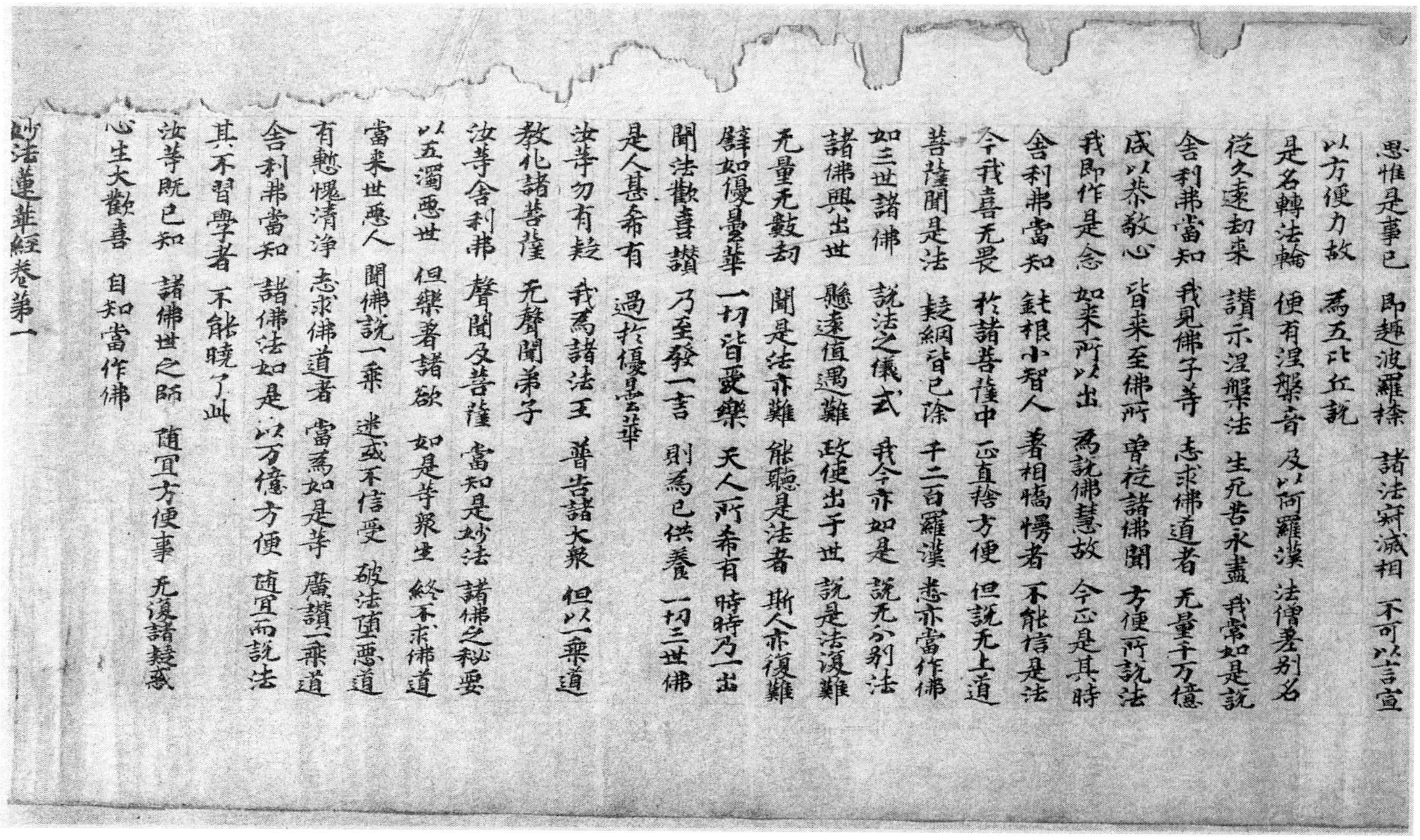

思惟是事已　即趣波羅㮈　諸法寂滅相　不可以言宣
以方便力故　為五比丘說
是名轉法輪　便有涅槃音　及以阿羅漢　法僧差別名
從久遠劫來　讚示涅槃法　生死苦永盡　我常如是說
舍利弗當知　我見佛子等　志求佛道者　无量千万億
咸以恭敬心　皆来至佛所　曾從諸佛聞　方便所說法
我即作是念　如来所以出　為說佛慧故　今正是其時
舍利弗當知　鈍根小智人　著相憍慢者　不能信是法
今我喜无畏　於諸菩薩中　正直捨方便　但說无上道
菩薩聞是法　疑網皆已除　千二百羅漢　悉亦當作佛
如三世諸佛　說法之儀式　我今亦如是　說无分別法
諸佛興出世　懸遠值遇難　政使出于世　說是法復難
无量无數劫　聞是法亦難　能聽是法者　斯人亦復難
譬如優曇華　一切皆愛樂　天人所希有　時時乃一出
聞法歡喜讚　乃至發一言　則為已供養　一切三世佛
是人甚希有　過於優曇華
汝等勿有疑　我為諸法王　普告諸大眾　但以一乘道
教化諸菩薩　无聲聞弟子
汝等舍利弗　聲聞及菩薩　當知是妙法　諸佛之秘要
以五濁惡世　但樂著諸欲　如是等眾生　終不求佛道
當来世惡人　聞佛說一乘　迷惑不信受　破法墮惡道
有慚愧清淨　志求佛道者　當為如是等　廣讚一乘道
舍利弗當知　諸佛法如是　以万億方便　隨宜而說法
其不習學者　不能曉了此
汝等既已知　諸佛世之師　隨宜方便事　无復諸疑惑
心生大歡喜　自知當作佛
妙法蓮華經卷第一

BD03558 號　妙法蓮華經卷一　（5–4）

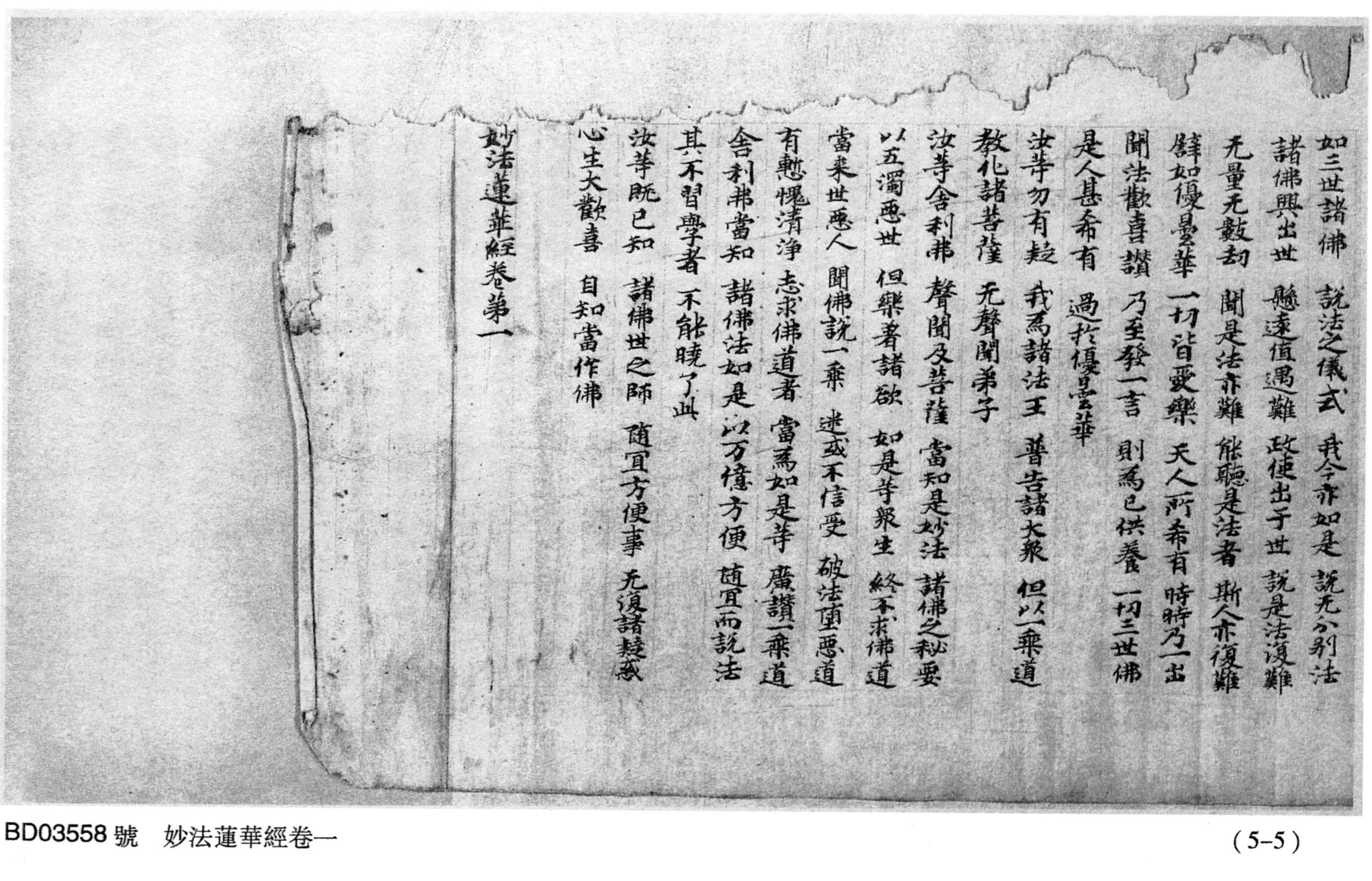

如三世諸佛　說法之儀式　我今亦如是　說无分別法
諸佛興出世　懸遠值遇難　政使出于世　說是法復難
无量无數劫　聞是法亦難　能聽是法者　斯人亦復難
譬如優曇華　一切皆愛樂　天人所希有　時時乃一出
聞法歡喜讚　乃至發一言　則為已供養　一切三世佛
是人甚希有　過於優曇華
汝等勿有疑　我為諸法王　普告諸大眾　但以一乘道
教化諸菩薩　无聲聞弟子
汝等舍利弗　聲聞及菩薩　當知是妙法　諸佛之秘要
以五濁惡世　但樂著諸欲　如是等眾生　終不求佛道
當来世惡人　聞佛說一乘　迷惑不信受　破法墮惡道
有慚愧清淨　志求佛道者　當為如是等　廣讚一乘道
舍利弗當知　諸佛法如是　以万億方便　隨宜而說法
其不習學者　不能曉了此
汝等既已知　諸佛世之師　隨宜方便事　无復諸疑惑
心生大歡喜　自知當作佛
妙法蓮華經卷第一

BD03558 號　妙法蓮華經卷一　（5–5）

知智二種大功德故　言時大者謂三大劫新
成就大者謂成力元畏十等諸功德故　所言乘
者運載之義猶如船栰運載衆生出生死海令至彼到
彼岸故　所言稻芉者夫一切經皆以四義而立其名
云何為四　一處所　二人　三法　四喻　言處所者如楞伽經等
約人立名如維摩經等　言從法立名者如般若經等　從喻
立名者如寶雲經等　說彼經時十方諸仏諸大菩薩如大雲起
皆雲集故名寶雲　此經亦尔彼仏世尊覩見稻芉說此法
故　三言經者准經諸論中釋多途今略舉二義　一者常義
古今不易故名為常　二遍攝諸法稱之為要　二釋本之
者瑜伽論解釋人云大解釋一切經者應以五門通
釋諸經　云何為五　一摠攝門　二經之所詮　三釋句義
四者連環　五者義難　此經亦尔亦以
初門之中復分為七　一者序來　二者教起序　三
四者所知住　五者所知果　六者云何所知　七者
初言序者因義謂集經者欲令聽衆生其信故　引
序文　始從如是我聞至及諸菩薩摩訶薩俱是也
二言發起序者謂聽而問不夫所宜故名發起序　緣
爾時具壽舍利子至作是語已　三言所知事者所謂

四者所知住　五者所知果　六者云何所知　七者
初言序者，因義謂集經者欲令聽衆生其信故，引
序分　始從如是我聞至及諸菩薩摩訶薩俱是也
二言發起序者，謂聽而問不失所宜，故名發起序　經
爾時具壽舍利子至作是語之　三言所知事者，所謂
因緣之法順流逆流是智境故，此則顯其生死涅槃
二種法性。生死性中順流法中復分爲三：一者煩惱
二者是業　三者是苦　故因緣論云：初八九煩惱
二及十是業　餘七皆是苦　十二唯三攝　經從弥勒菩薩
具壽舍利子至知是攝滅然極大德之聚此是世尊所說法故
四言所知性者，此道能知諸法性故，八聖道法名所知性　經從何者
是法至此是八聖道　五言所知果者有其二種：一者有上果，二
者无上果。言有上者，謂四沙門果及涅槃是也。言无上果者，謂无上
菩提之果。此顯其所趣方便所詮之法　經從果極涅槃至學无學法
故　六言云何所知者，所謂應以二諦觀因緣之法，是故解深密經
云應以二諦而觀法諸　此是所知之義　經從云何見因緣
至如仏所說故應以五種觀因緣之法　七言經之所要，所謂除
二種障及得无住涅槃道者是也　若論无住涅槃，義途无量，
略而言之有其二種。何謂爲二？所謂諸仏菩薩悲智二種是也。
何故此二名无住涅槃？謂具智慧故不墮生死，具大悲故
不住涅槃。若不住生死不住涅槃，是則名爲无住涅槃。言二障
者，一煩惱障，二所知障。言煩惱者，謂染汙无知；言所知障者，
謂非染汙无知。了人空故斷煩惱障，得上有果；了法空故斷所知
障，得无上果　經從尊者舍利子至信受奉行惣攝門竟
大門第二　言經之詮者，与上說經之要義同，更重釋　大門
大門第三　言釋句義者，釋其句義有无量門，總而言之不
出六種：一所謂名力、句力、文力，語種類顯示　大門第四連環者有

BD03559號　大乘稻芉經隨聽疏

者一切煩惱 二所知障 言煩惱者謂染污无知 言所知障者
謂非染污无知 了人空故斷煩惱障 得上有果 了法空故斷所知
障得无上果 經從尊者舍利子至信受奉行 惣攝門竟 大門
大門第二 言經之詮者 与上說經之要義同更重釋
大門第三 言釋句義者 釋其句義有无量門 惣而言之不
出六種 一所謂名力 句力 文力 語種類顯示 大門第四連環者有
其三種 一者連環具足 二者連環解釋 三者連環所詮 大門第
五 言答難者 夫難起之因而有五種 一者不了義故難 二者語相
違故難 三者与道理相違故難 四者多久故難 五事不現故
難 上來五門之中第二 第三 第四 第五 此四門義遍此經故不
可配文 從首至終以義遍 第一惣攝門中文有七段 今當第
一明其序分 於中文四 一時成就 二主成就 三處成就 四衆
成就 是故与何時 是誰 何處 為何等 言隨類而配經 如
是我聞一時 此約時成就也 言如是者 為諸菩薩結集之時 發文
殊師利菩薩 言云何聞 當如實是說 彼即答言 如是我聞
彼則解引下諸經文 聞日何故集經者不自說言 如是我聞
答為離增益損減謗故 言我聞者此二顯其親聞非自證也 言我
者為自親聞无傳聞過失故 所以立我 但聞非證故立於聞 除佛一
人餘則義故 若言自證不生信樂故 言一時者亦聞經時也
此有二釋 一以聞相合 二以住相合言 与聞相合者 顯此經實難
得聞故 与住合者此顯如來即於餘時為度衆住餘處故
經薄伽梵 此二主成就也 言薄伽梵者此是梵音 此云能降伏
具足 為降伏四魔具六功德故云薄伽梵 經住王舍城耆
闍崛山 此三處所成就也 此有通別 通言王舍城 別即耆闍
崛山 言住者有其三種 一威儀住 二說法住 三禪定住 此禪
住中復有三種 一梵住 二天住 三佛住 王舍城者 往昔之時 為諸
非人惱亂國人 毀壞村邑 王勅國人 於其門上題王舍字 由
是非人不能毀故 名王舍城也 耆闍崛山者 此云鷲峯
山也 此峯山勢狀如鷲鳥 因以為名 列二處者 一為欲利益

崛山言住者有其三種 一威儀住 二説法住 三禪定住 此禪
住中復有三種 一梵住 二天住 三佛住 王舍城者 往昔之時爲諸
非人惱亂國人 毀壞村邑 王勅國人於其門上題王舍字 由
是非人不能毀 故名王舍城也 耆闍崛山者 此云鷲峯
山也 此峯山勢狀如鷲鳥 因以爲名 列二處者 一爲欲利益
在家出家諸人等故 二爲令自利具足利他圓滿 爲此聚落
諸聚落中最爲尊貴 此經亦尒 於諸經中最爲第一 故於此説
五耆闍崛山者 此經甚深難入 故顯高勝義也 經與大比丘衆
至菩薩摩訶薩俱 此第四衆成就也 文二 一聲聞衆成就 二菩薩衆成
就 初復有二 一舉名 二列數 與大比丘衆 此初舉名也 言大
者 一數大 二威德大 有千二百五十者 故名數大 皆是大阿
漢 故名威德大 言比丘者 有其五種 一名字 二乞求 三自稱
四破結使 五白四羯磨得處 所雖有五 今取第四 言衆者和
合也義 千二百五十人俱 此二列數也 世尊成等正覺 於
王舍城度優樓頻螺迦葉師及弟子五百眷屬 頻螺
迦葉師及弟子二百五十人 伽提迦葉亦二百五十 舍利
子目連共二百五十 住王舍城 説此經故 問 大乘經中何不
列聲聞耶 答 有三義故 爲集經欲令於自生信故 二令諸
聲聞入大乘故 三此因緣法是共有法 故先列聲聞者 一爲
諸聲不離於佛 常作侍者故 二於出家人生恭敬故 及
諸菩薩摩訶薩俱 此二菩薩衆成就 此是梵音 翻爲道心大
道心 言道心者 修其聖道趣菩提故 言大道心者 簡異
二乘下劣心故 大者有七義 同前所釋 次明惣攝門中第
三發起序 文分爲五 一往 二恭敬 三執持 四陳疑 五嚴問
經 尒時具壽舍利子往弥勒菩薩摩訶薩經行之處 此初
問往也 言尒時者 仏在王舍聞經時也 言具壽者 恭敬之
辞 具命根故 舍利子者 從母立名 言弥勒者 梵音 此翻慈
氏也 [illegible] 當來成仏

一義者序文分為五 一往 二恭敬 三就座 四陳疑 五嘆問
經爾時具壽舍利子往弥勒菩薩摩訶薩經行之處 此初
聞往也 言爾時者仏在王舍聞經時也 言具壽者恭敬之
辭具命根故 舍利子者從母立名 言弥勒者梵音 此翻慈
氏也 一從願立 過去有仏号為慈氏 於彼發心願當來成仏
之時亦同此号 故為名 二約行立名 於四无量偏修慈故
三從母立名者 過去之時出家修道 名最勝尊 母名慈氏也
言經行之處者 謂弥勒菩薩所在之處 謂諸有情說法也 經
到已共相慰問 此二互相恭敬也 為談妙法无有嗔容 言善
來者 名為慰問 二俱尊敬 但以慰問 互不禮也 若欲禮者
不成恭敬 有過失故 經俱座盤陀石上 此三就座 言俱座者
弥勒与身子同於一座 論妙法故也 不求餘座 舍利子智惠
第一 故能問 弥勒菩薩補處 故能答 經是時具壽舍利子向
弥勒菩薩摩訶薩作如是言 至其事云何 此四陳疑也 觀
稻芉此說 法者謂外因緣法与內因緣法 二俱无我假因緣
有无義故 謂諸比丘說此法者 欲令小乘入大法故 何故世尊
說此法已而默然耶 若論聖者 嚴細難測難然比量論
有其三意 一除掉 為諸聲聞常作是念 仏雖少說 我能悟
大除此掉故 二謂諸仏菩薩能說 如來秘密意 取數彼德故 三
善逝 言其事云何 如來說法不理四種密語 意取依八法
此中具足更餘故 言善逝者好也 逝者去也 即以不退故名
中今於何法說此法耶 問此事故 下列斯問 言四密語者 一令入
二自性 三對治 四轉變 令入密語者 如小乘經 為引外令入
法故 說有我等 如大乘經 欲令引小取大 界故說蘊界等 言
自性密語者 依遍計性說一切无 依依他二性說一切有 對治密語
者 為對八万四千煩惱 故說諸對治門等 轉變密語者
如對法論說 覺不堅為堅 善住於顛倒 煩惱所惱 如得
无上道者 人天 能歎於天王及二種淨行人
於諸國主并眷屬 此人名為清淨者 言四眷者 一天等

BD03559號 大乘稻芉經隨聽疏

（6–5）

[illegible]也者者已說不須說名
善逝 二言其事云何如來說法不離四種密語四種意趣依八法
中今於何法說此法耶 問此事故下列斯問 言四密語者 一令入
二自性 三對治 四轉變 令入密語者 如小乘經為引外令入
法故說有我等 如大乘經欲令引小取大果故說蘊界等 言
自性密語者 依遍計性說一切无 依後二性說一切有 對治密語
者為對八万四千諸塵勞故說諸對治門等 轉變密語者
如對法論說 覺不堅為堅 善住於顛倒 煩惱所惱如得
无上道者 人能十 能殺於父母王及二種淨行人
能壞國土并眷屬 此人名為清淨者 言四意趣者 一平等
二別時 三別義 四隨人 平等意趣者 如楞伽經又依身口語字平
等及言過去諸佛皆是我身等 別時意趣者 如經若有善
善男子聞寶髻佛名者 得成阿耨多羅三藐三菩提等 言
別義意趣者 如經若不供養恒沙諸佛不悟大乘等 隨
人意趣者 如經慳貪者而讚於施 為惡戒者讚歎布施而嘆
於戒等 問見何相違 問密語意趣耶 答言聞因緣是有
漏因果 言法者是无漏道及无為 言佛者是无漏果 有
无見人等 此等性相各不相似 云何見不相似等因緣而能見
法佛也 答能見者眼 亦能聞聲等 有此疑 故設見問也
經 何者是因緣至[illegible]一者也 此是設問 此下第二文以至下釋

切衆
生深心所行通達[illegible]又於諸法究盡明了
示諸衆生一切智慧迦葉譬如三千大千世
界山川谿谷土地所生卉木叢林及諸藥草
種類若干名色各異密雲彌布遍覆三千大
千世界一時等澍其澤普洽卉木叢林及諸
藥草小根小莖小枝小葉中根中莖中枝中
葉大根大莖大枝大葉諸樹大小隨上中下
各有所受一雲所雨稱其種性而得生長華
菓敷實雖一地所生一雨所潤而諸草木各
有差別迦葉當知如來亦復如是出現於世
如大雲起以大音聲普遍世界天人阿脩羅
如彼大雲遍覆三千大千國土於大衆中而
唱是言我是如來應供正遍知明行足善逝
世間解無上士調御丈夫天人師佛世尊未
度者令度未解者令解未安者令安未涅槃
者令得涅槃今世後世如實知之我是一切

BD03560號　妙法蓮華經卷三　　（26–1）

如彼大雲遍覆三千大千國土於大衆中而
唱是言我是如來應供正遍知明行足善逝
世間解無上士調御丈夫天人師佛世尊未
度者令度未解者令解未安者令安未涅槃
者令得涅槃今世後世如實知之我是一切
知者一切見者知道者開道者說道者汝等
天人阿脩羅衆皆應到此為聽法故尒
時無數千万億種衆生來至佛所而聽法如
來于時觀是衆生諸根利鈍精進懈怠隨
其所堪而為說法種種無量皆令歡喜快得
善利是諸衆生聞是法已現世安隱後生善處
以道受樂亦得聞法既聞法已離諸鄣㝵於
諸法中任力所能漸得入道如彼大雲雨於
一切卉木叢林及諸藥草如其種性具足
蒙潤各得生長如來說法一相一味所謂解脫
相離相滅相究竟至於一切種智其有衆生
聞如來法若持讀誦如說脩行所得功德不
自覺知所以者何唯有如來知此衆生種相
體性念何事思何事脩何事云何念云何思
云何脩以何法念以何法思以何法脩以何
法得何法衆生住於種種之地唯有如來如
實見之明了無㝵如彼卉木叢林諸藥草等
而不自知上中下性如來知是一相一味之
法所謂解脫相離相滅相究竟涅槃常寂滅
相終歸於空佛知是已觀衆生心欲而將護
之是故不即為說一切種智汝等迦葉甚為

BD03560號　妙法蓮華經卷三　　（26–2）

法所謂解脫相離相滅相究竟涅槃常寂滅
相終歸於空佛知是已觀衆生心欲而將護
之是故不即為說一切種智汝等迦葉甚為
希有能知如來隨宜說法能信能受所以者
何諸佛世尊隨宜說法難解難知尒時世尊
欲重宣此義而說偈言
破有法王　出現世間　隨衆生欲　種種說法
如來尊重　智慧深遠　久默斯要　不務速說
有智若聞　則能信解　无智疑悔　則為永失
是故迦葉　隨力為說　以種種緣　令得正見
迦葉當知　譬如大雲　起於世間　遍覆一切
慧雲含潤　電光晃曜　雷聲遠震　令衆悅豫
日光掩蔽　地上清涼　靉靆垂布　如可承攬
其雨普等　四方俱下　流澍无量　率土充洽
山川險谷　幽邃所生　卉木藥草　大小諸樹
百穀苗稼　甘蔗蒲桃　雨之所潤　无不豐足
乾地普洽　藥木並茂　其雲所出　一味之水
草木叢林　隨分受潤　一切諸樹　上中下等
稱其大小　各得生長　根莖枝葉　華菓光色
一雨所及　皆得鮮澤　如其體相　性分大小
所潤是一　而各滋茂
佛亦如是　出現於世　譬如大雲　普覆一切
既出于世　為諸衆生　分別演說　諸法之實
大聖世尊　於諸天人　一切衆中　而宣此言
我為如來　兩足之尊　出于世間　猶如大雲
充潤一切　枯槁衆生　皆令離苦　得安隱樂
世間之樂　及涅槃樂　諸天人衆　一心善聽

BD03560號　妙法蓮華經卷三　（26-3）

既出于世　為諸衆生　分別演說　諸法之實
大聖世尊　於諸天人　一切衆中　而宣此言
我為如來　兩足之尊　出于世間　猶如大雲
充潤一切　枯槁衆生　皆令離苦　得安隱樂
世間之樂　及涅槃樂　諸天人衆　一心善聽
皆應到此　覲无上尊
我為世尊　无能及者　安隱衆生　故現於世
為大衆說　甘露淨法　其法一味　解脫涅槃
以一妙音　演暢斯義　常為大乘　而作因緣
我觀一切　普皆平等　无有彼此　愛憎之心
我无貪著　亦无限㝵　恒為一切　平等說法
如為一人　衆多亦然　常演說法　曾无他事
去來坐立　終不疲猒　充足世間　如雨普潤
貴賤上下　持戒毀戒　威儀具足　及不具足
正見耶見　利根鈍根　等雨法雨　而无懈惓
一切衆生　聞我法者　隨力所受　住於諸地
或處人天　轉輪聖王　釋梵諸王　是小藥草
知无漏法　能得涅槃　起六神通　及得三明
獨處山林　常行禪定　得緣覺證　是中藥草
求世尊處　我當作佛　行精進定　是上藥草
又諸佛子　專心佛道　常行慈悲　自知作佛
決定无疑　是名小樹　安住神通　轉不退輪
度无量億　百千衆生　如是菩薩　名為大樹
佛平等說　如一味雨　隨衆生性　所受不同
如彼草木　所稟各異
佛以此喻　方便開示　種種言辭　演說一法
於佛智慧　如海一渧　我雨法雨　充滿世間

BD03560號　妙法蓮華經卷三　（26-4）

度无量億　百千衆生　如是菩薩　名為大樹
佛平等説　如一味雨　隨衆生性　所受不同
如彼草木　所稟各異
佛以此喻　方便開示　種種言辞　演説一法
於佛智慧　如海一渧　我雨法雨　充滿世間
一味之法　隨力脩行　如彼叢林　藥草諸樹
隨其大小　漸增茂好　諸佛之法　常以一味
令諸世間　普得具足　漸次脩行　皆得道果
聲聞緣覺　處於山林　住冣後身　聞法得果
是名藥草　各得增長　若諸菩薩　智慧堅固
了達三界　求冣上乘　是名小樹　而得增長
復有住禪　得神通力　聞諸法空　心大歡喜
放无數光　度諸衆生　是名大樹　而得增長
如是迦葉　佛所説法　譬如大雲　以一味雨
潤於人華　各得成實　迦葉當知　以諸因緣
種種譬喻　開示佛道　是我方便　諸佛亦然
今為汝等　説冣實事　諸聲聞衆　皆非滅度
汝等所行　是菩薩道　漸漸脩學　悉當成佛

妙法蓮華經授記品第六

尒時世尊説是偈已告諸大衆唱如是言我
此弟子摩訶迦葉於未來世當得奉覲三百
万億諸佛世尊供養恭敬尊重讚歎廣宣説
佛无量大法於冣後身得成為佛名曰光明
如來應供正遍知明行足善逝世間解无上
士調御丈夫天人師佛世尊國名光德劫名
大莊嚴佛壽十二小劫正法住世二十小劫像
法亦住二十小劫國界嚴飾无諸穢惡瓦礫荊

BD03560號　妙法蓮華經卷三　（26–5）

如來應供正遍知明行足善逝世間解无上
士調御丈夫天人師佛世尊國名光德劫名
大莊嚴佛壽十二小劫正法住世二十小劫像
法亦住二十小劫國界嚴飾无諸穢惡瓦礫荊
棘便利不淨其土平正无有高下坑坎堆阜
瑠璃為地寶樹行列黃金為繩以界道側散
諸寶華周遍清淨其國菩薩无量千億諸聲
聞衆亦復无數无有魔事雖有魔及魔民皆
護佛法尒時世尊欲重宣此義而説偈言
告諸比丘　我以佛眼　見是迦葉　於未來世
過无數劫　當得作佛　而於來世　供養奉覲
三百万億　諸佛世尊　為佛智慧　淨脩梵行
供養冣上　二足尊已　脩習一切　无上之慧
於冣後身　得成為佛　其土清淨　瑠璃為地
多諸寶樹　行列道側　金繩界道　見者歡喜
常出好香　散衆名華　種種奇妙　以為莊嚴
其地平正　无有丘坑　諸菩薩衆　不可稱計
其心調柔　逮大神通　奉持諸佛　大乘經典
諸聲聞衆　无漏後身　法王之子　亦不可計
乃以天眼　不能數知　其佛當壽　十二小劫
正法住世　二十小劫　像法亦住　二十小劫
光明世尊　其事如是
尒時大目揵連須菩提摩訶迦旃延等皆悉
悚慄一心合掌瞻仰尊顏目不暫捨即共同
聲而説偈言
大雄猛世尊　諸釋之法王　哀愍我等故　而賜佛音聲
若知我深心　見為授記者　如以甘露灑　除熱得清涼

BD03560號　妙法蓮華經卷三　（26–6）

悚慄一心合掌瞻仰尊顏目不暫捨即共同
聲而說偈言
大雄猛世尊　諸釋之法王　哀愍我等故　而賜佛音聲
若知我深心　見為授記者　如以甘露灑　除熱得清涼
如從飢國來　忽遇大王膳　心猶懷疑懼　未敢即便食
若復得王教　然後乃敢食　我等亦如是　每惟小乘過
不知當云何　得佛无上慧　雖聞佛音聲　言我等作佛
心尚懷憂懼　如未敢便食　若蒙佛授記　尒乃快安樂
大雄猛世尊　常欲安世間　願賜我等記　如飢須教食
尒時世尊知諸大弟子心之所念告諸比丘是
須菩提於當來世奉覲三百万億那由他
佛供養恭敬尊重讚歎常脩梵行具菩薩
道於最後身得成為佛号曰名相如來應供正
遍知明行足善逝世間解无上士調御丈夫
天人師佛世尊劫名有寶國名寶生其土平
正頗梨為地寶樹莊嚴无諸丘坑沙礫荊棘
便利之穢寶華覆地周遍清淨其土人民皆
處寶臺珍妙樓閣聲聞弟子无量无邊筭數
譬喻所不能知諸菩薩衆无數千万億那由
他佛壽十二小劫正法住世二十小劫像法
亦住二十小劫其佛常處虛空為衆說法度
脫无量菩薩及聲聞衆尒時世尊欲重宣此
義而說偈言
諸比丘衆　今告汝等　皆當一心　聽我所說
我大弟子　須菩提者　當得作佛　号曰名相
當供无數　万億諸佛　隨佛所行　漸具大道
最後身得　三十二相　端正殊妙　猶如寶山

BD03560號　妙法蓮華經卷三

（26–7）

諸比丘衆　今告汝等　皆當一心　聽我所說
我大弟子　須菩提者　當得作佛　号曰名相
當供无數　万億諸佛　隨佛所行　漸具大道
最後身得　三十二相　端正殊妙　猶如寶山
其佛國土　嚴淨第一　衆生見者　无不愛樂
佛於其中　度无量衆　其佛法中　多諸菩薩
皆悉利根　轉不退輪　彼國常以　菩薩莊嚴
諸聲聞衆　不可稱數　皆得三明　具六神通
住八解脫　有大威德　其佛說法　現於无量
神通變化　不可思議　諸天人民　數如恒沙
皆共合掌　聽受佛語　其佛當壽　十二小劫
正法住世　二十小劫　像法亦住　二十小劫
尒時世尊復告諸比丘衆我今語汝是大迦
旃延於當來世以諸供具供養奉事八千億
佛恭敬尊重諸佛滅後各起塔廟高千由旬
縱廣正等五百由旬以金銀瑠璃車𤦲馬瑙
真珠玫瑰七寶合成衆華瓔珞塗香末香燒
香繒蓋幢幡供養塔廟過是已後當復供養
二万億佛亦復如是供養是諸佛已具菩薩
道當得作佛号曰閻浮那提金光如來應供
正遍知明行足善逝世間解无上士調御丈
夫天人師佛世尊其土平正頗梨為地寶樹
莊嚴黃金為繩以界道側妙華覆地周遍清
淨見者歡喜无四惡道地獄餓鬼畜生阿脩
羅道多有天人諸聲聞衆及諸菩薩无量万
億莊嚴其國佛壽十二小劫正法住世二十
小劫像法亦住二十小劫尒時世尊欲重宣

BD03560號　妙法蓮華經卷三

（26–8）

淨見者歡喜无四惡道地獄餓鬼畜生阿脩
羅道多有天人諸聲聞衆及諸菩薩无量万
億莊嚴其國佛壽十二小劫正法住世二十
小劫像法亦住二十小劫尒時世尊欲重宣
此義而說偈言
諸比丘衆　皆一心聽　如我所說　真實无異
是迦旃延　當以種種　妙好供具　供養諸佛
諸佛滅後　起七寶塔　亦以華香　供養舍利
其最後身　得佛智慧　成等正覺　國土清淨
度脫无量　万億衆生　皆爲十方　之所供養
佛之光明　无能勝者　其佛號曰　閻浮金光
菩薩聲聞　斷一切有　无量无數　莊嚴其國
尒時世尊復告大衆我今語汝是大目揵連
當以種種供具供養八千諸佛恭敬尊重諸
佛滅後各起塔廟高千由旬縱廣正等五百
由旬以金銀瑠璃車𤦲馬瑙真珠玫瑰七寶
合成衆華瓔珞塗香末香燒香繒蓋幢幡以
用供養過是已後當復供養二百万億諸佛
亦復如是當得成佛號曰多摩羅跋栴檀香
如來應供正遍知明行足善逝世間解无上
士調御丈夫天人師佛世尊劫名喜滿國名
意樂其土平正頗梨爲地寶樹莊嚴散真珠
華周遍清淨見者歡喜多諸天人菩薩聲聞
其數无量佛壽廿四小劫正法住世卌小劫
像法亦住卌小劫尒時世尊欲重宣此義而
說偈言

BD03560號　妙法蓮華經卷三　（26–9）

華周遍清淨見者歡喜多諸天人菩薩聲聞
其數无量佛壽廿四小劫正法住世卌小劫
像法亦住卌小劫尒時世尊欲重宣此義而
說偈言
我此弟子　大目揵連　捨是身已　得見八千
二百万億　諸佛世尊　爲佛道故　供養恭敬
於諸佛所　常脩梵行　於无量劫　奉持佛法
諸佛滅後　起七寶塔　長表金刹　華香伎樂
而以供養　諸佛塔廟　漸漸具足　菩薩道已
於意樂國　而得作佛　號多摩羅　栴檀之香
其佛壽命　二十四劫　常爲天人　演說佛道
聲聞无量　如恒河沙　三明六通　有大威德
菩薩无數　志固精進　於佛智慧　皆不退轉
佛滅度後　正法當住　四十小劫　像法亦尒
我諸弟子　威德具足　其數五百　皆當授記
於未來世　咸得成佛
我及汝等　宿世因緣　吾今當說　汝等善聽
妙法蓮華經化城喻品第七
佛告諸比丘乃往過去无量无邊不可思議
阿僧祇劫尒時有佛名大通智勝如來應供
正遍知明行足善逝世間解无上士調御丈
夫天人師佛世尊其國名好成劫名大相諸
比丘彼佛滅度已來甚大久遠譬如三千大
千世界所有地種假使有人磨以爲墨過於東
方千國土乃下一點大如微塵又過千國土
復下一點如是展轉盡地種墨於汝等意云
何是諸國土若筭師若筭師弟子能得邊際

BD03560號　妙法蓮華經卷三　（26–10）

千世界所有地種假使有人磨以為墨過於東
方千國土乃下一點大如微塵又過千國土
復下一點如是展轉盡地種墨於汝等意云
何是諸國土若筭師若筭師弟子能得邊際
知其數不不也世尊諸比丘是人所經國土
若點不點盡末為塵一塵一劫彼佛滅度已
來復過是數无量无邊百千万億阿僧祇劫
我以如來知見力故觀彼久遠猶若今日尒
時世尊欲重宣此義而說偈言
我念過去世　无量无邊劫　有佛兩足尊　名大通智勝
如人以力磨　三千大千土　盡此諸地種　皆悉以為墨
過於千國土　乃下一塵點　如是展轉點　盡此諸塵墨
如是諸國土　點與不點等　復盡末為塵　一塵為一劫
此諸微塵數　其劫復過是　彼佛滅度來　如是无量劫
如來无㝵智　知彼佛滅度　及聲聞菩薩　如見今滅度
諸比丘當知　佛智淨微妙　无漏无所㝵　通達无量劫
佛告諸比丘大通智勝佛壽五百卌万億那
由他劫其佛本坐道場破魔軍已垂得阿耨
多羅三藐三菩提而諸佛法不現在前如是
一小劫乃至十小劫結跏趺坐身心不動而
諸佛法猶不在前尒時忉利諸天先為彼佛
於菩提樹下敷師子座高一由旬佛於此座
當得阿耨多羅三藐三菩提適坐此座時諸
梵天王雨衆天華面百由旬香風時來吹去
萎華更雨新者如是不絕滿十小劫供養於
佛乃至滅度常雨此華四王諸天為供養佛
常擊天鼓其餘諸天作天伎樂滿十小劫至

BD03560號　妙法蓮華經卷三　（26–11）

梵天王雨衆天華面百由旬香風時來吹去
萎華更雨新者如是不絕滿十小劫供養於
佛乃至滅度常雨此華四王諸天為供養佛
常擊天鼓其餘諸天作天伎樂滿十小劫至
于滅度亦復如是諸比丘大通智勝佛過十
小劫諸佛之法乃現在前成阿耨多羅三藐
三菩提其佛未出家時有十六子其第一者
名曰智積諸子各有種種珍異玩好之具聞
父得成阿耨多羅三藐三菩提皆捨所珍往
詣佛所諸母涕泣而隨送之其祖轉輪聖王
與一百大臣及餘百千万億人民皆共圍遶
隨至道場咸欲親近大通智勝如來供養恭
敬尊重讚歎到已頭面礼足遶佛畢已一心
合掌瞻仰世尊以偈頌曰
大威德世尊　為度衆生故　於无量億歲　尒乃得成佛
諸願已具足　善哉吉无上　世尊甚希有　一坐十小劫
身體及手足　靜然安不動　其心常惔怕　未曾有散亂
究竟永寂滅　安住无漏法　今者見世尊　安隱成佛道
我等得善利　稱慶大歡喜　衆生常苦惱　盲瞑无導師
不識苦盡道　不知求解脫　長夜增惡趣　減損諸天衆
從冥入於冥　永不聞佛名　今佛得最上　安隱无漏法
我等及天人　為得最大利　是故咸稽首　歸命无上尊
尒時十六王子偈讚佛已勸請世尊轉於法
輪咸作是言世尊說法多所安隱憐愍饒益
諸天人民重說偈言

BD03560號　妙法蓮華經卷三　（26–12）

我等及天人　為得最大利　是故咸稽首　歸命无上尊
尒時十六王子偈讚佛已勸請世尊轉於法
輪咸作是言世尊說法多所安隱憐愍饒益
諸天人民重說偈言
世雄无等倫　百福自莊嚴　得无上智慧　願為世間說
度脫於我等　及諸衆生類　為分別顯示　令得是智慧
若我等得佛　衆生亦復然
世尊知衆生　深心之所念　亦知所行道　又知智慧力
欲樂及脩福　宿命所行業　世尊悉知已　當轉无上輪
佛告諸比丘大通智勝佛得阿耨多羅三藐
三菩提時十方各五百万億諸佛世界六種
震動其國中間幽冥之處日月威光所不能
照而皆大明其中衆生各得相見咸作是言
此中云何忽生衆生又其國界諸天宮殿乃
至梵宮六種震動大光普照遍滿世界勝諸
天光
尒時東方五百万億諸國土中梵天宮殿光
明照曜倍於常明諸梵天王各作是念今者
宮殿光明昔所未有以何因緣而現此相是
時諸梵天王即各相詣共議此事而彼衆中
有一大梵天王名救一切為諸梵衆而說偈
言
我等諸宮殿　光明昔未有　此是何因緣　宜各共求之
為大德天生　為佛出世間　而此大光明　遍照於十方
尒時五百万億國土諸梵天王與宮殿俱各
以衣裓盛諸天華共詣西方推尋是相見大

BD03560號　妙法蓮華經卷三　（26–13）

我等諸宮殿　光明昔未有　此是何因緣　宜各共求之
為大德天生　為佛出世間　而此大光明　遍照於十方
尒時五百万億國土諸梵天王與宮殿俱各
以衣裓盛諸天華共詣西方推尋是相見大
通智勝如來處于道場菩提樹下坐師子座
諸天龍王乾闥婆緊那羅摩睺羅伽人非人
等恭敬圍遶及見十六王子請佛轉法輪即
時諸梵天王頭面礼佛遶百千匝即以天華
而散佛上其所散華如須弥山并以供養佛
菩提樹其菩提樹高十由旬華供養已各以
宮殿奉上彼佛而作是言唯見哀愍饒益我
等所獻宮殿願垂納處時諸梵天王即於佛
前一心同聲以偈頌曰
世尊甚希有　難可得值遇　具无量功德　能救護一切
天人之大師　哀愍於世間　十方諸衆生　普皆蒙饒益
我等所從來　五百万億國　捨深禪定樂　為供養佛故
我等先世福　宮殿甚嚴飾　今以奉世尊　唯願哀納受
尒時諸梵天王偈讚佛已各作是言唯願世
尊轉於法輪度脫衆生開涅槃道時諸梵天
王一心同聲而說偈言
世雄兩足尊　唯願演說法　以大慈悲力　度苦惱衆生
尒時大通智勝如來嘿然許之又諸比丘東
南方五百万億國土諸大梵王各自見宮殿
光明照曜昔所未有歡喜踊躍生希有心即
各相詣共議此事而彼衆中有一大梵天王
名曰大悲為諸梵衆而說偈言

BD03560號　妙法蓮華經卷三　（26–14）

南方五百万億國土諸大梵王各自見宮殿
光明照曜昔所未有歡喜踊躍生希有心即
各相詣共議此事而彼衆中有一大梵天王
名曰大悲為諸梵衆而說偈言
是事何因緣　而現如此相　我等諸宮殿　光明昔未有
為大德天生　為佛出世間　未曾見此相　當共一心求
過千万億土　尋光共推之　多是佛出世　度脫苦衆生
尒時五百万億諸梵天王與宮殿俱各以衣
裓盛諸天華共詣西北方推尋是相見大通
智勝如來處于道場菩提樹下坐師子座諸
天龍王乾闥婆緊那羅摩睺羅伽人非人等
恭敬圍遶及見十六王子請佛轉法輪時諸
梵天王頭面礼佛遶百千匝即以天華而散
佛上所散之華如須弥山并以供養佛菩提
樹華供養已各以宮殿奉上彼佛而作是言
唯見哀愍饒益我等所獻宮殿願垂納處尒
時諸梵天王即於佛前一心同聲以偈頌曰
聖主天中王　迦陵頻伽聲　哀愍衆生者　我等今敬礼
世尊甚希有　久遠乃一現　一百八十劫　空過无有佛
三惡道充滿　諸天衆減少　今佛出於世　為衆生作眼
世間所歸趣　救護於一切　為衆生之父　哀愍饒益者
我等宿福慶　今得值世尊
尒時諸梵天王偈讚佛已各作是言唯願世
尊哀愍一切轉於法輪度脫衆生時諸梵天
王一心同聲而說偈言
大聖轉法輪　顯示諸法相　度苦惱衆生　令得大歡喜
衆生聞此法　得道若生天　諸惡道減少　忍善者增益

BD03560號　妙法蓮華經卷三　（26–15）

尊哀愍一切轉於法輪度脫衆生時諸梵天
王一心同聲而說偈言
大聖轉法輪　顯示諸法相　度苦惱衆生　令得大歡喜
衆生聞是法　得道若生天　諸惡道減少　忍善者增益
尒時大通智勝如來嘿然許之又諸比丘南
方五百万億國土諸大梵王各自見宮殿光
明照曜昔所未有歡喜踊躍生希有心即各
相詣共議此事以何因緣我等宮殿有此光
曜而彼衆中有一大梵天王名曰妙法為諸
梵衆而說偈言
我等諸宮殿　光明甚威曜　此非无因緣　是相宜求之
過於百千劫　未曾見是相　為大德天生　為佛出世間
尒時五百万億諸梵天王與宮殿俱各以衣
裓盛諸天華共詣北方推尋是相見大通智
勝如來處于道場菩提樹下坐師子座諸天
龍王乾闥婆緊那羅摩睺羅伽人非人等恭
敬圍遶及見十六王子請佛轉法輪時諸梵
天王頭面礼佛遶百千匝即以天華而散佛
上所散之華如須弥山并以供養佛菩提樹
華供養已各以宮殿奉上彼佛而作是言唯
見哀愍饒益我等所獻宮殿願垂納受尒時
諸梵天王即於佛前一心同聲以偈頌曰
世尊甚難見　破諸煩惱者　過百三十劫　今乃得一見
諸飢渴衆生　以法雨充滿　昔所未曾覩　无量智慧者
如優曇波羅　今日乃值遇
我等諸宮殿　蒙光故嚴飾　世尊大慈悲　唯願垂納受
尒時諸梵天王偈讚佛已各作是言唯願世

BD03560號　妙法蓮華經卷三　（26–16）

世尊甚難見　破諸煩惱者　過百三十劫　今乃得一見
諸飢渴衆生　以法雨充滿　昔所未曾覩　无量智慧者
如優曇波羅　今日乃值遇
我等諸宮殿　蒙光故嚴飾　世尊大慈悲　唯願垂納受
尒時諸梵天王偈讚佛已各作是言唯願世
尊轉於法輪令一切世間諸天魔梵沙門婆
羅門皆獲安隱而得度脫時諸梵天王一心
同聲以偈頌曰
唯願天人尊　轉无上法輪　擊于大法鼓　而吹大法蠡
普雨大法雨　度无量衆生　我等咸歸請　當演深遠音
尒時大通智勝如來嘿然許之西南方乃至
下方亦復如是
尒時上方五百万億國土諸大梵王皆悉自
覩所止宮殿光明威曜昔所未有歡喜踊躍
生希有心即各相詣共議此事以何因緣我
等宮殿有斯光明而彼衆中有一大梵天王
名曰尸棄為諸梵衆而說偈言
今以何因緣　我等諸宮殿　威德光明曜　嚴飾未曾有
如是之妙相　昔所未聞見　為大德天生　為佛出世間
尒時五百万億諸梵天王與宮殿俱各以衣
裓盛諸天華共詣下方推尋是相見大通智
勝如來處于道場菩提樹下坐師子座諸天
龍王乾闥婆緊那羅摩睺羅伽人非人等恭
敬圍遶及見十六王子請佛轉法輪時諸梵
天王頭面礼佛遶百千匝即以天華而散佛
上所散之華如須弥山并以供養佛菩提樹

龍王乾闥婆緊那羅摩睺羅伽人非人等恭
敬圍遶及見十六王子請佛轉法輪時諸梵
天王頭面礼佛遶百千匝即以天華而散佛
上所散之華如須弥山并以供養佛菩提樹
華供養已各以宮殿奉上彼佛而作是言唯
見哀愍饒益我等所獻宮殿願垂納處時諸
梵天王即於佛前一心同聲以偈頌曰
善哉見諸佛　救世之聖尊　能於三界獄　勉出諸衆生
普智天人尊　哀愍群萌類　能開甘露門　廣度於一切
於昔无量劫　空過无有佛　世尊未出時　十方常闇冥
三惡道增長　阿脩羅亦盛　諸天衆轉減　死多墮惡道
不從佛聞法　常行不善事　色力及智慧　斯等皆減少
罪業因緣故　失樂及樂想
住於邪見法　不識善儀則　不蒙佛所化　常墮於惡道
佛為世間眼　久遠時乃出　哀愍諸衆生　故現於世間
超出成正覺　我等甚欣慶　及餘一切衆　喜歎未曾有
我等諸宮殿　蒙光故嚴飾　今以奉世尊　唯垂哀納受
願以此功德　普及於一切　我等與衆生　皆共成佛道
尒時五百万億諸梵天王偈讚佛已各白佛
言唯願世尊轉於法輪多所安隱多所度脫
時諸梵天王而說偈言
世尊轉法輪　擊甘露法鼓　度苦惱衆生　開示涅槃道
唯願受我請　以大微妙音　哀愍而敷演　无量劫習法
尒時大通智勝如來受十方諸梵天王及十
六王子請即時三轉十二行法輪若沙門婆
羅門若天魔梵及餘世間所不能轉謂是苦

惟願演說法　以大微妙音　哀愍而敷演　无量劫習法
尒時大通智勝如來受十方諸梵天王及十
六王子請即時三轉十二行法輪若沙門婆
羅門若天魔梵及餘世間所不能轉謂是苦
是苦集是苦滅是苦滅道及廣說十二因緣
法无明緣行行緣識識緣名色名色緣六入
六入緣觸觸緣受受緣愛愛緣取取緣有有
緣生生緣老死憂悲苦惱无明滅則行滅行
滅則識滅識滅則名色滅名色滅則六入滅
六入滅則觸滅觸滅則受滅受滅則愛滅愛
滅則取滅取滅則有滅有滅則生滅生滅則
老死憂悲苦惱滅佛於天人大眾之中說是
法時六百万億那由他人以不受一切法故而
於諸漏心得解脫皆得深妙禪定三明六
通具八解脫第二第三第四說法時千万億
恒河沙那由他等眾生亦以不受一切法故而
於諸漏心得解脫從是已後諸聲聞眾无
量无邊不可稱數尒時十六王子皆以童子
出家而為沙彌諸根通利智慧明了已曾供
養百千万億諸佛淨脩梵行求阿耨多羅三
藐三菩提俱白佛言世尊是諸无量千万億
大德聲聞皆已成就世尊亦當為我等說阿
耨多羅三藐三菩提法我等聞已皆共脩學
世尊我等志願如來知見深心所念佛自證
知尒時轉輪聖王所將眾中八万億人見十
六王子出家亦求出家王即聽許尒時彼佛

BD03560號　妙法蓮華經卷三　（26–19）

耨多羅三藐三菩提法我等聞已皆共脩學
世尊我等志願如來知見深心所念佛自證
知尒時轉輪聖王所將眾中八万億人見十
六王子出家亦求出家王即聽許尒時彼佛
受沙彌請過二万劫已乃於四眾之中說是
大乘經名妙法蓮華教菩薩法佛所護念說
是經已十六沙彌為阿耨多羅三藐三菩提
故皆共受持諷誦通利說是經時十六菩薩
沙彌皆悉信受聲聞眾中亦有信解其餘眾
生千万億種皆生疑惑佛說是經於八千劫
未曾休廢說此經已即入靜室住於禪定八
万四千劫是時十六菩薩沙彌知佛入室寂
然禪定各昇法座亦於八万四千劫為四部
眾廣說分別妙法蓮華經一一皆度六百万
億那由他恒河沙等眾生示教利喜令發阿
耨多羅三藐三菩提心
大通智勝佛過八万四千劫已從三昧起往
詣法座安詳而坐普告大眾是十六菩薩沙
彌甚為希有諸根通利智慧明了已曾供養
无量千万億數諸佛於諸佛所常脩梵行受
持佛智開示眾生令入其中汝等皆當數數
親近而供養之所以者何若聲聞辟支佛及
諸菩薩能信是十六菩薩所說經法受持不
毀者是人皆當得阿耨多羅三藐三菩提如
來之慧佛告諸比丘是十六菩薩常樂說是

BD03560號　妙法蓮華經卷三　（26–20）

親近而供養之所以者何若聲聞辟支佛及
諸菩薩能信是十六菩薩所說經法受持不
毀者是人皆當得阿耨多羅三藐三菩提如
來之慧佛告諸比丘是十六菩薩常樂說是
妙法蓮華經一一菩薩所化六百万億那由他
恒河沙等衆生世世所生與菩薩俱從其聞
法悉皆信解以此因緣得值四万億諸佛世
尊于今不盡諸比丘我今語汝彼佛弟子十
六沙弥今皆得阿耨多羅三藐三菩提於十
方國土現在說法有无量百千万億菩薩聲
聞以為眷屬其二沙弥東方作佛一名阿閦
在歡喜國二名須弥頂東南方二佛一名師
子音二名師子相南方二佛一名虛空住二
名常滅西南方二佛一名帝相二名梵相西
方二佛一名阿弥陁二名度一切世間苦惱
西北方二佛一名多摩羅跋栴檀香神通二
名須弥相北方二佛一名雲自在二名雲自
在王東北方佛名壞一切世間怖畏第十六
我釋迦牟尼佛於娑婆國土成阿耨多羅三
藐三菩提諸比丘我等為沙弥時各各教化
无量百千万億恒河沙等衆生從我聞法為
阿耨多羅三藐三菩提此諸衆生于今有住
聲聞地者我常教化阿耨多羅三藐三菩提
是諸人等應以是法漸入佛道所以者何如
來智慧難信難解尒時所化无量恒河沙等
衆生者汝等諸比丘及我滅度後未來世中

BD03560號　妙法蓮華經卷三　（26–21）

聲聞地者我常教化阿耨多羅三藐三菩提
是諸人等應以是法漸入佛道所以者何如
來智慧難信難解尒時所化无量恒河沙等
衆生者汝等諸比丘及我滅度後未來世中
聲聞弟子是也我滅度後復有弟子不聞是
經不知不覺菩薩所行自於所得功德生滅
度想當入涅槃我於餘國作佛更有異名是
人雖生滅度之想入於涅槃而於彼土求佛
智慧得聞是經唯以佛乘而得滅度更无餘
乘除諸如來方便說法諸比丘若如來自知
涅槃時到衆又清淨信解堅固了達空法深
入禪定便集諸菩薩及聲聞衆為說是經世
間无有二乘而得滅度唯一佛乘得滅度耳
比丘當知如來方便深入衆生之性知其志
樂小法深著五欲為是等故說於涅槃是人
若聞則便信受譬如五百由旬嶮難惡道曠
絕无人怖畏之處若有多衆欲過此道至珎
寶處有一導師聰慧明達善知嶮道通塞之
相將導衆人欲過此難所將人衆中路懈退
白導師言我等疲極而復怖畏不能復進前
路猶遠今欲退還導師多諸方便而作是念
此等可愍云何捨大珎寶而欲退還作是念
已以方便力於嶮道中過三百由旬化作一
城告衆人言汝等勿怖莫得退還今見大城
可於中止隨意所作若入是城快得安隱若
能前至寶所亦可得去是時疲極之衆心大
歡喜歎未曾有我等今者免斯惡道快得安

BD03560號　妙法蓮華經卷三　（26–22）

城告衆人言汝等勿怖莫得退還今見大城
可於中止隨意所作若入是城快得安隱若
能前至寶所亦可得去是時疲極之衆心大
歡喜歎未曾有我等今者免斯惡道快得安
隱於是衆人前入化城生已度想生安隱想
尒時導師知此人衆既得止息无復疲惓即
滅化城語衆人言汝等去來寶處在近向者
大城我所化作為止息耳諸比丘如來亦復
如是今為汝等作大導師知諸生死煩惱惡
道嶮難長遠應去應度若衆生但聞一佛乘
者則不欲見佛不欲親近便作是念佛道長
遠久受勤苦乃可得成佛知是心怯弱下劣
以方便力而於中道為止息故說二涅槃若
衆生住於二地如來尒時即便為說汝等所
作未辦汝所住地近於佛慧當觀察籌量所
得涅槃非真實也但是如來方便之力於一
佛乘分別說三如彼導師為止息故化作大城
既知息已而告之言寶處在近此城非實
我化作耳尒時世尊欲重宣此義而說偈言
大通智勝佛　十劫坐道場　佛法不現前　不得成佛道
諸天神龍王　阿修羅衆等　常雨於天華　以供養彼佛
諸天擊天鼓　并作衆伎樂　香風吹萎華　更雨新好者
過十小劫已　乃得成佛道　諸天及世人　心皆懷踊躍
彼佛十六子　皆與其眷屬　千万億圍遶　俱行至佛所
頭面礼佛足　而請轉法輪　聖師子法雨　充我及一切
世尊甚難值　久遠時一現　為覺悟群生　震動於一切

BD03560 號　妙法蓮華經卷三　　（26–23）

諸天擊天鼓　并作衆伎樂　香風吹萎華　更雨新好者
過十小劫已　乃得成佛道　諸天及世人　心皆懷踊躍
彼佛十六子　皆與其眷屬　千万億圍遶　俱行至佛所
頭面礼佛足　而請轉法輪　聖師子法雨　充我及一切
世尊甚難值　久遠時一現　為覺悟群生　震動於一切
東方諸世界　五百万億國　梵宮殿光曜　昔所未曾有
諸梵見此相　尋來至佛所　散華以供養　并奉上宮殿
請佛轉法輪　以偈而讚歎　佛知時未至　受請嘿然坐
三方及四維　上下亦復尒　散華奉宮殿　請佛轉法輪
世尊甚難值　願以大慈悲　廣開甘露門　轉无上法輪
无量慧世尊　受彼衆人請　為宣種種法　四諦十二緣
无明至老死　皆從生緣有　如是衆過患　汝等應當知
宣暢是法時　六百万億姟　得盡諸苦際　皆成阿羅漢
第二說法時　千万恒沙衆　於諸法不受　亦得阿羅漢
從是後得道　其數无有量　万億劫筭數　不能得其邊
時十六王子　出家作沙弥　皆共請彼佛　演說大乘法
我等及營從　皆當成佛道　願得如世尊　慧眼第一淨
佛知童子心　宿世之所行　以无量因緣　種種諸譬喻
說六波羅蜜　及諸神通事　分別真實法　菩薩所行道
說是法華經　如恒河沙偈　彼佛說經已　靜室入禪定
一心一處坐　八万四千劫
是諸沙弥等　知佛禪未出　為无量億衆　說佛无上慧
各各坐法座　說是大乘經　於佛宴寂後　宣揚助法化
一一沙弥等　所度諸衆生　有六百万億　恒河沙等衆
彼佛滅度後　是諸聞法者　在在諸佛土　常與師俱生
是十六沙弥　具足行佛道　今現在十方　各得成正覺

BD03560 號　妙法蓮華經卷三　　（26–24）

[illegible]
一一沙彌等　所度諸眾生　有六百萬億　恒河沙等眾
彼佛滅度後　是諸聞法者　在在諸佛土　常與師俱生
是十六沙彌　具足行佛道　今現在十方　各得成正覺
爾時聞法者　各在諸佛所　其有住聲聞　漸教以佛道
我在十六數　曾亦為汝說　是故以方便　引汝趣佛慧
以是本因緣　今說法華經　令汝入佛道　慎勿懷驚懼
譬如險惡道　迥絕多毒獸　又復無水草　人所怖畏處
無數千萬眾　欲過此險道　其路甚曠遠　經五百由旬
時有一導師　強識有智慧　明了心決定　在險濟眾難
眾人皆疲倦　而白導師言　我等今頓乏　於此欲退還
導師作是念　此輩甚可愍　如何欲退還　而失大珍寶
尋時思方便　當設神通力　化作大城郭　莊嚴諸舍宅
周匝有園林　渠流及浴池　重門高樓閣　男女皆充滿
即作是化已　慰眾言勿懼　汝等入此城　各可隨所樂
諸人既入城　心皆大歡喜　皆生安隱想　自謂已得度
導師知息已　集眾而告言　汝等當前進　此是化城耳
我見汝疲極　中路欲退還　故以方便力　權化作此城
汝今勤精進　當共至寶所　我亦復如是　為一切導師
見諸求道者　中路而懈廢　不能度生死　煩惱諸險道
故以方便力　為息說涅槃　言汝等苦滅　所作皆已辦
既知到涅槃　皆得阿羅漢　爾乃集大眾　為說真實法
諸佛方便力　分別說三乘　唯有一佛乘　息處故說二
今為汝說實　汝所得非滅　為佛一切智　當發大精進
汝證一切智　十力等佛法　具三十二相　乃是真實滅
諸佛之導師　為息說涅槃　既知是息已　引入於佛慧

BD03560號　妙法蓮華經卷三　（26–25）

眾人皆疲倦　而白導師言　我等今頓乏　於此欲退還
導師作是念　此輩甚可愍　如何欲退還　而失大珍寶
尋時思方便　當設神通力　化作大城郭　莊嚴諸舍宅
周匝有園林　渠流及浴池　重門高樓閣　男女皆充滿
即作是化已　慰眾言勿懼　汝等入此城　各可隨所樂
諸人既入城　心皆大歡喜　皆生安隱想　自謂已得度
導師知息已　集眾而告言　汝等當前進　此是化城耳
我見汝疲極　中路欲退還　故以方便力　權化作此城
汝今勤精進　當共至寶所　我亦復如是　為一切導師
見諸求道者　中路而懈廢　不能度生死　煩惱諸險道
故以方便力　為息說涅槃　言汝等苦滅　所作皆已辦
既知到涅槃　皆得阿羅漢　爾乃集大眾　為說真實法
諸佛方便力　分別說三乘　唯有一佛乘　息處故說二
今為汝說實　汝所得非滅　為佛一切智　當發大精進
汝證一切智　十力等佛法　具三十二相　乃是真實滅
諸佛之導師　為息說涅槃　既知是息已　引入於佛慧
妙法蓮華經卷第三

BD03560號　妙法蓮華經卷三　（26–26）

乘名為

起隨事行故言依凡夫等隨力所也於

熏之智猶淺薄故与所熏真疏且遠故不能速疾向涅槃

故漸趣向无上菩提故凡夫等散亂妄執說為分別事識熏習謂

諸菩薩依於業識發唯識智了知唯識離前事識麤執相故

得意識名實非意識即由此智深契如理都熏真如增長智

力令諸菩薩發勇猛心起隨順行離法我執證見本識能熏

之智深厚微故与所熏真親且近故故能速證大般涅槃故依菩

薩所起證智名意熏習　論真如熏習至用熏習

述曰下顯真熏於中有二初標數列名後依名廣弁此初也以此

真如有二大故能熏无明自體相者為內熏因用熏習者為外

熏緣內外分別體用分二同內熏故體相為一　論自體相熏

習至境界之性　述曰自下弁相於中有二先別釋後合明別

中分二先明體相後顯用大初中亦二初正顯後除疑正中又二先

明熏習後顯功能此初也具无漏法身者謂中具足无漏性功

德故備有不思議等謂有用大作境界因不思議業者即用

大也作境界者謂顯用大能与眾生作六根境界性者因也謂

體大中非但具足无漏法故而為智因熏於眾生兼作用大境界

之因熏眾生也　論依此二義至發心脩行　述曰此顯功德也

依此本有境智因義常熏眾生以有熏力故令妄心而得發心猒苦

欣滅自信已性脩行諸行　論問曰至等入涅槃　述曰次下

除疑先問後答此問也一切眾生必有真如等熏習者舉所難法

何有信无信等者舉違設妨有无信此舉凡位信心有无前後差別

大也作境界者謂顯示大能[illegible]
體大中非但具足无漏法故而爲智因熏於衆生兼作用大境界
之因熏衆生也　論依此二義至發心脩行　述曰此顯一切功德
依此本有境智因義常熏衆生以有熏力故令妄心而得發心厭苦
欣求自信已性脩行諸行　論問曰至等入涅槃　述曰次下
除疑先問後答此問也一切衆生必有真如等熏習者舉所難法
何有信无信等者舉違設妨有无信心有无前後差別
此舉八住解行差別皆應一時等者正陳責難內熏既齊寧
有差別既有差別寧言等熏　論答曰至无明起差別
述曰下答有二初約惑厚薄以明不等後約緣前後以明差別初
中有二初正顯惑差別後結明不等此初也文中三節初顯无明
厚薄不同真如一者顯平等真雖等熏而依真有根本无明厚
薄不同致諸凡夫有信无信諸賢聖等有證不證非由內熏使
之然也過沙等上煩惱等者次顯現行煩惱不等上煩惱者此餘
四住現行以現起故名上煩惱我見愛染煩惱等者此顯四住煩惱
障種我見謂即初一住地愛染謂即餘三住地此現種惑數過
恒沙皆由无明起成差別　論如是一切至如能知故
述曰此經明不等也此二煩惱皆依根本无明所起以本无明有多
差別如生惑性差別无量自非仏智餘豈能知以此煩惱性差別
又入信等前後差別　論又諸仏法至乃得成辦
述曰次下約緣明其差別於中有三謂法喻合此初也然信證等
所有仏法若獨內因不假外緣可如所責然今外緣要具熏發
緣內熏爲因方得成辦故信證等致有前後非一時也
論如木中火至无有是處　述曰此舉喻也　論衆生亦尒至
則无是處　述曰次下法合於中有三初明闕緣次顯闕因後
因緣具此初也　論若雖有外緣至樂求涅槃　述曰此顯闕
因也謂有无明厚重之染雖則本覺常起內熏无明熏故而熏无
力縱遇善友外緣之力而亦不能令其得道　論若因緣具足
至向涅槃道　述曰此顯因緣具足等者初顯具熏所謂
自有熏習力者惑業微薄內熏有力也又爲仏等悲願護者

因也謂有无明厚重之染雖有本覺常起内熏无明熏故而熏无
力縱遇善友外緣之力而亦不能令其得道　論若因緣具足
至向涅槃道　述曰此顯因緣具足等者初顯具熏所謂
自有熏習力者惑業微薄内熏有力也又爲佛等悲願護者
感其外緣悲願熏也能起已下具顯熏益起猒苦心脩善根者
自分行也以脩善根等者勝進行也既佛等示其好醜三業六度教
令捨惡而從善行爲說當益令行心利讚其所行而令心喜既
由如是示教利喜乃能進趣向涅槃　論用熏習者至外緣之力
述曰下明用熏於中有二初旨事揔標後約緣別顯此初也謂佛
菩薩所起作用大悲弘誓應現多方但預見聞无不蒙益故是
衆生外緣之力　論如是外緣至略說二種　述曰次約緣別顯
於中有三謂標列釋此初也　論云何爲二至平等緣
述曰此列名也散心所見多門化身名差別定心所見稱性報身
名平等隨彼境心得彼名故　論差別緣者至若見若念
述曰次下弁相於中有二先明差別緣後釋平等緣前中又二先揔
後別揔中又二初明感用因後正明用相此初也言此人者機欲之
人即是凡小差別之機佛菩薩者出外緣體謂從初位乃至佛果
爲彼小作別緣也初發意下明所感緣明時分齊也若見若念
明行者心感用器也謂見身形念其功德由此便能感勝用也
論或爲眷屬至无量行緣　述曰下明用相於中有二初明別用
後辯用之益此初也文中二義前有五句開揔成別欲令荷以恩
慈亦爲眷屬慈愛以攝生欲令悅其供侍亦爲給使居卑以
接欲令慕行其義亦爲朋友同類以勸發欲令猒彼假誑亦
爲惡冢怖之以入道欲令當成聖行故起四攝引之以令脩乃
至已下攝別成揔一切所作无量行緣皆爲衆生外緣之力
論以起大悲至得利益故　述曰此弁用之益也文易可解
論此緣有二種至遠得度者故　述曰次下別開於中有二先
開近遠後開解行此初也即爲根熟易可度者而作近緣爲業
熟難可度者而作遠緣故說佛等普皆攝受益
論是近遠二緣至愛道緣　述曰此開解行也謂前近遠二

論以起大悲至得利益故　述曰此弁用之益也文易可解
論此緣有二種至遠得度者故　述曰次下別開於中有二先
開近遠後開解行此初也即為根熟易可度者而作近緣為未
熟難可度者而作遠緣故説仏菩薩皆稱受益
論是近遠二緣至愛道緣　述曰此開解行也謂前近遠二
之中各開增行受道二緣令其脩習自分行故名增行緣增長
行故令其脩習勝進行故名受道緣進上道故
論平等緣者至而現業　述曰次顯平等緣於中有二先明能作緣
者後釋平等義此初也言菩薩者為初地上入地方證同體智故皆
願度者平等心也由此願度一切衆生自然等者常用應機任
運熏習常无斷也以同體者由得衆生平等體故求威他苦如
應見聞現作業用　論所謂衆生至見諸仏故　述曰此通外
疑釋平等義謂外疑云若謂平等緣用何故衆生見差別耶故
此釋云謂平等緣應平平等機者謂三賢上諸衆生等依三昧力悉
見諸仏身量平等无有彼此分齊之相故云平等故見諸仏也
論此體用熏習至有二種　述曰上来別明體用熏習次下合
釋於中有二初標後釋此初標也　論云何為二至用相應故
述曰下釋有二初未相應後已相應凡夫等者約位舉人以意
意識熏習等者弁其行劣凡夫二乘意識熏習新發意菩薩
以意熏習雖是真如所熏起識猶有分別未契真如故云依信力
故而脩行也未得已下明未相應以未證得无分別智未顯法身
未同仏體未与諸仏體相應也故云以未證得无分別心与體相應
故以未證後得智故未同諸仏起應化身未与諸仏相用應也自
在業者即報化身用言脩行者即後得智後智能起報化用故
名自在業脩行也　論二者已相應至滅无明故　述曰法身
菩薩舉位取人謂是地上諸菩薩也得无分別心者正顯相應謂
得如理正體智故名得无分別心得此心故便同仏體故与諸仏體
相應也以得如量後得智故能起化用故与諸仏智用應也唯依
法力等者顯其行勝初地已上證真如法而起諸行唯依證智

菩薩舉位取人謂是地上諸菩薩也得[illegible]
得如理正體智故名得无分別心得此心故便同仏體故与諸仏體
相應也以得如量後得智故能起化用故与諸仏智用應也唯依
法力等者顯其行勝初地已上證真如法而起諸行唯依證智
任運而循不依法力自然循也以此勝行熏習真如真如既顯无
明滅也　論復次染法至盡於未來　述曰上已廣顯染
淨熏義自下第四顯染淨熏盡不盡義於中有三初標舉
其相次徵問所由後釋義所以此初也染法謂即本末不覺淨
法謂即本始二覺雖皆无始而相熏習由常无常有斷无斷
論此義云何　述曰此徵問所由也此有二意染淨之熏
俱无始有何故染熏有盡淨熏无斷耶染淨相因方成熏義
若得仏已則无染法如何可言淨法熏習則无斷耶
論以真如法至故无有斷　述曰此釋義所由也以真如法常
熏習故妄心即滅者釋初問也謂彼染熏違理而起无常法故
有滅淨盡法之熏順理而生是常法故无有斷故言真如常
熏習等法身顯現等者答後問也若未成仏法身未顯以體熏
習有染相故若已成仏法身顯現以用熏習有染生故由此淨
熏无有盡也　論復次真如自體相者　述曰生滅門內有
二分中前来已釋生滅心法釋立義中是心生滅因緣相竟次下
明其所示之義釋立義中能示摩訶衍自體等義於中有
二初合釋體相二大後別釋用大之義初中亦二初惣標二大之名
後別釋二大之義此初也以此體相多凡位說与用別時故二合
說其用大者約仏菩薩悲智而明是故別開故言真如自
體相也　論一切凡夫至畢竟常恒　述曰次下別釋二大之
義於中二大即分為二體大也人雖就位以分優劣以體隨人未
曾增減其次二句釋此所以前際凡位不生故非增後際仏位
不滅故非減其下二句轉釋此義常故前際不生恒故後際不
滅既常恒故從凡至仏其體畢竟　論從本已来至一切功
德　述曰次明相大於中有二初正明性德後問答重釋前
[illegible]

義於中二大段[illegible]
曾增減其次二句釋此所以前際凡位不生故非增後際仏位
不減故非減其下二句轉釋此義常故前際不生恒故後際不
不減既常恒故從凡至仏其體畢竟　論從本已來至一切功
德　述曰次明相大於中有二初正明性德後問答重釋前
中後釋亦二先明德相後顯立名初中又三初摠標次別釋後摠
結此初也謂此相大一切功德即於體大自性之上本來具足非新
起故名性功德如水八德不離水故　論所謂自體至自在義故
述曰此別釋也文中六句顯六德相初顯本覺照明之義次明
次明顯照諸法之義次明顯照无倒之義次明性離惑染之義
次顯淨德圓備之義後顯性德无遷之義即由前前而有
後後以後句顯前義　論具足如是至思議仏法
述曰此摠結也性德塵沙皆即真體故云不離无始相
續故云不斷共同一味故云不異德義深廣名不思議皆
皆是覺法故名仏法　論乃至滿足至如來法身
述曰已顯德相次顯立名廣舉就略故云乃至顯衆德
故云滿足更无所念云无所少能攝果地如來万德
名如來藏果德相顯為万德依故名法身　論問上說至種
種功德　述曰如來正明性功德義次下問答重顯於中
有二初問後答此初也謂執真體定離諸相故疑有此功
德相也　論答曰至是故无二　述曰下答有二初明
差別而无二後顯无二而差別此初也文中[illegible]顯衆德雖
復廣多同一味如次釋所以以无分別能取之心又離分別所
取之相由无二取故同一味下句摠結由同一味真如性故是故
前言无有二也　論復以何義至生滅相示　述曰下顯
无二而差別於中有二先後廣此初也文中四句上半疑詞既
其不二以何說別下半釋遣以依生滅恒沙染法返此表示
真德差別且舉染本但言業識據實通對一切染也
論此云何示　述曰次下廣釋於中有二先問後顯此問對

无二而差別於中有二先後廣此初也文中四句上半疑詞既
其不二以何說別下半釋遣以依生滅恒沙染法返此表示
真德差別且舉除本但言業識據實通對一切染也
論此云何示　述曰次下廣釋於中有二先問後顯此問對
染所示義也　論以一切法至實无於念　述曰下答有三
初舉所迷之理次對染以顯德後結德以釋名此初也以一切法
即心真如真非妄故一切諸法實无念也　論而有妄至光
明義故　述曰此對染顯德於中有二先明對染別顯
德相後明對除顯具衆德初中顯前六種德義即分爲六此
初本覺智明義也謂諸妄心不覺起念見諸境染故摠說
无明心性不起是故即說智惠光明　論若心起見法至界義
故　述曰此即顯照諸法義也若心起於妄見染者有所見
故有所不見心性无此諸妄見故即說顯照諸法義也
論若心有動非真知識　述曰此即對明顯照无倒義也此中應
言若心有動非真識知心性无動即是真實識知義故以
文略故義准知故謂若心起　動轉妄動非真識故心性无動
即說心性真識義故　論无有自性　述曰此即對明性離
惑染義此二文略若具應言若心有動无有自性心性无動即
是性清淨心義故謂論動念皆无自性心性无動即說自性清淨
心義也　論非常非樂非我非淨　述曰此即對顯淨德圓備
義此中應言若心有動非常樂等心性无動即是常樂我淨義
故若心有動輪六趣故非常是行苦故非樂惑所使故二非我性
是染故非淨心性不動翻此四種即是常樂我淨義也
論熱惱衰變則不自在　述曰此則對顯性德无遷義此亦應
言若心有熱惱衰變則不自在心性无動即是清凉不變自在
義也諸惑燒心故名熱惱妄染遷故則名衰變業果繫縛是
不在心性不動則无此義故說真如清凉不變自在義也
論乃至具有至相義示現　述曰此摠標舉諸染顯衆德相言
乃至者摠舉之詞妄過恒沙翻對此故真恒不動即說真有
過恒沙德相表示　論若有起見即如來之藏

言若心有熱惱衰變則不自在心性无動即是清凉不變自在
義也諸惑燒心故名熱惱妄染遷故則名衰變業果繫縛是
不在心性不動則无此義故說真如清凉不變自在義也
論乃至具有至相義示現　述曰此惣標舉諸染顯衆德相言
乃至者惣舉之詞妄過恒沙翻對此故真恒不動即說真有
過於恒沙德相表示　論若有起至如来之藏
述曰此則第三舉德以釋名若心更起外念求之即是不足故有
少也以心性中淨法滿足更無所求云无所念故是淨滿足即此一
心德法滿故為淨法依名為法身能攝如来清淨功德名如来
藏論　復次真如至大慈悲　述曰上明體相下顯用大於中
有二初惣標後別釋惣中有二初對果舉因後除因顯果初中亦
二初悲後智悲中有三初顯起用因次因悲起行後因悲立願此初也
諸仏如来本因地者此明能起用大之人即發心凡夫人也依因此人發用
大故發大慈悲者此明起用大之因由因大悲發用大故
論脩諸波羅蜜攝化衆生　述曰此因悲立行也脩諸波羅蜜
顯六度行攝化衆生明四攝行皆為利他而脩行也即以利他而有
自利是故此中二利具足　論立大誓願至盡於未来
述曰此因悲立願也盡欲度脫等衆生者廣大願也亦不限劫
數等者長時願也　論以取衆生至不取衆相
述曰自下明智於中有二初顯自他同體之智後釋同體智之所由此
初也以取衆生如已身者顯德攝他同已相也而亦不取衆生相者不
見身外有衆也由平等智以取衆生如已之身故雖起願度諸衆
生而亦不取衆生之相　論此以何義至真如平等
述曰此顯自他同體所以此何義者責其自他无別所已謂如實智
他同真无有別體何見外別有衆生亦於自身尚不見故
論以有如是至見本法身　述曰自下第二除因顯果於中亦二初顯
用體後明用相此初也以有如是大方便智者除前顯果之因除滅无
見本法身者舉因所顯之果大方便者即前所起大悲行願體正名方便道
名便智謂自他同真之智以有如是大悲智故无明除滅法身了果究
竟顯現是故名為見本法身　論自然而有至遍一切處

他同真无有別體何見外別有衆生亦於自身尚不見諸
論以〻有如是至見本法身　述曰自下第滕因顯果於中亦二初顯
用體後明用相此初也以〻有如是大方便智者滕前顯果之因除滅无
見本法身者舉因所顯之果大方便者即前所起大悲行願體正名方便道
名便智謂自他同真之智以〻有如是大悲智故无明除滅法身了果究
竟顯現是故名為見本法身　論自然而有至遍一切處
述曰下顯用相於中有二初明用深廣後明用无相此初也自然等者
明用深也与真等者顯用廣也妙用難測名不思議用相正多
者種種用任運起用自然有是則依前法身之體不待作意任運
起於難思業用用依真起故同真等遍一切
論又亦无有至故說為用　述曰此明用无相又亦无有用可
得者標无相何以故者責无相義仏具三身乘現諸相如何乃
言无用相耶下荅意云若瘥機感如來唯是妙理本智宗勝寶
義更无應化生滅等相因隨緣用用即无用如水即波即用常
寂故云諸仏唯是法身離施作等雖真理妙智本來常湛
隨機感而應益用无邊即寂常用故云但隨衆生見聞得
益說為用等　論此二有種　述曰次下別顯於中有二
初標後釋此初也　論云何為二至不能盡知故
述曰下釋有二初正顯用相後問荅釋疑前中亦二直顯用功後重
滕分別前中分二先明應身後顯報身此初也凡夫二乘起心分別而
見仏者依於分別事識見也轉識不知諸唯心執有外境凡夫二
乘未離此識故依此識而見仏身依此識麁分別仏身但見應
見麁色之相不見報身微妙色相是故凡夫小乘心所見者名為
應身以〻不知下釋見麁所以〻所見仏相皆是梨耶轉識所現
謂由事識厭苦欣滅願求見仏熏習力故即依轉識所有現識
而現仏身淨勝境界此人不知轉識現仏謂仏外從兜率天來
不達色即舉體是心无有分齊執色離心而取仏身分齊但有
丈六色相以〻不能知分齊之色即无分齊是故名為不盡知也
論二者依於至名為報身　述曰下顯報身於中有三初約識
舉〻明其所見次正顯依二報身之相後顯果由因釋顯報名此

不達色即舉體是心无有分齊執色離心而取仏身分齊但有
丈六色相以不能知分齊之色即无分齊是故名為不盡知也
論二者依於至名為報身　述曰下顯報身於中有三初約識
舉人明其所見次正顯依二報身之相後顯果由因釋顯報名此
初也十解已上諸菩薩等依於等識發能見智即依此智見
仏報身故說依於業識見也非謂業識即是能見此識發
細未能見仏　論身有无量色至无量好　述曰下顯報
相於中有二初正報後依報此初也身无分齊云无量色依色有
相相亦无邊依相有好好亦无盡相以表德令人敬德而念仏好為
嚴身令人愛樂而親近故說仏身有相好等　論所住依果至
毀不失　述曰此顯依報言依果者即所依土能依正報无
有邊故所住依果亦有无量池臺樓觀七珍百寶若人若物種
種莊嚴不同化土分齊之色隨所亦現即无有邊皆遍法界乎融
无导故无窮盡離分齊相随其業行所感何相而所應者即皆
常住故非如化土三災毀壞惡人損失　論如是功德至說為報
身　述曰此結因果由釋報名也如是依正功德報相无障
无导不思議事皆因六度深行之熏及由本覺不思議熏內
外二因之所成就樂相圓備故得報名　論復次凡夫所見至說為
應身　述曰次下第二重廣分別於中有二先應後報此初也前明
應身通依凡小所見而說今欲簡凡異小所見重顯應身二乘
見仏是聖人身凡夫見者六道各異皆非出世相同苦諦是故
名為非受樂相果不稱因說之為應　論又初發意至法身位
故　述曰下顯報身於中有二先明地前所見後顯地上所見此
初也前明報身通地前後所見而說今欲簡彼異於證故重簡
報身十解已上依比觀門見真如理故言深信真如理也以非親
證是相似覺言少分見以見真如異凡小故知色相等无來去等
以依比觀而得深解未入法身證真位故而此菩薩由分別也
論若得淨心至遍相見故　述曰此顯地上所見也若得淨

初也前明報身通地前後所見而說今欲簡彼異於證故重明
報身十解已上依比觀門見真如理故言深信真如理也以非親
證是相似覺言少分見以見真如異凡小故知色相等无來去等
以依比觀而得深解未入法身證真位故而此菩薩由分別也
論若得淨心至遍相見故　述曰此顯地上所見也若得淨
心所見微妙其轉用勝者此明勝用相過前而於地地用亦用
轉增長故云轉勝乃至菩薩究竟地見之究竟者此明見極盡
地菩薩見佛報身身相之極名見究竟金剛後心離於業相更則不
見故離業識則无見相所依既无能依无故謂離業識即名諸佛
諸佛唯是真如法身无有彼此色相可見故離業識无見相也
論問曰至能現色相　述曰下答有二先釋法身能現後釋所
現之色前中亦二先惣舉後別成此初也謂此法身即是報化色
家之體故能現色若非色體不名法身色德名法自體名身是
故法身名為色體　論所謂從本至遍一切處　述曰此別
成也從本已來色心不二者惣標所現色不異心謂從因至果攝本
而言色心為體故報化色不異真心以色性即智等者明色即心顯
前不二以彼報化色之本性即是本覺心智性故而彼報化舉體
是智色相都盡但云智身以智性即色等者明心即色顯前不
二以心智性即是報化色體性故說名法身報化身法依名體故
遍於一切色相了處　論所現之色至而不相妨　述曰下釋依身
所現之色於中有二初明所現无㝵後明所現難思此初也无分齊
者此標无㝵以其法身无㝵常遍故所現色无斷无限隨心已下
顯无㝵相謂遍十方諸菩薩心能亦无量勝妙報身无量莊嚴
淨妙土相各隨十地所見不同皆无分齊而不相妨者顯无㝵義難
其所見皆遍法界各差別相互不相妨　論此非心識至在自用義
故　述曰此明所現難思通外難也謂外難云凡言色者質㝵
為體分齊為相相妨為用如何各別皆无分齊不相妨耶故此
答云非心識等　論復次顯示至色之與心　述曰上顯法義別
釋真如及生滅門顯非一義竟自下二門初對會相入空顯不
異義於中有三謂標釋結此初也等顯會相入空義故云

爲體不齊爲相相妨爲用如何各別皆无不齊不相妨耶故此
答云非心識等　論復次顯示至色之与心　述曰上顯法義別
釋真如及生滅門顯非一義竟自下二門初對會相入空顯不
異義於中有三謂標釋結此初也將顯會相入空義故
言顯示從生滅門入真如門云何顯云推求五陰色之与心
色蘊名色四蘊名心推此五陰離真无體故從生滅即入真也
論六塵境界无念　述曰下釋有二先觀色法次觀心法此
初也謂彼六塵有无對色皆從心起畢竟无體離心之外无可念
相故言六塵畢竟无念　論以心无相至終不可得　述曰下顯
觀心於中有三謂法喻合此初也六塵色相多現有像尚不可得況
心无形像而可得耶由无形故即无住處故即无所有故言十方求
之終不可得　論如人迷故至方實不轉故　述曰此舉喻也
論衆生亦尒至心實不動　述曰此合也推求動念已滅未生
中无所住故則无有起故知心性實不動也　論若能觀察至入真
如門故　述曰此後總結即得隨順是顯信位若能觀察得
方便觀入真如者若至初地得正觀也　論對治耶執者至則无
耶執　述曰上來已明顯示正義次下第二對治耶於中有二初就
本總標後別明除障此初也謂依分別我見之上起於分別迷教
耶執既依我見起耶執故離我見耶執即亡根斷枝亡理恒
數故　論是我見有二種至人我見　述曰次下第二別
明除障於中有二初對治離後究竟離初中有二初標數
列名後別弁其相此初也計有總相宰主之者名人我見
計一切法各有實體名法我見然此二見各有二種任運起
者名爲俱生耶思起者名爲分別今此所說分別起者皆迷
正教而生起故　論人我見者至說有五種
述曰次下弁相於中有二初明人我後明法我見初中亦二初
總標後釋別此初也然此人我唯仏法內學大乘人凡夫所起
是故下文皆舉迷於大乘教起故依凡夫說五我見
論云何爲五至猶如虛空　述曰次下別釋五見即分爲

正教而生起故　論人我見者至說有五種
述曰次下弁相於中有二初明人我後明法我見初中亦二初
惣標後釋別此初也然此人我唯佛法內學大乘人凡夫所起
是故下文皆舉述於大乘教起故依凡夫說五我見
論云何為五至猶如虛空　述曰次下別釋五見即分為
五一一文中皆有三義初明起執之由次正明執相後顯其對
治此初我見之中起執之由也此般若等經文為破執相好身
為真如者故說法身寂寞无相如虛空　論以不至是如來
性　述曰此正明執相也謂諸凡愚不了教意則謂虛空
是佛法體是則以喻而為法也　論何對治至體无不實
述曰下明對治於中有二初虛空非常遍有後顯法身非
非有遍常前中亦三初立次釋後結此也初明虛空相是
妄法者此明情有聞說空名隨分別有虛空相故體无不
實者此顯理无如彼空花據情雖有據理无故
論以對色故有至虛空之相　述曰此釋也對色故有
等者明有也以對界色故於无界明闇之處說有虛空
然此无界明闇之相是空界色眼可見相牽起念念生滅
心耳以一切色法下顯理无也本以對色而立虛空色體尚无寧
有空相　論所謂一切至境界滅　述曰此結也一切境界
唯心妄有此者明情有若心已下後顯理无既一切法妄情則
有據理皆无故知虛空非常遍有　論唯一真心至虛空相
故　述曰此顯法身非有遍常唯一真心无所不遍等
者弁法同喻以佛法身唯一真心无所不遍无所不遍者是顯
如來智性廣大究竟之義如虛空義故喻虛空相者謂
法喻異非謂如彼情有理无妄虛空相　論二者聞脩至離一切相
述曰第二我見之中明起執之由也即大品等諸般若經為破取著
生涅槃妄生分別而欣厭者故說諸法畢竟皆空即從本來
无相性故離一切相名之空耳　論以知不至唯是其空
述曰此正明執相也以不知為破著故即如言執真如涅槃性功

述曰第二我見之中明起執之由也即大品等諸般若經為破耶著
生涅槃妄生分別而欣猒者故說諸法畢竟皆空即從本來
无相性故離一切相名之空耳　論以知不至唯是其空
述曰此正明執相也以不知為破著故即如言執真如涅槃性功
德相畢竟斷无　論云何對治至性功德相　述曰此顯對
治也真如法身自體不空者正明不空對治空執具足无
量性功德者此釋不空所以義也　論三者至功德之法
述曰第三我見之中起明初起執之由也此文為破著空眾生說
如來藏具體相用　論以不解故至自相差別　述曰此明
執相也色謂相好心謂力等彼初心者執此為實則如藏備
功德法不解約真性德而說无差別相謂有如前自體差別色
心清淨功德　論云何對治至說差別故　述曰此顯對
治也唯依真如義說故者二之不二所言體備功德法者唯依
真如性德義說非謂有前色心之法因生滅染義等者不
二之何故乃說差別功德謂對生滅差別染義亦現說其差別
功德非謂性德有其差別　論四者至不離真如
述曰此第四我見之中初明起執之由也此文為破執生死染法真有
體者故說真如隨緣之義至死染法依藏有者顯如來藏性
緣生義一切諸法不離真者顯緣生法无別體義
論以不解故至生死等法　述曰此正明執相也不解真如隨
緣義故謂如來藏體若无染何能生染所依故知體與世間染法
論云何對治至相應故　述曰下顯對治於中有二初順遣
情疑後返破愚執此初也以如來藏從本等者此明淨德妙有過
恒沙等煩惱等者此明妄染理无從无始世來等者此顯妄不
入真故如來藏不相應　論若如來藏至无是處故
述曰此返破也謂諸聖者證會此時既離妄染故如來藏體无妄
也
論五者至故得涅槃　述曰此第五我見之中初明起執
之由如來藏性為諸法依由此便有生死涅槃　論以不解故
至還住眾生　述曰此正明執相也謂聞依藏有生死則謂

恒沙等煩惱者此明妄……者此顯妄有
入真故如来藏不相應　論若如来藏至无是處故
述曰此返破也謂諸聖者證會此時既離妄染故如来藏體无妄
也　論五者至故得涅槃　述曰此第五我見之中初明起執
之由如来藏性為諸法依由此便有生死涅槃　論以不解故
至還作衆生　述曰此正明執相也謂闇依藏有生死則謂
真實而其妄後故起衆生有始之見以見始下復於涅槃起終見
也既如来藏本无初際而起諸染得有衆生縱離惑除所得涅
槃何不終盡作衆生耶由此卻成前始也見　論云何對治至外
道經說　述曰下顯對治於中有二初明无始後顯无終此初也以如
来藏前際等者正明无始有如来藏即有无明所依藏性既无前際
能依生死何有始耶无明相者即生死也若說已下顯始見過如彼數
論外道經說從冥生覺初作衆生却歸冥性名得涅槃從冥生
覺還有衆生　論又如来藏至无後際故　述曰此顯无終也謂
如来藏无後際故諸如来智證之相應所得涅槃无後際也非謂
涅槃与藏相應而无後際即真體故　論法我見者至說人无我
述曰下顯法我見於中亦三此初明起執之由也雖此法相亦空无我
二乘根鈍且未堪聞為引彼人令入涅槃聖道是故但說人无我理
論以說不究竟至妄取涅槃　述曰此正明執相也由其未顯蘊體亦
空說法未了故彼二乘者未亡法執見有五陰生滅實法故怖生死妄
取涅槃　論云何對治至本来涅槃　述曰此顯對治也以彼
五陰本无自性何有生滅即无生滅本自涅槃何有實法妄生
欣厭　論復次究竟(竟)至自相可說　述曰次下第二顯究竟
離於中有二初約法明治後會釋伏疑前中亦二初約法總顯
後舉廣類求此初也前明伏道伏除耶執名為對治今明斷道
永離妄執究竟離總舉執緣顯无自性所執无故能執不生
心无所依自然解脫故言究竟離妄執等　論是故一切至不可
說相　述曰此舉廣類求也是前染淨相待假故一切諸法

後舉廣顯求此初也前明伏道伏除耶執名為對治今明斷道
永離妄執究竟離惣舉執緣顯无自性所執无故能執不生
心无所依自然解脫故言究竟離妄執等
說相　述曰此舉廣顯求也是前染淨相待假故一切諸法
本无自性非由悟後方便其然故言是故從本來等二取无故非
色非心心无染淨非智非識色无起盡非有非无由是義故畢竟
不可說相　論而有言說至入實故　述曰此會釋伏疑
也而有言說等者此正會伏疑聖既了法不可說相應无
所說者假言引而令悟其旨不在言也其旨趣等弁意聖意
意存歸真不欲尋名滯言說相也以念一切法等者返以釋成
以若尋名便起於念則心生滅不稱平等真實智故
論分別發趣至趣向義故　述曰上來已明對治耶執次下第
三發趣道相於中有二初標意顯名後別釋　分別此初也所證
隨者即是真如此是仏智所證道故趣向義者釋其道名
此所證理是諸菩薩所趣向義故名為道欲明菩薩發心脩行
趣向諸仏所證之道故名分別發趣道相　論略說發心至證發心
述曰次下別釋開於中有二初標數列名後別開分別此初也信成就發
心者謂於十信終滿住中信心成就能發三種決定信心住十住故解
行發心者謂十行位能解法空順行六度解行純熟發回向心住十
向故證發心者位在初地乃至十地依前二種相似發心證得真如
發真心故　論信成發心至堪能發心　述曰次下弁相弁上
三名即分為三初中亦三一明信心成就之行二顯行成發心之相三歎發
心所得利益初中又二初問後答此初也文中四句惣為三問依何
等人者問能脩人脩何等行得信成就堪能發心者問行已
堪發何心　論所謂依不定聚衆生　述曰下答有二
初正答前問後舉勝顯勝前中亦二先別答三問後結成入
位前答三問即分為三此顯脩人答初問也分別三聚乃有四門
今者唯就約位分別十住已上名正定聚住聖種故未入十信名耶
定聚[illegible]中間十信名不定聚行進退故今[illegible]

等人者問能脩人脩何等行得信成就堪能發心者脩行也
堪發何心　論所謂依不定聚衆生　述曰下答有二
初正答前問後舉劣顯勝前中亦二先別答三問後結成入
位前答三問即分為三此顯脩人答初問也分別三聚乃有四門
今者唯就約位分別十住已上名正定聚位聖種故未入十信名耶
定聚皆正因故中間十信名不定聚行進退故今依此人明所脩
行故言依不定聚衆生也　論有熏習至脩行信心　述曰此顯
行答第二問有熏習善根力者此弁行因謂有本覺內熏因力
善支聞熏為外緣力并依前世脩善根力信業果熟等者次顯所行
由前熏習善根力故能信果報起十善者世間善也厭
生死等者出世善根也得值諸仏等者此明行勝謂約此緣脩
習十種信心行也　論逕一万劫至能自發心　述曰此明信成
答第三問逕一万劫信心成就者此約時滿顯行成也即是信位上
品滿人於十千劫脩十信心而其信心方成就故諸仏菩薩教發心
者此約勝緣明所發心也謂依勝緣發三心故准十住論有七發心前
三是此決定發心諸仏菩薩教發心者教念真如發真心也以大悲
故自發心者愍衆生苦發悲心也以護法故自發心者守護善法發深
心也　論如是信心至正因相應　述曰上答前問此結成位
入也是十千劫信成就故得發三心至初住位名入正定聚大涅槃離
生死耶名正種性菩薩趣之必尒名定正定聚多斷為一類名聚當
所成覺名日如來習性當絕名住種中正因相應釋當絕義內熏
仏性名日正因脩行契順故日相應由与得仏正因相應是故得住
如來種也　論若有衆生至若進若退　述曰次下第二舉
劣顯勝於中有二初內熏力微後外緣力劣此初也內熏力微即是信
位初心人也善根微少等者惣明障重創脩善行名為微少久遠
未制名　為深厚雖值於仏等者別顯位輕於中別顯三種劣心
然起人天種子者倒種苦因或起二乘種子者異求小果設求大乘
根不定者猶豫大乘即下中上三品人也此人雖遇勝緣發心善少障
深但得淺利　論或有供養至墮二乘地　述曰此明外緣力

未制名　為深厚雖值於仏等者別顯位輕於中別顯三種劣心
然起人天種子者倒種若因或起二乘種子者異求小果設求大乘
根不定者猶豫大乘即下中上三品人也此人雖遇勝緣發心善小障
深但得淺利　論或有供養至墮二乘地　述曰此明外緣力
劣顯其信位中心人也供養諸仏未逕万劫者行時未滿於中遇緣
亦有等者遇緣不勝見仏色相不見體故供養衆僧取儀形故二乘
教發劣勸發學他發心無自性故如是發心等者結成退失此四皆
非悲智之心不見本性體不定故雖皆發心或便退墮即十住論後
四心也　論復次至略說有三種　述曰上明信心成就之行下顯行
成發之相於中有二初正明發心後問答釋疑前中有二初問起標數
後依標顯相也言直心者無分別義正念真如無耶念故即是利二
行之本也言深心者是意樂義意樂脩行諸善行故即是自利之
本也言大悲者心是普濟義普欲濟拔衆生苦故即是利他行
之本也此三即是三菩提心由此是其發心相耳　論問曰至諸善之行
述曰次下釋疑於中問答此初也唯許直心疑其後二故發問耳
論答曰至終得淨　述曰下答有二初正答前後重顯方便前中
亦二無喻後合此初也　論如是衆生至亦無得淨　述曰下答有
三初正合前文次顯行所以後善行順真此初也　論以垢無量至以
為對治　述曰顯衆行之所以也真如之理既遍一切無明於真
有垢染義即驗垢遍一切法也故脩衆善以為對治
論若人脩行至真如法故　述曰此顯善行順真也真如既遍一
切法中亦非一善而能隨順善從真如流染從無明起若脩善行外
違妄染内順真如故脩善法自歸真也　論略說方便有四種
述曰次下第二重顯方便於中有二初標數後別釋此初也於中初顯
不住道後三即顯三聚淨戒遍包一切順真方便故言略說有四種也
論云何為四至性無住故　述曰次下別別釋四種即分為四此初顯
不住道也行根本方便者列其名也謂依真如脩不住行与後三行
作根本故此行順真名為方便觀一切等者次顯其相自性無生者

不住道後三即顯三聚淨戒遍包一切順真方便故言略說有四種也
論云何為四至性无住故　述曰次下列釋四種即分為四此初顯
不住道也行根本方便者列其名也謂依真如脩不住行与後三行
作根本故此行順真名為方便觀一切等者次顯其相自性无生者
所觀境空離妄見者能觀心空心境既何所樂著故能生智不住
生死業果不失衆生不捨深可生悲為救濟故不住涅槃以隨順
等者顯脩行意釋方便也以此法性自性无住故脩此行而為隨順
之方便也　論二者能止至離諸過故　述曰此即顯其攝
律儀戒離一切惡能止即方便也慚愧等者次顯其相於中則顯
二種止勤能止一切惡法者未生惡法令不生不令增長者已生惡
法令除斷以隨順等釋其脩意顯方便名也以順法性離過義
故說能止為方便也　論三者發起至離癡障故
述曰此顯攝善法戒脩一切善發起等初列名也謂由對故發起善根
復由勤故善根增長即是順真之方便也謂供養礼拜等者
未生善法令發生由信增長生諸善故又為化法僧力等者已生
善法令增長消障不退由善增故隨順等者釋方便名發起善根
生福智故故順離癡善根增長棄業障故故順離障故起善根
以為順真之方便　論四大者願至究竟寂滅故
述曰此顯攝衆生戒願大等者列其名也弘誓普周故名大
願願无異故名平等願行順真故名方便所謂已下次顯其相
於中即顯三種願相發願等者長時願也化度等者廣大願皆
令等者第一願也下釋所以顯方便隨順等者長時所以法性等者廣
大所由不念等者第一所謂或是第四不顛倒願　論菩薩發是
至見於法身　述曰上顯行成發心之相次下第三彰其發心所
得利益於中有四一顯勝德二明微過三通權教四歎實行初
中又二初明自利功德後顯利他功德此初也發是心者即發如前三
種心也由其真心正念真如深心悲心助顯真故真性似顯故名少
分見法身也　論以法見身至入於涅槃　述曰此顯利他德也
隨本發心利衆生願能現八相謂從化身八相或道化衆生事

述曰上顯於此發心之相次下第三彰其發心所
得利益於中有四一顯勝德二明徵過三通權教四歎實行初
中又二初明自利功德後顯利他功德此初也發是心者即發如前三
種心也由其真心正念真如深心悲心助顯真故真性似顯故名少
分見法身也　論以法見身至入於涅槃　述曰此顯利他德也
隨本發心利衆生願能現八相權住仏身八相成道化衆生事
論然是菩薩至未能決斷　述曰次明徵過於中有二先異地上
後凡愚此初也然是菩薩以未觀證真法身故未名法身以其等者釋
異所以以未能得无漏智故无始及今依於二障所起漏業未能除也
論適其所生至自在力故　述曰此異凡愚也雖由未斷諸過
漏故失念起惡能招苦果暫隨所生受苦相應而亦非被惡業所繫
以有悲智所起大願自在之業力所任持故　論如脩多羅中至勇
猛故　述曰此會通權教也如本業經説七住前名退分者非其
實退爲彼十信初學之人未入十住正定位中而懈怠者如來怖之
令發勇猛故説六住退入凡夫而實入住即不退也
論又是菩薩至自涅槃故　述曰此歎其實行也一發心後
離法等者於下不隨了人法空何有怯弱進成實行不墮二乘若
聞等者於上不怯得涅槃者即成仏也信知已下惣釋所以既知諸
法本來涅槃豈同二乘厭苦欣滅　論解行發心者當知轉勝
述曰次下第二解行發心於中有二初顯解行所得發心所依解行
初中有二惣標勝數後顯其勝相此初也解謂十解行謂十行發
心謂即入十向位前但依信而起行今此依解而起於行即轉信心
爲勝解性故名轉勝　論以是菩薩至所脩離相　述曰此顯勝
相也是菩薩等者此明時勝謂彼初劫有三時分十住行向居初中
後令此發心在後時中故言初劫將欲滿也於真如法深解等者此
明解起前正念真如之位異信位故云深異證位故云解得此
深解故云現前所脩離相者此顯行勝由於真如得深解故凡所脩
行皆離相也　論以知法性至般若波羅蜜　述曰此明發心
所依解也文中別顯无相六度一一文顯解行別以知法性无慳貪等

明解起前正念真如之位異信位故云深異證位故云解得此
深解故云現前所脩離相者此顯行勝由於真如得深解故凡所脩
行皆離相也　論以知法性至般若波羅蜜　述曰此明發
所依解也文中別顯无相六度一一文顯解行別以知法性无慳等
者此顯解也體證法性无貪等故知法性无貪等也隨順脩行
者此顯行也以慳貪等皆障乖真而施戒等契會真理是故脩行
檀等行也此六皆能至勝彼岸故皆名為波羅蜜也
論證發心者至究竟也　述曰次下第三明證發心於中有三初
明發心體次顯發心相後顯成滿德初中又三初標證位次弁證體
後明證用此初也所言證者體會為義心本无念无明起念始從
初地至第十地漸斷无明體會心源發真智故名證發心
論證何境界至名為法身　述曰此弁證體也證何境界謂真
如者此舉所證之法也以依轉識說為境界等者此釋外疑難也
既說體會名證真如於中則无能所差別而乃說真為境界者
以依證智同時轉相能取境故說真為境欲顯菩薩雖證真如非純
淨故假說轉識而實證者體會真如理智无別何有境界唯真如
智名法身者結明非境為證菩薩名為法身唯是真如淨智既彼
理智无有差別體是故真如非境界也　論是菩薩至不依文字
述曰下顯證用於中顯有四種德用一攝法上首德二随根延促德三實
行不殊德四應機殊用德此初也是菩薩等者此明請法一念往意能
至十方故唯為開導等者顯其請意唯為開導无聞衆生故不依
文字者顯為他意法出自心非依言解故　論或示超地至不可思
述曰此根延促德文中義謂促延結文易可知　論而實菩薩至
阿僧祇劫故　述曰此實行不殊德也而實菩薩種姓根等者
此明菩義一種姓等皆入菩薩種姓等位故二諸根等上中下根皆上根故
三發心等發真心等皆无別故四所證等皆證真如根本理故以一切菩薩
等者後約時粹成從初正信至於初地初僧祇劫初地乃至七地滿心二僧
祇滿八地乃至十地終心三僧祇劫既皆三祇故无超也
論但隨衆生至亦有差別　述曰此應機殊用德也種姓發心根

此明等義一種姓等皆入菩薩種姓等位故二諸根等上中下根皆上根故
三發心等發真心等皆无別故四所證等皆證真如根本理故以一切菩薩
等者後約時釋成從初正信至於初地初僧祇劫初地乃至七地滿心二僧
祇滿八地乃至十地終心三僧祇劫既皆三祇故无超也
論但隨衆生至亦有差別　　述曰此應機殊用德也種姓發心根
證雖等而其所行亦現差別衆生不同性解貪等世界不同諸土仏事
根有上中下樂欲達中鈍種有劣中勝於所見聞皆有異故菩薩亦行不
可同也
論又是菩薩至微細之相　　述曰次下第二顯發心相於中
有二初數細標數後列名釋相此初也顯此發心勝於前位難測知故言
微細相
論云何為三至起滅故　　述曰此列名釋相也謂依本
智名為真心體會真如无分別故謂後得智名方便心妙循通善巧
化生故阿梨耶識名業識心二智起時必依此故此實非是故發心之
相欲顯菩薩雖得二智猶有微細生滅之累不同仏地純淨之德是故
攝在發心相耳
論又是菩薩至究高大身　　述曰第三顯
成滿德於中有二初正歎勝德後問荅釋疑初中有二初顯位滿後
明德滿此初也又是菩薩等者因位窮也福德智惠皆圓滿故是故名
為功德成滿於色究竟者果位成也將欲成法主是故亦現究竟高大
身此即成就他受用仏在究竟而成仏也　　論謂以一念至利益衆
生　　述曰此顯德滿也文中二義初顯自利德謂以一念相應惠者是
无間道以一剎那无明盡故名一切種智是解脫道中種智圓故
自然已下顯利他德既成果德顯種智體由此便能不待功用思議
而起利益事故　　論問曰至名一切種智　　述曰次下釋疑
有二問荅初顯智體斷无明成後顯智用而能普益初中有二初問
後荅此初也虛空无邊等者舉境雖知以中難本若无明斷下
顯无能了所疑謂无明者心相依處心相乃是智惠依處若无明
斷則无心想无故智惠永无云何通知无邊之境言无明斷成種
智耶　　論荅曰至離於想念　　述曰下荅有三初依心立
理次舉非顯失後舉是顯德此一切境界雖復无邊據本將來皆
自心變无別境界是所想念由諸境界不出心故心若離念契證心
原即心之境何不能了　　論以衆生至故轉了　　述曰此舉非顯

BD03561號　大乘起信論略述卷下

(29–22)

斷剎无心想，无故智惠示无，云何遍知无邊之境，言无明斷成種
智耶　　論答曰至離於想念　　述曰下答有三，初依心立
理，次舉非顯失，後舉是顯德。此一切境界雖復无邊，據本從來皆
自心變，无別境界，是所想念，由諸境界不出心故，心若離念，契證心
源，即心之境何不能了　　論以衆生至故能了　　述曰此舉非顯
失也。以衆生妄見等者，此明妄見有限之境；以妄起想念等者，此顯
不見所由，即明由有妄所見故，有所不見　　論諸仏如來至名一切種
智　　述曰此舉是顯德也。文中二義，初顯智體能照諸法，由无
妄見无所見故，无所不見，故言諸仏離於見相无不遍也。仏心離
妄，歸一心源，始覺同本，名心真實。然此本覺名心真實，然
此本覺為妄法體，故云即是諸法性也。既此本覺為法體，妄是
本覺仏心之相，相現於體，體照其相，有何難了而不能智？故言自
體顯照妄法。有大智用等者，後顯智用能廣利益，以司體智大力
用故，起勝方便，攝化衆生，既滅无明，顯種智體，起種用，由是義故，斷
滅无明名為種智　　論又問曰至多不能見　　述曰下顯智用能普
利益，於中問答，此問也，即由前說有大智用能普益生故為此問
論答此問也，即由前說有大智用能普益生故為此問
論答曰至法身不現故　　述曰此答也。諸仏如來等者，初舉法也。
法身平等遍一切處者，平等遍在衆生心故，无有作意，故說自
然者，能无功用起作用故。但依衆生心現者，依彼求心，隨其勝劣，即
現報化麁細用故。衆生心者如鏡等者，次舉喻。如是已下，後法合也。
心有垢者，謂有染著生死過患，而无彼求見仏之機，名為有垢。法身
不現者，法身遍在衆生心中，而不能現報化用也，非有煩惱垢故不現，以菩
薩等煩惱中心亦見仏故　　論已說解釋分，次說脩行信心分
述曰次明第四脩行信心分，於中有二，初結前起後，後正顯脩行信
心，此初也。上顯大乘明解分，今明起信，故次應說脩行信心
論是中依未入脩行信心　　述曰次下正顯，於中有三，初就人標意，
次約法廣辯，後防退方便，此初也。所未入正定衆生者，亦是大乘不
定聚人，然不定聚有劣有勝，勝者乘進，劣者可退，前信成就發心

星等煩惱中心亦見仏故　論已說解釋分次說脩行信心分
述曰次明第四脩行信心分於中有二初結前起後後正顯脩行信
心此初也上顯大乘明解分今明起信故次應說脩行信心
論是中依未入脩行信心　述曰次下正顯於中有三初就人標意
次約法廣弁後防退方便此初也所未入正定衆生者亦是大乘不
聚人然不定聚有勝有劣勝者乘進劣者可退前信成就發
之相爲彼勝人信滿者說令發三心住正定位今此脩行信心分者爲
彼劣人可退者說令其脩行四信五行使其信心成就不退同
前發心住正定位所爲雖別所趣是同　論何等信心云何脩行
述曰次下第二約法廣弁於中有二先發二問後還兩答此初也
論略說信心有四種　述曰下答有二先答信心後明脩行信
中有二初標後釋此初也　論云何爲四至真如法故
述曰下釋四信即分爲四此初信有得仏因也真如既是諸仏所歸衆
行之源故云根本樂念觀察故名爲信是後三信之根本故故初
明也　論二者信仏至一切智故　述曰此信由因所得之果果由因
成故次明也　論三者信法至波羅蜜故　述曰此即信有得
仏之行仏依成故次明也教里行果四法之中前明理果此信行也必由信
教方信此三故於此中亦顯信教　論四者信僧至如實行故
述曰此即信有起行之人法藉人弘故次明也　論脩行有五門能
成此信　述曰下答脩行於中有三初舉數標意次依數列名後
依名別解此初也前雖舉起四不壞信若无行成則信不堅之信遇
緣便退故脩五行以成四信　論云何爲五至止觀門
述曰此依數列名也以諸菩薩定惠雙脩止觀齊二不相離故合
二度爲第五門　論云何脩行至向菩提故　述曰次下第
二依門別解於中有二初略明前四後廣釋止觀前中文二初別明四行
後惣明除障別中顯其四種脩行即分爲四此初也文中初則別明
三種施相爲脩正因不應已下惣勸所脩離於僻執而求正果三種
施相如文可見　論云何脩行至妄起過罪故　述曰此中即
顯三種戒相所謂不煞不盜等者此依在家顯攝律儀戒遮在
家人多造惡故若出家者等者此依出家明攝善法戒已離諸惡
勸進善故當離已下亦依出家顯攝衆生戒[illegible]

BD03561號　大乘起信論略述卷下

（29–24）

後惣明除障別中顯其四種脩行即分為四此初也文中初則別明
三種施相為脩正因不應已下惣勸所脩離於僻執而求三菩三種
施相如文可見　論云何脩行至妄起過罪故　述曰此中即
顯三種戒相所謂不煞不盜等者此依在家顯攝律儀戒遮在
家人多造惡故若出家者等者此依出家明攝善法戒已離諸惡
勸進善故當離已下亦依出家顯攝衆生戒不令他惡是悲護故
論云何脩行至苦樂等法故　述曰此中則顯二種忍相應忍他惱不壞
報者耐怨害忍亦當忍於利衰等者安受苦忍榮潤名利侵損名衰
過謗名毀越讚名譽委歎為稱實責名譏逼迫名苦適意名樂此違
順境名為八風能動行人妄生喜怒若住平等諦察真如縱過他惱
无壞執心雖過八風其心不動既由諦察二忍方成是故亦顯有三忍也
論云何脩行至速離衆苦　述曰此中即顯二種精進於諸善事
不退等者被甲精進如世被甲无退屈故當念過去久遠等者攝善
精進念昔虛苦令勤善故自利利他速離苦者利樂精進欲脫他苦自
精進故　論復次若人至衆多障㝵　述曰次下第二除障方便於
中有二先障後治此初也先世多有重罪等者此舉內因之業障也魔
鬼病苦所惱乱者感外緣惱之報障也世間事務所牽纏者此顯所起
煩惱障也　論是故應當至善根增長故　述曰此明治障法也是
故應當礼拜等者此即惣明除障方便如人負債依附於王則於債主
无如之何如是行人礼拜諸佛諸佛所護能脫諸障懺悔等者即顯別
除四障之法諸惡業障懺悔除滅謗正法障勸請除滅嫉妬他勝隨
喜對治樂著三有迴向對治常不休廢得免諸障等者此結前方
便免障生善也　論云何脩行止觀門　述曰下明止觀於中
有二初問起後釋相此初也　論所言止者至觀義故
述曰次釋相文中有二初略明後廣略顯中亦二先舉別脩以明隨順
後舉雙運釋隨順義此初也謂止觀一切境界相者由先分別作諸
外塵令以覺慧唯識道理破外塵相境相既止无所分別故名為
分別因緣生滅相者先由脩止其心沉沒令以覺惠觀察因緣生滅之
相發生妙智故名為觀隨順奢摩他觀義等者梵云奢摩他此翻
為止毗鉢舍那此譯為觀譯此論者為別方便及正止觀故於中加
此隨順奢摩他等謂於方便而存梵言於正止觀而為華語即正止觀
名之為觀雙運之時是正觀故若此之中皆就華言隨順止觀義隨

相發生妙智故名爲觀隨順奢摩他觀義等者梵云奢摩他此翻
爲止毗鉢舍那此譯爲觀譯此論者爲別方便及正止觀故於中加
此隨順奢摩他等謂於方便而存梵言於正止觀而爲華語即正觀
名之爲觀雙運之時是正觀故若此文中皆就華言隨順止觀義隨
順觀觀義謂方便時止諸塵相是能隨順正觀之止故言隨順止觀
義也又能分別因緣故能順止觀之觀故言隨順觀觀義也
論云何隨順至雙現前故　述曰此顯雙運釋隨順義以此二義
漸習等者顯能隨順之方便也不相捨離雙現前者明所隨順之正
觀也即止時觀即觀時止止觀齊均名不相離等也　論若脩者
端坐正意　述曰次下第二廣明止觀於中有二先明別脩後顯雙
運別中有二先止後觀止中有五一脩止方法二顯止勝能三弁止魔
事四簡止真僞五歎止勸脩初中有二初明勝人能入後顯障者不
能前中亦二初託靜息心脩止方便後止成得定除障不退前中又
二初明脩止具緣後明脩止次第此初也住靜處者脩止緣也言具而之
應有五緣閑居靜處持戒清淨衣食具足得善知識息諸緣務令
略參初云住靜處言端坐者是顯調身身若却倚或復低昂及令
傍側既生懈惰復引昏沉故端其身結加趺坐言正意者是顯調
心末世行人正願者少耶求者多苟求名利現寂靜儀心既不正无由得定
離此耶求故云正意欲令其心与理相應自度度他至无上道名調心也
論不依氣息至見聞覺知　述曰自下第二脩止次第於中有二初
約坐脩止後餘儀亦起前中亦三先離倒境次離倒心後除失念此初
言氣息者數息觀境言形色者即骨璅等青黃赤白四種相也空地水
等五一切處皆是事定所緣境界見聞覺是識一切處通前却顯十一切處
於此諸境推求了達知唯自心不復託緣故言不依　論一切諸想至念念
不滅　述曰此離倒心也一切諸想隨念皆除者此除分別內心想也前離
令離取倒境相若在存心亦是妄倒是故內心一切分別隨起相念皆除遣
也亦遣除想者此遣能除之妄想也前令離念就想皆除非謂有於能
除之想除想若存亦非離相是故亦遣能想也以一切下釋其亦遣能所
以以一切法本无所想无有念念生滅體故所除之想既不可得豈更得存
能除想也　論亦不得隨心至以心除心　述曰次下第三除失念心於
中有二初舉非總制後示除方便此初也不得隨心外念境者此令不起外失
念相謂脩心者常須住意起惟離於倒境倒心亦不住心失念外境後以心

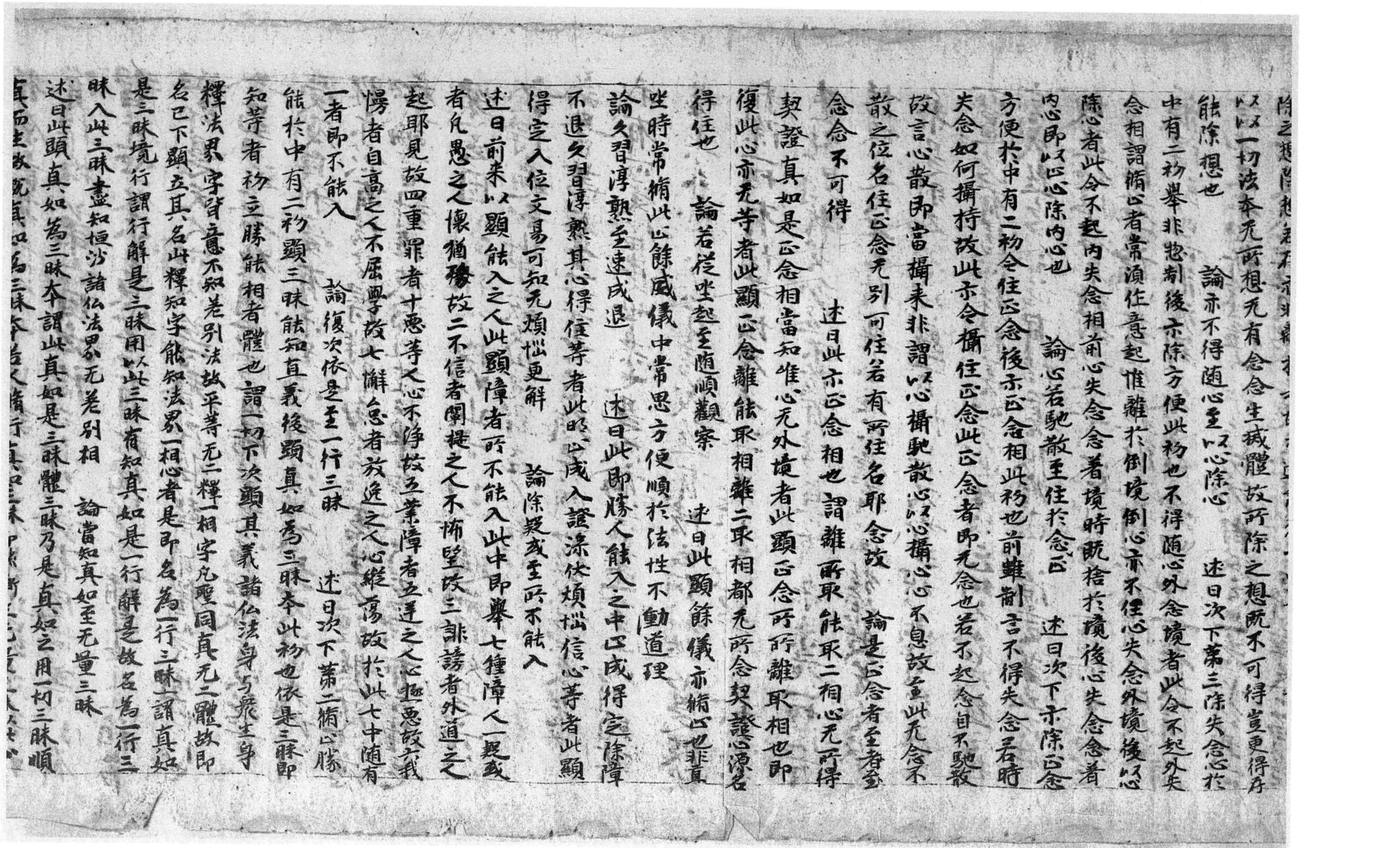

除之想除想若存[illegible]
以以一切法本无所想无有念念生滅體故所除之想既不可得豈更得存
能除想也　論亦不得隨心至以心除心　述曰次下第三除失念心於
中有二初舉非惣制後亦除方便此初也不得隨心外念境者此令不起外失
念相謂脩心者常須住意起惟離於倒境倒心亦不住心失念外境後以心
除心者此令不起内失念相前心失念念著境時既捨於境後心失念念著
内心即以正心除内心也　論心若馳散至住於正念　述曰次下亦除正念
方便於中有二初令住正念後亦正念相此初也前雖制言不得失念若時
失念如何攝持故此亦令攝住正念此正念者即无念也若不起念自不馳散
故言心散即當攝来非謂以心攝馳散心以心攝心心不息故[illegible]此无念不
散之位名住正念无別可住若有所住名耶念故　論是正念者至[illegible]
念念不可得　述曰此亦正念相也謂離所取能取二相心无所得
契證真如是正念相當知唯心无外境者此顯正念所離取相也即
復此心亦无等者此顯正念離能取相離二取相都无所念契證心源名
得住也　論若從坐起至隨順觀察　述曰此顯餘儀亦脩正也非直
坐時常脩此正餘威儀中常思方便順於法性不動道理
論久習淳熟至速成退　述曰此即勝人能入之中正成得定除障
不退久習淳熟其心得住等者此明心成入證除伏煩惱信心等者此顯
得定之入位文易可知无煩惱更解　論除疑惑至所不能入
述曰前来以顯能入之人此顯障者所不能入此中即舉七種障人一疑惑
者凡愚之人懷猶豫故二不信者闡提之人不悕望故三誹謗者外道之
起耶見故四重罪者十惡等人心不淨故五業障者五逆之人心極惡故六我
慢者自高之人不屈學故七懈怠者放逸之人心縱蕩故於此七中隨有
一者即不能入　論復次依是至一行三昧　述曰次下第二脩正勝
能於中有二初顯三昧能知直義後顯真如為三昧本此初也依是三昧即
知等者初立勝能相者體也謂一切下次顯其義諸仏法身与衆生身
釋法界字皆意不知差別法故平等无二釋一相字凡聖同真无二體故即
名已下顯立其名此釋知字能知法界一相心者是即名為一行三昧謂真如
是三昧境行謂行解是三昧用以此三昧有知真如是一行解是故名為一行三
昧入此三昧盡知恒沙諸仏法界无差別相　論當知真如至无量三昧
述曰此顯真如為三昧本謂此真如是三昧體三昧乃是真如之用一切三昧順
真而生故說真如為三昧本[illegible]

BD03561號　大乘起信論略述卷下

（29–27）

昧入此三昧盡知恒沙諸仏法界无差別相　論當知真如至无量三昧
述曰此顯真如為三昧本謂此真如是三昧體三昧乃是真如之用一切三昧順
真而生故說真如為三昧本若人修行真如三昧即能漸生无量三昧以此心
觀真如體故　論或有衆生至男女等相　述曰次下第三弁心魔事於
於中有二先略後廣略中又二先障後治此初也所言衆生无善根力
者此舉障因謂无增上勝善根力非都无也則謂巳下顯能障者
魔謂天魔性樂生死恐出其境故障修心鬼謂堆惕鬼神謂精
媚神由修邪道墮此類中是故惣名外道鬼神憎疾行人亦障
修心或於巳下舉其惱相如前三類皆能變怪或現惡形以怖其
心或現長色以迷其意或現雜相以易所專故言坐中現恐怖等
論當念唯心至終不為惱　述曰此略弁治也一切諸境尚唯自
心何況坐中境非也是故觀察唯心之理惱境自滅不能撓乱魔皆依
動念生故觀察唯心非彼知故　論或現天像至是真涅槃
述曰次下廣弁魔事差別於中有二先弁魔後顯對治初中顯其五
對此即第一所現形聲對也以此現形說異相或乱行人令失本道是啓習
名為魔障也　論或令人知至名利之事　述曰此第二所得通
辯對知宿命等顯得三通弁才巳下顯成四弁　論又令使人至種種牽
纏　述曰此第三所起業或對也數嗔喜等是所起或捨本行等
是造諸諸業　論亦能使人至使人愛著　述曰此第四所得定住對也得
諸三昧少分等者此所成定或復令人一日等者此所住禪　論或復令人至
顏色變異　述曰此第五所變食色對文相易知无煩配釋
論以是義故至是諸業障　述曰上弁魔事此顯對治行者常
應觀察等者此勸觀察不墮邪網謂諸魔等以如前事網羅行者
令墮其中是故常應智慧觀察必莫令其出離之心即墮邪網行其
邪道當勤正念不取等者此後示其觀察之法謂有如前邪相現時但
自修習本所修行都无動念名勤正念住正念故發生智慧了法即心更
何所取知心即如何有能著是故名為不取不著由不著故業障所起所
有邪相无不遠離故言遠離是諸業障　論應知外道至名利恭敬故
述曰次下第四簡正真偽於有二初舉外內二定以別邪正後對治事二定以明
真偽前中又二初明邪定後顯正定謂彼外道所得三昧不能離分別煩惱多
起諸見又亦不離俱生煩惱多生貪著又亦不伏所知障故恃定生憍故云不

動念生故觀察唯心非彼知故　論或現天像至是真涅槃
述曰次下廣弁魔事差別於中有二先弁魔後顯對治初中顯其五
對此即第一所現形聲對也〻以此現形說異相或乱行人令失本道是習
名為魔障也　論或令人知至名利之事　述曰此第二所得通
辯對知宿命等顯得三通弁才巳下顯成四弁　論又令使人至種種牽
纏　述曰此第三所起業或對也數嗔喜等是所起或捨本行等
是造諸業　論亦能使人至使人愛著　述曰此第四所得定住對也得
諸三昧少似等者此所成定或復令人一日等者此所住禪　論或復令人至
顏色變異　述曰此第五所變食色對文相易知无煩配釋
論以是義故至是諸業障　述曰上弁魔事此顯對治行者常
應觀察等者此勸觀察不墮邪網謂諸魔等以如前事網羅行者
令墮其中是故常應智惠觀察必莫令其出離之心即墮邪網行其
邪道當勤正念不取等者此後示其觀察之法謂有如前邪相現時但
自脩習本所脩行都无動念名勤正念住正念故發生智惠了法即心更
何所取知心即如何有能著是故名為不取不著由不著故業障所起一所
有邪相无不遠離故言遠離是諸業障　論應知外道至名利恭敬故
述曰次下第四簡正真偽於有二初舉外內二定以別邪正後對治事二定以明
真偽前中又二初明邪定後顯正定之謂彼外道所得三昧不能離分別煩惱多
起諸見又亦不離倶生煩惱多生貪著又亦不伏所知障故恃定生慢故云不
離見愛我慢心也由不伏或而貪名利故言貪著名利等也
論真如三昧至漸漸微薄　述曰此顯內定正也謂既遠離一切相
故入真〻三昧故在定中離於心相離於真法故言不住見相得相若在散
心於諸善品不生懈怠亦不恃定慢諸善品故言出定亦无懈慢由定
契真損或種々故出定時現或不起故言煩惱漸微薄也
論若諸凡夫至无有是處　述曰次對治事二定以明真偽於中有
二初明理定是真後顯事定之偽此初也謂諸外凡十信人等脩

知有多生起，謂由一切業若多種有情等因……
而迴向故。是故當知於彼菩時稱讚有情所生善業。世尊
留集之時，於自所有留之事，悉集攝於多種有情者前，右
為於受果時稱有情果。論曰：三於自斷煩惱雜染等
如經：我一切作惡，若先未悔，以無上懺悔懺悔。所懺悔之謂自造罪等，
於自所生有諸障，以無上懺悔而斷除故。論言：由於他斷滅根郭
若如經：我說所有眾魔之業，以無覺知……今用除謂諸天魔
而自離於自是別心識，而從於彼所起之障者，名於他也。論言：
五積集一切資糧者，謂集一切諸資糧故。言一切資糧者，當
知即是福之資糧及智資糧。彼謂施戒即六度相也。有說
言：施戒福資糧，知是資糧，是慧。餘三二種相攝，亦智資糧。
如是當知所集資糧，悉皆迴向無上菩提等。頌是故經曰：我諸所
有波羅蜜多所攝善根，皆當速證無上智果。論言：六
所集資糧乃自利益及與他利益者，此中初後自利者，如經：我
證解脫，亦願有情皆得解脫，謂由彼義所證解脫，令諸有情
知諸趣為彼亦是一切有情解脫因故。言頌他利益者，如經：勿
令住著生死涅槃，若住生死或住涅槃，而不能作利有情
事。謂緣有情而稱揚故，為無盡及無窮。知言：頭有為世諸
門一切如合

BD03561 號背 1　六門陀羅尼經論廣釋　　（8–2）

言易得近者，複圓滿時有稀望也。言當知彼皆以說有

愛及自利愛，有未善心，對治此故，是故經曰：我今捨離

脫前所有情，得離…生死涅槃，隨有法

知論言：為對治彼故，隨其言說，謂有一種

遂之因，對治彼故，以此六門陀羅尼，謂遍知故，如是六門

證得遍知，此中說故，此陀羅尼名六門

論言：第一第二第三者，為顯果門，謂我證受，若及

我有所愛，圓滿世果也。是故論言：第一第二兩門顯其

善果，分位不捨有情故，有情何知，此是彼欲

斷除一切有情苦故，不共作說為真淨，當知

此能顯於苦分位不捨有情，自所有果，施一切法，有

情故，是故第三於果分位不捨有情，能證般若，令彼

果是所名為我，若有情所不受是於對治及苦

所遍諸有情，以辨時善心，元由生故，云何名為我，成就一切

言我證於今諸有情善根增長。論言：第五所依

所證應知者，如經我證一切有所證利益多有情善想

言此修行者，謂力等成熟彼意，謂能證得所作用故也。

彼得，即由此陀羅尼，令彼所遍迴向菩提，證得論

言：未至未出斷除障故，即能成死自彼言：若如經我所

作惡及我證，所有眾魔云五蓋也。言此斷諸障故，能

斷除於自他，以生罪障故也。言所成自彼言無

謂成就有情及能成就，證此言能成就也。論言：第六

者如經我於解脫，亦願有情皆得解脫也。言：教獨

作惡及我語亦有衆魔三業也言斷障故者謂能
斷除能於自他一切生罪障故也言所成者自彼善業
謂成熟有情及能成熟諸行言清淨成者論言獨
者謂從我證解脫亦願有情皆得解脫也言聲聞獨
覺不共言果清淨法身者謂因種姓及所有差別解
脫聲聞而當云流故言口無超過故者經言應須有情
解脫故言而能行利生行故是名自利事利生行故
經云勿令住著生死涅槃故
論曰復有異門者謂世間頌其本要門是修論言是路
淨也而當用示相講說何為自是故論曰所於無我故
非是第一如經我所發著於諸有情所吟平等此言何
而能表於了法無我是故論曰獅例有情及諸精若為爾動
獅例有情不須動者謂得自他平等性故經言[illegible]
了法無我即不著是生等流轉一切法若不須動者所
如說為利有情而果彼故故可了法無我亦許乃能
得故論曰於三當處時而不起於有情覓著等
雜染者此是第二如經我有所受當處流轉而有諸
情同處斯共言述雜染者謂依煩惱雜染等
聲即稱業雜除也論曰三為不善淨因宿緣
亦業能生者而不隨所為第此三世業當果
我已作惡若先未悔後無上懺悔俱懺悔言今為
重者謂從罪生能得苦業流及異熟果所此名為
業不淨因彼業因果俱生長者甘求

BD03561號背1　六門陀羅尼經論廣釋

BD03561號背1　六門陀羅尼經論廣釋

（8–5）

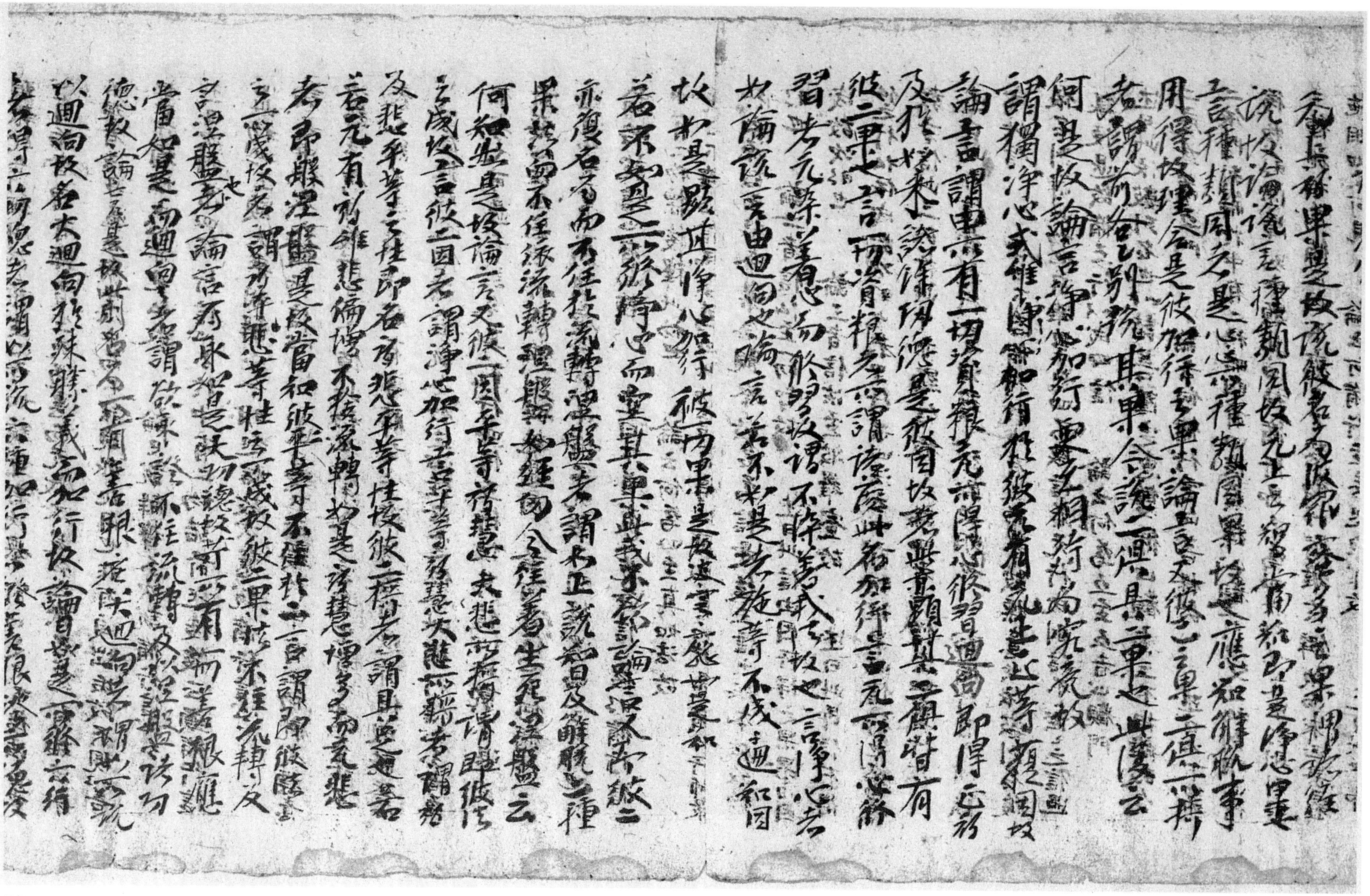

BD03561 號背 1　六門陀羅尼經論廣釋

（8–6）

言涅槃者。論言爲求如是涅槃[illegible]有一切善根迴
當如是而迴向。言迴向者，謂欲令[illegible]經說[illegible]
德故。論[illegible]世間善根，迴向[illegible]
以迴向故，名大迴向。於殊勝義而加行故。論曰：如是[illegible]
若得六種德者，謂如前說六種加行[illegible]善根[illegible]
論言六種[illegible]第一獲得，第二[illegible]
論言若有具足如是善根者，謂具[illegible]善根[illegible]
論曰：若輾轉生死[illegible]果利[illegible]
遠離[illegible]不能[illegible]論曰[illegible]
大[illegible]世[illegible]果[illegible]
[illegible]世界[illegible]有[illegible]
論曰：三種[illegible]
求[illegible]果利[illegible]
善有勝解者，謂加行之。論曰：四果[illegible]
善觀斷除者，謂四果利也。[illegible]
觀斷除者，謂善[illegible]
及於得[illegible]果利也[illegible]
攝[illegible]
當[illegible]金剛[illegible]
非[illegible]論曰[illegible]
生[illegible]
當[illegible]不[illegible]有情[illegible]
成[illegible]
六門陀羅尼經論廣釋一卷
[illegible]
[illegible]
[illegible]

BD03561 號背 1　六門陀羅尼經論廣釋

（8–7）

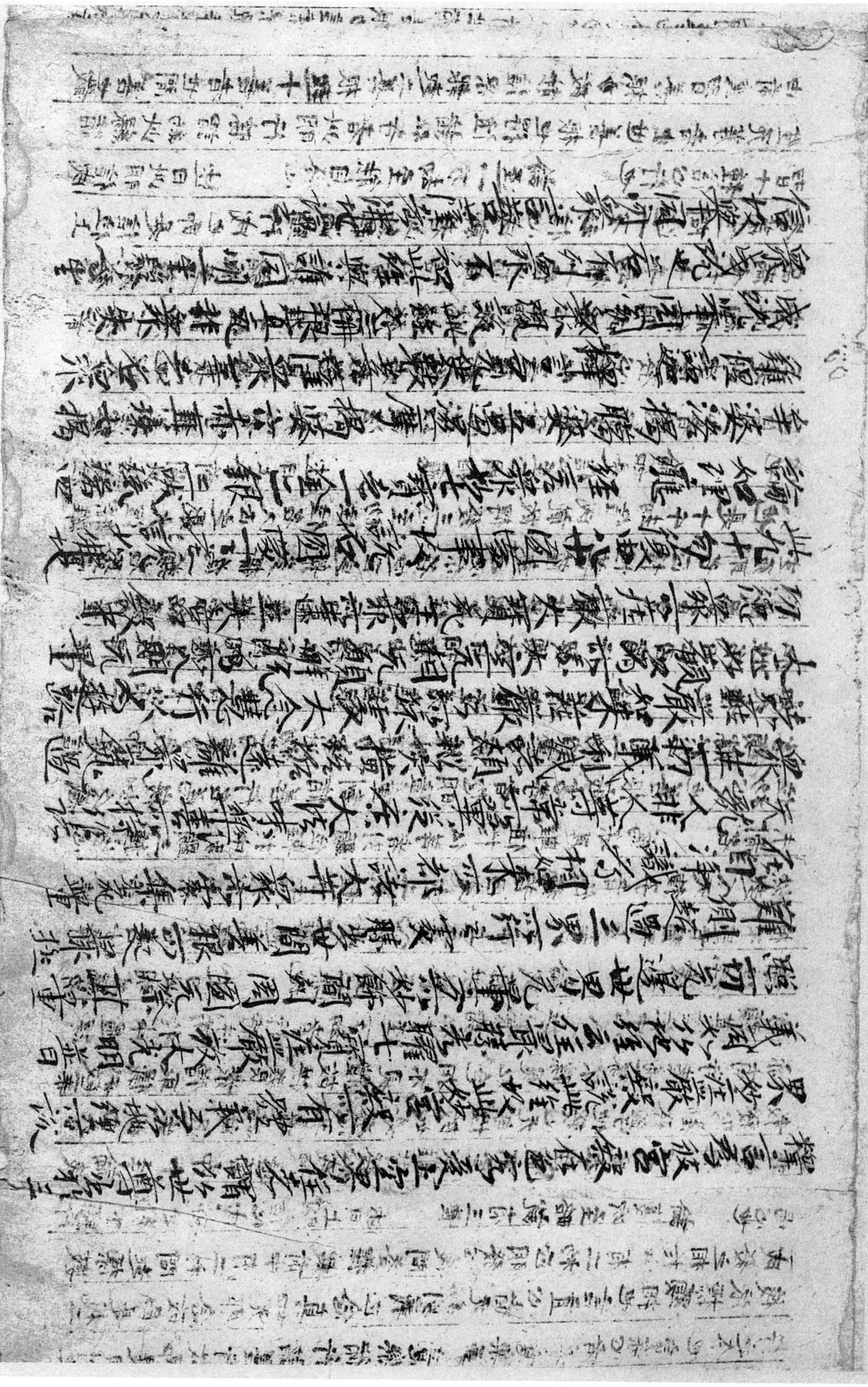

BD03561 號背 2　六門陀羅尼經論廣釋疏（擬）

（8–8）

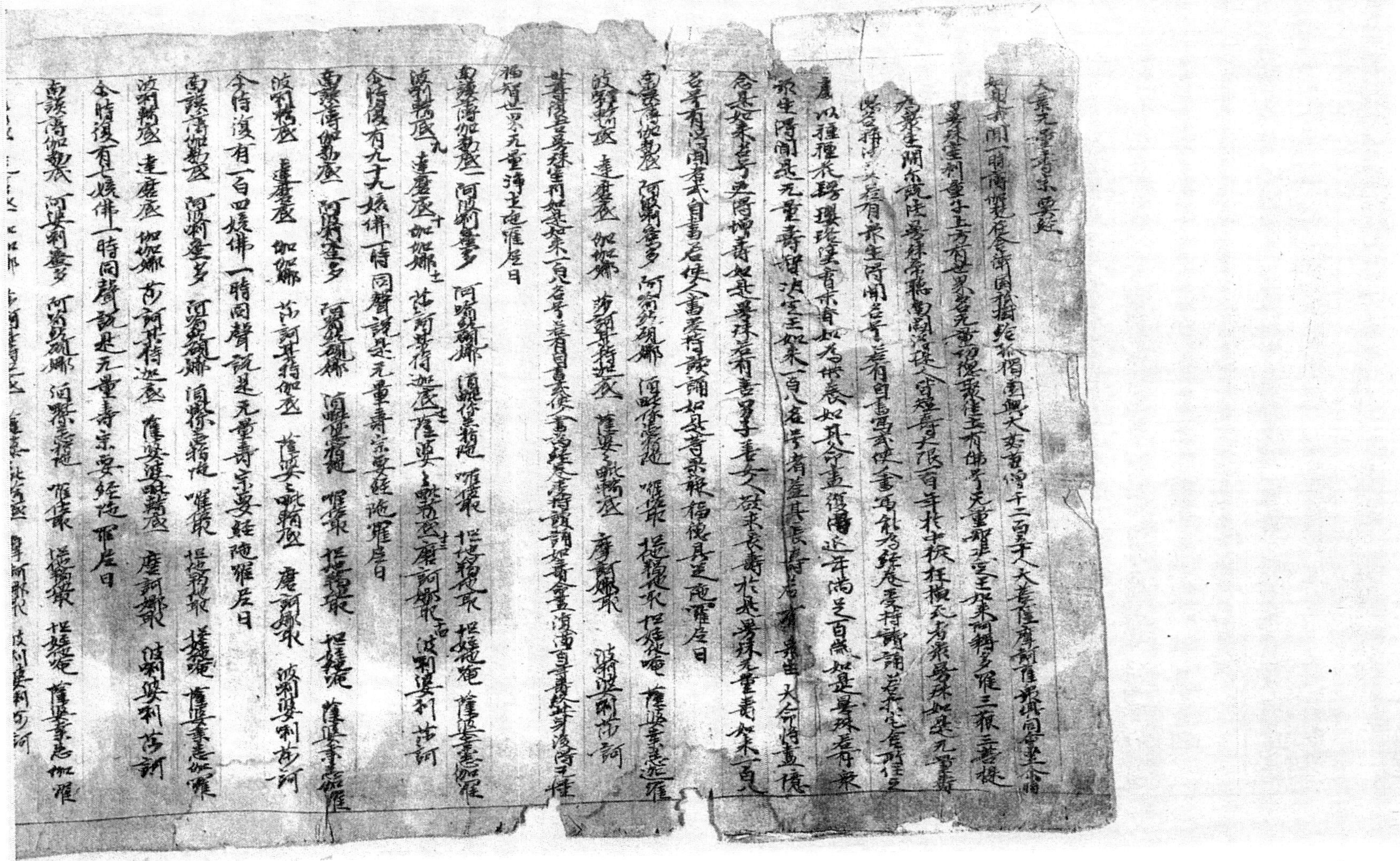

BD03562 號　無量壽宗要經　（5–1）

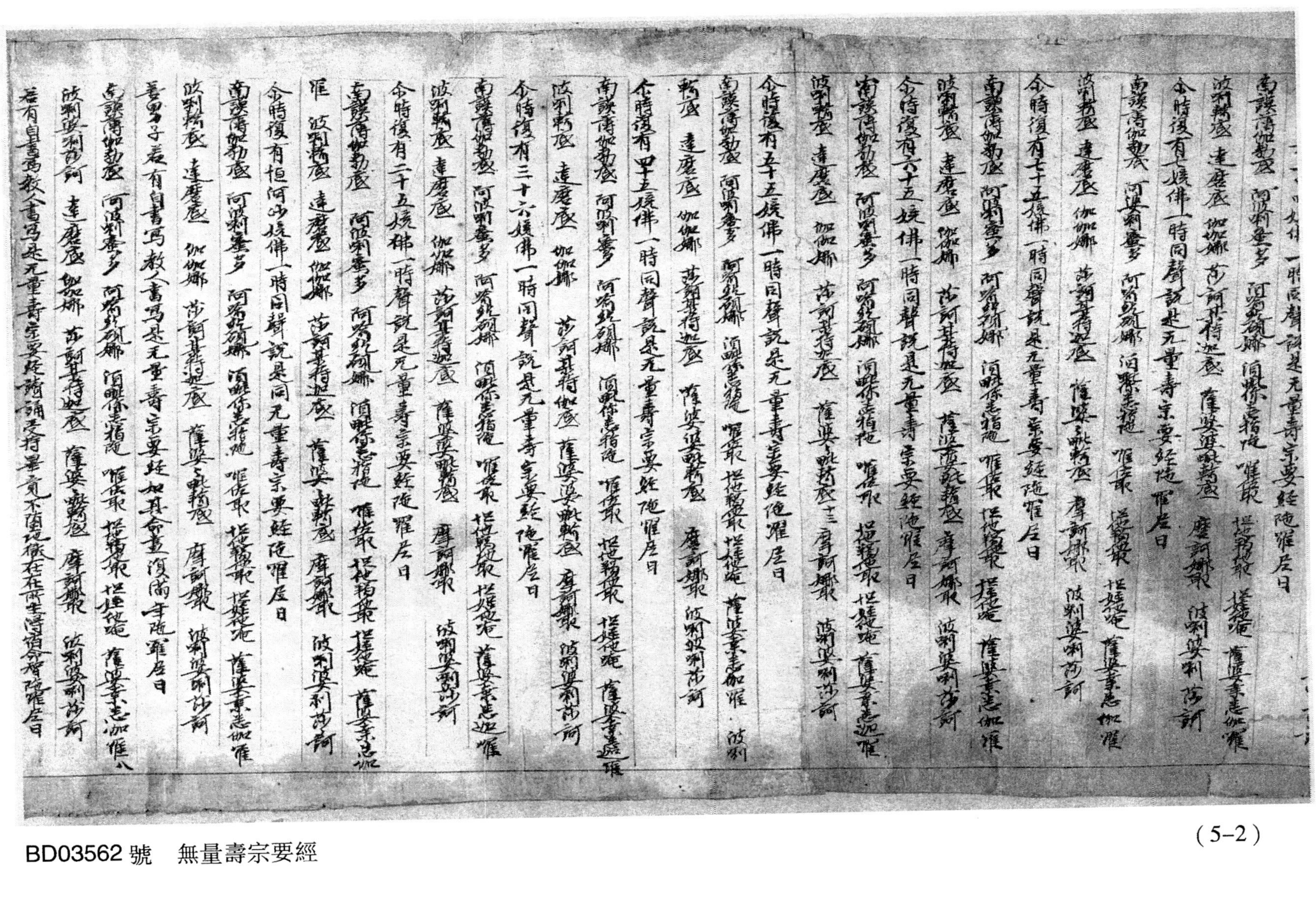

BD03562 號　無量壽宗要經　（5–2）

南謨薄伽勃底 阿波唎蜜多 阿喻紇硯娜 須毗你悉指陀 囉佐耶 怛他羯他耶 怛姪他 薩婆桑悉迦囉
波唎輸底 達磨底 伽伽娜 莎訶其持迦底 薩婆婆毗輸底 摩訶娜耶 波唎婆唎莎訶
善男子若有自書寫教人書寫是无量壽宗要經 如其命盡 復滿百年 陁羅尼曰
南謨薄伽勃底 阿波唎蜜多 阿喻紇硯娜 須毗你悉指陀 囉佐耶 怛他羯他耶 怛姪他 薩婆桑悉迦囉
波唎婆唎莎訶 達磨底 伽伽娜 莎訶其持迦底 薩婆婆毗輸底 摩訶娜耶 波唎婆唎莎訶
若有自書寫教人書寫是无量壽宗要經讀誦受持 畢竟不墮地獄 在在所生得宿命智 陁羅尼曰
南謨薄伽勃底 阿波唎蜜多 阿喻紇硯娜 須毗你悉指陀 囉佐耶 怛他羯他耶 怛姪他 薩婆桑悉迦囉
波唎輸底 達磨底 伽伽娜 莎訶其持迦底 薩婆婆毗輸底 摩訶娜耶 波唎婆唎莎訶
若有自書寫教人書寫是无量壽宗要經讀誦 如同八万四千一切陁羅尼曰
南謨薄伽勃底 阿波唎蜜多 阿喻紇硯娜 須毗你悉指陀 囉佐耶 怛他羯他耶 怛姪他 薩婆桑悉迦囉
波唎輸底 達磨底 伽伽娜 莎訶其持迦底 薩婆婆毗輸底 摩訶娜耶 波唎婆唎莎訶
若有自書寫教人書寫是无量壽宗要經 即是書寫八万四千部建立塔廟 陁羅尼曰
南謨薄伽勃底 阿波唎蜜多 阿喻紇硯娜 須毗你悉指陀 囉佐耶 怛他羯他耶 怛姪他 薩婆桑悉迦囉
波唎輸底 達磨底 伽伽娜 莎訶其持迦底 薩婆婆毗輸底 摩訶娜耶 波唎婆唎莎訶
若有自書寫教人書寫是无量壽宗要經 能消五无間等一切重罪 陁羅尼曰
南謨薄伽勃底 阿波唎蜜多 阿喻紇硯娜 須毗你悉指陀 囉佐耶 怛他羯他耶 怛姪他 薩婆桑悉迦囉
波唎輸底 達磨底 伽伽娜 莎訶其持迦底 薩婆婆毗輸底 摩訶娜耶 波唎婆唎莎訶
若有自書寫教人書寫是无量壽宗要經受持讀誦 設有重罪猶如須彌 盡能消滅 陁羅尼曰
南謨薄伽勃底 阿波唎蜜多 阿喻紇硯娜 須毗你悉指陀 囉佐耶 怛他羯他耶 怛姪他 薩婆桑悉迦囉
波唎輸底 達磨底 伽伽娜 莎訶其持迦底 薩婆婆毗輸底 摩訶娜耶 波唎婆唎莎訶
若有自書寫教人書寫是无量壽宗要經受持讀誦 若魔魔之眷屬 夜叉羅刹 不得其便 終无枉橫死 陁羅尼曰
南謨薄伽勃底 阿波唎蜜多 阿喻紇硯娜 須毗你悉指陀 囉佐耶 怛他羯他耶 怛姪他 薩婆桑悉迦囉
波唎輸底 達磨底 伽伽娜 莎訶其持迦底 薩婆婆毗輸底 摩訶娜耶 波唎婆唎莎訶
若有自書寫教人書寫是无量壽宗要經受持讀誦 臨命終時有九十九千佛現其人前 來迎此人 千佛授手 能遊一切佛
佛刹 莫於此經生於疑惑 陁羅尼曰 南謨薄伽勃底 阿波唎蜜多 阿喻紇硯娜 須毗你悉指陀 囉佐耶 怛他羯他耶 怛姪他
薩婆桑悉迦囉 波唎輸底 達磨底 伽伽娜 莎訶其持迦底 薩婆婆毗輸底 摩訶娜耶 波唎婆唎莎訶
若有自書寫教人書寫是无量壽宗要經受持讀誦 常得四天大王隨其衛護 陁羅尼曰
南謨薄伽勃底 阿波唎蜜多 阿喻紇硯娜 須毗你悉指陀 囉佐耶 怛他羯他耶 怛姪他 薩婆桑悉迦
囉 波唎輸底 達磨底 伽伽娜 莎訶其持迦底 薩婆婆毗輸底 摩訶娜耶 波唎婆唎莎訶
若有自書寫教人書寫是无量壽宗要經讀誦 當得往生西方極樂世界阿彌陁淨土 陁羅尼曰

BD03562號　無量壽宗要經

(5-3)

薩婆桑悉迦囉 波唎輸底 達磨底 伽伽娜 莎訶其持迦底 薩婆婆毗輸底 摩訶娜耶 波唎婆唎莎訶
若有自書寫教人書寫是无量壽宗要經受持讀誦 常得四天大王隨其衛護 陁羅尼曰
南謨薄伽勃底 阿波唎蜜多 阿喻紇硯娜 須毗你悉指陀 囉佐耶 怛他羯他耶 怛姪他 薩婆桑悉迦
囉 波唎輸底 達磨底 伽伽娜 莎訶其持迦底 薩婆婆毗輸底 摩訶娜耶 波唎婆唎莎訶
若有自書寫教人書寫是无量壽宗要經讀誦 當得往生西方極樂世界阿彌陁淨土 陁羅尼曰
南謨薄伽勃底 阿波唎蜜多 阿喻紇硯娜 須毗你悉指陀 囉佐耶 怛他羯他耶 怛姪他 薩婆桑悉迦囉
波唎輸底 達磨底 伽伽娜 莎訶其持迦底 薩婆婆毗輸底 摩訶娜耶 波唎婆唎莎訶
若有自書寫教人書寫是无量壽宗要經典之處 即為是塔 皆應恭敬作禮 若是畜生禽獸得聞是經 如是等類 即當
不久得成一切陁羅尼曰 南謨薄伽勃底 阿波唎蜜多 阿喻紇硯娜 須毗你悉指陀 囉佐耶 怛他羯他耶 怛姪他 薩婆桑悉
迦囉 波唎輸底 達磨底 伽伽娜 莎訶其持迦底 薩婆婆毗輸底 摩訶娜耶 波唎婆唎莎訶
若有於是无量壽自書寫使人書 畢竟不受女人之身 陁羅尼曰
南謨薄伽勃底 阿波唎蜜多 阿喻紇硯娜 須毗你悉指陀 囉佐耶 怛他羯他耶 怛姪他 薩婆桑悉迦囉
波唎輸底 達磨底 伽伽娜 莎訶其持迦底 薩婆婆毗輸底 摩訶娜耶 波唎婆唎莎訶
若有能於是經少分能惠施者 等於三千大千世界滿中七寶布施 陁羅尼曰
南謨薄伽勃底 阿波唎蜜多 阿喻紇硯娜 須毗你悉指陀 囉佐耶 怛他羯他耶 怛姪他 薩婆桑悉迦囉
波唎輸底 達磨底 伽伽娜 莎訶其持迦底 薩婆婆毗輸底 摩訶娜耶 波唎婆唎莎訶
若有能於供養是經者 則是供養一切諸經 等无有異 陁羅尼曰
如是毗婆尸佛 尸弃佛 毗舍浮佛 俱留孫佛 俱那含牟尼佛 迦葉佛 釋迦牟尼佛
若有人以七寶供養如是七佛 其福有限 量書寫受持是无量壽經典 所有功德不可限量 陁羅尼曰
南謨薄伽勃底 阿波唎蜜多 阿喻紇硯娜 須毗你悉指陀 囉佐耶 怛他羯他耶 怛姪他 薩婆桑悉迦
囉 波唎輸底 達磨底 伽伽娜 莎訶其持迦底 薩婆婆毗輸底 摩訶娜耶 波唎婆唎莎訶
有若七寶於須彌以用布施 其福上能知其限量 是无量壽經典 其福不可知數 陁羅尼曰
南謨薄伽勃底 阿波唎蜜多 阿喻紇硯娜 須毗你悉指陀 囉佐耶 怛他羯他耶 怛姪他 薩婆桑悉迦囉
波唎輸底 達磨底 伽伽娜 莎訶其持迦底 薩婆婆毗輸底 摩訶娜耶 波唎婆唎莎訶
如是四大海水可知滴數 是无量壽經典所生果報不可數量 陁羅尼曰
南謨薄伽勃底 阿波唎蜜多 阿喻紇硯娜 須毗你悉指陀 囉佐耶 怛他羯他耶 怛姪他 薩婆桑悉迦囉
波唎輸底 達磨底 伽伽娜 莎訶其持迦底 薩婆婆毗輸底 摩訶娜耶 波唎波唎莎訶
若有自書寫教人書寫是无量壽經典 又能護持供養恭敬 即如供養恭敬一切十方佛土如來无有異 陁羅尼曰
南謨薄伽勃底 阿波唎蜜多 阿喻紇硯娜 須毗你悉指陀 囉佐耶 怛他羯他耶 怛姪他 薩婆桑悉迦
囉 波唎輸底 達磨底 伽伽娜 莎訶其持迦底 薩婆婆毗輸底 摩訶娜耶 波唎婆唎莎訶

BD03562號　無量壽宗要經

(5-4)

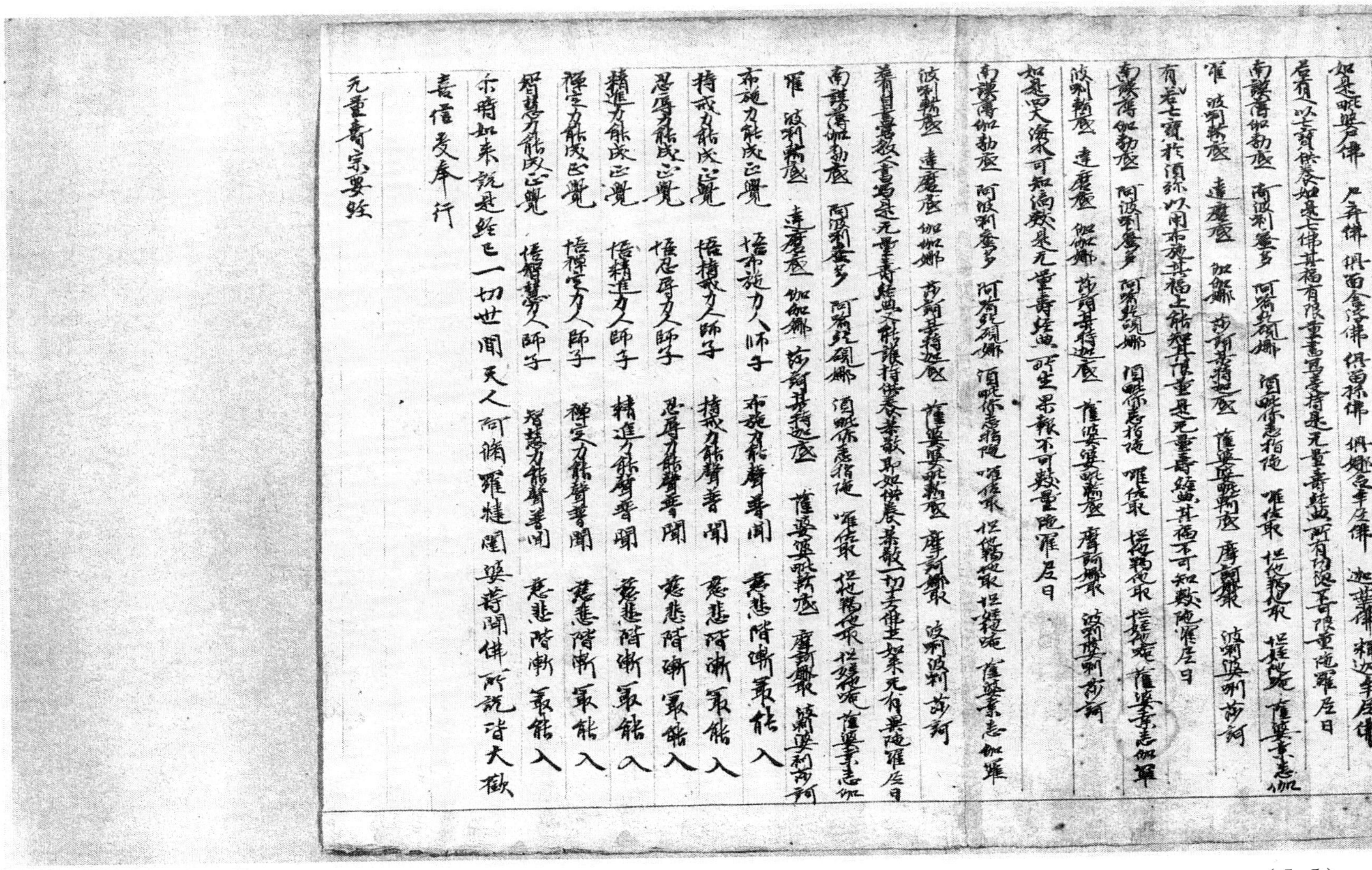

如是毗婆尸佛　尸弃佛　毗舍浮佛　俱留孫佛　俱那含牟尼佛　迦葉佛　釋迦牟尼佛
若有人以七寶供養如是七佛其福有限量書寫受持是无量壽經典所有福德不可限量陁羅尼曰
南謨薄伽勃底　阿波唎蜜多　阿喩紇硯娜　須毗你志指陁　囉佐耶　怛他羯他耶　怛姪他唵　薩婆桑志伽
羅　波唎輸底　達磨底　伽伽娜　娑謨特伽底　薩婆婆毗輸底　摩訶娜耶　波唎婆唎莎訶
有若七寶於須彌以用布施其福上能知其限量是无量壽經典其福不可知數陁羅尼曰
南謨薄伽勃底　阿波唎蜜多　阿喩紇硯娜　須毗你志指陁　囉佐耶　怛他羯他耶　怛姪他唵　薩婆桑志伽羅
波唎輸底　達磨底　伽伽娜　娑謨特伽底　薩婆婆毗輸底　摩訶娜耶　波唎婆唎莎訶
如是四大海水可知渧數是无量壽經典所生果報不可數量陁羅尼曰
南謨薄伽勃底　阿波唎蜜多　阿喩紇硯娜　須毗你志指陁　囉佐耶　怛他羯他耶　怛姪他唵　薩婆桑志伽羅
波唎輸底　達磨底　伽伽娜　娑謨特伽底　薩婆婆毗輸底　摩訶娜耶　波唎婆唎莎訶
若有自書教人書寫是无量壽經典及能受持供養恭敬即如供養恭敬一切十方佛土如來无有異陁羅尼曰
南謨薄伽勃底　阿波唎蜜多　阿喩紇硯娜　須毗你志指陁　囉佐耶　怛他羯他耶　怛姪他唵　薩婆桑志伽
羅　波唎輸底　達磨底　伽伽娜　娑謨特伽底　薩婆婆毗輸底　摩訶娜耶　波唎婆唎莎訶
布施力能成正覺　悟布施力人師子　布施力能聲善聞　慈悲階漸眾能入
持戒力能成正覺　悟持戒力人師子　持戒力能聲善聞　慈悲階漸眾能入
忍辱力能成正覺　悟忍辱力人師子　忍辱力能聲善聞　慈悲階漸眾能入
精進力能成正覺　悟精進力人師子　精進力能聲善聞　慈悲階漸眾能入
禪定力能成正覺　悟禪定力人師子　禪定力能聲善聞　慈悲階漸眾能入
智慧力能成正覺　悟智慧力人師子　智慧力能聲善聞　慈悲階漸眾能入
尒時如來說是經已一切世間天人阿脩羅揵闥婆等聞佛所說皆大歡
喜信受奉行
无量壽宗要經

BD03562 號　無量壽宗要經　（5–5）

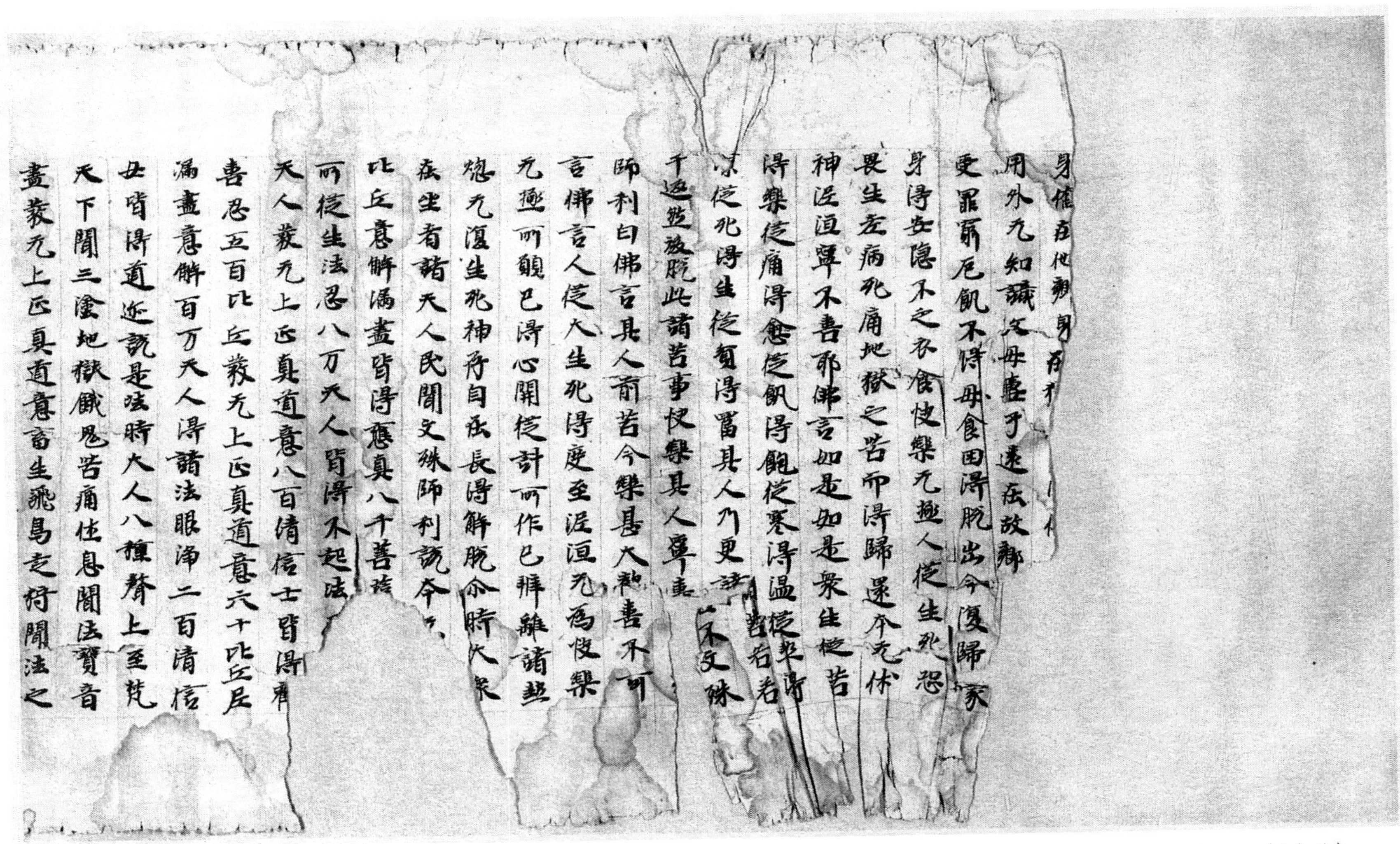

身佳在他鄉身存[illegible]
用外无知識父母墮子遠在故鄉
更罪覆厄飢不得毋食因得脫出今復歸家
身得安隱不乏衣食快樂无極人從生死恐
畏生老病死痛地獄之苦而得歸還本无休
神從洹譬不善邪佛言如是如是眾生從苦
得樂從痛得愈從飢得飽從寒得溫從熱得　苦若若
求從死得生從貧得富其人乃更諸　不文殊
千返然後脫此諸苦事快樂其人尊貴
師利白佛言其人前苦今樂甚大歡喜不可
言佛言人從久生死得度至泥洹无為快樂
无極所願已得心開從討所作已辦離諸熱
惱无復生死神將自在長得解脫尒時大眾
在坐者諸天人民聞文殊師利說本[illegible]
比丘意解漏盡皆得應真八千菩薩
所從生法忍八万天人皆得不起法
天人發无上正真道意八百清信士皆得[illegible]
喜忍五百比丘發无上正真道意六十比丘尼
漏盡意解百万天人得諸法眼淨二百清信
女皆得道迹說是時大人八種聲上至梵
天下聞三塗地獄餓鬼苦痛休息聞法寶音
盡發无上正真道意畜生飛鳥走狩聞法之

BD03563 號　淨度三昧經卷上　（14–1）

所從生法忍八万天人皆得不起法
天人發无上正真道意八百清信士皆得有
善忍五百比丘發无上正真道意六十比丘尼
漏盡意解百万天人得諸法眼淨二百清信
女皆得道迹說是時大人八種聲上至梵
天下聞二塗地獄餓鬼苦痛休息聞法寶音
盡發无上正真道意畜生飛鳥走狩聞法之
有[illegible]度方合眾比一身得人道者我當作沙
門行佛道地獄王監官〻屬皆發无上正真
道意天龍鬼神盡發慈心國中人民其得
者即皆歸命出發无上正真道意[illegible]
白佛言諸天人民羣萌之類皆更三塗之苦
今皆發慈心因其善心盡可度脫佛言天人
雜類心意識淨者便可盡度也佛即放身相
五色曜光曜光晃晃盡恒邊沙佛剎其見光
者　法眼淨壽光得六法證盡大律行地獄
餓鬼走狩飛鳥壽光發意畢願形壽得為
沙門奉行清化當求佛道諸天人民皆得淨
戒凡人二万二千皆得道迹求受五戒為清
信士女佛即許五識地獄王閻羅起正衣服
恕心正意勢面看佛足叉手長跪白佛言我所
典治百卅四獄其一大泥犁中有數千億百
万罪人男女不可計數大泥犁有八中泥犁
有卅小泥犁有九十六小泥犁有千里上千里
四千里八千里万六千里者數千万里者罪
人滿中復有監官小王令長都督五官使者
盡屬我天中天世尊大慈大千蒙度我壽未
盡當何所繞彌耶佛告泥犁王盡赦百卅四

BD03563號　淨度三昧經卷上　（14–2）

万罪人男女不可計數大泥犁有八中泥犁
有卅小泥犁有九十六小泥犁有千里上千里
四千里八千里万六千里者數千万里者罪
人滿中復有監官小王令長都督五官使者
盡屬我天中天世尊大慈大千蒙度我壽未
盡當何所繞彌耶佛告泥犁王盡赦百卅四
獄因弃餓鬼鬼神龍阿須輪飛鳥走狩盡赦
之如是不久王獄城隨滿不過一日王莫巻
也王當發慈心愍傷眾生不可求名與天王
魔王阿須輪王共諍求名不以主兵多為尊
欲求眾劫尊貴約德識行六度四恩四等四
禪四諦忍辱柔和布施調意寬仁慈愍眾
生救濟苦人卑卑下天下捐棄彊梁憍慢之
心滅除貪婬斷絕婬鬼之種立清潔之行王
當觀察泥犁中罪人生何等而見考治泥犁
中不治善人但治惡逆无行无義无仁无慈无
禮无信慳貪不信三尊无反復唯治貪婬嫉妬
愚癡人耳不聞豪尊卑賤罪同一統不問男女
小夜好醜有識之屬作罪得罪作福得福為
罪福所錄无有地方所避水山石間脫正不
受死王言唯唯受教輒奉行之不失尊教當
宣正法教化罪人令發善心使得解脫憂苦
法目在王菩薩白佛言佛界眾生豈得自在
欲至无上正真大道以成阿耨多羅三藐三
菩提者斷滅三塗生死之熱惱欲除永无之殃
拔地獄之罪名削棄五官之赤籍消脫三界
往來之難拔生死之根滅除五蔭名籍還神
本无蕩滌三界之想諸淨六神宅平治涅洹

BD03563號　淨度三昧經卷上　（14–3）

欲至无上正真之道以成阿耨多羅三藐三
菩提者斷滅三塗生死之患抱欲除永无之疾
拔地獄之罪名削遣五官之赤籍清脱三界
往來之難拔生死之根滅除五處名籍還神
令无蕩滌三界之想塔淨六神宅平治泥洹
之徑路爲衆生開泥洹門閉塞三流之川斷
絶生死之徑難易云何佛告法自在菩薩汝
慈心多慜愍爲一切衆生重任憂念天人雖
賴乃作是問欲度人民故問佛告法自在菩
薩及衆坐大士皆明聽善思念之内着心中
佛言愚夫樂生死如猪在溷中恣情放心意
自種生死根輪轉更五道回之五處籍繫鐵
成五道迴行不休息皆由心所種貪婬爲死
徑愚癡爲泥塗沒溺不得出嫉妬爲罪本貪
利爲自裹產不正婬風夜不學有財不施不
受佛言有此八者爲自侵欺故墮入三塗百
罪從心生心爲泥洹君道在身中自心致之
不從他人求何有難乎從他人得者亦乃爲
難心之出入往來无間周流旋祥住正无處
心无端底亦无端緒无形无像无遠无近无
彼无此无大无小无長无少无好无醜无男
无女心之自然生死自然罪福自然道法自
然泥洹自然自然者自尒也自然從心生故
謂自然高士制持心意法自然泥洹憤叙聖
諦入八正道行却八邪業除九惱承十慧致
十神力四无所畏十八不共功積致泥洹第
然无爲不動不遷无生不生无死不死獨拔
特出滅三界苦除五陰積獨步无畏得无比

BD03563號　淨度三昧經卷上　（14–4）

謂自然高士制持心意法自然泥洹憤叙聖
諦入八正道行却八邪業除九惱承十慧致
十神力四无所畏十八不共功積致泥洹第
然无爲不動不遷无生不生无死不死獨拔
特出滅三界苦除五陰積獨步无畏得无比
行入大總持門得无邊底三昧則得成阿耨
多羅三藐三菩提法自在菩薩白佛言心得自
在何因有若干種類爲五道主所見錄籍生
死名不除佛言心者不見心有心不知心心
之自然心尊心使中心念善即言即行中心
念惡即言即行心无點計心迷行或心癡意
愚計身有常親愛是身謂是我許沐浴節跡
好衣美食光欲与之東西走作惠苦思慮求
索財寶官爵奉祿香華瓔珞莊飾是身以求
榮名名字亡空无所有三界不可空想求空
名爲名色六入更樂痛痒思想生死識五陰
六衰所誤種生死或生沒迴旋往來不絶繫
名五道皆由貪欲恩愛爲生死本是法无常人
出不住如水常流猶如幻化忽生忽死而无
常形又无常名放心在欲行有欲增其或貪
色日長福離愛則无患貪欲意爲田无癡行
爲種斷貪除利業離愛无憂患從是拔苦根
毒苦外紫臺永離生死惚終始不復更長存
得自在五處爲都滅神（精）不復用制命爲人尊
宗仰如帝王尊獨无過是是故稽首礼
佛説是時坐中万菩薩皆得阿惟顏八百比
丘皆得无所從生法忍七万天人皆得法樂
忍卅万天人發无上正真道意卅万清信士

BD03563號　淨度三昧經卷上　（14–5）

得自在五處為都滅神不復用制命為人尊
宗仰如帝王尊獨无過是是故稽首礼
佛說是時坐中万菩薩皆得阿惟顏八百比
丘皆得无所從生法忍七万天人皆得法樂
忍卅万天人發无上正真道意卅万清信士
皆得柔順忍十万清信女皆得歡喜忍五千
比丘尼皆發无上正真道意六十万鬼神龍
王皆逮摠持門司錄司命卅二鎮臣持進兵
王輔天將軍太子使者皆得淨光三昧翼從
盡得不還道五道大王與眷屬俱悉得往來
道地獄大小王凡有百卅七人平等悉得阿
惟越致官屬臣下凡十億盡得信忍凡士凡
女合十億皆得道迹莫不過度疾度除愈盲
者得視聾者得聽病者能語拘癖者得手足
女人懷任母子俱安飛鳥走狩其聞法者盡
其壽命皆生天上諸天帝釋皆持七寶蓮華
香名搗香澤香雜香雜綵繒蓋天幡鋺綖以
為供養天人天子王女各各華香幡繒珎琦
雜寶皆散佛上及諸菩薩大比丘者大尊威
變化戒大嚴莫不歡喜發无上正真道意皆
礼佛足
爾時國王屏沙俱與大臣長者三百人雖生
叉手長跪白佛言吾等久在大生死波溺攝
海五惡苦樂諸道皆更為老病死悉可伺悲
苦臣言佛言一切眾生其在大生死中者有
十習苦何謂為十習一者生苦二者老苦三
者病苦四者所愛別苦五者一切不可意為
苦六者怨憎共居苦七者憂愁苦八者飢渴

苦臣言佛言一切眾生其在大生死中者有
十習苦何謂為十習一者生苦二者老苦三
者病苦四者所愛別苦五者一切不可意為
苦六者怨憎共居苦七者憂愁苦八者飢渴
苦九者寒貧苦十者死苦復有三苦一者地
獄苦二者餓鬼苦三者畜生苦復有二苦一
者鬼神龍苦二者不得自在苦皆由習致苦
習諸盡者則苦滅是十習行事屬五官、官、
屬閻、羅、屬佛屏沙王白佛言我有併父
昆弟流沙无識不知屬何官府有何罪辜得
病三年于今不差世尊難遭願聞其意若令
罪大得病當即死罪小者不應久病天地開
盡有幾許臺閣官府監司幾部人犯幾過為
罪何者為小罪犯何過為大罪人死不同有
老而死者有枉死者有枉步死者有病死者
年死者為官所煞者賊煞者燒死者水死者
餓死者凍死者鴨死者牛馬所煞者若干種
死魂神歸於何願佛為哀開示盲冥令知禁
防有可避者不佛告王凡人无識復无七事
行者死屬地獄為五官所司錄命屬地獄天
天子、右閻羅與主佛界諸天人民鬼神龍
飛鳥走狩皆屬天、子、有八八王八大王
復有扶吾王有卅國扶吾王右復有小統九
十六國各、所主不同復有小監五官都督
司察司錄八王使者司隸等與伏夜大將軍
都官夢騎承天帝符與五道大王共於八坐
日風行復伺案行諸天人民蠕伏雜類鳥狩
以知善惡分別種類若干億万里數分部疆

十六國名〻而主不[illegible]
司察司錄八王使者司除善興伏夜大將軍
都官萝騎承天帝符與五道大王共於八坐
日風行覆伺案行諸天人民蜎飛蠕動鳥狩
以知善惡分別種類若干億万里數分部疆
界所屬伺微君王臣民疏善記惡以奏上扶
〻容〻王〻轉奏小〻王〻復轉奏大〻王〻
奏天子人民所犯凡廿事眾重之天人身死
不復生墜陷三塗永已不還億千万不可計
劫乃出為畜生狩廿惡行引人着卅八大苦處
大泥犁中卅八大苦處泥犁名〻有城郭有
八大王有小王卅第一平湖王典主阿鼻摩
呵泥犁中有大釜度廣縱卅里深亦介罪人
滿中但坐煞生婬泆不孝思第二晉平王典
治黑繩獄〻中有鐵繩〻有三忍者四犯者八
犯者以進直人身鋸解之或斧斫人身或四方
或八角但坐犯五逆煞生予杖刀斧害人及
畜狩婬泆嫉妬恚癡第三莢都王典治鐵臼
獄治苍人身如芝麻油但坐賊害眾生盜
婬欺犯五罪逆第四輔天王典治合會獄〻
中有大鐵釘〻人身百節通徹遍人身空中
自然而大石碎破人身亦如麵但坐誹謗聖
道毒心向佛真人菩薩及逆不孝斷法斷功
德輕慢父母師友及所尊煞生无道以致斯
殃第五聖都王典治太山獄人違入山〻自
然合破碎人身骨炭失溺合碎如芝蒲陶
汁生犯五逆罪嫉妬愚癡瞋恚尊已賤人
不順父母師友君父正教列靈賊盜欺紋生
所致第六玄都王典主火城[illegible]

BD03563號　淨度三昧經卷上　（14–8）

殃第五聖都王典治太山獄人違入山〻自
然合破碎人身骨炭失溺合碎如芝蒲陶
汁生犯五逆罪嫉妬愚癡瞋恚尊已賤人
不順父母師友君父正教列靈賊盜欺紋生
所致第六玄都王典主火城獄火燒人身燋
然盡但坐欺中无信衣食他人衣食貪利不
肯布施凍倮人使身貪好服所致第七廣
武王主治劍樹獄〻中刀劍亂風吹斫破人
身无完皮為大鷲所食噉坐屠煞射臈心口
為惡故致此殃第八武陽王典主嚾吪獄〻中
有狗齗人頸飲血噉肉坐心口身行煞人及
畜狩禽獸倩人煞教人煞故致此殃第九平
陽王主治八踏獄〻中有利刀遍地間无空
者人走其上截足趺但坐善行无慈心發曰
相使致其然破壞法橋擿眾生強教犯禁故
入八踏獄第十都陽王典治莿樹獄莿樹
長三尺人過上樹莿下逆人違下樹莿上逆
貫剌人身皆破傷无識受信施服飾珎玩常
殺刀所剥入分國鉆鈴人受身賤人他陰嫉
害眾生使獲此極殃第十一消陽王主治沸
灰獄〻中有熱沸灰河人入其中身爛壞但
坐得腩羊雞害生可口飲酒迷亂卧沙門被
机中口出惡語无慈心故獲此殃第十二迁
尉王典治大嗷獄鐵城覆蓋閇其門大火四起
燒罪人坐輕慢三尊及良善人焚燒山澤害
眾生剥脫人衣魂害人不孝三尊及二親傷
慢自恣无誠信故致此極殃第十三廣進王
典主大阿鼻獄五毒治人破解人身披撓人

BD03563號　淨度三昧經卷上　（14–9）

燒罪人坐輕慢三尊及良善人焚燒山澤苦
衆生剥脱人衣讒害人不孝三尊及二親傷
慢自恣无誠信故致此痛殃第十三廣進王
典主入阿鼻獄五毒治人破解人身披挽人
身如張牛皮大釘々之心手足支節皆遍叉
眼舌耳鼻皆通徹但坐犯五逆十惡斧五
識以致斯殃第十四高都王主治鐵車獄坐
壓欺无信輕善人沒人二力謂應然第十五
公陽王主治鐵火獄炭火然至膝坐撿匠入
耶不信善人沙門師父匠教毀行濫致虫蟻
不持齋戒心持腳行以致此殃第十六平斛
王主典沸屎獄廣長痛深罪人入中身熟爛
虫鑽人身徹髓節坐畏織布施強迫人致生
蠶身致其然第十七柱陽王主治地燒獄人
足到地即燋坐入律識不能忍坐毀行來白
衣含發日腳行來害衆生所致第十八平
直王典主泥犁獄々中有虫喙如鐵錐啄人
飢骨皆令盡但坐摘擇衆生肌汁絞生蠶身
致其殃第十九建石王主治山石獄々中有
石刹如刀刃與人胜等或高五寸足蹈其上
或下截足斷趺剥腳斷節石刹如刀坐八王
日不行直心惟念善足行遊逸令六神飛揚
天官所察以致斯殃第廿良耶王主治多洹
獄々中有熱風與人相逢吹人辟地鳴狐之痛
永死不能得死求生不能得生坐惚人所致
第廿一都官王主治熱洹獄々中有大嗽人
鬼身中出十六刹貫人身々中出火燒人食
之第廿二玄陽王主治飛虫獄虫飛來食人

[illegible]
永死不能得死求生不能得生坐惚人所致
第廿一都官王主治熱洹獄々中有大嗽人
鬼身中出十六刹貫人身々中出火燒人食
之第廿二玄陽王主治飛虫獄虫飛來食人
不置四面來无數坐射獦蠶重之對第廿三
太責王主治湯洞獄流河水然過於世間沸
麻油坐煞生羅罔捕魚易卵飲酒亂失十五
行受此殃第廿四合石王主治大磨獄廣鞔
二千里磨々人如麵但坐煞生可意研殺衆
生垣石相填系盆煞蜂蠅之所致第廿五涼
无王主治寒雪獄坐煞凍衆生剥脱他人衣
禁固衆生着寒中不施溫利之所致第廿六
无康王主治鐵杵獄燒許杵匠赤判人咽中
脣舌腸腸皆燋爛坐惡口求味身行惡心念
惡之所致第廿七匠始王主治鐵柱獄燒柱
匠赤令人抱之或卧燒鐵牀上爲蛀鬼所食
坐心口身婬所致第廿八高遠王主治膿面
獄坐面食々生不淨放人貪婬所致第廿九
都進王主治燒石獄燒石匠赤令人吞之爛
腹腸坐无誠食信施食不持齋識斷絕人福
以爲己有之所致第卅康都王主治鐵輪獄
燒輪匠赤自然在人頭上坐騎度父母師長君
王夫主及所尊持頭拖觸人卡沙門頭形咲
譽吃充人論師父歎火燒人頭致此殃是卅
大苦剋泥犁犯是卅大過者皆更過是卅泥
犁積不可計劫大泥犁形竟次入百四小泥
犁終劫竟從地獄出當更餓鬼畜生奴婢下
賤積億々万劫万恒沙數一沙爲一劫盡万

王天主及所尊持頭傴髑人専沙門頭形狹
齧吃充人齒師父歐火燒人頭致此殃是卅
大苦剝湿犁犯是廿大過者皆更過是卅湿
梨積不可訶劫大湿梨形竟次入百四小湿
梨終劫竟從地獄出當更餓鬼畜生奴婢下
賤積億〻万劫万恒沙數一沙爲一劫盡万
恒沙數乃復爲人唯得爲人口中恒臭口舌
妄來多病不利爲人短命犯是廿事者今見
世不利當爲諸天地獄所伺神明怨察疏記
罪福不問尊卑一月六奏一歲四〻覆〻之
日皆八〻王〻日〻者天王察比日比諸天
人民雜類之屬考校功衆有福增壽有罪減
壽奪筭天地浩〻根廠无數諸天地獄五道
大王同命都錄五官都督四填使者承天大
持軍等春秋冬夏承天統攝恭察非法摠持
衆生名籍制命長短毛分不差人民有罪了
不知爲天地五官所記不能自知生所從來
死至何許不能自知命之長短不知爲五官
所收錄不知豫作善永安不曉豫作功德救
罪出不曉依附三尊永度世救不曉永寄識
明經道士從來度世道如斗斛不中用者差
大家言此斗差敗不中用煩勞牧養久已无
益我家但當早鍛可得衣食之出可除煩勞
人出如是不奉持識恭出不作功德如斗煩
勞大家甚多不益大家又不能自治人依道
生道氣養之不肯奉道出不能自度爲五官
所收死付地獄盡屬卅王所治如是屏沙王
曰佛言何謂爲八王日者當何以知之佛告

BD03563號　淨度三昧經卷上　（14–12）

人出如是不奉持識恭出不作功德如斗煩
勞大家甚多不益大家又不能自治人依道
生道氣養之不肯奉道出不能自度爲五官
所收死付地獄盡屬卅王所治如是屏沙王
曰佛言何謂爲八王日者當何以知之佛告
王八王日者諸天帝釋參佐填臣卅二人四
填大王伺命伺錄五羅大王八王使者盡出
四布覆行持四王十五日卅日所奏文書案
校地万人民八夷鬼神飛鳥走獸立行善惡
知與文書同不地獄王出遣輔臣小王都錄
監伺廷尉都公伏夜將軍五帝使者同日同
時俱出承天仟使符統攝衆生恭捡非法捕
惡賞善有罪即勑重犯者即收神錄命福
多者移書關下天上地獄增壽益筭除死定
生一歲八出故謂八王欲知日者立春〻分
立夏〻至立秋〻分立冬〻至此日衆急歲
終事畢考課結定罪福決死定生爲急終到
立冬屬春立冬〻至是爲八王日前一日夜
半竟後一日夜半是其時也重犯者謂從前
發八王日犯過福獨有救安隱无他天帝將
軍填王使者伺命主者用福故原貫過之到
後察日王復犯是爲重犯者王白佛言何等
爲五官者佛告王五官者出大分治察應天
上五官主賞善地獄中出有五官與主五道
大鬼神王收捕罪人六事罪屬五官一者行
五逆罪二者行十惡三者不行五誡四者不
敬三尊五者不畏天禁何謂五官一曰仙官
主禁殺二曰水官主禁盜三者鐵官主禁婬
四者土官主禁兩舌五者天官主禁飲酒犯

BD03563號　淨度三昧經卷上　（14–13）

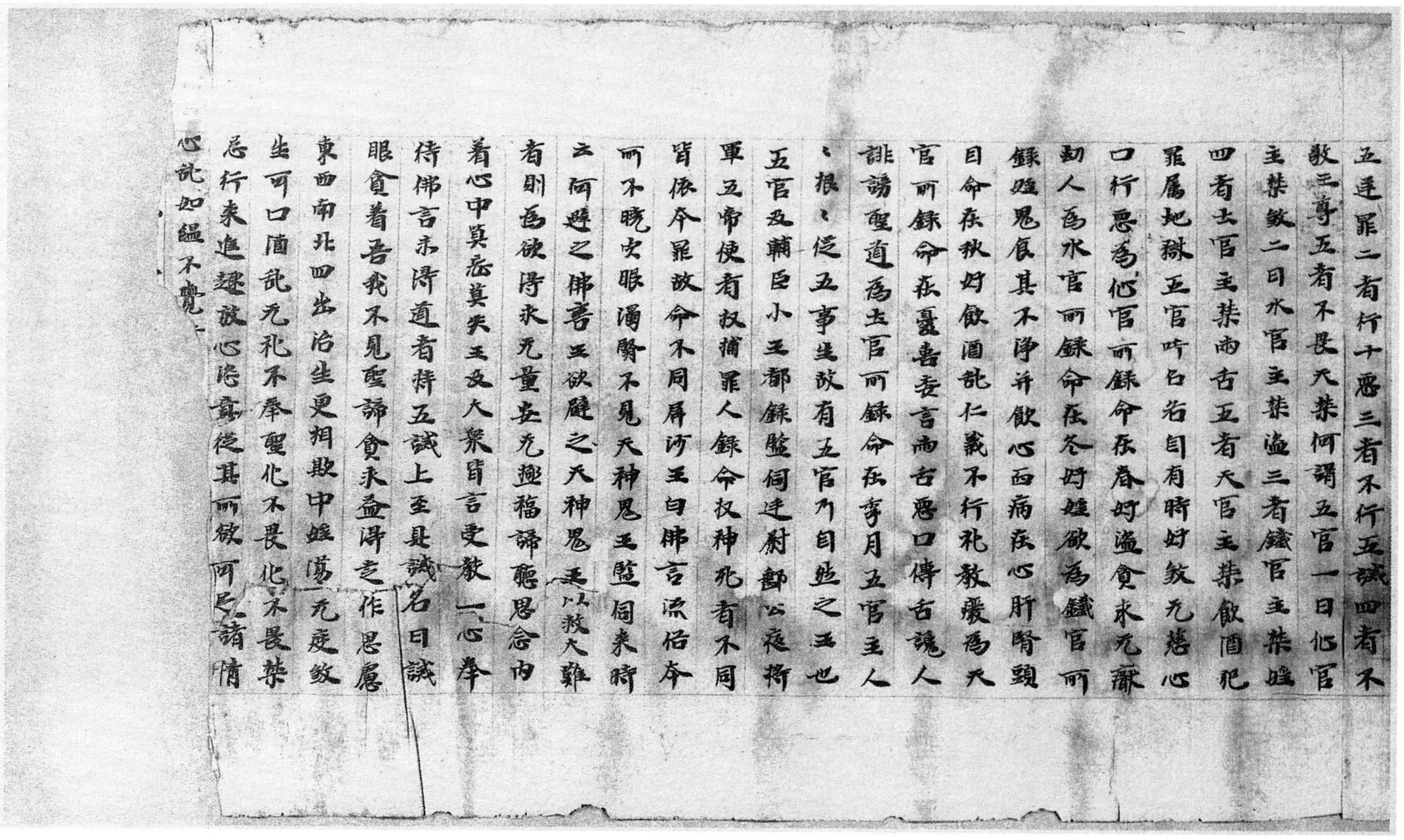

五逆罪二者行十惡三者不行五戒四者不
敬三尊五者不畏天禁何謂五官一曰仙官
主禁殺二曰水官主禁盜三者鐵官主禁婬
四者土官主禁兩舌五者天官主禁飲酒犯
罪屬地獄五官咋白名自有時好殺无慈心
口行惡為仙官所錄命在春好盜貪求无厭
動人為水官所錄命在冬好婬欲為鐵官所
錄婬鬼食其不淨并飲心西病在心肝腎頸
目命在秋好飲酒亂仁義不行禮敬愛為天
官所錄命在夏喜妄言兩舌惡口傳舌誑人
誹謗聖道為土官所錄命在季月五官主人
々根々從五事生故有五官乃自然之五也
五官及輔臣小王都錄監伺迭尉都公夜將
軍五帝使者收捕罪人錄命收神死者不同
皆依本罪故命不同屏沙王白佛言流俗本
所不曉安眼濁醫不見天神鬼王監伺來時
云何避之佛言王欲避之天神鬼王以救大難
者則為欲得求无量安无趣福諦聽思念內
着心中莫忘莫失王及大眾皆言受教一心奉
侍佛言求得道者持五戒上至是識名曰識
眼貪着吾我不見聖諦貪求益得是作思慮
東西南北四出治生更相欺中婬蕩无度致
生可口酒亂无禮不奉聖化不畏化不畏禁
忘行来進趣放心恣意從其所欲所忌諸情
心亂如醞不覺

BD03563 號　淨度三昧經卷上　　（14–14）

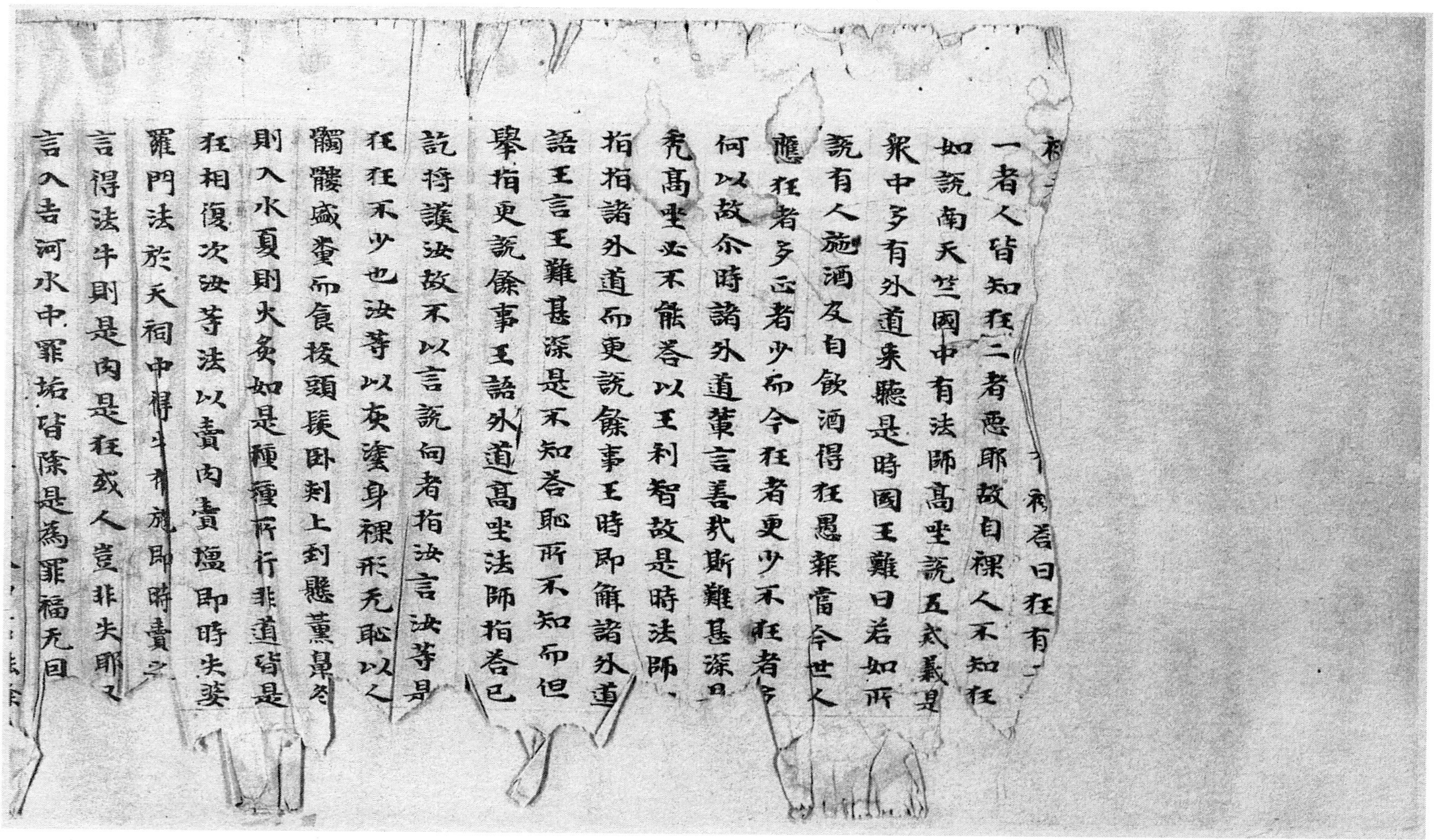

祠……祠者曰狂有
一者人皆知狂二者惡邪故自裸人不知狂
如說南天竺國中有法師高坐說五戒義是
衆中多有外道來聽是時國王難曰若如所
說有人施酒及自飲酒得狂愚報當今世人
應狂者多正者少而今狂者更少不狂者多
何以故尒時諸外道輩言善哉斯難甚深日
禿高坐必不能荅以王利智故是時法師
指指諸外道而更說餘事王時即解諸外道
語王言王難甚深是不知荅恥所不知而但
舉指更說餘事王語外道高坐法師指荅已
訖將護汝故不以言說向者指汝言汝等是
狂狂不少也汝等以灰塗身裸形无恥以人
髑髏盛糞而食拔頭髮臥刺上倒懸熏鼻冬
則入水夏則火炙如是種種所行非道皆是
狂相復次汝等法以賣肉賣鹽即時失婆
羅門法於天祠中得牛布施即時賣之
言得法牛則是肉是狂或人豈非失耶又
言入吉河水中罪垢皆除是為罪福无因

BD03564 號　大智度論卷八　　（2–1）

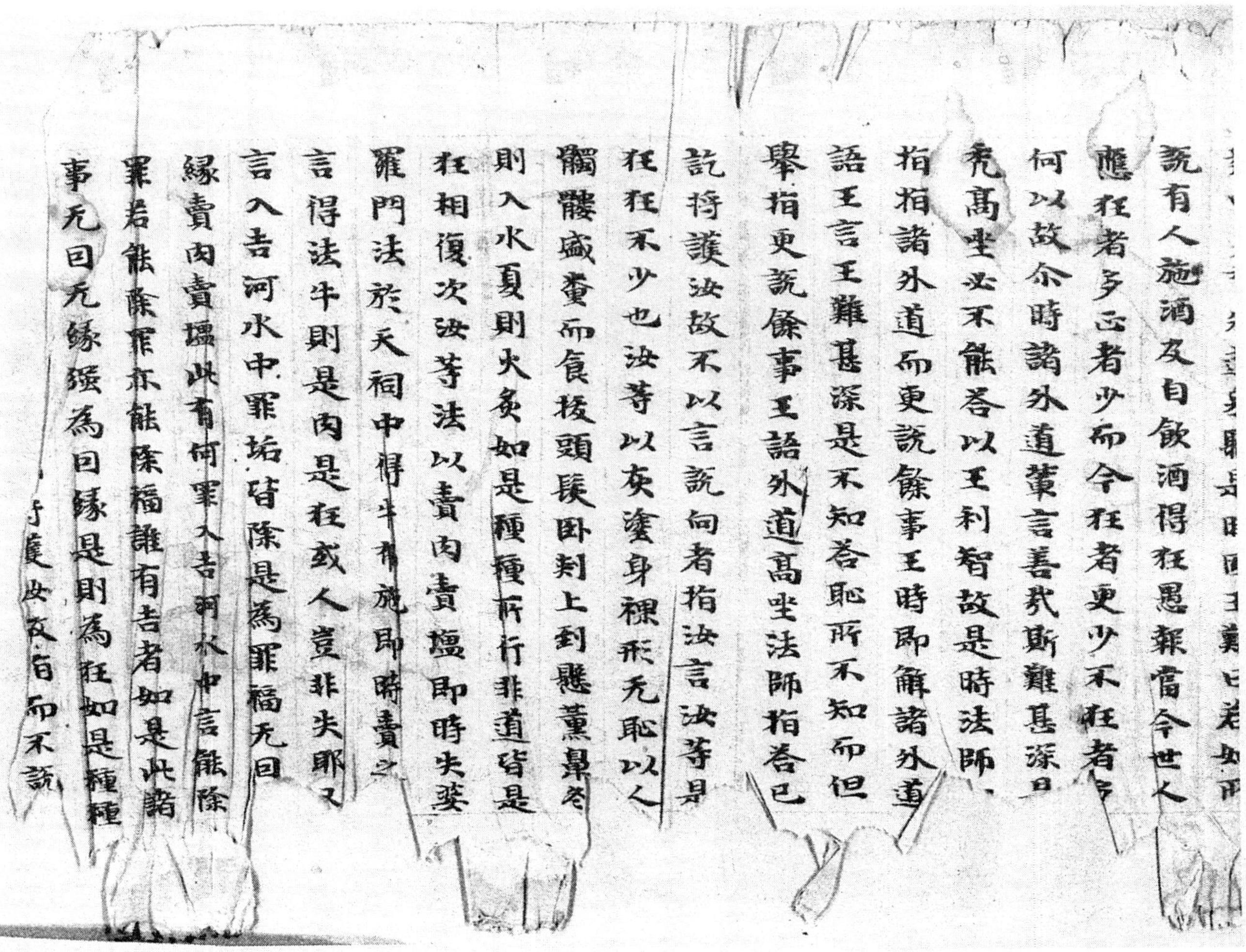
說有人施酒及自飲酒得狂愚報當今世人
應狂者多正者少而今狂者更少不狂者
何以故尒時諸外道輩言善哉斯難甚深
无高坐必不能荅以王利智故是時法師
指指諸外道而更說餘事王時即解諸外道
語王言王難甚深是不知荅恥所不知而但
舉指更說餘事王語外道高坐法師指荅已
訖將護汝故不以言說向者指汝言汝等是
狂狂不少也汝等以灰塗身裸形无恥以人
髑髏盛糞而食拔頭髮臥刺上倒懸熏鼻冬
則入水夏則火炙如是種種所行非道皆是
狂相復次汝等法以賣肉賣鹽即時失婆
羅門法於天祠中得牛布施即時賣之
言得法牛則是肉是狂或人豈非失耶又
言入吉河水中罪垢皆除是為罪福无因
緣賣肉賣鹽此有何罪入吉河水中言能除
罪若能除罪亦能除福誰有吉者如是此諸
事无因无緣强為因緣是則為狂如是種種
守護汝故旨而不說

BD03564號　大智度論卷八

（2–2）

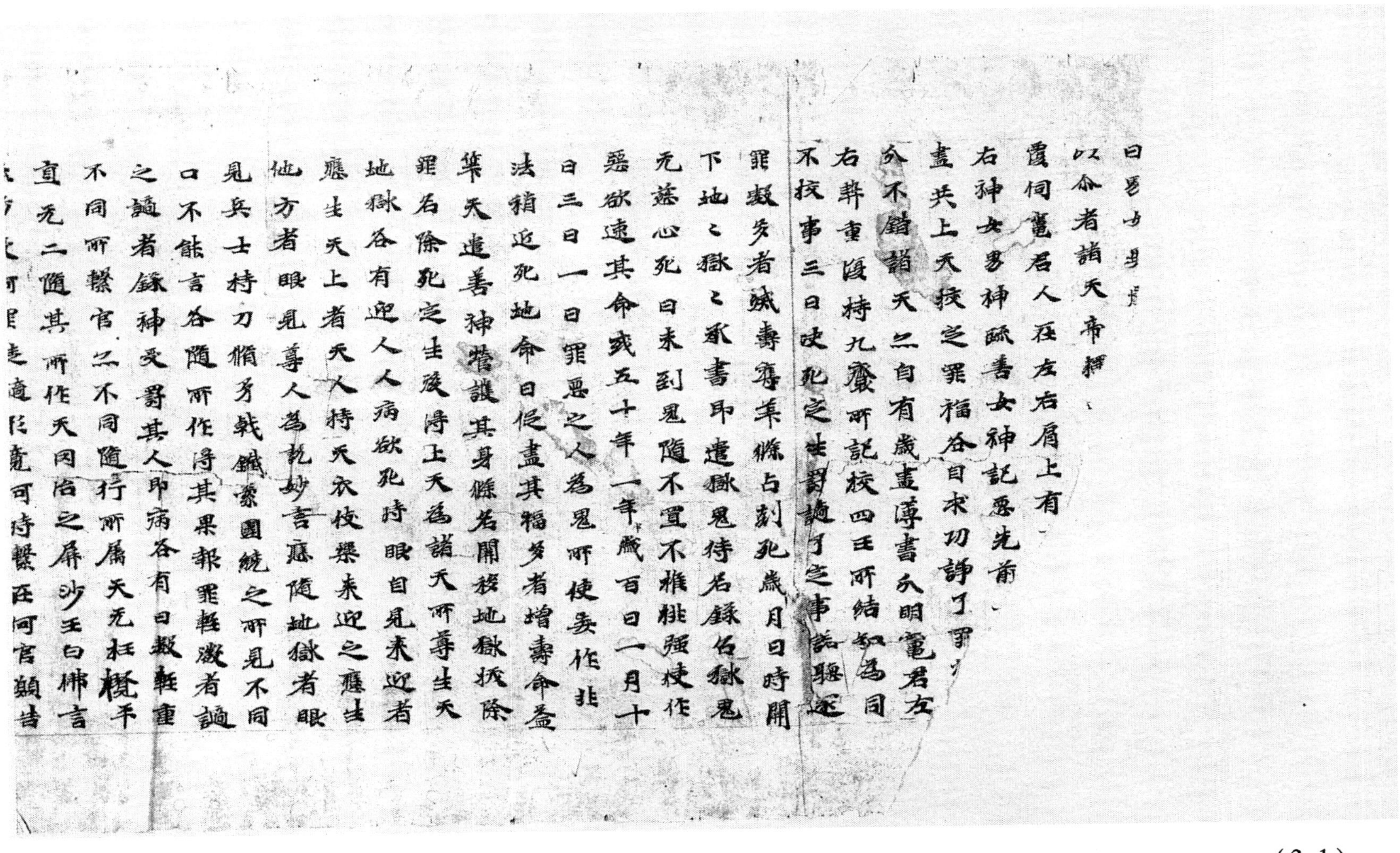
以命者諸天帝釋
置伺竈君人在左右肩上有
右神女男神疏書女神記惡先前
盡共上天校之罪福各自求功諍了罪
分不錯諸天之自有歲盡簿書分明竈君左
右葬重復持九齋所記校四王所結知為同
不校事三日決死之生罰適了之事諸驛逐
罪數多者減壽奪筭條占刻死歲月日時閒
下地之獄之承書即遣獄鬼侍名錄名獄鬼
无慈心死曰未到鬼隨不置不推排强使作
惡欲遠其命或五十年一年歲百日一月十
日三日一日罪惡之人為鬼所使妄作非
法稍近死地命日促盡其福多者增壽命益
筭天遣善神營護其身條名開移地獄拔除
罪名除死定生簿持上天為諸天所尊生天
地獄各有迎人人病欲死時眼自見來迎者
應生天上者天人持天衣伎樂來迎之應生
他方者眼見尊人為說妙言應隨地獄者眼
見兵士持刀楯矛戟鐵索圍繞之所見不同
口不能言各隨所作得其果報罪輕微者謫
之謫者錄神受罰其人即病各有日數輕重
不同所繫官之不同隨行所屬天无枉濫乎
直无二隨其所作天因治之屏沙王白佛言

BD03565號　淨度三昧經卷上

（3–1）

應生天上者天人持天衣伎樂來迎之應
他方者眼見尊人為說妙言應隨地獄者眼
見兵士持刀楯矛戟鐵叉圍繞之所見不同
口不能言各隨所作得其果報罪輕微者謫
之謫者錄神受罰其人即病各有日數輕重
不同所繫官之不同隨行所屬天无枉橫乎
直无二隨其所作天因治之屏沙王白佛言
流沙受何罪徒謫形竟何時繫在何官願告
所在罪過輕重竟佛告王流沙王所犯過華
无資唯有根莖葉罪從心生音惡嫉妒妻心
施人音惡懷毒天上所屬呈被對下人即病
呈者天之老人之精之神被問繫在土官受
謫千七百九十日罪乃竟屏沙王白佛言我
見人曰之犯惡殃健无他者何天神並不知
耶犯大過之无死者犯小過之无受謫病者
復有奇善死之不利病疾總橫更相注續善
惡不分燒現无過復有病者死者何因復介
願釋所疑令知本罪佛告王所問大善之恩
令之當為一切解釋愚癡令得開解

佛說淨度三昧經卷上

BD03565 號　淨度三昧經卷上　（3–2）

流沙受何罪徒謫形竟何時繫在何官願告
所在罪過輕重竟佛告王流沙王所犯過華
无資唯有根莖葉罪從心生音惡嫉妒妻心
施人音惡懷毒天上所屬呈被對下人即病
呈者天之老人之精之神被問繫在土官受
謫千七百九十日罪乃竟屏沙王白佛言我
見人曰之犯惡殃健无他者何天神並不知
耶犯大過之无死者犯小過之无受謫病者
復有奇善死之不利病疾總橫更相注續善
惡不分燒現无過復有病者死者何因復介
願釋所疑令知本罪佛告王所問大善之恩
令之當為一切解釋愚癡令得開解

佛說淨度三昧經卷上

BD03565 號　淨度三昧經卷上　（3–3）

前說法
殊室利法王子承佛威神即從座起
袒一膊右膝着地向婆伽婆合掌曲躬白
世尊唯願演說諸佛名号及本昔所發殊
勝大願令衆生聞已業鄣消除攝受來世正
法像時諸衆生故
尒時婆伽婆讚曼殊室利童子言善哉善哉
曼殊室利大慈悲者起无量悲勸請我說為
欲義利種種業鄣所纏衆生饒益安樂諸天
人故曼殊室利當善憶念聽我所說時曼殊
室利童子樂聽佛說白言唯然世尊佛告曼
殊室利東方過此佛土十恒河沙等佛土之
外有世界名淨瑠璃彼土有佛名藥師瑠璃
光如來應正遍知明行足善逝世間解无上
士調御丈夫天人師佛世尊曼殊室利彼世
尊藥師瑠璃光如來本行菩薩行時發十二
大願何者十二
第一大願願我來世於佛菩提得正覺時
自身光明熾然照曜无量无數无邊世界卅二

BD03566 號　藥師如來本願經　（4–1）

士調御丈夫天人師佛世
尊藥師瑠璃光如來本行菩薩行時發十二
大願何者十二
第一大願願我來世於佛菩提得正覺時
自身光明熾然照曜无量无數无邊世界卅二
丈夫相及八十小好以為莊嚴我身既尒令
一切衆生如我无異
第二大願願我來世得菩提時身如瑠璃內
外清淨无復瑕垢光明曠大威德熾然身善
安住焰網莊嚴過於日月若有衆生生世界
之間或復人中昏闇及夜莫知方所以我光
故隨意所趣作諸事業
第三大願願我來世得菩提時以无邊无限
智慧方便令无量衆生界受用无盡莫令一
人有所少之
第四大願願我來世得菩提時諸有衆生行
異道者一切安立菩提道中行聲聞道行
辟支佛道者皆以大乘而安立之
第五大願願我來世得菩提時若有衆生於
我法中脩行梵行此諸衆生无量无邊一切
皆得不缺減戒具三聚戒无有破戒趣惡道
者
第六大願願我來世得菩提時若有衆生其
身下劣諸根不具醜陋頑愚聾盲跛躄身攣
背傴白癩癲狂若復有餘種種身病聞我名
已一切皆得諸根具足身分成滿
第七大願願我來世得菩提時若有衆生諸
患逼切无護无依无有住處遠離一切資生

BD03566 號　藥師如來本願經　（4–2）

身下劣諸根不具醜陋頑愚聾盲跛躄身攣
背傴白癩顛狂若須有餘種種身病聞我名
已一切皆得諸根具足身分成滿
第七大願願我來世得菩提時若有衆生諸
患逼切无護无依无有住處遠離一切資生
醫藥又无親屬貧窮可愍此人若得聞我名
号衆患悉除无諸痛惱乃至究竟无上菩提
第八大願願我來世得菩提時若有女人為
婦人百惡所逼惱故猒離女身願捨女形聞
我名已轉女人身成丈夫相乃至究竟无上
菩提
第九大願願我來世得菩提時令一切衆生解
脫魔䋄若墮種種異見稠林悉當安立置
於正見次第示以菩薩行門
第十大願願我來世得菩提時若有衆生種
種王法繫縛鞭撻牢獄應死无量災難悲憂
煎迫身心受苦此等衆生以我福力皆得解
脫一切苦惱
十一大願願我來世得菩提時若有衆生飢
火燒身為求食故作諸惡業我於彼所先
以衆妙色香味食飽足其身復以法味畢竟
安樂而建立之
十二大願願我來世得菩提時若有衆生貧
无衣服寒熱蚊虻日夜逼惱我當施彼隨用
衣服種種雜色如其所好亦以一切寶莊嚴
具華鬘塗香鼓樂衆妓隨諸衆生所須之具
皆令滿足

BD03566號　藥師如來本願經

（4–3）

十二大願願我來世得菩提時若有衆生貧
无衣服寒熱蚊虻日夜逼惱我當施彼隨用
衣服種種雜色如其所好亦以一切寶莊嚴
具華鬘塗香鼓樂衆妓隨諸衆生所須之具
皆令滿足
此十二大願是彼世尊藥師瑠璃光如來應
正遍知行菩薩時本昔所作
復次曼殊室利藥師瑠璃光如來所有諸願
及彼佛土功德莊嚴乃至窮劫說不可盡彼
佛國土一向清淨无女人形離諸欲惡亦无一
切惡道苦聲瑠璃為地城闕垣墻門窻堂閣
柱梁斗栱周帀羅䋄皆七寶成如極樂國淨
瑠璃界莊嚴如是於其國中有二菩薩摩訶
薩一名日光二名月光於彼无量无數諸菩
薩衆最為上首持彼世尊藥師瑠璃光如來正
法之藏是故曼殊室利信心善男子善女人
應當願生彼佛國土
尒時世尊復告曼殊室利童子言曼殊室利
或有衆生不識善惡多貪无猒不知布施及
施果報愚癡无智闕於信根聚財護惜不欲
分施此等衆生无施心故見乞者來其心不
憙如割身肉復有无量慳貪衆生自不受用
亦不欲與父母妻子況奴婢作使及餘乞人
此等衆生人間命終生餓鬼道或畜生道由
昔人間曾得聞彼藥師瑠璃光如來名号故

BD03566號　藥師如來本願經

（4–4）

經能日日作礼持是經者不墮橫死所在
安隱惡氣消滅諸魔鬼神亦不中害佛言
如是如是如汝所說文殊師利言天尊所說
言无不善佛言文殊師利若有善男子善女
人等發心造立藥師琉璃光如來形像供養礼
拜懸雜色幡蓋燒香散華歌詠讚歎圍繞百帀
還坐本處端坐思惟念藥師琉璃光佛无量
功德若有善男子善女人七日七夜菜食
長齋供養礼拜藥師琉璃光佛求心中所願
者无不獲得求長壽得長壽求富饒得富饒
求安隱得安隱求男女得男女求官位得官
位若命過已後欲生妙樂天上者亦當礼
敬藥師琉璃光佛至真等正覺若欲上生卅
三天者亦當礼拜藥師琉璃光佛必得往生
若欲與明師世世相值者亦當礼敬藥師琉
璃光佛文殊師利欲生十方妙樂國土者亦當
礼敬藥師琉璃光佛欲得生兜率天上見弥勒
者亦應礼敬藥師琉璃光佛若欲遠諸耶
道者亦當礼敬藥師琉璃光佛若夜惡夢
鳥鳴百怪蜚尸耶忤魍魎鬼神之所繞者亦當
礼敬藥師琉璃光佛若為水火所焚漂者
亦當礼敬藥師琉璃光佛若入山谷為虎狼

BD03567 號　灌頂章句拔除過罪生死得度經　（10–1）

璃光佛文殊師利欲生十方妙樂國土者亦當
礼敬藥師琉璃光佛欲得生兜率天上見弥勒
者亦應礼敬藥師琉璃光佛若欲遠諸耶
道者亦當礼敬藥師琉璃光佛若夜惡夢
鳥鳴百怪蜚尸耶忤魍魎鬼神之所繞者亦當
礼敬藥師琉璃光佛若為水火所焚漂者
亦當礼敬藥師琉璃光佛若入山谷為虎狼
熊羆蒺蔾諸狩為龍蚖虵蝮蝎種種雜類
若有惡心來相向者心當存念藥師琉璃光佛
山中諸難不能為害若他方怨賊偷竊惡
人怨家債主欲來侵陵心當存念藥師琉
璃光佛則不為害以善男子善女人礼拜
藥師琉璃光如來功德所致華報如是況果報
世是故吾今勸諸四輩礼事藥師琉璃光佛至
真等正覺
佛告文殊師利我但為汝略說藥師琉璃光
佛礼敬功德若使我廣說是藥師琉璃光佛
无量功德與一切人求心中所願者從一劫至
一劫故不周遍其世間人若有著床痿黃
困篤惡病連年累月不差者聞我說是藥師琉
璃光佛名字之時橫病之厄无不除愈唯除
宿殃不請耳
佛告文殊師利若善男子善女人受三自歸
若五戒若十戒若善信菩薩廿四戒若沙門二
百五十戒若比丘尼五百歲戒若菩薩戒若破
是諸戒等若能至心一懺悔者復聞我說藥
師琉璃光佛終不墮三惡道中必得解脫若

BD03567 號　灌頂章句拔除過罪生死得度經　（10–2）

若五戒若十戒若善信菩薩卅四戒若沙門二
百五十戒若比丘尼五百戒若菩薩戒若破
是諸戒等若能至心一懺悔者復聞我說藥
師琉璃光佛終不墮三惡道中必得解脫若
人愚癡不受父母師友教誨不信佛不信經戒
不信聖僧應墮三惡道中者忘失人種受畜
生身聞我說是藥師琉璃光佛善願功德者
即得解脫佛告文殊師利世有惡人雖受佛禁
受佛禁戒觸事違犯或煞无道偷竊他人財寶
欺詐妄語婬他婦女飲酒鬪亂兩舌惡口罵詈
罵人犯戒為惡復祠祀鬼神有如是罪過當
墮地獄中若當屠割若抱桐柱若臥鐵床若鐵
床若鐵鉤出舌若洋銅灌口者聞我說是藥師
琉璃光佛无不即得解脫者佛告文殊師利
其世間人豪貴下賤不信佛不信經道不信沙
門不信有須陁洹不信有斯陁含不信有阿那
含不信有阿羅漢不信有辟支佛不信有十住
菩薩不信有三世之事不信有十方諸佛不信
有本師釋迦文佛不信人死神明更生善者受福惡者
受殃有如是之罪應墮惡道聞我說是藥師琉璃
光佛名字之者一切過罪自然消滅
佛告文殊師利若有善男子善女人聞我說是
藥師琉璃光佛至真等正覺其誰不發无上
正真道意後皆當得仕佛人居世間仕官不遷
治生不得飢寒困厄亡失財産无復方計聞我
說是藥師琉璃光佛各各得心中所願仕官皆

BD03567號　灌頂章句拔除過罪生死得度經　（10–3）

藥師琉璃光佛至真等正覺其誰不發无上
正真道意後皆當得仕佛人居世間仕官不遷
治生不得飢寒困厄亡失財産无復方計聞我
說是藥師琉璃光佛各各得心中所願仕官皆
得高遷財物自然長益飲食充饒皆得富貴
若為縣官之所拘錄惡人侵枉若為怨家
所得便者心當存念琉璃光佛若他婦女
生産難者皆當念是琉璃光佛兒則易生身
體平正无諸疾痛六情完具聰明智慧壽命
得長不遭枉橫善神擁護不為惡鬼舐其頭也
佛說是語時阿難在右邊佛顧語阿難言汝信
我為文殊師利說往昔東方過十恒河沙有佛
名藥師琉璃光本願功德者不阿難白佛言
天中天佛之所言何敢不信耶佛復語阿難言
世間人雖有眼耳鼻舌身意人常用是六事
以自迷惑信世間魔耶之言不信至真至誠
度世苦切之語如是人輩難可開化也阿
難白佛言世尊世人多有惡逆下賤之者若
聞佛說是經開人耳目破治人病除人陰冥
使覩光明解人疑結去人重罪千劫万劫无
復憂患皆因佛說是藥師琉璃光本願功德
慈令安隱得其福也
佛語阿難汝口為言善而汝內心狐疑我言
阿難汝莫作是念以自毀敗佛言阿難我見
汝心我知汝意汝知之不阿難即以頭面著
地長跪白佛言審如天中天所說我造次聞
佛說是藥師琉璃光無大尊貴智慧巍巍

BD03567號　灌頂章句拔除過罪生死得度經　（10–4）

佛語阿難汝口為言善而汝内心狐疑我言
阿難汝莫作是念以自毀敗佛言阿難我見
汝心我知汝意汝知之不阿難即以頭面著
地長跪白佛言審如天中天所説我造次聞
佛説是藥師琉璃光撫大尊貴智慧巍巍
難可度量我心有小疑耳敢不首伏佛言汝智
慧狹劣少見少聞汝聞我説深妙之法无上
空義應生信敬貴重之心必當得至无上正真道也
文殊師利問佛言世尊佛説是藥師琉璃光
如来无量功德如是不審誰肯信此經者佛荅
文殊師利言唯有百億諸菩薩摩訶薩當信
是言耳唯有十方三世諸佛當信是言
佛言我説是藥師琉璃光如来本願功德難
可得見何況得聞然難得説然難得書寫然難
得讀文殊師利若有善男子善女人能信是
經受持讀誦書著竹帛復能為他人能説中
義此皆先世以發道意今復得聞此微妙法開化十方
无量衆生當知此人必當得至无上正真道也
佛告阿難我作佛以来從生死復至生死懃
苦累劫无所不更无所不應无所不作无所
不為如是不可思議況復琉璃光佛本願功德
者也汝所以有疑者然復如是阿難聞佛所説
汝諦信之莫作疑惑佛語至誠无有虚偽
然无二言佛言為信者施不為疑者説阿難
汝莫作小疑以毀大乘之業汝却後然當發
摩訶衍心莫以小道毀汝功德也阿難言惟

BD03567號　灌頂章句拔除過罪生死得度經　（10–5）

不為如是不可思議況復琉璃光佛本願功德
者也汝所以有疑者然復如是阿難聞佛所説
汝諦信之莫作疑惑佛語至誠无有虚偽
然无二言佛言為信者施不為疑者説阿難
汝莫作小疑以毀大乘之業汝却後然當發
摩訶衍心莫以小道毀汝功德也阿難言惟
天中天我從今日以去无復愈心唯佛自當知我心耳
佛語阿難此經能照諸天宮殿若三災起時
中有天人發心念此琉璃光佛本願功德經者
皆得離於彼處之難是經能除水涸不調是
經能除他方逆賊悉令斷滅四方夷狄各還正
治不相嬈惱國土交通人民歡樂是經能除
疫毒之病是經能救三惡道苦地獄餓鬼畜生
等苦若人得聞此經典者无不解脱厄難者也
尒時衆中有一菩薩名曰救脱從坐而起整衣
服叉手合掌而白佛言我等今日聞佛世尊演
説過去東方十恒河沙世界有佛号琉璃光
一切衆會靡不歡喜救脱菩薩又白佛言若
族姓男女其有羸著床痛惱无救護者我
今當勸請諸衆僧七日七夜齋戒一心受持
八禁六時行道卌九遍讀是經典勸然七
層之燈然勸懸五色續命神幡阿難問救
脱菩薩言續命幡燈法則云何救脱菩薩語
阿難言神幡五色卌九尺燈然復尒七層之燈
一層七燈燈如車輪若遭厄難閉在牢獄枷
鏁著身然應造立五色神幡然卌九燈應放

BD03567號　灌頂章句拔除過罪生死得度經　（10–6）

層之燈亦當懸五色續命神幡阿難問求
脫菩薩言續命幡燈法則云何救脫菩薩語
阿難言神幡五色卌九尺燈亦復尒七層之燈
一層七燈燈如車輪若遭厄難閉在牢獄枷
鏁著身亦應造立五色神幡然卌九燈應放
雜類衆生至卌九可得過度危厄之難不為諸
横惡鬼所持
救脫菩薩語阿難言若天王大臣及諸輔相
王子妃主宮中綵女若為病苦所惱亦應造
立五色續幡然燈續明救諸生命散雜色華
燒衆名香王當放赦厄之人徒鏁解脫王
得其福天下太平雨澤以時人民歡樂惡龍
攝毒无病苦者四方夷狄不生逆害國土通
洞慈心相向无諸怨害四海歌詠稱王之德
乘此福祿在意所生見佛聞法信受教誨從
是福報至无上道
阿難又問救脫菩薩言命可續也救脫菩薩
荅阿難言我聞世尊說有諸横勸造幡蓋令
其脩福又言阿難昔沙弥救蟻已脩福故盡其
壽命不更苦患身體安寧福德力強使之然
也阿難因復問救脫菩薩言横有幾種世
尊說言横乃无數略而言之大横有九一者
横病二者横有口舌三者横遭縣官四者
身羸无福又持戒不完横為鬼神之所得便
五者横為劫賊之所剥奪六者横為水火之
所焚漂七者横為雜類禽狩所噉八者横為
怨讎符書厭禱耶神牽引未得其福但受

横病二者横有口舌三者横遭縣官四者
身羸无福又持戒不完横為鬼神之所得便
五者横為劫賊之所剥奪六者横為水火之
所焚漂七者横為雜類禽狩所噉八者横為
怨讎符書厭禱耶神牽引未得其福但受
其殃先已牽引之名横死九者有病不治又不
脩福湯藥不慎針灸失度不值良醫為病所
困於是滅亡又信世間妖孽之師為作恐動寒
勢言語妄發禍福所犯者多心不自正不能
自定卜問覓禍煞牂狗牛羊種種衆生解奏
神明呼諸耶妖魍魎鬼神請乞福祚欲望長
生終不能得愚癡迷惑信耶倒見死入地獄
展轉其中无解脫時是名九横
救脫菩薩語阿難言世間人癊黃之病困篤
著床求生不得求死不得考楚万端此病人者
或其前世造作惡業罪過所招殃各所引故使
然也救脫菩薩語阿難言閻羅王者主領世
間名籍之記若人為惡作諸非法无孝順心
造作五逆破滅三寶无君臣法又有衆生不持
五戒不信正法設有受者多所毀犯於是地下
鬼神及伺候者奏上五官五官科簡除死定
生或注錄精神未判是非若已定者奏上
閻羅監羅監察隨罪輕重考而治之世間癊黃
之病困篤不死一絕一生猶其罪福未得科簡
緣其精神在彼王所或七日五三七日乃至七
七日名籍定者放其精神還其身中如從夢
中見其善惡其人若明了者信驗罪福是

閻羅監羅監察隨罪輕重考而治之世間廣黄
之病困篤不死一絶一生猶其罪福未得料簡
録其精神在彼王所或七日五三七日乃至七
七日名籍定者放其精神還其身中如從夢
中見其善惡其人若明了者信驗罪福是
故我今勸請四輩造續命神幡然卌九
燈放諸生命以此幡燈放生功德拔彼
精神令得度苦令世後世不遭厄難救脫菩
薩語阿難言如來世尊說是經典威神功德
利益不少坐中諸鬼神有十二王從坐而起往到
佛所胡跪合掌白佛言我等十二鬼神在所住讓
若城邑聚落空閑林中若四輩弟子誦持此經
令所結願无求不得阿難問言其名云何為
我說之救脫菩薩言灌頂章句其名如是
神名金毗羅　神名和耆羅　神名弥佉羅
神名安陁羅　神名摩尼羅　神名宋林羅
神名因持羅　神名波耶羅　神名摩休羅
神名真陁羅　神名照頭羅　神名毗伽羅
救脫菩薩語阿難言此諸鬼神別有七千以
為眷屬皆悲叉手低頭聽佛世尊說是琉璃
光如來本願功德莫不一時捨鬼神形得受人
人身長得度脫无衆惱患若人疾急厄難
之日當以五色縷結其名字得如願已然後解
結令人得福灌頂章句法應如是
佛說是經時比丘僧八千人諸菩薩三万人
俱諸天龍鬼神八部大王无不歡喜阿難從
坐而起前白佛言演說此法當何名之佛言

BD03567號　灌頂章句拔除過罪生死得度經　（10–9）

為眷屬皆悲叉手低頭聽佛世尊說是琉璃
光如來本願功德莫不一時捨鬼神形得受人
人身長得度脫无衆惱患若人疾急厄難
之日當以五色縷結其名字得如願已然後解
結令人得福灌頂章句法應如是
佛說是經時比丘僧八千人諸菩薩三万人
俱諸天龍鬼神八部大王无不歡喜阿難從
坐而起前白佛言演說此法當何名之佛言
此經凡有三名一名藥師琉璃光本願功德二
名灌頂章句十二神王結願神呪三名拔除過
罪生死得度佛說經竟大衆人民作礼奉行

佛說灌頂經一卷

BD03567號　灌頂章句拔除過罪生死得度經　（10–10）

或在鬼道或畜生道如来名号暫得現前即
於念時彼處命終還生人道得宿命智怖畏
惡趣不樂欲樂好行恵施讃歎施者一切所
有悉能捨施漸以頭目手足血肉身分皆與求
者況餘財物
復次曼殊室利有諸衆生雖奉如来受持學
処然破戒破行破於正見或受學句謹持禁
戒然不求多聞不解如来所說脩多羅中甚
深之義或復多聞而增上慢自是非他嫌謗
正法為魔伴黨此等癡人及餘无量百千俱
知那由他衆生行邪道者當墮地獄此等衆
生應於地獄流轉无期以得聞彼世尊藥師
瑠璃光如来名号故於地獄處彼佛威力如
来名号輙得現前即時捨命還生人道正見
精進淳善淨心便能捨家於如来教中出家
學道漸次脩行菩薩諸行
復次曼殊室利或有衆生以妬忌故但自稱
讃不讃他人此諸衆生以自高輕他故於三
惡道无量千歲受諸苦毒過无量千歲已於
彼命終生畜生趣作牛馬駝驢鞭杖捶擊飢

BD03568號　藥師如來本願經　(9–1)

精進淳善淨心便能捨家於如来教中出家
學道漸次脩行菩薩諸行
復次曼殊室利或有衆生以妬忌故但自稱
讃不讃他人此諸衆生以自高輕他故於三
惡道无量千歲受諸苦毒過无量千歲已於
彼命終生畜生趣作牛馬駝驢鞭杖捶擊飢
渴逼惱身負重擔隨路而行若生人道常居
下賤為人奴婢受他駈役若昔人中聞彼世尊
藥師瑠璃光如来名号者以此善根衆苦
觧脫諸根猛利聰慧博識恒求善本得與良
友常相隨逐能斷魔罥破无明鷇竭煩惱河
觧脫一切生老病死憂悲苦惱
復次曼殊室利有諸衆生好喜乖離更相鬪
訟此等年起惡心衆生身口及意恒作諸惡
為欲相損各各常以无益相加或告林神樹
神山神冢神種種別神殺諸畜生取其血肉
祭祀一切夜叉羅刹食血肉者書怨人字并
作其形成就種種毒害呪術厭魅蠱道起屍
鬼呪欲斷彼命及壞其身由聞世尊藥師瑠
璃光如来名号故此諸惡事不能傷損皆得平
起慈心益心无嫌恨心各各歡悅更相受攝
復次曼殊室利此諸四衆比丘比丘尼憂婆
塞憂婆私及餘信心善男子善女人等受八
分齋或復一年或復三月受持諸戒以此善
根隨所喜樂隨所願求若欲往生西方極樂
世界阿弥陀如来所者由得聞彼世尊藥師
瑠璃光如来名号故於命終時有八菩薩乘

BD03568號　藥師如來本願經　(9–2)

分齋或復一年或復三月受持學處以此善
根隨所喜樂隨所願求若欲往生西方極樂
世界阿弥陁如来所者由得聞彼世尊藥師
瑠璃光如来名号故於命終時有八菩薩乘
空而来示其道徑即於彼界種種異色波頭
摩華中自然化生若復此人欲生天上即得往
生本昔善根无有窮盡不復更生諸餘惡
趣天上命盡當生人間為轉輪王四洲自
在安立无量百千俱知那由他衆生於十善
業道或復生於刹利大族婆羅門大族居士
大家金銀粟帛倉庫盈滿形色具足自在具
足眷屬具足勇健多力如大士力若有女人
得聞說此如来名号至心受持此人於後永
離女身
尒時曼殊室利童子白佛言世尊我於後時
以彼世尊藥師瑠璃光如来名号於信心善
男子善女人所種種方便流布令聞乃至睡
中亦以佛名覺寤其耳若受持此經讀誦宣
說或復為他分別開解若自書若令人書若
取經卷五五色淨綵以盛裹之灑掃淨處以安
置之持種種華種種香塗香華鬘寶幢幡
蓋而用供養尒時四大天王與其眷屬并餘
百千俱知那由他諸天皆詣其所若此經卷
流行之處若復有人誦持此經以得聞彼世
尊藥師瑠璃光如来名号及本昔所發殊勝
大願故當知是處无復橫死亦復不為諸鬼
所持奪其魂魄設已奪者還復如故佛言如
是如是曼殊室利如汝所說曼殊室利信心善

百千俱知那由他諸天皆詣其所若此經卷
流行之處若復有人誦持此經以得聞彼世
尊藥師瑠璃光如来名号及本昔所發殊勝
大願故當知是處无復橫死亦復不為諸鬼
所持奪其魂魄設已奪者還復如故佛言如
是如是曼殊室利如汝所說曼殊室利信心善
男子善女人若欲供養彼如来者此人應作
如来形像七日七夜受八分齋食清淨食於
清淨處散種種華燒種種香以種種繒綵種
種幡幢莊嚴其處澡浴清潔著新淨衣應
生无垢濁心无怒害心於一切衆生起利益心慈
悲喜捨平等之心鼓樂歌讚右繞佛像應念
彼如来本昔大願并解釋此經如所思念
如所願求一切所欲皆得圓滿求長壽得長
壽求福報得福報求自在得自在求男女得
男女或復有人忽得惡夢或見諸惡相或恠
鳥来集於其住所百恠出現此人若能以
種種衆具供養恭敬彼藥師瑠璃光如来者
一切惡夢惡相不吉祥事皆悉隱沒或有水
怖火怖刀怖毒怖懸嶮之怖惡為師子虎狼
能羆毒虵惡蠍蜈蚣蚰蜒如是等怖憶念供
養彼如来者一切怖畏皆得解脫若他國侵
擾賊盜反亂如是等怖亦應念彼如来恭敬
尊重
復次曼殊室利若有信心善男子善女人乃
至盡形受三歸依不事餘天或持五戒或持
十戒或持菩薩一百四戒或復出家受持比
丘二百五十戒若比丘尼受持五百戒於隨

尊重
復次曼殊室利若有信心善男子善女人乃
至盡形受三歸依不事餘天或持五戒或持
十戒或持菩薩一百四戒或復出家受持比
丘二百五十戒若比丘尼受持五百戒於隨
所受中毀犯禁戒畏墮惡道若能供養彼世
尊藥師瑠璃光如来者决定不受三惡道報
或有女人臨當產時受於極苦若能稱名供
養彼世尊藥師瑠璃光如来者速得解脫所
生之子身分具足形色端正見者歡喜利根
聰明安隱少病无有非人奪其魂魄
尒時世尊告慧命阿難言阿難如我稱揚彼
世尊藥師瑠璃光如来所有功德汝信受耶
汝於如是諸佛如来甚深境界多生疑惑時
慧命阿難白佛言大德世尊我於如来所說
法中无復疑惑何以故一切如来身口意行无
不清淨世尊此日月有如是大神通有如是
大威力可令墮落須彌山王可得移動諸佛所
言无有差異大德世尊或有衆生信根不具
聞說如来佛境界已作是思惟云何但念彼
如来名獲尒許功德心不信受生於誹謗此
等長夜无義饒益當墮苦趣佛言阿難
若彼如来所有名号入其耳中此人墮惡道
者无有是處阿難諸佛境界誠為難信汝
今信受應知皆是如来威力非一切聲聞辟支
佛地所能信受唯除一生補處菩薩摩訶薩
阿難人身難得於三寶中信敬尊重亦難可
得聞彼如来名号倍難於此阿難彼世尊藥

者无有是處阿難諸佛境界誠為難信汝
今信受應知皆是如来威力非一切聲聞辟支
佛地所能信受唯除一生補處菩薩摩訶薩
阿難人身難得於三寶中信敬尊重亦難可
得聞彼如来名号倍難於此阿難彼世尊藥
師瑠璃光如来无量菩薩行无量諸巧便无
量曠大願我欲一劫若過一劫說彼如来菩
薩行願乃至窮劫彼世尊藥師瑠璃光如来
本昔所行及殊勝大願亦不究盡
尒時衆中有菩薩摩訶薩名曰救脫即從座
起偏露一髆右膝着地向婆伽婆合掌曲躬
白言大德世尊於未来世當有衆生身嬰重
病長患羸瘦不食飢渴喉脣乾燥死相現前
目无所見父母親眷朋友知識啼泣圍繞其
人屍形卧在本處閻摩使人引其神識置於
閻摩法王之前此人背後有同生神隨其所作
若罪若福一切皆書盡持授與閻摩法王時閻
摩法王推問其人筭計所作隨善隨惡而處分
之若能為此病人歸依彼世尊藥師瑠璃光
如来如法供養即得還復此人神識得迴還
時如從夢覺皆自憶知或經七日或廿一日或
三十五日或四十九日神識還已具憶所有善
惡業報由自證故乃至失命不造惡業是故
信心善男子善女人應當供養藥師如来
尒時慧命阿難問救脫菩薩言善男子應云
何供養彼世尊藥師瑠璃光如来也救脫菩
薩言大德阿難若有患人欲脫重病當為此
人七日七夜受八分齋當以飲食及重重衆

信心善男子善女人應當供養藥師如來
尒時慧命阿難問救脫菩薩言善男子應云
何供養彼世尊藥師瑠璃光如來也救脫菩
薩言大德阿難若有患人欲脫重病當爲此
人七日七夜受八分齋當以飲食及種種衆
具隨力所辦供養比丘僧晝夜六時礼拜供
養彼世尊藥師瑠璃光如來四十九遍讀誦
此經然四十九燈應造七軀彼如來像一一像
前各置七燈一一燈量大如車輪或復乃至
四十九日光明不絕當造五色綵幡長四十九
尺
復次大德阿難灌頂剎利王等若灾難起時
所謂人民疾疫難他方侵逼難自界返逆難
星宿變怪難日月薄蝕難非時風雨難過時
不雨難尒時此灌頂剎利王當於一切衆生
起慈愍心赦諸繫閉依前所說供養法式供
養彼世尊藥師瑠璃光如來時灌頂剎利王
用此善根由彼世尊藥師瑠璃光如來本昔
勝願故其王境界即得安隱風雨以時禾稼
成就國土豐熟一切國界所有衆生无病安
樂多生歡憙於其國界亦无夜叉羅剎毗舍
闍等諸惡鬼神擾亂衆生所有惡相皆即
不現彼灌頂剎利王壽命色力无病自在並得
增益
尒時慧命阿難問救脫菩薩言善男子云何
已盡之命而可更延救脫菩薩言阿難汝豈
不聞如來所說九橫死邪是故教以呪藥方

不現彼灌頂剎[illegible]
增益
尒時慧命阿難問救脫菩薩言善男子云何
已盡之命而可更延救脫菩薩言阿難汝豈
不聞如來所說九橫死邪是故教以呪藥方
便或有衆生得病非重然无醫藥及看病人
或復醫人療治失所非時而死是爲初橫第
二橫者王法所殺第三橫者遊獵放逸婬醉
无度爲諸非人害其魂魄第四橫者爲火所
燒第五橫者爲水所溺第六橫者入師子虎
豹諸惡獸中第七橫者飢渴所困不得飲食
因此致死第八橫者厭禱毒藥起屍鬼等之
所損害第九橫者投巖取死是名如來略說
大橫有此九種其餘復有无量諸橫
尒時衆中有十二夜叉大將俱在會坐所謂
宮毗羅大將　跋折羅大將　迷佉羅大將
安捺羅大將　安涅羅大將　摩涅羅大將
因陁羅大將　波異羅大將　摩呼羅大將
真達羅大將　柗度羅大將　鼻羯羅大將
此等十二夜叉大將一一各有七千夜叉以
爲眷屬皆同一聲白世尊言我等今者蒙佛
威力得聞世尊藥師瑠璃光如來名号已不復
更有惡道之怖我今相與皆同一心乃至壽盡
歸依佛歸依法歸依僧皆當荷負一切衆生
爲作義利饒益安樂隨於何等村城聚落
阿蘭拏處若流布此經若復持彼世尊藥師
瑠璃光如來名号親近供養者我等眷屬衛
護是人皆使解脫一切苦難諸有所求悉令

更有惡道之怖我今相與皆同一心乃至壽盡
歸依佛歸依法歸依僧皆當荷負一切衆生
爲作義利饒益安樂隨於何等村城聚落
阿蘭拏處若流布此經若復持彼世尊藥師
瑠璃光如來名号親近供養者我等眷屬衛
護是人皆使解脫一切苦難諸有所求悉令
滿足尒時世尊讃諸夜叉大將言善哉善哉
大夜叉將汝等若念彼世尊藥師瑠璃光如
來恩德者當念饒益一切衆生
尒時慧命阿難白佛言世尊此經何名云何
奉持佛言阿難此法門者名爲藥師瑠璃光
如來本昔所發殊勝大願當如是持名爲十
二夜叉大將自誓當如是持名爲淨一切業鄣
當如是持時婆伽婆說是語已諸菩薩摩
訶薩諸大聲聞國王大臣婆羅門居士及一
切大衆阿脩羅揵達婆等聞佛所說歡喜
奉行

新翻藥師經一卷

BD03568 號　藥師如來本願經　（9–9）

恭敬圍繞以真珠瓔珞價直千万莊嚴
身吏民僮僕手執白拂侍立左右覆以寶
帳垂諸華幡香水灑地散衆名華羅列寶物
取與有如是等種種嚴飾威德特尊窮
父有大力勢即懷恐怖悔來至此竊作
此或是王或是王等非我傭力得物之
如往至貧里肆力有地衣食易得若久
或見逼迫强使我作作是念已疾走而
時富長者於師子座見子便識心大歡喜
是念我財物庫藏今有所付我常思念
無由見之而忽自來甚適我願我雖年
故貪惜即遣傍人急追將還尒時使者
之往捉窮子驚愕稱怨大喚我不相犯何
見捉使者執之逾急强牽將還于時窮子
念無罪而被囚執此必定死轉更惶怖悶
地父遥見之而語使言不須此人勿强
以冷水灑面令得醒悟莫復與語所以
何父知其子志意下劣自知豪貴爲子所
審知是子而以方便不語他人云是我子

BD03569 號　妙法蓮華經卷二　（8–1）

地父遥見之而語使言不須此人勿强
以冷水灑面令得醒悟莫復與語所以
何父知其子志意下劣自知豪貴為子所
難審知是子而以方便不語他人云是我子
者語之我今放汝隨意所趣窮子歡喜得
未曾有從地而起往至貧里以求衣食尒時
長者將欲誘引其子而設方便密遣二人形
色憔悴無威德者汝可詣彼徐語窮子此有
作處倍與汝直窮子若許將來使作若言欲
何所作便可語之雇汝除糞我等二人亦共
汝作時二使人即求窮子既已得之具陳上
事尒時窮子先取其價尋與除糞其父見子
愍而怪之又以他日於窓牖中遥見子身羸
瘦憔悴糞土塵坌汙穢不淨即脫瓔珞細軟上
服嚴飾之具更著麁弊垢膩之衣塵土坌身
右手執持除糞之器狀有所畏語諸作人汝
等勤作勿得懈息以方便故得近其子後復
告言咄男子汝常作此勿復餘去當加汝價
諸有所須瓫器米麵塩酢之屬莫自疑難亦
有老弊使人須者相給好自安意我如汝父
勿復憂慮所以者何我年老大而汝少壯汝
常作時無有欺怠瞋恨怨言都不見汝有此
諸惡如餘作人自今已後如所生子即時長
者更與作字名之為兒尒時窮子雖欣此遇
猶故自謂客作賤人由是之故於二十年中
常令除糞過是已後心相體信入出无難然
其所止猶在本處世尊尒時長者有疾自知

BD03569 號　妙法蓮華經卷二　（8–2）

諸惡如餘作人自今已後如所生子即時長
者更與作字名之為兒尒時窮子雖欣此遇
猶故自謂客作賤人由是之故於二十年中
常令除糞過是已後心相體信入出无難然
其所止猶在本處世尊尒時長者有疾自知
將死不久語窮子言我今多有金銀珍寶倉
庫盈溢其中多少所應取與汝悉知之我心
如是當體此意所以者何今我與汝便為不
異宜加用心無令漏失尒時窮子即受教勅
領知衆物金銀珍寶及諸庫藏而無悕取一
飡之意然其所止故在本處下劣之心亦未
能捨復經少時父知子意漸已通泰成就大
志自鄙先心臨欲終時而命其子并會親族
國王大臣剎利居士皆悉已集即自宣言諸
君當知此是我子我之所生於某城中捨吾
逃走竛竮辛苦五十餘年其本字某我名某
甲昔在本城懷憂推覓忽於此間遇會得之
此實我子我實其父今吾所有一切財物皆
是子有先所出內是子所知世尊是時窮子
聞父此言即大歡喜得未曾有而作是念我
本無心有所悕求今此寶藏自然而至世尊
大富長者則是如來我等皆似佛子如來常
說我等為子世尊我等以三苦故於生死中
受諸熱惱迷惑無知樂著小法今日世尊令
我等思惟蠲除諸法戲論之糞我等於中懃
加精進得至涅槃一日之價既得此已心大

BD03569 號　妙法蓮華經卷二　（8–3）

説我等為子世尊我等以三苦故於生死中
受諸熱惱迷惑無知樂著小法今日世尊令
我等思惟蠲除諸法戲論之糞我等於中懃
加精進得至涅槃一日之價既得此已心大
歡喜自以為足而便自謂於佛法中懃精進
故所得弘多然世尊先知我等心著弊欲樂
於小法便見縱捨不為分別汝等當有如來
知見寶藏之分世尊以方便力説如來智慧
我等從佛得涅槃一日之價以為大得於此
大乘無有志求我等又因如來智慧為諸菩
薩開示演説而自於此無有志願所以者何
佛知我等心樂小法以方便力隨我等説而
我等不知真是佛子今我等方知世尊於佛
智慧無所悋惜所以者何我等昔來真是佛
子而但樂小法若我等有樂大之心佛則為
我説大乘法今此經中唯説一乘而昔於菩
薩前毀呰聲聞樂小法者然佛實以大乘教
化是故我等説本無心有所悕求今法王大
寶自然而至如佛子所應得者皆已得之尒
時摩訶迦葉欲重宣此義而説偈言

我等今日　聞佛音教　歡喜踊躍　得未曾有
佛説聲聞　當得作佛　無上寶聚　不求自得
譬如童子　幼稚無識　捨父逃逝　遠到他土
周流諸國　五十餘年　其父憂念　四方推求
求之既疲　頓止一城　造立舍宅　五欲自娯
其家巨富　多諸金銀　車璩馬瑙　真珠琉璃

BD03569號　妙法蓮華經卷二　（8–4）

佛説聲聞　當得作佛　無上寶聚　不求自得
譬如童子　幼稚無識　捨父逃逝　遠到他土
周流諸國　五十餘年　其父憂念　四方推求
求之既疲　頓止一城　造立舍宅　五欲自娯
其家巨富　多諸金銀　車璩馬瑙　真珠琉璃
象馬牛羊　輦輿車乘　田業僮僕　人民衆多
出入息利　乃遍他國　商估賈人　無處不有
千万億衆　圍繞恭敬　常為王者　之所愛念
羣臣豪族　皆共宗重　以諸緣故　往來者衆
豪富如是　有大力勢　而年朽邁　益憂念子
夙夜惟念　死時將至　癡子捨我　五十餘年
庫藏諸物　當如之何　尒時窮子　求索衣食
從邑至邑　從國至國　或有所得　或無所得
飢餓羸瘦　體生瘡癬　漸次經歷　到父住城
傭賃展轉　遂至父舍　尒時長者　於其門内
施大寶帳　處師子座　眷屬圍繞　諸人侍衛
或有計筭　金銀寶物　出内財産　注記券疏
窮子見父　豪貴尊嚴　謂是國王　若是王等
驚怖自恠　何故至此　覆自念言　我若久住
或見逼迫　強駈使作　思惟是已　馳走而去
借問貧里　欲往傭作　長者是時　在師子座
遥見其子　嘿而識之　即勅使者　追捉將來
窮子驚喚　迷悶躃地　是人執我　必當見煞
何用衣食　使我至此　長者知子　愚癡狹劣
不信我言　不信是父　即以方便　更遣餘人
眇目矬陋　無威德者　汝可語之　云當相雇
除諸糞穢　倍與汝價　窮子聞之　歡喜隨來

BD03569號　妙法蓮華經卷二　（8–5）

何用衣食　使我至此　長者知子　愚癡狹劣
不信我言　不信是父　即以方便　更遣餘人
眇目矬陋　無威德者　汝可語之　云當相雇
除諸糞穢　倍與汝價　窮子聞之　歡喜隨來
為除糞穢　淨諸房舍　長者於牖　常見其子
念子愚劣　樂為鄙事　於是長者　著弊垢衣
執除糞器　往到子所　方便附近　語令勤作
既益汝價　并塗足油　飲食充足　薦席厚煖
如是苦言　汝當勤作　又以軟語　若如我子
長者有智　漸令入出　經二十年　執作家事
示其金銀　真珠頗梨　諸物出入　皆使令知
猶處門外　止宿草庵　自念貧事　我無此物
父知子心　漸已曠大　欲與財物　即聚親族
國王大臣　剎利居士　於此大眾　說是我子
捨我他行　經五十歲　自見子來　已二十年
昔於某城　而失是子　周行求索　遂來至此
凡我所有　舍宅人民　悉以付之　恣其所用
子念昔貧　志意下劣　今於父所　大獲珍寶
并及舍宅　一切財物　甚大歡喜　得未曾有
佛亦如是　知我樂小　未曾說言　汝等作佛
而說我等　得諸無漏　成就小乘　聲聞弟子
佛勅我等　說最上道　修習此者　當得成佛
我承佛教　為大菩薩　以諸因緣　種種譬喻
若干言辭　說無上道　諸佛子等　從我聞法
日夜思惟　精勤修習　是時諸佛　即授其記
汝於來世　當得作佛　一切諸佛　祕藏之法

BD03569 號　妙法蓮華經卷二　（8–6）

佛勅我等　說最上道　修習此者　當得成佛
我承佛教　為大菩薩　以諸因緣　種種譬喻
若干言辭　說無上道　諸佛子等　從我聞法
日夜思惟　精勤修習　是時諸佛　即授其記
汝於來世　當得作佛　一切諸佛　祕藏之法
但為菩薩　演其實事　而不為我　說斯真要
如彼窮子　得近其父　雖知諸物　心不希取
我等雖說　佛法寶藏　自無志願　亦復如是
我等內滅　自謂為足　唯了此事　更無餘事
我等若聞　淨佛國土　教化眾生　都無欣樂
所以者何　一切諸法　皆悉空寂　無生無滅
無大無小　無漏無為　如是思惟　不生喜樂
我等長夜　於佛智慧　無貪無著　無復志願
而自於法　謂是究竟　我等長夜　修習空法
得脫三界　苦惱之患　住最後身　有餘涅槃
佛所教化　得道不虛　則為已得　報佛之恩
我等雖為　諸佛子等　說菩薩法　以求佛道
而於是法　永無願樂　導師見捨　觀我心故
初不勸進　說有實利　如富長者　知子志劣
以方便力　柔伏其心　然後乃付　一切財寶
佛亦如是　現希有事　知樂小者　以方便力
調伏其心　乃教大智　我等今日　得未曾有
非先所望　而今自得　如彼窮子　得無量寶
世尊我今　得道得果　於無漏法　得清淨眼
我等長夜　持佛淨戒　始於今日　得其果報
法王法中　久修梵行　今得無漏　無上大果

BD03569 號　妙法蓮華經卷二　（8–7）

佛亦如是 現希有事 知樂小者 以方便力
調伏其心 乃教大智 我等今日 得未曾有
非先所望 而今自得 如彼窮子 得無量寶
世尊我今 得道得果 於無漏法 得清淨眼
我等長夜 持佛淨戒 始於今日 得其果報
法王法中 久脩梵行 今得無漏 無上大果
我等今者 真是聲聞 以佛道聲 令一切聞
我等今者 真阿羅漢 於諸世間 天人魔梵
普於其中 應受供養 世尊大恩 以希有事
憐愍教化 利益我等 無量億劫 誰能報者
手足供給 頭頂禮敬 一切供養 皆不能報
若以頂戴 兩肩荷負 於恒沙劫 盡心恭敬
又以美饍 無量寶衣 及諸臥具 種種湯藥
牛頭栴檀 及諸珍寶 以起塔廟 寶衣布地
如斯等事 以用供養 於恒沙劫 亦不能報
諸佛希有 無量無邊 不可思議 大神通力
無漏無為 諸法之王 能為下劣 忍于斯事
取相凡夫 隨宜為說 諸佛於法 得最自在
知諸眾生 種種欲樂 及其…
以无量喻 而為說…
又知成熟
於一乘道

BD03569號　妙法蓮華經卷二　（8–8）

世間王為…
一切眾律中 戒經為上最 … 半月說
和合僧集會未受大戒者 … 不來諸
比丘尼說欲及清淨（有者依法說 已來者應言）（有者並… 已出無者答言說欲 … 無說欲人）僧今和合
何所作為（又答言 說戒羯磨）大姊僧聽今十五日（若白月當言十五日 若黑月隨大小稱）
眾僧說戒 若僧時到僧忍聽 和合說戒 白如是
諸大姊我今欲說波羅提木叉戒 汝等諦聽善
思念之 若自知有犯者即應自懺悔 不犯者默
然默然故知諸大姊清淨 若有他問者亦如是
答如是比丘尼在於眾中 乃至三問 憶念有
罪不懺悔者 得故妄語罪 故妄語者 佛說障
道法 欲求清淨者 應懺悔 懺悔得安樂 諸大姊
我已說戒經序 今問諸大姊 是中清淨不（如是三說）
諸大姊是中清淨 默然故 是事如是持
諸大姊 是八波羅夷法 半月半月說 戒經中來
若比丘尼作婬欲事 犯不淨行 乃至共畜生 是
比丘尼波羅夷 不共住
若比丘尼在聚落 若空閑處 阿蘭若處 不
與懷盜心取 隨所盜物 若為王 若王大臣所捉
若縛若殺若駈出國 汝賊汝癡 若比丘尼作如
是不與取 是比丘尼波羅夷 不共住
若比丘尼故自手斷人命 持刀授與人 若歎死譽

BD03570號　四分比丘尼戒本　（34–1）

諸大姊是八波羅夷法半月半月說戒經中來
若比丘尼作婬欲事犯不淨行乃至共畜生是
比丘尼波羅夷不共住
若比丘尼在聚落若空閑處阿蘭若處不
與懷盜心取隨所盜物若為王若王大臣所捉
若縛若煞若驅出國汝賊汝癡若比丘尼作如
是不與取是比丘尼波羅夷不共住
若比丘尼故自手斷人命持刀授與人若歎死譽
死勸死咄人用此惡活為寧死不生作如是心
念无數方便歎死譽死勸死此丘比尼波羅夷不共住
若比丘尼實无所知自歎譽言我得過人法入聖
智勝法我知是我見是彼於異時若問若不問
欲求清淨故作是言諸大姊我實不知不見而言我
知我見虛誑妄語除增上慢是比丘尼波羅夷不共住
若比丘尼染汙心共染汙心男子從腋已下膝已
上身相觸若捉摩若牽若推若上摩若下摩
若舉若下若捉若捺是比丘尼波羅夷不共
住是身相觸也
若比丘尼染汙心知男子染汙心受捉手捉衣入
屏處共立共語共行或身相倚或共期是比丘
尼波羅夷不共住此犯八事故若比丘尼知比丘尼
犯波羅夷不自發露不語衆人不白大衆若於
異時彼比丘尼或命終或中衆舉或休道或入外道
後作是言我先知有如是如是罪是比丘尼波
羅夷不共住覆藏重罪故
若比丘尼知比丘尼僧為作舉如法如律如

BD03570號　四分比丘尼戒本

（34–2）

犯波羅夷不自發露不語衆人不白大衆若於
異時彼比丘尼或命終或中衆舉或休道或入外道
後作是言我先知有如是如是罪是比丘尼波
羅夷不共住覆藏重罪故
若比丘尼知比丘尼僧為作舉如法如律如
佛所教不順從不懺悔僧未與作共住而
順從諸比丘尼語言大姊此比丘尼為僧所舉
如法如律如佛所教不順從不懺悔僧未作共
住汝莫順從如是比丘尼諫彼比丘尼時是事
堅持不捨彼比丘尼應乃至再第二第三諫
令捨此事故若乃至三諫捨者善不捨者是
比丘尼波羅夷不共住犯隨舉
諸大姊我已說八波羅夷法若比丘尼犯一
波羅夷法不得與諸比丘尼共住如前後亦如
是是比丘尼得波羅夷罪不應共住今問諸大
姊是中清淨不如是三說
諸大姊是中清淨默然故是事如是持
諸大姊是十七僧伽婆尸沙法半月半月說戒經中來
若比丘尼媒嫁持男意語女持女意語男若為
成婦事若為私通事乃至須臾是比丘尼犯初法
應捨僧伽婆尸沙
若比丘尼瞋恚以无根波羅夷法謗欲破彼
清淨行後於異時若問若不問知是事无
根說我瞋恚故如是語是比丘尼犯初法應
捨僧伽婆尸沙
若比丘尼瞋恚不喜於異分事中取片非
波羅夷比丘以无根波羅夷法謗欲破彼人
梵行後於異時若問若不問知是異分事中取

BD03570號　四分比丘尼戒本

（34–3）

根說我瞋恚故如是語是比丘尼犯初法應
捨僧伽婆尸沙
若比丘尼瞋恚不喜於異分事中取片非
波羅夷比丘以无根波羅夷法謗欲破彼人
梵行後於異時若問若不問知是異分事中取
片彼比丘尼住瞋恚法故作如是說是比丘尼犯
初法應捨僧伽婆尸沙
若比丘尼詣官言人若居士兒若奴若作人若
晝若夜若一念頃若一彈指頃若須臾頃是比
丘尼犯初法應捨僧伽婆尸沙
若比丘尼先知是賊女罪應死多人所知不問王
大臣(不問)種姓便度出家受具足戒是比丘尼犯初
法應捨僧伽婆尸沙
若比丘尼知比丘尼為僧所舉如法如律如佛
所教不順從未懺悔未(僧)與作共住羯磨為愛故
不問僧不約勅出界外作羯磨與解罪是
比丘尼犯初法應捨僧伽婆尸沙
若比丘尼獨渡水獨入村(獨)宿獨在後行是比
丘尼犯初法應捨僧伽婆尸沙
若比丘尼染汙心知染汙心男子從彼受可食
者及食并餘食物是比丘尼犯初法應捨僧伽婆尸沙
若比丘尼教比丘尼作如是語大姊彼有染心汙
无染汙心能那汝何汝自无染汙心於彼若得
食以時清淨受取此比丘尼犯初法應捨僧伽
婆尸沙
若比丘尼欲壞和合僧方便受破僧法堅

无染汙心能那汝何汝自无染汙心於彼若得
食以時清淨受取此比丘尼犯初法應捨僧伽
婆尸沙
若比丘尼欲壞和合僧方便受破僧法堅
持不捨是比丘尼應諫彼比丘尼言大姊汝
莫壞和合僧莫方便壞和合僧莫受破僧
法堅持不捨大姊應與僧和合與僧和合
歡喜不諍同一師學如水乳合於佛法中有增
益安樂住是比丘尼諫彼比丘尼時堅持不捨是
比丘尼應三諫捨此事故乃至三諫捨者善不捨
者是比丘尼犯三法應捨僧伽婆尸沙
若比丘尼有餘比丘尼群黨若一若二若三乃至
无數彼比丘尼語是比丘尼言大姊汝莫諫此比
丘尼此比丘尼法語比丘尼律語比丘尼此比丘尼所說
我等心喜樂此比丘尼所說我等忍可是比丘尼語
彼比丘尼言大姊莫作是說言此比丘尼是法語
比丘尼律語比丘尼此比丘尼所說我等喜樂此比丘
尼所說我等忍可何以故此比丘尼所說非法語非律
語大姊莫壞欲破壞和合僧當樂欲和合僧大姊
與僧和合歡喜不諍同一師學如水乳合於佛
法中有增益安樂住是比丘尼諫彼比丘尼時
堅持不捨是比丘尼應三諫捨此事故乃至三諫
捨者善不捨者是比丘尼犯三諫應捨僧伽婆尸沙
若比丘尼依城邑若村落住汙他家行惡行行惡
行亦見亦聞汙他家亦見亦聞是比丘尼諫彼比
丘尼言大姊汝汙他家行惡行行惡行亦見亦聞

堅持不捨是比丘尼應三諫捨此事故乃至三諫
捨者善不捨者是比丘尼犯三諫應捨僧伽婆尸沙
若比丘尼依城邑若村落住汙他家行惡行行惡
行亦見亦聞汙他家亦見亦聞是比丘尼諫彼比
丘尼言大姊汝汙他家行惡行行惡行亦見亦聞
汙他家亦見亦聞大姊汝汙他家行惡行今可離
此村落去不須住此彼比丘尼語此比丘尼作是言
大姊諸比丘尼有愛有恚有怖有癡有如是同
罪比丘尼有驅者有不驅者是諸比丘尼語彼
比丘尼言大姊莫作是語有愛有恚有怖有癡
亦莫言有如是同罪比丘尼有驅者有不驅者
何以故而諸比丘尼不愛不恚不怖不癡有如是
同罪比丘尼有驅者有不驅者大姊汙他家
行惡行行惡行亦見亦聞汙他家亦見亦聞是
比丘尼諫彼比丘尼時堅持不捨是比丘尼應
三諫捨此事故乃至三諫捨者善不捨者是比丘
尼犯三法應捨僧伽婆尸沙
若比丘尼惡性不受人語於戒法中諸比丘尼如
法諫已自身不受諫語言大姊汝莫向我說若好
若惡我亦不向諸大德說若好若惡諸大姊且
止莫諫我是比丘尼當諫彼比丘尼言大姊汝莫
自身不受諫語大姊自身當受諫語大姊如法諫
諸比丘尼諸比丘尼亦當如法諫大姊如是佛弟
子眾得增益展轉相諫展轉相教展轉懺悔是比
丘尼如是諫時堅持不捨是比丘尼應三諫捨此事
故乃至三諫捨者善不捨者是比丘尼犯三法應捨
僧伽婆尸沙

子眾得增益展轉相諫展轉相教展轉懺悔是比
丘尼如是諫時堅持不捨是比丘尼應三諫捨此事
故乃至三諫捨者善不捨者是比丘尼犯三法應捨
僧伽婆尸沙
若比丘尼相親近住共作惡行惡聲流布展轉若相
覆罪是比丘尼當諫彼比丘尼言大姊汝等莫相親近
共作惡行惡聲流布共相覆罪汝等若相親近
於佛法中得增益安樂住是比丘尼諫彼比丘尼
時堅持不捨是比丘尼應三諫捨此事故乃至三
諫捨者善不捨者是比丘尼犯三法應捨僧伽婆尸沙
若比丘尼比丘尼僧為作呵諫時餘比丘尼教作如
是言汝等莫別住當共住我亦見餘比丘尼不別住
共作惡行惡聲流布共相覆罪僧以恚故教汝別
住是比丘尼諫應彼比丘尼言大姊汝莫教餘比丘
尼言汝等莫別共住我亦見餘比丘尼共住共作
惡行惡聲流布共相覆罪僧以恚故教汝別住今正
有此二比丘尼共住共作惡聲流布共相覆罪更無
有餘言此比丘尼別住於佛法中有增益安樂住是比丘
尼時堅持不捨是比丘尼應三諫令捨此事故乃至
三諫捨者善不捨者是比丘尼犯三法應捨僧伽
婆尸沙
若比丘尼趣以一小事瞋恚不喜便作是語我捨
佛法捨僧不獨有此沙門釋子亦更有餘沙門
婆羅門修梵行者我等亦可於彼修梵行是比丘
尼當諫彼比丘尼言大姊汝莫趣以一小事瞋恚
不喜便作是語我捨佛法捨僧不獨有此沙
門釋子亦更有餘沙門婆羅門修梵行者我

佛法捨僧不獨有此沙門釋子亦更有餘沙門
婆羅門修梵行者我等亦可於彼修梵行是比丘
尼當諫彼比丘尼言大姊汝莫趣以一小事瞋恚
不喜便作是語我捨佛法捨僧不獨有此沙
門釋子亦更有餘沙門婆羅門修梵行者我
等亦可於彼脩梵行若是比丘尼諫彼比丘尼時
堅持不捨彼比丘尼應三諫捨此事故乃至三諫
捨者善不捨者是比丘尼犯三法應捨僧伽婆尸沙
若比丘尼喜鬪諍不善憶持諍事後瞋恚作是
語僧有愛有恚有怖有癡是比丘尼應諫彼比丘
尼言妹汝莫喜鬪諍不善憶持諍事後瞋恚
作是語僧有愛有恚有怖有癡而僧不愛不恚
不怖不癡汝自有愛有恚有怖有癡是比丘尼諫
彼比丘尼時堅持不捨彼比丘尼應三諫捨此事
故乃至三諫捨者善不捨者是比丘尼犯三法應捨
僧伽婆尸沙
諸大姊我已說十七僧伽婆尸沙法九初犯罪
八乃至三諫若比丘尼犯一一法應半月二部僧
中行摩那埵行摩那埵已餘有出罪法應二部四
十人僧中出是比丘尼罪若少一人不滿四十人衆
出是比丘尼罪是比丘尼罪不得除諸比丘尼亦
可呵此是時今問諸大姊是中清淨不如是三說
諸大姊是中清淨默然故是事如是持
諸大姊是三十尼薩耆波逸提法半月半月說經
中來
若比丘尼衣已竟迦絺那衣已捨畜長衣經十

BD03570 號　四分比丘尼戒本

（34–8）

諸大姊是中清淨默然故是事如是持
諸大姊是三十尼薩耆波逸提法半月半月說經
中來
若比丘尼衣已竟迦絺那衣已捨畜長衣經十
日不淨施得畜過者尼薩耆波逸提
若比丘尼衣已竟迦絺那衣已捨五衣中離一一衣
異處宿經一夜除僧羯磨尼薩耆波逸提
若比丘尼衣已竟迦絺那衣已捨若得非時衣欲
須便受受已疾疾衣若足者善若不足者得
畜一月為滿足故若過畜者尼薩耆波逸提
若比丘尼從非親里居士居士婦乞衣除餘時
尼薩耆波逸提餘時者若奪衣失衣燒衣漂衣
是名時
若比丘尼奪衣失衣燒衣漂衣若非親里居
若居士婦自恣請多與衣是比丘尼當知足受衣
若過者尼薩耆波逸提
若比丘尼居士居士婦為比丘尼辦衣價具如是
衣價與某甲比丘尼是比丘尼先不受自恣請到居
士家作如是說善哉居士為我辦如是如是衣價與
我為好故若得衣者尼薩耆波逸提
若比丘尼二居士居士婦與比丘尼辦衣價我當
辦如是衣價與某甲比丘尼是比丘尼先不受自
恣請到二居士家作如是言善哉居士辦如是如是
衣價與我共作一衣為好故若得衣者尼薩耆波逸提
若比丘尼若王若大臣若婆羅門若居士居士婦
遣使為比丘尼送衣價持如是衣價與某甲比丘尼
彼使人至比丘尼所語言阿姨為汝送衣價受取是

BD03570 號　四分比丘尼戒本

（34–9）

衣價與我共作一衣爲好故若得衣者尼薩耆波逸提
若比丘尼若王若大臣若婆羅門若居士居士婦
遣使爲比丘尼送衣價持如是衣價與某甲比丘尼
彼使人至比丘尼所語言阿姨爲汝送衣價受取是
比丘尼語彼使如是言我不應受此衣價我若須
衣合時清淨當受彼使語比丘尼言阿姨有執事
人不須衣比丘尼應言有若僧伽藍民若優婆
塞此是比丘尼執事人常爲比丘尼執事彼使至執事
人所與衣價已還到比丘尼所如是言阿姨所示某
甲執事人我已與衣價大姊知時往彼當得衣比丘尼
若須衣者當往執事人所二反三反語言我須衣若二
反三反爲作憶念得衣者善若不得衣四反五反六反
六反在前默然住令彼憶念若四反五反六反在前
默然住得衣者善若不得衣過時求得衣者尼薩
耆波逸提若不得衣隨彼所來處若自往若遣使
往語言汝先遣使持衣價與某甲比丘尼是比丘
尼竟不得衣汝還取莫使失此是時
若比丘尼自取金銀若錢若教人取若口可受者
尼薩耆波逸提
若比丘尼種種買賣物者尼薩耆波逸提
若比丘尼種種販賣者尼薩耆波逸提
若比丘尼鉢減五綴不漏更求新鉢爲好故尼薩
耆波逸提是比丘尼當持此鉢於尼衆中捨從次
第留至下坐已下坐鉢與此比丘尼言妹此鉢乃至破此
是時
若比丘尼自求縷使非親里織師織作衣者尼薩
耆波逸提

BD03570號　四分比丘尼戒本　（34–10）

耆波逸提是比丘尼當持此鉢於尼衆中捨從次
第留至下坐已下坐鉢與此比丘尼言妹此鉢乃至破此
是時
若比丘尼自求縷使非親里織師織作衣者尼薩
耆波逸提
若比丘尼居士居士婦使織師爲比丘尼織作衣
彼比丘尼先不受自恣請便往到彼所語織師言
衣爲我織極好織令廣長堅緻齊整好當我少多
與汝價若比丘尼與價乃至一食直得衣者尼
薩耆波逸提
若比丘尼與比丘衣已後瞋恚若自奪若教人奪
取還我衣來不與汝是比丘尼應還衣彼取衣者
尼薩耆波逸提
若比丘尼有諸病畜藥酥油生酥蜜石蜜得
食殘宿乃至七日得服若過七日服尼薩耆波逸提
若比丘尼十日未滿夏三月若有急施衣比丘尼知
是急施衣應受已乃至衣時應畜若過畜者
尼薩耆波逸提
若比丘尼知物向僧自求入己者尼薩耆波逸提
若比丘尼欲索是更索彼者尼薩耆波逸提
若比丘尼知檀越所爲僧施異迴作餘用者尼
薩耆波逸提
若比丘尼所爲施物異自求爲僧迴作餘用者
尼薩耆波逸提
若比丘尼檀越所施物異迴作餘用者尼薩
耆波逸提
若比丘尼檀越所施物異自求爲僧迴作餘用

BD03570號　四分比丘尼戒本　（34–11）

薩耆波逸提
若比丘尼所為施物異自求為僧迴作餘用者
尼薩耆波逸提
若比丘尼檀越所施物異迴作餘用者尼薩
耆波逸提
若比丘尼檀越所施物異自求為僧迴作餘用
者尼薩耆波逸提
若比丘尼畜長鉢者尼薩耆波逸提
若比丘尼多畜好色器者尼薩耆波逸提
若比丘尼許他比丘尼病衣後不與者尼薩耆
波逸提
若比丘尼以非時衣受作時衣者尼薩耆波逸提
若比丘尼與比丘尼貿易衣後瞋恚還自奪取
若使人奪妹還我衣來我不與汝汝衣屬汝我
衣還我者尼薩耆波逸提
若比丘尼乞重衣價齊直四張氎過者尼薩耆波逸提
若比丘尼欲乞輕衣極重價直兩張半氎過者尼
薩耆波逸提
諸大姊我已說三十尼薩耆波逸提法今問諸
大姊是中清淨不 如是三說
諸大姊是中清淨默然故是事如是持
諸大姊是一百七十八波逸提法半月半月說戒
經中來
若比丘尼故妄語者波逸提
若比丘尼毀呰語者波逸提
若比丘尼兩舌語者波逸提

BD03570號　四分比丘尼戒本　（34–12）

經中來
若比丘尼故妄語者波逸提
若比丘尼毀呰語者波逸提
若比丘尼兩舌語者波逸提
若比丘尼與男子同室宿者波逸提
若比丘尼共未受戒女人同室宿若過三宿者
波逸提
若比丘尼與未受具戒人共誦法者波逸提
若比丘尼知他有麁惡罪向未受大戒人說除
僧羯磨波逸提
若比丘尼向未受大戒人說人過人法言我知是我
見是實者波逸提
若比丘尼與男子說法過五六語除有知女人波逸提
若比丘尼自手掘地若教人掘者波逸提
若比丘尼壞鬼神村者波逸提
若比丘尼妄作異語惱他者波逸提
若比丘尼嫌罵他者波逸提
若比丘尼取僧繩床若木床若臥具坐褥露
地自敷若教人敷捨去不自舉不教人舉者波逸提
若比丘尼於僧房中取僧臥具自敷若教人敷
在中若坐若臥從彼處捨去不自舉不教人舉
者波逸提
若比丘尼知比丘尼先住處後來於中間敷臥具
止宿念言彼若嫌迮者自當避我去作如是因緣
餘非威儀者波逸提
若比丘尼瞋他比丘尼不喜眾僧房中自牽出若
使他人牽出者波逸提

BD03570號　四分比丘尼戒本　（34–13）

止宿念言彼若嫌迮者自當避我去作如是因緣
餘非威儀者波逸提
若比丘尼瞋他比丘尼不喜衆僧房中自牽出若
教他人牽出者波逸提
若比丘尼在重閣上脫脚繩牀若木牀若坐若卧
者波逸提
若比丘尼知水有虫自用澆泥若草若教人澆者
波逸提 三十
若比丘尼作大房戶扉窻牖及餘莊飾具指授
覆苫齊二三節若過者波逸提
若比丘尼施一食處无病比丘尼應一食若過受
者波逸提
若比丘尼別衆食除餘時者病時作衣時施衣時
道行時船上時大會時沙門施時此是時
若比丘尼至檀越家殷勤請與餅麨飯比丘尼發須
者當二三鉢受持至寺內分與餘比丘尼食若比丘尼
无病過三鉢受持至寺中不分與餘比丘尼食者波
逸提
若比丘尼非時噉食者波逸提
若比丘尼殘宿食噉者波逸提
若比丘尼不受食及藥著口中除水及楊枝
波逸提
若比丘尼先受請已若前食後食行詣餘家
不屬餘比丘尼除餘時波逸提餘時者病時作
衣時此是時
若比丘尼食家中有寶強安坐者波逸提

若比丘尼先受請已若前食後食行詣餘家
不屬餘比丘尼除餘時波逸提餘時者病時作
衣時此是時
若比丘尼食家中有寶強安坐者波逸提
若比丘尼食家中有寶在屏處坐者波逸提
若比丘尼獨與男子露地一處共坐者波逸提
若比丘尼語比丘尼如是語大姊共汝至聚落當與汝
食彼比丘尼竟不教與是比丘尼食如是言大姊去我
與汝一處共坐共語不樂我獨坐獨語樂以是因緣非
餘方便遣去者波逸提
若比丘尼請比丘尼四月與藥无病比丘尼應受
若過受除常請更請分請盡形請波逸提
若比丘尼往觀軍陣除時因緣波逸提
若比丘尼有因緣至軍中若二宿三宿過者波逸提
若比丘尼軍中住若二宿三宿或時觀軍陣鬪
戰若觀遊軍象馬勢者波逸提
若比丘尼飲酒者波逸提
若比丘尼水中戲者波逸提
若比丘尼以指相擊攊者波逸提
若比丘尼不受諫者波逸提 四十
若比丘尼恐怖他比丘尼者波逸提
若比丘尼半月洗浴无病比丘尼應受若過受
除餘時波逸提餘時者熱時病時風時雨時
遠行時此是時
若比丘尼无病為炙身故露地然火若教人
然除時波逸提
若比丘尼藏他比丘尼若鉢若衣若坐具針

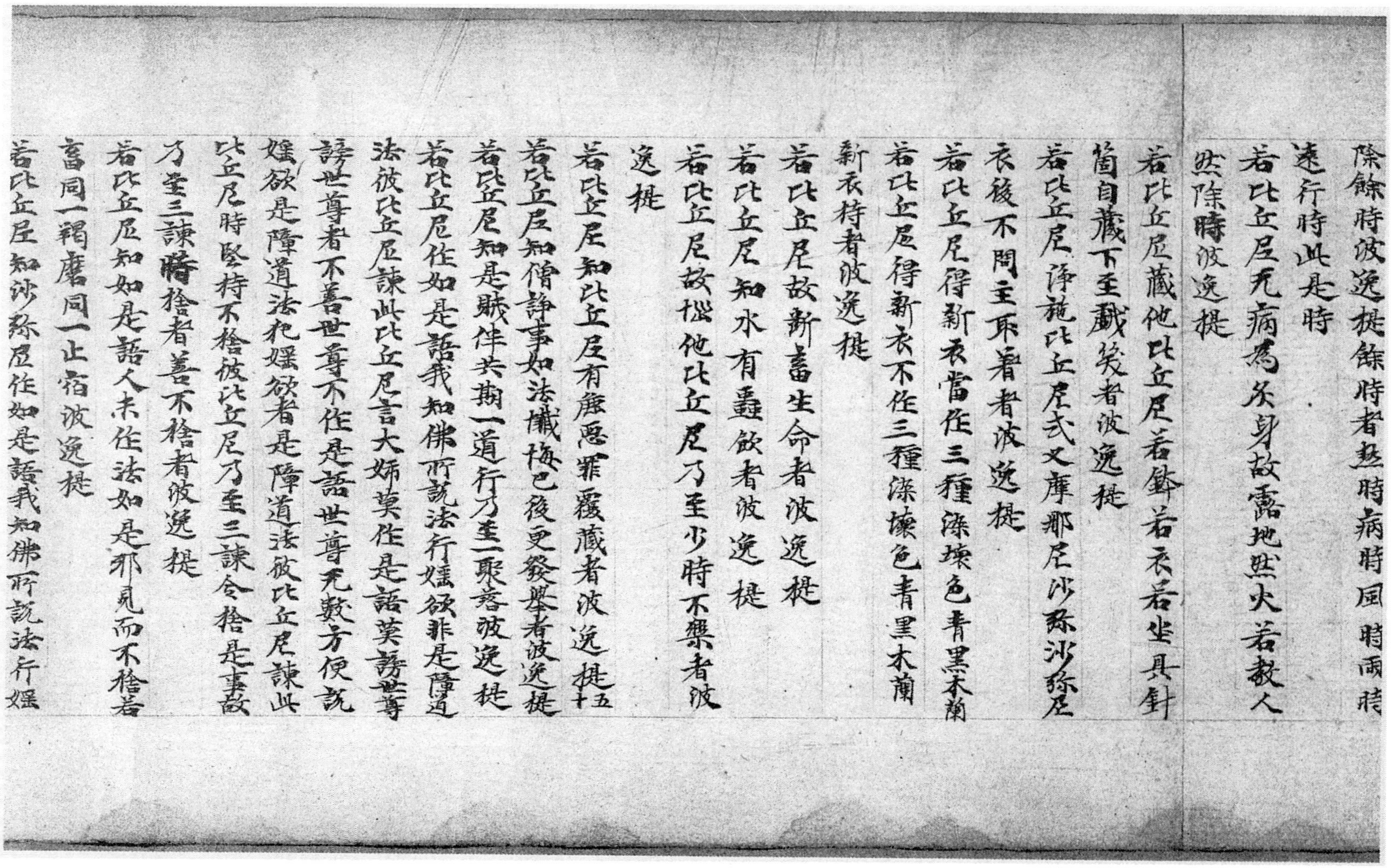

除餘時波逸提餘時者熱時病時風時雨時
遠行時此是時
若比丘尼无病為炙身故露地然火若教人
然除時波逸提
若比丘尼藏他比丘尼若鉢若衣若坐具針
筒自藏下至戲笑者波逸提
若比丘尼淨施比丘尼式叉摩那尼沙弥沙弥尼
衣後不問主取着者波逸提
若比丘尼得新衣當作三種深壞色青黑木蘭
若比丘尼得新衣不作三種深壞色青黑木蘭
新衣持者波逸提
若比丘尼故斷畜生命者波逸提
若比丘尼知水有蟲飲者波逸提
若比丘尼故惱他比丘尼乃至少時不樂者波
逸提
若比丘尼知比丘尼有麁惡罪覆藏者波逸提五十
若比丘尼知僧諍事如法懺悔已後更發舉者波逸提
若比丘尼知是賊伴共期一道行乃至一聚落波逸提
若比丘尼作如是語我知佛所說法行婬欲非是障道
法彼比丘尼諫此比丘尼言大姊莫作是語莫謗世尊
謗世尊者不善世尊无數方便說
婬欲是障道法犯婬欲者是障道法彼比丘尼諫此
比丘尼時堅持不捨彼比丘尼乃至三諫令捨是事故
乃至三諫時捨者善不捨者波逸提
若比丘尼知如是語人未作法如是邪見而不捨若
畜同一羯磨同一止宿波逸提
若比丘尼知沙弥尼作如是語我知佛所說法行婬

BD03570 號　四分比丘尼戒本　（34–16）

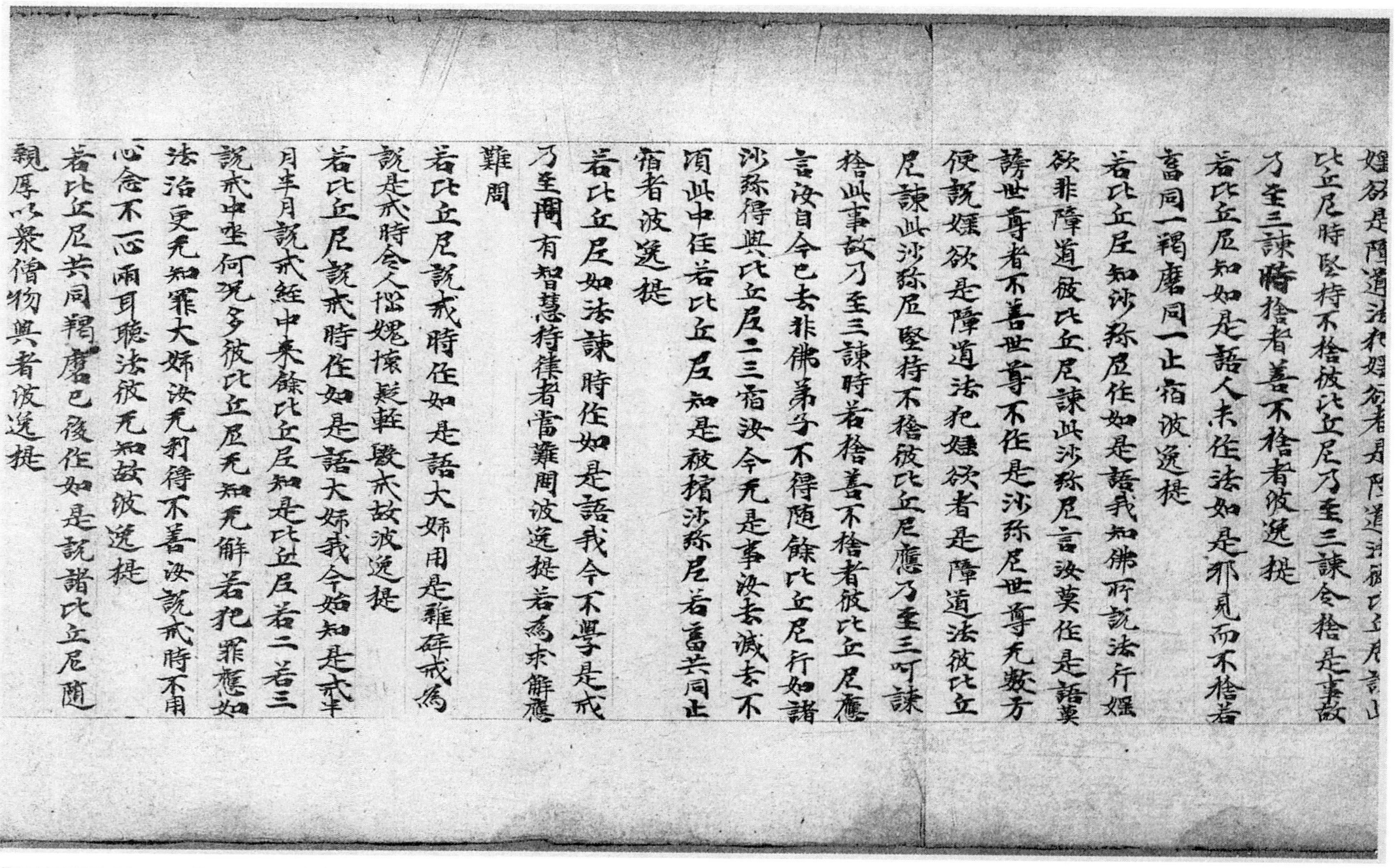

婬欲是障道法犯婬欲者是障道法彼比丘尼諫此
比丘尼時堅持不捨彼比丘尼乃至三諫令捨是事故
乃至三諫時捨者善不捨者波逸提
若比丘尼知如是語人未作法如是邪見而不捨若
畜同一羯磨同一止宿波逸提
若比丘尼知沙弥尼作如是語我知佛所說法行婬
欲非障道彼比丘尼諫此沙弥尼言汝莫作是語莫
謗世尊謗世尊者不善世尊无數方
便說婬欲是障道法犯婬欲者是障道法彼比丘
尼諫此沙弥尼堅持不捨彼比丘尼應乃至三呵諫
捨此事故乃至三諫時若捨善不捨者彼比丘尼應
言汝自今已去非佛弟子不得隨餘比丘尼行如諸
沙弥得與比丘尼二三宿汝今无是事汝去滅去不
須此中住若比丘尼知是被擯沙弥尼若畜共同止
宿者波逸提
若比丘尼如法諫時作如是語我今不學是戒
乃至問有智慧持律者當難問波逸提若為求解應
難問
若比丘尼說戒時作如是語大姊用是雜碎戒為
說是戒時令人惱愧懷疑輕呵戒故波逸提
若比丘尼說戒時作如是語大姊我今始知是戒半
月半月說戒經中來餘比丘尼知是比丘尼若二若三
說戒中坐何況多彼比丘尼无知无解若犯罪應如
法治更无知罪大姊汝无利得不善汝說戒時不用
心念不一心兩耳聽法彼无知故波逸提
若比丘尼共同羯磨已後作如是說諸比丘尼隨
親厚以衆僧物與者波逸提

BD03570 號　四分比丘尼戒本　（34–17）

法治更无知罪大婬泆无利得不善泆說戒時不用
心念不一心兩耳聽法彼无知故波逸提
若比丘尼共同羯磨已後作如是說諸比丘尼隨
親厚以衆僧物與者波逸提
若比丘尼僧斷事時不與欲起去者波逸提 十六
若比丘尼與欲竟後更呵者波逸提
若比丘尼共鬪諍後聽語已欲向彼說者波逸提
若比丘尼瞋恚故不喜打比丘者波逸提
若比丘尼瞋恚不喜以手搏比丘尼者波逸提
若比丘尼瞋恚故不喜以无根僧伽婆尸沙謗者波
逸提
若比丘尼剎利水澆頭王王未出未藏寶若入過宮
門閾者波逸提
若比丘尼若寶及寶莊飾具自捉若教人捉除
僧伽藍中及寄宿處波逸提若僧伽藍中若寄宿
處若寶若以寶莊飾具自捉教人捉若有識者當
取如是因緣非餘
若比丘尼非時入聚落又不囑比丘尼者波逸提
若比丘尼作繩床若木床足應高如來八指除入梐
孔上若截竟過者波逸提
若比丘尼作兜羅綿貯作繩床木床若臥具坐褥波逸提
若比丘尼噉蒜者波逸提
若比丘尼剃三處毛者波逸提
若比丘尼以水作淨應齊兩指各一節若過者波逸提
若比丘尼以故膠作男根者波逸提
若比丘尼共相拍者波逸提

BD03570號　四分比丘尼戒本　（34-18）

若比丘尼以水作淨應齊兩指各一節若過者波逸提
若比丘尼以故膠作男根者波逸提
若比丘尼共相拍者波逸提
若比丘尼无病食時供給水以扇扇者波逸提
若比丘乞生穀者波逸提
若比丘尼在生草上大小便者波逸提
若比丘尼夜便大小便器中晝不看牆外弃者波逸提
若比丘尼往觀看伎樂者波逸提 八十
若比丘尼與男子在屏處共立語者波逸提
若比丘尼與男子共入屏處者波逸提
若比丘尼入村內巷陌中遣伴遠去在屏處與男
子耳語者波逸提
若比丘尼入白衣家內坐不語主人捨去者波逸提
若比丘尼入白衣家內不語主人輒坐床者波逸提
若比丘尼入白衣家內不語主人輒自敷坐宿者波逸提
若比丘尼與男共入闇室中者波逸提
若比丘尼不審諦受師語者波逸提
若比丘尼有小因緣事便呪咀墮三惡道不生
佛法中若我有如是事墮三惡道不生佛法
中若汝有如是事亦墮三惡道不生佛法中
波逸提 九十
若比丘尼共鬪諍不善憶持諍事推匈啼哭
者波逸提
若比丘尼无病二人共床臥者波逸提
若比丘尼共一褥同一被臥除餘時波逸提
若比丘尼知先住後至知後至先住為惱故在
前誦經問義教授者波逸提

BD03570號　四分比丘尼戒本　（34-19）

者波逸提
若比丘尼無病二人共牀卧者波逸提
若比丘尼共一褥同一被卧除餘時波逸提
若比丘尼知先住後至知後至先住為惱故在
前誦經問義授者波逸提
若比丘尼同活比丘尼病不瞻視者波逸提
若比丘尼安居初聽餘比丘尼在房中安牀後
瞋恚駈出者波逸提
若比丘尼春夏冬一切時人間遊行除餘因緣
者波逸提
若比丘尼夏安居訖不去者波逸提
若比丘尼邊界有疑恐怖處人間遊行者波逸提
若比丘尼於界內有疑恐怖處在人間遊行者
波逸提
若比丘尼親近居士居士兒共住作不隨順行餘
比丘尼諫此比丘尼言妹汝莫親近居士居士兒
共住作不隨順行大姊可別住若別住於佛法中
有增益安樂住彼比丘尼諫此比丘尼時堅持不
捨彼比丘尼應三諫捨此事故乃至三諫捨此事
故善不捨者波逸提 一百
若比丘尼往觀王宫文飾畫堂園林浴池者波逸提
若比丘尼露身形有在河水泉水渠水池水中浴
者波逸提
若比丘尼作浴衣應量作應量作者長佛六搩
手廣二搩手半若過者波逸提
若比丘尼縫僧伽梨過五日除求索僧伽梨出迦
絺那衣六難事起者波逸提

若比丘尼作浴衣應量作應量作者長佛六搩
手廣二搩手半若過者波逸提
若比丘尼縫僧伽梨過五日除求索僧伽梨出迦
絺那衣六難事起者波逸提
若比丘尼過五日不看僧伽梨波逸提
若比丘尼與衆僧衣作留難者波逸提
若比丘尼不問主便着他衣者波逸提
若比丘尼持沙門衣施與外道白衣者波逸提
若比丘尼作如是意衆僧如法分衣遮令不分恐
弟子不得者波逸提
若比丘尼作如是意令衆僧令不得出迦
絺那衣後當出欲令五事久得放者波逸提
若比丘尼作如是意遮比丘尼僧不出迦絺那
衣欲令久得五事放捨者波逸提
若比丘尼餘比丘語言為我滅此諍事而
不與作方便令滅者波逸提
若比丘尼自手持食與白衣入外道食者
波逸提
若比丘尼為白衣作使者波逸提
若比丘尼自手紡縷者波逸提
若比丘尼入白衣舍內在小牀大牀上若坐
若卧者波逸提
若比丘尼至白衣舍語主人敷座止宿明日
不辭主人而去者波逸提
若比丘尼自誦習世俗呪術者波逸提
若比丘尼知女人妊娠與受具足戒者波逸提 一百廿
若比丘尼知婦女乳兒與受具足戒波逸提
若比丘尼知年不滿

不辭主人而去者波逸提
若比丘尼自誦習世俗呪術者波逸提
若比丘尼知女人姙娠與受具足戒者波逸提 一百廿
若比丘尼知婦女乳兒與受具足戒波逸提
若比丘尼知年不滿廿與受具足戒波逸提
若比丘尼年十八童女不與二歲學戒年滿二
十便受具足戒者波逸提
若比丘尼年十八童女二歲學戒不與六法滿二十
便與受具戒者波逸提
若比丘尼年十八童女與二歲學戒與六法滿二
十衆聽不聽便與受具足戒者波逸提
若比丘尼度曾嫁女年十歲與二歲學戒年滿
二十聽與受具足戒若減十二與受具足戒者
波逸提
若比丘尼度他小年曾嫁婦女與受二歲學
戒年滿十二不白衆便與受具足戒者波逸提
若比丘尼知如是人與受具足戒者波逸提
若比丘尼多度弟子不教二歲學戒不以二法攝
取波逸提
若比丘尼不二歲隨和尚尼者波逸提 一百卅
若比丘尼僧不聽而授人具足戒者波逸提
若比丘尼未年滿十二授人具足戒者波逸提
若比丘尼年滿十二歲衆僧不聽便授人具足戒者
波逸提
若比丘尼僧不聽授人具足戒便言衆僧有
愛有恚有怖有癡有欲聽不欲聽者便不聽
波逸提

BD03570 號　四分比丘尼戒本　（34–22）

波逸提
若比丘尼僧不聽授人具足戒便言衆僧有
愛有恚有怖有癡有欲聽不欲聽者便不聽
波逸提
若比丘尼父母夫主不聽與授具足戒者波逸提
若比丘尼知女人與童男男子相敬愛愁憂瞋
恚女人度令出家受具足戒者波逸提
若比丘尼語式叉摩那言汝捨是學是當與
汝受具足戒若不方便與受具足戒波逸提
若比丘尼語式叉摩那言持衣來我當與汝
受具足戒而不方便與受具足戒波逸提
若比丘尼不滿一歲授人具足者波逸提
若比丘尼與人受具足戒已經宿方往比丘僧
中與受具足戒者波逸提 一百卌
若比丘尼不病不往受教授者波逸提
若比丘尼半月應往比丘僧中求教授若不求
者波逸提
若比丘尼僧夏安居竟應往大比丘僧中說三
事自恣見聞疑若不者波逸提
若比丘尼在無比丘處夏安居者波逸提
若比丘尼有知比丘僧伽藍不白而入者波逸提
若比丘尼罵比丘者波逸提
若比丘尼喜鬪諍不善憶持諍事後瞋恚不喜
比丘尼衆者波逸提
若比丘尼身生癰及種種瘡不白衆及餘人
輒使男子破若裹者波逸提
若比丘尼先受請若足食已後食飯麨乾飯

BD03570 號　四分比丘尼戒本　（34–23）

若比丘尼喜鬪諍不善憶持諍事後瞋恚不喜
比丘尼衆者波逸提
若比丘尼身生癰及種種瘡不白衆及餘人
輒使男子破若裹者波逸提
若比丘尼先受請若足食已後食飯麨乾飯
魚及肉者波逸提
若比丘尼於食家生嫉妬心者波逸提 一百卅
若比丘尼以香塗摩身者波逸提
若比丘尼以胡麻滓塗身者波逸提
若比丘尼使比丘尼塗摩身者波逸提
若比丘尼使式叉摩那塗摩身者波逸提
若比丘尼使沙弥尼塗摩身者波逸提
若比丘尼使白衣婦女塗摩身者波逸提
若比丘尼著貯跨衣者波逸提
若比丘尼畜婦女莊嚴身具除時因緣波逸提
若比丘尼著革屣持蓋行除時因緣波逸提
若比丘尼无病乘乘行除時因緣波逸提 百卌
若比丘尼不著僧祇支入村者波逸提 一百卅
若比丘尼向暮至白衣家先不被喚波逸提
若比丘尼向暮開僧伽藍門不囑授餘比丘尼
而出者波逸提
若比丘尼日沒開僧伽藍門不囑授而出者波逸提
若比丘尼不前安居不後安居者波逸提
若比丘尼知女人常漏大小便涕唾常出者
受具足戒波逸提
若比丘尼知二形人與受具足者波逸提
若比丘尼知二道合者與受具足戒波逸提
若比丘尼知有負債難者病難者與受具足
戒者波逸提

受具足戒波逸提
若比丘尼知二形人與受具足者波逸提
若比丘尼知二道合者與受具足戒波逸提
若比丘尼知有負債難者病難者與受具足
戒者波逸提
若比丘尼與學世俗伎術以自活命波逸提 百卅
若比丘尼以俗伎術教授白衣波逸提
若比丘尼被擯不去者波逸
若比丘尼欲問比丘義先不求而問者波逸提
若比丘尼知先住後至後至先住欲惱彼故在前
經行若立若坐若卧波逸提
若比丘尼在有僧伽藍內起塔波逸提
若比丘尼見新受戒比丘應起迎送恭敬礼拜
問訊請與坐不者除因緣波逸提
若比丘尼為好故搖身趍波逸提
若比丘尼作婦女莊嚴香塗摩身波逸提
諸大姊我已說一百七十八波逸提法今問諸大姊
是中清淨 如是三說
諸大姊是中清淨默然故是事如是持
諸大姊是八波羅提提舍尼法半月半月說戒
經中來
若比丘尼不病乞蘇食者犯應懺悔可呵法
應捨向餘比丘尼說言大姊我犯可呵法所不
應為我今向大德懺悔是名悔過法
若比丘尼不病乞油食者犯應懺悔可呵法
應向餘比丘尼說言大姊我犯可呵法所不應
為我今向大姊懺悔是名悔過法

應捨向餘比丘尼說言大姊我犯可呵法所不
應為我今向大德懺悔是名法悔過法
若比丘尼不病乞油食者犯應懺悔可呵法
應向餘比丘尼說言大姊我犯可呵法所不應
為我今向大姊懺悔是名悔過法
若比丘尼不病乞蜜食者犯應懺悔可呵法
應向餘比丘尼說言大姊我犯可呵法所不應
為我今向大姊懺悔是法名悔過法
若比丘尼不病乞黑石蜜食犯應懺悔可呵
法應向餘比丘尼說言大姊我犯可呵法不應
為我今向大姊懺悔是名悔過法
若比丘尼不病乞乳食者犯應懺悔可呵法
應向餘比丘尼說言大姊我犯可呵法所不應
為我今向大姊懺悔是名悔過法
若比丘尼不病乞酪食者犯應懺悔可呵法應
向餘比丘尼言大姊我犯可呵法所不應為我
今向大姊懺悔是名悔過法
若比丘（餘比丘尼說言）尼不病乞魚食者犯應懺悔可呵法應
向大姊我犯可呵法所不應為我今向大姊懺悔
是法名悔過
若比丘尼不病乞肉食者犯應懺悔可呵法應
向餘比丘尼言大姊我犯可呵法所不應為我今
向大姊懺悔是名悔過法
諸大姊我已說八波羅提提舍尼法今問諸
大姊是中清淨不 三說
諸大姊是中清淨默然故是事如是持
諸大姊是衆學戒法半月半月說戒經中來

BD03570號　四分比丘尼戒本　（34–26）

向大姊懺悔是名悔過法
諸大姊我已說八波羅提提舍尼法今問諸
大姊是中清淨不 三說
諸大姊是中清淨默然故是事如是持
諸大姊是衆學戒法半月半月說戒經中來
當齊整著涅槃僧應當學
當齊整著三衣應當學
不得反抄衣行入白衣舍應當學
不得反抄衣行入白衣舍坐應當學
不得衣纏頸入白衣舍應當學
不得衣纏頸入白衣舍坐應當學
不得覆頭入白衣舍應當學
不得覆頭入白衣舍坐應當學
不得跳行入白衣舍應當學
不得跳行入白衣舍坐應當學 十
不得入白衣舍內蹲坐應當學
不得叉腰行入白衣舍應當學
不得叉腰行入白衣舍坐應當學
不得搖身行入白衣舍應當學
不得搖身行入白衣舍坐應當學
不得掉臂行入白衣舍應當學
不得掉臂行入白衣舍坐應當學
好覆身入白衣舍應當學
好覆身入白衣舍坐應當學
不得左右顧視行入白衣舍應當學 廿
不得左右顧視行入白衣舍坐應當學
靜默入白衣舍應當學
靜默入白衣舍坐應當學

BD03570號　四分比丘尼戒本　（34–27）

好覆身入白衣舍應當學
好覆身入白衣舍坐應當學
不得左右顧視入行白衣舍應當學 二十
不得左右顧視行入白衣舍坐應當學
靜默入白衣舍應當學
靜默入白衣舍坐應當學
不得戲笑行入白衣舍應當學
不得戲笑行入白衣舍坐應當學
用意受食應當學
平鉢受食應當學
平鉢受羹應當學
羹飯等食應當學
以次食應當學 卅
不得挑鉢中而食應當學
若比丘尼無病不得為己索羹飯應當學
不得以飯覆羹更望得應當學
不得視比坐鉢中食應當學
當繫鉢想食應當學
不得大摶飯食應當學
不得大張口待飯食應當學
不得含飯語應當學
不得摶飯遙擲口中應當學
不得遺落飯食應當學 卌
不得頰食食應當學
不得嚼飯作聲食應當學
不得大噏飯食應當學
不得舌舐食應當學
不得振手食應當學

遺落飯食應當學
不得頰食食應當學
不得嚼飯作聲食應當學
不得大噏飯食應當學
不得舌舐食應當學
不得振手食應當學
不得手把散飯食應當學
不得汙手捉飯器應當學
不得洗鉢水弃白衣舍內應當學
不得生草菜上大小便涕唾除病應當學
不得淨水中大小便涕唾除病應當學 五十
不得立大小便除病應當學
不得與反抄衣不恭敬人說法除病應當學
不得為衣纏頸者說法除病應當學
不得為覆頭者說法除病應當學
不得為裹頭者說法除病應當學
不得為叉腰者說法除病應當學
不得為著草屣者說法除病應當學
不得為著木屐者說法除病應當學
不得為騎乘者說法除病應當學
不得在佛塔中止宿除為守護故應當學 六十
不得藏財物置佛塔中除為堅牢故應當學
不得著草屣入佛塔中應當學
不得手捉草屣入佛中塔應當學
不得著草屣遶佛塔行應當學
不得著富羅入佛塔中應當學
不得手捉富羅入佛塔中應當學
不得塔下坐食留草及食汙地應當學

不得着革屣入佛塔中應當學
不得手捉革屣入佛中塔應當學
不得着革屣遶佛塔行應當學
不得着富羅入佛塔中應當學
不得手捉富羅入佛塔中應當學
不得塔下坐食留草及食汙地應當學
不得擔死屍從塔下過應當學
不得塔下埋死屍應當學
不得在塔下燒死屍應當學七十
不得向佛塔燒死屍應當學
不得佛塔四邊燒死屍使臭氣來入應當學
不得持死人衣及床從塔下過除浣染香薰應當學
不得佛塔下大小便應當學
不得向佛塔大小便應當學
不得繞佛塔四邊大小便使臭氣來入應當學
不得持佛像至大小便處應當學
不得在佛塔下嚼楊枝應當學
不得向佛塔下嚼楊枝應當學
不得佛塔四邊嚼楊枝應當學八十
不得在佛塔下涕唾應當學
不得向佛塔涕唾應當學
不得佛塔四邊涕唾應當學
不得向佛塔舒脚坐應當學
不得安佛塔在下房己在上房住應當學
人坐己立不得為說法除病應當學
人卧己坐不得為說法除病應當學
人在座己在非座不得為說法除病應當學
人在高坐己在下坐不得為說法除病應當學

BD03570 號　四分比丘尼戒本　（34–30）

人坐己立不得為說法除病應當學
人卧己坐不得為說法除病應當學
人在座己在非座不得為說法除病應當學
人在高坐己在下坐不得為說法除病應當學
人在前行己在後行不得為說法除病應當學九十
人在高經行處己在下經行處不應為說法除病應當學
人在道己在非道不應為說法除病應當學
不得攜手在道行應當
不得上樹過人頭除時因緣應當學
不得絡囊盛鉢貫杖頭着肩上而行應當學
人持杖不恭敬不應為說法除病應當學
人持劍不應為說法除病應當學
人持鉾不應為說法除病應當學
人持刀不應為說法除病應當學
人持蓋不應為說法除病應當學
諸大姊我已說眾學戒法今問諸大姊是中清
淨不三說 諸大姊是中清淨默然故是事如是持
諸大姊是七滅諍法半月半月說戒經中來
若比丘尼有諍事起即應除滅
應與現前毗尼　當與現前毗尼
應與憶念毗尼　當與憶念毗尼
應與不癡毗尼　當與不癡毗尼
應與自言治　當與自言治
應與多人語　當與多人語
應與覓罪相　當與覓罪相
應與如草覆地　當與如草覆地
諸大姊我已說七滅諍法今問諸大姊是中清淨不三說

BD03570 號　四分比丘尼戒本　（34–31）

應與多人語　當與多人語
應與覓罪相　當與覓罪相
應與如草覆地　當與如草覆地
諸大姊我已說七滅諍法今問諸大姊是中清淨不（三說）
諸大姊是中清淨默然故是事如是持
諸大姊我已說戒經序已說八波羅夷法已說十七
僧伽婆尸沙法已說三十尼薩耆波逸提法已說一百
七十八波逸提法已說八波羅提提舍尼法已說眾
學戒法已說七滅諍法此是佛所說半月半月說
戒經中來若更有餘佛法是中皆共和合應當學
忍辱第一道　佛說无為最　出家惱他人　不名為沙門
此是毗婆尸如來无所著等正覺說是戒經
譬如明眼人　能避險惡道　世有聰明人　能遠離諸惡
此是尸棄如來无所著等正覺說是戒經
不謗亦不嫉　當奉行於戒　飲食知止足　常樂在空閑
心定樂精進　是名諸佛教
此是毗葉羅如來无所著等正覺說是戒經
譬如蜂採花　不壞色與香　但取其味去　比丘入聚然
不違戾他事　不觀作不作　但自觀身行　若正若不正
此是拘留孫如來无所著等正覺說是戒經
心莫作放逸　聖法當勤學　如是无憂愁　心定入涅槃
此是拘那含牟尼如來无所著等正覺說是戒經
一切惡莫作　當奉行諸善　自淨其志意　是則諸佛教
此是迦葉如來无所著等正覺說是戒經
善護於口言　自淨其志意　身莫作諸惡　此三業道淨
能得如是行　是大仙人道
此是釋迦牟尼如來无所著等正覺於十二年中

BD03570 號　四分比丘尼戒本

（34–32）

善護於口言　自淨其志意　身莫作諸惡　此三業道淨
能得如是行　是大仙人道
此是釋迦牟尼如來无所著等正覺於十二年中
為无事僧說是戒經從是已後廣分別說諸比丘尼
自為樂法樂沙門者有慚有愧樂學戒者當於中學
明人能護戒　能得三種樂　名譽及利養　死得生天上
當觀如是處　有智勤護戒　戒淨有智慧　便得第一道
如過去諸佛　及以未來者　現在諸世尊　能勝一切憂
皆共尊敬戒　此是諸佛法　若有自為身　欲求於佛道
當尊重正法　此是諸佛教　七佛為世尊　滅除諸結使
說是七戒經　諸縛得解脫　已入於涅槃　諸戲永滅盡
尊行大仙說　聖賢稱譽戒　弟子之所行　入寂滅涅槃
世尊涅槃時　興起於大悲　集諸比丘眾　與如是教戒
莫謂我涅槃　淨行者无護　我今說戒經　亦善說毗尼
我雖般涅槃　當視如世尊　此經久住世　佛法得熾盛
以是熾盛故　得入於涅槃　若不持此戒　如所應布薩
喻如日沒時　世界皆闇冥　當護持是戒　如犛牛愛尾
和合一處坐　如佛之所說　我已說戒經　眾僧布薩竟
我今說戒經　所說諸功德　施一切眾生　皆共成佛道
四分尼戒本

BD03570 號　四分比丘尼戒本

（34–33）

說是七戒經　諸縛得解脫　已入於涅槃　諸戲永滅盡
尊行大仙說　聖賢稱譽戒　弟子之所行　入寂滅涅槃
世尊涅槃時　興起於大悲　集諸比丘衆　與如是教戒
莫謂我涅槃　淨行者無護　我今說戒經　亦善說毗尼
我雖般涅槃　當視如世尊　此經久住世　佛法得熾盛
以是熾盛故　得入於涅槃　若不持此戒　如所應布薩
喻如日沒時　世界皆闇冥　當護持是戒　如犛牛愛尾
和合一處坐　如佛之所說　我已說戒經　衆僧布薩竟
我今說戒經　所說諸功德　施一切衆生　皆共成佛道

四分尼戒本

BD03570 號　四分比丘尼戒本　（34–34）

知是人惡業所鍾，必當永墮不饒益處。大慧，我之所有諸聖弟子，尚不食於凡夫段食，況食血肉不淨之食。大慧，聲聞、緣覺及諸菩薩尚唯法食，豈況如來。大慧，如來法身非雜食身。大慧，我已斷除一切煩惱，我已浣除一切習氣，我已善擇諸心智慧，大悲平等普觀衆生，猶如一子，云何而許聲聞弟子食於子肉，何況自食。作是說者，無有是處。尒時世尊重說頌言：

悉曾為親屬　衆穢所成長　恐怖諸含生　是故不應食
一切肉與葱　韭蒜及諸酒　如是不淨物　脩行者遠離
亦常離麻油　及諸穿孔床　以彼諸細蟲　於中大驚怖
飲食生放逸　放逸生邪覺　從覺生於貪　是故不應食
邪覺生貪故　心為貪所醉　心醉長愛欲　生死不解脫
為利殺衆生　以財取諸肉　二俱是惡業　死墮叫喚獄
不想不教求　此三種名淨　世無如是肉　食者我訶責
更互相食噉　死墮惡獸中　臭穢而癲狂　是故不應食
獵師旃荼羅　屠兒羅剎娑　此等種中生　斯皆食肉報
食已無慚愧　生生常癲狂　諸佛及菩薩　聲聞所嫌惡

BD03571 號　大乘入楞伽經卷六　（11–1）

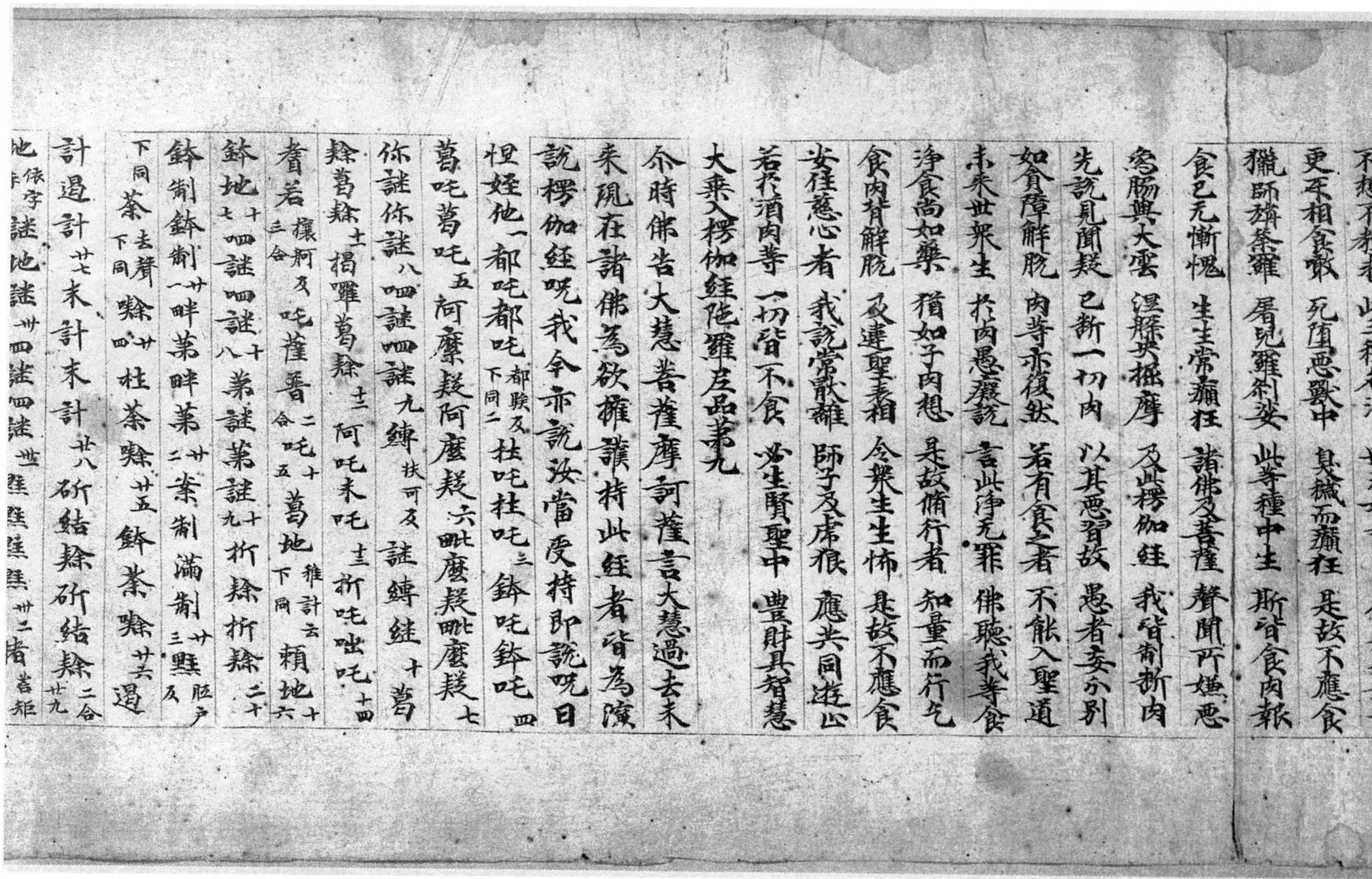

不想不教求 此三種名淨 世无如是肉 食者亦許
更互相食噉 死墮惡獸中 臭穢而癲狂 是故不應食
獵師旃荼羅 屠兒羅剎娑 此等種中生 斯皆食肉報
食已无慚愧 生生常癲狂 諸佛及菩薩 聲聞所嫌惡
象腋與大雲 涅槃央掘摩 及此楞伽經 我皆制斷肉
先說見聞疑 已斷一切肉 以其惡習故 愚者妄分別
如貪障解脫 肉等亦復然 若有食之者 不能入聖道
未來世衆生 於肉愚癡說 言此淨无罪 佛聽我等食
淨食尚如藥 猶如子肉想 是故脩行者 知量而行乞
食肉背解脫 及違聖表相 令衆生生怖 是故不應食
安住慈心者 我說常猒離 師子及虎狼 應共同遊止
若於酒肉等 一切皆不食 必生賢聖中 豐財具智慧
大乘入楞伽經陀羅尼品第九
尒時佛告大慧菩薩摩訶薩言大慧過去未
來現在諸佛為欲擁護持此經者皆為演
說楞伽經呪我今亦說汝當受持即說呪曰
怛姪他一 都吒都吒(都騃反 下同)二 杜吒杜吒三 鉢吒鉢吒四
葛吒葛吒五 阿摩䔿阿摩䔿六 毗摩䔿毗摩䔿七
你謎你謎八 呬謎呬謎九 縛(扶可反)謎縛縒十 葛
絺葛絺十一 揭囉葛絺十二 阿吒末吒十三 折吒咄吒十四
耆若(攘舸反 三合)吒薩普(二合)吒十五 葛地(推計反 下同)頼地十六
鉢地十七 呬謎呬謎十八 弟謎弟謎十九 析絺析絺二十
鉢制鉢制廿一 畔弟畔弟廿二 棄制滿制廿三 賧(胝戶反)
荼(去聲 下同)絺廿四 杜荼絺廿五 鉢棄絺廿六 遏
計遏計廿七 末計末計廿八 斫結絺斫結絺(二合)廿九
地(依字呼)謎地謎卅 呬謎呬謎卅一 賧賧賧賧卅二 睹(當矩)

BD03571號　大乘入楞伽經卷六

（11–2）

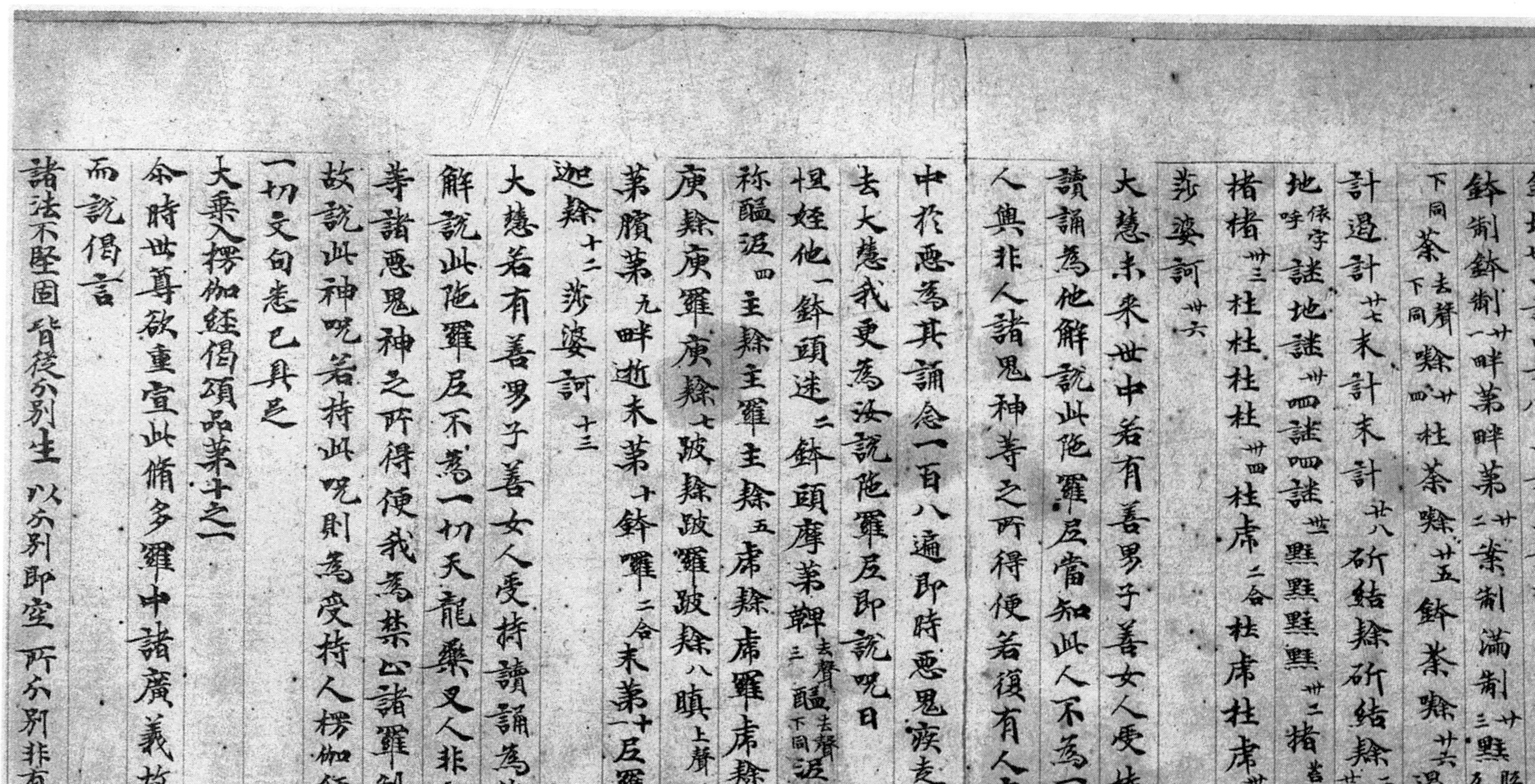

鉢地十七 呬謎呬謎十八 弟謎弟[illegible]
鉢制鉢制廿一 畔弟畔弟廿二 棄制滿制廿三 賧(胝戶反)
荼(去聲 下同)絺廿四 杜荼絺廿五 鉢棄絺廿六 遏
計遏計廿七 末計末計廿八 斫結絺斫結絺(二合)廿九
地(依字呼)謎地謎卅 呬謎呬謎卅一 賧賧賧賧卅二 睹(當矩)
睹睹卅三 杜杜杜杜卅四 杜虎(二合) 杜虎杜虎卅五
莎婆訶卅六
大慧未來世中若有善男子善女人受持
讀誦為他解說此陀羅尼當知此人不為一切
人與非人諸鬼神等之所得便若復有人卒
中於惡為其誦念一百八遍即時惡鬼疾走而
去大慧我更為汝說陀羅尼即說呪曰
怛姪他一 鉢頭迷二 鉢頭摩弟鞞三 醯(去聲 下同)泥醯
祢醯泥四 主絺主羅主絺五 虎絺虎羅虎絺六
庾絺庾羅庾絺七 跋絺跋羅跋絺八 瞋(上聲呼)
弟膩弟九 畔逝末弟十 鉢羅(二合)末弟十一 尼羅
迦絺十二 莎婆訶十三
大慧若有善男子善女人受持讀誦為他
解說此陀羅尼不為一切天龍藥叉人非人
等諸惡鬼神之所得便我為禁止諸羅剎
故說此神呪若持此呪則為受持人楞伽經
一切文句悉已具足
大乘入楞伽經偈頌品第十之一
尒時世尊欲重宣此脩多羅中諸廣義故
而說偈言
諸法不堅固 皆從分別生 以分別即空 所分別非有

BD03571號　大乘入楞伽經卷六

（11–3）

大乘入楞伽經偈頌品第十之一
尒時世尊欲重宣此脩多羅中諸廣義故
而說偈言
諸法不堅固 皆從分別生 以分別即空 所分別非有
由虛妄分別 是則有識生 八九識種種 如海衆波浪
習氣常增長 盤根堅固依 心隨境界流 如鐵於慈石
衆生所依性 遠離於尋伺 及離智所知 轉依得解脫
得如幻三昧 超過於十地 觀見心王時 想識皆遠離
尒時心轉依 是則為常住 在於蓮花宮 幻境之所起
既住彼宮已 自在无功用 利益諸衆生 如衆色摩尼
无有為无為 唯除妄分別 愚夫迷執取 如石女夢子
應知補伽羅 蘊界諸緣等 悉空无自性 无生有非有
我以方便說 而實无有相 愚夫妄執取 能相及所相
一切知非知 一切非一切 愚夫所分別 佛无覺自他
諸法如幻夢 无生无自性 以皆性空故 有无不可得
我唯說一性 離於妄尋伺 自性无有二 衆聖之所行
如四大不調 變吐見螢光 所見皆非有 世間亦如是
猶如幻所現 草木瓦礫等 彼幻无所有 諸法亦如是
非取非所取 非縛非所縛 如幻如陽焰 如夢亦如瞖
若欲見真實 離諸分別取 應脩真實觀 見佛必无疑
世間等於夢 色資具亦尒 若能如是見 身為世間尊
三界由心起 迷惑妄所見 離妄无世間 知已轉染依
愚夫之所見 妄謂有生滅 智者如實觀 不生亦不滅
常行无分別 遠離心心法 住色究竟天 離諸過失處
於彼成正覺 具力通自在 及諸勝三昧 現化於此成
化身无量億 遍遊一切處 令愚夫得聞 如響難思法

BD03571號　大乘入楞伽經卷六　（11–4）

三界由心起 迷惑妄所見 離妄无世間 知已轉染依
愚夫之所見 妄謂有生滅 智者如實觀 不生亦不滅
常行无分別 遠離心心法 住色究竟天 離諸過失處
於彼成正覺 具力通自在 及諸勝三昧 現化於此成
化身无量億 遍遊一切處 令愚夫得聞 如響難思法
遠離初中後 亦離於有无 非多而現多 不動而普遍
說衆生身中 所覆之真性 迷惑令幻有 非幻為迷惑
由心迷惑故 一切皆悉有 以此相繫縛 藏識起世間
如是諸世間 唯有假施設 諸見如暴流 行於人法中
若能如是知 是則轉所依 乃為我真子 成就隨順法
愚夫所分別 堅濕煖動性 假名无有實 亦无相所相
身形及諸根 皆以八物成 凡愚妄計色 迷惑身籠檻
凡愚妄分別 因緣和合生 不了真實相 流轉於三有
識中諸種子 能現心境界 愚夫起分別 妄計於二取
无明愛及業 諸心依彼生 以是我了知 為依他起性
妄分別為有 迷惑心所行 此分別都无 迷妄計為有
心為諸緣縛 生起於衆生 諸緣若遠離 我說无所見
已離於衆緣 自相所分別 身中不復起 我為无所行
衆生心所取 能取及所取 所見皆无相 愚夫妄分別
顯示阿賴耶 殊勝之藏識 離於能所取 我說為真如
蘊中无有人 无我无衆生 生唯是識生 滅亦唯識滅
猶如畫高下 雖見无所有 諸法亦如是 雖見而非有
如乾闥婆城 亦如熱時焰 所見恒如是 智觀不可得
因緣及譬喻 以此而立宗 乾城夢火輪 陽焰日月光
火輪等譬喻 以此顯无生 世分別皆空 迷惑如幻夢

BD03571號　大乘入楞伽經卷六　（11–5）

如乾闥婆城　亦如熱時焰　所見恒如是　智觀不可得
因緣及譬喻　以此而立宗　乾城夢火輪　陽焰日月光
火焰毛等喻　以此顯无生　世分別皆空　迷惑如幻夢
見諸有不生　三界无所依　内外亦如是　成就无生法
得如幻三昧　及以意生身　種種諸神通　諸力及自在
諸法本无生　空无有自性　迷惑諸因緣　而謂有生滅
愚夫妄分別　以心而現心　及現於外色　而實无所有
如定力觀見　佛像與骨鏁　及分析大種　假施設世間
身資及所住　此三為所取　意取及分別　此三為能取
迷惑妄計者　以能所分別　但隨文字境　而不見真實
行者以慧觀　諸法无自性　是時住无相　一切皆休息
如以墨塗雞　无智者妄取　實无有三乘　愚夫不能了
若見諸聲聞　及以辟支佛　皆大悲菩薩　變化之所現
三界唯是心　分別二自性　轉依離人法　是則為真如
日月燈光焰　大種及摩尼　无分別作用　諸佛亦如是
諸法如毛輪　遠離生住滅　亦離常无常　染淨亦如是
如著陀觀藥　見地作金色　而實彼地中　本无有金相
愚夫亦如是　无始迷亂心　妄取諸有實　如幻如陽焰
應觀一種子　與非種同印　一種一切種　是名心種種
淨種子為一　轉依為非種　平等同法印　悉皆无分別
種種諸種子　能感諸趣生　種種眾雜苦　名一切種子
觀諸法自性　迷惑不待遣　物性本无生　了知即解脫
定者觀世間　眾色由心起　无始心迷惑　實无色无心
如幻與乾城　毛輪及陽焰　非有而現有　諸法亦如是
一切法不生　唯迷惑所見　以從迷妄生　愚妄計著二
由種種習氣　生諸波浪心　若彼習斷時　心浪不復起

BD03571號　大乘入楞伽經卷六　（11–6）

定者觀世間　眾色由心起　无始心迷惑　實无色无心
如幻與乾城　毛輪及陽焰　非有而現有　諸法亦如是
一切法不生　唯迷惑所見　以從迷妄生　愚妄計著二
由種種習氣　生諸波浪心　若彼習斷時　心浪不復起
心緣諸境起　如畫依於壁　不介虛空中　何不起於畫
若緣少分相　令心得生者　心既從緣起　唯心義不成
心性本清淨　猶若淨虛空　令心還取心　由習非異因
執著自心現　令心而得起　所見實非外　是故說唯心
藏識說名心　思量以為意　能了諸境界　是則名為識
心常為无記　意具二種行　現在識通具　善與不善等
證乃无定時　超地及諸剎　亦越於心量　而住无相果
所見有與无　及以種種相　皆是諸愚夫　顛倒所執著
智若離分別　物有則相違　由心故无色　是故无分別
諸根猶如幻　境界悉如夢　能作及所作　一切皆非有
世諦一切有　第一義則无　諸法无性性　說為第一義
於无自性中　因諸言說故　而有物起者　是名為俗諦
若无有言說　所起物亦无　世諦中无有　有言无事者
顛倒虛妄法　而實不可得　若倒是有者　則无无自性
以有无性故　而彼顛倒法　一切諸所有　是皆不可得
惡習熏於心　所現種種相　迷惑謂心外　妄取諸色像
分別无分別　分別是可斷　无分別能見　實性證真空
无明熏於心　所現諸眾生　如幻鳥馬等　及樹葉為金
猶如翳目者　迷惑見毛輪　愚夫亦如是　妄取諸境界
分別所分別　及起分別者　轉所轉轉因　因此六解脫
由於妄計故　无地无諸諦　亦无諸剎土　化佛及二乘
心及一切法　一切皆无性　[illegible]生實无自　无智取種種

BD03571號　大乘入楞伽經卷六　（11–7）

猶如翳目者　迷惑見毛輪　愚夫亦如是　妄取諸境界
分別所分別　及起分別者　轉所轉轉因　因此六解脫
由於妄計故　无地无諸諦　亦无諸剎土　化佛及二乘
心起一切法　一切處及身　心性實无相　无智取種種
分別迷惑相　是名依他起　相中所有名　是則為妄計
諸緣法和合　分別於名相　此等皆不生　是則圓成實
十方諸剎土　衆生菩薩中　所有法報佛　化身及變化
皆從无量壽　極樂界中出　於方廣經中　應知密意說
所有佛子說　及諸導師說　悉是化身說　非是實報佛
諸法无有生　彼亦非非有　如幻亦如夢　如化如乾城
種種由心起　種種由心脫　心起更非餘　心滅亦如是
以衆生分別　所現虛妄相　唯心實无境　離分別解脫
由无始積集　分別諸戲論　惡習之所熏　起此虛妄境
妄計自性故　諸法皆无生　依止於緣起　衆生迷分別
分別不相應　依他即清淨　所住離分別　轉依即真如
勿妄計虛妄　妄計即无實　迷惑妄分別　取所取皆无
分別見外境　是妄計自性　由此虛妄計　緣起自性生
邪見諸外境　无境但是心　如理正觀察　能所取皆滅
如愚所分別　外境實非有　習氣擾濁心　似外境而轉
已滅二分別　智契於真如　起於无影像　難思聖所行
依父母和合　如蘇在於瓶　阿賴耶意俱　令赤白增長
閉尸及稠皰　穢業種種生　業風增四大　出生如菓熟
五與五及五　瘡竅有九種　爪甲齒毛具　滿足即便生
初生猶糞虫　亦如人睡覺　眼開見於色　分別漸增長
分別決了已　脣齶等和合　始發於語言　猶如鸚鵡等

BD03571號　大乘入楞伽經卷六　（11-8）

五與五及五　瘡竅有九種　爪甲齒毛具　滿足即便生
初生猶糞虫　亦如人睡覺　眼開見於色　分別漸增長
分別決了已　脣齶等和合　始發於語言　猶如鸚鵡等
隨衆生意樂　安立於大乘　非惡見行處　外道不能受
自內所證乘　非計度所行　願說佛滅後　誰能受持此
大慧汝應知　善逝涅槃後　未來世當有　能持我法者
南天竺國中　大名德比丘　厥號為龍樹　能破有无宗
世間中顯我　无上大乘法　得初歡喜地　往生安樂國
衆緣所起義　有无俱不可　緣中妄計物　分別於有无
如是外道見　遠離於我法
一切法名字　生處常隨逐　已習及現習　展轉共分別
若不說於名　世間皆迷惑　為除迷惑故　是故立名言
愚分別諸法　迷惑於名字　及以諸緣生　是三種分別
以不生不滅　本性如虛空　自性无所有　是名妄計相
如幻影陽焰　鏡像夢火輪　如響及乾城　是則依他起
真如空不二　實際及法性　皆无有分別　我說是圓成
語言心所行　虛妄墮二邊　慧分別實諦　是慧无分別
於智者所現　於愚則不現　如是智所現　一切法无相
如假金瓔珞　非金愚謂金　諸法亦如是　外道妄計度
諸法无始終　住於真實相　世間皆无作　妄計不能了
過去所有法　未來及現在　如是一切法　皆悉是无生
諸緣和合故　是故說有法　若離於和合　不生亦不滅
而諸緣起法　一異不可得　略說以為生　廣說則為滅
一是不生空　一復是生空　不生空為勝　生空為滅壞
真如空實際　涅槃及法界　種種意生身　我說皆異名

BD03571號　大乘入楞伽經卷六　（11-9）

於智者所現　於愚則不現
如假金瓔珞　非金愚謂金　諸法亦如是　外道妄計度
諸法无始終　住於真實相　世間皆无作　妄計不能了
過去所有法　未來及現在　如是一切法　皆悉是无生
諸緣和合故　是故說有法　若離於和合　不生亦不滅
而諸緣起法　一異不可得　略說以為生　廣說則為滅
一是不生空　一復是生空　不生空為勝　生空為滅壞
真如空實際　涅槃及法界　種種意生身　我說皆異名
於諸經律論　而起淨分別　若不了无我　依教不依義
衆生妄分別　所見如兎角　分別即迷惑　如渴獸逐燄
由於妄執着　而起於分別　若離妄執因　分別則不起
甚深大方廣　知諸刹自性　我為佛子說　非為諸聲聞
三有空无常　遠離我我所　我為諸聲聞　如是惣相說
不着一切法　寂靜獨所行　思念辟支果　我為彼人說
身是依他起　迷惑不自見　分別外自性　而令心妄起
報得及加持　諸趣種類生　及夢中所得　是神通四種
夢中之所得　及以佛威力　諸趣種類生　皆非報得通
習氣熏於心　似物而影起　凡愚未能悟　是故說為生
隨於妄分別　外相幾時有　介所時增妄　不見自心迷
何以說有人　而不說所見　无所見而見　為誰云何說
心體自本淨　意及諸識俱　習氣常熏故　而作諸濁亂
藏識捨於身　意乃求諸趣　識迷似境界　見已而貪取
所見唯自心　外境不可得　若脩如是觀　捨妄念真如
諸定者境界　業及佛威力　此三不思議　□思智所行
過未補伽羅　虛空及涅槃　我隨世俗說　□諦離文字
二乘及外道　同依止諸見　迷惑於唯心　妄分別外境

BD03571號　大乘入楞伽經卷六　（11–10）

由於妄執着　而起於分別　若離妄執因　分別則不起
甚深大方廣　知諸刹自性　我為佛子說　非為諸聲聞
三有空无常　遠離我我所　我為諸聲聞　如是惣相說
不着一切法　寂靜獨所行　思念辟支果　我為彼人說
身是依他起　迷惑不自見　分別外自性　而令心妄起
報得及加持　諸趣種類生　及夢中所得　是神通四種
夢中之所得　及以佛威力　諸趣種類生　皆非報得通
習氣熏於心　似物而影起　凡愚未能悟　是故說為生
隨於妄分別　外相幾時有　介所時增妄　不見自心迷
何以說有人　而不說所見　无所見而見　為誰云何說
心體自本淨　意及諸識俱　習氣常熏故　而作諸濁亂
藏識捨於身　意乃求諸趣　識迷似境界　見已而貪取
所見唯自心　外境不可得　若脩如是觀　捨妄念真如
諸定者境界　業及佛威力　此三不思議　□思智所行
過未補伽羅　虛空及涅槃　我隨世俗說　□諦離文字
二乘及外道　同依止諸見　迷惑於唯心　妄分別外境
羅漢辟支佛　□佛菩提　□子堅成就　夢佛灌其頂
心幻既寂靜　何為說有无　何處及為誰　何故願為說
迷惑於唯心　故說幻有无　生滅相相應　相所相平等
分別名意識　及與五識俱　如影像瀑流　從心種子起

BD03571號　大乘入楞伽經卷六　（11–11）

無我不應觀受想行識若我若無我何以故
色色自性空受想行識受想行識自性空是
色自性即非自性是受想行識自性亦非自
性若非自性即是淨戒波羅蜜多於此淨戒
波羅蜜多色不可得彼我無我亦不可得受
想行識皆不可得彼我無我亦可可得所以
者何此中尚無色等可得何況有彼我與無
我汝若能脩如是淨戒是脩淨戒波羅蜜多
復作是言汝善男子應脩淨戒波羅蜜多不
應觀色若淨若不淨不應受想行識若淨
若不淨何以故色色自性空受想行識受想
行識自性空是色自性即非自性是受想行
識自性亦非自性若非自性即是淨戒波羅
蜜多於此淨戒波羅蜜多色不可得彼淨不
淨亦不可得受想行識皆不可得彼淨不淨
亦不可得所以者何此中尚無色等可得何
況有彼淨與不淨汝若能脩如是淨戒是脩
淨戒波羅蜜多憍尸迦是善男子善女人等

BD03572號　大般若波羅蜜多經卷一五九　（3–1）

蜜多於此
淨亦不可得受想行識皆不可得彼淨不淨
亦不可得所以者何此中尚無色等可得何
況有彼淨與不淨汝若能脩如是淨戒是脩
淨戒波羅蜜多憍尸迦是善男子善女人等
作此等說是為宣說真正淨戒波羅蜜多復
次憍尸迦若善男子善女人等為發無上菩
提心者宣說淨戒波羅蜜多作如是言汝善
男子應脩淨戒波羅蜜多不應觀眼處若
常若無常不應觀耳鼻舌身意處若常若無常
何以故眼處眼處自性空耳鼻舌身意處耳
鼻舌身意處自性空是眼處自性即非自性
是耳鼻舌身意處自性亦非自性若非自性
即是淨戒波羅蜜多於此淨戒波羅蜜多眼
處不可得彼常無常亦不可得耳鼻舌身意
處皆不可得彼常無常亦不可得所以者何
此中尚無眼處等可得何況有彼常與無常
汝若能脩如是淨戒是脩淨戒波羅蜜多復
作是言汝善男子應脩淨戒波羅蜜多不應
觀眼處若樂若苦不應觀耳鼻舌身意處若
樂若苦何以故眼處眼處自性空耳鼻舌身
意處耳鼻舌身意處自性空是眼處自性即
非自性是耳鼻舌身意處自性亦非自性若
非自性即是淨戒波羅蜜多於此淨戒波羅
蜜多眼處不可得彼樂與苦亦不可得耳鼻
舌身意處皆不可得彼樂與苦亦不可得所
以者何此中尚無眼處等可得何況有彼樂

BD03572號　大般若波羅蜜多經卷一五九　（3–2）

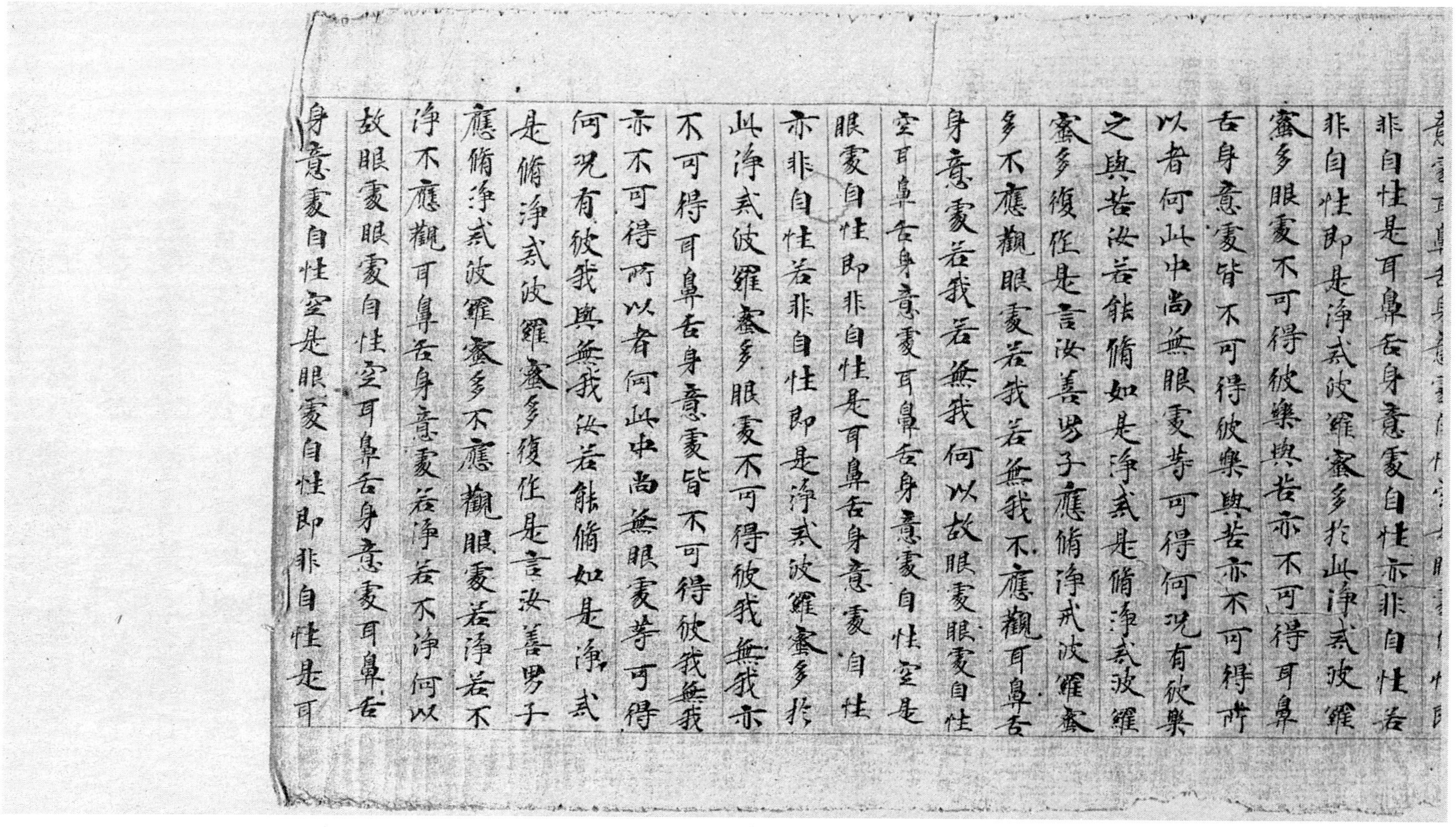

非自性是耳鼻舌身意處自性亦非自性若
非自性即是淨戒波羅蜜多於此淨戒波羅
蜜多眼處不可得彼樂與苦亦不可得耳鼻
舌身意處皆不可得彼樂與苦亦不可得所
以者何此中尚無眼處等可得何況有彼樂
之與苦汝若能修如是淨戒是修淨戒波羅
蜜多復作是言汝善男子應修淨戒波羅蜜
多不應觀眼處若我若無我不應觀耳鼻舌
身意處若我若無我何以故眼處眼處自性
空耳鼻舌身意處耳鼻舌身意處自性空是
眼處自性即非自性是耳鼻舌身意處自性
亦非自性若非自性即是淨戒波羅蜜多於
此淨戒波羅蜜多眼處不可得彼我無我亦
不可得耳鼻舌身意處皆不可得彼我無我
亦不可得所以者何此中尚無眼處等可得
何況有彼我與無我汝若能修如是淨戒
是修淨戒波羅蜜多復作是言汝善男子
應修淨戒波羅蜜多不應觀眼處若淨若不
淨不應觀耳鼻舌身意處若淨若不淨何以
故眼處眼處自性空耳鼻舌身意處耳鼻舌
身意處自性空是眼處自性即非自性是耳

BD03572 號　大般若波羅蜜多經卷一五九　　　（3–3）

一百五十九

BD03572 號背　勘記　　　（1–1）

妙法蓮華經觀世音菩薩普門品第二十五
尒時无盡意菩薩即從座偏袒右肩合掌向佛
而作是言世尊觀世音菩薩以何因緣名觀
世音佛告无盡意菩薩善男子若有无量
百千万億衆生受諸苦惱聞是觀世音菩薩
一心稱名觀世音菩薩即時觀其音聲皆
得解脫
若有持是觀世音菩薩名者設入大火火不燒
由是菩薩威神力故若為大水所漂稱其
名号即得淺處若有百千万億衆生為求
金銀琉璃車𤦲馬瑙珊瑚虎珀真珠等
寶入於大海假使黑風吹其船舫漂墮羅
刹鬼國其中若有乃至一人稱觀世音菩
薩名者是諸人等皆得解脫羅刹之難以是
因緣名觀世音若復有人臨當被害稱觀世
音菩薩名者彼所執刀杖尋段段壞而得解脫
若三千大千國土滿中夜叉羅刹欲來惱人
聞其稱觀世音菩薩名者是諸惡鬼尚不
能以惡眼視之況復加害設復有人若有罪
[illegible]

BD03574號　觀世音經（兌廢稿）

（3–1）

因緣名觀世音若復有人臨當被害稱觀世
音菩薩名者彼所執刀杖尋段段壞而得解脫
若三千大千國土滿中夜叉羅刹欲來惱人
聞其稱觀世音菩薩名者是諸惡鬼尚不
能以惡眼視之況復加害設復有人若有罪
若无罪杻械枷鎖檢繫其身稱觀世音菩
薩名者皆悉斷壞即得解脫若三千大千國土
滿中怨賊有一商主將諸商人賫持重寶經過
險路其中一人作是唱言諸善男子勿得恐
怖汝等應當一心稱觀世音菩薩名号是
菩薩能以无畏施於衆生汝等若稱名者於
此怨賊當得解脫衆商人聞俱發聲言南无觀
世音菩薩稱其名故即得解脫无盡意觀世
世音菩薩摩訶薩威神之力巍巍如是若有
衆生多於婬欲常念恭敬觀世音菩薩便
得離欲若多瞋恚常念恭敬觀世音菩薩便
得離瞋若多愚癡常念恭敬觀世音菩薩便
得離癡无盡意觀世音菩薩有如是等大威
神力多所饒益是故衆生常應心念若有女
人設欲求男礼拜供養觀世音菩薩便生福得
智慧之男設欲求女便生端正有相之女宿殖
德本衆人愛敬无盡意觀世音菩薩有如是
力若有衆生恭敬礼拜觀世音菩薩福不唐捐是
故衆生皆應受持觀世音菩薩名号无盡意若有
人受持六十二億恒河沙菩薩名字復盡形供
養飲食衣服卧具醫藥於汝意云何是善男子
善女人功德多不无盡意言甚多世尊佛言
若復有人受持觀世音菩薩名号乃至一時礼

BD03574號　觀世音經（兌廢稿）

（3–2）

得離癡无盡意觀世音菩薩有如是等大威
神力多所饒益是故衆生常應心念若有女
人設欲求男礼拜供養觀世音菩薩便生福得
智慧之男設欲求女便生端正有相之女宿殖
德本衆人愛敬无盡意觀世音菩薩有如是
力若有衆生恭敬礼拜觀世音菩薩福不唐捐是
故衆生皆應受持觀世音菩薩名号无盡意若有
人受持六十二億恒河沙菩薩名字復盡形供
養飲食衣服卧具醫藥於汝意云何是善男子
善女人功德多不无盡意言甚多世尊佛言
若復有人受持觀世音菩薩名号乃至一時礼
拜供養是二人福正等无異於百千万億劫不
可窮盡无盡意受持觀世音菩薩名号得
如是无量无邊福德之利无盡意菩薩白佛
言世尊觀世音菩薩云何遊此娑婆世界云何而
為衆生說法方便之力其事云何佛告无盡意
菩薩善男子若有國土衆生應以佛身得度者觀
世音菩薩即現佛身而為說法應以辟支
佛身得度者

BD03574 號　觀世音經（兌廢稿）

（3–3）

諦聽善思念之
分別解說善男子雪山喻者即是衆
生尊者即是煩惱妙藥王者即淨梵行
善男子若有衆生能脩如是清淨梵行是名身
中有妙藥王迦葉菩薩白佛言世尊云何衆
生有清淨梵行善男子猶如世間從子生菓
是菓有能与子作因有不能者有能作者是
名菓子若不能作唯得名菓不得名子一切衆
生亦復如是皆有二種一者有煩惱果是煩
惱因二者有煩惱果非煩惱因是煩惱果非
煩惱因是則名為清淨梵行善男子衆生觀
受如是一切漏之近因所謂内外漏受因緣
故不能斷絶一切諸漏亦不能出三界牢獄
衆生因受著我我所生於心倒想倒見倒是
故衆生先當觀受如是受者為一切愛而作
近因是故智者欲斷愛者當先觀受善男子

BD03575 號　大般涅槃經（北本　異卷）卷三七

（13–1）

衆生因受著我我所生於心倒想倒見倒是
故衆生先當觀受如是受者爲一切愛而作
近因是故智者欲斷愛者當先觀受善男子
一切衆生十二因緣所作善惡皆因受時是
故我爲阿難説言阿難一切衆生所作善惡
皆是受時是故智者先當觀受既觀受已復
當更觀如是受者何因緣生若因緣生如是
因緣復從何生若无因生无因何故不生无
受復觀是受不因自在天生不因士夫生不
因微塵生非時節生不因想生不因性生不
從自生不從他生非自他生非无因生是受
皆從緣合而生因緣者即是愛也是和合中
非有受非无受是故我當斷是和合斷和合
中則不生受善男子智者觀因已次觀果報
衆生因受受於地獄餓鬼畜生乃至三界无
量苦惱受因緣故受无常樂受因緣故斷於
善根受因緣故獲得解脱作是觀時不作受
因云何名爲不作受因謂分別受何等受能
作愛何等愛能作受善男子衆生若能如
是深觀愛因受因則便能斷我及我所善男
子若人能作如是等觀則應分別愛之與受
在何處滅即見愛受有少滅處當知亦應有
畢竟滅尒時即於解脱生信生信心已是解
脱處何由而得知從八正即便脩習云何名

BD03575號　大般涅槃經（北本　異卷）卷三七　（13–2）

子若人能作如是等觀則應分別愛之與受
在何處滅即見愛受有少滅處當知亦應有
畢竟滅尒時即於解脱生信生信心已是解
脱處何由而得知從八正即便脩習云何名
爲八正道耶是道觀受有三種相一者苦二者
樂三者不苦不樂如是三種俱能增長身之
與心何因緣故能增長耶觸因緣也是觸三
種一者无明觸二者明觸三者非明无明觸
言明觸者即八正道其餘二觸增長身心及
三種受是故我應斷二種觸因緣觸斷不生
三受善男子如是受者亦名爲因亦名爲果
智者當觀亦因亦果云何爲因因受生愛名
之爲因云何名果因觸生故名之爲果是故此
受亦因亦果智者如是觀是受已次復觀愛
受果報故名之爲愛智者觀愛復有二種一
者雜食二者无食雜食愛者因生老病死一
切諸有无食愛者斷生老病死一切諸有貪
无漏道智者復當作如是念我若生是雜食
之愛則不能斷生老病死我今雖貪无漏之
道不斷受因則不能得无漏道果是故應當
先斷是觸觸既斷已受則自滅受既滅已愛
亦隨滅是名八正道善男子若有衆生能如
是觀雖有毒身其中亦有微妙藥王如雪山
中雖有毒草亦有妙藥善男子如是衆生雖

BD03575號　大般涅槃經（北本　異卷）卷三七　（13–3）

道不斷受因則不能得无漏道果是故應當
先斷是集集既斷已受則自滅受既滅已愛
亦隨滅是名八正道善男子若有衆生能如
是觀雖有毒身其中亦有微妙藥王如雪山
中雖有毒草亦有妙藥善男子如是衆生雖
從煩惱而得果報而是果報更不復爲煩惱
作因是則名爲清淨梵行復次善男子智者
當觀受愛二事何因緣生知因想生何以故
衆生見色亦不生貪及觀受時亦不生貪若
於色中生顛倒想謂色即是常樂我淨受是
常恒无有變易因是倒想生貪恚癡是故智
者應當觀想云何觀想當作是念一切衆生
未得正道皆有倒想云何倒想於非常中生
於常想於非樂中生於樂想於非淨中生於
淨想於空法中生於我想於非男女大小晝
夜歲月衣服房舍卧具生於男女至卧具想
是想三種一者小二者大三者无邊小因
緣故生於小想大因緣故生於大想无量緣
故生无量想復有小想謂未入定復有大想
謂已入定復有无量想謂十一切入復有小
想所謂欲界一切想等復有大想所謂色界
一切想等復有无量想謂无色界一切想等
三想滅故受則自滅想受滅故名爲解脫
迦葉菩薩言世尊滅一切法名爲解脫如
來云何說想受滅名解脫耶佛言善男

三想滅故受則自滅想受滅故名爲解脫
迦葉菩薩言世尊滅一切法名爲解脫如
來云何說想受滅名解脫耶佛言善男
子如來或時因衆生說聞者解法或時因
法說於衆生聞者亦解說於衆生云何名爲
因衆生說聞者解法如我先爲大迦葉說迦
葉衆生滅時善法則滅是名因衆生說聞者
解法云何因法說於衆生聞者亦解說於衆
生如我先爲阿難說言我亦不說親近一切
法亦復不說不親近一切法若法近已善法
衰羸不善熾盛如是法者不應親近若法近
已不善衰滅善法增長如是法者是應親近
是名因法說於衆生聞者亦解說於衆生善
男子如來雖說想受二滅則已總說一切可
斷智者既觀如是想已次觀想因是无量
想因何而生如因集生是集二種一者因煩
惱集二者因解脫集因无明生名煩惱集因
明生者名解脫集因煩惱集生於倒想因解
脫集生不倒想觀想因已次觀果報迦葉
菩薩白佛言世尊若以因此煩惱之想生於倒
想一切聖人實有倒想而无煩惱是義云何
佛言善男子云何聖人而有倒想迦葉菩薩
言世尊一切聖人牛作牛想亦說是牛馬作
馬想亦說是馬男女大小舍宅車乘去來亦

佛言善男子云何聖人而有倒想迦葉菩薩
言世尊一切聖人牛作牛想亦說是牛馬作
馬想亦說是馬男女大小舍宅車乘去來亦
介是名倒想善男子一切凡夫有二種想一
者世流布想二者著想一切聖人唯有世流
布想无有著想一切凡夫惡覺觀故於世流
布生於著想一切聖人善覺觀故於世流布
不生著想是故凡夫生於倒想聖人雖知不
名倒想智者如是觀想因已次觀果報是惡
想果在於地獄餓鬼畜生人天中受如我因
斷惡覺觀故无明舉斷是故想斷因想斷故
果報亦斷智者為斷如是想因脩八正道善
男子若有能作如是等觀則得名為清淨梵
行善男子是名衆生毒身之中有妙藥王如
雪山中雖有毒草亦有妙藥復次善男子智
者觀欲欲者即是色聲香味觸善男子即
是如來因中說果從此五事生於欲耳實非欲
也善男子愚癡之人貪求受之於是色中生
顛倒想乃至觸中亦生倒想倒想因緣便生
於受是故世間說因倒想生十種想欲因緣
故在於世間受惡果報以惡加於父母沙門
婆羅門等所不應作而故作之不惜身命是
故智者觀是惡想因緣故生於欲心智者如
是觀欲因已次觀果報是欲多有諸惡果報

婆羅門等所不應作而故作之不惜身命是
故智者觀是惡想因緣故生於欲心智者如
是觀欲因已次觀果報是欲多有諸惡果報
所謂地獄餓鬼畜生人中天上是名觀果報
若是惡想得除滅者終不生於此欲心也无
欲心故不受惡受无惡受故則无惡果是故
我應先斷惡想斷惡想已如是等法自然而
滅是故智者為滅惡想脩八正道是則名為
清淨梵行是名衆生毒身之中有妙藥王如
雪山中雖有毒草亦有妙藥復次善男子智
者如是觀是欲已次當觀業何以故有智之人
當作是念受想觸欲即是煩惱是煩惱者能
作生業不作受業如是煩惱与業共行則有二
種一作生業二作受業是故智者當觀於業
是業三種謂身口意善男子身口二業亦名
為業亦名業果意唯名業不名為果以業因
故則名為業善男子身口二業名為外業意
業名内是三種業共煩惱行故作二種業一
者生業二者受業善男子正業者即意業也
期業者謂身口業先發故名意業從意業生
名身口業是故意業得名為正智者觀業已
次觀業因業因者即无明觸因无明觸衆生
求有求有因緣即是愛也愛因緣故造作三

名身口業是故意業得名爲已知者觀業已
次觀業因業因者即无明觸因无明觸衆生
求有求有因緣即是愛也愛因緣故造作三
種身口意業善男子知者如是觀業因已次
觀果報果報有四一者黑黑果報二者白白
果報三者雜雜果報四者不黑不白不黑不
白果報黑黑[果]報者作業時垢果報亦垢白
白果報者作業時淨果報亦淨雜雜果報者
作業時雜果報亦雜不白不黑不白不黑
果報者名无漏業迦葉菩薩白佛言世
尊先說无漏无有果報今云何言不白不黑
有果報耶佛言善男子是義有二一者亦果
亦報二者唯果非報黑黑果報亦名爲果亦
名爲報黑果因生故得名爲果能作因故復名
爲報淨雜亦尒无漏果者因有漏生故名爲
果不作他因不名爲報是故名果不名爲報
迦葉菩薩白佛言世尊是无漏業非是黑
法何因緣故不名爲白善男子无有報故不
名爲白對治黑故名爲白我今乃說受果
報者名爲黑白是无漏業不受報故不名爲
白名爲寂靜如是業者有定受報處如十惡
法定在地獄餓鬼畜生十善之業定在人天

BD03575號　大般涅槃經（北本　異卷）卷三七　（13–8）

白名爲寂靜如是業者有定受報處如十惡
法定在地獄餓鬼畜生十善之業定在人天
十不善法有上中下上因緣故受地獄身中
因緣故受畜生身下因緣故受餓鬼身人業
十善復有四種一者下二者中三者上四者
上上下因緣故生欝單曰中因緣故生弗婆
提上因緣故生瞿耶尼上上因緣生閻浮提
有知之人作是觀已即作是念我當云何斷
是果報復作是念是業因緣无明觸生我若
斷除无明与觸如是業果則滅不生是故知
者爲斷无明觸因緣故脩八正道是則名爲
清淨梵行善男子是名衆生毒身之中有妙
藥王如雪山中雖有毒草亦有妙藥復次善
男子知者觀業觀煩惱已次觀是二所得果
報是二果報即是苦也既[知]是苦則能捨離一
切受生知者復觀煩惱因緣生於煩惱業因
緣故亦生煩惱煩惱因緣復生於業業緣生苦
苦因緣故生於煩惱煩惱因緣生有有因緣
生苦有因緣生有有因緣生業業因緣生煩
惱煩惱因緣生苦苦因緣生苦善男子知者
若能作如是觀當知是人能觀業苦何以故
如上所觀即是生死十二因緣若人能觀如
是生死十二因緣當知是人不造新業能壞

BD03575號　大般涅槃經（北本　異卷）卷三七　（13–9）

若能作如是觀當知是人能觀業苦何以故
如上所觀即是生死十二因緣若人能觀如
是生死十二因緣當知是人不造新業能壞
故業善男子有智之人觀地獄苦觀一地獄
乃至二百卅六所一一地獄有種種苦皆是
煩惱業因緣生觀地獄已次觀餓鬼畜生
等苦作是觀已復觀人天所有諸苦如是衆苦
皆從煩惱業因緣生善男子天上雖无大苦
惱事然其身體柔濡細滑見五相時極受大
苦如地獄苦等无差別善男子智者深觀三
界諸苦皆從煩惱業因緣生善男子譬如坏
器則易破壞衆生受身亦復如是既受身已
是衆苦器譬如大樹華菓繁茂衆鳥能壞如
多乾草小火能焚衆生受身為苦所壞亦復
如是善男子智者若能觀苦八種如聖行中
當知是人能斷衆苦善男子智者深觀是八
苦已次觀苦因苦因者即愛无明是愛无明
則有二種一者求身二者求財求身求財二
俱是苦是故當知愛无明者即是苦因善男
子是愛无明則有二種一者內二者外內能
作業外能增長又復內能作業外作業果斷
內愛已業則得斷斷外愛已果則得斷內愛
能生未來世苦外愛能生現在世苦智者觀
愛即是苦因既觀因已次觀果報苦果報者

BD03575號　大般涅槃經（北本　異卷）卷三七　（13-10）

子是愛无明則有二種一者內二者外內能
作業外能增長又復內能作業外作業果斷
內愛已業則得斷斷外愛已果則得斷內愛
能生未來世苦外愛能生現在世苦智者觀
愛即是苦因既觀因已次觀果報苦果報者
即是取也愛果名取是取因緣即內外愛則
有愛苦善男子智者觀愛因緣取取因緣
愛若我能斷愛取二事則不造業受於衆苦
是故智者為斷愛苦脩八正道善男子若有
人能如是觀者是則名為清淨梵行是名衆
生毒身之中有妙藥王如雪山中雖有毒草
亦有妙藥迦葉菩薩白佛言世尊云何名為
清淨梵行佛言善男子一切法是迦葉菩薩
言世尊一切法者義不決定何以故如來或
說是善不善或時說為四念處觀或說是十
二入或說是善知識或說是十二因緣或說是
衆生或說是正見邪見或說十二部經或說
即是二諦如來今乃說一切法為清淨梵行
恚是何等一切法耶佛言善哉善哉善男子
如是微妙大涅槃經乃是一切法寶之藏譬
如大海是衆寶藏是涅槃經亦復如是即是
一切字義秘藏善男子如須弥山衆藥根本
是經亦爾即是菩薩戒之根本善男子譬如
虛空是一切物之所住處是經亦爾即是一

BD03575號　大般涅槃經（北本　異卷）卷三七　（13-11）

如大海是衆寶藏是涅槃經亦復如是即是
一切字義秘藏善男子如須弥山衆藥根本
是經亦尒即是菩薩戒之根本善男子譬如
虚空是一切物之所住處是經亦尒即是一
切善法住處善男子譬如猛風无能繫縛一
切菩薩行是經者亦復如是不爲一切煩惱
惡法之所繫縛善男子譬如金剛无能壞者
是經亦尒雖有外道惡耶之人不能破壞善
男子如恒河沙无能數者如是經義亦復如
是无能數者善男子是經典者爲諸菩薩而
作法幢如帝釋幢善男子是經即是趣涅槃
城之商主也如大導師引諸商人趣向大海
善男子是經能爲諸菩薩等作法光明如世
日月能破諸闇善男子是經能爲病苦衆生
作大良藥如香山中微妙藥王能治衆病善
男子是經能爲一闡提杖猶如羸人因之得
起善男子是經能爲一切惡人而作橋梁猶
如世橋能度一切善男子是經能爲行五有
者遇煩惱熱而作蔭涼如世閒蓋遮覆暴熱
善男子是經即是大无畏王能壞一切煩惱惡
魔如師子王降伏衆獸善男子是經即是大
神呪師能壞一切煩惱惡鬼如世呪師能去
因蒲善男子是經即是无上霜雹能壞一切生
死果報如世雹雨壞諸菓實善男子是經能

BD03575號　大般涅槃經（北本　異卷）卷三七　　（13－12）

男子如恒河沙无能數者如是經義亦復如
是无能數者善男子是經典者爲諸菩薩而
作法幢如帝釋幢善男子是經即是趣涅槃
城之商主也如大導師引諸商人趣向大海
善男子是經能爲諸菩薩等作法光明如世
日月能破諸闇善男子是經能爲病苦衆生
作大良藥如香山中微妙藥王能治衆病善
男子是經能爲一闡提杖猶如羸人因之得
起善男子是經能爲一切惡人而作橋梁猶
如世橋能度一切善男子是經能爲行五有
者遇煩惱熱而作蔭涼如世閒蓋遮覆暴熱
善男子是經即是大无畏王能壞一切煩惱惡
魔如師子王降伏衆獸善男子是經即是大
神呪師能壞一切煩惱惡鬼如世呪師能去
因蒲善男子是經即是无上霜雹能壞一切生
死果報如世雹雨壞諸菓實善男子是經能
爲壞戒目者作大良藥猶如世閒安闍那藥
善療眼病善男子是經能住一切善法如世
切善男子是經即是毀戒衆生
子是經能

BD03575號　大般涅槃經（北本　異卷）卷三七　　（13－13）

衆生若心取相
法相即著我人衆生壽者
取非法以是義故如來
說法如筏喻者法尚應捨何
須菩提於意云何如來得阿
菩提耶如來有所說法耶須菩
佛所說義无有定法名阿耨多羅三
提亦无有定法如來可說何以故如來所
法皆不可取不可說非法非非法所以者何
一切賢聖皆以无為法而有差別
須菩提於意云何若人滿三千大千世界
寶以用布施是人所得福德寧為多不
提言甚多世尊何以故是福德即非福德性
是故如來說福德多若復有人於此經中受
持乃至四句偈等為他人說其福勝彼何以
故須菩提一切諸佛及諸佛阿耨多羅三藐
三菩提法皆從此經出須菩提所謂佛法
即非佛法
須菩提於意云何須陁洹能作是念我
陁洹果不須菩提言不也世尊何以
洹名為入流而无所入不入色聲香

BD03576號　金剛般若波羅蜜經　（6–1）

故須菩提一切諸佛及諸佛阿耨多羅三藐
三菩提法皆從此經出須菩提所謂佛法
即非佛法
須菩提於意云何須陁洹能作是念我
陁洹果不須菩提言不也世尊何以
洹名為入流而无所入不入色聲香
是名須陁洹須菩提於意云何斯陁
是念我得斯陁含果不須菩提言不也世
何以故斯陁含名一往來而實无往來是
斯陁含須菩提於意云何阿那含能作
我得阿那含果不須菩提言不也世尊
故阿那含名為不來而實无來是故名
含須菩提於意云何阿羅漢能作是念我得
阿羅漢道不須菩提言不也世尊何以故實
无有法名阿羅漢世尊若阿羅漢作是念
我得阿羅漢道即為著我人衆生壽者世尊
佛說我得无諍三昧人中最為第一是第一離
欲阿羅漢我不作是念我是離欲阿羅漢
世尊我若作是念我得阿羅漢道世尊則不
說須菩提是樂阿蘭那行者以須菩提實无
所行而名須菩提是樂阿蘭那行
佛告須菩提於意云何如來在然燈佛所
於法有所得不世尊如來在然燈佛所於法
實无所得須菩提於意云何菩薩莊嚴佛土
不不也世尊何以故莊嚴佛土者則非莊嚴
是名莊嚴是故須菩提諸菩薩摩訶薩應

BD03576號　金剛般若波羅蜜經　（6–2）

於法有所得不世尊如來在然燈佛所於法
實无所得須菩提於意云何菩薩莊嚴佛土不
不不也世尊何以故莊嚴佛土者則非莊嚴
是名莊嚴是故須菩提諸菩薩摩訶薩應
如是生清淨心不應住色生心不應住聲香
味觸法生心應无所住而生其心須菩提譬如
有人身如須弥山王於意云何是身為大不
須菩提言甚大世尊何以故佛說非身是
名大身
須菩提如恒河中所有沙數如是沙等恒河
於意云何是諸恒河沙寧為多不須菩提言
甚多世尊但諸恒河尚多无數何況其沙須
菩提我今實言告汝若有善男子善女人以
七寶滿尒所恒河沙數三千大千世界以用
布施得福多不須菩提言甚多世尊佛告
須菩提若善男子善女人於此經中乃至
受持四句偈等為他人說而此福德勝前福德
復次須菩提隨說是經乃至四句偈等當知
此處一切世間天人阿脩羅皆應供養如佛
塔廟何況有人盡能受持讀誦須菩提當知
是人成就最上第一希有之法若是經典所
在之處則為有佛若尊重弟子
尒時須菩提白佛言世尊當何名此經我等
云何奉持佛告須菩提是經名為金剛般若
波羅蜜以是名字汝當奉持所以者何須菩
提佛說般若波羅蜜則非般若波羅蜜須菩
提於意云何如來有所說法不須菩提白佛

BD03576 號　金剛般若波羅蜜經

（6–3）

尒時須菩提白佛言世尊當何名此經我等
云何奉持佛告須菩提是經名為金剛般若
波羅蜜以是名字汝當奉持所以者何須菩
提佛說般若波羅蜜則非般若波羅蜜須菩
提於意云何如來有所說法不須菩提白佛
言世尊如來无所說須菩提於意云何三千
大千世界所有微塵是為多不須菩提言甚
多世尊須菩提諸微塵如來說非微塵是名
微塵如來說世界非世界是名世界須菩提
於意云何可以卅二相見如來不不也世尊
不可以卅二相得見如來何以故如來說三
十二相即是非相是名三十二相須菩提若
有善男子善女人以恒河沙等身命布施若
復有人於此經中乃至受持四句偈等為他
人說其福甚多
尒時須菩提聞說是經深解義趣涕淚悲泣
而白佛言希有世尊佛說如是甚深經典我
從昔來所得慧眼未曾得聞如是之經世尊
若復有人得聞是經信心清淨則生實相當
知是人成就第一希有功德世尊是實相者
則是非相是故如來說名實相世尊我今
得聞如是經典信解受持不足為難若當來
世後五百歲其有眾生得聞是經信解受持是
人則為第一希有何以故此人无我相人相
眾生相壽者相所以者何我相即是非相人
相眾生相壽者相即是非相何以故離一切
諸相則名諸佛佛告須菩提如是如是若復

BD03576 號　金剛般若波羅蜜經

（6–4）

世後五百歲其有衆生得聞是經信解受持是
人則為第一希有何以故此人无我相人相
衆生相壽者相所以者何我相即是非相人
相衆生相壽者相即是非相何以故離一切
諸相則名諸佛佛告須菩提如是如是若復
有人得聞是經不驚不怖不畏當知是人甚
為希有何以故須菩提如來說第一波羅蜜
非第一波羅蜜是名第一波羅蜜
須菩提忍辱波羅蜜如來說非忍辱波羅蜜
何以故須菩提如我昔為歌利王割截身體
我於尒時无我相无人相无衆生相无壽者
相何以故我於往昔節節支解時若有我相
人相衆生相壽者相應生瞋恨須菩提又念
過去於五百世作忍辱仙人於尒所世无我
相无人相无衆生相无壽者相是故須菩
提菩薩應離一切相發阿耨多羅三藐三菩提
心不應住色生心不應住聲香味觸法生心
應生无所住心若心有住則為非住是故佛
說菩薩心不應住色布施須菩提菩薩為利
益一切衆生應如是布施如來說一切諸相
即是非相又說一切衆生則非衆生須菩提
如來是真語者實語者如語者不誑語者不
異語者須菩提如來所得法此法无實无虛
須菩提若菩薩心住於法而行布施如人入
闇則无所見若菩薩心不住法而行布施如
人有目日光明照見種種色須菩提當來
之世若有善男子善女人能於此經受持讀

BD03576 號　金剛般若波羅蜜經　（6–5）

[illegible]語者如語者不誑語者不
異語者須菩提如來所得法此法无實无虛
須菩提若菩薩心住於法而行布施如人入
闇則无所見若菩薩心不住法而行布施如
人有目日光明照見種種色須菩提當來
之世若有善男子善女人能於此經受持讀
誦則為如來以佛智慧悉知是人悉見是人
得成就无量无邊功德
須菩提若有善男子善女人初日分以恒河
沙等身布施中日分復以恒河沙等身布施
後日分亦以恒河沙等身布施如是无量百
千万億劫以身布施若復有人聞此經典信
心不逆其福勝彼何況書寫受持讀誦為人
解說須菩提以要言之是經有不可思議不
可稱量无邊功德如來為發大乘者說為發
最上乘者說若有人能受持讀誦廣為人說
如來悉知是人悉見是人皆得成就不可量不
可稱无有邊不可思議功德如是人等則為
荷擔如來阿耨多羅三藐三菩提何以故須
菩提若樂小法者則著我見人見衆生見壽
者見則於此經不能聽受讀誦為人解說須
菩提在在處處若有此經一切世間天人阿
[illegible]應供養當知此處[illegible]
[illegible]

BD03576 號　金剛般若波羅蜜經　（6–6）

惡趣由因仏名種子力故還得憶念藥師如來
經即於至人道　五咸蒙顧遂由念仏力故便捨
惡趣生天人中聞韔念仏名有何勝利乃及扳如
是鬼畜重殃吞那尭比丘經說如人在世百年
臨命終時仏名者如放小石水中即沒若
石置於船上即浮不沒雖一生作惡以一時中稱仏
名故尚不受苦況當專念文復受彼餓鬼畜
生　經得宿命智至況餘批[illegible]兄三渡當
[illegible]之發得者
命有三一循得二報得三業得依四根[illegible]憶
名為循得餘二易乃知又智論第五云本事者
念日月年歲乃至胎中及過去世乃至百千万億
世大漢羅辟支知八万大劫大菩薩及仏知无
量劫名宿命知通好行惠施者大莊嚴論第二
說能好展手施者此手名嚴勝受者能縮手蔽
勝復過彼若人言施与是諸語價難量受者言
我之尊量復過彼以頭施者如報恩經第五卷
說大光明王等回施者如被經說忍辱太子等手
足血肉身分施者如智度論第十二云月光太子等問
種有何等利益乃至頭目手足血肉身分皆与

是界[illegible]
臨命終時似名者如放小石水中即沒若持大
石置於舩上即浮不沒雖一生作惡以一時中憶仏
名故尚不受苦况當專念更復受彼鐵丸[illegible]
生　經得宿命智至况餘[illegible]之發得者
命有三一脩得二報得三業得依四根本[illegible]億
名為脩得餘二易知又智論第五云本事[illegible]
念日月年歲乃至胎中及過去世乃至百千万億
世大菓羅辟支知八万大劫大菩薩及仏知无
量劫名宿命知通好行惠施[illegible]者大莊嚴論第三卷
說能好展手施者此手名嚴勝受者能縮手蔽
勝復過彼若人言施与是諸語價難量受者言
我手難量復過彼以頭施者如報恩經第五卷
說大光明王菩曰施者如彼經說忍辱太子菩手
之血肉身施者如智度論第十二云月光太子等問
檀有何等利益乃至頭目手足血肉身分皆与
求者答智度論十一云檀為寶藏常隨逐人檀
為破苦能与人樂檀為善御開示天道檀為
善府能攝善人檀為安隱臨命終時心不怖畏
檀為慈分能濟一切檀為大將能伏慳敵檀為妙
果天人所愛檀為淨道賢聖所遊檀為積善
善福德

BD03577號　藥師經疏

（2–2）

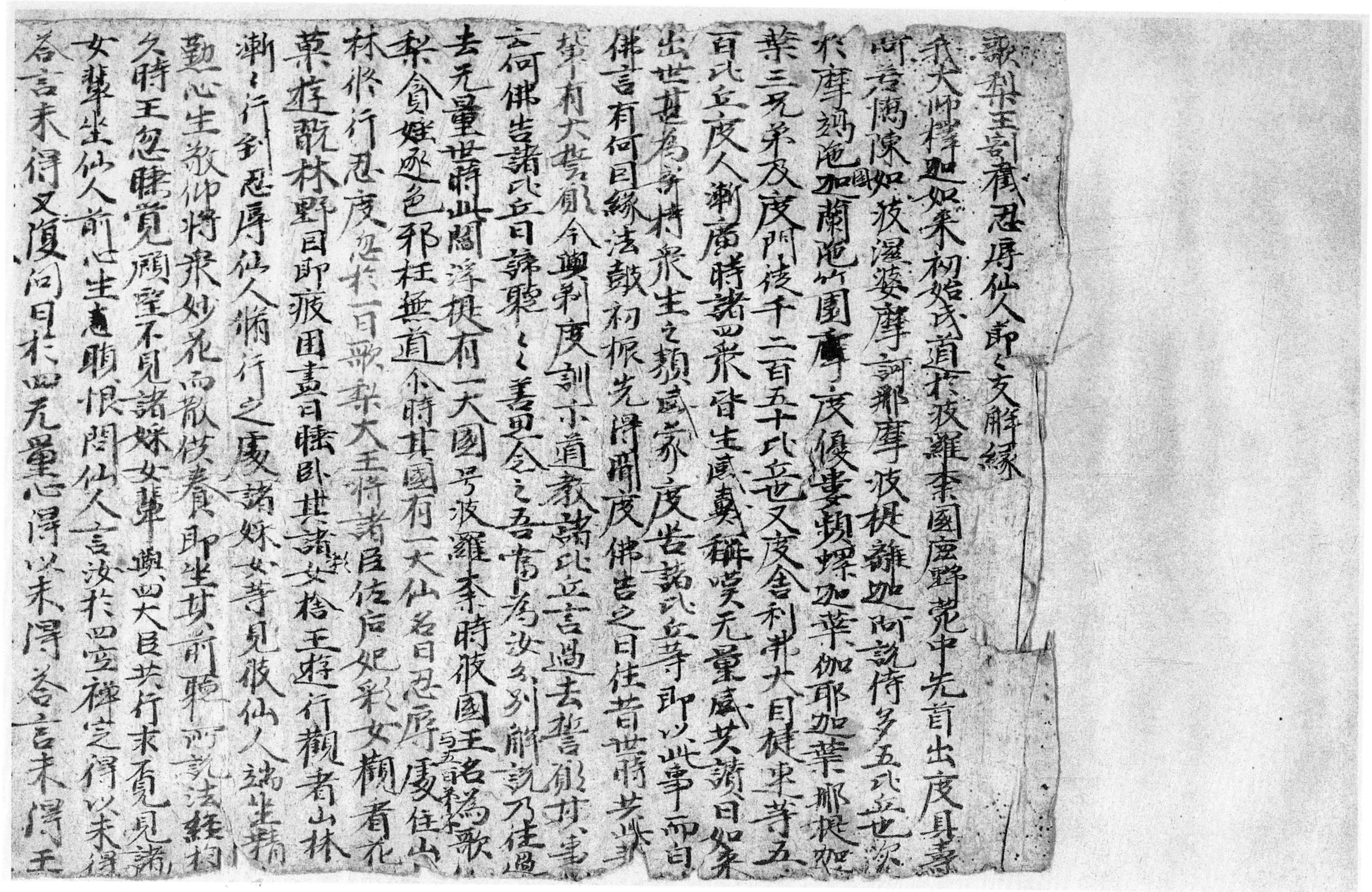
歌利王割截忍辱仙人節節支解緣
我大師釋迦如來初始成道於波羅柰國鹿野苑中先首出度具壽
阿若憍陳如波濕婆摩訶那摩波提離迦阿說侍多五比丘也次
於摩竭陀國迦蘭陀竹園中度優婁頻螺迦葉伽耶迦葉那提迦
葉三兄弟及度門徒千二百五十比丘又度舍利弗大目揵連等五
百比丘度人漸廣時諸四衆皆生感歎稱歎无量感共讚曰如來
出世甚為希有衆生之類感蒙度告諸比丘等即以此事而白
佛言有何因緣法鼓初振先得聞度佛告之曰往昔世時共此
輩有大誓願今與剃度訓示道教諸比丘言過去誓願故事
云何佛告諸比丘曰諦聽諦聽善思念之吾當為汝分別解說乃往過
去无量世時此閻浮提有一大國號波羅柰時彼國王名為歌
梨貪婬色邪枉無道尒時其國有一大仙名曰忍辱與五百徒衆處住山
林修行忍度忽於一日歌梨大王將諸臣佐后妃彩女觀看花
菓遊戲林野因即疲困晝日睡臥其諸彩女捨王遊行觀看山林
漸漸行到忍辱仙人脩行之處諸婇女等見彼仙人端坐精
勤心生敬仰將衆妙花而散供養即坐其前聽所說法經構
久時王忽睡覺顧望不見諸婇女輩與四大臣共行求覓見諸
女輩坐仙人前心生恚瞋恨問仙人言汝於四空禪定得以未得
答言未得又復問曰於四无量心得以未得答言未得王

BD03578號　金藏論

菓遊戲林野因即疲困晝寢睡臥其諸女捨王遊行觀看山林
漸漸行到忍辱仙人脩行之處諸婇女等見彼仙人端坐精
勤心生敬仰將衆妙花而散供養即坐其前聽所說法經於
久時王忽睡覺顧望不見諸婇女輩與四大臣共行求覓見諸
女輩坐仙人前心生恚瞋恨問仙人言汝於四空禪定得以未得
答言未得又復問曰汝於四无量心得以未得答言未得王
即怒曰是汝今者於尒此功德皆言有未有是凡夫類
在此屏處与女伴住云何可信即以杖棒打於仙人諸
女見此皆悉垂淚告大王言此仙人者戒德具足无有罪
何故大王橫加治罰時歌利王聞女是言倍增瞋怒
問仙人言汝作何行仙答王言脩忍辱行王即扙劍
而語之言若當忍辱我欲試之知能忍不仙人答言一切能忍
尋即以劍割其兩手而問何人答言忍辱又復以劍斷其兩
脚問猶忍辱更割耳鼻節節支解顏色不變猶稱忍辱
尒時婇女皆大叫哭天地震動日無精光彼時仙人五百弟子
飛於虛空而問師言被受如是刑割苦痛忍辱之心不忘失
耶其師答言心未變易如本忍辱王見是已驚愕悔責歎
前礼敬推到大仙受我懺悔莫生瞋恨仙人答言我亦仙
果度脫衆生將行忍辱一切怨親不生瞋恨本意處
王即問言大仙忍辱向於我邊不生瞋恨以何為驗仙人答
言若我實忍至誠不虛血當為乳令我身手平復如本
若其虛者令我身瘡始終莫可從此命終作此誓已
身本完全相好倍前王見如是倍生恐懼唯我无辜數
辱大仙願垂哀愍更以慚愧貪癡罪若後成仏時皆蒙
度脫仙人告曰汝以女色刀截我形吾忍如地我後成仏將智

（5–2）

BD03578 號　金藏論

若其忍辱者，令我身瘡如故。若其不可，從此命終。作此誓已，
身本完全，相好倍前。王見如是，倍生怖懼：唯我无辜戮
辱大仙，刑垂悉盡。更以慚愧貪癡邪者，後成仙時，當蒙
度脫。仙人告曰：汝以女色刀截我形，吾忍如地。我後成仙，將智
惠刀斷汝三毒。爾時中諸龍鬼神見歌梨王枉橫支割忍辱仙
人，各生懊惱，興大雲霧，雷電霹靂，欲害彼王及其眷屬。是時
仙人仰語神曰：若為我者，莫傷害此王及眷屬。天神聞語，不
敢傷惱。時歌梨王懺悔之後，常請仙人就宮供養。爾時別
有婆羅門眾一千人等，見王敬侍忍辱仙人，心懷嫉妬，
於其屏處，即以塵土糞穢之物而以坐之。爾時仙人猶行
忍辱，見其如是，不生瞋恨，即立誓願：我今修忍，為於群生，積
行不休。後成仙時，當以法水洗汝塵垢，永令清淨。佛告諸比丘：
欲知爾時忍辱仙人者，即今釋迦牟尼佛是。歌梨王及四大臣者，
即憍陳如等五比丘是也。千婆羅門屢至為我，即今優婁頻螺迦葉
三兄弟等千門徒是也。如來為眾修行忍辱，不休不息，自問
仙金剛頌曰：累劫雖无道，時遇歌梨王，逢君出遊獵，仙人橫被傷，
頻經五百代，前後極時長，我先忍辱力，今乃證真常。
其由如是

慈力王以血施五夜叉緣

過去无量不可思議阿僧祇劫，閻浮提界有大國王，號名慈力，領閻
浮提八万小國、四千聚落，宮中有二萬夫人，殿下有一萬大臣。其王慈
悲，以四等心行十善道，化治群生。其諸人民感王慈化，無有災疫，國土
豐饒，內外安樂。爾時一切人民之類皆依十善，淨持齋戒，諸惡鬼神不
敢傷害。爾時一切食噉血肉羅剎夜叉毒惡之輩，為王教導，人行
十善，不能取近傷害人民，皆受飢渴。有五夜叉來詣王前，白
王言：我等徒類仰人血肉，存濟性命。今王教力不能取害，我等今
者命在須臾，求活無路。大王慈悲，何不救濟？大王聞語，心懷哀愍，
即自放脈，刺身五處。時五夜叉各自持器，來承血飲，血飽滿訖，

豈饒内外安樂尒時一切人民之類皆求十善淨持齋戒諸惡鬼神不
敢傷害尒時一切食噉血肉羅刹夜叉毒惡之輩為王教導人行
十善不能取近傷害人民皆受飢渴有五夜叉来詣王前即白
王言我等徒類仰人血肉存濟性命今王教力不能取害我等今
者命在須臾求活無路大王慈悲何不救濟大王聞語心懷哀愍
即自放脉刺身五處時五夜叉各自持器来承血飲飲血飽滿感
荷王恩歡喜无量王立誓言我今以血濟汝飢渴後成佛時當以
法身戒定慧水濟汝欲想三毒渴愛時五夜叉既已飽足今脩
十善安置涅槃那時慈力王者今釋迦仏是也五夜叉者今憍陳等
五比丘是也

鹿野苑先置緣

鹿野苑者乃往過去无量无邊不可思議阿僧祇劫前尒時有國号波羅
柰於彼城南三十五里有一林野花草茂蔚草木滋榮泉池妙好
地境寬平尒時彼林有鹿兩群其有一千一群之内我仏先身作
大鹿王管領五百常與慈悲如法治化一群之内提婆達多先身
鹿王權管治化五百鹿衆是二千鹿聚二鹿王相携偕礼各自
養護遊躍林澤食草飲水如法治命尒時有人偶過遊林
見此林内有是鹿衆到於國中復詣宮門即前所見林鹿事
由奏上大王其人奏曰大王不知先日我身往到城南於其林
中見兩群鹿其有一千二王管領如法愛養肌膚肥好
大王起兵打取彼等一千之鹿以供美膳不是快乎尒時
波羅柰王聞是人語即出象馬車步四種之兵往彼捕獵
寬徹羽場三五百里至於羽合千重百匝遶圍走群鹿是等之
鹿無有跳竄走出之路投歸死地尒時鹿裏菩薩鹿王跪
膝垂淚諮諫波羅柰王遂作人語諫大王曰王有營膳之
膳我足旦夕之命今我等輩其有一千衆生之類今日貿

寬徹羽塲三五百里至於羽合千重百匝圍遶群鹿是等之
鹿無有跳竄走出之路抱婦死地尒時鹿裏菩薩鹿王跪
膝垂淚諮諫波羅奈王遂作人語諫大王曰王有宰鮮之
膳我足亘夕之命今我等輩共有一千衆生之類今日負
命於大王手方便迯躍无脫之路王若不起慈悲之心殺我
千衆肉即嗅爛無所堪美唯有大王放我等命日遣一
鹿以供王廚大王食味常得美好我等形命得延久時王
之化道生福无量王聞是語亦興少慈即解軍兵領放鹿
命中差一鹿以供王膳如是輪轉供味王廚得十五日尒時提婆達
多群內有一雌鹿懷孕臨生次著供廚告其王曰妾身負命
波羅奈王其腹中子不負其王亂差一替放我生了我使諧
宮生下男女王与水草飲飼愛護養成衆生義在大王若不
見養飢渴盈著亦在大王今曰母子一時就死極不忍見其
惡鹿王聞是言已即怒言曰何處有替能代汝命唯鹿聞已心惡
惟言我之王者不仁之行遂投菩薩慈仁鹿王說如上事慈
王聞已悲哀垂淚諮雌鹿言今我群內誰肯替汝我自替
去便詣宮門ㄑ人白王遂領上宮王見鹿王即拂問曰万衆死了始
到於王汝何先來鹿王即答如上之事波羅奈王告鹿王曰我是人
却畜行也無有育之心汝是畜却人行也能有替命之慶自今
已後絕食鹿肉已前死者汲取皮骨骸收林中作諸供養是等之
鹿從此命過皆成正覺過去負却千仙即其是也所以前仙後仙出於
於世說法度人先到此處度脫衆生其由如是

大般涅槃經四依品之二　六
尒時佛告迦葉菩薩善男子我涅槃後當有
百千无量衆生誹謗不信是大涅槃微妙經
典迦葉菩薩復白佛言世尊是諸衆生於
佛滅後久近便當誹謗是經世尊復有何等
純善衆生當能拔濟是謗法者佛告迦葉
善男子我般涅槃後四十年中於閻浮提廣行
流布然後乃當隱沒於地善男子譬如甘蔗稻
米石蜜乳酪醍醐隨有之處其土人民皆言
是味味中第一或復有人純食粟米及以稗
子是人亦言我所食者最為第一是薄福人
受業報故若是福人耳初不聞粟稗之名所
食唯是粳粮甘蔗石蜜醍醐是大涅槃微妙
經典亦復如是鈍根薄福不樂聽聞如彼薄
福憎惡粳粮及石蜜等二乘之人亦復如是
增惡无上大涅槃經或有衆生其心甘樂聽

BD03579 號　大般涅槃經（北本　異卷）卷六　（25–1）

[illegible]
經典亦復如是鈍根薄福不樂聽聞如彼薄
福憎惡粳粮及石蜜等二乘之人亦復如是
增惡无上大涅槃經或有衆生其心甘樂聽
受是經聞已歡喜不生誹謗如彼福人食於
稻粮善男子譬如有王居在山中險難惡處
雖有甘蔗稻粮石蜜以其難得貪惜積聚不
敢噉食懼其有盡唯食粟稗有異國王聞之
憐咲即以車載稻粮甘蔗而送與之其王得
已即便分張舉國共食民既食已皆生歡喜
咸作是言因彼王故令我得是希有之食善
男子是四種人亦復如是為此无上大法之
將是四種中或有一人見於他方无量菩薩
雖學如是大乘經典若自書寫若令他書為
利養故為稱譽故為了法故為依止故為用
博易其餘經故不能廣為他人宣說是故持
是微妙經典送至彼方與彼菩薩令發无上
菩提之心安住菩提是菩薩得是已即便
廣為他人演說令无量衆得受如是大乘法
味皆悉是此一菩薩力所未聞經悉令得聞
如彼人民因王力故得希有食又善男子是
大涅槃微妙經典所流布處當知其地即是
金剛是中諸人亦如金剛若有能聽如是經
者即不退轉於阿耨多羅三藐三菩提隨其
所願悉得成就如我今日所可宣說汝等比

BD03579 號　大般涅槃經（北本　異卷）卷六　（25–2）

金剛是中諸人亦如金剛若有能聽如是經
者即不退轉於阿耨多羅三藐三菩提隨其
所願悉得成就如我今日所可宣說汝等比
丘應善受持若有衆生不能聽聞如是經典
當知是人甚可憐愍何以故是人不能受持
如是大乘經典甚深義故迦葉菩薩白佛言
世尊如來滅後四十年中是大乘典大涅槃
經於閻浮提廣行流布過是已後沒於地者
却後久近復當還出佛言善男子若我正
法餘八十年前四十年是經復當於閻浮提雨
大法雨迦葉菩薩復白佛言世尊如是經典
正法滅時正戒毀時非法增長時无如法衆
生時誰能聽受奉持讀誦令其通利供養恭
敬書寫解說唯願如來憐愍衆生分別廣說
令諸菩薩聞已受持持已即得不退於阿耨
多羅三藐三菩提心尒時佛讚迦葉善哉善
哉善男子汝今善能問如是義善男子若有
衆生於熈連河沙等諸佛所發菩提心乃能
於是惡世受持如是經典不生誹謗善男子
若有能於一恒河沙等諸佛世尊發菩提心然
後乃能於惡世中不謗是法受樂是典不能
為人分別廣說善男子若有衆生於二恒
河沙等佛所發菩提心然後乃能於惡世中
不謗是法正解信樂受持讀誦亦不能為他

BD03579號　大般涅槃經（北本　異卷）卷六　（25-3）

後乃能於惡世中不謗是法受樂是典不能
為人分別廣說善男子若有衆生於二恒
河沙等佛所發菩提心然後乃能於惡世中
不謗是法正解信樂受持讀誦亦不能為他
人廣說若有衆生於三恒河沙等佛所發菩
提心然後乃能於惡世中不謗是法受持讀
誦書寫經卷雖為他說未解深義若有衆
生於四恒河沙等佛所發菩提心然後乃能於
惡世中不謗是法受持讀誦書寫經卷為他
廣說十六分中一分之義雖復演說亦不具
足若有衆生於五恒河沙等佛所發菩提心
然後乃能於惡世中不謗是法受持讀誦書
寫經卷廣為人說十六分中八分之義若有
於六恒河沙等佛所發菩提心然後乃能於
惡世中不謗是法受持讀誦書寫經卷為他
廣說十六分中十二分義若有於七恒河沙
等佛所發菩提心然後乃能於惡世中不謗
是法受持讀誦書寫經卷為他廣說十六分
中十四分義若有於八恒河沙等佛所發菩
提心然後乃能於惡世中不謗是法受持讀
誦書寫經卷亦勸他人令得書寫自能聽
受復勸他人令得聽受讀誦通利擁護堅
持憐愍世間諸衆生故供養是經亦勸他人令
其供養恭敬尊重讀誦礼拜亦復如是具足能

BD03579號　大般涅槃經（北本　異卷）卷六　（25-4）

諸書寫經卷亦勸他人令得書寫自能聽
受復勸他人令得聽受讀誦通利擁護堅
持憐愍世間諸衆生故供養是經亦勸他人令
其供養恭敬尊重讀誦禮拜亦復如是具足能
解盡其義味所謂如來常住不變畢竟安樂
廣說衆生悉有佛性善知如來所有法藏供
養如是諸佛等已建立如无上正法受持
擁護若有始發阿耨多羅三藐三菩提心當
知是人未來之世必能建立如是正法受持
擁護是故汝今不應不知未來世中護法之
人何以故是發心者於未來世必能護持无
上正法善男子有惡比丘聞我涅槃不生憂
愁今日如來入般涅槃何其快哉如來在世
遮我等利今入涅槃誰復當有遮奪我者若
无遮奪我則還得如本利養如來在世禁戒
嚴峻今入涅槃悉當放捨所受袈裟本為法
式今當廢壞如木頭幡如是等人誹謗正典
是大乘經善男子汝今應當如是憶持若有
衆生成就具足无量功德乃能信是大乘經
典信已受持其餘衆生有樂法者若能廣為
解說此經其人聞已過无量阿僧祇劫所
作惡業皆悉除滅若有不信是經典者現身
當為无量病苦之所惱害多為衆人所見罵
辱命終之後人所輕賤顏貌醜陋資生艱難
常不供足雖復少得麁澀弊惡生生常處

當為无量病苦之所惱害多為衆人所見罵
辱命終之後人所輕賤顏貌醜陋資生艱難
常不供足雖復少得麁澀弊惡生生常處
貧窮下賤誹謗正法耶見之家若臨終時或值
荒亂刀兵競起帝王暴虐怨家讎隟之所侵
逼雖有善友而不遭遇資生所須求不能得
雖少得利常患飢渴唯為凡下之所顧識國
王大臣悉不追錄設復聞其所有宣說正使
是理終不信受如是之人不至善處如折翼
鳥不能飛行是人亦尒於未來世不能得至
人天善處若復有人能信如是大乘經典本
所受形雖復麁陋以經功德即便端正威顏
色力日更增多常為人天之所樂見恭敬愛
戀情无捨離國王大臣及家親屬聞其所說
悉皆敬信若我聲聞弟子之中欲行第一希
有事者當為世間廣宣如是大乘經典善男
子譬如霧露勢雖欲住不過日出日既出已
消滅无餘善男子是諸衆生所有惡業亦復
如是住世勢力不過得見大涅槃日是日既
出悉能除滅一切惡業復次善男子譬如有
人出家剃髮雖服袈裟故未得受沙彌十戒
或有長者來請衆僧未受戒者即與衆俱
共受請雖未受戒已墮僧數善男子若有衆
生發心始學是大乘典大涅槃經書持讀誦
亦復如是雖[illegible]

人出家剃除鬚髮雖服袈裟故未得受沙弥十戒
或有長者来請衆僧未受戒者即與衆俱
共受請雖未受戒已墮僧數善男子若有衆
生發心始學是大乘典大涅槃經書持讀誦
亦復如是雖未具足位階十住則已墮於十住
數中或有衆生是佛弟子或非弟子若因
貪怖或因利養聽受是經乃至一偈聞已不
謗當知是人則為已近阿耨多羅三藐三菩
提善男子以是因緣我說四人為世間依善
男子如是四人若以佛說言非佛說无有是
處是故我說如是四人為世間依善男子汝
應供養如是四人世尊我當云何識知是人
而為供養
佛告迦葉若有建立護持正法如是之人應
從啓請當捨身命而供養之如我於是大乘
經說
有知法者若老若少故應供養恭敬禮拜猶
如事火婆羅門等有知法者若老若少
故應供養恭敬禮拜猶如諸天奉事帝釋
迦葉菩薩復白佛言世尊如佛所說供養師
長正應如是今有所疑唯願廣說若有長宿
護持禁戒從年少邊諮受未聞云何是人當
禮敬不若當禮敬是則不名為持戒也若是
年少護持禁戒從諸宿舊破戒人邊諮受

BD03579 號　大般涅槃經（北本　異卷）卷六　（25–7）

護持禁戒從年少邊諮受未聞云何是人當
禮敬不若當禮敬是則不名為持戒也若是
年少護持禁戒從諸宿舊破戒人邊諮受未
聞復應禮不若出家人從在家人諮受未聞
復當禮不然出家人不應禮敬在家人也然
佛法中年少幼小應當恭敬耆舊長宿以是
長宿先受具戒成就威儀是故應當供養
恭敬如佛言曰其破戒者是佛法中所不容受
猶如良田多有稊稗又如佛說有知法者若
老若少故應供養如事帝釋如是二句其義
云何將非如來虛妄說耶如佛言曰持戒比
丘亦有所犯何故如來而作是說世尊亦於
餘經中說聽治破戒如是所說其義未了佛
告迦葉善男子我為未來諸菩薩等大乘
者說如是偈不為聲聞弟子說也善男子如
我先說正法滅已毀正戒時增長破戒非法
盛時一切聖人隱不現時受畜奴婢不淨物
時是四人中當有一人出現於世剃除鬚髮
出家修道見諸比丘各各受畜婢奴僕使不
淨之物淨與不淨一切不知是律非律亦復
不識是人為欲調伏如是諸比丘故與共和
光不同其塵自所行處及佛行處善能別知
雖見諸人犯波羅夷默然不舉何以故我出
於世為欲建立護持正法是故默然而不舉

BD03579 號　大般涅槃經（北本　異卷）卷六　（25–8）

不識是人爲欲調伏如是諸比丘故與其和
光不同其塵自所行處及佛行處善能別知
雖見諸人犯波羅夷默然不舉何以故我出
於世爲欲建立護持正法是故默然而不舉
處善男子如是之人爲護法故雖有所犯不
名破戒善男子如有國王遇病崩亡儲君稚
小未任紹繼有旃陁羅豐饒財寶巨富无量
多有眷屬自以強力伺國虛弱篡居王位治
化未久國人居士婆羅門等亡叛逃走遠投
他國雖有在者乃至不欲眼見是王或有長
者婆羅門等不離本土譬如諸樹隨其生處
即是中死旃陁羅王知其國人逃叛者衆尋
即還遣諸旃陁羅守邏諸道復於七日擊鼓
唱令諸婆羅門有能爲我作灌頂師者當以
半國而爲爵賞諸婆羅門聞是語已悉无來
者各作是言何處當有婆羅門種作如是事
旃陁羅王復作是言婆羅門中若无一人爲
我師者我當要令諸婆羅門與旃陁羅共
住食宿同其事業若有能來灌我頂者半國
之封此言不虛呪術所致三十三天上妙甘露
不死之藥亦當共分而服食之尒時有一婆
羅門子年在弱冠修治淨行長髮爲相善知
呪術往至王所白言大王王所勑使我悉能爲
尒時大王心生歡喜受此童子作灌頂師
諸婆羅門聞是事已皆生瞋恚責此童子汝

BD03579號　大般涅槃經（北本　異卷）卷六　　（25–9）

呪術往至王所白言大王王所勑使我悉能爲
尒時大王心生歡喜受此童子作灌頂師
諸婆羅門聞是事已皆生瞋恚責此童子汝
婆羅門云何乃作旃陁羅師尒時其王即分
半國與是童子因共治國逕歷多時尒時童
子語其王言我捨家法來作王師并教大王
微密呪術而今大王猶不見親時王答言我
今云何不親汝耶童子答言先王所有不死
之藥猶未共食王言善哉善哉大師我實不
知師若須者唯願持去是時童子聞王語已
即取歸家請諸大臣而共食之諸臣食已即
共白王快哉大師有是甘露不死之藥王既
知已語其師言云何大師獨與諸臣服食甘
露而不見分尒時童子更以其餘雜毒之藥
與王令服王既服已須臾藥發悶亂躃地无
所覺知猶如死人尒時童子立本儲君還以
爲王作如是言師子御座法不應令旃陁羅
昇我從昔來未曾見聞旃陁羅種而爲王也
若旃陁羅治國理民无有是處汝今應還紹
繼先王正法治國尒時童子經理是已復以
藥與旃陁羅令其醒悟既醒悟已駈令出
國是時童子雖爲是事猶故不失婆羅門法
其餘居士婆羅門等聞其所作歎未曾有讃
言善哉善哉仁者善能駈遣旃陁羅王善男

BD03579號　大般涅槃經（北本　異卷）卷六　　（25–10）

尊與祢陀羅令其醉悟既醒悟已驅令出
國是時童子雖爲是事猶故不失婆羅門法
其餘居士婆羅門等聞其所作歎未曾有讚
言善哉善哉仁者善能駈遣祢陀羅王善男
子我涅槃後護持正法諸菩薩等亦復如是
以方便力與彼破戒假名受畜一切不淨物
僧同其事業尒時菩薩若見有人雖多犯戒
能持毀禁諸惡比丘即往其所恭敬礼拜四
事供養經書什物悉以奉上如其自无要當
方便從諸檀越求覓而與爲是事故應畜
八種不淨之物何以故是人爲治諸惡比丘如
彼童子駈祢陀羅尒時菩薩雖復恭敬礼拜
是人受畜八種不淨之物悉无有罪何以故
以是菩薩爲欲檀治諸惡比丘令清淨僧得
安隱住流布方等大乘經典利益一切諸天
人故善男子以是因緣我於經中說是二偈
令諸菩薩皆共讚歎護法之人如彼居士婆
羅門等稱讚童子善哉善哉護法菩薩亦應
如是若有人見護法之人與破戒者同共事
業說有罪者當知是人自受其殃是護法者
實无有罪善男子若有比丘犯禁戒已憍慢
心故覆藏不悔當知是人名真破戒菩薩摩
訶薩爲護法故雖有所犯不名破戒何以故
以无憍慢發露悔故善男子是故我於經中
覆相說如是偈

訶薩爲護法故雖有所犯不名破戒何以故
以无憍慢發露悔故善男子是故我於經中
覆相說如是偈
有知法者若老若少故應供養恭敬礼拜
猶如事火婆羅門等如第二天奉事帝釋
以是因緣我亦不爲學聲聞人但爲菩薩
而說是偈迦葉菩薩白佛言世尊如是等菩
薩摩訶薩於戒極緩本所受戒爲具在不佛
言善男子汝今不應作如是說何以故本所受
戒如本不失設有所犯即應懺悔悔已清淨
善男子如故堤塘穿穴有孔水則淋漏何以
故无人治故若有人治水則不出菩薩亦尒
雖與破戒共作布薩受戒自恣同其僧事所
有戒律不如堤塘穿穴淋漏何以故若无清
淨持戒之人僧則損減慢緩懈怠日有增上
若有清淨持戒之人即能具足不失本戒善
男子於乘緩者乃名爲緩於戒緩者不名爲
緩菩薩摩訶薩於此大乘心不懈慢是名奉
戒爲護正法以大乘水而自澡浴是故菩薩
雖現破戒不名爲緩迦葉菩薩白佛言衆僧
之中有四種人如菴羅菓生熟難知破戒持
戒云何可識佛言善男子因大涅槃微妙經
典則易可知云何因是大涅槃經可得知也
譬如田夫種稻穀等芸除稗莠以肉眼觀名

之中有四種人如菴羅菓生熟難知破戒持
戒云何可識佛言善男子因大涅槃微妙經
典則易可知云何因是大涅槃經可得知也
譬如田夫種稻穀等芸除稗莠以肉眼觀名
爲淨田至其成實草穀各異如是八事能
汙染僧若能除却以肉眼觀則知清淨若有
持戒破戒不作惡時以肉眼觀難可分別若惡
彰露則易可知如彼稗莠易可分別僧中
亦尒若能遠離於八不淨毒虵之法是名清淨
聖衆福田應爲人天之所供養清淨果報非
是肉眼所能分別復次善男子如迦葉羅迦林
其樹衆多於是林中唯有一樹名鎮頭迦是
迦羅迦樹鎮頭迦樹二菓相似不可分別其
菓熟時有一女人悉皆拾取鎮頭迦菓纔
有一分迦羅迦菓乃有十分是女不識賫來詣市
而衒賣之凡愚小兒復不別故買迦羅迦
菓噉已命終有智人輩聞是事已即問女
人姊於何處持是菓來是時女人即示方所
諸人即言如是方所多有无量迦羅迦樹唯
有一根鎮頭迦樹諸人知已咲而捨去善男
子大衆之中八不淨法亦復如是於是衆中多
有受用如是八法唯有一人清淨持戒不受
如是八不淨法而知諸人受畜非法欲與同
事不相捨離如彼林中一鎮頭迦樹有優婆

BD03579號　大般涅槃經（北本　異卷）卷六　（25–13）

有受用如是八法唯有一人清淨持戒不受
如是八不淨法而知諸人受畜非法欲與同
事不相捨離如彼林中一鎮頭迦樹有優婆
塞見是諸人多有非法亦不恭敬供養是人
若欲供養應先問言大德如是八事爲受畜
不佛所聽不若言佛聽如是之人得共布薩
羯磨自恣不是優婆塞如是問已衆皆荅
言如是八事佛所憐愍皆悉聽畜優婆塞言
祇洹精舍有諸比丘或言金銀佛所聽畜或
言不聽有言聽者是不聽者不與共住說戒自
恣乃至不共一河飲水利養之物悉不共之
汝等云何言佛聽許佛天中天設使聽者汝
等衆僧猶不應畜若有受者乃至不應與共
說戒自恣羯磨同其僧事若共說戒自恣羯
磨同僧事者命終即當墮於地獄如彼諸人
食迦羅菓已而便命終復次善男子譬如城
市有賣藥人有妙甘藥出於雪山亦復多賣
其餘雜藥味甘相似時有諸人咸皆欲買然
不識別至賣藥所問言汝有雪山藥不其賣
藥人即荅言有是人欺詐以餘雜藥語買者
言此是雪山甘好妙藥時買藥者以肉眼故
不能善別即買持去復作是念我今已得雪
山妙藥迦葉若聲聞僧中有假名僧有真實
僧有和合僧若持戒破戒於是衆中等應供

BD03579號　大般涅槃經（北本　異卷）卷六　（25–14）

不能善别即買持去復作是念我今已得雪
山妙藥迦葉若聲聞僧中有假名僧有真實
僧有和合僧若持戒破戒於是衆中等應供
養恭敬礼拜是優婆塞以肉眼故不能分别
喻如彼人不能分别雪山甘藥也誰是持戒
誰是破戒誰是真僧誰是假僧有天眼者乃
能分别迦葉若優婆塞知是比丘是破戒人
不應給施礼拜供養若知是人受畜八法亦
復不應給施所須礼拜供養若於僧中有破
戒者不應以被袈裟因緣恭敬礼拜迦葉菩
薩復白佛言世尊善哉善哉如来所說真實
不虛我當頂受辟如金剛珎寶異物如佛所
說是諸比丘當依四法何等為四依法不依
人依義不依語依智不依識依了義經不依
不了義經如是四法應當證知非四種人佛
言善男子依法者即是如来大般涅槃一切
佛法即是法性是法性者即是如来是故如
来常住不變若復有言如来无常是人不知
不見法性若不知見是法性者不應依止如
上所說四人出世護持法者應當證知而為
依止何以故是人善解如来微密深奧藏故
能知如来常不變若言如来无常變易无
有是處如是四人即是如来何以故是人能
解如来密語及能說故若有人能了知如来

BD03579號　大般涅槃經（北本　異卷）卷六　　（25–15）

能知如来常不變若言如来无常變易无
有是處如是四人即是如来何以故是人能
解如来密語及能說故若有人能了知如来
甚深密藏及知如来常住不變如是之人若
為利養說言如来是无常者无有是處如
是之人尚可依止何况不依是四人也依法者
即是法性不依人者即是聲聞法性者即是
如来聲聞者即是為有如来者即是常住有
為者即是无常
善男子若人破戒為利養故說言如来无常
變易如是之人所不應依善男子是名定義
依義不依語者義者名覺了覺了義者名
不羸劣不羸劣者名曰滿足滿足義者名曰
如来常住不變如来常住不變義者即是法
常法常義者即是僧常是名依義不依語
何等語言所不應依所謂諸論綺飾文辤如
佛所說无量諸經貪求无猒多奸諂詐現
親附現相求利經理白衣為其執役又復唱
言佛聽比丘畜諸奴婢不淨之物金銀珎寶
穀米倉庫牛羊象馬販賣求利於飢饉世
憐愍子故復聽比丘儲貯陳宿手自作食不受
而噉如是等語所不應依智不依識者所言
智者即是如来若有聲聞不能善知如来
功德如是之識不應依止若知如来即是法

BD03579號　大般涅槃經（北本　異卷）卷六　　（25–16）

悕望子故復聽比丘儲貯陳宿手自作食受
而噉如是等語所不應依智不依識者所言
智者即是如来若有聲聞不能善知如来
功德如是之識不應依止若知如来即是法
身如是真智所應依止若見如来方便之身
言是陰界諸入所攝食所長養亦不應依是
故知識不可依止若復有人作是說者及其
經書亦不應依依了義經不依不了義經不
了義經者謂聲聞乘聞佛如来深密藏處
悉生疑怪不知是藏出大智海猶如嬰兒无所
別知是則名為不了義也了義者名為菩薩
真實智慧隨於自心无閡大智猶如大人无
所不知是名了義又聲聞乘名不了義无上
大乘乃名了義若言如来无常變易名不了
義若言如来常住不變是名了義聲聞所
說應證知者名不了義菩薩所說應證知者名
為了義若言如来食所長養是不了義若言
常住不變易者是名了義若言如来入於涅
槃如薪盡火滅名不了義若言如来入法性
者是名了義聲聞乘法則不應依何以故如
来為欲度衆生故以方便力說聲聞乘猶如
長者教子半字善男子聲聞乘者猶如初
耕得菓實如是名為不了義也是故不
不應依聲聞乘大乘之法則應依止何以故
如来為欲度衆生故以方便力說於大乘是

不應依聲聞乘大乘之法則應依止何以故
如来為欲度衆生故以方便力說於大乘是
故應依是名了義如是四依應當證知復次
依義者義名質直質直者名曰光明光明者
名不羸劣不羸劣者名曰如来又光明者名
為智慧質直者名為常住如来常者名曰依
法法者名常亦名无邊不可思議不可執持
不可繫縛而亦可見若有說言不可見者如
是之人所不應依是故依法不依於人若有
人以微妙言語宣說无常如是之言所不應
依是故依義不依於語依智者衆僧无常无
為不變不畜八種不淨之物是故依智不依
於識若有說言識作識受无和合僧何以故
夫和合者名无所有无所有者云何言常是
故此識不可依止依了義者了義者名為知足
終不詐現威儀清白憍慢自高貪求利養亦
於如来隨宜方便所說法中不生執着是名
了義若有能住如是等中當知是人則為已
得住第一義是故名為依了義經不依不了
義經不了義經者如經中說一切燒然一切
无常一切皆苦一切皆空一切无我是名不
了義何以故以不能了如是義故令諸衆生
墮阿鼻獄所以者何以取着故於義不了一
切燒然者謂如来說涅槃亦燒一切无常者
涅槃亦无常苦空无我亦復如是是故名為
不了義經不應依止善男子若有人言如来
矜愍一切衆生善知時宜以知時故說輕為

隨阿鼻獄所以者何以取着故於義不了一
切燒燃者謂如來說涅槃亦燒一切无常者
涅槃亦无常苦空无我亦復如是是故名為
不了義經不應依止善男子若有人言如來
憐愍一切衆生善知時宜以知時故說輕為
重說重為輕如來觀知所有弟子有諸檀越
供給所須令无所乏如是之人佛則不聽受
畜奴婢金銀財寶販賣市易不淨物等若諸
弟子无有檀越供給所須時世飢饉飲食難得
為欲建立護持正法我聽弟子受畜奴婢
金銀車乘田宅穀米賣易所須雖聽受畜
如是等物要當淨施篤信檀越如是四法所應
依止若有戒律阿毗曇修多羅不違是四亦
應依止若有說言有時非時有能護法不能
護法如來悉聽一切比丘受畜如是不淨物
者如是之言不應依止若有戒律阿毗曇修
多羅中有同是說如是三說亦不應依我為
肉眼諸衆生等說是四依終不為於有慧眼
者是故我今說是四依法者即是法性義者
即是如來常住不變獨者知一切衆生悉有
佛性了義者了達一切大乘經典
尒時迦葉菩薩白佛言世尊如上所說四種
人等應當依也佛言如是如是善男子如我
所說應當依止何以故有四種魔故何等為
四如魔所說諸餘經律能受持者迦葉菩薩
白佛言世尊如佛所說有四種魔若魔所說
及佛所說我當云何而得分別有諸衆生隨

BD03579號　大般涅槃經（北本　異卷）卷六　（25–19）

四如魔所說諸餘經律能受持者迦葉菩薩
白佛言世尊如佛所說有四種魔若魔所說
及佛所說我當云何而得分別有諸衆生隨
逐魔行復有隨順佛所教者如是等輩復云
何知佛告迦葉我般涅槃七百歲後是魔波
旬漸當沮壞我之正法譬如獵師身服法衣
魔王波旬亦復如是作比丘像比丘尼像優
婆塞像優婆夷像亦復化作須陁洹身乃至
化作阿羅漢身及佛色身魔王以此有漏之
形作无漏身壞我正法是魔波旬壞正法時
當作是言菩薩昔於兜率天上沒來在此迦
毗羅城白淨王宮依因父母愛欲和合生育
是身若有人生於人中為諸世間天人大衆
所恭敬者无有是處又復說言往昔苦行種
種布施頭目髓腦國城妻子是故今者得成
佛道以是因緣為諸人天乾闥婆阿脩羅迦
樓羅緊那羅摩睺羅伽之所恭敬若有經律
作是說者當知悉是魔之所說善男子若有
經律作如是言如來正覺久已成佛今方示
現成佛道者為欲度脫諸衆生故示有父母
依因愛欲和合而生隨順世間作是示現如
是經律當知真是如來所說若有隨順魔所
說者是魔眷屬若能隨順佛所說經律即是
菩薩若有說言如來生時於十方面各行七
步不可信者是魔所說若復有說如來出世
於十方面各行七步此是如來方便示現是
名如來所說經律若有隨順魔所說者是魔

BD03579號　大般涅槃經（北本　異卷）卷六　（25–20）

步不可信者是魔所說若復有說如來出世
於十方面各行七步此是如來方便示現是
名如來所說經律若有隨順魔所說者是魔
眷屬若能隨順佛所說者是菩薩若有說
言菩薩生已父母使人將詣天寺諸天見已
悉下禮敬是故名佛復有難言天者先出佛
在於後云何諸天禮敬於佛住是難者當知
即是波旬所說若有經言佛到天寺是諸天
等摩醯首羅大梵天王釋提桓因皆悉合掌
敬禮其足如是經律是佛所說若有隨順魔
所說者是魔眷屬若能隨順佛所說者即是
菩薩若有經律說言菩薩為太子時以貪心
故四方娉妻處在深宮五欲自娛歡悅受樂
如是經律波旬所說若有說言菩薩久已捨
離貪心妻息之屬乃至不受卅三天上妙五
欲如棄涕唾何況人欲剃除鬚髮出家修道
如是經律是佛所說若有隨順魔經律者是
魔眷屬若有隨順佛經律者即是菩薩若有
說言佛在舍衛祇陁精舍聽諸比丘受畜奴
婢僕使牛羊象馬驢騾雞豬猫狗金銀琉離
真珠頗梨車𤦲馬瑙珊瑚虎珀軻貝璧玉銅
鐵釜鍑大小銅槃所須之物耕田種殖販賣
市易儲積穀米如是眾事佛大慈故憐愍眾
生皆聽畜之如是經律悉是魔說若有說言
佛在舍衛祇陁精舍那梨樓鬼所住之處尒
時如來因婆羅門字羖羝德及波斯匿王說
言比丘不應受畜金銀琉璃頗梨真珠車𤦲
馬瑙珊瑚虎珀軻貝璧玉奴婢僕使童男童

佛在舍衛祇陁精舍那梨樓鬼所住之處尒
時如來因婆羅門字羖羝德及波斯匿王說
言比丘不應受畜金銀琉璃頗梨真珠車𤦲
馬瑙珊瑚虎珀軻貝璧玉奴婢僕使童男童
女牛羊象馬驢騾雞豬猫狗等獸銅鐵釜鍑
大小銅槃種種雜色床敷臥具資生所須所
謂屋宅耕田種殖販賣市易自手作食自磨
自舂治身呪術調鷹方法仰觀星宿推步盈
虛占相男女解夢吉凶是男是女非男非女
六十四能復有十八惑人呪術種種工巧或
說世間無量俗事散香末香塗香熏香種種
華鬘治髮方術姧偽謟曲貪利無猒愛樂憒
鬧戲笑談說貪嗜魚肉和合毒藥押治香油
捉持寶蓋及以革屣造扇箱篋種種畫像積
聚穀米大小麥豆及諸菓蓏親近國王王子
大臣及諸女人高聲大咲或復嘿然於諸法
中多生疑惑多語妄說長短好醜或善不善
好著妙衣如是種種不淨之物於施主前躬
自讚嘆出入遊行不淨之處所謂沽酒婬女
博弈如是之人我今不聽在比丘中應當休
道還俗役使譬如稗莠悉滅無餘當知是等
經律所制悉是如來之所說也若有隨順魔
所說者是魔眷屬若有隨順佛所說者即是
菩薩若有說言菩薩為欲供養天神故入天
寺所謂梵天大自在天違陁天迦旃延天所
以入者為欲調伏諸天人故若言不尒無有
是處若言菩薩不能入於外道邪論知其威
儀文章伎藝僕使鬪諍不能和合不為男女

寺所謂梵天大自在天違陁天迦旃延天所
以入者為欲調伏諸天人故若言不尒无有
是處若言菩薩不能入於外道邪論知其威
儀文章伎藝僕使鬪諍不能和合不為男女
国王大臣之所恭敬又亦不知和合諸藥以
不知故乃名如來如其知者是邪見輩又復
如來於怨親中其心平等如以刀割及香塗
身於此二人不生增益損減之心唯能處中
故名如來如是經律當知是魔之所說也若
有說言菩薩如是示入天寺外學法中出家
脩道示現知其威儀礼節能解一切文章伎
藝示入書堂伎巧之處能善和合僕使鬪諍
於諸大衆童男童女後宮妃后人民長者婆
羅門等王及大臣貧窮等中最尊最上復為
是等之所恭敬亦能示現如是等事雖處諸
見不生愛心猶如蓮華不受塵垢為度一切
諸衆生故善行如是種種方便隨順世法如
是經律當知即是如來所說若有隨順魔所
說者是魔眷屬若能隨順佛所說者是大菩
薩若有說言如來為我解說經律若惡法中
輕重之罪及偷蘭遮其性皆重我等律中終
不為之我久忍受如是之法汝等不信我當
云何自捨己律就汝律耶汝謂所律是魔所
說我等經律是佛所制如來先說九部法印
如是九印印我經律初不聞有方等經典一
句一字如來所說无量經律何處有說方等
經耶如是等中亦曾聞有十部經名如其有

BD03579號　大般涅槃經（北本　異卷）卷六

（25–23）

云何自捨己律就汝律耶汝謂所律是魔所
說我等經律是佛所制如來先說九部法印
如是九印印我經律初不聞有方等經典一
句一字如來所說无量經律何處有說方等
經耶如是等中亦曾聞有十部經名如其有
者當知畢定調達所作調達惡人已滅善法
造方等經我等不信如是等經是魔所說何
以故破壞佛法相是非故如是之言汝經中
有我經中无我經律中如來說言我涅槃後
惡世當有不正經律所謂大乘方等經典未
來之世當有如是諸惡比丘我有說言過九
部經有方等典若有人能了知其義當知是
人正了經律遠離一切不淨之物微妙清淨
猶如滿月若有說言如來雖為一一經律說
如恒河沙等義味我律中无將知為无如其
有者如來何故於我律中而不解說是故我
今不能信受當知是人則為得罪是人復言
如是經律我當受持何以故當為我作知足
少欲斷除煩惱智慧涅槃善法因故如是說
者非我弟子若有說言如來為欲度衆生故
說方等經當知是人真我弟子若有不受方
等經者當知是人非我弟子不為佛法而出
家也即是邪見外道弟子如是經律是佛所
說若不如是是魔所說若有隨順魔所說者
是魔眷屬若有隨順佛所說者即是菩薩

大般涅槃經卷第六

BD03579號　大般涅槃經（北本　異卷）卷六

（25–24）

部經有方等典若有人能了知其義當知是
人正了經律遠離一切不淨之物微妙清淨
猶如滿月若有說言如來雖為一一經律說
如恒河沙等義味我律中无將知為无如其
有者如來何故於我律中而不解說是故我
今不能信受當知是人則為得罪是人復言
如是經律我當受持何以故當為我作知足
少欲斷除煩惱智慧涅槃善法因故如是說
者非我弟子若有說言如來為欲度衆生故
說方等經當知是人真我弟子若有不受方
等經者當知是人非我弟子不為佛法而出
家也即是耶見外道弟子如是經律是佛所
說若不如是是魔所說若有隨順魔所說者
是魔眷屬若有隨順佛所說者即是菩薩

大般涅槃經卷苐六

BD03579號　大般涅槃經（北本　異卷）卷六　（25–25）

何以故是諸
者我人衆生壽
法　者我人衆生壽者何以故若取非法
相即著我人衆生壽者是故不應取法不
應取非法以是義故如來常說汝等比丘知
我說法如筏喻者法尚應捨何況非法
須菩提於意云何如來得阿耨多羅三藐三
菩提耶如來有所說法耶須菩提言如我解
佛所說義无有定法名阿耨多羅三藐三菩
提　亦无有定法如來可說何以故如來所說
法皆不可取不可說非法非非法所以者何
一切賢聖皆以无為法而有差別
須菩提於意云何若人滿三千大千世界
七寶以用布施是人所得福德寧為多不
須菩提言甚多世尊何以故是福德即非福德
性是故如來說福德多若復有人於此經中
受持乃至四句偈等為他人說其福勝彼
何以故須菩提一切諸佛及諸佛阿耨多羅
三藐三菩提法皆從此經出須菩提所謂
佛法者即非佛法
須菩提於意云何須陁洹能作是念我得須

BD03580號　金剛般若波羅蜜經　（9–1）

何以故須菩提一切諸佛及諸佛阿耨多羅
三藐三菩提法皆從此經出須菩提所謂
佛法者即非佛法
須菩提於意云何須陁洹能作是念我得須
陁洹果不須菩提言不也世尊何以故須陁洹
名為入流而无所入不入色聲香味觸法是
名[illegible]須菩提於意云何斯陁含能作是念
我得斯陁含果不須菩提言不也世尊何以
故斯陁含名一往來而實无往來是名斯
陁含須菩提於意云何阿那含能作是念
我得阿那含果不須菩提言不也世尊何以故
阿那含名為不來而實无來是故名阿那
含須菩提於意云何阿羅漢能作是念我得
阿[illegible]須菩提言不也世尊何以故實无
有法名阿羅漢世尊若阿羅漢作是念我
得阿羅漢道即為著我人衆生壽者世尊佛
說我得无諍三昧人中最為第一是第一離
欲阿羅漢我不作是念我是離欲阿羅漢世
尊我若作是念我得阿羅漢道世尊則不說
須菩提是樂阿蘭那行者以須菩提實无所
而名[illegible]菩提是樂阿蘭那行
佛告須菩提於意云何如來昔在然燈佛所
於法有所得不世尊如來在然燈佛所於法
實无所得須菩提於意云何菩薩莊嚴佛土
不不也世尊何以故莊嚴佛土者則非莊嚴

BD03580號　金剛般若波羅蜜經

（9–2）

佛告須菩提於意云何如來昔在然燈佛所
於法有所得不世尊如來在然燈佛所於法
實无所得須菩提於意云何菩薩莊嚴佛土
不不也世尊何以故莊嚴佛土者則非莊嚴
是名莊嚴是故須菩提諸菩薩摩訶薩應如
是[illegible]心不應住色生心不應住聲香味
觸法生心應无所住而生其心須菩提譬如
有人身如須弥山王於意云何是身為大不
須菩提言甚大世尊何以故佛說非身是
名大身
須菩提如恒河中所有沙數如是沙等恒河
於意云何是諸恒河沙寧為多不須菩提言
甚多[illegible]尊但諸恒河尚多无數何況其沙須
菩提我今實言告汝若有善男子善女人以
七寶滿尒所恒河沙數三千大千世界以用布
施得福多不須菩提言甚多世尊佛告須
菩提若善男子善女人於此經中乃至受持
四句偈等為他人說而此福德勝前福德復
次須[illegible]隨說是經乃至四句偈等當知此
處一切世間天人阿脩羅皆應供養如佛塔
廟何況有人盡能受持讀誦須菩提當知是
人成就最上第一希有之法若是經典所在之
處則為有佛若尊重弟子
尒時須菩提白佛言世尊當何名此經我等
云何奉持佛告須菩提是經名為金剛般若

BD03580號　金剛般若波羅蜜經

（9–3）

人成就最上第一希有之法若是經典所在之
處則為有佛若尊重弟子
尒時須菩提白佛言世尊當何名此經我等
云何奉持佛告須菩提是經名為金剛般若
波[illegible]以是名字汝當奉持所以者何須菩
提佛說般若波羅蜜則非般若波羅蜜須菩
提於意云何如來有所說法不須菩提白佛
言世尊如來无所說須菩提於意云何三千
大千世界所有微塵是為多不須菩提言甚
多世尊須菩提是諸微塵如來說非微塵
是[illegible]塵如來說世界非世界是名世界須
菩提於意云何可以三十二相見如來不不也
世尊不可以三十二相得見如來何以故如
來說三十二相即是非相是名三十二相須
菩提若有善男子善女人以恒河沙等身命
布施若復有人於此經中乃至受持四句偈
等[illegible]說其福甚多
尒時須菩提聞說是經深解義趣涕淚悲泣
而白佛言希有世尊佛說如是甚深經典我
從昔來所得慧眼未曾得聞如是之經世尊
若復有人得聞是經信心清淨則生實相當
知是人成就第一希有功德世尊是實相者
則是非相是故如來說名實相世尊我今得
聞如是經典信解受持不足為難若當來世
後五百歲其有衆生得聞是經信解受持

BD03580號　金剛般若波羅蜜經　(9–4)

若復有人得聞是經信心清淨則生實相當
知是人成就第一希有功德世尊是實相者
則是非相是故如來說名實相世尊我今得
聞如是經典信解受持不足為難若當來世
後五百歲其有衆生得聞是經信解受持
是人則為第一希有何以故此人无我相人相
衆生相壽者相所以者何我相即是非相人
相衆生相壽者相即是非相何以故離一切
諸相則名諸佛
佛告須菩提如是如是若復有人得聞是經
不驚不怖不畏當知是人甚為希有何以故
須菩提如來說第一波羅蜜非第一波羅蜜
是名第一波羅蜜須菩提忍辱波羅蜜如來
說非忍辱波羅蜜何以故須菩提如我昔為
歌利王割截身體我於尒時无我相无人相
无衆生相无壽者相何以故我於往昔節節
支解時若有我相人相衆生相壽者相應生
瞋恨須菩提又念過去於五百世作忍辱仙
人於尒所世无我相无人相无衆生相无壽者
相是故須菩提菩薩應離一切相發阿耨多
羅三藐三菩提心不應住色生心不應住聲
香味觸法生心應生无所住心若心有住則
為非住是故佛說菩薩心不應住色布施
須菩提菩薩為利益一切衆生應如是布施
如來說一切諸相即是非相又說一切衆生
則非衆生須菩提如來是真語者實語者如

BD03580號　金剛般若波羅蜜經　(9–5)

爲非住是故佛說菩薩心不應住色布施
須菩提菩薩爲利益一切衆生應如是布施
如來說一切諸相即是非相又說一切衆生
則非衆生須菩提如來是真語者實語者如
語者不誑語者不異語者須菩提如來所得
法此法无實无虛須菩提若菩薩心住於法
而行布施如人入闇則无所見若菩薩心不
住法而行布施如人有目日光明照見種種
色須菩提當來之世若有善男子善女人能
於此經受持讀誦則爲如來以佛智慧悉知
是人悉見是人皆得成就无量无邊功德
須菩提若有善男子善女人初日分以恒河
沙等身布施中日分復以恒河沙等身布施
後日分亦以恒河沙等身布施如是无量百
千万億劫以身布施若復有人聞此經典信
心不逆其福勝彼何況書寫受持讀誦爲人
解說須菩提以要言之是經有不可思議不
可稱量无邊功德如來爲發大乘者說爲發
㝡上乘者說若有人能受持讀誦廣爲人說
如來悉知是人悉見是人皆得成就不可量
不可稱无有邊不可思議功德如是人等則爲
荷擔如來阿耨多羅三藐三菩提何以故須
菩提若樂小法者著我見人見衆生見壽者
見則於此經不能聽受讀誦爲人解說須菩
提在在處處若有此經一切世間天人阿脩

BD03580號　金剛般若波羅蜜經　（9–6）

荷擔如來阿耨多羅三藐三菩提何以故須
菩提若樂小法者著我見人見衆生見壽者
見則於此經不能聽受讀誦爲人解說須菩
提在在處處若有此經一切世間天人阿脩
羅所應供養當知此處則爲是塔皆應恭敬
作禮圍遶以諸華香而散其處
復次須菩提善男子善女人受持讀誦此經若
爲人輕賤是人先世罪業應墮惡道以今世
人輕賤故先世罪業則爲消滅當得阿耨多
羅三藐三菩提須菩提我念過去无量阿
僧祇劫於然燈佛前得值八百四千万億那
由他諸佛悉皆供養承事无空過者若復
有人於後末世能受持讀誦此經所得功德於
我所供養諸佛功德百分不及一千万億分
乃至筭數譬喻所不能及須菩提若善男子
善女人於後末世有受持讀誦此經所得功
德我若具說者或有人聞心則狂亂狐疑不
信須菩提當知是經義不可思議果報亦不
可思議
尒時須菩提白佛言世尊善男子善女人發
阿耨多羅三藐三菩提心云何應住云何降
伏其心佛告須菩提善男子善女人發阿耨
多羅三藐三菩提者當生如是心我應滅度
一切衆生滅度一切衆生已而无有一衆生實
滅度者何以故若菩薩有我相人相衆生

BD03580號　金剛般若波羅蜜經　（9–7）

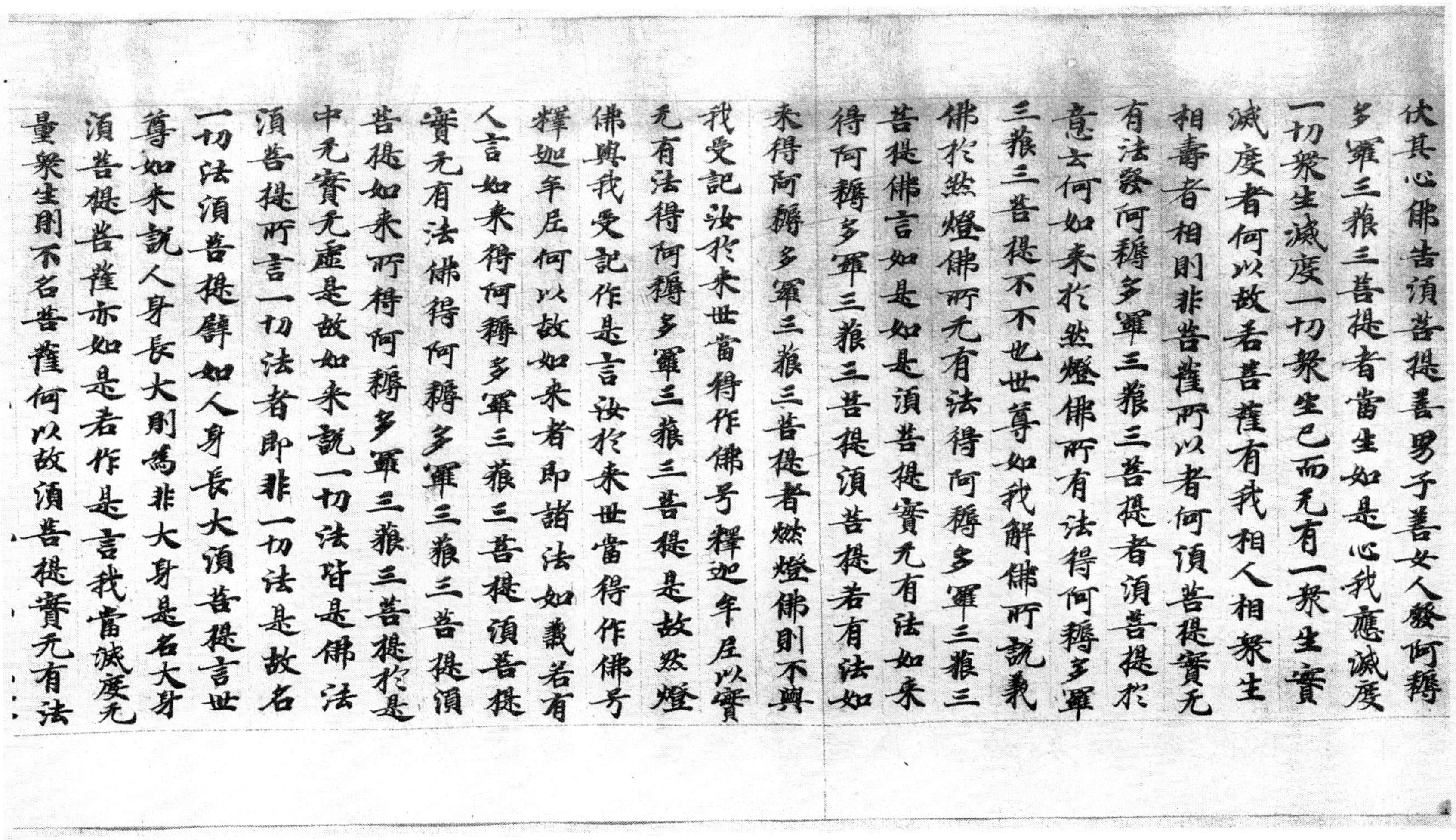

伏其心佛告須菩提善男子善女人發阿耨
多羅三藐三菩提者當生如是心我應滅度
一切衆生滅度一切衆生已而无有一衆生實
滅度者何以故若菩薩有我相人相衆生
相壽者相則非菩薩所以者何須菩提實无
有法發阿耨多羅三藐三菩提者須菩提於
意云何如來於然燈佛所有法得阿耨多羅
三藐三菩提不不也世尊如我解佛所說義
佛於然燈佛所无有法得阿耨多羅三藐三
菩提佛言如是如是須菩提實无有法如來
得阿耨多羅三藐三菩提須菩提若有法如
來得阿耨多羅三藐三菩提者然燈佛則不與
我受記汝於來世當得作佛号釋迦牟尼以實
无有法得阿耨多羅三藐三菩提是故然燈
佛與我受記作是言汝於來世當得作佛号
釋迦牟尼何以故如來者即諸法如義若有
人言如來得阿耨多羅三藐三菩提須菩提
實无有法佛得阿耨多羅三藐三菩提須
菩提如來所得阿耨多羅三藐三菩提於是
中无實无虛是故如來說一切法皆是佛法
須菩提所言一切法者即非一切法是故名
一切法須菩提譬如人身長大須菩提言世
尊如來說人身長大則爲非大身是名大身
須菩提菩薩亦如是若作是言我當滅度无
量衆生則不名菩薩何以故須菩提實无有法

BD03580號　金剛般若波羅蜜經　　（9–8）

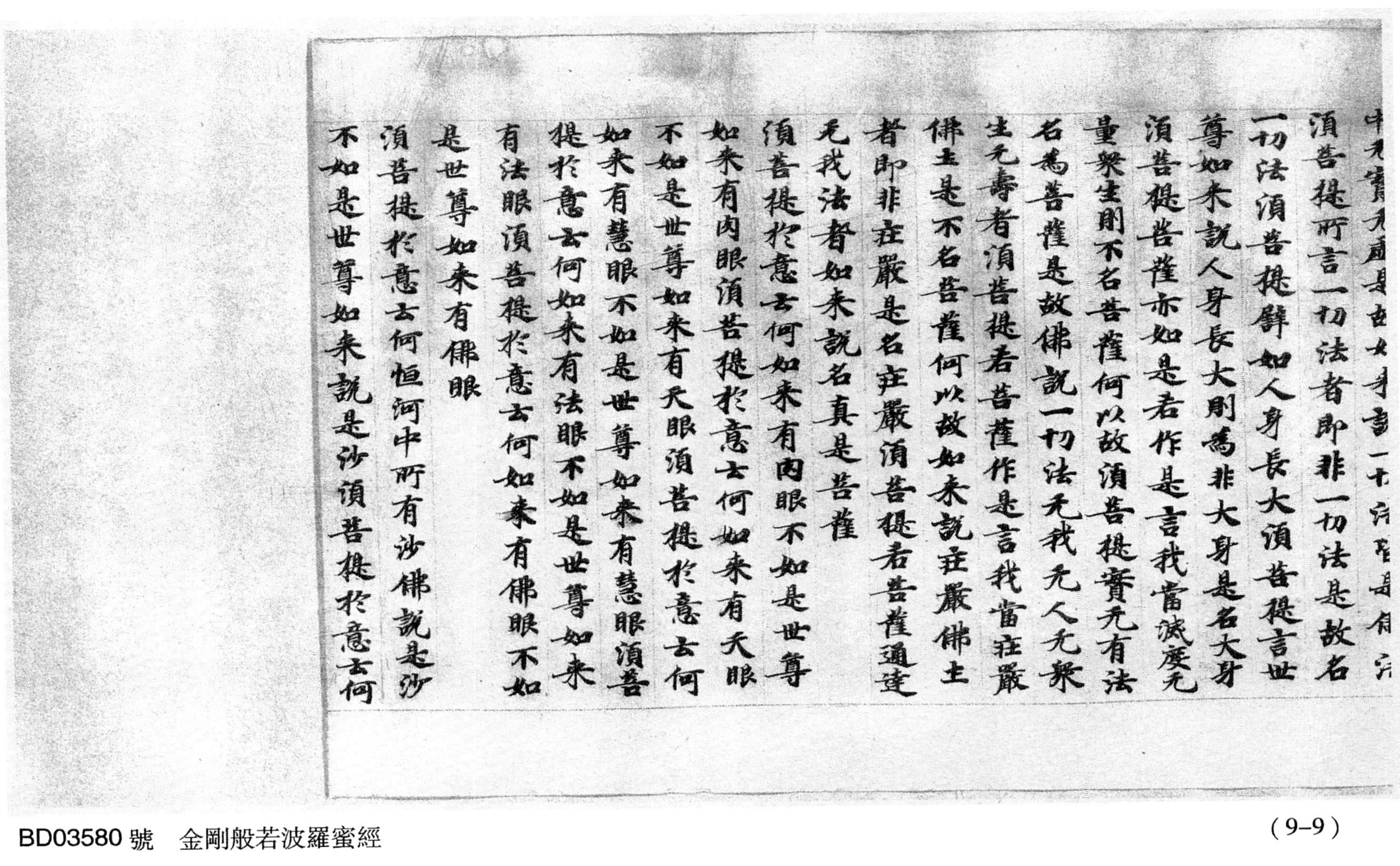

中无實无虛是故如來說一切法皆是佛法
須菩提所言一切法者即非一切法是故名
一切法須菩提譬如人身長大須菩提言世
尊如來說人身長大則爲非大身是名大身
須菩提菩薩亦如是若作是言我當滅度无
量衆生則不名菩薩何以故須菩提實无有法
名爲菩薩是故佛說一切法无我无人无衆
生无壽者須菩提若菩薩作是言我當莊嚴
佛土是不名菩薩何以故如來說莊嚴佛土
者即非莊嚴是名莊嚴須菩提若菩薩通達
无我法者如來說名真是菩薩
須菩提於意云何如來有肉眼不如是世尊
如來有肉眼須菩提於意云何如來有天眼
不如是世尊如來有天眼須菩提於意云何
如來有慧眼不如是世尊如來有慧眼須菩
提於意云何如來有法眼不如是世尊如來
有法眼須菩提於意云何如來有佛眼不如
是世尊如來有佛眼
須菩提於意云何恒河中所有沙佛說是沙
不如是世尊如來說是沙須菩提於意云何

BD03580號　金剛般若波羅蜜經　　（9–9）

是无有内法内外空者亦復如是善男子唯
有如來法僧佛性不在二空何以故如是四
法常樂我淨是故四法不名為空是名内外
俱空善男子有為空者有為之法悉皆是空
所謂内空外空内外空常樂我淨空衆生壽
命如來法僧第一義空是中佛性非有為法
是故佛性非有為法空是名有為空善男子
云何菩薩摩訶薩觀无為空是无為法悉皆
是空所謂无常苦不淨无我陰界入衆生壽
命相有為有漏内法外法无為法中佛等
四法非有為非无為性是善故非无為性常住
故非有為是名菩薩觀无為空云何菩薩摩
訶薩觀无始空是菩薩摩訶薩見生死无始
皆悉空寂所謂空者常樂我淨皆悉空寂无
有變易衆生壽命三寶佛性及无為法是名菩
薩觀无始空云何菩薩觀於性空是菩薩摩
訶薩觀一切法本性皆空謂陰界入常无常
苦樂淨不淨我无我觀如是等一切諸法不
見本性是名菩薩摩訶薩觀於性空云何菩
薩摩訶薩觀无所有空如人无子言舍宅空
[illegible]

BD03581號　大般涅槃經（北本　思溪藏）卷一六　（8–1）

有變易衆生壽命三寶佛性及无為法是名菩
薩觀无始空云何菩薩觀於性空是菩薩摩
訶薩觀一切法本性皆空謂陰界入常无常
苦樂淨不淨我无我觀如是等一切諸法不
見本性是名菩薩摩訶薩觀於性空云何菩
薩摩訶薩觀无所有空如人无子言舍宅空
畢竟觀空无有親愛愚癡之人言諸方空貧
窮之人言一切空如是所計或空或非空菩
薩觀時如貧窮人一切皆空是名菩薩摩訶
薩觀无所有空云何菩薩摩訶薩觀第一義
空善男子菩薩摩訶薩觀第一義時是眼生
時无所從來及其滅時去无所至本无今有
已有還无推其實性无眼无主如眼无性一
切諸法亦復如是何等名為第一義空有業
有報不見作者如是空法名第一義空是名
菩薩摩訶薩觀第一義空云何菩薩摩訶
薩觀於空空是空空中乃是聲聞辟支佛等所
迷沒處善男子是有是无是名空空是是非
是是名空空善男子十住菩薩尚於是中
通達少分猶如微塵況復餘人善男子如是
空空亦不同於聲聞所得空空三昧是名菩
薩觀於空空善男子云何菩薩摩訶薩觀於
大空善男子言大空者謂般若波羅蜜是名
大空善男子菩薩摩訶薩得如是空門則得
住於虛空等地善男子我今於是大衆之中
說如是等諸空義時有十恒河沙等菩薩摩

BD03581號　大般涅槃經（北本　思溪藏）卷一六　（8–2）

大空善男子菩薩摩訶薩得如是空門則得
住於虛空等地善男子我今於是大衆之中
說如是等諸空義時有十恒河沙等菩薩摩
訶薩即得住於虛空等地善男子菩薩摩
訶薩住是地已於一切法中无有滯㝵繫縛拘
執心无遮閡以是義故名虛空等地善男子
譬如虛空於可愛色不生貪著不愛色中不
生瞋恚菩薩摩訶薩住是地中亦復如是於
好惡色心无貪恚善男子譬如虛空廣大无
對悉能容受一切諸法菩薩摩訶薩住是地
中亦復如是廣大无對悉能容受一切諸法
以是義故復得名為虛空等地善男子菩薩
摩訶薩住是地中於一切法亦見亦知若行若
緣若性若相若因若緣若衆生心若根若
禪定若乘若善知識若持禁戒若所施如是
等法一切知見復次善男子菩薩摩訶薩住
是地中知而不見云何為知知自餓法投渕
赴火自墜高巖常翹一腳五熱炙身常卧灰
土棘刺編椽樹葉惡草牛糞之上衣麁麻衣
塚間所棄糞掃氎褐欽婆羅衣獐鹿皮草芻
草衣茹菜噉菓藕根油滓牛糞根菓若行
乞食限從一家主若言无即便捨去設復還
喚終不迴顧不食鹽肉五種牛味常所飲服
糠汁沸湯受持牛戒狗鷄雉戒以灰塗身長
髮為相以羊祠時先呪後煞四月事火七日

BD03581號　大般涅槃經（北本　思溪藏）卷一六　　（8–3）

乞食限從一家主若言无即便捨去設復還
喚終不迴顧不食鹽肉五種牛味常所飲服
糠汁沸湯受持牛戒狗鷄雉戒以灰塗身長
髮為相以羊祠時先呪後煞四月事火七日
服風百千億華供養諸天諸所欲願因此成
就如是等法能為无上解脫因者无有是處
是名為知云何不見菩薩摩訶薩不見一人
行如是法得正解脫是名不見復次善男子
菩薩摩訶薩亦見亦知何等為見見諸衆生
行是耶法必墮地獄是名為見云何為知知
諸衆生從地獄出生於人中若能脩行檀波
羅蜜乃至具足諸波羅蜜是人必得入正解
脫是名為知復次善男子菩薩摩訶薩復有
亦見亦知云何為見見常无常苦樂淨不淨
我无我是名為見云何為知知諸如來定不
畢竟入於涅槃知如來身金剛无壞非是煩
惱所成就身又非臭穢腐敗之身亦復能知
一切衆生悉有佛性是名為知復次善男子
菩薩摩訶薩復有亦知亦見云何為知知是
衆生心信成就知是衆生求於大乘是人順
流是人逆流是人正住知是衆生已到彼岸
順流者謂凡夫人逆流者從須陁洹乃至緣
覺正住者諸菩薩等到彼岸者所謂如來應
正遍知是名為知云何為見菩薩摩訶薩住
於大乘大涅槃典脩梵行心以淨天眼見諸
衆生造身口意三業不善墮於地獄畜生餓

BD03581號　大般涅槃經（北本　思溪藏）卷一六　　（8–4）

覺正住者諸菩薩等到彼岸者所謂如來
正遍知是名為知云何為見菩薩摩訶薩住
於大乘大涅槃典脩梵行心以淨天眼見諸
衆生造身口意三業不善墮於地獄畜生餓
鬼見諸衆生脩善業者命終當生天上人中
有諸衆生從闇入闇有諸衆生從闇入明有
諸衆生從明入闇有諸衆生從明入明是名
為見復次善男子菩薩摩訶薩復有亦知亦
見菩薩摩訶薩見諸衆生脩身脩戒脩心脩
慧是人今世惡業成就或因貪欲瞋恚愚癡
是業必應地獄受報是人直以脩身脩戒脩
心脩慧現世輕受不墮地獄云何是業能得
現報懺悔發露所有諸惡既悔之後更不敢
作慚愧成就故供養三寶故常自呵責故是
人以是善業因緣不墮地獄現世受報所謂
頭痛目痛腹痛背痛橫羅死殃呵責罵辱鞭
杖閉繫飢餓困苦受如是等現世輕報是名
為知云何為見菩薩摩訶薩見如是人不能
脩集身戒心慧造少惡業此業因緣應現受
報是人少惡不能懺悔不自呵責不生慚愧
无有怖懼是業增長地獄受報是名為見復
有知而不見云何為知知諸衆生皆有佛性
為諸煩惱之所覆蔽不能得見是名知而不
見復有知而少見十住菩薩摩訶薩等知諸
衆生皆有佛性見不明了猶如闇夜所見不
了復有亦見亦知所謂諸佛如來亦見亦知

BD03581號　大般涅槃經（北本　思溪藏）卷一六　（8–5）

為諸煩惱之所覆蔽不能得見是名知而不
見復有知而少見十住菩薩摩訶薩等知諸
衆生皆有佛性見不明了猶如闇夜所見不
了復有亦見亦知所謂諸佛如來亦見亦知
復有亦見亦知不見不知見知者所謂世間
文字言語男女車乘瓶瓮舍宅城邑衣裳飲
食山河園林衆生壽命是名亦知亦見云何
不見不知聖人所有微密之語无有男女乃
至園林是名不見不知復有知而不見知所
惠施知所供處知於受者知因果報是名為
知云何不見不見所施供處受者及以果報
是名不見菩薩摩訶薩知有八種即是如來
五眼所知迦葉菩薩白佛言世尊菩薩摩訶
薩能知如是知得何等利佛言善男子菩薩摩
訶薩能如是知得四无㝵法无㝵者義无㝵辯
无㝵樂說无㝵法无㝵者知一切法及法名
字義无㝵者知一切法所有諸義能隨諸法
所立名字而為作義辯无㝵者隨字論正音
論闡陀論世辯論樂說无㝵者所謂菩薩摩
訶薩凡所演說无有鄣㝵不可動轉无所畏
懼難可摧伏善男子是名菩薩能如是見知
即得如是四无㝵智復次善男子法无㝵者
菩薩摩訶薩遍知聲聞緣覺菩薩諸佛之法
義无㝵者乘雖有三知其歸一終不謂有差
別之相辯无㝵者菩薩摩訶薩於一法中作

BD03581號　大般涅槃經（北本　思溪藏）卷一六　（8–6）

即得如是四无㝵智復次善男子法无㝵者
菩薩摩訶薩遍知聲聞緣覺菩薩諸佛之法
義无㝵者乘雖有三知其歸一終不謂有差
別之相辭无㝵者菩薩摩訶薩於一法中作
種種名還无量劫說不可盡聲聞緣覺能作
是說无有是處樂說无㝵者菩薩摩訶薩
於无量劫為諸衆生演說諸法名字義種種
異說不可窮盡復次善男子法无㝵者菩薩
摩訶薩雖知諸法而不取着義无㝵者菩
薩摩訶薩雖知諸義而亦不着辭无㝵者菩薩
摩訶薩雖知名字亦不取着樂說无㝵者菩
薩摩訶薩雖知樂說知是最上而亦不着何
以故善男子若取着者不名菩薩迦葉菩薩
復白佛言世尊若不取着則不知法若知法
者則是取着若知不着則无所知云何如來
說言知法而不取着佛言善男子夫取着者
不名无㝵无所取着乃名无㝵善男子是故
一切諸菩薩等有取着者則无无㝵若无无
㝵不名菩薩當知是人名為凡夫何故取着
名為凡夫一切凡夫取着於色乃至着識以
着色故則生貪心生貪心故為色繫縛乃至
為識之所繫縛以繫縛故則不得免生老病
死憂悲大苦一切煩惱是故取着名為凡夫
以是義故一切凡夫无四无㝵善男子菩薩
摩訶薩已於无量阿僧祇劫知見法相以知
見故則知其義以見法相及知義故而於色

BD03581號　大般涅槃經（北本　思溪藏）卷一六　（8–7）

死憂悲大苦一切煩惱是故取着名為凡夫
以是義故一切凡夫无四无㝵善男子菩薩
摩訶薩已於无量阿僧祇劫知見法相以知
見故則知其義以見法相及知義故而於色
中不生繫着乃至識中亦復如是以不着故
菩薩於色不生貪心乃至識中亦不生貪以
无貪故則不為色之所繫縛乃至不為識之
所縛以不縛故則得脫於生老病死憂悲大
苦一切煩惱以是義故一切菩薩得四无㝵
善男子以是因緣我為弟子十二部中說繫
着者名為魔縛若不着者則脫魔縛譬如世
間有罪之人為王所縛无罪之人王不能縛
菩薩摩訶薩亦復如是有繫着者為魔所
縛无繫着者魔不能縛以是義故菩薩摩
訶薩而无所着

大般涅槃經卷第十六

BD03581號　大般涅槃經（北本　思溪藏）卷一六　（8–8）

八見習交[illegible]如[illegible]禁戒取邪悟諸
業發於違拒出生相返如是故有王使主
吏證執文籍如行路人來往相見二習相交故
有勘問權詐考訊推鞠察訪披究照明善
惡童子手[illegible]事是故十方一切
如來色目惡見同名見坑菩薩見諸虛妄
遍執如入毒壑
九者枉習交加發於誣謗如是來有合山合
石碾磑耕磨如讒賊人逼枉良善二習相排
故有押捺搥按蹙漉衡度諸事是故十方
一切如來色目怨謗同名讒虎菩薩見枉
如遭霹靂
十者訟習交諠發於藏覆如是故有鑒見照
燭如於日中不能藏影故有惡友業鏡火珠
披露宿業對驗諸事是故十方一切如來色
目覆藏同名陰賊菩薩觀覆如戴高山履
於巨海
云何六報阿難一切眾生六識造業所招惡
報從六根出云何惡報從六根出一者見報

BD03582號　大佛頂如來密因修證了義諸菩薩萬行首楞嚴經卷八　（8–1）

披露宿業對驗諸事是故十方一切如來色
目覆藏同名陰賊菩薩觀覆如戴高山履
於巨海
云何六報阿難一切眾生六識造業所招惡
報從六根出云何惡報從六根出一者見報
招引惡果此見業交則臨終時先見猛火滿
十方界亡者神識飛墜乘煙入无間獄發明
二相一者明見則能遍見種種惡物生无量
畏二者暗見寂然不見生无量恐如是見火
燒聽能為鑊湯洋銅燒息能為黑煙紫焰
燒味能為燋丸鐵糜燒觸能為熱灰爐炭
燒心能生星火迸灑煽鼓空界
二者聞報招引惡果此聞業交則臨終時先
見波濤沒溺天地亡者神識降注乘流入无
間獄發明二相一者開聽聽種種鬧精神瞀
亂二者閉聽寂无所聞幽魄沉沒如是聞 波
注聞則能為責為詰注見則能為雷為吼
為惡毒氣注息則能為雨為霧灑諸毒虫
周滿身體注味則能為膿為血種種雜穢
注觸能為畜為鬼為糞為尿注意則能
為電為雹摧碎心魄
三者齅報招引惡果此齅業交則臨終時先
見毒氣充塞遠近亡者神識從地涌出
入无間獄發明二相一者通聞被諸惡氣熏極
心擾二者塞聞氣掩不通悶絕於地如是齅
氣衝息則能為質為履衝見則能為火為炬

BD03582號　大佛頂如來密因修證了義諸菩薩萬行首楞嚴經卷八　（8–2）

三者觀報招引惡果此觀業交則臨終時先
見毒氣充塞遠近亡者神識從地涌出
入无間獄發明二相一者通聞被諸惡氣熏極
心擾二者塞聞氣掩不通悶絶於地如是觀
氣衝息則能為質為履衝見則能為火為炬
為聽則能為沒為溺為洋為沸衝味則能
為餒為爽衝觸則能為綻為爛為大肉山有
百千眼无量咂食衝思則能為灰為瘴為
飛砂礰擊碎身體
四者味報招引惡果此味業交則臨終時先
見鐵網猛炎熾裂周覆世界亡者神識下
透挂網倒懸其頭入无間獄發明二相一者吸
氣結成寒氷凍裂身肉二者吐氣飛為猛
火燋爛骨髓如是嘗味歷嘗則能為承為
忍歷見則能為然金石歷聽則能為利兵刃
歷息則能為大鐵籠彌覆國土歷觸則能為
弓為箭為弩為射歷思則能為飛熱鐵從空
雨下五者觸報招引惡果此觸業交則臨終時先見
大山四面來合无復出路亡者神識見大鐵
城火蛇火狗虎狼師子牛頭獄卒馬頭羅刹
手執鎗矟驅入城門向无間獄發明二相一者
合觸合山逼體骨肉血潰二者離觸刀劍觸
身心肝屠裂如是合觸歷觸則能為道為
觀為聽為案歷見則能為燒為爇歷聽則能
為撞為擊為事為射歷思則能為括為袋

BD03582 號　大佛頂如來密因修證了義諸菩薩萬行首楞嚴經卷八　（8–3）

手執鎗矟驅入城門向无間獄發明二相一者
合觸合山逼體骨肉血潰二者離觸刀劍觸
身心肝屠裂如是合觸歷觸則能為道為
觀為聽為案歷見則能為燒為爇歷聽則能
為撞為擊為事為射歷思則能為括為袋
為考為縛歷嘗則能為耕為鉗為斬為截
歷思則能為墜為飛為煎為炙
六者思報招引惡果此思業交則臨終時先
見惡風吹壞國土亡者神識被吹上空旋落
乘風墮无間獄發明二相一者不覺迷極則
荒奔走不息二者不迷覺知則苦无量煎燒
痛深難忍如是邪思結思則能為方為所結
見則能為鑒為證結聽則能為大合石為氷
為霜為土為霧結息則能為大火車火船
火檻結嘗則能為大叫喚為悔為泣結思則
能為大為小為一日中萬生萬死為偃為仰
阿難是名地獄十因六果皆是衆生迷妄所
造若諸衆生惡業同造入阿鼻獄受无量苦
經无量劫六根各造及彼所作兼境兼根是人
則入八无間獄身口意三作煞盜婬是人則入
十八地獄三業不兼中間或為一煞一盜是人
則入卅六地獄見見一根單犯一業是人則
入一百八地獄由是衆生別作別造於世界
中入同分地忘想發生非本來有
復次阿難是諸衆生非破律儀犯菩薩戒
毀佛涅槃諸餘雜業歷劫燒然後還罪畢

BD03582 號　大佛頂如來密因修證了義諸菩薩萬行首楞嚴經卷八　（8–4）

[illegible]是衆生則作別造於世界
中入同分地忘想發生非本來有
復次阿難是諸衆生非破律儀犯菩薩戒
毀佛涅槃諸餘雜業歷劫燒然後還罪畢
受諸鬼形若於本因貪物為罪是人罪畢
遇物成形名為怪鬼貪色為罪是人罪畢
遇風成形名為魃鬼貪惑為罪是人罪畢
遇畜成形名為魅鬼貪恨為罪是人罪畢
遇蟲成形名蠱毒鬼貪憶為罪是人罪畢
遇衰成形名為癘鬼貪傲為罪是人罪畢
遇氣成形名為餓鬼貪罔為罪是人罪畢
遇幽為形名為魘鬼貪明為罪是人罪畢遇
精為形名魍魎鬼貪成為罪是人罪畢遇明
為形名役使鬼貪黨為罪是人罪畢遇人為
形名傳送鬼阿難是人皆以純情墜落業火
燒乾上出為鬼此等皆是自妄想業之所招
引若悟菩提則妙圓滿本无所有
復次阿難鬼業既盡則情與想二俱成空方
於世間與元負人怨對相身為畜生酬其
宿債物怪之鬼物銷報盡生於世間多為梟
類風魃之鬼風銷報盡生於世間多為咎徵
一切異類畜魅之鬼畜死報盡生於世間多
為狐類虫蠱之鬼蠱滅報盡生於世間多為
毒類衰癘之鬼衰窮報盡生於世間多為
蛔類受氣之鬼氣銷報盡生於世間多為
食類綿幽之鬼幽銷報盡生於世間多為服
類和精之鬼和銷報盡生於世間多為應類明

毒類衰癘之鬼衰窮報盡生於世間多為
蛔類受氣之鬼氣銷報盡生於世間多為
食類綿幽之鬼幽銷報盡生於世間多為服
類和精之鬼和銷報盡生於世間多為應類明
靈之鬼明滅報盡生於世間多為休徵一切諸
類依人之鬼人亡報盡生於世間多於循類阿難
是等皆以業火乾枯酬其宿債傍為畜生
此等亦皆自虛妄業之所招引若悟菩提則
此妄緣本无所有如汝所言寶蓮香等及瑠
璃王善星比丘如是惡業本自發明非從天
降亦非地出亦非人與自妄所招還自來受
菩提心中皆為浮妄虛想凝結
復次阿難從是畜生酬償先債若彼酬者
分越所酬此等衆生還復為人反徵其剩如彼
有力兼有福德則於人中不捨人身酬還彼
力若无福者還為畜生償彼餘直阿難當知
若用錢物或役其力償足自停如於中間殺
彼身命或食其肉如是乃至經微塵劫相食
相誅猶如轉輪互為高下无有休息除奢摩
他及佛出世不可停寢汝今應知彼梟倫者
酬足復形生人道中參合頑類彼咎徵者酬
足復形人道中參合愚類彼狐倫者酬足
復形生人道中參於佷類彼毒倫者酬足復
生人道中參合庸類彼蛔倫者酬足復形生人
道中參合微類食倫者酬足復形生人道中參

酬足復形生人道中參合頑類彼咎徵者酬
足復形生人道中參合愚類彼狐倫者酬足
復形生人道中參於佷類彼毒倫者酬足復
形生人道中參合庸類彼蛔倫者酬足復形生人
道中參合微類食倫者酬足復形生人道中參
合勞類彼應倫者酬足復形生人道中參於文
類彼休徵者酬足復形生人道中參合明類彼
諸循倫酬足復形生人道中參於達類阿難是
等皆宿債畢酬復形人道皆无始來業計顛倒
相生相煞不遇如來不聞正法於塵勞中法尒
輪轉此輩名為可憐愍者阿難復有從人不
依正覺修三摩地別修妄念存想固形遊於山林
人不及處有十仙種阿難彼諸眾生堅固服餌
而不休息食道圓成名地行仙堅固草木而不休
息藥道圓成名飛行仙堅固金石而不休息化
道圓成名遊行仙堅固動止而不休息氣精圓
成名空行仙堅固津液而不休息潤德圓成名
天行仙堅固精色而不休息吸粹圓成名通行
仙堅固呪禁而不休息術法圓成名道行仙
堅固思念而不休息思憶圓成名照行仙堅
變化而不休息覺悟圓成名絕行仙阿難是
等皆於人中鍊心不循正覺別得生理壽千万
歲休止深山或大海島絕於人境斯亦輪迴
妄相流轉不脩三昧報盡還來散入諸趣阿
難諸世間人不求常住未能捨諸妻妾恩
愛於邪婬中心不流逸澄瑩生明命終之後
[illegible]

BD03582號　大佛頂如來密因修證了義諸菩薩萬行首楞嚴經卷八　（8–7）

[illegible]
歲休止深山或大海島絕於人境斯亦輪迴
妄相流轉不脩三昧報盡還來散入諸趣阿
難諸世間人不求常住未能捨諸妻妾恩
愛於邪婬中心不流逸澄瑩生明命終之後
鄰於日月如是一類名四天王天於己妻房婬
愛微薄於淨居時不得全味命終之後超
日月明居人間頂如是一類名忉利天逢欲暫
交去无思憶於人間世動少靜多命終之後於
虛空中朗然安住日月光明上照不及是諸
人等自有光明如是一類名須焰摩天一切
時靜有應觸來未能違戾命終之後上昇
精微不接下界諸人天境乃至劫壞三災
不及如是一類名兜率陀天我无欲心應汝行
事於橫陳時味如嚼蠟命終之後生越化
地如是一類名樂變化天无世間心同世行
事於行事交了然超越[illegible]終之後遍能出
超化无化境如是一類名[illegible]自在天阿難如是
六天形雖出動心跡尚交[illegible]已還名為
欲界

大佛頂經卷第八

BD03582號　大佛頂如來密因修證了義諸菩薩萬行首楞嚴經卷八　（8–8）

波羅蜜多經卷

初分觀行品第十九之二

世尊布施波羅蜜多
多淨戒安忍精進靜慮
則非淨戒安忍精進靜
以者何布施波羅蜜
淨戒安忍精進靜慮
無二無二分何以故以不生
多非異是故布施波羅蜜多不　則非布
波羅蜜多淨戒安忍精進靜慮般若波羅蜜　二
多不生則非淨戒安忍精進靜慮般若波羅　多與不
蜜多世尊四靜慮不生則非四靜慮四無量
四無色定不生則非四無量四無色定所以
者何四靜慮與不生無二無二分四無量四
無色定與不生無二無二分何以故以不生
法非一非二非多非異是故四靜慮不生則
非四靜慮四無量四無色定不生則非四無
量四無色定世尊八解脫不生則非八解脫

BD03583號　大般若波羅蜜多經卷七一　（8–1）

無色定與不生無二無二分何以故以不生
法非一非二非多非異是故四靜慮不生則
非四靜慮四無量四無色定不生則非四無
量四無色定世尊八解脫不生則非八解脫
八勝處九次第定十遍處不生則非八勝處
九次第定十遍處所以者何八解脫與不生
無二無二分八勝處九次第定十遍處與不生
無二無二分何以故以不生法非一非二非
多非異是故八解脫不生則非八解脫八勝
處九次第定十遍處不生則非八勝處九次
第定十遍處
世尊四念住不生則非四念住四正斷四神
足五根五力七等覺支八聖道支不生則非
四正斷乃至八聖道支所以者何四念住與不
生無二無二分四正斷乃至八聖道支與不
生無二無二分何故以以不生法非一非二
非多非異是故四念住不生則非四念住四
正斷乃至八聖道支不生則非四正斷乃
至八聖道支世尊空解脫門不生則非空解
脫門無相無願解脫門不生則非無相無願
解脫門所以者何空解脫門與不生無二無
二分無相無願解脫門與不生無二無二分
何以故以不生法非一非二非多非異是故
空解脫門不生則非空解脫門無相無願解
脫門不生則非無相無願解脫門世尊五眼
不生則非五眼六神通不生則非六神通所

BD03583號　大般若波羅蜜多經卷七一　（8–2）

何以故以不生法非一非二非多非異是故
空解脫門不生則非空解脫門無相無願解
脫門不生則非無相無願解脫門世尊五眼
不生則非五眼六神通不生則非六神通所
以者何五眼與不生無二無二分六神通與
不生無二無二分何以故以不生法非一非
二非多非異是故五眼不生則非五眼六神通
不生則非六神通世尊佛十力不生則非
佛十力四無所畏四無礙解大慈大悲大喜
大捨十八佛不共法不生則非四無所畏乃
至十八佛不共法所以者何佛十力與不生
無二無二分四無所畏乃至十八佛不共法
與不生無二無二分何以故以不法生非一
非二非多非異是故佛十力不生則非佛十
力四無所畏乃至十八佛不共法不生則非
四無所畏乃至十八佛不共法世尊真如不
生則非真如法界法性平等性離生性法定
法住實際虛空界不思議界不生則非法界
乃至不思議界所以者何真如與不生無二
無二分法界乃至不思議界與不生無二無
二分何以故以不生法非一非二非多非異是
故真如不生則非真如法界乃至不思議界
不生則非法界乃至不思議界世尊無上
正等菩提不生則非無上正等菩提一切智
道相智一切相智不生則非一切智道相智
一切相智所以者何無上正等菩提與不生

不生則非法界乃至不思議界世尊無上
正等菩提不生則非無上正等菩提一切智
道相智一切相智不生則非一切智道相智
一切相智所以者何無上正等菩提與不生
無二無二分一切智道相智一切相智與不
生無二無二分何以故以不生法非一非二
非多非異是故無上正等菩提不生則非無
上正等菩提一切智道相智一切相智不生
則非一切智道相智一切相智世尊無忘失
法不生則非無忘失法恒住捨性不生則非
恒住捨性所以者何無忘失法與不生無二
無二分恒住捨性與不生無二無二分何以
故以不生法非一非二非多非異是故無忘
失法不生則非無忘失法恒住捨性不生則
非恒住捨性世尊一切陁羅尼門不生則非
一切陁羅尼門一切三摩地門不生則非一
切三摩地門所以者何一切陁羅尼門與不
生無二無二分一切三摩地門與不生無二無
二分何以故以不生法非一非二非多非異
是故一切陁羅尼門不生則非一切陁羅尼
門一切三摩地門不生則非一切三摩地門
世尊色不滅則非色受想行識不滅則非受
想行識所以者何色與不滅無二無二分受
想行識與不滅無二無二分何以故以不滅
法非一非二非多非異是故色不滅則非色

想行識所以者何色與不滅無二無二分
想行識與不滅無二無二分何以故以不滅
法非一非二非多非異是故色不滅則非色
受想行識不滅則非受想行識世尊眼處不
滅則非眼處耳鼻舌身意處不滅則非耳鼻
舌身意處所以者何眼處與不滅無二無二
分耳鼻舌身意處與不滅無二無二分何以
故以不滅法非一非二非多非異是故眼處不
滅則非眼處耳鼻舌身意處不滅則非耳
鼻舌身意處世尊色處不滅則非色處聲香
味觸法處不滅則非聲香味觸法處所以者
何色處與不滅無二無二分聲香味觸法處
與不滅無二無二分何以故以不滅法非一
非二非多非異是故色處不滅則非色處聲
香味觸法處不滅則非聲香味觸法處世尊
眼界不滅則非眼界色界眼識界及眼觸眼
觸為緣所生諸受不滅則非色界乃至眼觸
為緣所生諸受所以者何眼界與不滅無二
無二分色界乃至眼觸為緣所生諸受與不
滅無二無二分何以故以不滅法非一非二
非多非異是故眼界不滅則非眼界色界乃
至眼觸為緣所生諸受不滅則非色界乃至
眼觸為緣所生諸受世尊耳界不滅則非耳
界聲界耳識界及耳觸耳觸為緣所生諸受
不滅則非聲界乃至耳觸為緣所生諸受所
以者何耳界與不滅無二無二分聲界乃至

BD03583號　大般若波羅蜜多經卷七一

（8–5）

眼觸為緣所生諸受世尊耳界不滅則非耳
界聲界耳識界及耳觸耳觸為緣所生諸受
不滅則非聲界乃至耳觸為緣所生諸受所
以者何耳界與不滅無二無二分聲界乃至
耳觸為緣所生諸受與不滅無二無二分何
以故以不滅法非一非二非多非異是故耳
界不滅則非耳界聲界乃至耳觸為緣所生
諸受不滅則非聲界乃至耳觸為緣所生諸
受世尊鼻界不滅則非鼻界香界鼻識界及
鼻觸鼻觸為緣所生諸受不滅則非香界乃
至鼻觸緣為所生諸受所以者何鼻界與不
滅無二無二分香界乃至鼻觸為緣所生諸
受與不滅無二無二分何以故以不滅法非一
非二非多非異是故鼻界不滅則非鼻界
香界乃至鼻觸為緣所生諸受不滅則非香
界乃至鼻觸為緣所生諸受世尊舌界不滅
則非舌界味界舌識界及舌觸舌觸為緣
所生諸受不滅則非味界乃至舌觸為緣所生
諸受所以者何舌界與不滅無二無二分味
界乃至舌觸為緣所生諸受與不滅無二無
二分何以故以不滅法非一非二非多非異
是故舌界不滅則非舌界味界乃至舌觸
為緣所生諸受不滅則非味界乃至舌觸為緣
所生諸受世尊身界不滅則非身界觸界身
識界及身觸身觸為緣所生諸受不滅則非
觸界乃至身觸為緣所生諸受所以者何身

BD03583號　大般若波羅蜜多經卷七一

（8–6）

為緣所生諸受不滅則非身界乃至身觸為緣
所生諸受世尊身界不滅則非身界觸界身
識界及身觸身觸為緣所生諸受不滅則非
觸界乃至身觸為緣所生諸受所以者何身
界與不滅無二無二分觸界乃至身觸為緣
所生諸受與不滅無二無二分何以故以不
滅法非一非二非多非異是故身界不滅則
非身界觸界乃至身觸為緣所生諸受不滅
則非觸界乃至身觸為緣所生諸受世尊意
界不滅則非意界法界意識界及意觸意
觸為緣所生諸受不滅則非法界乃至意觸
為緣所生諸受所以者何意界與不滅無二無
二分法界乃至意觸為緣所生諸受與不滅
無二無二分何以故以不滅法非一非二非多
非異是故意界不滅則非意界法界乃至
意觸為緣所生諸受不滅則非法界乃至意
觸為緣所生諸受世尊地界不滅則非地界
水火風空識界不滅則非水火風空識界所
以者何地界與不滅無二無二分水火風空識
界與不滅無二無二分何以故以不滅法非
一非二非多非異是故地界不滅則非地
界水火風空識界不滅則非水火風空識界
世尊苦聖諦不滅則非苦聖諦集滅道聖諦
不滅則非集滅道聖諦所以何者苦聖諦與
不滅無二無二分集滅道聖諦與不滅無二
無二分何以故以不滅法非一非二非多非
異是故苦聖諦不滅則非苦聖諦集滅道聖

BD03583號　大般若波羅蜜多經卷七一　（8–7）

界水火風空識界不滅則非水火風空識界
世尊苦聖諦不滅則非苦聖諦集滅道聖諦
不滅則非集滅道聖諦所以何者苦聖諦與
不滅無二無二分集滅道聖諦與不滅無二
無二分何以故以不滅法非一非二非多非
異是故苦聖諦不滅則非苦聖諦集滅道聖
諦不滅則非集滅道聖諦世尊無明不滅則
非無明行識名色六處觸受愛取有生老死
愁歎苦憂惱不滅則非行乃至老死愁歎苦
憂惱所以者何無明與不滅無二無二分行
乃至老死愁歎苦憂惱與不滅無二無二分
何以故以不滅法非一非二非多非異是故
無明不滅則非無明行乃至老死愁歎苦憂
惱不滅則非行乃至老死愁歎苦憂惱世尊
內空不滅則非內空外空內外空空空大空勝義
空有為空無為空畢竟空無際空散空
無變異空本性空自相空共相空一切法空
不可得空無性空自性空無性自性空不滅
則非外空乃至無性自性空所以者何內空
與不滅無二無二分外空乃至無性自性空
與不滅無二無二分何以故以不滅法非一
非二非多非異是故內空不滅則非內空外

BD03583號　大般若波羅蜜多經卷七一　（8–8）

BD03583 號背　勘記　（1–1）

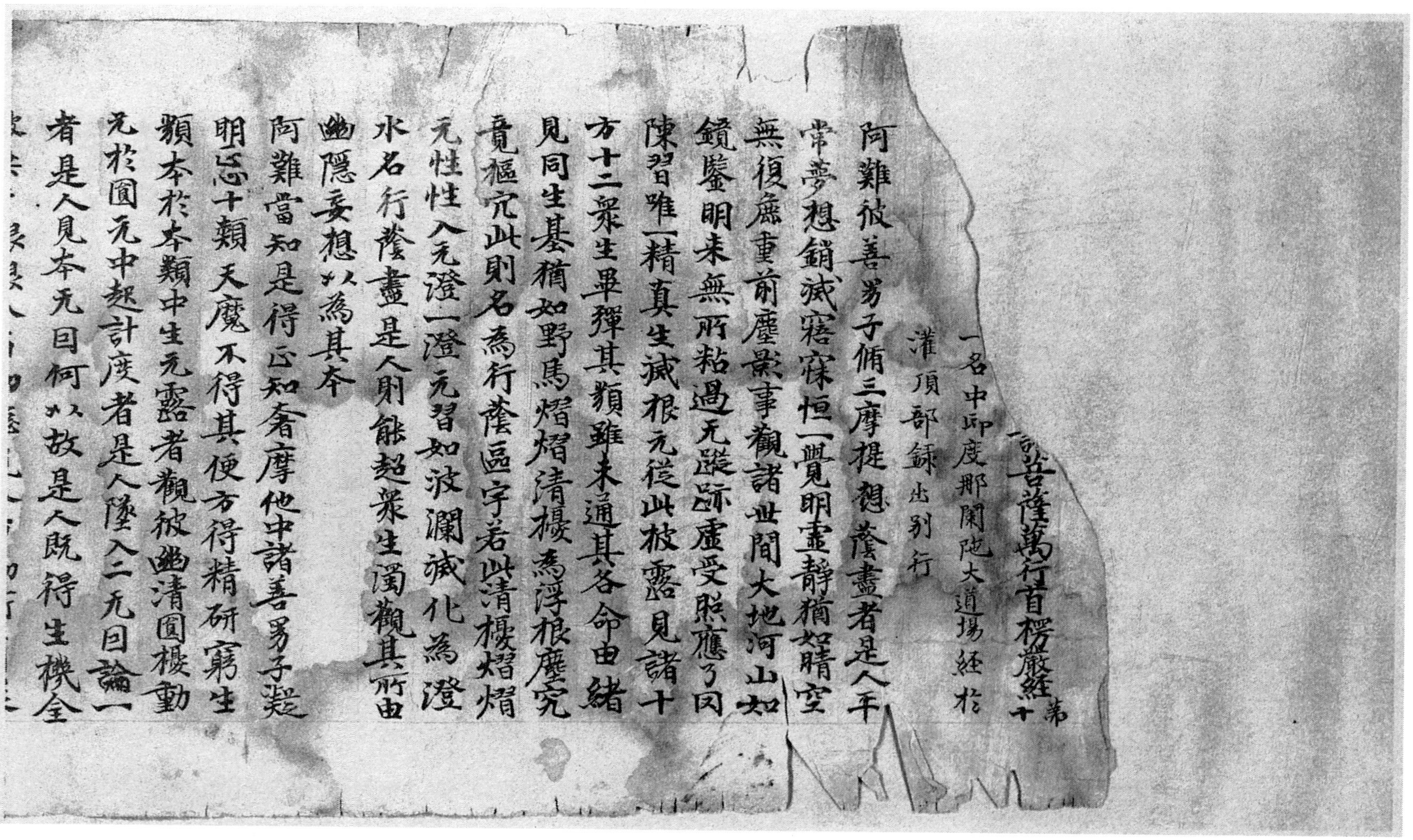

…菩薩萬行首楞嚴經第十
一名中印度那蘭陀大道場經於
灌頂部錄出別行
阿難彼善男子脩三摩提想陰盡者是人平
常夢想銷滅寤寐恒一覺明虛靜猶如晴空
無復麁重前塵影事觀諸世間大地河山如
鏡鑒明來無所粘過无蹤跡虛受照應了罔
陳習唯一精真生滅根元從此披露見諸十
方十二衆生畢殫其類雖未通其各命由緒
見同生基猶如野馬熠熠清擾為浮根塵究
竟樞穴此則名為行陰區宇若此清擾熠熠
元性性入元澄一澄元習如波瀾滅化為澄
水名行陰盡是人則能超衆生濁觀其所由
幽隱妄想以為其本
阿難當知是得正知奢摩他中諸善男子凝
明正心十類天魔不得其便方得精研窮生
類本於本類中生元露者觀彼幽清圓擾動
元於圓元中起計度者是人墜入二无論一
者是人見本无因何以故是人既得生機全

BD03584 號　大佛頂如來密因修證了義諸菩薩萬行首楞嚴經卷一〇　（16–1）

明悟十類天魔不得其便方得精研窮生
類本於本類中生元露者觀彼幽清圓擾動
元於圓元中起計度者是人墜入二无因論一
者是人見本无因何以故是人既得生機全
破乘于眼根八百功德見八万劫所有衆
生業流灣環死此生彼祇見衆生輪迴其處
八万劫外冥无所觀便作是解此等世間十
方衆生八万劫來无因自有由此計度亡正
遍知墮落外道惑菩提性二者是人見末无
因何以故是人於生既見其根知人生人悟鳥
生鳥烏從來黑鵠從來白人天本豎畜生本
横白非洗成黑非染造從八万劫无復改移
今盡此形亦復如是而我本來不見菩提云
何更有成菩提事當知今日一切物象皆本
无因由此計度亡正遍知墮落外道惑菩提
性是則名為第一外道立无因論
阿難是三摩地中諸善男子凝明正心魔不
得便窮生類本觀彼幽清常擾擾元於圓常
中起計度者是人墜入四遍常論一者是人
窮心境性二處无因脩習能知二万劫中十
方衆生所有生滅咸皆循環不曾散失計以
為常二者是人窮四大元四性常住脩習能
知四万劫劫中十方衆生所有生滅咸皆體恒
不曾散失計以為常三者是人窮盡六根末那
執受心意識中本元由處性常恒故脩習能

為常二者是窮四大元四性常住脩習能
知四万劫劫中十方衆生所有生滅咸皆體恒
不曾散失計以為常三者是人窮盡六根末那
執受心意識中本元由處性常恒故脩習能
知八万劫中一切衆生循環不失本來常住
窮不失性計以為常四者是人既盡想元生
理更无流心運轉生滅想心今已永滅理中
自然成不生滅因心所度計以為常由此計
常亡正遍知墮落外道惑菩提性是則名為
第二外道立圓常論
又三摩地中諸善男子堅凝正心魔不得便
窮生類本觀彼幽清常擾動元於自他中起
計度者是人墜入四顛倒見一分无常一分常
論一者是人觀妙明心遍十方界湛然以為
究竟神我從是則計我遍十方凝明不動一
切衆生於我心中自生自死則我心性名之
為常彼生滅者真无常性二者是人不觀其
心遍觀十方恒沙國土見劫壞處名為究竟
无常種性劫不壞處名究竟常三者是人別觀
我心精細微密猶如微塵流轉十方性无移
改能令此身即生即滅其不壞性名我性
常一切死生從我流出名无常性四者是人
知想陰盡見行陰流行陰常流計為常性色
受想等今已滅盡名為无常由此計度一分
无常一分常故墮落外道惑菩提性是則名
為第三外道一分常論

常一切死生從我流出名无常性四者是人
知想蔭盡見行蔭流行蔭常流計為常性色
受想等今已滅盡名為无常由此計度一分
无常一分常故墮落外道惑菩提性是則名
為第三外道一分常論
又三摩地中諸善男子堅凝正心魔不得便窮
生類本觀彼幽清常擾動元於分位中生
計度者是人墜入四有邊論一者是人心計
生元流用不息計過未者名為有邊計相續
心名為无邊二者是人觀八万劫則見眾生
八万劫前寂无聞見无聞見處名為无邊有
眾生處名為有邊三者是人計我遍知得无
邊性彼一切人現我知中我曾不知彼之知
性名彼不得无邊之心但有邊性四者是人
窮行蔭空以其所見心路籌度一切眾生一
身之中計其咸皆半生半滅明其世界一切
所有一半有邊一半无邊由此計度有邊无
邊墮落外道惑菩提性是則名為第四外道
五有邊論
又三摩地中諸善男子堅凝正心魔不得便
窮生類本觀彼幽清常擾動元於知見中生
計度者是人墜入四種顛倒不死矯乱遍計
虛論一者是人觀變化元見遷流處名之為
變見相續處名之為恒見所見處名之為生
不見見處名之為滅相續之因性不斷處名之

BD03584號　大佛頂如來密因修證了義諸菩薩萬行首楞嚴經卷一〇　（16–4）

計度者是人墜入四種顛倒不死矯乱遍計
虛論一者是人觀變化元見遷流處名之為
變見相續處名之為恒見所見處名之為生
不見見處名之為滅相續之因性不斷處名之
為增正相續中中所離處名之為滅各各生
處名之為有互互亡處名之為无以理都觀
用心別見有求法人來問其義答言我今亦
生亦滅亦有亦无亦增亦減於一切時皆亂
其語令彼前人遺失章句二者是人諦觀其
心互互无處因无得證有人來問唯答一字
但言其无除无之餘无所言說三者是人諦
觀其心各各有處因有得證有人來問唯答
一字但言其是除是之餘无所言說四者是
人有无俱見其境枝故其心亦乱有人來問
答言亦有即是亦无亦无之中不是亦有一
切矯亂无容窮詰由此計度矯乱虛无墮落
外道惑菩提性是則名為第五外道四顛倒
性不死矯乱遍計虛論
又三摩地中諸善男子堅凝正心魔不得便窮
生類本觀彼幽清常擾之元於无盡流生計度
者是人墜入死後有相發心顛倒或自固
身云色是我或見我圓含遍國土云我有色
或彼前緣隨我迴復云色屬我或復我依行
中相續云我在色皆計度言死後有相如是
循環有十六相從此惑計畢竟煩惱畢竟菩

BD03584號　大佛頂如來密因修證了義諸菩薩萬行首楞嚴經卷一〇　（16–5）

者是人墮入死後有相發心顛倒或自固
身云色是我或見我圓含遍國土云我有色
或彼前緣隨我迴復云色屬我或復我依行
中相續云我在色皆計度言死後有相如是
循環有十六相從此或計畢竟煩惱畢竟菩
提兩性並驅各不相觸由此計度死後有故
墮落外道惑菩提性是則名為第六外道立
五陰中死後有相心顛倒論
又三摩地中諸善男子堅凝正心魔不得便
窮生類本觀彼幽清常擾動元於先除滅色
受想中生計度者是人墜入死後无相發心
顛倒見其色滅形无所因觀其想滅心无所
繫知其受滅无後連綴陰性銷散縱有生理
而无受想與草木同此質現前猶不可得死
後云何更有諸相因之勘校死後相无如是
循環有八无相從此或計涅槃因果一切皆
空徒有名字究竟斷滅由此計度死後无故
墮落外道惑菩提性是則名為第七外道立
五陰中死後无相心顛倒論
又三摩地中諸善男子堅凝正心魔不得便
窮生類本觀彼幽清常擾動元於行存中兼
受想滅雙計有无自體相破是人墜入死後俱
非起顛倒論色受想中見有非有行遷流
內觀无不无如是循環窮盡陰界八俱非相
隨得一緣皆言死後有相无相又計諸行性

BD03584號　大佛頂如來密因修證了義諸菩薩萬行首楞嚴經卷一〇　（16–6）

非起顛倒論色受想中見有非有行遷流
內觀无不无如是循環窮盡陰界八俱非相
隨得一緣皆言死後有相无相又計諸行性
遷訛故心發通悟有无俱非虛實失措由此
計度死後俱非後際昏瞢无可道故墮落外
道惑菩提性是則名為第八外道立五陰中
死後俱非心顛倒論
又三摩地中諸善男子堅凝正心魔不得便
窮生類本觀彼幽清常擾動元於後後无生
計度者是人墜入七斷滅論或計身滅或欲盡
滅或苦盡滅或極樂滅或極捨滅如是循環
窮盡七際現前銷滅滅已无復由此計度死
後斷滅墮落外道惑菩提性是則名為第九
外道立五陰中死後斷滅心顛倒論
又三摩地中諸善男子堅凝正心魔不得便
窮生類本觀彼幽清常擾動元於後後有生計
度者是人墜入五涅槃論或以欲界為正轉依
觀見圓明生愛慕故或以初禪性无憂故或
以二禪心无苦故或以三禪極悅隨故或以
四禪苦樂二亡不受輪迴生滅性故迷有漏
天作无為解五處安隱為勝淨依如是循環
五處究竟由此計度五現涅槃墮落外道惑
菩提性是則名為第十外道立五陰中五現
涅槃心顛倒論
阿難如是十種禪那狂解皆是行陰用心交

BD03584號　大佛頂如來密因修證了義諸菩薩萬行首楞嚴經卷一〇　（16–7）

菩提性是則名為第十外道立五陰中五現
涅槃心顛倒論
阿難如是十種禪那狂解皆是行陰用心交
互故現斯悟衆生頑迷不自忖量逢此現前
以迷為解自言登聖大妄語成墮无間獄汝
等必須將如來心於我滅後傳示末法遍令
衆生覺了斯義无令心魔自起沉孽保持覆
護消息邪見教其身心開覺真義於无上道
不遭枝岐勿令心祈得少為足作大覺王清
淨標指
阿難彼善男子修三摩提行陰盡者諸世間
性幽清擾動同分生機倏然隳裂沉細綱紐
補特伽羅酬業深脈感應懸絕於涅槃天將大
明悟如雞後鳴瞻顧東方已有精色六根虛
靜无復馳逸内内湛明入无所入深達十方
十二種類受命元由觀由執元諸類不召
於十方界已獲其同精色不沉發現幽秘此
則名為識陰區宇若於群召已獲同中銷磨
六門合開成就見聞通鄰互用清淨十方世
界及與身心如吠瑠璃内外明徹名識陰盡
是人則能超越命濁觀其所由罔象虛无顛
倒妄想以為其本
阿難當知是善男子窮諸行空於識還元已
滅生滅而於寂滅精妙未圓能令己身根隔
合開亦與十方諸類通覺覺知通溜能入圓元

BD03584號　大佛頂如來密因修證了義諸菩薩萬行首楞嚴經卷一〇　（16–8）

倒妄想以為其本
阿難當知是善男子窮諸行空於識還元已
滅生滅而於寂滅精妙未圓能令己身根隔
合開亦與十方諸類通覺覺知通溜能入圓元
若於所歸立真常因生勝解者是人則墮
因所因執娑毗迦羅所歸冥諦成其伴侶迷
佛菩提亡失知見是名第一立所得心成
所歸果違遠圓通背涅槃城生外道種
阿難又善男子窮諸行空已滅生滅而於寂
滅精妙未圓若於所歸覽為自體盡虛空界
十二類内所有衆生皆我身中一類流出生
勝解者是人則墮能非能執摩醯首羅現无
邊身成其伴侶迷佛菩提亡失知見是名第
二立能為心成能事果違遠圓通背涅槃城
生大慢天我遍圓種
又善男子窮諸行空已滅生滅而於寂滅精
妙未圓若於所歸有所歸依自疑身心從彼
流出十方虛空咸其生起即於都起所宣流
地作真常身无生滅解在生滅中早計常住
既惑不生亦迷生滅安住沉迷生勝解者是
人則墮常非常執計自在天成其伴侶迷佛
菩提亡失知見是名第三立因依心成妄計
果違遠圓通背涅槃城生倒圓種
又善男子窮諸行空已滅生滅而於寂滅精
妙未圓若於所知知遍圓故因知立解十方
草木皆稱有情與人无異圓故因知立解十

BD03584號　大佛頂如來密因修證了義諸菩薩萬行首楞嚴經卷一〇　（16–9）

果違遠圓通背涅槃城生倒圓種
又善男子窮諸行空已滅生滅而於寂滅精
妙未圓若於所知知遍圓故因知立解十方
草木皆稱有情與人无異圓故因知立解十
方草木皆稱有情與人无異草木為人人死
還成十方草樹无擇遍知生勝解者是人則
墮知无知執婆吒霰尼執一切覺成其伴侶
迷佛菩提亡失知見是名第四計圓知心成
虛謬果違遠圓通背涅槃城生倒知種
又善男子窮諸行空已滅生滅而於寂滅精
妙未圓若於圓融根互用中已得隨順便於
圓化一切發生求火光明樂水清淨愛風周
流觀塵成就各各崇事以此群塵發作本因
立常住解是人則墮生無生執諸迦葉波并
婆羅門勤心役身事火崇水求出生死成其
伴侶迷佛菩提亡失知見是名第五計著崇
事迷心從物立妄求因求妄異果違遠圓通
背涅槃城生顛化種
又善男子窮諸行空已滅生滅而於寂滅精
妙未圓若於圓明計明中虛非滅群化以永滅依為
所歸依生勝解者是人則墮歸无歸執无相天中諸
舜若多成其伴侶迷佛菩提亡失知見是名第六圓
虛无心成空亡果違遠圓通背涅槃城生斷滅種
又善男子窮諸行空已滅生滅而於寂滅精
妙未圓若於圓常固身常住同于精圓長不

BD03584號　大佛頂如來密因修證了義諸菩薩萬行首楞嚴經卷一〇　（16-10）

所歸依生勝解者是人則墮歸无歸執无相天中諸
舜若多成其伴侶迷佛菩提亡失知見是名第六圓
虛无心成空亡果違遠圓通背涅槃城生斷滅種
又善男子窮諸行空已滅生滅而於寂滅精
妙未圓若於圓常固身常住同于精圓長不
傾逝生勝解者是人則墮貪非貪執諸阿斯
陁求長命者成其伴侶迷佛菩提亡失知見
是名第七執著命元立固妄因趣長勞果違
遠圓通背涅槃城生妄延種
又善男子窮諸行空已滅生滅而於寂滅精
妙未圓觀命互通却留塵勞恐其銷盡便於
此際坐蓮花宮廣化七珎多增寶媛縱恣其心
生勝解者是人則墮真无真執吒枳迦羅成
其伴侶迷佛菩提亡失知見是名第八發邪
思因立熾塵果違遠圓通背涅槃城生天
魔種
又善男子窮諸行空已滅生滅而於寂滅精
妙未圓於命明中分別精麤疏決真偽因果相
酬唯求感應背清淨道所謂見苦斷集證
滅脩道居滅以休更不前進生勝解者是人
則墮定性聲聞諸无聞僧增上慢者成其伴
侶迷佛菩提亡失知見是名第九圓精應心
成趣寂果違遠圓通背涅槃城生纏空種又
善男子窮諸行空已滅生滅而於寂滅精妙
未圓若於圓融清淨覺明發研深妙即立涅

BD03584號　大佛頂如來密因修證了義諸菩薩萬行首楞嚴經卷一〇　（16-11）

侶迷佛菩提亡失知見是名第九圓精應心
成趣寂果違遠圓通背涅槃城生纏空種又
善男子窮諸行空已滅生滅而於寂滅精妙
未圓若於圓融清淨覺明發研深妙即立涅
槃而不前進生勝解者是人則墮定性辟支
諸緣獨倫不迴心者成其伴侶迷佛菩提亡
失知見是名第十圓覺溜心成湛明果違遠
圓通背涅槃城生覺圓明不化圓種
阿難如是十種禪那中途成狂因依或未足
中生滿足證皆是識陰用心交互故生斯位
衆生頑迷不自忖量逢此現前各以所愛先
習迷心而自休息將為畢竟所歸寧地自言
滿足无上菩提大妄語成外道邪魔所感業
終墮无間獄聲聞緣覺不成增進汝等存心
秉如來道將此法門於我滅後傳示末世普
令衆生覺了斯義無令見魔自作沉孽保綏
哀救消息邪緣令其身心入佛知見從始成
就不遭岐路如是法門先過去世恒沙劫中
微塵如來乘此心開得无上道識陰若盡則
汝現前諸根互用從互用中能入菩薩金剛
乾慧圓明精心於中發化如淨瑠璃內含寶
月如是乃超十信十住十行十向四加行心
菩薩所行金剛十地等覺圓明入於如來妙莊
嚴海圓滿菩提歸无所得此是過去先佛世
尊奢摩他中毗婆舍那覺明分析微細魔

BD03584 號　大佛頂如來密因修證了義諸菩薩萬行首楞嚴經卷一〇　（16–12）

月如是乃超十信十住十行十向四加行心
菩薩所行金剛十地等覺圓明入於如來妙莊
嚴海圓滿菩提歸无所得此是過去先佛世
尊奢摩他中毗婆舍那覺明分析微細魔
事魔境現前汝能諳識心垢洗除不落邪
見陰魔銷滅天魔摧碎大力鬼神褫魄逃逝
魑魅魍魎無復出生直至菩提无諸少乏下
劣增進於大涅槃心不迷悶若諸末世愚鈍
衆生未識禪那不知說法樂修三昧汝恐同
邪一心勸令持我佛頂陀羅尼呪若未能誦
寫於禪堂或帶身上一切諸魔所不能動汝
當恭欽十方如來究竟修進最後垂範
阿難即從坐起聞佛示誨頂礼欽奉憶持無
失於大衆中重復白佛如佛所言五陰相中
五種虛妄為本想心我等平常未蒙如來微
細開示又此五陰為併銷除為次第盡如是
五重詣何為界唯願如來發宣大慈為此大
衆清明心目以為末世一切衆生作將來眼
佛告阿難精真妙明本覺圓淨非留死生及
諸塵垢乃至虛空皆因妄想之所生起斯元
本覺妙明真精妄以發生諸器世間如演若
多迷頭認影妄元无因於妄想中立因緣性
迷因緣者稱為自然彼虛空性猶實幻生因
緣自然皆是衆生妄心計度阿難知妄所起
說妄因緣若妄元无說妄因緣元无所有何

BD03584 號　大佛頂如來密因修證了義諸菩薩萬行首楞嚴經卷一〇　（16–13）

迷因緣者稱爲自然彼虛空性猶實幻生因
緣自然皆是衆生妄心計度阿難知妄所起
說妄因緣若妄元无說妄因緣元无所有何
況不知推自然者是故如來與汝發明五陰
本因同是妄想汝體先因父母想生汝心非
想則不能來想中傳命如我先言心想醋味
口中涎生心想登高足心酸起懸崖不有醋
物未來汝體必非虛妄通倫口水如何因談
醋出是故當知汝現色身名爲堅固第一妄
想即此所說臨高想心能令汝形真受酸澀
由因受生能動色體汝今現前順益違損二現
驅馳名爲虛明第二妄想由汝念慮使汝色
身身非念倫汝身何因隨念所使種種取
像心生形取與念相應寤即想心寐爲諸夢
則汝想念搖動妄情名爲融通第三妄想化
理不住運運密移甲長髮生氣銷容皺日夜相
代曾無覺悟阿難此若非汝云何體遷如必是
真汝何无覺則汝諸行念念不停名爲幽
隱第四妄想又汝精明湛不搖處名恒常者
於身不出見聞覺知若實精真不容習妄何
因汝等曾於昔年睹一奇物經歷年歲憶忘
俱无於後忽然覆睹前異記憶宛然曾不遺
失則此精了湛不搖中念念受熏有何籌算
阿難當知此湛非真如急流水望如恬靜流
急不見非是无流若非想元寧受想習非汝

BD03584號　大佛頂如來密因修證了義諸菩薩萬行首楞嚴經卷一〇　（16–14）

俱无於後忽然覆睹前異記憶宛然曾不遺
失則此精了湛不搖中念念受熏有何籌算
阿難當知此湛非真如急流水望如恬靜流
急不見非是无流若非想元寧受想習非汝
六根互用合開此之妄想无時得滅故汝現
在見聞覺知中串習幾則湛了內罔象虛无
第五顛倒細微精想
阿難是五受陰五妄想成汝今欲知因界淺
深唯色與空是色邊際唯觸及離是受邊際
唯記與忘是想邊際唯滅與生是行邊際湛
入合湛歸識邊際此五陰元重疊生起生因
識有滅從色除理則頓悟乘悟併銷事非頓
除因次第盡我已示汝劫波巾結何所不明再
此詢問汝應將此妄想根元心得開通傳示
將來末法之中諸修行者令識虛妄深厭自
生知有涅槃不戀三界
阿難若復有人遍滿十方所有虛空盈滿七寶
持以奉上微塵諸佛承事供養心无虛度於
意云何是人以此施佛因緣得福多不阿難
答言虛空无盡珍寶无邊昔有衆生施佛七
錢捨身猶獲轉輪王位況復現前虛空既窮
佛土充遍皆施珍寶窮劫思議尚不能及是
福云何更有邊際
佛告阿難諸佛如來語无虛妄若復有人身
具四重十波羅夷瞬息即經此方他方阿鼻
地獄乃至窮盡十方无間靡不經歷能以一

BD03584號　大佛頂如來密因修證了義諸菩薩萬行首楞嚴經卷一〇　（16–15）

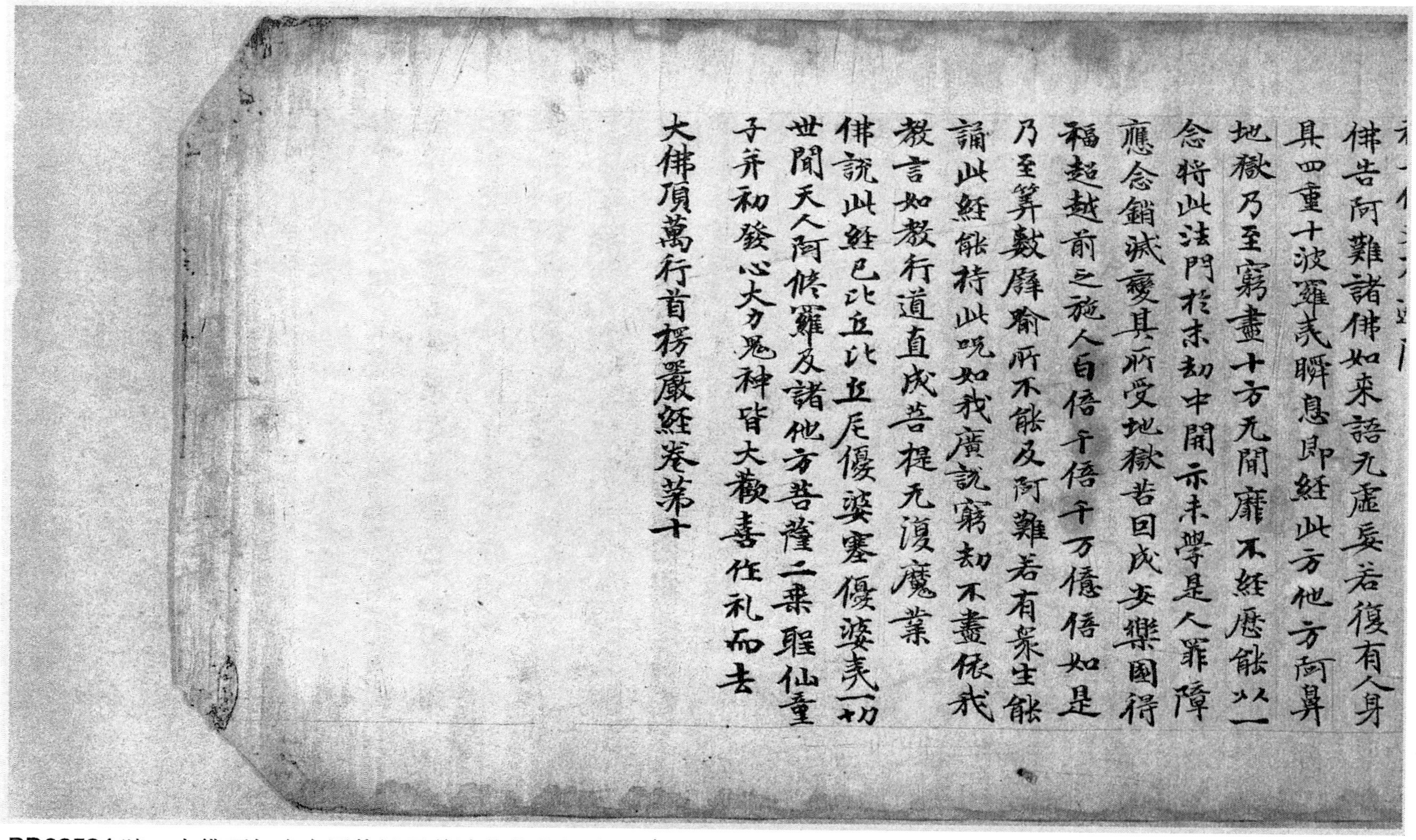

佛告阿難諸佛如來語无虛妄若復有人身
具四重十波羅夷瞬息即經此方他方阿鼻
地獄乃至窮盡十方无間靡不經歷能以一
念將此法門於末劫中開示未學是人罪障
應念銷滅變其所受地獄苦因成安樂國得
福超越前之施人百倍千倍千万億倍如是
乃至筭數譬喻所不能及阿難若有衆生能
誦此經能持此呪如我廣說窮劫不盡依我
教言如教行道直成菩提无復魔業
佛說此經已比丘比丘尼優婆塞優婆夷一切
世間天人阿脩羅及諸他方菩薩二乘聖仙童
子并初發心大力鬼神皆大歡喜作礼而去
大佛頂萬行首楞嚴經卷第十

BD03584 號　大佛頂如來密因修證了義諸菩薩萬行首楞嚴經卷一〇　(16–16)

BD03584 號背　勘記　(2–1)

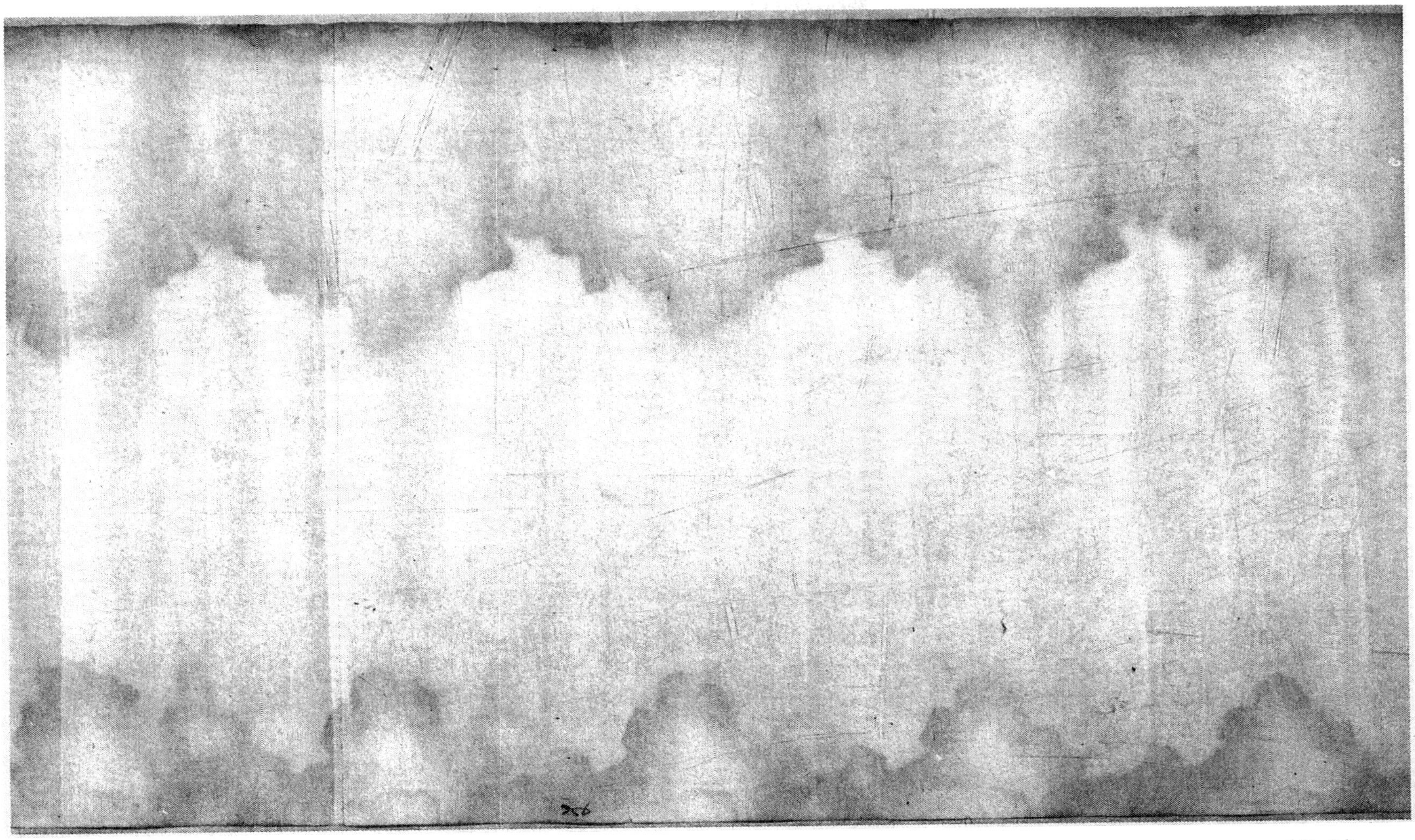

BD03584 號背　勘記　　（2–2）

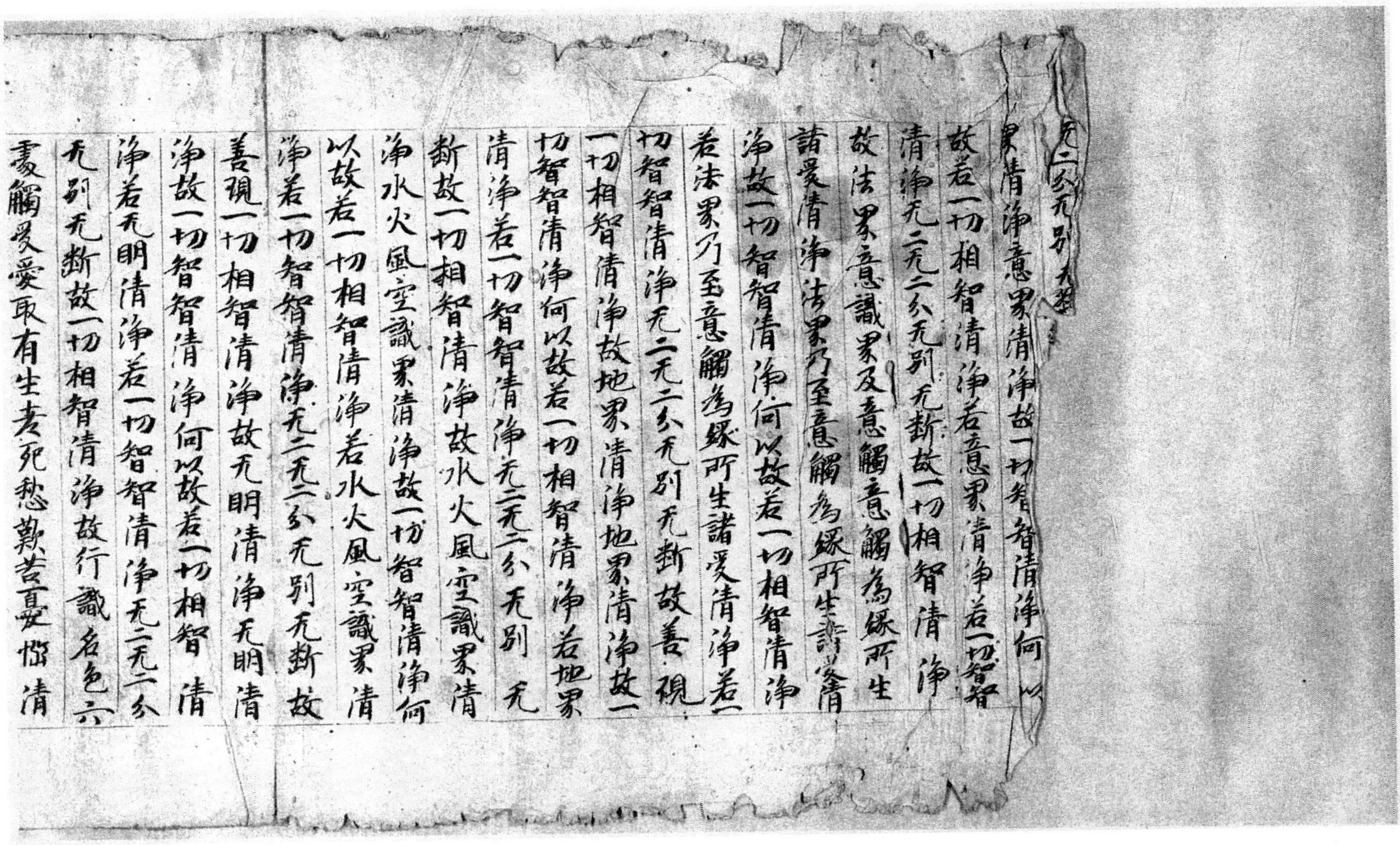

无二分无別无斷
界清淨意界清淨故一切智智清淨何以
故若一切相智清淨若意界清淨若一切智智
清淨无二无二分无別无斷故一切相智清淨
故法界意識界及意觸意觸為緣所生
諸受清淨法界乃至意觸為緣所生諸受清
淨故一切智智清淨何以故若一切相智清淨
若法界乃至意觸為緣所生諸受清淨若一
切智智清淨无二无二分无別无斷故善現
一切相智清淨故地界清淨地界清淨故一
切智智清淨何以故若一切相智清淨若地界
清淨若一切智智清淨无二无二分无別无
斷故一切相智清淨故水火風空識界清
淨水火風空識界清淨故一切智智清淨何
以故若一切相智清淨若水火風空識界清
淨若一切智智清淨无二无二分无別无斷故
善現一切相智清淨故无明清淨无明清
淨故一切智智清淨何以故若一切相智清
淨若无明清淨若一切智智清淨无二无二分
无別无斷故一切相智清淨故行識名色六
處觸受愛取有生老死愁歎苦憂惱清

BD03585 號　大般若波羅蜜多經卷二四〇　　（12–1）

善現一切相智清淨故无明清淨无明清
淨故一切智智清淨何以故若一切相智清
淨若无明清淨若一切智智清淨无二无二分
无別无斷故一切相智清淨故行識名色六
處觸受愛取有生老死愁歎苦憂惱清
淨行乃至老死愁歎苦憂惱清淨故一切智
智清淨何以故若一切相智清淨若行乃
至老死愁歎苦憂惱清淨若一切智智清
淨无二无二分无別无斷故
善現一切相智清淨故布施波羅蜜多清淨
布施波羅蜜多清淨故一切智智清淨何以
故若一切相智清淨若布施波羅蜜多清淨
若一切智智清淨无二无二分无別无斷　故
一切相智清淨故淨戒安忍精進靜慮般若
波羅蜜多清淨淨戒乃至般若波羅蜜多
清淨故一切智智清淨何以故若一切相智清
清淨若淨戒乃至般若波羅蜜多清淨若
切智智清淨无二无二分无別无斷故善現一切
相智清淨故內空清淨內空清淨故一切智
智清淨何以故若一切相智清淨若內空
清淨若一切智智清淨无二无二分无別无
斷故一切相智清淨故外空內外空空空大
空勝義空有為空无為空畢竟空无際空
散空无變異空本性空自性空共相空一切
法空不可得空无性空自性空无性自性空
清淨外空乃至无性自性空清淨故一切
智智清淨何以故若一切相智清淨若外空

BD03585 號　大般若波羅蜜多經卷二四〇　（12–2）

散空无變異空本性空自性空共相空一切
法空不可得空无性空自性空无性自性空
清淨外空乃至无性自性空清淨故一切
智智清淨何以故若一切相智清淨若外空
乃至无性自性空清淨若一切智智清淨无二
无二分无別无斷故善現一切相智清淨故真
如清淨真如清淨故一切智智清淨何以故若
一切相智清淨若真如清淨若一切智智清
淨无二无二分无別无斷故一切相智清淨
故法界法性不虛妄性不變異性平等性
離生性法定法住實際虛空界不思議界清
淨法界乃至不思議界清淨故一切智智清
淨何以故若一切相智清淨若法界乃至不思
議界清淨若一切智智清淨无二无二分无別
无斷故善現一切相智清淨故苦聖諦清
淨苦聖諦清淨故一切智智清淨何以故若
一切相智清淨若苦聖諦清淨若一切智智
清淨无二无二分无別无斷故一切相智清
淨故集滅道聖諦清淨集滅道聖諦清
淨故一切智智清淨何以故若一切相智清
淨若集滅道聖諦清淨若一切智智清淨
无二无二分无別无斷故善現一切相智清淨
故四靜慮清淨四靜慮清淨故一切智智清
淨何以故若一切相智清淨若四靜慮清淨若
一切智智清淨无二无二分无別无斷故一切
相智清淨故四无量四无色定清淨四无

BD03585 號　大般若波羅蜜多經卷二四〇　（12–3）

故四靜慮清淨四靜慮清淨故一切智智清
淨何以故若一切相智清淨若四靜慮清淨若
一切智智清淨无二无二分无別无斷故一切
相智清淨故四无量四无色定清淨四无
量四无色定清淨故一切智智清淨何以故
若一切相智清淨若四无量四无色定清淨
若一切智智清淨无二无二分无別无斷故善
現一切相智清淨故八解脫清淨八解脫
清淨故一切智智清淨何以故若一切相智清
淨若八解脫清淨若一切智智清淨无二无
二无別无斷故一切相智清淨故八勝處九
次第定十遍處清淨八勝處九次第定十遍
處清淨故一切智智清淨何以故若一切相
智清淨若八勝處九次第定十遍處清
淨若一切智智清淨无二无二分无別无斷故
善現一切相智清淨故四念住清淨四念住
清淨故一切智智清淨何以故若一切相智
清淨若四念住清淨若一切智智清淨无
二无二分无別无斷故一切相智清淨故四正
斷四神足五根五力七等覺支八聖道支清
清淨四正斷乃至八聖道支清淨故一切智
智清淨何以故若一切相智清淨若四正斷
乃至八聖道支清淨若一切智智清淨无二
无二分无別无斷故善現一切相智清淨故
空解脫門清淨空解脫門清淨故一切智智
清淨何以故若一切相智清淨若空解脫門
清淨若一切智智清淨无二无二分无別无斷故

BD03585號　大般若波羅蜜多經卷二四〇　（12–4）

乃至八聖道支清淨若一切智智清淨无二
无二分无別无斷故善現一切相智清淨故
空解脫門清淨空解脫門清淨故一切智智
清淨何以故若一切相智清淨若空解脫門
清淨若一切智智清淨无二无二分无別无斷故
一切相智清淨故无相无願解脫門清淨
无相无願解脫門清淨故一切智智清淨
何以故若一切相智清淨若无相无願解脫
門清淨若一切智智清淨无二无二分无別无
斷故善現一切相智清淨故菩薩十地清淨
菩薩十地清淨故一切智智清淨何以故若
一切相智清淨若菩薩十地清淨若一切智
智清淨无二无二分无別无斷无故
善現一切相智清淨故五眼清淨五眼清淨
故一切智智清淨何以故若一切相智清淨若
五眼清淨若一切智智清淨无二无二分无
別无斷故一切相智清淨故六神通清淨
六神通清淨故一切智智清淨何以故若一切
切相智清淨若六神通清淨若一切智智清
淨无二无二分无別无斷故善現一切相智清淨
故佛十力清淨佛十力清淨故一切智智
清淨何以故若一切相智清淨若佛十力清
淨若一切智智清淨无二无二分无別无斷故
一切相智清淨故四无所畏四无礙解大慈
大悲大喜大捨十八佛不共法清淨四无
所畏乃至十八佛不共法清淨故一切智智

BD03585號　大般若波羅蜜多經卷二四〇　（12–5）

一切相智清淨故四无所畏四无礙解大慈
大悲大喜大捨十八佛不共法清淨四无
所畏乃至十八佛不共法清淨故一切智智
清淨何以故若一切相智清淨若四无所畏乃
至十八佛不共法清淨若一切智智清淨无
二无二分无別无斷故善現一切相智清淨
故无忘失法清淨无忘失法清淨故一切智
智清淨何以故若一切相智清淨若无忘
忘失法清淨若一切智智清淨无二无二分无
別无斷故一切相智清淨故恒住捨性清
淨恒住捨性清淨故一切智智清淨何以故
若一切相智清淨若恒住捨性清淨若一切
智智清淨无二无二分无別无斷故善現一切
相智清淨故一切智智清淨一切智清淨故一
切智智清淨何以故若一切相智清淨若一切
智清淨若一切智智清淨无二无二分无
別无斷故一切相智清淨故道相智清淨
道相智清淨故一切智智清淨何以故若一
切相智清淨若道相智清淨若一切智智清
淨无二无二分无別无斷故善現一切相智清
清淨故一切陁羅尼門清淨一切陁羅尼門
清淨故一切智智清淨何以故若一切相智
清淨若一切陁羅尼門清淨若一切智智清
淨无二无二分无別无斷故一切相智清淨
故一切三摩地門清淨一切三摩地門清淨故
一切智智清淨何以故若一切相智清淨若

BD03585號　大般若波羅蜜多經卷二四〇　（12–6）

清淨若一切陁羅尼門清淨若一切智智清
淨无二无二分无別无斷故一切相智清淨
故一切三摩地門清淨一切三摩地門清淨故
一切智智清淨何以故若一切相智清淨若
一切三摩地門清淨若一切智智清淨无二无
二无二分无別无斷故
善現一切相智清淨故預流果清淨預流果
清淨故一切智智清淨何以故若一切相智
清淨若預流果清淨若一切智智清淨无二
无二分无別无斷故一切相智清淨故一來不
還阿羅漢果清淨一來不還阿羅漢果清
淨故一切智智清淨何以故若一切相智清淨
若一來不還阿羅漢果清淨若一切智智
清淨无二无二分无別无斷故善現一切相智
清淨故獨覺菩提清淨獨覺菩提清淨
故一切智智清淨何以故若一切相智清淨若
獨覺菩提清淨若一切智智清淨无二无二
分无別无斷故善現一切相智清淨故一切菩
薩摩訶薩行清淨一切菩薩摩訶薩行清
淨故一切智智清淨何以故若一切相智清
淨若一切菩薩摩訶薩行清淨若一切智智
清淨无二无二分无別无斷故善現一切相智
清淨故諸佛无上正等菩提清淨諸佛无
上正等菩提清淨故一切智智清淨何以故若
一切相智清淨若諸佛无上正等菩提清淨
若一切智智清淨无二无二分无別无斷故復

BD03585號　大般若波羅蜜多經卷二四〇　（12–7）

清淨故諸佛无上正等菩提清淨諸佛无
上正等菩提清淨故一切智智清淨何以故若
一切相智清淨若諸佛无上正等菩提清淨
若一切智智清淨无二无二分无別无斷故復
次善現一切陁羅尼門清淨故色清淨色
清淨故一切智智清淨何以故若一切陁羅
尼門清淨若色清淨若一切智智清淨无二无
二分无別无斷故一切陁羅尼門清淨故受
想行識清淨受想行識清淨故一切智智
清淨何以故若一切陁羅尼門清淨若受想
行識清淨若一切智智清淨无二无二分无別
无斷故善現一切陁羅尼門清淨故眼處
清淨眼處清淨故一切智智清淨何以故若
一切陁羅尼門清淨若眼處清淨若一切智
智清淨无二无二分无別无斷故一切陁羅尼門
清淨故耳鼻舌身意處清淨耳鼻舌身意
處清淨故一切智智清淨何以故若一切陁
羅尼門清淨若耳鼻舌意處清淨若一切
智智清淨无二无二分无別无斷故善現一切
陁羅尼門清淨故色處清淨色處清淨
故一切智智清淨何以故若一切陁羅尼門清
淨若色處清淨若一切智智清淨无二无
二分无別无斷故一切陁羅尼門清淨故聲香
味觸法處清淨聲香味觸法處清淨故一
切智智清淨何以故若一切陁羅尼門清淨若
聲香味觸法處清淨若一切智智清淨无

二分无別无斷故一切陁羅尼門清淨故聲香
味觸法處清淨聲香味觸法處清淨故一
切智智清淨何以故若一切陁羅尼門清淨若
聲香味觸法處清淨若一切智智清淨无
二无二分无別无斷故善現一切陁羅尼門清
淨故眼界清淨眼界清淨故一切智智清
淨何以故若一切陁羅尼門清淨若眼界清
淨若一切智智清淨无二无二分无別无斷故
一切陁羅尼門清淨故色界眼識界及眼觸
眼觸為緣所生諸受清淨色界乃至眼觸
為緣所生諸受清淨故一切智智清淨何以故
若一切陁羅尼門清淨若色界乃至眼觸為
緣所生諸受清淨若一切智智清淨无二无
二分无別无斷故善現一切陁羅尼門清淨故
耳界清淨耳界清淨故一切智智清淨
何以故若一切陁羅尼門清淨若耳界清淨
若一切智智清淨无二无二分无別无斷故一切
陁羅尼門清淨故聲界耳識界及耳觸
耳觸為緣所生諸受清淨聲界乃至耳觸為
緣所生諸受清淨故一切智智清淨何以故
若一切陁羅尼門清淨若聲界乃至耳觸為
緣所生諸受清淨若一切智智清淨无二无二
分无別无斷故善現一切陁羅尼門清淨
故鼻界清淨鼻界清淨故一切智智清淨何
以故若一切陁羅尼門清淨若鼻界清淨若
一切智智清淨无二无二分无別无斷故一切
陁羅尼門清淨故香界鼻識界及鼻觸

分无別无斷故善現一切陁羅尼門清　淨
故鼻界清淨鼻界清淨故一切智智清淨何
以故若一切陁羅尼門清淨若鼻界清淨若
一切智智清淨无二无二分无別无斷故一　切
陁羅尼門清淨故香界鼻識界及鼻觸
鼻觸為緣所生諸受清淨香界乃至鼻觸為
緣所生諸受清淨故一切智智清淨何以故若
一切陁羅尼門清淨若香界乃至鼻觸為緣
所生諸受清淨若一切智智清淨无二无二分无
別无斷故善現一切陁羅尼門清淨故　舌
界清淨舌界清淨故一切智智清淨何　以
故若一切陁羅尼門清淨若舌界清淨　若一
切智智清淨无二无二分无別无斷故一切陁
羅尼門清淨故味界舌識界及舌觸舌觸
為緣所生諸受清淨味界乃至舌觸為緣
所生諸受清淨故一切智智清淨何以故若一
切陁羅尼門清淨若味界乃至舌觸為緣所生
諸受清淨若一切智智清淨无二无二分　无別
无斷故善現一切陁羅尼門清淨故身
界清淨身界清淨故一切智智清淨何
以故若一切陁羅尼門清淨若身界清淨
若一切智智清淨无二无二分无別无斷故一切陁
羅尼門清淨故觸界身識界及身觸身
觸為緣所生諸受清淨觸界乃至身觸
為緣所生諸受清淨故一切智智清淨何以故若
一切陁羅尼門清淨若觸界乃至身觸為緣

羅尼門清淨故觸界身識界及身觸身
觸為緣所生諸受清淨觸界乃至身觸
為緣所生諸受清淨故一切智智清淨何以故若
一切陁羅尼門清淨若觸界乃至身觸為緣
所生諸受清淨若一切智智清淨无二无二分无
別无斷故善現一切陁羅尼門清淨故意界
清淨意界清淨故一切智智清淨何以故若
一切陁羅尼門清淨若意界清淨若一切智
智清淨无二无二分无別无斷故一切陁羅　尼
門清淨故法界意識界及意觸意觸為
緣所生諸受清淨法界乃至意觸為緣所生
諸受清淨故一切智智清淨何以故若一切陁
羅尼門清淨若法界乃至意觸為緣所生諸
受清淨若一切智智清淨无二无二分无別无
斷故善現一切陁羅尼門清淨故地界清
淨地界清淨故一切智智清淨何以故若一
切陁羅尼門清淨若地界清淨若一切智智
清淨无二无二分无別无斷故一切陁羅尼門
清淨故水火風空識界清淨水火風空識
界清淨故一切智智清淨何以故若一切　陁
羅尼門清淨若水火風空識界清淨若一
切智智清淨无二无二分无別无斷故善現一切
切陁羅尼門清淨故无明清淨无明清淨故
一切智智清淨何以故若一切陁羅尼門清淨
若无明清淨若一切智智清淨无二无二　分
无別无斷故一切陁羅尼門清淨故行　識
名色六處觸受愛取有生老死愁歎苦憂

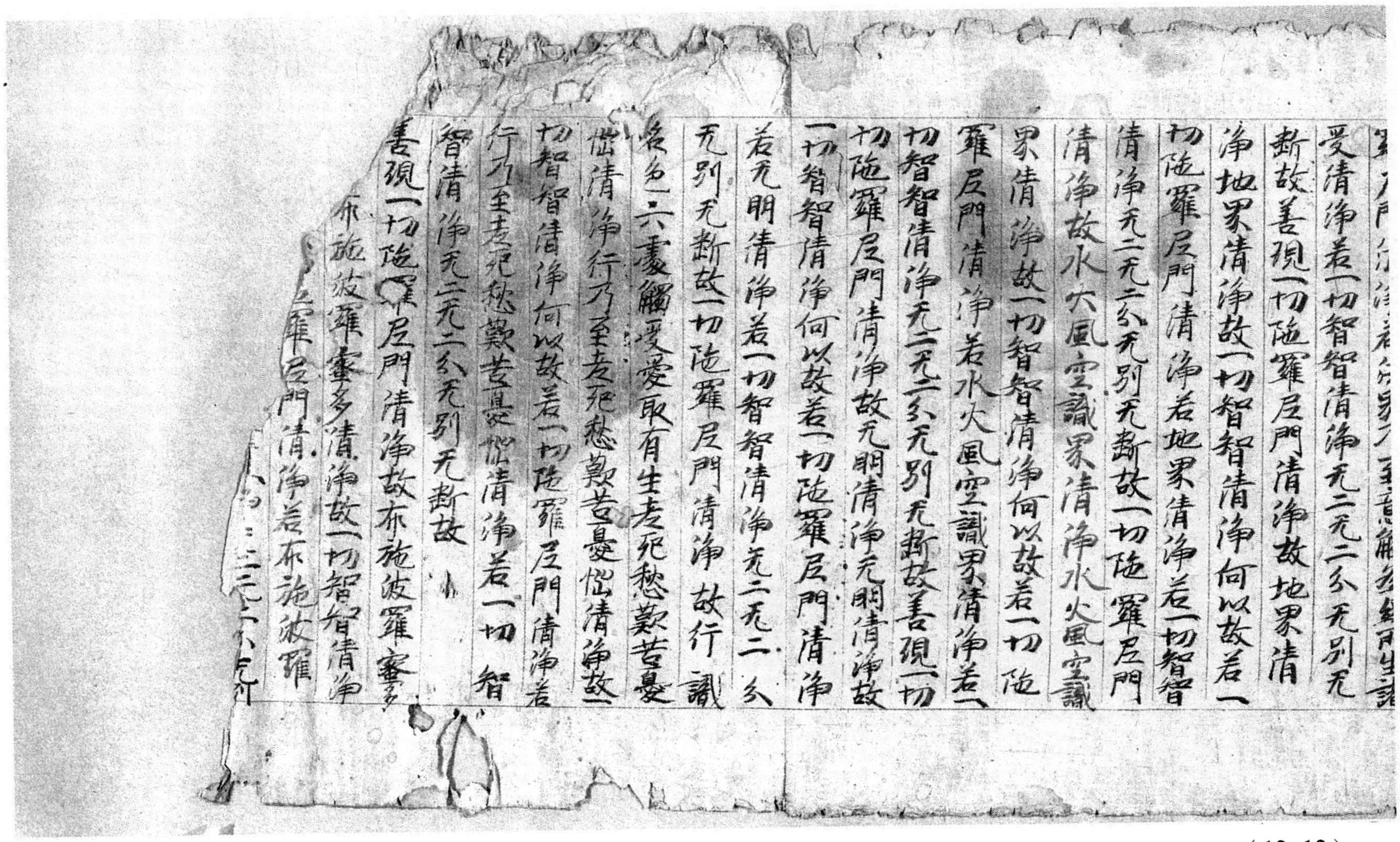

……至意觸為緣所生諸
受清淨若一切智智清淨無二無二分無別無
斷故善現一切陀羅尼門清淨故地界清
淨地界清淨故一切智智清淨何以故若一
切陀羅尼門清淨若地界清淨若一切智智
清淨無二無二分無別無斷故一切陀羅尼門
清淨故水火風空識界清淨水火風空識
界清淨故一切智智清淨何以故若一切陀
羅尼門清淨若水火風空識界清淨若一
切智智清淨無二無二分無別無斷故善現一切
切陀羅尼門清淨故無明清淨無明清淨故
一切智智清淨何以故若一切陀羅尼門清淨
若無明清淨若一切智智清淨無二無二分
無別無斷故一切陀羅尼門清淨故行識
名色六處觸受愛取有生老死愁歎苦憂
惱清淨行乃至老死愁歎苦憂惱清淨故
一切智智清淨何以故若一切陀羅尼門清淨若
行乃至老死愁歎苦憂惱清淨若一切智
智清淨無二無二分無別無斷故 小
善現一切陀羅尼門清淨故布施波羅蜜多
布施波羅蜜多清淨故一切智智清淨
羅尼門清淨若布施波羅

BD03585號　大般若波羅蜜多經卷二四〇

（12–12）

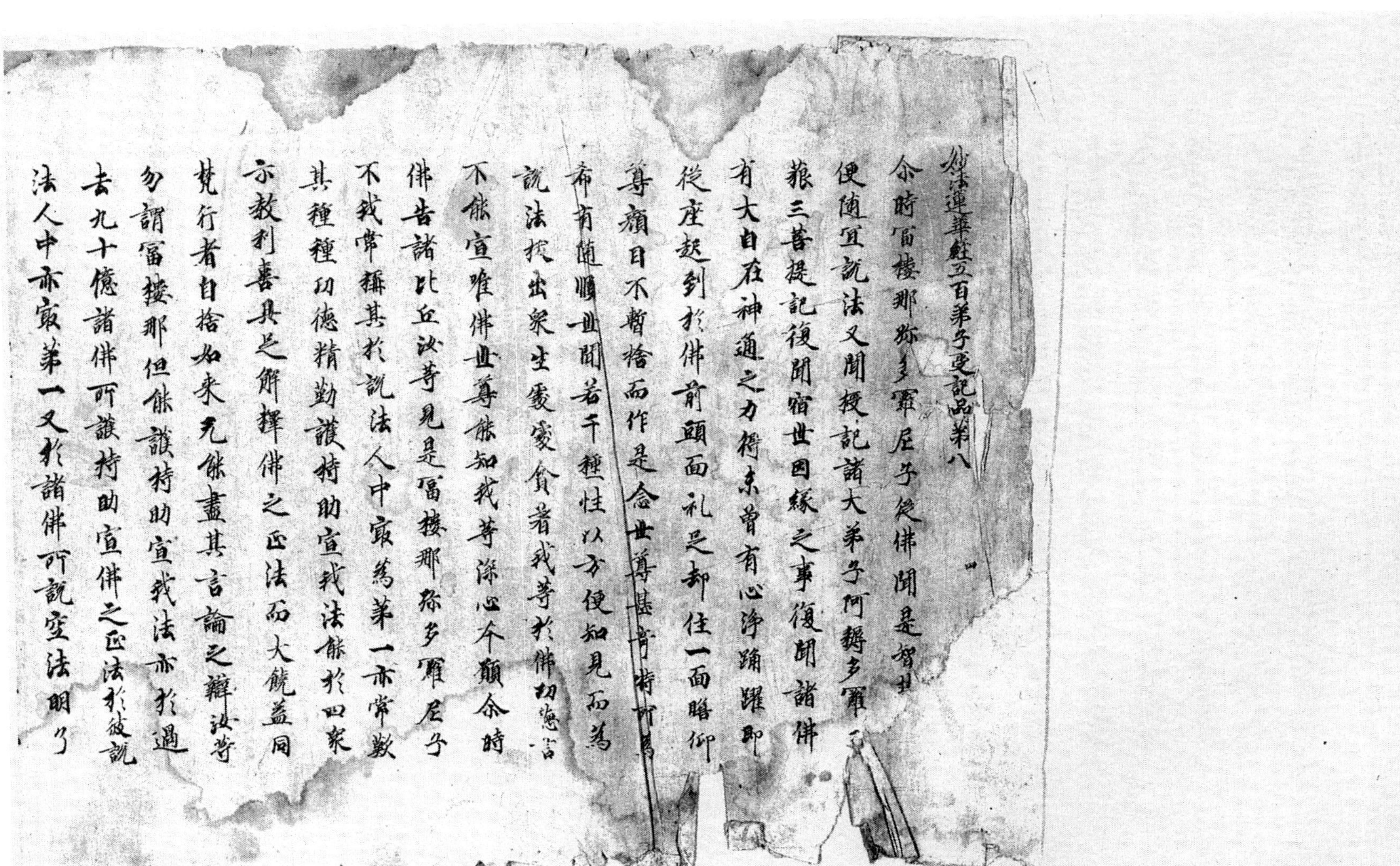

妙法蓮華經五百弟子受記品第八
尒時富樓那彌多羅尼子從佛聞是智慧
方便隨宜說法又聞授記諸大弟子阿耨多羅
三藐三菩提記復聞宿世因緣之事復聞諸佛
有大自在神通之力得未曾有心淨踊躍即
從座起到於佛前頭面禮足却住一面瞻仰
尊顏目不暫捨而作是念世尊甚奇特所為
希有隨順世間若干種性以方便知見而為
說法拔出眾生處處貪著我等於佛功德言
不能宣唯佛世尊能知我等深心本願尒時
佛告諸比丘汝等見是富樓那彌多羅尼子
不我常稱其於說法人中最為第一亦常歎
其種種功德精勤護持助宣我法能於四眾
示教利喜具足解釋佛之正法而大饒益同
梵行者自捨如來無能盡其言論之辯汝等
勿謂富樓那但能護持助宣我法亦於過
去九十億諸佛所護持助宣佛之正法於彼說
法人中亦最第一又於諸佛所說空法明了

BD03586號　妙法蓮華經卷四

（14–1）

示教利喜具足解釋佛之正法而大饒益同
梵行者自捨如來无能盡其言論之辯汝等
勿謂富樓那但能護持助宣我法亦於過
去九十億諸佛所護持助宣佛之正法於彼說
法人中亦最第一又於諸佛所說空法明了
通達得四无礙智常能審諦清淨說法无有
疑惑具足菩薩神通之力隨其壽命常脩梵
行彼佛世人咸皆謂之實是聲聞而富樓那
以斯方便饒益无量百千衆生又化无量阿
僧祇人令立阿耨多羅三藐三菩提爲淨佛
土故常作佛事教化衆生諸比丘富樓那亦
於七佛說法人中而得第一今於我所說法
人中亦爲第一於賢劫中當來諸佛說法人
中亦復第一而皆護持助宣佛法亦於未來
護持助宣无量无邊諸佛之法教化饒益无
量衆生令立阿耨多羅三藐三菩提爲淨佛
土故常勤精進教化衆生漸漸具足菩薩之
道過无量阿僧祇劫當於此土得阿耨多羅三
藐三菩提号曰法明如來應供正遍知明行
足善逝世間解无上士調御丈夫天人師
佛世尊其佛以恒河沙等三千大千世界爲
一佛土七寳爲地地平如掌无有山陵谿澗
溝壑七寳臺觀充滿其中諸天宮殿近處虛
空人天交接兩得相見无諸惡道亦无女人
一切衆生皆以化生无有婬欲得大神通身
出光明飛行自在志念堅固精進智慧普皆

BD03586 號　妙法蓮華經卷四　（14–2）

溝壑七寳臺觀充滿其中諸天宮殿近處虛
空人天交接兩得相見无諸惡道亦无女人
一切衆生皆以化生无有婬欲得大神通身
出光明飛行自在志念堅固精進智慧普皆
金色三十二相而自莊嚴其國衆生常以二
食一者法喜食二者禪悅食有无量阿僧祇
千万億那由他諸菩薩衆得大神通四无礙
智善能教化衆生之類其聲聞衆筭數校
計所不能知皆得具足六通三明及八解脫其
佛國土有如是等无量功德莊嚴成就劫名
寳明國名善淨其佛壽命无量阿僧祇劫法
住甚久佛滅度後起七寳塔遍滿其國尒時
世尊欲重宣此義而說偈言
諸比丘諦聽　佛子所行道　善學方便故　不可得思議
知衆樂小法　而畏於大智　是故諸菩薩　作聲聞緣覺
以无數方便　化諸衆生類　自說是聲聞　去佛道甚遠
度脫无量衆　皆悉得成就　雖小欲懈怠　漸當令作佛
內祕菩薩行　外現是聲聞　少欲厭生死　實自淨佛土
示衆有三毒　又現邪見相　我弟子如是　方便度衆生
若我具足說　種種現化事　衆生聞是者　心則懷疑惑
今此富樓那　於昔千億佛　勤脩所行道　宣護諸佛法
爲求无上慧　而於諸佛所　現居弟子上　多聞有智慧
所說无所畏　能令衆歡喜　未曾有疲倦　而以助佛事
已度大神通　具四无礙智　知衆根利鈍　常說清淨法
演暢如是義　教諸千億衆　令住大乘法　而自淨佛土

BD03586 號　妙法蓮華經卷四　（14–3）

所說无所畏 能令衆歡喜 未曾有疲惓 而以助佛事
已度大神通 具四无礙智 知衆根利鈍 常說清淨法
演暢如是義 教諸千億衆 令住大乘法 而自淨佛土
未來亦供養 无量无數佛 護助宣正法 亦自淨佛土
常以諸方便 說法无所畏 度不可計衆 成就一切智
供養諸如來 護持法寶藏 其後當作佛 号名曰法明
其國名善淨 七寶所合成 劫名為寶明 菩薩衆甚多
其數无量億 皆度大神通 威德力具足 充滿其國土
聲聞亦无數 三明八解脫 得四无礙智 以是等為僧
其國諸衆生 婬欲皆已斷 純一變化生 具相莊嚴身
法喜禪悅食 更无餘食想 无有諸女人 亦无諸惡道
富樓那比丘 功德悉成滿 當得斯淨土 賢聖衆甚多
如是无量事 我今但略說
尒時千二百阿羅漢心自在者作是念我等
歡喜得未曾有若世尊各見授記如餘大弟
子者不亦快乎佛知此等心之所念告摩訶
迦葉是千二百阿羅漢我今當現前次第與
受阿耨多羅三藐三菩提記於此衆中我大
弟子憍陳如比丘當供養六万二千億佛然後
得成為佛号曰普明如來應供正遍知明行
足善逝世間解无上士調御丈夫天人師佛
世尊其五百阿羅漢優樓頻螺迦葉伽耶迦
葉那提迦葉迦留陀夷優陀夷阿㝹樓䭾
離婆多劫賓那薄拘羅周陀莎伽陀等皆
當得阿耨多羅三藐三菩提盡同一号名曰普
明尒時世尊欲重宣此義而說偈言

BD03586號　妙法蓮華經卷四　（14–4）

葉那提迦葉迦留陀夷優陀夷阿㝹樓䭾
離婆多劫賓那薄拘羅周陀莎伽陀等皆
當得阿耨多羅三藐三菩提盡同一号名曰普
明尒時世尊欲重宣此義而說偈言
憍陳如比丘 當見无量佛 過阿僧祇劫 乃成等正覺
常放大光明 具足諸神通 名聞遍十方 一切之所敬
常說无上道 故号為普明 其國土清淨 菩薩皆勇猛
咸昇妙樓閣 遊諸十方國 以无上供具 奉獻於諸佛
作是供養已 心懷大歡喜 須臾還本國 有如是神力
佛壽六万劫 正法住倍壽 像法復倍是 法滅天人憂
其五百比丘 次第當作佛 同号曰普明 轉次而授記
我滅度之後 某甲當作佛 其所化世間 亦如我今日
國土之嚴淨 及諸神通力 菩薩聲聞衆 正法及像法
壽命劫多少 皆如上所說 迦葉汝已知 五百自在者
餘諸聲聞衆 亦當復如是 其不在此會 汝當為宣說
尒時五百阿羅漢於佛前得受記已歡喜踊
躍即從座起到於佛前頭面礼足悔過自責
世尊我等常作是念自謂已得究竟滅度今
乃知之如无知者所以者何我等應得如來
智慧而便自以小智為足世尊譬如有人至
親友家醉酒而卧是時親友官事當行以无
價寶珠繫其衣裏與之而去其人醉卧都不
覺知起已遊行到於他國為衣食故勤求力
索甚大艱難若少有所得便以為足於後親
友會遇見之而作是言咄哉丈夫何為衣食乃

BD03586號　妙法蓮華經卷四　（14–5）

覺知起已遊行到於他國為衣食故勤求力
索甚大艱難若少有所得便以為足於後親
友會遇見之而作是言咄哉丈夫何為衣食乃
至如是我昔欲令汝得安樂五欲自恣於某
年日月以无價寶珠繫汝衣裏今故現在
而汝不知勤苦憂惱以求自活甚為癡也汝
今可以此寶貿易所須常可如意无所乏短
佛亦如是為菩薩時教化我等令發一切智
心而尋廢忘不知不覺既得阿羅漢道自謂
滅度資生艱難得少為足一切智願猶在不
失今者世尊覺悟我等作如是言諸比丘汝
等所得非究竟滅我久令汝等種佛善根以
方便故示涅槃相而汝謂為實得滅度世尊
我今乃知實是菩薩得受阿耨多羅三藐三
菩提記以是因緣甚大歡喜得未曾有尒時阿
若憍陳如等欲重宣此義而說偈言
我等聞无上　安隱授記聲　歡喜未曾有　礼无量智佛
今於世尊前　自悔諸過咎　於无量佛寶　得少涅槃分
如无智愚人　便自以為足　譬如貧窮人　往至親友家
其家甚大富　具設諸餚饍　以无價寶珠　繫著內衣裏
嘿與而捨去　時卧不覺知　是人既已起　遊行詣他國
求衣食自濟　資生甚艱難　得少便為足　更不願好者
不覺內衣裏　有无價寶珠　與珠之親友　後見此貧人
苦切責之已　示以所繫珠　貧人見此珠　其心大歡喜
富有諸財物　五欲而自恣　我等亦如是　世尊於長夜
常愍見教化　令種无上願　我等无智故　不覺亦不知

BD03586號　妙法蓮華經卷四

（14–6）

求衣食自濟　資生甚艱難　得少便為足　更不願好者
不覺內衣裏　有无價寶珠　與珠之親友　後見此貧人
苦切責之已　示以所繫珠　貧人見此珠　其心大歡喜
富有諸財物　五欲而自恣　我等亦如是　世尊於長夜
常愍見教化　令種无上願　我等无智故　不覺亦不知
得少涅槃分　自足不求餘　今佛覺悟我　言非實滅度
得佛无上慧　尒乃為真滅　我今從佛聞　授記莊嚴事
及轉次受決　身心遍歡喜

妙法蓮華經授學无學人記品第九

尒時阿難羅睺羅而作是念我等每自思惟
設得受記不亦快乎即從座起到於佛前頭
面礼足俱白佛言世尊我等於此亦應有分唯
有如來我等所歸又我等為一切世間天人
阿脩羅所見知識阿難常為侍者護持法
藏羅睺羅是佛之子若佛見授阿耨多羅三
藐三菩提記者我願既滿衆望亦足尒時學
无學聲聞弟子二千人皆從座起偏袒右肩
到於佛前一心合掌瞻仰世尊如阿難羅睺
羅所願住立一面尒時佛告阿難汝於來世當
得作佛号山海慧自在通王如來應供正遍
知明行足善逝世間解无上士調御丈夫天
人師佛世尊當供養六十億諸佛護持法
藏然後得阿耨多羅三藐三菩提教化二
十千万億恒河沙諸菩薩等令成阿耨多羅
三藐三菩提國名常立勝幡其土清淨瑠璃
為地劫名妙音遍滿其佛壽命无量千万億

BD03586號　妙法蓮華經卷四

（14–7）

藏然後得阿耨多羅三藐三菩提教化二
十千万億恒河沙諸菩薩等令成阿耨多羅
三藐三菩提國名常立勝幡其土清淨琉璃
為地劫名妙音遍滿其佛壽命无量千万億
阿僧祇劫若人於千万億无量阿僧祇劫中
筭數校計不能得知正法住世倍於壽命像
法住世復倍正法阿難是山海慧自在通王
佛為十方无量千万億恒河沙等諸佛如來
所共讚歎稱其功德尒時世尊欲重宣此義
而說偈言
我今僧中說　阿難持法者　當供養諸佛　然後成正覺
号曰山海慧　自在通王佛　其國土清淨　名常立勝幡
教化諸菩薩　其數如恒沙　佛有大威德　名聞滿十方
壽命无有量　以愍衆生故　正法倍壽命　像法復倍是
如恒河沙等　无數諸衆生　於此佛法中　種佛道因緣
尒時會中新發意菩薩八千人咸作是念我
等尚不聞諸大菩薩得如是記有何因緣而
諸聲聞得如是決尒時世尊知諸菩薩心之
所念而告之曰諸善男子我與阿難等於空
王佛所同時發阿耨多羅三藐三菩提心阿
難常樂多聞我常勤精進是故我已得成阿
耨多羅三藐三菩提而阿難護持我法亦護
將來諸佛法藏教化成就諸菩薩衆其本願
如是故獲斯記阿難面於佛前自聞授記及
國土莊嚴所願具足心大歡喜得未曾有即

BD03586號　妙法蓮華經卷四

（14–8）

耨多羅三藐三菩提而阿難護持我法亦護
將來諸佛法藏教化成就諸菩薩衆其本願
如是故獲斯記阿難面於佛前自聞授記及
國土莊嚴所願具足心大歡喜得未曾有即
時憶念過去无量千万億諸佛法藏通達无
礙如今所聞亦識本願尒時阿難而說偈言
世尊甚希有　令我念過去　无量諸佛法　如今日所聞
我今无復疑　安住於佛道　方便為侍者　護持諸佛法
尒時佛告羅睺羅汝於來世當得作佛号蹈
七寶華如來應供正遍知明行足善逝世間
解无上士調御丈夫天人師佛世尊當供養
十世界微塵等數諸佛如來常為諸佛而
作長子猶如今也是蹈七寶華佛國土莊嚴壽
命劫數所化弟子正法像法亦如山海慧自
在通王如來无異亦為此佛而作長子過是
已後當得阿耨多羅三藐三菩提尒時世尊
欲重宣此義而說偈言
我為太子時　羅睺為長子　我今成佛道　受法為法子
於未來世中　見无量億佛　皆為其長子　一心求佛道
羅睺羅密行　唯我能知之　現為我長子　以示諸衆生
无量億千万　功德不可數　安住於佛法　以求无上道
尒時世尊見學无學二千人其意柔軟寂然
清淨一心觀佛佛告阿難汝見是學无學二
千人不唯然已見阿難是諸人等當供養五
十世界微塵數諸佛如來恭敬尊重護持法
藏末後同時於十方國各得成佛皆同一号

BD03586號　妙法蓮華經卷四

（14–9）

千人不唯然已見阿難是諸人等當供養五
十世界微塵數諸佛如來恭敬尊重護持法
藏末後同時於十方國各得成佛皆同一号
名曰寶相如來應供正遍知明行足善逝世
間解无上士調御丈夫天人師佛世尊壽命
一劫國土莊嚴聲聞菩薩正法像法皆悉同
等尒時世尊欲重宣此義而說偈言
是二千聲聞　今於我前住　悉皆與受記　未來當成佛
所供養諸佛　如上說塵數　護持其法藏　後當成正覺
各於十方國　悉同一名号　俱時坐道場　以證无上慧
皆名為寶相　國土及弟子　正法與像法　悉等无有異
咸以諸神通　度十方衆生　名聞普周遍　漸入於涅槃
尒時學无學二千人聞佛授記歡喜踊躍而
說偈言
世尊慧燈明　我聞授記音　心歡喜充滿　如甘露見灌
妙法蓮華經法師品第十
尒時世尊因藥王菩薩告八万大士藥王汝
見是大衆中无量諸天龍王夜叉乾闥婆阿
脩羅迦樓羅緊那羅摩睺羅伽人與非人及
比丘比丘尼優婆塞優婆夷求聲聞者求辟
支佛者求佛道者如是等類咸於佛前聞妙
法華經一偈一句乃至一念隨喜者我皆與
受記當得阿耨多羅三藐三菩提佛告藥王
又如來滅度之後若有人聞妙法華經乃至
一偈一句一念隨喜者我亦與受阿耨多羅
三藐三菩提記若復有人受持讀誦解說書

BD03586號　妙法蓮華經卷四　　（14–10）

受記當得阿耨多羅三藐三菩提佛告藥王
又如來滅度之後若有人聞妙法華經乃至
一偈一句一念隨喜者我亦與受阿耨多羅
三藐三菩提記若復有人受持讀誦解說書
寫妙法華經乃至一偈於此經卷敬視如佛
種種供養華香瓔珞末香塗香燒香繒蓋幢
幡衣服伎樂乃至合掌恭敬藥王當知是諸
人等已曾供養十万億佛於諸佛所成就大
願愍衆生故生此人間藥王若有人問何等
衆生於未來世當得作佛應示是諸人等於
未來世必得作佛何以故若善男子善女人
於法華經乃至一句受持讀誦解說書寫種
種供養經卷華香瓔珞末香塗香燒香繒蓋
幢幡衣服伎樂合掌恭敬是人一切世間所
應瞻奉應以如來供養而供養之當知此人
是大菩薩成就阿耨多羅三藐三菩提哀愍
衆生願生此間廣演分別妙法華經何況盡
能受持種種供養者藥王當知是人自捨清
淨業報於我滅度後愍衆生故生於惡世廣
演此經若是善男子善女人我滅度後能竊
為一人說法華經乃至一句當知是人則如
來使如來所遣行如來事何況於大衆中廣
為人說藥王若有惡人以不善心於一劫中
現於佛前常毀罵佛其罪尚輕若人以一惡
言毀呰在家出家讀誦法華經者其罪甚重
藥王其有讀誦法華經者當知是人以佛莊
[illegible]

BD03586號　妙法蓮華經卷四　　（14–11）

[illegible]
現於佛前常毀罵佛其罪尚輕若人以一惡
言毀呰在家出家讀誦法華經者其罪甚重
藥王其有讀誦法華經者當知是人以佛莊
嚴而自莊嚴則為如來肩所荷擔其所至方
應隨向禮一心合掌恭敬供養尊重讚歎華
香瓔珞末香塗香燒香繒蓋幢幡衣服餚饌
作諸伎樂人中上供而供養之應持天寶而
以散之天上寶聚應以奉獻所以者何是人
歡喜說法須臾聞之即得究竟阿耨多羅三
藐三菩提故爾時世尊欲重宣此義而說偈
言

若欲住佛道　成就自然智　常當勤供養　受持法華者
其有欲疾得　一切種智慧　當受持是經　并供養持者
若有能受持　妙法華經者　當知佛所使　愍念諸眾生
諸有能受持　妙法華經者　捨於清淨土　愍眾故生此
當知如是人　自在所欲生　能於此惡世　廣說無上法
應以天華香　及天寶衣服　天上妙寶聚　供養說法者
吾滅後惡世　能持是經者　當合掌禮敬　如供養世尊
上饌眾甘美　及種種衣服　供養是佛子　冀得須臾聞
若能於後世　受持是經者　我遣在人中　行於如來事
若於一劫中　常懷不善心　作色而罵佛　獲無量重罪
其有讀誦持　是法華經者　須臾加惡言　其罪復過彼
有人求佛道　而於一劫中　合掌在我前　以無數偈讚
由是讚佛故　得無量功德　歎美持經者　其福復過彼
於十八億劫　以最妙色聲　及與香味觸　供養持經者
如是供養已　若得須臾聞　則應自欣慶　我今獲大利

其有讀誦持　是法華經者　須臾加惡言　其罪復過彼
有人求佛道　而於一劫中　合掌在我前　以無數偈讚
由是讚佛故　得無量功德　歎美持經者　其福復過彼
於十八億劫　以最妙色聲　及與香味觸　供養持經者
如是供養已　若得須臾聞　則應自欣慶　我今獲大利
藥王今告汝　我所說諸經　而於此經中　法華最第一

爾時佛復告藥王菩薩摩訶薩我所說經典
無量千億已說今說當說而於其中此法華
經最為難信難解藥王此經是諸佛祕要之
藏不可分布妄授與人諸佛世尊之所守護
從昔已來未曾顯說而此經者如來現在猶
多怨嫉況滅度後藥王當知如來滅後其能
書持讀誦供養為他人說者如來則為以衣
覆之又為他方現在諸佛之所護念是人有
大信力及志願力諸善根力當知是人與如
來共宿則為如來手摩其頭藥王在在處處
若說若讀若誦若書若經卷所住處皆應起
七寶塔極令高廣嚴飾不須復安舍利所以
者何此中已有如來全身此塔應以一切華
香瓔珞繒蓋幢幡伎樂歌頌供養恭敬尊重
讚歎若有人得見此塔禮拜供養當知是等
皆近阿耨多羅三藐三菩提藥王多有人在
家出家行菩薩道若不能得見聞讀誦書持
供養是法華經者當知是人未善行菩薩道
若有得聞是經典者乃能善行菩薩之道其
[illegible]

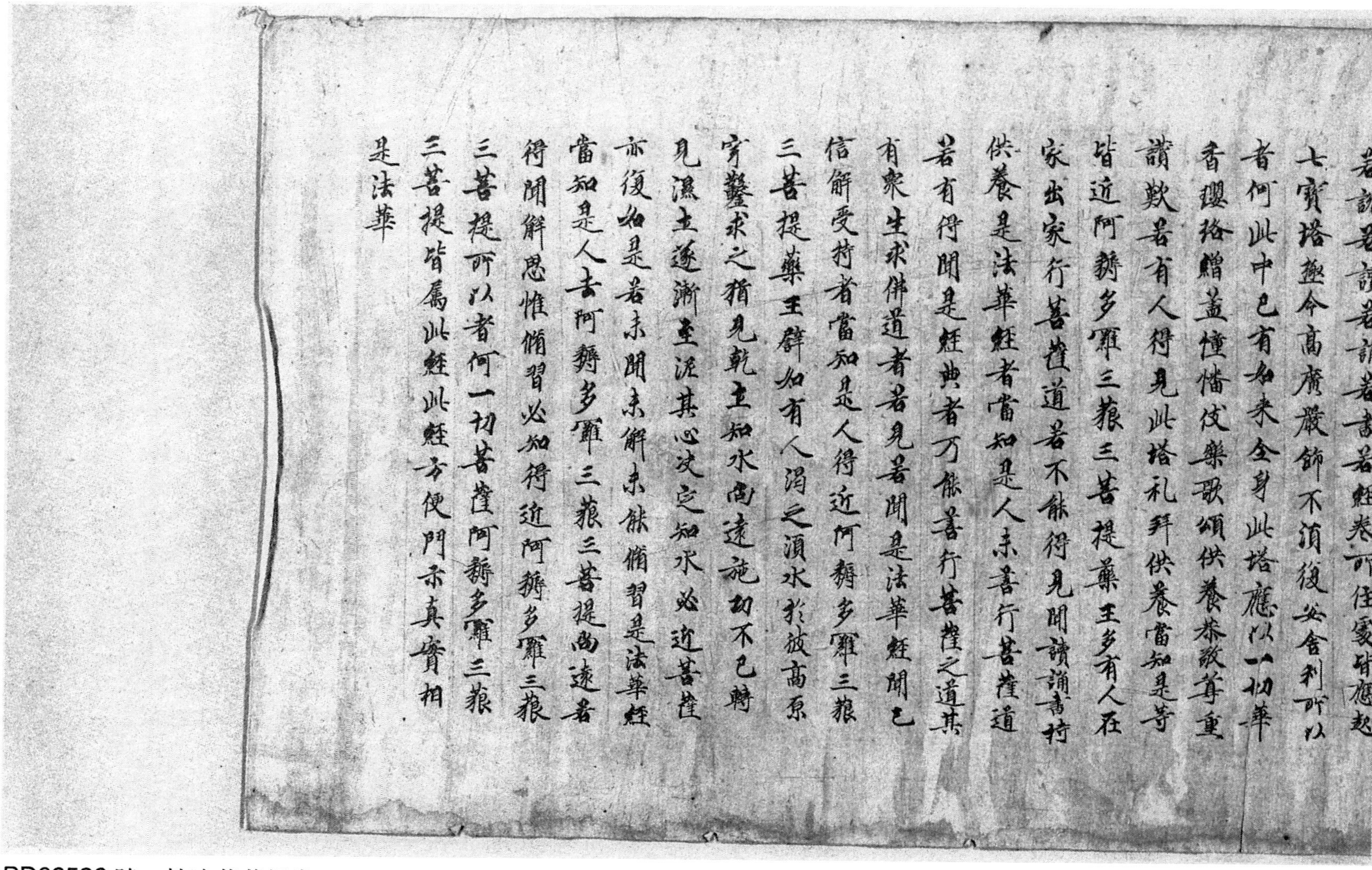

若說若讀若誦若書若經卷所住處皆應起
七寶塔極令高廣嚴飾不須復安舍利所以
者何此中已有如來全身此塔應以一切華
香瓔珞繒蓋幢幡伎樂歌頌供養恭敬尊重
讚歎若有人得見此塔礼拜供養當知是等
皆近阿耨多羅三藐三菩提藥王多有人在
家出家行菩薩道若不能得見聞讀誦書持
供養是法華經者當知是人未善行菩薩道
若有得聞是經典者万能善行菩薩之道其
有衆生求佛道者若見若聞是法華經聞已
信解受持者當知是人得近阿耨多羅三藐
三菩提藥王譬如有人渴乏須水於彼高原
穿鑿求之猶見乾土知水尚遠施功不已轉
見濕土遂漸至泥其心決定知水必近菩薩
亦復如是若未聞未解未能修習是法華經
當知是人去阿耨多羅三藐三菩提尚遠若
得聞解思惟修習必知得近阿耨多羅三藐
三菩提所以者何一切菩薩阿耨多羅三藐
三菩提皆屬此經此經方便門示真實相
是法華

BD03586號　妙法蓮華經卷四

（14–14）

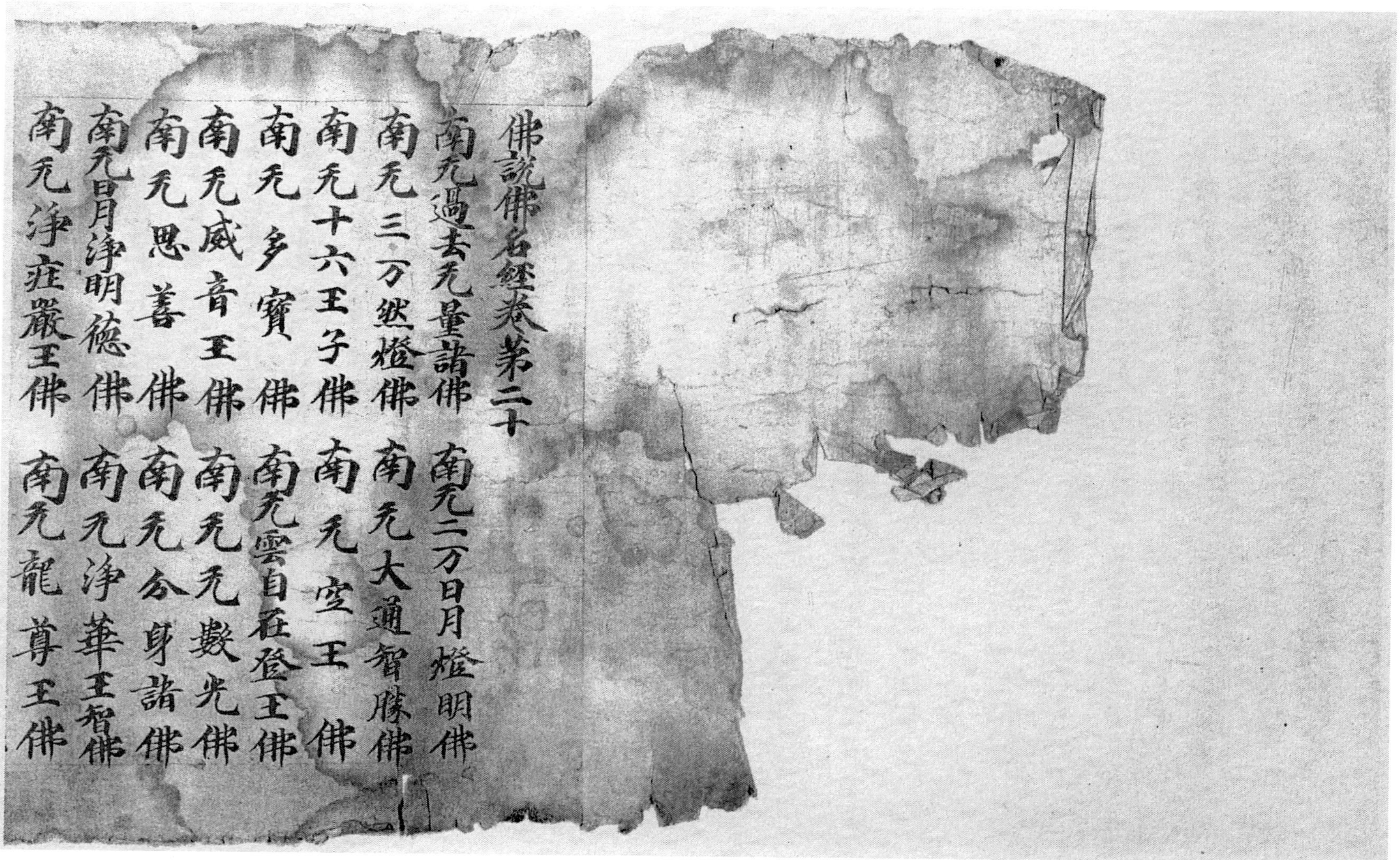

佛說佛名經卷第二十
南无過去无量諸佛　南无二万日月燈明佛
南无三万然燈佛　南无大通智勝佛
南无十六王子佛　南无空王佛
南无多寶佛　南无雲自在登王佛
南无威音王佛　南无无數光佛
南无思善佛　南无分身諸佛
南无日月淨明德佛　南无淨華王智佛
南无淨莊嚴王佛　南无龍尊王佛

BD03587號　佛名經（二十卷本）卷二〇

（25–1）

南无思善佛　南无分身諸佛
南无日月淨明德佛　南无淨華王智佛
南无淨莊嚴王佛　南无龍尊王佛
南无雲雷音王佛　南无雲雷宿王華佛
南无寶王佛　南无婆羅樹王佛
南无上威德寶王佛　南无光明王佛
南无百億定光佛　南无光遠佛
南无月光佛　南无旃檀香佛
南无善山王佛　南无須弥天冠佛
南无須弥等曜佛　南无月色佛
南无正念佛　南无无著佛
南无離垢佛　南无龍天佛
南无不動地佛　南无瑠璃妙華佛
南无瑠璃金色佛　南无金藏佛
南无炎光佛　南无炎根佛
南无地種佛　南无月像佛
南无日音佛　南无解脫華佛
南无莊嚴明佛　南无海覺神通佛
南无水光佛　南无大香佛
南无離霊垢佛　南无捨厭意佛
南无寶炎佛　南无妙頂佛
南无勇立佛　南无功德持惠佛
南无弊日月光佛　南无日月琉璃光佛

BD03587號　佛名經（二十卷本）卷二〇　（25–2）

南无離霊垢佛　南无捨厭意佛
南无寶炎佛　南无妙頂佛
南无勇立佛　南无功德持惠佛
南无弊日月光佛　南无日月琉璃光佛
南无无上琉璃光佛　南无寂上首佛
南无无菩提華佛　南无月明佛
南无水月光佛　南无除疑冥佛
南无度蓋行佛　南无淨信佛
南无善宿佛　南无威神佛
南无法慧佛　南无鸞音佛
南无師子音佛　南无龍音佛
南无慶世佛 二千六百　南无自在佛
南无无量壽佛　南无无量光佛
南无无邊光佛　南无无导光佛
南无无對光佛　南无光炎王佛
南无清淨光佛　南无歡喜光佛
南无智慧光佛　南无不斷光佛
南无難思光佛　南无无稱光佛
南无超日月光佛　南无相好紫金佛
南无遠照佛　南无寶藏佛
南无无量音佛　南无甘露味佛
南无龍勝佛　南无勝力佛
南无師子音佛　南无離垢光佛

BD03587號　佛名經（二十卷本）卷二〇　（25–3）

南无无量音佛 南无甘露味佛
南无龍勝佛 南无勝力佛
南无師子音佛 南无離垢光佛
南无德首佛 南无妙德山佛
南无人王佛 南无无上華佛
南无无畏力王佛 南无龍自在王佛
南无師子衣王佛 南无自在王佛
南无普光佛 南无普明佛
南无普淨佛 南无多摩羅跋栴檀香佛
南无栴檀香光佛 南无摩尼幢佛
南无歡喜藏寶積佛 南无上大精進佛
南无摩尼幢燈光佛 南无慧炬照佛
南无海德光明佛 南无金剛牢強普散金光佛
南无大強精進勇猛佛 南无悲光佛
南无慈力王佛 南无慈藏王佛
南无栴檀窟莊嚴勝佛 南无賢善首佛
南无善覺佛 南无莊嚴王佛
南无金山寶蓋佛 南无金華炎光相佛
南无大炬光明佛 南无寶蓋照空自在力王佛
南无金華光佛 南无虛空寶華光佛
南无琉璃莊嚴王佛 南无普現色身光佛
南无不動智光佛 南无降伏諸魔王佛
南无千光明佛 南无慈慧勝佛

BD03587號　佛名經（二十卷本）卷二〇　（25–4）

南无金華光佛 南无虛空寶華光佛
南无琉璃莊嚴王佛 南无普現色身光佛
南无不動智光佛 南无降伏諸魔王佛
南无千光明佛 南无慈慧勝佛
南无彌勒鮮光佛 南无世淨光佛
南无善寂月音佛 南无妙尊智王佛
南无寶蓋登王佛 南无龍種上智尊王佛
南无日月光佛 南无日月珠光佛
南无慧幢勝莊嚴王佛 南无无垢藏佛
南无光明相佛 南无金炎光明佛
南无金伯光明藏佛 南无師子吼自在力王佛
南无妙音勝王佛 南无常光幢佛
南无觀世登王佛 南无須彌光佛
南无惠衣登王佛 南无法勝王佛
南无須摩那華光佛 南无優鉢羅華光佛
南无殊勝力王佛 南无惠力王佛
南无阿閦歡喜光佛 南无无量音聲王佛
南无才光佛 南无金海光佛
南无山海慧自在通王佛 南无大通光佛
南无一切法常滿王佛 南无現无愚佛
南无過去无量分身諸佛 南无過去一佛十佛
百佛千佛万佛能除无量劫以來生死重罪
南无一億十億百億千万億那由他恒河沙无
量阿僧祇佛菩人聞是過去无量阿僧祇

BD03587號　佛名經（二十卷本）卷二〇　（25–5）

南无過去无量分身諸佛 南无過去一佛十佛
百佛千佛万佛能除无量劫以来生死重罪
南无一億十億百億千万億那由他恒河沙无
量阿僧祇佛若人聞是過去无量阿僧祇
佛名是人八十万劫不墮地獄苦是故今敬礼
若人因礼拜過去諸佛名滅罪得本心 更不造十惡
及以五逆罪 常得聞正法 具足大乘義 是故今敬礼
唯除二種人 一者謗方等 二者一闡提 若人心淨信
不名一闡提 常見无量佛 若有犯重罪 及以五无間
復能清淨信 亦使如法住 皆由敬礼故 滅除十惡業
悉得大乘義 是故今敬礼
說是過去諸佛名時十千菩薩得无生忍八
百聲聞發少分心五千比丘得阿羅漢道一
億天人得法眼淨
南无現在无量諸佛 南无十億王明諸佛
南无離垢紫金沙佛二千七百 南无无量明佛
南无日轉光明王佛 南无香積佛
南无師子億像佛 南无師子遊戲佛
南无普光功德山王佛 南无善住功德寶王佛
南无寶花莊嚴王佛 南无難勝佛
南无須弥相佛 南无須弥登王佛
南无寶德佛 南无寶月佛
南无寶尖佛 南无寶嚴佛

南无寶花莊嚴王佛 南无難勝佛
南无須弥相佛 南无須弥登王佛
南无寶德佛 南无寶月佛
南无寶尖佛 南无寶嚴佛
南无難勝師子響佛 南无大光王佛
南无不動佛 南无藥王佛
南无莊嚴佛 南无樓至佛
南无月蓋佛 南无普光佛
南无寶王佛 南无唯越佛
南无式佛 南无隨葉佛
南无拘樓秦佛 南无拘那含牟尼佛
南无迦葉佛 南无雷音王佛
南无祇法藏佛 南无旃檀華佛
南无旃檀葉佛 南无妙音佛
南无无上勝佛 南无甘露鼓佛
南无毗婆尸佛 南无日月光明佛
南无无勝光佛 南无具足莊嚴王佛
南无光明遍照功德王佛 南无破壞四魔師子吼王佛
南无金剛不壞佛 南无琉璃光佛
南无須弥山王佛 南无淨光明王佛
南无善德佛 南无无量光明佛
南无陁羅尼遊戲佛 南无首楞嚴定三昧力王佛
南无善見定自在王佛 南无无上功德佛
南无神通自在佛 南无无色相佛

南无[illegible]德佛　南无[illegible]光明佛
南无陁羅尼遊戲佛　南无首楞嚴定三昧力王佛
南无善見定自在王佛　南无无上功德佛
南无神通自在佛　南无无色相佛
南无无聲相佛　南无无香相佛
南无无味相佛　南无无觸相佛
南无三昧定自在佛　南无惠定自在佛
南无相覺自在佛　南无普攝佛
南无寶德普光王佛　南无尸棄佛
南无毗舍浮佛　南无迦羅鳩村大佛
南无迦那牟尼佛　南无迦葉佛
南无歡喜佛　南无意樂美音佛
南无阿閦佛　南无須弥相佛
南无師子音佛　南无師子相佛
南无雲自在佛　南无常滅佛
南无帝相佛　南无阿弥陁佛
南无梵相佛　南无度一切世間苦惱佛
南无多摩羅跋栴檀香王佛　南无須弥相佛
南无雲自在王佛　南无壞一切世間怖畏佛
南无百億釋迦牟尼佛　南无現在一佛十佛
百佛千佛万佛能除无量劫以来生死重
罪南无一億十億百億千億万億那由他恒
河沙等无量阿僧祇佛若人聞是現在无量
阿僧祇佛名是人六十万劫不墮地獄若是故

百佛千佛万佛能除无量劫以来生死重
罪南无一億十億百億千億万億那由他恒
河沙等无量阿僧祇佛若人聞是現在无量
阿僧祇佛名是人六十万劫不墮地獄若是故
今敬礼
若人因礼拜現在十方佛　度脫諸惡業滅除五逆罪
常住清淨地安住釋迦法　永離四惡道得見弥勒佛
及以見千佛是故今敬礼
復見十方佛常生清淨土得聞第一義了知如来身
說是現在諸佛名時二恒河沙菩薩得陁
羅尼門卅二億諸天及人皆發无上菩提道心
南无未来賢劫无量諸佛　南无弥勒佛
南无淨身佛　南无華光佛
南无華足佛　南无光明佛
南无名相佛　南无閻浮那提金光佛
南无法明佛　南无寶明佛
南无常明佛　南无普相佛二千八百
南无光相佛　南无普光佛
南无山海慧自在通王佛　南无寶莊嚴佛
南无弗沙佛　南无百億自在登王佛
南无寶相佛　南无喜見佛
南无二万光相莊嚴王佛　南无三万同号普德佛
南无雷寶音王佛　南无四万八千定光佛

南无井沙佛　南无百億自在登王佛
南无寶相佛　南无喜見佛
南无三万光相莊嚴佛　南无三万同号普德佛
南无雷寶音王佛　南无四万八千定光佛
南无寶月王佛　南无離垢光佛
南无妙色佛　南无妙色光明佛
南无破一切衆難佛　南无衆香佛
南无衆聲佛　南无十千莊嚴光明佛
南无八十億莊嚴光明佛　南无寶華莊嚴佛
南无上首德王佛　南无紫金光明佛
南无五百授記華光佛　南无那羅延不壞佛
南无好華莊嚴佛　南无金剛定自在佛
南无未来一佛十佛百佛千佛万佛能除
无量劫以来生死重罪
南无一億十億百億千億万億那由他恒河沙
无量阿僧祇佛若人聞是未来无量阿僧祇
佛名是人四十万劫不墮地獄苦是故今敬礼
若人因礼拜　未来諸佛名　三鄣及五逆　唯除一闡提
悉皆得除滅　安住佛法中　得見无量佛　常得聞雲
是故今敬礼
若人因礼拜　三世十方佛　滅除過去罪　未来及現在
所造十惡業　今現得除滅　未来見佛性　是故諦信之
書寫讀誦者　世世所生處　不生惡耶見　常正得解脱

BD03587號　佛名經（二十卷本）卷二〇

（25–10）

是故今敬礼
若人因礼拜　三世十方佛　滅除過去罪　未来及現在
所造十惡業　今現得除滅　未来見佛性　是故諦信之
書寫讀誦者　世世所生處　不生惡耶見　常正得解脱
不生在邊地　不生在惡國　不見惡國王　四億万劫中
不墮地獄苦　是故今敬礼　滅除十惡業　得大陁羅尼
説是未来諸佛名時五万菩薩住不退地七
百比丘尼得羅漢道六十二億諸天人民得
法眼淨
南无十二部經般若海藏
南无阿遬達經　南无王耶經
南无盂蘭盆經　南无灌臘經
南无報恩奉瓮經　南无摩鄧女經
南无摩登女解形中六事經　南无雜藏經
南无鬼問目連經　南无餓鬼報應經
南无瑠璃王經　南无鴦崛髻經
南无力士移山經　南无三摩竭經
南无大愛道般泥洹經　南无須達經
南无行七行現報經　南无阿難同學經
南无增一阿含經　南无羣牛譬經
南无揔持大陁羅尼十二部經脩多羅祇夜
受記伽陁憂陁那尼陁那波那伊帝日多
伽闍陁伽毗佛略阿浮陁達憂波提舍所有
大藏諸波羅蜜

BD03587號　佛名經（二十卷本）卷二〇

（25–11）

受記伽陁憂陁那尼陁那波那伊帝日多
伽闍陁伽毗佛略阿浮陁達憂波提舍所有
大藏諸波羅蜜
若人聞是十二部經諸波羅蜜讃誦礼拜
信樂受持是人廿万劫中不墮地獄苦得
宿命智是故今敬礼
說是十二部經名時八万五千菩薩得金剛
三昧十億聲聞發大乘心十千比丘比丘尼得
阿羅漢道无量天人得法眼淨
南无諸大菩薩摩訶薩衆
南无十方无量菩薩　南无文殊師利菩薩
南无觀世音菩薩　南无得大勢菩薩
南无常精進菩薩　南无不休息菩薩
南无寶掌菩薩　南无藥王菩薩
南无勇施菩薩　南无寶月菩薩
南无月光菩薩　南无滿月菩薩
南无大力菩薩　南无无量菩薩
南无越三界菩薩　南无颰陁波羅菩薩
南无弥勒菩薩　南无寶積菩薩
南无導師菩薩　南无德藏菩薩
南无樂說菩薩　南无龍樹菩薩
南无寶檀華菩薩　南无上行菩薩
南无无邊行菩薩　南无安立行菩薩

BD03587號　佛名經（二十卷本）卷二〇　（25–12）

南无樂說菩薩　南无龍樹菩薩
南无寶檀華菩薩　南无上行菩薩
南无无邊行菩薩　南无安立行菩薩
南无淨行菩薩　南无陁羅尼菩薩
南无金剛那羅延菩薩　南无常不輕菩薩
南无宿王華菩薩　南无喜見菩薩
南无妙音菩薩　南无德精進力菩薩
南无无進意菩薩　南无淨藏菩薩
南无淨眼菩薩　南无普賢菩薩
南无妙德菩薩　南无慈氏菩薩
南无善思議菩薩　南无空无菩薩
南无神通華菩薩　南无光英菩薩
南无上慧菩薩　南无智幢菩薩
南无窮根菩薩　南无願慧菩薩（二千九百）
南无香象菩薩　南无寶英菩薩
南无中住菩薩　南无制行菩薩
南无解脫菩薩　南无法藏菩薩
南无等觀菩薩　南无不等觀菩薩
南无等不等觀菩薩　南无定自在王菩薩
南无法自在王菩薩　南无法相菩薩
南无光相菩薩　南无光嚴菩薩
南无大嚴菩薩　南无寶積菩薩
南无辯積菩薩　南无[illegible]菩薩

BD03587號　佛名經（二十卷本）卷二〇　（25–13）

南无光相菩薩　南无光嚴菩薩
南无大嚴菩薩　南无寶積菩薩
南无雜積菩薩　南无寶手菩薩
南无寶印手菩薩　南无常舉手菩薩
南无常下手菩薩　南无常掾菩薩
南无善根菩薩　南无善王菩薩
南无辯音菩薩　南无虛空藏菩薩
南无執寶炬菩薩　南无寶勇菩薩
南无寶見菩薩　南无諦網菩薩
南无明網菩薩　南无无緣觀菩薩
南无慧積菩薩　南无寶勝菩薩
南无天王菩薩　南无壞魔菩薩
南无電德菩薩　南无自在王菩薩
南无功德相嚴菩薩　南无師子吼菩薩
南无雷音菩薩　南无山相擊音菩薩
南无香象菩薩　南无白香象菩薩
南无妙音菩薩　南无華嚴菩薩
南无梵網菩薩　南无寶杖菩薩
南无无勝菩薩　南无嚴土菩薩
南无金髻菩薩　南无珠髻菩薩
南无光嚴童子菩薩　南无持世菩薩
南无善德菩薩　南无難勝菩薩
南无照明菩薩　南无華光菩薩

BD03587號　佛名經（二十卷本）卷二〇　（25–14）

南无金髻菩薩　南无珠髻菩薩
南无光嚴童子菩薩　南无持世菩薩
南无善德菩薩　南无難勝菩薩
南无照明菩薩　南无華光菩薩
南无寶檀華菩薩　南无薩陁波論菩薩
南无曇无竭菩薩　南无法自在菩薩
南无德守菩薩　南无不論菩薩
南无德頂菩薩　南无善宿菩薩
南无善眼菩薩　南无妙臂菩薩
南无弗沙菩薩　南无師子菩薩
南无師子意菩薩　南无淨解菩薩
南无那羅延菩薩　南无善意菩薩
南无現見菩薩　南无普守菩薩
南无電光菩薩　南无喜見菩薩
南无明相菩薩　南无妙意菩薩
南无无盡意菩薩　南无深慧菩薩
南无寂根菩薩　南无无㝵菩薩
南无上善菩薩　南无福田菩薩
南无華嚴菩薩　南无德藏菩薩
南无月上菩薩　南无寶印手菩薩
南无珠頂王菩薩　南无樂寶菩薩
南无慧見菩薩　南无登王菩薩
南无深王菩薩　南无華王菩薩

BD03587號　佛名經（二十卷本）卷二〇　（25–15）

南无慧見菩薩　南无登王菩薩
南无滎王菩薩　南无華王菩薩
南无妙色菩薩　南无善聞菩薩
南无善眷菩薩　南无了相菩薩
南无定相菩薩　南无定積菩薩
南无發喜菩薩　南无定住菩薩
南无怖魔菩薩　南无慧施菩薩
南无救脫菩薩　南无慧登菩薩
南无勇施菩薩　南无智導菩薩
南无願慧菩薩　南无四攝菩薩
南无教音菩薩　南无海妙菩薩
南无法喜菩薩　南无道品菩薩
南无惣持菩薩　南无慈王菩薩
南无大自在菩薩　南无梵音菩薩
南无妙色菩薩　南无檀林菩薩
南无師子音菩薩　南无妙聲菩薩
南无妙色形菩薩　南无種莊嚴菩薩
南无釋幢菩薩　南无頂生菩薩
南无明王菩薩　南无大光菩薩
南无奢提菩薩　南无密積菩薩
南无華眹菩薩　南无上首菩薩
南无普現色身菩薩　南无神通菩薩
南无海德菩薩　南无无邊身菩薩

BD03587 號　佛名經（二十卷本）卷二〇　（25–16）

南无奢提菩薩　南无密積菩薩
南无華眹菩薩　南无上首菩薩
南无普現色身菩薩　南无神通菩薩
南无海德菩薩　南无无邊身菩薩
南无衣王自在菩薩　南无迦葉菩薩
南无无垢藏王菩薩　南无持一切菩薩
南无高貴德王菩薩　南无瑠璃光菩薩
南无无畏菩薩　南无海王菩薩
南无師子吼菩薩　南无信相菩薩
南无持地菩薩　南无光嚴菩薩
南无光明菩薩　南无大辯菩薩
南无慈力菩薩　南无大悲菩薩
南无依王菩薩　南无依力菩薩
南无依德菩薩　南无普濟菩薩
南无普攝菩薩　南无定光菩薩
南无普光菩薩　南无真光菩薩
南无拘樓菩薩　南无天光菩薩
南无寶王菩薩　南无弥光菩薩
南无教道師菩薩　南无大忍菩薩
南无華王菩薩　南无華積菩薩
南无慧光菩薩　南无海慧菩薩
南无堅意菩薩　南无釋魔男菩薩
南无金光明菩薩　南无金藏菩薩

BD03587 號　佛名經（二十卷本）卷二〇　（25–17）

南无慧光菩薩　南无海慧菩薩
南无堅意菩薩　南无釋魔男菩薩
南无金光明菩薩　南无金藏菩薩
南无常悲菩薩　南无法上菩薩
南无財首菩薩　南无山光菩薩
南无山慧菩薩　南无大明菩薩
南无惣持菩薩　南无山剛菩薩
南无登王菩薩　南无山頂菩薩
南无山幢菩薩　南无山王菩薩
南无伏魔菩薩　南无雷音菩薩
南无雨王菩薩　南无雷王菩薩
南无寶輪菩薩　南无寶英菩薩
南无寶首菩薩　南无寶藏菩薩
南无寶明菩薩　南无寶定藏薩
南无寶印菩薩　南无寶場菩薩二千一百
南无寶嚴菩薩　南无寶水菩薩
南无寶光菩薩　南无寶登菩薩
南无寶現菩薩　南无寶造菩薩
南无樂法菩薩　南无淨王菩薩
南无頂相菩薩　南无金光菩薩
南无寶髻菩薩　南无千光菩薩
南无原崘菩薩　南无昧照菩薩
南无月辯菩薩　南无月光菩薩

BD03587 號　佛名經（二十卷本）卷二〇　（25–18）

南无寶髻菩薩　南无千光菩薩
南无原崘菩薩　南无昧照菩薩
南无月辯菩薩　南无月光菩薩
南无法輪菩薩　南无淨菩薩
南无常施菩薩　南无普德菩薩
南无普明菩薩　南无勝幢菩薩
南无濡音菩薩　南无德奐菩薩
南无相光菩薩　南无海月菩薩
南无海藏菩薩　南无勝月菩薩
南无淨慧菩薩　南无超光菩薩
南无月德菩薩　南无日光菩薩
南无金剛菩薩　南无奐幢菩薩
南无尊德菩薩　南无海明菩薩
南无海廣菩薩　南无照境菩薩
南无慧明菩薩　南无功德菩薩
南无明遠菩薩　南无密教菩薩
南无須那菩薩　南无色力菩薩
南无調伏菩薩　南无隱身菩薩
南无花聚菩薩
南无一菩薩南无十菩薩南无百菩薩
南无千菩薩南无万菩薩南无一百万二
百万三百万四百万五百万六百万七百万八
百万九百万千千万諸大菩薩摩薩能除
无量劫人天生死重罪

BD03587 號　佛名經（二十卷本）卷二〇　（25–19）

南无千菩薩南无万菩薩南无一百万二
百万三百万四百万五百万六百万七百万八
百万九百万千千万諸大菩薩摩薩能除
无量劫以来生死重罪
南无一億十億百億千億万南无万万億諸
大菩薩摩訶薩能除无量劫以来生死重罪
南无一那由他十那由他百那由他千那由他万
那由他南无万万那由他諸大菩薩摩訶
薩能除无量劫以来生死重罪
南无一恒河沙 南无二恒河沙 南无三恒河沙
南无四恒河沙 南无五恒河沙 南无六恒河沙
南无七恒河沙 南无八恒河沙 南无九恒河沙
南无十恒河沙 南无百恒河沙南无百億无量
恒河沙諸大菩薩摩 訶薩除无量劫以来
生死重罪
若人聞是大士諸 大菩薩摩訶薩名者是
人四十千劫中不墮地獄苦不屬三界獄常屬
解脱王不生邊地不生惡國不受惡身不
生耶見不生下姓不生外道身根具足常聞
正法不受禁戒常得具足大乘威儀常見
佛性是故今歒礼安住佛法中来世得成佛
説是諸大菩薩名時八十八億清信男女悟
阿那含果九十四億諸天得斯陁含果七十八

BD03587 號　佛名經（二十卷本）卷二〇

（25–20）

説是諸大菩薩名時八十八億清信男女悟
阿那含果九十四億諸天得斯陁含果七十八
億失心比丘還得本心悟阿羅漢果十億菩
薩大陁羅尼来世成佛道
南无聲聞緣覺一切辟支佛
南无耳辟支佛 南无心得解脱支辟佛
南无夏波耳辟支佛 南无吉辟支佛
南无遮羅辟支佛 南无聲聞緣覺一切賢聖
南无過現未来三世諸佛歸命懺悔
弟子等已懺悔餓鬼畜生人天等報竟次
當懺悔五逆四重謗方等罪弟子等從曠劫
以来於其中閒或作五逆等罪造一闡提行
未曾改悔自知定犯四重等罪十三僧殘二不
定法三十捨墮九十一墮四懺悔法衆多學法
七滅諍等或謗毀三寶如是等罪自作教他見
作隨喜是故誠心發露懺悔今於釋迦貴法
之中安施道場懸繒幡蓋生尊形像燒衆名
香不睡不眠五體投地涕泣交流各自條其罪
名自列過咎不敢覆藏是故弟子今日无
量怖畏无量慚愧歸依十方諸佛
南无南方大功德佛 南无西南方无量辯才佛
南无西方无量力佛 南无西北方蓮華生王佛
南无北方覺華生德佛 南无東北方滅一切憂佛

BD03587 號　佛名經（二十卷本）卷二〇

（25–21）

南无南方大功德佛　南无西南方无量辯才佛
南无西方无量力佛　南无西北方蓮華生王佛
南无北方覺華生德佛　南无東北方滅一切憂佛
南无上方電燈王幢佛　南无下方至光明王佛
如是十方盡虛空一切三寶　三千二百二十
弟子等從曠劫以来至于今日身犯五逆重
罪常隨生死流入苦海為諸煩悩勢力所侵
於魔境界不能自觧而此愛賊為害滋多猛火
燒心飄風吹起壯色不停猶如奔馬不知禁觧
法聖僧菩薩緣覺父母師長憍慢所覆樂習煩
悩或破塔壞寺出佛身血或煞真人羅漢三向
四果或煞沙門婆羅門出家五衆或煞五戒八齋
菩薩律儀或煞菩提正念衆生或煞五通神
仙閑居隱士或煞脩禪學道一切賢聖或煞比丘
比丘尼或煞優婆塞優婆夷或煞父害母煞先
害弟為人之臣煞害其君為人妻妾煞害其
夫為人奴婢煞害本主為人子孫煞害祖或煞
十方世界眷屬如此等五逆重罪是故今日皆悉
懺悔
弟子等從无始世界以来及今惡身狂惑心乱
无量倒見煩悩惡業不可具陳所作衆罪不自
覺知惡心熾盛不覺後世但見現在樂習煩
悩遠離善根惡業鄣隔近惡知識於比丘邊

BD03587 號　佛名經（二十卷本）卷二〇　（25–22）

无量倒見煩悩惡業不可具陳所作衆罪不自
覺知惡心熾盛不覺後世但見現在樂習煩
悩遠離善根惡業鄣隔近惡知識於比丘邊
非法比丘尼邊作非法父母邊作非法或復自
在用僧鬘物於五部僧邊或作是非或說世間无
量惡果或煞菩提善根衆生或謗法師法說非
法非法說法謂如来无常正法无常僧寶无常
不樂慧施信受邪法弟子今日无量怖畏无
量慚愧歸依三寶是故誠心發露懺悔
弟子等或從无始世界以来至于今日或四倒
見四重之法說偷蘭遮偷蘭遮法說為四重犯
說非犯非犯說犯輕罪說重重罪說輕淨見不淨不
淨見淨或復邪見讚說世典不敬佛經諸惡論
義畜八不淨真是佛語以為魔語真是魔語以
為佛語或復信受六師所說或作是言如来今
日畢竟涅槃三寶所說身心起或无量倒見
弟子今日无量怖畏无量慚愧歸依三寶是
誠心發露懺悔
弟子等或從无始以来至于今日或偷佛物
或偷法物或偷常住僧物或犯招提僧物或
犯十方僧物或犯現前僧物或犯五部僧物乃
至一比丘物一切檀越物或復自稱我得正法
四禪四果由是惡業不善因緣或本出家造作

BD03587 號　佛名經（二十卷本）卷二〇　（25–23）

犯十方僧物或犯現前僧物或犯五部僧物乃
至一比丘物一切𣏾越物或復自稱我得正法
四禪四果由是惡業不著因緣或夲出家違作
四重八禁六重十三僧殘二不定法三十捨墮九
十一墮四懺悔法衆多學法七滅諍等或犯如
是一一諸戒從突吉羅復至四重或復五逆誹
謗正法甚深經典造一闡提行覆藏不悔日夜
增長曾聞佛説若犯四重乃至五逆或謗正法
若不發露定墮地獄諸佛菩薩聲聞緣覺无
能救護師僧父母諸天世人亦不能救弟子今
日无量慚愧歸依三寶是故發露誠心懺悔
願弟子等承是懺悔生生世世得廣大心智
心照心巧方便心一向專求无上菩提以清慧
光普照法界攝三世劫國土差別廣陜長短大
小麁細倒側仰伏平坦方圓一一國土垢淨成敗
有佛无佛衆生多少如是世界无量无邊如法
界等虛空界等於一念中悉現前知盡三世際
令无有餘以巧方便隨其所宜作一切劫淨諸世
界盡未来際終不休息以此善根迴向菩提令諸
衆生拔心毒箭滅虛妄見乘无㝵通遊諸佛國
大乘蓮華寶達菩薩問荅報應沙門經
寶達菩薩復前更入一身然地獄云何名曰身
然地獄其地獄中縱廣五十由旬鐵壁周匝猛

BD03587 號　佛名經（二十卷本）卷二〇　　（25–24）

衆生拔心毒箭滅虛妄見乘无㝵通遊諸佛國
大乘蓮華寶達菩薩問荅報應沙門經
寶達菩薩復前更入一身然地獄云何名曰身
然地獄其地獄中縱廣五十由旬鐵壁周匝猛
火絶炎来燒罪人罪人身中亦皆火然罪人
毛孔烟火俱出
尒時東門之中有八百罪人来入其中唱聲
大呼舉身自撲我今何罪来入其中馬頭羅
刹手捉三鈷鐵叉望背而鍾匈前而出来入其
中地有火然遍身有火亦復燒然六根之中
火流而出一日一夜受如是罪
寶達菩薩問馬頭羅刹曰此諸沙門作何等
罪受苦如是羅刹荅曰此沙門或是其師或
為弟子不相順從師不慈念弟子不敬師各自
瞋高聲大呼怒目諍竟遂生怨憎墮此地獄
從地獄出世世相值恒相煞害寶達菩薩聞
之悲泣而去

佛名經卷第廿

BD03587 號　佛名經（二十卷本）卷二〇　　（25–25）

佛說佛名經卷第十一

尒時佛舉要言之現在諸佛說不可盡

舍利弗譬如東方恒河沙世界南方恒河

沙世界西方恒河沙世界北方恒河沙世界

上下四維恒河沙世界彼一切世界下至水

際上至有頂滿中微塵舍利弗於意

云何彼如是微塵可知數不舍利弗言

[illegible]世尊佛言舍利弗如是同名釋迦

佛現在者我現前見彼諸佛母同

訶摩耶父同名輸頭檀王城同名迦毗

[illegible]諸佛第一聲聞弟子同名舍利弗目

揵連侍者弟子同名阿難何況種種異

名母異名父異名城異名弟子異名侍者

舍利弗彼若干世界彼人於何等世界

著微塵何等世界不著微塵彼諸世界

若著微塵及不可著者下至水際上至有

BD03588號　佛名經（十六卷本）卷一一　（18–1）

名母異名父異名城異名弟子異名侍者

舍利弗彼若干世界彼人於何等世界

著微塵何等世界不著微塵彼諸世界

若著微塵及不可著者下至水際上至有

頂舍利弗復有第二人取彼微塵彼若

干微塵數尒時佛國土阿僧祇百千万那

由他世界過尒所世界爲一步舍利弗彼人

復過若干微塵數世界爲一步彼人如是

過百千万億那由他阿僧祇劫行乃下一塵

如是盡諸微塵舍利弗如是若干世界

若著微塵及不著者滿中微塵復更

著十方世界舍利弗復過水際上至有頂

滿中微塵

舍利弗復有第三人取彼尒所微塵過彼

尒所微塵數世界爲一步彼若千百千万

億那由他阿僧祇劫行乃下一塵如是盡

諸微塵復有第四人彼若微塵數世界

若著微塵及不著者下至水際上至有

頂滿中微塵舍利弗於意云何彼微塵

可知數不舍利弗言不也世尊佛告舍利

弗彼若干微塵可知其數數彼同名釋迦

BD03588號　佛名經（十六卷本）卷一一　（18–2）

頂滿中微塵舍利弗於意云何彼微塵
可知數不舍利弗言不也世尊佛告舍利
弗彼若干微塵可知其數然彼同名釋迦
牟尼佛母同名摩訶摩耶父同名輸頭檀
城同名迦毗羅第一弟子同名舍利弗目揵
連侍者弟子同名阿難陀彼佛不可知
數舍利弗如是第五人第六第七第八第九
第十人
舍利弗復有第十一人是人彼若干微塵中
取一微塵破為十方若干世界微塵數分
如是餘微塵亦悉破為若干世界微塵數
分舍利弗於意云何彼微塵分可知數不
舍利弗言不也世尊佛告舍利弗復有
人彼若干微塵分佛土為過一步如是疾
神通行東方世界无量无邊劫下一微塵
東方盡如是塵塵舍利弗如是若干世界
若著微塵及不著者滿中微塵復更著
十方世界舍利弗復過是世界若著微塵
及不著者彼世界下至水際上至有頂滿中
微塵
舍利弗復有第十二人取彼尒所微塵過彼

十方世界舍利弗復過是世界若著微塵
及不著者彼世界下至水際上至有頂滿中
微塵
舍利弗復有第十三人取彼尒所微塵過彼
尒所微塵數世界為過一步彼若干百千万
億那由他阿僧祇劫行乃下一塵如是盡諸
微塵復有第十四人彼若干微塵數世界若
著微塵及不著者下至水際上至有頂
滿中微塵舍利弗於意云何彼微塵可知
數不舍利弗言不也世尊佛告舍利弗彼
若干微塵可知其數然彼同名釋迦牟尼
佛母同名摩訶摩耶父同名輸頭檀城同
名迦毗羅第一弟子同名舍利弗目揵連侍
者弟子同名阿難陀佛不可知數舍利弗
如是第五第六第七第八第九第十人舍利
弗復有第十一人是人彼若干微塵中取
一微塵破為十方若干世界微塵數分如
是餘微塵亦悉破為若干世界微塵數
分舍利弗於意云何彼微塵分可知數不
舍利弗言不也世尊佛告舍利弗復有人
彼若干微塵分佛國土為過一步如是速
疾神通行東方世界无量无邊劫下微

尒舍利弗於意云何彼微塵尒可知數不
舍利弗言不也世尊佛告舍利弗復有人
彼若干微塵尒佛國土爲過一步如是速
疾神通行東方世界无量无邊劫下彼
塵東方盡如是微塵若着微塵及不着
者下至水際上至有頂滿中微塵如是南
方乃至十方下至水際上至有頂滿中微塵
舍利弗於意云何彼微塵可知數不舍利
弗言不世尊佛告舍利弗彼若干微塵
可知其數然見今在世同名釋迦牟尼佛母
同名摩訶摩耶父同名輸頭檀王城同名迦
毗羅第一弟子同名舍利弗目揵連侍者弟
子同名阿難陁不可數知何況種種異名佛
異名母異名父異名城異名弟子異名侍
者舍利弗我若干微數劫住世說一同名釋
迦牟尼佛不可窮盡如是同名然燈佛同
名提波延佛同名燈光明佛同名一切勝佛
同名稱佛同名波頭摩勝佛同名毗婆尸佛
同名尸棄佛同名毗舍浮佛同名拘留孫佛
同名俱那含佛同名迦葉佛如是等異名
乃至異名侍者現在世者我今悉知汝等
應當一心供養

BD03588號　佛名經（十六卷本）卷一一　（18–5）

同名俱那含佛同名迦葉佛如是等異名
乃至異名侍者現在世者我今悉知汝等
應當一心供養
尒時佛告舍利弗若善男子善女人求
阿耨多羅三藐三菩提者當先懺悔一切
諸罪若比丘犯四重罪比丘尼犯八重罪或
叉摩那沙弥沙弥尼犯出家根本罪若優
婆塞重戒優婆夷犯優婆夷重戒欲懺
悔者當洗浴著新淨衣不食葷辛當在
靜者脩治室內以諸幡華莊嚴道場香
泥塗盡縣四十九枚幡莊嚴佛坐安置佛
像燒種種香旃檀沉水動陸多伽羅熏
楗陁種種末香塗香燒如是等種種妙
香散種種華畢已大慈悲願救苦衆生未
度者令度未解者令解未安者令安未涅
槃者令得涅槃晝夜思惟如來本行苦行
於无量劫受諸苦惱不生疲厭爲求无上
菩提故於一切衆生自生下心如僮僕心若
比丘懺悔四重罪如是晝夜卅九日當對
八清淨比丘發露所犯罪七日一對發露至心
殷重懺悔者所造作一心歸命十方諸佛

BD03588號　佛名經（十六卷本）卷一一　（18–6）

比丘懺悔四重罪如是晝夜卌九日當對
八清淨比丘發露所犯罪七日一對發露至心
發重懺悔者所造作一心歸命十方諸佛
稱名礼拜隨力隨分如是至心滿卌九日罪
必除滅是人得清淨時當有相現若於
覺中若於夢中見十方諸佛與其記
莂或見菩薩與其記莂將詣道場共
爲已伴或與摩頂示滅罪相或自身見
入大會中處在衆次或自身處衆說
法或見諸師淨行沙門將詣道場示其
諸佛舍利弗若比丘懺悔罪時若見如
是相者當知是人罪垢得滅除不志心若
比丘尼懺悔八重罪者當如比丘法法乏
卌九日當得清淨除不至心若式叉摩那
沙彌沙彌尼懺悔根本重罪當對四衆
清淨比丘比丘尼如上法滿廿一日當知清淨
除不至心若優婆塞優婆夷懺重式罪
應當至心恭敬三寶若見沙門恭敬礼
拜生難遭想當請詣道場設種種供
養當請一比丘心敬重者就其發露所犯
諸罪至心懺悔一心歸命十方諸佛稱名
礼拜如是滿三七日七日 青淨除不至心

BD03588號　佛名經（十六卷本）卷一一　　（18–7）

拜生難遭想當請詣道場設種種供
養當請一比丘心敬重者就其發露所犯
諸罪至心懺悔一心歸命十方諸佛稱名
礼拜如是滿三七日七日 清淨除不至心尒
時世尊而說偈言
得成菩提降伏魔　自在經行道場下
證无障礙眼及身　法界平等如虛空
十億國土微塵數　菩薩弟子衆圍遶
得於一切寂靜心　善住普賢諸行中
佛身相好妙莊嚴　放於種種无量光
普照十方諸國土　諸佛不可思議力
見諸國土悉无垢　无量妙色清淨滿
諸佛所有勝妙事　以佛神力見大衆
東方世界名寶幢　遠離諸垢妙莊嚴
彼處自在寶幢佛　於今現在彼世界
南方頗梨燈國土　清淨妙色普嚴淨
摩尼清淨雲如來　現今在世說妙色
西方无垢清淨土　名爲安樂妙世界
彼自在佛无量壽　菩薩弟子現圍遶
北方世界名香燈　國土清淨甚嚴飾
无染光幢佛所化　現今自在道場樹
琉璃光明真妙色　國土清淨勝莊嚴

BD03588號　佛名經（十六卷本）卷一一　　（18–8）

彼自在佛无量壽　菩薩弟子現圍遶
北方世界名香燈　國土清淨甚嚴飾
无染光幢佛所化　現今自在道場樹
琉璃光明真妙色　國土清淨勝莊嚴
无礙光雲佛如來　於今現在東北方
光明照幢世界中　現見滿足諸菩薩
自在吼聲彼佛處　現今在於東南方
種種樂樂佛世界　摩尼莊嚴妙光焰
勝妙智月如須弥　現見在於西南方
現見西北方如來　弥留光明平等界
彼處大聖自在佛　弟子菩薩衆圍遶
下方世界自在光　國土清淨寶炎藏
光明妙輪不空見　佛今在彼妙國土
上方世界光炎藏　彼世界名淨光焰
普眼功德光明雲　現見菩提樹下坐
即時舍利弗等大衆承佛神力見十方過
去未來現在諸佛无量无邊。尒時舍利
弗在大衆中悲泣流淚白佛言希有世
尊若善男子善女人不發阿耨多羅三
藐三菩提心者不得成佛我等昔來猶
如腐草雖逢春陽无悕秋實

BD03588號　佛名經（十六卷本）卷一一　（18–9）

尊若善男子善女人不發阿耨多羅三
藐三菩提心者不得成佛我等昔來猶
如腐草雖逢春陽无悕秋實
尒時惠命舍利弗即從坐起偏但右肩右
膝著地合掌白佛言世尊世尊願更廣
說十方所有諸佛名号我等樂聞尒時佛
告舍利弗汝當至心諦聽我為汝說舍利
弗從此世界東方過百千億世界有佛世
界名然燈彼世界有佛名寶集阿羅訶
三藐三佛現在說法
舍利弗若有善男子善女人聞彼佛名
至心受持憶念是善男子善女人畢竟得七
覺分三昧得不退轉阿耨多羅三藐三菩提
心超越世間六十劫命時世尊以偈頌曰
東方然燈界　有佛名寶集　若人聞名者　超世六十劫
舍利弗東方有世界名寶集彼佛世界有佛
名寶勝　阿羅訶三藐三佛陁現在說法若善
男子善女人聞彼佛名至心受持憶念讀誦
合掌礼拜若復有善男子善女人以滿三
三千大千世界珎寶布施如是日月布施滿
一百歲如此布施福德比前至心礼拜功德分
不及一[illegible]分不及[illegible]分不及一[illegible]不及一分

BD03588號　佛名經（十六卷本）卷一一　（18–10）

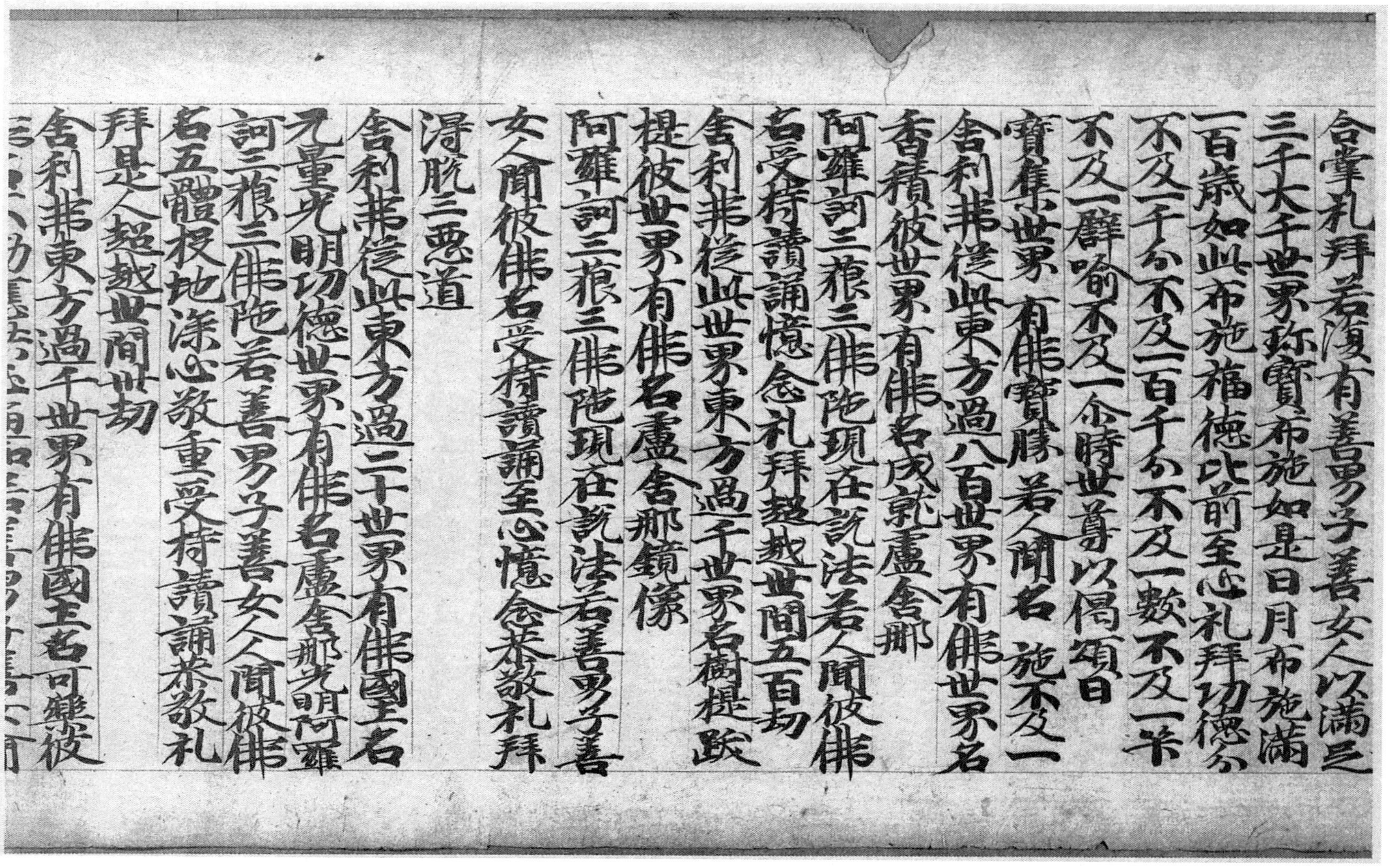
合掌礼拜若復有善男子善女人以滿三
三千大千世界珎寶布施如是日月布施滿
一百歲如此布施福德比前至心礼拜功德分
不及一千分不及一百千分不及一數不及一竿
不及一譬喻不及一尒時世尊以偈頌曰
寶集世界 有佛寶勝 若人聞名 施不及一
舍利弗從此東方過八百世界有佛世界名
香積彼世界有佛名成就盧舍那
阿羅訶三藐三佛陁現在說法若人聞彼佛
名受持讀誦憶念礼拜超越世間五百劫
舍利弗從此世界東方過千世界名樹提跋
提彼世界有佛名盧舍那鏡像
阿羅訶三藐三佛陁現在說法若善男子善
女人聞彼佛名受持讀誦至心憶念恭敬礼拜
得脫三惡道
舍利弗從此東方過二千世界有佛國土名
无量光明功德世界有佛名盧舍那光明阿羅
訶三藐三佛陁若善男子善女人聞彼佛
名五體投地深心恭敬重受持讀誦恭敬礼
拜是人超越世間世劫
舍利弗東方過千世界有佛國土名可樂彼
[illegible]

BD03588 號　佛名經（十六卷本）卷一一　（18–11）

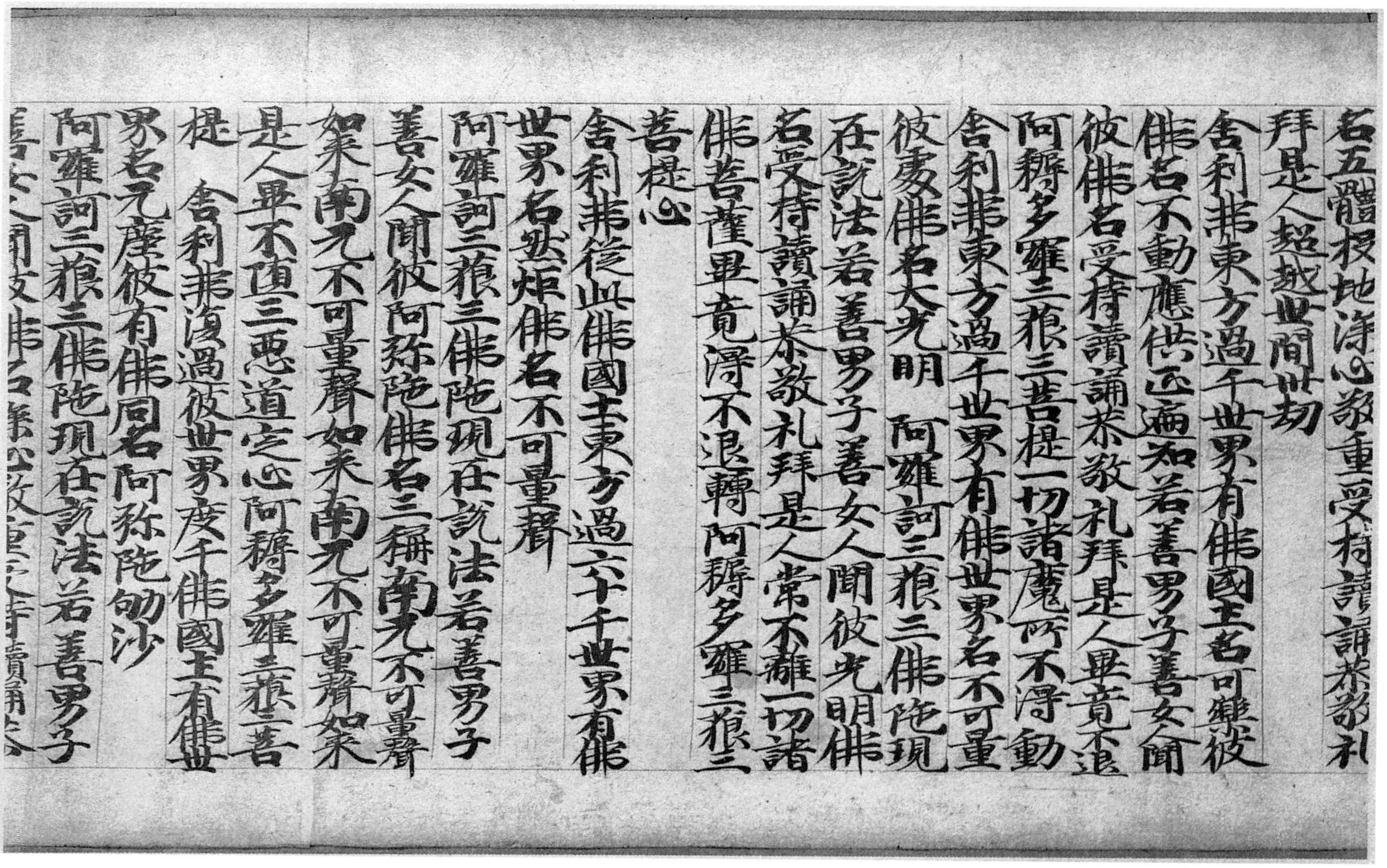
名五體投地深心恭敬重受持讀誦恭敬礼
拜是人超越世間世劫
舍利弗東方過千世界有佛國土名可樂彼
佛名不動應供正遍知若善男子善女人聞
彼佛名受持讀誦恭敬礼拜是人畢竟不退
阿耨多羅三藐三菩提一切諸魔所不得動
舍利弗東方過千世界有佛世界名不可量
彼處佛名大光明 阿羅訶三藐三佛陁現
在說法若善男子善女人聞彼光明佛
名受持讀誦恭敬礼拜是人常不離一切諸
佛菩薩畢竟得不退轉阿耨多羅三藐三
菩提心
舍利弗從此佛國土東方過六十千世界有佛
世界名然炬佛名不可量聲
阿羅訶三藐三佛陁現在說法若善男子
善女人聞彼阿弥陁佛名三稱南无不可量聲
如來南无不可量聲如來南无不可量聲如來
是人畢不墮三惡道定心阿耨多羅三藐三菩
提 舍利弗復過彼世界度千佛國土有佛世
界名无塵彼有佛同名阿弥陁劬沙
阿羅訶三藐三佛陁現在說法若善男子
[illegible]

BD03588 號　佛名經（十六卷本）卷一一　（18–12）

[illegible]
界名无塵彼有佛同名阿弥陁劬沙
阿羅訶三藐三佛陁現在說法若善男子
善女人聞彼佛名淨心敬重受持讀誦恭
敬礼拜是人超越世間十二劫
舍利弗復過廿千佛國土有佛世界名難勝
彼處有佛名大稱　阿羅訶三藐三佛陁若
善男子善女人聞彼佛名合掌作如是言
南无大稱如來若復有人以須弥山等七寶
日日布施滿一百歲比聞此佛名礼拜功德
百分不及一乃至筭數分不及一
次礼十二部尊經大藏法輪
南无句義經　南无鷹王經
南无須達經　南无弘道三昧經
南无義決律經　南无須邪越國貧人經
南无齊經　南无等人法嚴經
南无陰持入經　南无佛說護淨經
南无方便心論經　南无諫心經
南无摩訶刹頭經　南无中陰經
南无阿欲致患經　南无流離王經
南无孫陁邪致經　南无逝經
南无僧大經　南无夫婦經

南无阿欲致患經　南无流離王經
南无孫陁邪致經　南无逝經
南无僧大經　南无夫婦經
南无佛般泥洹後灌臘經　南无天皇梵摩經
南无遺日亡行經　南无十二死經
南无和難經　南无施陁梨呪經
南无犯戒罪報輕重經　南无菩薩大業經
次礼十方諸大菩薩
南无普觀菩薩　南无不等觀菩薩
南无等不等觀菩薩　南无定自在王菩薩
南无法自在王菩薩　南无法相菩薩
南无光相菩薩　南无光嚴菩薩
南无大嚴菩薩　南无寶積菩薩
南无辯積菩薩　南无寶手菩薩
南无寶印手菩薩　南无常舉手菩薩
南无常下手菩薩　南无常慘菩薩
南无喜根菩薩　南无喜王菩薩
南无辯音菩薩　南无虛空藏菩薩
南无執寶炬菩薩　南无寶勇菩薩
南无寶見菩薩　南无常網菩薩
南无明網菩薩　南无无緣觀菩薩
次礼聲聞緣覺一切賢聖

南无執寶炬菩薩　南无寶[illegible]菩薩
南无寶見菩薩　南无常網菩薩
南无明網菩薩　南无无緣觀菩薩
次礼聲聞緣覺一切賢聖
南无見人飛騰辟支佛　南无可波羅辟支佛
南无奈摩利辟支佛　南无月淨辟支佛
南无善智辟支佛　南无脩陀辟支佛
南无善法辟支佛　南无應求辟支佛
南无聲求辟支佛　南无大勢辟支佛
南无脩行不著辟支佛　南无難勝辟支佛
歸命如是等无量无邊辟支佛
礼三寶已次復懺悔
以並懺悔身三業竟今當次第懺悔口四
惡業經中說言口業之罪能令衆生墮於地
獄餓鬼受苦若在畜生則受鵂鶹鴝鵒鳥形
聞其聲者无不憎惡若生人中口氣常臭
所有言說人不信受眷屬不和常好鬪諍
口業既有如是惡果是故弟子今日至誠歸依佛
南无東方須彌燈王佛　南无南方大功德佛
南无西方无量佛　南无北方覺華生德佛
南无東南方一切華覺佛　南无西南方无量士辯佛
南无西北方蓮華王佛　南无東北方滅一切憂佛

BD03588號　佛名經（十六卷本）卷一一　（18–15）

南无東方須彌燈王佛　南无南方大功德佛
南无西方无量佛　南无北方覺華生德佛
南无東南方一切華覺佛　南无西南方无量士辯佛
南无西北方蓮華王佛　南无東北方滅一切憂佛
南无下方至光明佛　南无上方電燈幢佛
如是十方盡虛空界一切三寶
弟子等自從无始以來至於今日妄言兩舌
惡口綺語傳虛說有說有言虛不見言見
見言不見不聞言聞聞言不聞不知言知知
言不知欺賢罔聖言行相乖自稱讚譽得
過人法我得四禪四无色定阿那般那十六行觀
得須陀洹至阿羅漢我得辟支佛不退菩薩
天來龍來鬼來神來旋風土鬼皆至我所
彼問我答顯異惑衆要世名利如是等罪
今悉懺悔又復无始以來至於今日或讒言
鬪乱交扇彼此兩舌謗構販弄口舌向彼說
此向此道彼離他眷屬壞人善友使相怨
者為疎親舊者成怨或綺辭不實言不及
義誣謗君父乎薄師長破懷忠良埋沒
勝已通致二國彼此扇扇作浮華虛巧發
言常虛口是心非其途非一對面譽歎背
則呵毀讚誦邪書傳邪惡法或惡口罵詈

BD03588號　佛名經（十六卷本）卷一一　（18–16）

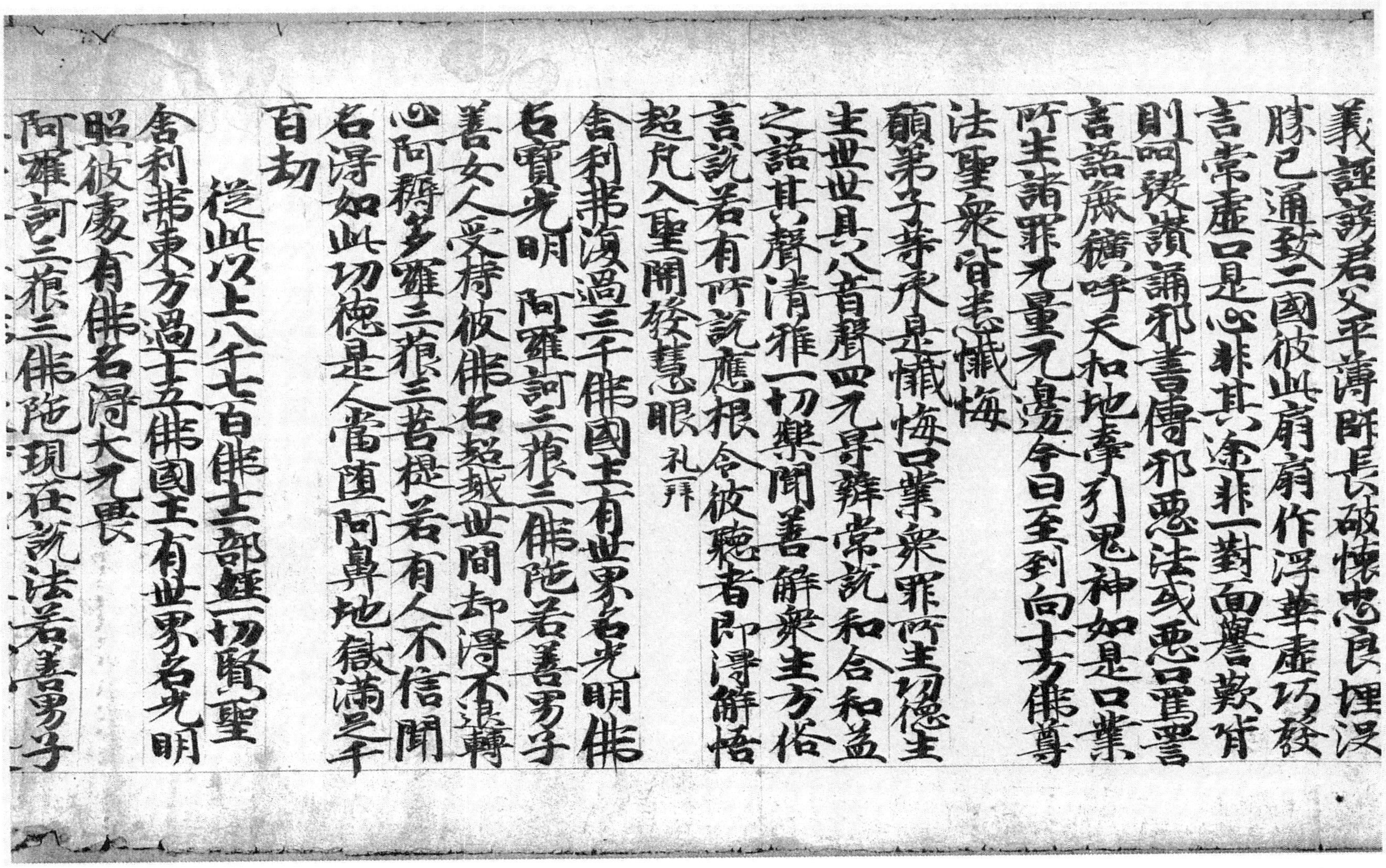
義諍訟君臣乎薄師長破壞忠良埋沒
勝己通致二國彼此扇扇作浮華虛巧發
言常虛口是心非其途非一對面譽歎背
則呵毀讚誦邪善傳邪惡法或惡口罵詈
言語麁獷呼天扣地牽引鬼神如是口業
所生諸罪無量無邊今日至到向十方佛尊
法聖衆皆悉慚愧懺悔
願弟子等承是懺悔口業衆罪所生功德生
生世世具八音聲四無㝵辯常說和合利益
之語其聲清雅一切樂聞善解衆生方俗
言說若有所說應根令彼聽者即得解悟
超凡入聖開發慧眼 礼拜
舍利弗復過三千佛國土有世界名光明佛
名寶光明 阿羅訶三藐三佛陀若善男子
善女人受持彼佛名超越世間劫得不退轉
心阿耨多羅三藐三菩提若有人不信聞
名得如此功德是人當墮阿鼻地獄滿足千
百劫
從此以上八千七百佛十二部經一切賢聖
舍利弗東方過十五佛國土有世界名光明
照彼處有佛名得大無畏
阿羅訶三藐三佛陀現在說法若善男子

BD03588號　佛名經（十六卷本）卷一一　（18–17）

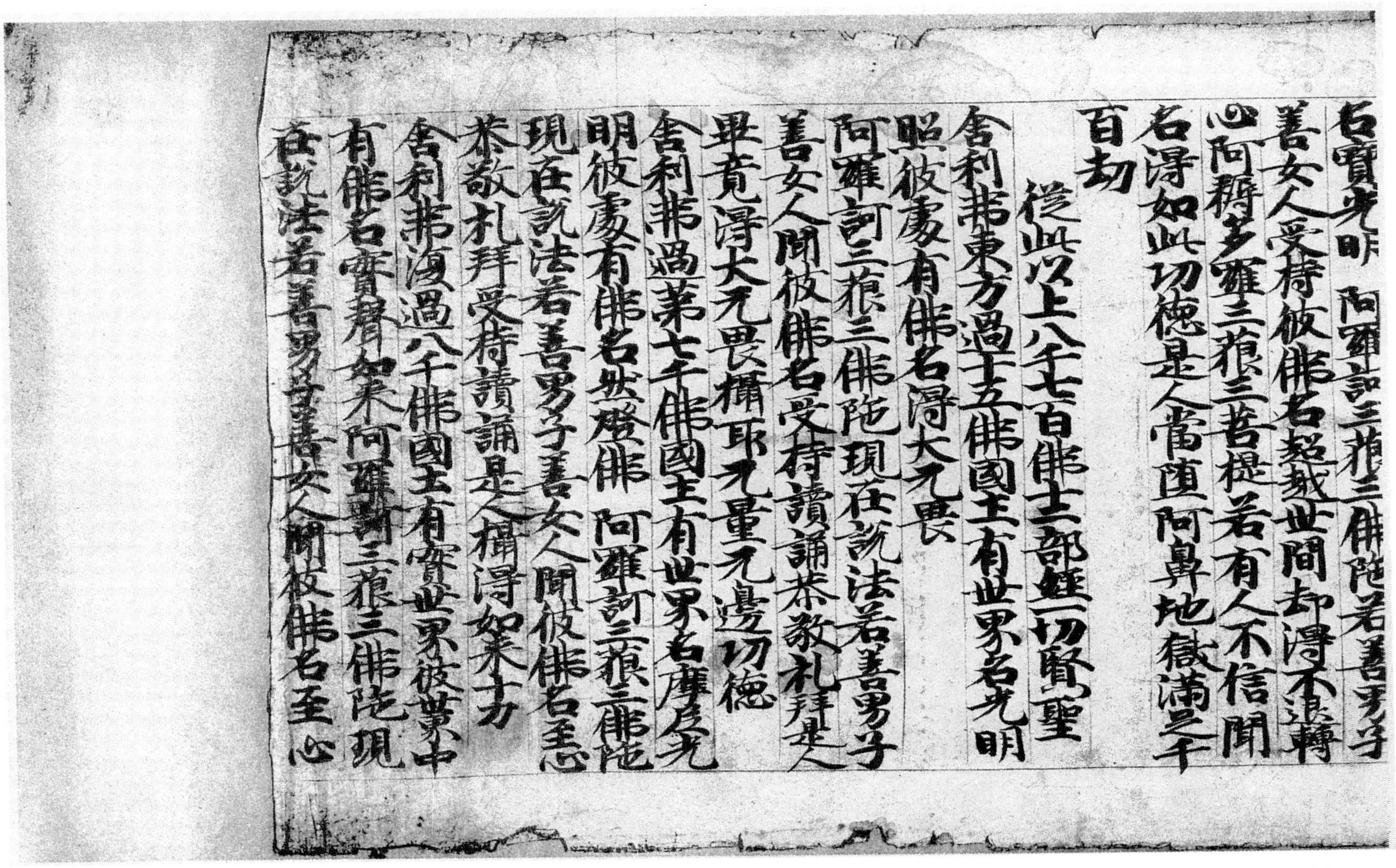
名寶光明 阿羅訶三藐三佛陀若善男子
善女人受持彼佛名超越世間劫得不退轉
心阿耨多羅三藐三菩提若有人不信聞
名得如此功德是人當墮阿鼻地獄滿足千
百劫
從此以上八千七百佛十二部經一切賢聖
舍利弗東方過十五佛國土有世界名光明
照彼處有佛名得大無畏
阿羅訶三藐三佛陀現在說法若善男子
善女人聞彼佛名受持讀誦恭敬礼拜是人
畢竟得大無畏稱耶無量無邊功德
舍利弗過第七千佛國土有世界名摩尼光
明彼處有佛名然燈佛 阿羅訶三藐三佛陀
現在說法若善男子善女人聞彼佛名至心
恭敬礼拜受持讀誦是人稱得如來十力
舍利弗復過八千佛國土有寶世界彼世界中
有佛名寶聲如來阿羅訶三藐三佛陀現
在說法若善男子善女人聞彼佛名至心

BD03588號　佛名經（十六卷本）卷一一　（18–18）

BD03588 號背　勘記　（1–1）

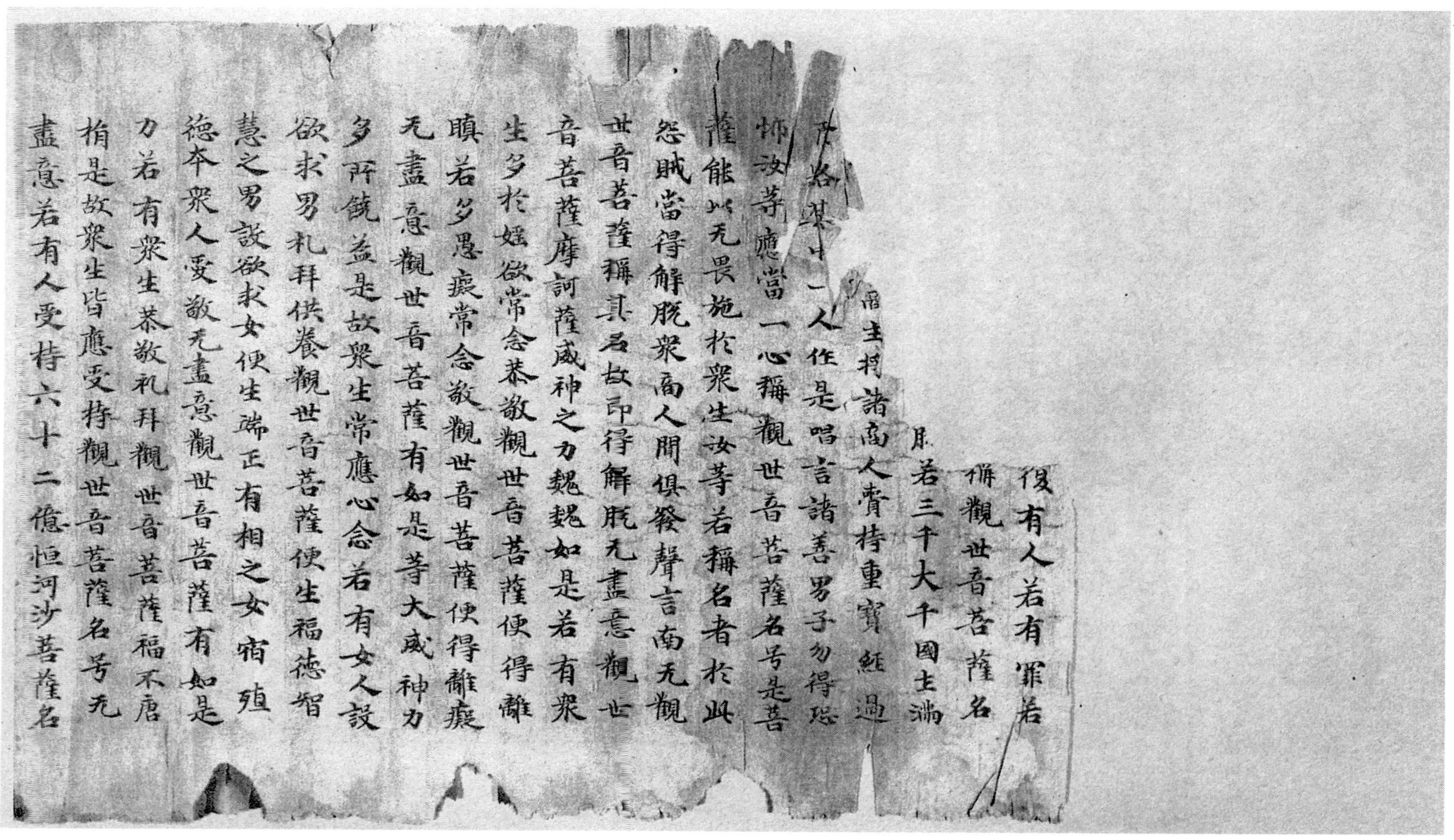

復有人若有罪若
稱觀世音菩薩名
者三千大千國土滿
商主將諸商人賫持重寶經過
路其中一人作是唱言諸善男子勿得恐
怖汝等應當一心稱觀世音菩薩名号是菩
薩能以无畏施於衆生汝等若稱名者於此
怨賊當得解脱衆商人聞倶發聲言南无觀
世音菩薩稱其名故即得解脱无盡意觀世
音菩薩摩訶薩威神之力巍巍如是若有衆
生多於婬欲常念恭敬觀世音菩薩便得離
瞋若多愚癡常念恭敬觀世音菩薩便得離癡
无盡意觀世音菩薩有如是等大威神力
多所饒益是故衆生常應心念若有女人設
欲求男礼拜供養觀世音菩薩便生福德智
慧之男設欲求女便生端正有相之女宿殖
德本衆人愛敬无盡意觀世音菩薩有如是
力若有衆生恭敬礼拜觀世音菩薩福不唐
捐是故衆生皆應受持觀世音菩薩名号无
盡意若有人受持六十二億恒河沙菩薩名

BD03589 號　妙法蓮華經卷七　（3–1）

慧之男設欲求女便生端正有相之女宿殖
德本衆人愛敬无盡意觀世音菩薩有如是
力若有衆生恭敬礼拜觀世音菩薩福不唐
捐是故衆生皆應受持觀世音菩薩名号无
盡意若有人受持六十二億恒河沙菩薩名
字復盡形供養飲食衣服卧具醫藥於汝意
云何是善男子善女人功德多不无盡意言
甚多世尊佛言若復有人受持觀世音菩
薩名号乃至一時礼拜供養是二人福正等无
異於百千万億劫不可窮盡无盡意受持觀
世音菩薩名号得如是无量无邊福德之利
无盡意菩薩白佛言世尊觀世音菩薩云何
遊此娑婆世界云何而為衆生說法方便之
力其事云何佛告无盡意菩薩善男子若有
國土衆生應以佛身得度者觀世音菩薩即
現佛身而為說法應以辟支佛身得度者即
現辟支佛身而為說法應以聲聞身得度者
即現聲聞身而為說法應以梵王身得度者
即現梵王身而為說法應以帝釋身得度者
即現帝釋身而為說法應以自在天身得者
即現自在天身而為說法應以大自在天身得度
者即現大自在天身而為說法應以天
大將軍身得度者即現天大將軍身而
為說法應以毗沙門身得度者即現毗沙門身
而為說法應以小王身得度者即現小王身
而為說法應以居士身得度者即現居士身
而為說法應以宰官身得度者即現宰官
而為說法應以婆羅門身得度者即現婆

即現梵王身而為說法應以帝釋身得度者
即現帝釋身而為說法應以自在天身得者
即現自在天身而為說法應以大自在天身得度
者即現大自在天身而為說法應以天
大將軍身得度者即現天大將軍身而
為說法應以毗沙門身得度者即現毗沙門身
而為說法應以小王身得度者即現小王身
而為說法應以居士身得度者即現居士身
而為說法應以宰官身得度者即現宰官
身而為說法應以婆羅門身得度者即現婆
羅門身而為說法應以比丘比丘尼優婆塞
優婆夷身得度者即現比丘比丘尼優婆塞優
婆夷身而為說法應以長者居士宰官婆羅
門婦女身得度者即現婦女身而為說法應
以童男童女身得度者即現童男童女身而
為說法應以天龍夜叉乾闥婆阿脩羅迦樓
羅緊那羅摩睺羅伽人非人等身得度者即
皆現之而為說法應以執金剛神得度者即
現金剛神而為說法无盡意是觀世音菩薩
成就如是功德以種種形遊諸國土度脫衆
生是故汝等應當一心供養觀世音菩薩是
觀世音菩薩摩訶薩於怖畏急難之中能施
无畏是故此娑婆世界皆号之為施无畏者

薩摩訶薩行內空不為行外空
大空勝義空有為空無為空畢
空散空無變異空本性空自相空
切法空不可得空無性空自性空無性自
不世尊是菩薩摩訶 行真如不為行
法界法性不虛妄性不變異 等性離生
性法定法住實際虛空界不 界不世尊
是菩薩摩訶薩為行四念住 四正斷四
神足五根五力七等覺支八聖道支不世
尊是菩薩摩訶薩行苦聖諦不為行集滅
道聖諦不世尊是菩薩摩訶薩為行四靜慮
不世尊是菩薩摩訶薩行四無量不世尊
是菩薩摩訶薩行 四無色定不世尊是菩
薩摩訶薩為行八解脫 菩薩摩訶
薩為行八勝處 尊是菩薩摩訶薩為行
九次第定不世尊是菩薩摩訶薩為行十遍
處不世尊是菩薩摩訶薩為行空解脫門不
為行無相無願解脫不世尊是菩薩摩訶薩
為行五眼不世尊是菩薩摩訶薩為行六神
通不世尊是菩薩摩訶薩為行三摩地門

BD03590 號　大般若波羅蜜多經卷三一八　（3–1）

九次第定不世尊是菩薩摩訶薩為行十遍
處不世尊是菩薩摩訶薩為行空解脫門不
為行無相無願解脫不世尊是菩薩摩訶薩
為行五眼不世尊是菩薩摩訶薩為行六神
通不世尊是菩薩摩訶薩為行三摩地門
不世尊是菩薩摩 為行陀羅尼門不世
尊是菩薩摩訶薩為行佛十力不為行四無
所畏四無礙解大慈大悲大喜大捨十八佛
不共法不世尊是菩薩摩訶薩為行一切智
不為行道相智一切相智不
佛言善現是菩薩摩訶薩不行色不行受想
行識善現是菩薩摩訶薩不行眼處不行耳
鼻舌身意處善現是菩薩摩訶薩不行色處
不行聲香味觸法處善現是菩薩摩訶薩不
行眼界不行耳鼻舌身意界善現是菩薩摩
摩訶薩不行色界不行聲香味觸法界善現
是菩薩摩訶薩不行眼識界不行耳鼻舌身
意識界善現是菩薩摩訶薩不行眼觸不行
耳鼻舌身意觸善現是菩薩摩訶薩不行眼
觸為緣所生諸受不行耳鼻舌身意觸為緣
所生諸受善現是菩薩摩訶薩不行地界不
行水火風空識界善現是菩薩摩訶薩不行
無明不行行識名色六處觸受愛取有生老
死善現是菩薩摩訶薩不行布施波羅蜜多
不行淨戒安忍精進靜慮般若波羅蜜多善
現是菩薩摩訶薩不行內空不行外空內外空
空空大空勝義空有為空無為空畢竟空

BD03590 號　大般若波羅蜜多經卷三一八　（3–2）

摩訶薩不行色界不行聲香味觸法界善現
是菩薩摩訶薩不行眼識界不行耳鼻舌身
意識界善現是菩薩摩訶薩不行眼觸不行
耳鼻舌身意觸善現是菩薩摩訶薩不行眼
觸為緣所生諸受不行耳鼻舌身意觸為緣
所生諸受善現是菩薩摩訶薩不行地界不
行水火風空識界善現是菩薩摩訶薩不行
無明不行行識名色六處觸受愛取有生老
死善現是菩薩摩訶薩不行布施波羅蜜多
不行淨戒安忍精進靜慮般若波羅蜜多善
現是菩薩摩訶薩不行內空不行外空內外空
空空大空勝義空有為空無為空畢竟空
無際空散空無變異空本性空自相空共相
空一切法空不可得空無性空自性空無性自
性空善現是菩薩摩訶薩不行真如不行法
界法性不虛妄性不變異性平等性離生性
法定法住實際虛空界不思議界善現是菩
法摩訶薩不行四念住不行四正斷四神足五
根五力七等覺支八聖道支善現是菩薩ヽ
摩訶薩不行苦聖諦不行
是薩薩

BD03590號　大般若波羅蜜多經卷三一八

（3–3）

悲喜交
世尊恨我
从久劫已來常相欺惑令我長沒無明邪見
淪溺三界外道法中痛哉苦哉為害滋甚今
大喜慶蒙如來恩得入正法世尊智慧大海
慈隆無量竊自惟忖累劫碎軀未能報此
須臾之恩須跋陀羅說是語已悲慟流淚不
能自裁復白佛言世尊我年老邁餘命無幾
未脫眾苦行苦逼迫唯願世尊少住教我衰
老救護莫般涅槃
尒時世尊默然不許須跋陀羅不果所請愁
憂熱惱高聲唱曰苦哉苦哉世間虛空世間
虛空如何於今大怖即至熱惱流行哀哉哀
哉眾生福盡正慧眼滅復更流淚悲號哽咽
遍體血現聲大哭於如來前舉身投地惶
亂濁心昏迷悶絕久乃蘇醒涕淚哽咽而白
佛言世尊我今不忍見於如來入般涅槃中心
痛切難任哉柳我自何能與此坏器毒身
共住今前寧可先自速滅唯願世尊後當涅
槃尒時須跋陀羅說是語已悲戀哽咽於是

BD03591號　大般涅槃經後分卷上

（26–1）

亂逕心惛迷悶絶久乃蘇醒滿淚哽咽而白
佛言世尊我今不忍見於如來入般涅槃中心
痛切難任裁抑我自何能與此坏器毒身
共住今前寧可先自速滅唯願世尊後當涅
槃尒時須跋陁羅說是語已悲戀哽咽於是
時須即入涅槃
尒時不可說不可說无數億恒河沙諸大菩
薩比丘比丘尼一切世間天人阿脩羅等同聲
唱言苦哉苦哉如何正覺一旦捨離无主无
歸无依无趣追思戀慕悲感號泣手相執
手搥匈悶絶迷失諸方哀慟三千大千世界
尒時世尊出八種聲普告大衆莫大號哭猶
如嬰兒各相裁抑勿自亂心汝等於此行苦
生死大海勤脩淨心莫失念慧疾求正智速
出諸有三界受身苦輪无際无明郎主恩愛
魔王促使身心策為童僕遍緣境界造生
死業貪恚狂癡念念傷害无量劫來常受苦
惱何有智者不厭斯原汝等當知我曠劫來已
入大寂无陰界入永斷諸有金剛寶藏常樂
我淨我今於此顯難思議現方便力入大涅
槃示同世法欲令衆生知身如電生戀慕心
生死暴河漂流速疾諸行輪轉法應如是如
來涅槃甚深甚深不可思議乃是諸佛菩薩
境界非諸聲聞緣覺所知
佛復告諸大衆是須跋陁羅已曾供養恒河
沙佛於諸佛所深種善根以本願力常在㞐
乾外道法中出家脩行以方便恵誘進邪見

BD03591 號　大般涅槃經後分卷上　（26–2）

境界非諸聲聞緣覺所知
佛復告諸大衆是須跋陁羅已曾供養恒河
沙佛於諸佛所深種善根以本願力常在㞐
乾外道法中出家脩行以方便恵誘進邪見
失道衆生令入正智須跋陁羅乘本願力今
得遇我最後涅槃得聞正法既聞正法得羅
漢果既得果已復入涅槃自我得道度阿若
憍陳如最後涅槃度須跋陁羅吾事究竟
无復施為設我久住无異今世尒時世尊說
是語已即噓長歎唱言善哉善哉須跋陁羅為
報佛恩汝等大衆應當供養其屍安立塔廟
尒時大衆惆悵懆結俺淚裁抑即依佛教以
香木蘇油荼毗其屍須跋陁羅當焚屍時
即於火中放大光明現十八變身上出水身下
出火右脇出火左脇出水小復現大大復現
小滿虗空中尒時无量天衆及諸外道邪見
衆生發菩提心得入正見須跋陁羅現神變
已還復火中荼毗已訖是時大衆悲感傷悼
收取舍利起塔供養
大般涅槃經遺教品
尒時佛告阿難普及大衆吾滅度後汝等四
衆當勤護持我大涅槃我於无量萬億阿僧
祇劫脩此難得大涅槃法今已顯說汝等當
知此大涅槃乃是十方三世一切諸佛金剛
寶藏常樂我淨周貟无缺一切諸佛於此涅
槃而般涅槃最後究竟理極无遺諸佛於此
放捨身命故名涅槃汝等欲得決定真報佛

BD03591 號　大般涅槃經後分卷上　（26–3）

祇劫脩此難得大涅槃法今已顯說汝等當
知此大涅槃乃是十方三世一切諸佛金剛
寶藏常樂我淨周圓无數一切諸佛於此涅
槃而般涅槃最後究竟理極无遺諸佛於此
放捨身命故名涅槃汝等欲得決定真報佛
恩疾得菩提諸佛摩頂世世所生不失正念十
方諸佛常現其前晝夜守護令一切衆得出
世法當勤脩習此涅槃典
佛復告阿難吾未成佛亦入欝頭藍弗外道
法中脩學四禪八定受行其教吾成佛來毀
呰其法漸漸誘進最後須䟦陁羅皆入佛
道如來以大智炬燒邪見幢如乾草葉投大火
炎阿難今我親感諸釋種子吾甚憂念我涅
槃後汝當精勤以善教誡我諸眷屬授與妙
法深心誨誘勿得調戲放逸散心入諸境界受
行邪法未脫三界世間痛苦早求出離於此
五濁愛欲之中應生憂畏无救護想一失人
身難可追復畢此一形常須警察无常大鬼
情求難脫憐愍衆生莫相煞害乃至蠢動
應施无畏身業清淨常生妙土口業清淨離
諸過惡莫食肉莫飲酒調伏心驰令入道果深
思行業善惡之報如影隨形三世同果脩環
不失此生空過後悔无追涅槃時至示 教
如是
尒時阿難聞佛語已身心戰動情識惶然悲
哽咽喑深沒憂海舉體迷悶昏亂濁心投
如來前猶如死人尒時阿泥樓逗安慰阿難輕

BD03591號　大般涅槃經後分卷上　（26–4）

不失此生空過後悔无追涅槃時至示 教
如是
尒時阿難聞佛語已身心戰動情識惶然悲
哽咽喑深沒憂海舉體迷悶昏亂濁心投
如來前猶如死人尒時阿泥樓逗安慰阿難輕
其愁心而語之言咄我何爲愁苦如來涅槃
時至今日雖有明旦則无汝依我語諮啓如
來如是四問佛涅槃後六羣比丘行汙他家
惡性車匿云何共住而得示教如來在世以
佛爲師世尊滅後以何爲師若佛在世依佛
而住如來既滅依何而住如來滅後結集法
藏一切經初安何等語尒時阿難如從夢中
聞阿泥樓逗安慰其心令致四問漸得醒悟
哀不自勝具陳上問而以白佛
佛告阿難何爲憂苦悲哀乃尒諸佛化周施
爲已訖法歸是處善哉善哉阿難汝致四問
爲最後問大饒利益一切世間汝等諦聽善
思念之唯然世尊願樂欲聞佛告阿難如汝
所問佛涅槃後六羣比丘惡性車匿行汙他
家云何共住而得示教阿難車匿比丘其性
鄙惡我涅槃後漸當調伏其心柔和捨本惡
性阿難我弟難陁具極重欲其性鄙惡如來
以善方便亦教利喜知其根性以波若慧爲
說十二因緣所謂无明緣行行緣識乃至老
死憂悲苦惱皆是无明憎愛藂林一切行苦
弥滿三界遍流六道大苦根本无明所起以
波若慧亦以性淨諦觀根本即斷諸有過患

BD03591號　大般涅槃經後分卷上　（26–5）

死憂悲苦惱皆是无明憎愛蘩林一切行苦
弥滿三界遍流六道大苦根本无明所起以
波若慧示以性淨諦觀根本即斷諸有過患
无明根本滅故无明滅无明滅則行滅乃至
老死憂悲苦惱皆滅得此觀時攝心定住即
入三昧以三昧力得入初禪漸次第入第
四禪繼心正念如是脩習然後自當得證上
果離三界苦阿難尒時難陁比丘深生信心
依我教法勤心脩習不久即得阿羅漢果阿
難我涅槃後汝當依我教法正觀教示六群
車匿比丘深心依此淨清正法不久自當得
證上果阿難當知皆曰無明增長三界生死
大樹飄沒愛河衆苦長夜黑闇崖下繞生死
柱六識為枝妄念為本无明波浪心識榮使
遊戲六塵種苦惱牙无能制者自在如王是
故我言无明郎主念念傷害衆生不覺輪轉
生死阿難一切衆生為此无明起諸愛結我
見覆弊八万四千煩惱郎主役使其身患
破裂不得自在阿難无明若滅三界都盡以
是因緣名出世人阿難若能諦觀十二因緣
究竟无我深入本淨即能遠離三界大大阿
難如來是真語者誠實言最後付囑汝
當脩行
阿難如汝所問佛去世後以何為師者阿難
尸波羅弍是汝大師依之脩行能得出世甚
深定慧阿難如汝所問佛涅槃後依何住者
阿難依四念處嚴心而住觀身性相同於虛

BD03591號　大般涅槃經後分卷上　（26–6）

阿難如汝所問佛去世後以何為師者阿難
尸波羅弍是汝大師依之脩行能得出世甚
深定慧阿難如汝所問佛涅槃後依何住者
阿難依四念處嚴心而住觀身性相同於虛
空名身念處觀受不在內外不住中間名受
念處觀心但有名字名字性離名心念處觀
法不得善法不得不善法名法念處阿難一
切行者應當依此四念處住阿難如汝所問
如來滅後結集法藏一切經初安何等語者
阿難如來滅後結集法藏一切經初當安如
是我聞一時佛住某方某處與諸四衆而說
是經
尒時阿難復白佛言若佛在世若涅槃後有
信心檀越以金銀七寶一切樂具奉施如來
云何舉置佛告阿難若佛現在所施佛物僧
衆應知若佛滅後一切信心所施佛物應用
造佛形像及造佛衣七寶幡蓋買諸香油
寶華以供養佛除供養佛餘不得用用者
犯盜佛物罪阿難復白佛言若佛現在若滅
有人以金銀七寶房舍殿堂妻子奴婢衣服
飲食一切樂具深心恭敬礼拜供養如來佛涅
槃後若復有人以金銀七寶妻妾奴婢衣服
飲食一切樂具供養如來形像深心恭敬礼
拜供養世尊如是二人深心供養所得福德
何者為多佛告阿難如是二人皆以深心供
養所得福德其福无異何以故雖佛滅後法
身常存是以深心供養其福正等阿難復白

BD03591號　大般涅槃經後分卷上　（26–7）

拜供養世尊如是二人深心供養所得福德
何者為多佛告阿難如是二人皆以深心供
養所得福德其福无異何以故雖佛滅後法
身常存是以深心供養其福正等阿難復白
佛言若佛現在若復有人還以深心如上供
養恭敬如來佛涅槃後若復有人還以深心
如上供養恭敬全身舍利世尊如是二人所
得福德何者為多佛告阿難如是二人得福
正等功德廣大无量无邊乃至畢苦其福
不盡阿難復白佛言若佛現在若復有人如
上深心一切供養恭敬如來佛涅槃後復有
人如上深心供養恭敬半身舍利世尊如是
二人所得福德何者為多佛告阿難如是二
人深心供養得福无異所得福德无量无邊
阿難若佛滅後若復有人深心供養如來舍
利四分之一八分之一十六分之一百分之一
千分之一万分之一恒河沙分之一乃　至
如芥子許皆以深心供養恭敬尊重讚歎若
佛現在若復有人深心供養恭敬如來如是
二人所得福德皆悉无異其福无量不可稱
計阿難當知若佛現在若涅槃後若復有人
深心恭敬供養礼拜尊重讚歎如是二人所
得福德无二无別佛告阿難及諸大衆我涅
槃後天上人間一切衆生得我舍利悲喜交
流哀感悕慶恭敬礼拜深心供養得无量无
邊功德阿難若見如來舍利即是見佛見佛即

槃後天上人間一切衆生得我舍利悲喜交
流哀感悕慶恭敬礼拜深心供養得无量无
邊功德阿難若見如來舍利即是見佛見佛即
是見法見法即是見僧見僧即見涅槃阿難當
知以是因緣三寶常住无有變易能為衆生
作歸依處阿難復白佛言佛涅槃後一切大
衆依何法則荼毗如來而得舍利深心供養
佛告阿難我般涅槃汝等大衆當依轉輪聖
王荼毗方法阿難復白轉輪聖王荼毗法則
其事云何佛告阿難轉輪聖王命終之後經
停七日乃入鐵棺即入棺已即以微妙香油
注滿棺中閉棺令密復經七日從棺中出以
諸香水灌洗沐浴既灌洗已燒衆名香而以
供養以兜羅綿遍體纏身然後即以无價上
妙白疊千張次第相重遍纏王身既已纏訖
以衆香油滿鐵棺中聖王之身尒乃入棺密
閉棺已載以香木七寶車上其車四面垂諸
瓔珞一切寶絞莊嚴其車无數華幡七寶幢
蓋一切妙香一切天樂圍繞供養尒乃純以
衆妙香木表裏文飾微妙香油荼毗轉輪
聖王之身荼毗已訖收取舍利於都城內四
衢道中起七寶塔塔開四門安置舍利一切世
間所共瞻仰阿難其轉輪王以少福德紹此
王位未脫諸有具足五欲妻妾婇女恐見三
毒一切煩惱諸結使等未斷一毫命終之後
世間猶乃如是法則起塔供養一切瞻仰阿

衢道中起七寶塔塔開四門安置舍利一切世
間所共瞻仰阿難其轉輪王以少福德紹此
王位未脫諸有具足五欲妻妾婇女感見三
毒一切煩惱諸結使等未斷一毫命終之後
世間猶乃如是法則起塔供養一切瞻仰阿
難何況如來已於无量无邊无數阿僧祇劫
永捨五欲妻妾婇女於世間法已作霜雹難
勤能勤難行能行一切菩薩出世苦行勤苦
脩習十方三世一切諸佛所行之道甚深微
妙清淨戒定慧解脫解脫知見六波羅蜜
无不具足脩習如來十力大慈四无所畏三解
脫門十八大空六通五眼三十七品十八不共
法三十二相八十種好一切諸佛壽命一切
淨佛國土一切成就衆生一切難行苦行一
切攝善法戒一切攝衆生戒一切攝律儀
戒一切功德一切智慧一切莊嚴一切大願一
切方便如是等不可思議福德智慧皆已
成就無不具足斷除一切不善斷除一切煩
惱斷除一切煩惱餘習通達四諦十二因緣
於菩提樹除伏四魔成就種種智如是妙法
悉脩習已尒乃一切諸佛唱言善哉善哉同
以法性智水灌法身頂乃成阿耨多羅三藐
三菩提以是因緣我今号天人師十方種覺
至極世尊天上人間无與等者等視衆生如
羅睺羅故名如來應供正遍知明行足善逝
世間解无上士調御丈夫天人師佛世尊憐
愍世間化緣周畢爲衆生故今入涅槃隨世間

三菩提以是因緣我今号天人師十方種覺
至極世尊天上人間无與等者等視衆生如
羅睺羅故名如來應供正遍知明行足善逝
世間解无上士調御丈夫天人師佛世尊憐
愍世間化緣周畢爲衆生故今入涅槃隨世間
法如轉輪王爲令衆生普得供養向難我入
涅槃如轉王經得停七日乃入鐵棺以妙香
油注滿棺中蓋密棺門其棺四面應以七寶
間雜莊嚴一切寶幢香華供養經七日已復
出鐵棺既出棺已應以一切衆妙香水灌洗
沐浴如來之身既灌洗已以上妙兜羅綿遍
體纏身次以微妙无價白疊千張復於綿上
纏如來身又入鐵棺復以微妙香油盛滿棺
中閉棺令密尒乃純以微妙牛頭旃檀沉水
一切香木盛七寶車一切衆寶以爲莊嚴載
以寶棺至荼毗所无數寶幢无數寶蓋无
數寶衣无數天樂无數香華周遍虛空悲哀
供養一切天人无數大衆應各以旃檀沉水微
妙香油荼毗如來哀號戀慕荼毗已訖天人
四衆收取舍利盛七寶瓶於都城內四衢道
中起七寶塔供養舍利能令衆生得大功
德離三有苦至涅槃樂阿難當知一切四衆起
佛舍利七寶塔已應當更起三塔供養所謂
辟支佛塔阿羅漢塔轉輪王塔爲令世間知
歸依故阿難白佛言如來出世悲愍衆生顯
示十力大悲四无所畏十二因緣四諦之法
三解脫門八種梵音雷震三界五色慈光遍

辟支佛塔阿羅漢塔轉輪王塔爲令世間知
歸依故阿難白佛言如來出世悲愍衆生顯
示十力大悲四无所畏十二因緣四諦之法
三解脫門八種梵音雷震三界五色慈光遍
照六道隨順衆生心業所轉或得四果二乘
所行或證无漏无爲緣覺之道或入无滅无
生菩薩之地或得无量諸陁羅尼或得五眼
或得六通或脫三惡或出八難或離人天三
界之苦如來慈力清淨如來解脫法門不可
思議乃至涅槃一切世門人天四衆起七寶塔
供養舍利得大功德能令衆生脫三界苦
入正解脫以是因緣佛涅槃一切世間人天
大衆報佛甚深无量慈恩起七寶塔供養
舍利理應如是世尊其餘三塔於諸衆生得
何等利而令起立恭敬供養佛告阿難其辟
支佛悟法因緣入深法性已脫諸有一切過
患能爲人天而作福田以是因緣起塔供養
所得福德次於如來能令衆生皆得妙果阿
難其阿羅漢於三界中生分已盡不受後有
梵行已立能爲世間而作福田是故應當起
塔供養所得福德次辟支佛亦令衆生皆得
解脫阿難其轉輪王雖未解脫三界煩惱福
德力故治四天下而以十善化育羣生是諸
衆生之所尊敬以是四衆起塔供養所得福
德亦復无量
阿難白佛言佛般涅槃一切四衆當於何所

衆生之所尊敬以是四衆起塔供養所得福
德亦復无量
阿難白佛言佛般涅槃一切四衆當於何所
荼毗如來得收舍利唯願示教佛告阿難佛
般涅槃一切四衆若於拘尸城內荼毗如來其
城中人皆紹王位則相討罸諍訟无量亦令
一切得福階差阿難一切四衆可於城外荼
毗如來爲令世間得福等故阿難白佛言佛
入涅槃荼毗已訖一切四衆收取舍利安置
寶瓶當於何所起七寶塔一切皆得深心供
養唯願示教佛告阿難佛般涅槃荼毗既訖
一切四衆收取舍利置七寶瓶當於拘尸那
伽城內四衢道中起七寶塔高十三層上有
相輪一切妙寶間雜莊嚴一切世間衆妙華
幡而嚴飾之四邊欄楯七寶合成一切莊絞
靡不周遍其塔四面面開一門層層間次窓
牖相當安置寶瓶如來舍利天人四衆瞻仰
供養阿難其辟支佛塔應十一層亦以衆寶
而嚴飾之阿難阿羅漢塔成以四層亦以衆
寶而嚴飾之
阿難其轉輪王塔亦七寶成无復層級何以
故未脫三界諸有苦故尒時阿泥樓逗白佛
言佛涅槃後荼毗已訖一切天人四部大衆
如何分布如來舍利而得供養尒時佛告
泥樓逗我般涅槃汝等天人取佛舍利以平
等心分布三界一切六道世間供養

言佛涅槃後荼毗已訖一切天人四部大衆
如何分布如來舍利而得供養尒時佛告
泥楼逗我般涅槃汝等天人取佛舍利以平
等心分布三界一切六道世間供養
尒時釋提桓因白佛我今從佛敬請如來半
身舍利而我深心願供養故佛告天帝如來
等視衆生如羅睺羅汝不應請半身舍利何
以故平等利祐諸衆生故佛告天帝我今與
汝右邊上頷一牙舍利可於天上起塔供養
能令汝得福德无盡
尒時天人一切大衆悲哀流淚不能自裁尒
時世尊普告四衆佛般涅槃汝等天人莫大
愁惱何以故雖佛涅槃而有舍利常存供養
復有无上法寶脩多羅藏毗柰耶藏摩達
摩藏以是因緣三寶四諦常住於世能令衆
生深心歸依何以故供養舍利即是佛寶見
佛即見法身見法即見賢聖見賢聖故即見
四諦見四諦故即見涅槃是故當知三寶常住
无有變易能爲世間作歸依故佛復告諸大
衆汝等莫大愁苦我今於此垂欲涅槃若戒
若歸若常无常三寶四諦六波羅密十二因
緣有所疑者當速發問爲究竟問佛涅槃後
无復疑悔三過告衆尒時四衆憂悲苦惱哽
咽流淚痛切中心追思戀慕愁毒悶絶佛神
力故掩淚寂然无發問者何以故一切四衆
已於戒歸三寶四諦通達曉了无有疑故尒
時世尊知諸四衆無復餘疑歎言善哉善哉

咽流淚痛切中心追思戀慕愁毒悶絶佛神
力故掩淚寂然无發問者何以故一切四衆
已於戒歸三寶四諦通達曉了无有疑故尒
時世尊知諸四衆無復餘疑歎言善哉善哉
汝等四衆已能通達三寶四諦无有疑也猶
如淨水澆蕩身垢汝等當勤精進早得出
離莫生愁惱迷悶亂心
尒時世尊於師子座以真金手却身所著僧
伽梨衣顯出紫磨黄金師子胷臆普示大衆
告言汝等一切天人大衆應當深心看我紫
磨黄金色身尒時四衆一切瞻仰大覺世尊
真金色身目不暫捨悉皆快樂譬如比丘入
第三禪難生是中尒時世尊以黄金身示大
衆已即放无量无邊百千万億大涅槃光普
照十方一切世界日月所照无復光明放是光
已復告大衆當知如來爲汝等故累劫勤
苦截身手足盡脩一切難行苦行大悲本願
於此五濁氏阿耨多羅三藐三菩提得此金
剛不壞紫磨色身具足三十二相八十種好
无量光明普照一切見形遇光无不解脫佛
復告諸大衆佛出世難如優曇華希有難
見汝等大衆最後遇我爲於此身不生空過
我以本誓願力生此穢土化緣周畢今欲涅槃
汝等以至誠心看我紫磨黄金色身汝當脩
習如是清淨之業於未來世得此果報尒時
世尊如是三反慇勤三告以真金身示諸大

汝等以至誠心看我紫磨黃金色身汝當脩
習如是清淨之業於未來世得此果報尒時
世尊如是三反慇懃三告以真金身示諸大
衆即從七寶師子大牀上昇虛空高七多羅
樹一反告言我欲涅槃汝等大衆看我紫磨
黃金色身如是展轉高七多羅樹七返告言
我欲涅槃汝等大衆應當深心看我紫磨黃
金色身從空中下坐師子牀復告大衆我欲
涅槃汝等深心看我紫磨黃金色身尒時世
尊從師子牀復昇虛空高一多羅樹復告大
衆我欲涅槃汝等深心看我紫磨黃金色身
如是展轉高七多羅樹七反告言我欲涅槃
汝等大衆看我紫磨黃金色身從空中下坐
師子牀復告大衆我欲涅槃汝等深心看我
紫磨黃金色身尒時世尊從師子牀復昇虛
空高一多羅樹復告大衆我欲涅槃汝等深
心看我紫磨黃金色身如是展轉高七多羅
樹七反告言我欲涅槃汝等深心看我紫磨
黃金色身從空中下坐師子牀復告大衆我
欲涅槃汝等深心看我紫磨黃金色身尒時
世尊顯出如來紫磨黃金色身普示大衆如
是三反上昇虛空高七多羅樹三反從空中
下坐師子牀如是慇懃二十四反告諸大衆我
欲涅槃汝等深心看我金剛堅固不壞紫
磨黃金无畏色身如優曇華難可值遇汝等
當知我欲涅槃汝等應當以至誠心看我紫

欲涅槃汝等深心看我金剛堅固不壞紫
磨黃金无畏色身如優曇華難可值遇汝等
當知我欲涅槃汝等應當以至誠心看我紫
磨黃金色身如熱渴人遇清冷水飲之令飽
无復餘念汝等大衆亦復如是我欲涅槃汝
等大衆應當深心瞻仰爲是最後見於如來
自此見已無復再覩汝等大衆瞻仰令足无
復後悔佛復告諸大衆我涅槃後汝於大衆
應廣脩行早出三有勿復懈怠散心放逸尒
時一切世界天人四衆遇涅槃光瞻仰佛者
一切三塗八難世間人天所有煩惱四重五逆
極惡罪咎永滅无餘皆得解脫尒時世尊顯
出紫磨黃金色身慇懃相告示大衆已還
舉僧伽梨衣如常所披

大般涅槃經應盡還源品

佛復告諸大衆我今時至舉身疼痛說是
語已即入初禪以涅槃光遍觀世界入寂滅定
尒時世尊所言未訖即入初禪從初禪出入
第二禪從二禪出入第三禪從三禪出入第
四禪從四禪出入虛空處從空處出入无邊識
處從識處出入不用處從不用出入非想非
非想處從非非想出入滅盡定從滅盡定出
還入非想非非想處從非非想出入不用處
從不用出入无邊識處從識處出入虛空
處從空處出入第四禪從四禪出入第三禪
從三禪出入第二禪從二禪出入第一禪尒時

從不用出入无邊識處從識處出入虛空
處從空處出入第四禪從四禪出入第三禪
從三禪出入第二禪從二禪出入第一禪尒時
世尊如是逆順入諸禪已普告大衆我以甚
深波若遍觀三界一切六道諸山大海大地
含生如是三界根本性離畢竟寂滅同虛
空相无名无識永斷諸有本來平等无高下
想无見无聞无覺无知不可繫縛不可解脫
无衆生无壽命不生不起不盡不滅非世間
非非世間涅槃生死皆不可得二際平等等
諸法故閑居靜住无所施爲究竟安置必不
可得從无住法法性施爲斷一切相一无所
有法相如是其知是者名出世人是事不知
名生死始汝等大衆應斷無明滅生死始尒
時世尊說是語已復入超禪從初禪出入第
三禪從三禪出入虛空處從虛空出入无所有
處從无所有出入滅盡想定從滅盡定出次第
還入至非想非非想處從非非想出入无
邊識處從識處出入第四禪從四禪出入第
二禪從二禪出入於初禪如是逆順入超禪
已復告大衆我以摩訶般若遍觀三界有情
無情一切人法悉皆究竟无繫縛者无解脫
者無主無依不可攝持不出三界不入諸有
本來清淨無垢無煩惱與虛空等不平等
非不平等盡諸動念思想心息如是法相名大
涅槃真見此法名爲解脫凡夫不知名曰無

BD03591號　大般涅槃經後分卷上　（26–18）

者無主無依不可攝持不出三界不入諸有
本來清淨無垢無煩惱與虛空等不平等
非不平等盡諸動念思想心息如是法相名大
涅槃真見此法名爲解脫凡夫不知名曰無
明作是語已復入超禪從初禪出乃至入滅
盡定從滅盡出乃至入初禪如是逆順入超禪
已復告大衆我以佛眼遍觀三界一切諸法
无明本際性本解脫於十方求了不能得根
本無故所因枝葉皆悉解脫無明解脫故乃
至老死皆得解脫以是因緣我今安住常
寂滅光名大涅槃尒時阿難無極悲哀憂愁
痛苦心狂慌亂情識昏迷如重醉人都无知
覺不見四衆不知如來已入涅槃爲來涅槃
尒時世尊知是三過從超入諸禪定遍觀法
界普爲大衆三反說法如來如是展轉二十
七反入諸禪定阿難以不知故佛入一禪即
致一問如是二十七反問阿泥樓逗佛已涅
槃爲未涅槃阿泥樓逗深知如來入諸禪定
二十七反皆答阿難佛未涅槃尒時一切大
衆皆悉慌亂都不覺知如來涅槃爲未涅
槃尒時世尊三反入諸禪定三示誨衆已於
七寶牀右脅而卧頭枕北方足指南方面向
西方後背東方其七寶牀微妙瓔珞以爲莊
嚴娑羅樹林四雙八隻西方一雙在如來前
東方一雙在如來後北方一雙在佛之首南
方一雙在佛之足尒時世尊娑羅林下寢卧
寶牀於其中夜入第四禪寂然無聲於是時

BD03591號　大般涅槃經後分卷上　（26–19）

西方後背東方其七寶牀微妙瓔珞以爲莊
嚴娑羅樹林四雙八隻西方一雙在如來前
東方一雙在如來後北方一雙在佛之首南
方一雙在佛之足尒時世尊娑羅林下寢臥
寶牀於其中夜入第四禪寂然無聲於是時
須便般涅槃大覺世尊入涅槃已其娑羅林
東西二雙合爲一樹南北二雙合爲一樹垂
覆寶牀蓋於如來其樹即時慘然變白猶如
白鶴枝葉華果皮幹悉皆爆烈墮落漸漸
枯萃摧折無餘
尒時十方無數方億恒河沙普佛世界一切
大地皆大震動出種種音唱言苦哉苦哉世
界空虛演出无常苦空衆歎之聲尒時十方
世界一切諸山目真隣陁山摩訶目真隣陁
山鐵圍山大鐵圍山諸須弥山香山寶山金山
黑山一切大地所有諸山一時震烈悉皆崩
倒出大音聲震吼世界唱言苦哉苦哉如
何一旦世間孤露慧日滅沒大涅槃山一切
衆生喪真慈父失所敬天无瞻仰者尒時
十方世界一切大海悉皆混濁沸涌濤波出種
種音唱言苦哉苦哉正覺已滅衆生罪苦長
夜久流生死大海迷失正路何由解脫尒時
一切江河溪澗溝壑川流泉源渠井浴池悉
皆傾覆水盡枯涸尒時十方世界大地虛空
寂然大闇日月精光悉無復照黑闇愁惱弥
布世界於是時閒忽然黑風鼓怒驚震吹
㘅沙弥闇世界尒時大地一切卉木藥草諸

皆傾覆水盡枯涸尒時十方世界大地虛空
寂然大闇日月精光悉無復照黑闇愁惱弥
布世界於是時閒忽然黑風鼓怒驚震吹
㘅沙弥闇世界尒時大地一切卉木藥草諸
樹華菓枝葉悉皆摧折碎落无遺於是時
須十方世界一切諸天遍滿虛空哀號悲歎
振動三千大千世界雨无數百千種種上妙天香
天華遍滿三千大千世界積高須弥供養
如來於上空中復雨无數天幢天幡天瓔珞
天軒蓋天寶珠遍滿虛空變成寶臺四面珠
瓔七寶絞絡光明華彩供養如來於上空中
復奏無數微妙天樂鼓吹絃歌出種種音唱
言苦哉苦哉佛已涅槃世界空虛群生眼滅
煩惱羅剎大欲流行苦相續痛輪不息尒
時阿難心慌迷悶都不覺知不識如來已入
涅槃未入涅槃唯見非恒境界復問樓逗佛
涅槃耶樓逗荅言大覺世尊已入涅槃尒時
阿難聞是語已悶絕躃地猶如死人寂无氣
息冥冥不曉尒時樓逗以清冷水灑阿難面
扶之令起以善方便而慰喻之諸阿難言哀
哉哀哉痛苦柰何柰何莫大愁毒熱惱亂心
如來化緣周畢一切人天無能留者苦哉苦
哉柰何柰何期今日人天之師爲事究
竟無能留者柰何我與汝等且共裁抑復慰
喻言阿難佛雖涅槃而有舍利无上法寶常
住於世能爲衆生而作歸依我與汝等當勤精
[illegible]如來恩

我奈何奈何斯今日人天之師為事究
竟無能留者奈何我與汝等且共栽抑復慰
喻言阿難佛雖涅槃而有舍利无上法寶常
住於世能為衆生而作歸依我與汝等當勤精
進以佛法寶授與衆生令脫衆苦報如来恩
尒時阿難聞慰喻已漸得醒悟哽咽流淚悲
不自勝其拘尸那城娑羅林間縱廣十二由
旬天人大衆皆悉遍滿尖頭針鋒受无量衆
間无空缺不相障蔽尒時无數億菩薩一切
大衆悲皆迷悶昏濁亂心都不覺知如来
涅槃及涅槃唯見非恒變動一時同問樓逗
佛涅槃耶尒時樓逗告諸大衆一切天人大
覺世尊已入涅槃尒時无數一切大衆聞是
語已一時昏迷悶絶躃地苦毒入心隘聲不
出其中或有隨佛滅者或失心者或身心戰
悼者或手相執手哽咽流淚者或常搥胷大
叫者或舉手拍頭自拔髮者或有唱言痛哉
痛哉荼毒苦者或有唱言如来涅槃一何疾
者或有唱言失我所敬天者或有歎言世界
空虛衆生眼滅者或有歎言煩惱大鬼已流
行者或有歎言衆生善牙種子滅者或有歎
言魔王忻慶解甲冑者或自呵嘖身心无
常觀者或有正觀得解脫者或有傷歎无歸
依者中有遍體血現流灑地者如是異類殊
音一切大衆哀聲普震一切世界尒時娑婆
世界主尸棄大梵天王知佛已入涅槃與諸
天衆即從初禪飛空而下舉聲大哭流淚悲

BD03591 號　大般涅槃經後分卷上　（26–22）

常觀者或有正觀得解脫者或有傷歎无歸
依者中有遍體血現流灑地者如是異類殊
音一切大衆哀聲普震一切世界尒時娑婆
世界主尸棄大梵天王知佛已入涅槃與諸
天衆即從初禪飛空而下舉聲大哭流淚悲
咽投如来前悶絶躃地久乃穌醒哀不自勝
即於佛前以偈悲歎
世尊往昔本誓願　為我等故居忍土
乃隱无量自在力　貧所樂法度衆生
方便逐宜隨應說　衆生无不受安樂
誘進令出三有苦　究竟皆至涅槃道
如来慈母育衆生　普飲衆生大悲乳
何期一旦忽捨離　人天孤露无所依
痛哉衆生善種牙　無天甘露令增長
善牙漸漸衰滅已　罪業相牽墮惡道
奈何世界悉空虛　衆生正慧眼已滅
既行无明黑闇中　墮落三有淪溺苦
奈何衆生罪无救　願依舍利得解脫
勸請如来大悲力　救護令我脫苦地
何其痛哉此惡世　如来棄我入涅槃
尒時釋提桓因與諸大衆從空而下唱言
苦哉苦哉發聲大哭悲泣流淚投如来前悶
絶躃地久乃穌醒悲哀哽咽蹋跪佛前說偈哀
歎
如来歷劫行苦行　普為我等群生故
得成无上正覺道　等育衆生如一子
施法藥中為上藥　療病醫中為勝醫

BD03591 號　大般涅槃經後分卷上　（26–23）

歎
如来歷劫行苦行　普爲我等羣生故
得成无上正覺道　等育衆生如一子
施法藥中爲上藥　療病醫中爲勝醫
大慈悲雲陰衆生　甘露慧雨雨一切
慧日光照無明闇　無明衆生見聖道
聖月慈光照六趣　三有蒙光脫衆苦
何期於今捨大慈　已入涅槃衆不見
本懤大悲今何在　棄捨衆生如滞唾
我等一切諸衆生　如犢失母必當死
四衆争相執手哭　搥胷大哀動三界
苦哉苦哉諸有人　如何一旦盡孤露
我等福盡苦何甚　善牙燋然无復潤
唯願法寶舍利光　照我令脫三有苦
哀哉痛哉我等衆　幾何重得見如來
尒時樓逗悲哀號泣傷悼无量踟跪佛前
以偈悲讚
正覺法王育我等　飲我法乳長法身
衆生法身未成立　又復慧命少資粮
應以八音常演暢　令衆聞已悉悟道
常放大慈五色光　令衆蒙光皆解脫
如何今已永涅槃　行苦衆生何依趣
苦哉世尊捨大悲　我等孤窮必當死
雖知世尊現方便　我等无能不悲哀
四衆迷悶昏失心　哀動天地震三界
世尊獨處大安樂　衆生大苦欲何之
世尊往昔爲我等　衆劫捨頭截手足

BD03591號　大般涅槃經後分卷上　（26–24）

如何今已永涅槃　行苦衆生何依趣
苦哉世尊捨大悲　我等孤窮必當死
雖知世尊現方便　我等无能不悲哀
四衆迷悶昏失心　哀動天地震三界
世尊獨處大安樂　衆生大苦欲何之
世尊往昔爲我等　衆劫捨頭截手足
得成无上正覺道　不久住世即涅槃
我及四衆處无明　魔王忻慶捨甲冑
哀哉世尊願大悲　舍利慈光攝我等
伏請世尊愍四衆　法寶流潤願不窮
我等不能即殞滅　苟存餘命能幾何
苦哉痛切難堪忍　重見世尊無復期
尒時阿難悶絶漸醒舉手拍頭搥胷哽咽
悲泣湊流哀不自勝長跪佛前以偈悲歎
我昔與佛懤願力　幸共同生釋種中
如来得成正覺道　我爲侍者二十載
深心敬養情未足　一旦見棄入涅槃
痛哉哀哉荼毒苦　無撫長夜痛切心
我身未脫諸有網　無明之翳未出離
世尊慧嘴未啄破　如何見捨疾涅槃
我如初生之嬰兒　失母不久必當死
世尊如何見放捨　獨出三界受安樂
我今懺悔於世尊　侍佛已來二十年
四威儀中多懈慢　不能悅可大聖心
願正覺尊大慈悲　施我甘露令安樂
我願窮盡未來際　常勤世尊爲侍者
唯願世尊大慈光　一切世界攝受我

BD03591號　大般涅槃經後分卷上　（26–25）

世尊如何見放捨　獨出三界受安樂
我今懺悔於世尊　侍佛已來二十年
四威儀中多懈怠　不能悅可大聖心
願正覺尊大慈悲　施我甘露令安樂
我願窮盡未來際　常勤世尊為侍者
唯願世尊大慈光　一切世界攝受我
痛哉痛哉不可說　嗚咽何能陳聖恩
尒時无數億恒河沙菩薩一切世間天人大
衆手相執手悲泣流淚哀不自勝各相裁
抑即皆自辦無數微妙香華曼陁羅華摩
訶曼陁羅華曼殊沙華摩訶曼殊沙華無
數天上人間海岸旃檀沉水百千万種和无
數香泥香水寶蓋寶幢寶幡真珠瓔珞
遍滿虛空投如來前悲哀供養尒時拘尸城
內男女大小一切人衆悲哀流淚各辦無數
微妙香華幡蓋等倍勝於前投如來所悲
哀供養尒時四天王與諸天衆悲哀流淚
各辦無數香華一切供養等三倍於前悲
泣流淚來詣佛所投如來前悲哀供養五天
如是倍勝於前色界無色界諸天亦如是倍
勝供養

大般涅槃經後分卷上

BD03591號　大般涅槃經後分卷上

（26–26）

分別諸法有无　是實非實　是生[illegible]
[illegible]在於閑處　修攝其心　安住不動　如須彌[illegible]
觀一切法　皆无所有　猶如虛空　无有[illegible]
不生不出　不動不退　常住一相　是[illegible]
若有比丘　於我滅後　入是行處　及親近處
說斯經時　无有怯弱　菩薩有時　入於靜室
以正憶念　隨義觀法　從禪定起　為諸國王
王子臣民　婆羅門等　開化演暢　說斯[illegible]
其心安隱　无有怯弱　文殊師利　是名
安住初法　能於後世　說法華經
又文殊師利如來滅後於末法中欲說是[illegible]
應住安樂行若口宣說若讀經時不樂說
及經典[illegible]不輕慢諸餘法師不說他人好
惡長短於聲聞人亦不稱名說其過惡亦不
稱名讚歎其[illegible]亦不生怨嫌之心善修如
是安樂心故諸有聽者[illegible]逆其意有所難問
不以小乘法答但以大乘而為解說令得一切
種智尒時世尊欲重宣此義而說偈言
菩薩常樂　安隱說法　於清淨地　而施床座
以油塗身　澡浴塵穢　著新淨衣　內外俱淨
[illegible]

BD03592號　妙法蓮華經卷五

（26–1）

稱名讚歎其美 亦不生怨嫌之心善脩如
是安樂心故諸有聽者不逆其意有所難問
不以小乘法答但以大乘而為解說令得一切
種智尒時世尊欲重宣此義而說偈言
菩薩常樂　安隱說法　於清淨地　而施床座
以油塗身　澡浴塵穢　著新淨衣　內外俱淨
安處法座　隨問為說　若有比丘　及比丘尼
諸優婆塞　及優婆夷　國王王子　群臣士民
以微妙義　和顏為說　若有難問　隨義而答
因緣譬喻　敷演分別　以是方便　皆使發心
漸漸增益　入於佛道　除嬾惰意　及懈怠想
離諸憂惱　慈心說法　晝夜常說　无上[illegible]
以諸因緣　无量譬喻　開示衆生　咸令歡喜
衣服臥具　飲食醫藥　而於其中　无所悕望
但一心念　說法因緣　願成佛道　令衆亦尒
是則大利　安樂供養　我滅度後　若有比丘
能演說斯　妙法華經　心无嫉恚　諸惱障礙
亦无憂愁　及罵詈者　又无怖畏　加刀杖等
亦无擯出　安住忍故　智者如是　善修其心
能住安樂　如我上說　其人功德　千万億劫
筭數譬喻　說不能盡
又文殊師利菩薩摩訶薩於後末世法欲滅
時受持讀誦斯經典者无懷嫉妬諂誑之心
亦勿輕罵學佛道者求其長短若比丘比丘
尼優婆塞優婆夷求聲聞者求辟支佛者求
菩薩道者无得惱之令其疑悔語其人言汝
等去道甚遠終不能得一切種智所以者何
汝是放逸之人於道懈怠故又亦不應戲論

BD03592號　妙法蓮華經卷五　（26–2）

亦勿輕罵學佛道者求其長短若比丘比丘
尼優婆塞優婆夷求聲聞者求辟支佛者求
菩薩道者无得惱之令其疑悔語其人言汝
等去道甚遠終不能得一切種智所以者何
汝是放逸之人於道懈怠故又亦不應戲論
諸法有所諍競當於一切衆生起大悲想於
諸如來起慈父想於諸菩薩起大師想於十
方諸大菩薩常應深心恭敬礼拜於一切衆
生平等說法以順法故不多不少乃至深愛
法者亦不為多說文殊師利是菩薩摩訶薩
於後末世法欲滅時有成就是第三安樂行
者說是法時无能惱亂得好同學共讀誦是
經亦得大衆而來聽受聽已能持持已能誦
誦已能說說已能書若使人書供養經卷恭
敬尊重讚歎尒時世尊欲重宣此義而說
偈言
若欲說是經　當捨嫉恚慢　諂誑邪偽心　常修質直行
不輕蔑於人　亦不戲論法　不令他疑悔　云汝不得佛
是佛子說法　常柔和能忍　慈悲於一切　不生懈怠心
十方大菩薩　愍衆故行道　應生恭敬心　是則我大師
於諸佛世尊　生无上父想　破於憍慢心　說法无障礙
第三法如是　智者應守護　一心安樂行　无量衆所敬
又文殊師利菩薩摩訶薩於後末世法欲滅
時有持法華經者於在家出家人中生大慈心
於非菩薩人中生大悲心應作是念如是之
人則為大失如來方便隨宜說法不聞不知
不覺不問不信不解其人雖不問不信不解
[illegible]

BD03592號　妙法蓮華經卷五　（26–3）

於非菩薩人中生大悲心應作是念如是之
人則為大失如來方便隨宜說法不聞不知
不覺不問不信不解其人雖不問不信不解
是經我得阿耨多羅三藐三菩提時隨在何
地以神通力智慧力引之令得住是法中文
殊師利是菩薩摩訶薩於如來滅後有成
就此第四法者說是法時无有過失常為比
丘比丘尼優婆塞優婆夷國王王子大臣人
民婆羅門居士等供養恭敬尊重讚歎虛空
諸天為聽法故亦常隨侍若在聚落城邑空
閑林中有人來欲難問者諸天晝夜常為法
故而衛護之能令聽者皆得歡喜所以者何
此經是一切過去未來現在諸佛神力所護
故文殊師利是法華經於无量國中乃至名
字不可得聞何況得見受持讀誦文殊師利
譬如強力轉輪聖王欲以威勢降伏諸國而
諸小王不順其命時轉輪王起種種兵而往討
伐王見兵衆戰有功者即大歡喜隨功賞賜
或與田宅聚落城邑或與衣服嚴身之具或
與種種珍寶金銀琉璃車𤦲馬瑙珊瑚虎
珀象馬車乘奴婢人民唯髻中明珠不以與
之所以者何獨王頂上有此一珠若以與之
王諸眷屬必大驚怪文殊師利如來亦復如
是以禪定智慧力得法國土王於三界而諸
魔王不肯順伏如來賢聖諸將与之共戰其
有功者心亦歡喜於四衆中為說諸經令其
心悅賜以禪定解脫无漏根力諸法之財又

BD03592號　妙法蓮華經卷五　（26–4）

是以禪定智慧力得法國土王於三界而諸
魔王不肯順伏如來賢聖諸將与之共戰其
有功者心亦歡喜於四衆中為說諸經令其
心悅賜以禪定解脫无漏根力諸法之財又
復賜與涅槃之城言得滅度引導其心令皆
歡喜而不為說是法華經文殊師利如轉輪
王見諸兵衆有大功者心甚歡喜以此難信
之珠久在髻中不妄與人而今與之如來亦
復如是於三界中為大法王以法教化一切
衆生見賢聖軍與五陰魔煩惱魔死魔共戰
有大功勳滅三毒出三界破魔網尒時如來
亦大歡喜此法華經能令衆生至一切智一切
世間多怨難信先所未說而今說之文殊師
利此法華經是諸如來第一之說於諸說
中最為甚深末後賜與如彼強力之王久護
明珠今乃與之文殊師利此法華經諸佛如
來秘密之藏於諸經中最在其上長夜守護
不妄宣說始於今日乃與汝等而敷演之尒
時世尊欲重宣此義而說偈言
常行忍辱　哀愍一切　乃能演說　佛所讚經
後末世時　持此經者　於家出家　及非菩薩
應生慈悲　斯等不聞　不信是經　則為大失
我得佛道　以諸方便　為說此法　令住其中
譬如強力　轉輪之王　兵戰有功　賞賜諸物
象馬車乘　嚴身之具　及諸田宅　聚落城邑
或與衣服　種種珍寶　奴婢財物　歡喜賜與
如有勇健　能為難事　王解髻中　明珠賜之

BD03592號　妙法蓮華經卷五　（26–5）

我得佛道 以諸方便 為說此法 令住其中
辟如強力 轉輪之王 兵戰有功 賞賜諸物
為馬車乘 嚴身之具 及諸田宅 聚落城邑
或與衣服 種種珎寶 奴婢財物 歡喜賜與
如有勇健 能為難事 王解髻中 明珠賜之
如來亦尒 為諸法王 忍辱大力 智慧寶藏
以大慈悲 如法化世 見一切人 受諸苦惱
欲求解脫 与諸魔戰 為是衆生 說種種法
以大方便 說此諸經 既知衆生 得其力已
末後乃為 說是法華 如王解髻 明珠与之
此經為尊 衆經中上 我常守護 不妄開示
今正是時 為汝等說 我滅度後 求佛道者
欲得安隱 演說斯經 應當親近 如是四法
讀是經者 常无憂惱 又无病痛 顏色鮮白
不生貧窮 卑賤醜陋 衆生樂見 如慕賢聖
天諸童子 以為給使 刀杖不加 毒不能害
若人惡罵 口則閉塞 遊行无畏 如師子王
智慧光明 如日之照 若於夢中 但見妙事
見諸如來 坐師子座 諸比丘衆 圍繞說法
又見龍神 阿脩羅等 數如恒沙 恭敬合掌
自見其身 而為說法 又見諸佛 身相金色
放无量光 照於一切 以梵音聲 演說諸法
佛為四衆 說无上法 見身處中 合掌讚佛
聞法歡喜 而為供養 得陁羅尼 證不退智
佛知其心 深入佛道 即為授記 成最正覺
汝善男子 當於來世 得无量智 佛之大道
國土嚴淨 廣大无比 亦有四衆 合掌聽法

聞法歡喜 而為供養 得陁羅尼 證不退智
佛知其心 深入佛道 即為授記 成最正覺
汝善男子 當於來世 得无量智 佛之大道
國土嚴淨 廣大无比 亦有四衆 合掌聽法
又見自身 在山林中 脩習善法 證諸實相
深入禪定 見十方佛
諸佛身金色 百福相莊嚴 聞法為人說 常有是好夢
又夢作國王 捨宮殿眷屬 及上妙五欲 行詣於道場
在菩提樹下 而處師子座 求道過七日 得諸佛之智
成无上道已 起而轉法輪 為四衆說法 經千万億劫
說无漏妙法 度无量衆生 後當入涅槃 如烟盡燈滅
若後惡世中 說是第一法 是人得大利 如上諸功德

妙法蓮華經從地踊出品第十五

尒時他方國土諸來菩薩摩訶薩過八恒河
沙數於大衆中起立合掌作礼而白佛言世尊
若聽我等於佛滅後在此娑婆世界懃加精進
護持讀誦書寫供養是經典者當於此土而
廣說之尒時佛告諸菩薩摩訶薩衆止善
男子不須汝等護持此經所以者何我娑婆
世界自有六万恒河沙等菩薩摩訶薩一一
菩薩各有六万恒河沙眷屬是諸人等能於
我滅後護持讀誦廣說此經佛說是時娑婆
世界三千大千國土地皆震裂而於其中有
无量千万億菩薩摩訶薩同時踊出是諸菩
薩身皆金色三十二相无量光明先盡在此
娑婆世界之下此界虛空中住是諸菩薩聞
釋迦牟尼佛所說音聲從下發來一一菩薩

世界三千大千國土地皆震裂而於其中有
无量千万億菩薩摩訶薩同時踊出是諸菩
薩身皆金色三十二相无量光明先盡在此
娑婆世界之下此界虛空中住是諸菩薩聞
釋迦牟尼佛所說音聲從下發来一一菩薩
皆是大衆唱導之首各将六万恒河沙眷屬
况将五万四万三万二万一万恒河沙等眷
屬者况復乃至一恒河沙半恒河沙四分之
一乃至千万億那由他分之一况復千万億
那由他眷屬况復億万眷屬况復千万百万
乃至一万况復一千一百乃至一十况復将
五四三二一弟子者况復單已樂遠離行
如是等比无量无邊筭數譬喻所不能知是
諸菩薩從地出已各詣虛空七寶妙塔多寶
如来釋迦牟尼佛所到已向二世尊頭面礼之
及至諸寶樹下師子座上佛所亦皆作礼右
繞三帀合掌恭敬以諸菩薩種種讚法而以
讚歎住在一面欣樂瞻仰於二世尊是諸菩
薩摩訶薩從初踊出以諸菩薩種種讚法而
讚於佛如是時間經五十小劫是時釋迦牟
尼佛嘿然而坐及諸四衆亦皆嘿然五十小
劫佛神力故令諸大衆謂如半日尒時四衆
亦以佛神力故見諸菩薩遍滿无量百千万
億國土虛空是菩薩衆中有四導師一名上
行二名无邊行三名淨行四名安立行是四
菩薩於其衆中冣為上首唱導之師在大衆
前各共合掌觀釋迦牟尼佛而問訊言世尊
少病少惱安樂行不所應度者受教易不不

BD03592號　妙法蓮華經卷五　（26–8）

行二名无邊行三名淨行四名安立行是四
菩薩於其衆中冣為上首唱導之師在大衆
前各共合掌觀釋迦牟尼佛而問訊言世尊
少病少惱安樂行不所應度者受教易不不
令世尊生疲勞耶尒時四大菩薩而說偈言
世尊安樂 少病少惱 教化衆生 得无疲惓
又諸衆生 受化易不 不令世尊 生疲勞耶
尒時世尊於菩薩大衆中而作是言如是如
是諸善男子如来安樂少病少惱諸衆生等
易可化度无有疲勞所以者何是諸衆生世
世已来常受我化亦於過去諸佛供養尊重
種諸善根此諸衆生始見我身聞我所說即
皆信受入如来慧除先脩習學小乘者如是
之人我今亦令得聞是經入於佛慧尒時諸
大菩薩而說偈言
善哉善哉 大雄世尊 諸衆生等 易可化度
能問諸佛 甚深智慧 聞已信行 我等隨喜
於時世尊讚歎上首諸大菩薩善哉善哉善
男子汝等能於如来發隨喜心尒時弥勒菩
薩及八千恒河沙諸菩薩衆皆作是念我等
從昔已来不見不聞如是大菩薩摩訶薩衆
從地踊出住世尊前合掌供養問訊如来時
弥勒菩薩摩訶薩知八千恒河沙諸菩薩等
心之所念并欲自決所疑合掌向佛以偈問曰
无量千万億 大衆諸菩薩 昔所未曾見 願兩足尊說
是從何所来 以何因緣集 巨身大神通 智慧叵思議
其志念堅固 有大忍辱力 衆生所樂見 為從何所来

BD03592號　妙法蓮華經卷五　（26–9）

從地踊出住世尊前合掌供養問訊如來
弥勒菩薩摩訶薩知八千恒河沙諸菩薩等
心之所念并欲自決所疑合掌向佛以偈問曰
无量千万億 大衆諸菩薩 昔所未曾見 願兩足尊說
是從何所来 以何因緣集 巨身大神通 智慧叵思議
其志念堅固 有大忍辱力 衆生所樂見 為從何所来
一一諸菩薩 所將諸眷屬 其數无有量 如恒河沙等
或有大菩薩 將六万恒沙 如是諸大衆 一心求佛道
是諸大師等 六万恒河沙 俱来供養佛 及護持此經
將五万恒沙 其數過於是 四万及三万 二万至一万
一千一百等 乃至一恒沙 半及三四分 億万分之一
千万那由他 万億諸弟子 及至於半億 其數復過一
百万至一万 一千及一百 五十与一十 乃至三二一
單己无眷屬 樂於獨處者 俱来至佛所 其數轉過上
如是諸大衆 若人行籌數 過於恒沙劫 猶不能盡知
是諸大威德 精進菩薩衆 誰為其說法 教化而成就
從誰初發心 稱揚何佛法 受持行誰經 修習何佛道
如是諸菩薩 神通大智力 四方地震裂 皆從中踊出
世尊我昔来 未曾見是事 願說其所從 國土之名号
我常遊諸國 未曾見是衆 我於此衆中 乃不識一人
忽然從地出 願說其因緣 今此之大會 无量百千億
是諸菩薩等 皆欲知此事 是諸菩薩衆 本末之因緣
无量德世尊 唯願決衆疑
尒時釋迦牟尼佛分身諸佛從无量千万億他
方國土来者在於八方諸寶樹下師子座上
結跏趺坐其佛侍者各各見是菩薩大衆
於三千大千世界四方從地踊出住於虛空各
白其佛言世尊此諸无量无邊阿僧祇菩薩

尒時釋迦牟尼佛分身諸佛從无量千万億他
方國土来者在於八方諸寶樹下師子座上
結跏趺坐其佛侍者各各見是菩薩大衆
於三千大千世界四方從地踊出住於虛空各
白其佛言世尊此諸无量无邊阿僧祇菩薩
大衆從何所来尒時諸佛各告侍者諸善
男子且待須臾有菩薩摩訶薩名曰弥勒釋迦
牟尼佛之所授記次後作佛已問斯事佛今
荅之汝等自當因是得聞尒時釋迦牟尼佛
告弥勒菩薩善哉善哉阿逸多乃能問佛如
是大事汝等當共一心被精進鎧發堅固意
如来今欲顯發宣示諸佛智慧諸佛自在神
通之力諸佛師子奮迅之力諸佛威猛大勢
之力尒時世尊欲重宣此義而說偈言
當精進一心 我欲說此事 勿得有疑悔 佛智叵思議
汝今出信力 住於忍善中 昔所未聞法 今皆當得聞
我今安慰汝 勿得懷疑懼 佛无不實語 智慧不可量
所得第一法 甚深叵分別 如是今當說 汝等一心聽
尒時世尊說此偈已告弥勒菩薩我今於此
大衆宣告汝等阿逸多是諸大菩薩摩訶薩
无量无數阿僧祇從地踊出汝等昔所未見
者我於是娑婆世界得阿耨多羅三藐三菩
提已教化示導是諸菩薩調伏其心令發道
意此諸菩薩皆於是娑婆世界之下此界虛
空中住於諸經典讀誦通利思惟分別正憶
念阿逸多是諸善男子等不樂在衆多有所
說常樂靜處勤行精進未曾休息亦不依止
人天而住常樂深智无有鄣礙亦常樂於諸

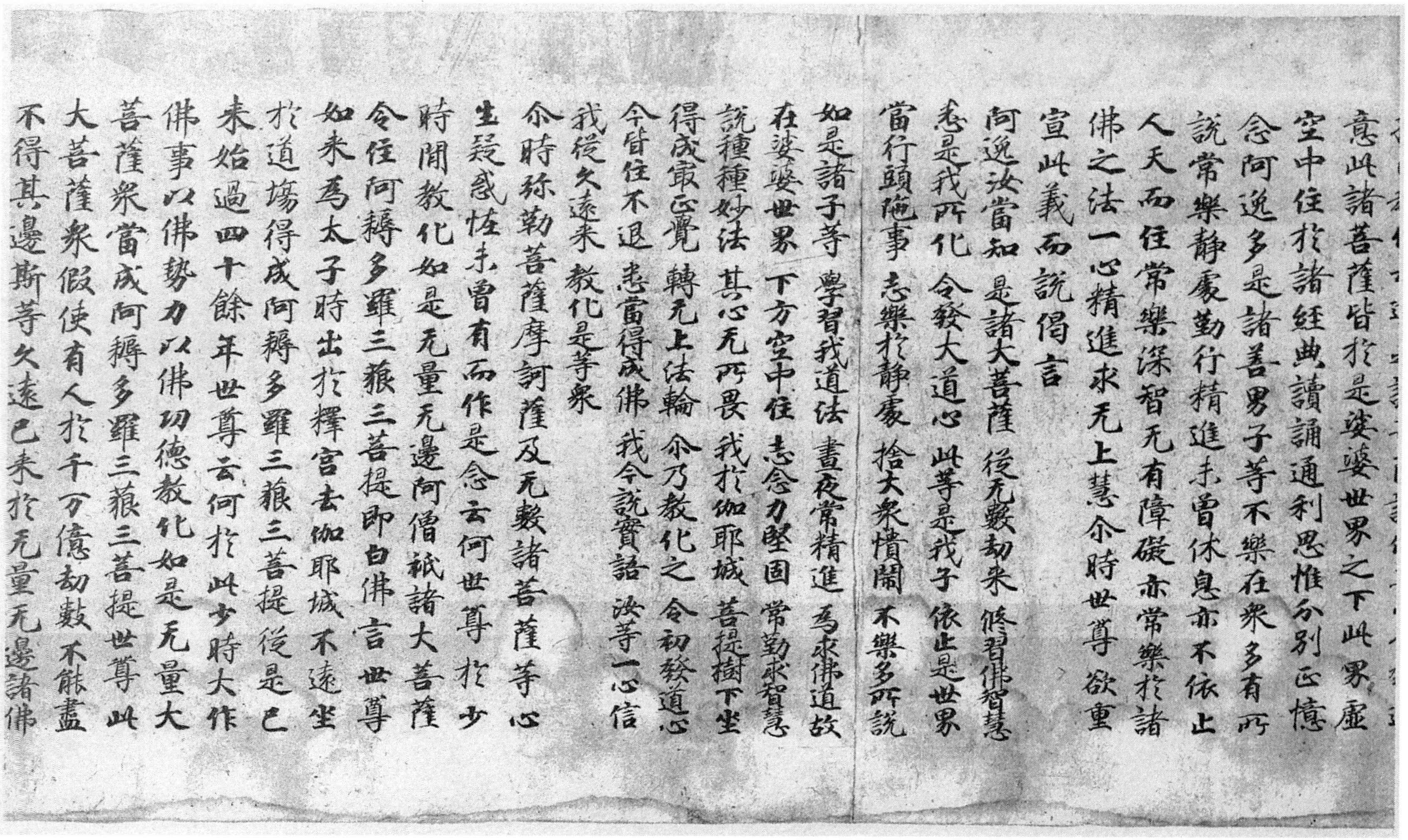

意此諸菩薩皆於是娑婆世界之下此界虛
空中住於諸經典讀誦通利思惟分別正憶
念阿逸多是諸善男子等不樂在衆多有所
說常樂靜處勤行精進未曾休息亦不依止
人天而住常樂深智无有障礙亦常樂於諸
佛之法一心精進求无上慧尒時世尊欲重
宣此義而說偈言
阿逸汝當知　是諸大菩薩　從无數劫來　修習佛智慧
悉是我所化　令發大道心　此等是我子　依止是世界
當行頭陀事　志樂於靜處　捨大衆憒閙　不樂多所說
如是諸子等　學習我道法　晝夜常精進　為求佛道故
在娑婆世界　下方空中住　志念力堅固　常勤求智慧
說種種妙法　其心无所畏　我於伽耶城　菩提樹下坐
得成最正覺　轉无上法輪　尒乃教化之　令初發道心
今皆住不退　悉當得成佛　我今說實語　汝等一心信
我從久遠來　教化是等衆
尒時弥勒菩薩摩訶薩及无數諸菩薩等心
生疑惑怪未曾有而作是念云何世尊於少
時間教化如是无量无邊阿僧祇諸大菩薩
令住阿耨多羅三藐三菩提即白佛言世尊
如來為太子時出於釋宮去伽耶城不遠坐
於道場得成阿耨多羅三藐三菩提從是已
來始過四十餘年世尊云何於此少時大作
佛事以佛勢力以佛功德教化如是无量大
菩薩衆當成阿耨多羅三藐三菩提世尊此
大菩薩衆假使有人於千万億劫數不能盡
不得其邊斯等久遠已來於无量无邊諸佛

BD03592 號　妙法蓮華經卷五　（26–12）

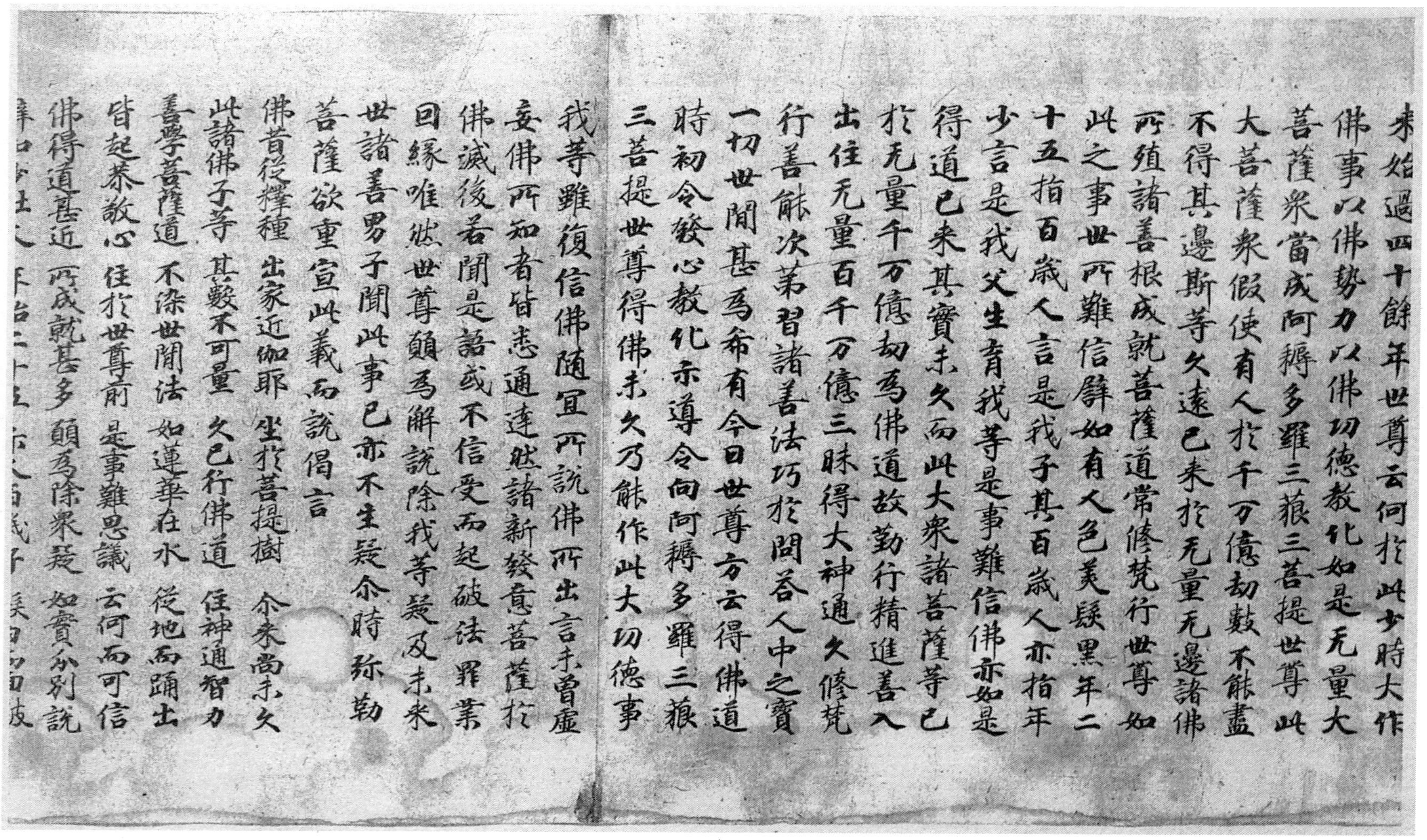

來始過四十餘年世尊云何於此少時大作
佛事以佛勢力以佛功德教化如是无量大
菩薩衆當成阿耨多羅三藐三菩提世尊此
大菩薩衆假使有人於千万億劫數不能盡
不得其邊斯等久遠已來於无量无邊諸佛
所殖諸善根成就菩薩道常修梵行世尊如
此之事世所難信譬如有人色美髮黑年二
十五指百歲人言是我子其百歲人亦指年
少言是我父生育我等是事難信佛亦如是
得道已來其實未久而此大衆諸菩薩等已
於无量千万億劫為佛道故勤行精進善入
出住无量百千万億三昧得大神通久修梵
行善能次第習諸善法巧於問荅人中之寶
一切世間甚為希有今日世尊方云得佛道
時初令發心教化示導令向阿耨多羅三藐
三菩提世尊得佛未久乃能作此大功德事
我等雖復信佛隨宜所說佛所出言未曾虛
妄佛所知者皆悉通達然諸新發意菩薩於
佛滅後若聞是語或不信受而起破法罪業
因緣唯然世尊願為解說除我等疑及未來
世諸善男子聞此事已亦不生疑尒時弥勒
菩薩欲重宣此義而說偈言
佛昔從釋種　出家近伽耶　坐於菩提樹　尒來尚未久
此諸佛子等　其數不可量　久已行佛道　住神通智力
善學菩薩道　不染世間法　如蓮華在水　從地而踊出
皆起恭敬心　住於世尊前　是事難思議　云何而可信
佛得道甚近　所成就甚多　願為除衆疑　如實分別說

BD03592 號　妙法蓮華經卷五　（26–13）

此諸佛子等　其數不可量　久已行佛道　住神通智力
善學菩薩道　不染世間法　如蓮華在水　從地而踊出
皆起恭敬心　住於世尊前　是事難思議　云何而可信
佛得道甚近　所成就甚多　願為除衆疑　如實分別說
譬如少壯人　年始二十五　示人百歲子　髮白而面皺
是等我所生　子亦說是父　父少而子老　舉世所不信
世尊亦如是　得道來甚近　是諸菩薩等　志固无怯弱
從无量劫來　而行菩薩道　巧於難問荅　其心无所畏
忍辱心決定　端正有威德　十方佛所讚　善能分別說
不樂在人衆　常好在禪定　為求佛道故　於下空中住
我等從佛聞　於此事无疑　願佛為未來　演說令開解
若有於此經　生疑不信者　即當墮惡道　願今為解說
是无量菩薩　云何於少時　教化令發心　而住不退地

妙法蓮華經如來壽量品第十六

尒時佛告諸菩薩及一切大衆諸善男子汝
等當信解如來誠諦之語復告大衆汝等當
信解如來誠諦之語又復告諸大衆汝等當
信解如來誠諦之語是時菩薩大衆弥勒為
首合掌白佛言世尊唯願說之我等當信受
佛語如是三白已復言唯願說之我等當信
受佛語尒時世尊知諸菩薩三請不止而告
之言汝等諦聽如來秘密神通之力一切世
間天人及阿修羅皆謂今釋迦牟尼佛出釋
氏宮去伽耶城不遠坐於道場得阿耨多羅
三藐三菩提然善男子我實成佛已來无量
无邊百千万億那由他劫譬如五百千万億
那由他阿僧祇三千大千世界假使有人末

氏宮去伽耶城不遠坐於道場得阿耨多羅
三藐三菩提然善男子我實成佛已來无量
无邊百千万億那由他劫譬如五百千万億
那由他阿僧祇三千大千世界假使有人末
為微塵過於東方五百千万億那由他阿僧
祇國乃下一塵如是東行盡是微塵諸善男
子於意云何是諸世界可得思惟挍計知其
數不弥勒菩薩等俱白佛言世尊是諸世界
无量无邊非筭數所知亦非心力所及一切
聲聞辟支佛以无漏智不能思惟知其限數
我等住阿惟越致地於是事中亦所不達世
尊如是諸世界无量无邊尒時佛告大菩
薩衆諸善男子今當分明宣語汝等是諸世
界若著微塵及不著者盡以為塵一塵一劫我
成佛已來復過於此百千万億那由他阿僧
祇劫自從是來我常在此娑婆世界說法教
化亦於餘處百千万億那由他阿僧祇國導
利衆生諸善男子於是中間我說然燈佛等
又復言其入於涅槃如是皆以方便分別諸
善男子若有衆生來至我所我以佛眼觀其
信等諸根利鈍隨所應度處處自說名字不
同年紀大小亦復現言當入涅槃又以種種
方便說微妙法能令衆生發歡喜心諸善男
子如來見諸衆生樂於小法德薄垢重者為
是人說我少出家得阿耨多羅三藐三菩提
然我實成佛已來久遠若斯但以方便教化
衆生令入佛道作如是說諸善男子如來所

子如來見諸衆生樂於小法德薄垢重者爲
是人說我少出家得阿耨多羅三藐三菩提
然我實成佛已來久遠若斯但以方便教化
衆生令入佛道作如是說諸善男子如來所
演經典皆爲度脫衆生或說己身或說他身
或示己身或示他身或示己事或示他事諸
所言說皆實不虛所以者何如來如實知見
三界之相无有生死若退若出亦无在世及
滅度者非實非虛非如非異不如三界見於
三界如斯之事如來明見无有錯謬以諸衆
生有種種性種種欲種種行種種憶想分別
故欲令生諸善根以若干因緣譬喻言辭種
種說法所作佛事未曾暫廢如是我成佛已
來甚大久遠壽命无量阿僧祇劫常住不滅
諸善男子我本行菩薩道所成壽命今猶未
盡復倍上數然今非實滅度而便唱言當取
滅度如來以是方便教化衆生所以者何若
佛久住於世薄德之人不種善根貧窮下賤
貪著五欲入於憶想妄見網中若見如來常
在不滅便起憍恣而懷猒怠不能生難遭之
想恭敬之心是故如來以方便說比丘當知
諸佛出世難可值遇所以者何諸薄德人過
无量百千万億劫或有見佛或不見者以此
事故我作是言諸比丘如來難可得見斯衆
生等聞如是語必當生於難遭之想心懷戀
慕渴仰於佛便種善根是故如來雖不實滅
而言滅度又善男子諸佛如來法皆如是爲
度衆生皆實不虛譬如良醫智慧聰達明

无量百千万億劫或有見佛或不見者以此
事故我作是言諸比丘如來難可得見斯衆
生等聞如是語必當生於難遭之想心懷戀
慕渴仰於佛便種善根是故如來雖不實滅
而言滅度又善男子諸佛如來法皆如是爲
度衆生皆實不虛譬如良醫智慧聰達明
練方藥善治衆病其人多諸子息若十二十乃
至百數以有事緣遠至餘國諸子於後飲他
毒藥藥發悶亂宛轉于地是時其父還來歸
家諸子飲毒或失本心或不失者遥見其父
皆大歡喜拜跪問訊善安隱歸我等愚癡誤
服毒藥願見救療更賜壽命父子等苦惱如
是依諸經方求好藥草色香美味皆悉具
足擣篩和合與子令服而作是言此大良藥
色香美味皆悉具足汝等可服速除苦惱无
復衆患其諸子中不失心者見此良藥色香
俱好即便服之病盡除愈餘失心者見其父
來雖亦歡喜問訊求索治病然與其藥而不
肯服所以者何毒氣深入失本心故於此好
色香藥而謂不美父作是念此子可愍爲毒
所中心皆顛倒雖見我喜求索救療如是好
藥而不肯服我今當設方便令服此藥即作
是言汝等當知我今衰老死時已至是好良
藥今留在此汝可取服勿憂不差作是教已
復至他國遣使還告汝父已死是時諸子聞
父背喪心大憂惱而作是念若父在者慈愍
我等能見救護今者捨我遠喪他國自惟孤
露无復恃怙常懷悲感心遂醒悟乃知此藥

藥今留在此汝可取服勿憂不差作是教已
復至他國遣使還告汝父已死是時諸子聞
父背喪心大憂惱而作是念若父在者慈愍
我等能見救護今者捨我遠喪他國自惟孤
露无復恃怙常懷悲感心遂醒悟乃知此藥
色香味美即取服之毒病皆愈其父聞子悉
已得差尋便來歸咸使見之諸善男子於意
云何頗有人能說此良醫虛妄罪不不也世
尊佛言我亦如是成佛已來无量无邊百千
万億那由他阿僧祇劫為衆生故以方便力言
當滅度亦无有能如法說我虛妄過者尒時
世尊欲重宣此義而說偈言

自我得佛來　所經諸劫數　无量百千万　億載阿僧祇
常說法教化　无數億衆生　令入於佛道　尒來无量劫
為度衆生故　方便現涅槃　而實不滅度　常住此說法
我常住於此　以諸神通力　令顛倒衆生　雖近而不見
衆見我滅度　廣供養舍利　咸皆懷戀慕　而生渴仰心
衆生既信伏　質直意柔軟　一心欲見佛　不自惜身命
時我及衆僧　俱出靈鷲山　我時語衆生　常在此不滅
以方便力故　現有滅不滅　餘國有衆生　恭敬信樂者
我復於彼中　為說无上法　汝等不聞此　但謂我滅度
我見諸衆生　沒在於苦惱　故不為現身　令其生渴仰
因其心戀慕　乃出為說法　神通力如是　於阿僧祇劫
常在靈鷲山　及餘諸住處　衆生見劫盡　大火所燒時
我此土安隱　天人常充滿　園林諸堂閣　種種寶莊嚴
寶樹多華果　衆生所遊樂　諸天擊天鼓　常作衆伎樂
雨曼陁羅華　散佛及大衆　我淨土不毀　而衆見燒盡

BD03592號　妙法蓮華經卷五　（26-18）

常在靈鷲山　及餘諸住處　衆生見劫盡　大火所燒時
我此土安隱　天人常充滿　園林諸堂閣　種種寶莊嚴
寶樹多華果　衆生所遊樂　諸天擊天鼓　常作衆伎樂
雨曼陁羅華　散佛及大衆　我淨土不毀　而衆見燒盡
憂怖諸苦惱　如是悉充滿　是諸罪衆生　以惡業因緣
過阿僧祇劫　不聞三寶名　諸有修功德　柔和質直者
則皆見我身　在此而說法　或時為此衆　說佛壽无量
久乃見佛者　為說佛難值　我智力如是　慧光照无量
壽命无數劫　久修業所得　汝等有智者　勿於此生疑
當斷令永盡　佛語實不虛　如醫善方便　為治狂子故
實在而言死　无能說虛妄　我亦為世父　救諸苦患者
為凡夫顛倒　實在而言滅　以常見我故　而生憍恣心
放逸著五欲　墮於惡道中　我常知衆生　行道不行道
隨應所可度　為說種種法　每自作是意　以何令衆生
得入无上道　速成就佛身

妙法蓮華經分別功德品第十七

尒時大會聞佛說壽命劫數長遠如是无量
无邊阿僧祇衆生得大饒益於時世尊告彌
勒菩薩摩訶薩阿逸多我說是如來壽命長
遠時六百八十万億那由他恒河沙衆生得无
生法忍復千倍菩薩摩訶薩得聞持陁羅
尼門復有一世界微塵數菩薩摩訶薩得樂
說无礙辯才復有一世界微塵數菩薩摩訶
薩得百万億无量旋陁羅尼復有三千大千
世界微塵數菩薩摩訶薩能轉不退法輪復
有二千中國土微塵數菩薩摩訶薩能轉清
淨法輪復有小千國土微塵數菩薩摩訶

BD03592號　妙法蓮華經卷五　（26-19）

說无礙辯才復有一世界微塵數菩薩摩訶
薩得百万億无量旋陁羅尼復有三千大千
世界微塵數菩薩摩訶薩能轉不退法輪復
有二千中國土微塵數菩薩摩訶薩能轉清
淨法輪復有小千國土微塵數菩薩摩訶
薩八生當得阿耨多羅三藐三菩提復有四
四天下微塵數菩薩摩訶薩四生當得阿耨
多羅三藐三菩提復有三四天下微塵數菩
薩摩訶薩三生當得阿耨多羅三藐三菩提
復有二四天下微塵數菩薩摩訶薩二生當
得阿耨多羅三藐三菩提復有一四天下微
塵數菩薩摩訶薩一生當得阿耨多羅三藐
三菩提復有八世界微塵數衆生皆發阿耨
多羅三藐三菩提心佛說是諸菩薩摩訶薩
得大法利時於虛空中雨曼陁羅華摩訶曼
陁羅華以散无量百千万億寶樹下師子座
上諸佛并散七寶塔中師子座上釋迦牟尼
佛及久滅度多寶如來亦散一切諸大菩薩
及四部衆又雨細末栴檀沉水香等於虛空
中天鼓自鳴妙聲深遠又雨千種天衣垂諸
瓔珞真珠瓔珞摩尼珠瓔珞如意珠瓔珞遍
於九方衆寶香爐燒无價香自然周至供養
大會一一佛上有諸菩薩執持幡蓋次第而
上至于梵天是諸菩薩以妙音聲歌无量頌
讚歎諸佛尒時彌勒菩薩從座而起偏袒右
肩合掌向佛而說偈言
佛說希有法　昔所未曾聞　世尊有大力　壽命不可量

BD03592號　妙法蓮華經卷五　(26–20)

上至于梵天是諸菩薩以妙音聲歌无量頌
讚歎諸佛尒時彌勒菩薩從座而起偏袒右
肩合掌向佛而說偈言
佛說希有法　昔所未曾聞　世尊有大力　壽命不可量
无數諸佛子　聞世尊分別　說得法利者　歡喜充遍身
或住不退地　或得陁羅尼　或无礙樂說　万億旋捻持
或有大千界　微塵數菩薩　各各皆能轉　不退之法輪
或有中千界　微塵數菩薩　各各皆能轉　清淨之法輪
復有小千界　微塵數菩薩　餘各八生在　當得成佛道
復有四三二　如是四天下　微塵諸菩薩　隨數生成佛
或一四天下　微塵數菩薩　餘有一生在　當成一切智
如是等衆生　聞佛壽長遠　得无量无漏　清淨之果報
復有八世界　微塵數衆生　聞佛說壽命　皆發无上心
世尊說无量　不可思議法　多有所饒益　如虛空无邊
雨天曼陁羅　摩訶曼陁羅　釋梵如恒沙　无數佛土來
雨栴檀沉水　繽紛而亂墜　如鳥飛空下　供散於諸佛
天鼓虛空中　自然出妙聲　天衣千万種　旋轉而來下
衆寶妙香爐　燒无價之香　自然悉周遍　供養諸世尊
其大菩薩衆　執七寶幡蓋　高妙万億種　次第至梵天
一一諸佛前　寶幢懸勝幡　亦以千万偈　歌詠諸如來
如是種種事　昔所未曾有　聞佛壽无量　一切皆歡喜
佛名聞十方　廣饒益衆生　一切具善根　以助无上心
尒時佛告彌勒菩薩摩訶薩阿逸多其有衆
生聞佛壽命長遠如是乃至能生一念信解
所得功德无有限量若有善男子善女人為
阿耨多羅三藐三菩提於八十万億那由他劫
行五波羅蜜檀波羅蜜尸羅波羅蜜羼提

BD03592號　妙法蓮華經卷五　(26–21)

生聞佛壽命長遠如是乃至能生一念信解
所得功德无有限量若有善男子善女人為
阿耨多羅三藐三菩提於八十万億那由他劫
行五波羅蜜檀波羅蜜尸羅波羅蜜羼提
波羅蜜毗梨耶波羅蜜禪波羅蜜除般若
波羅蜜以是功德比前功德百分千分百千万
億分不及其一乃至筭數譬喻所不能知若
善男子有如是功德於阿耨多羅三藐三菩
提退者无有是處尒時世尊欲重宣此義而
說偈言
若人求佛慧　於八十万億　那由他劫數　行五波羅蜜
於是諸劫中　布施供養佛　及緣覺弟子　并諸菩薩衆
珎異之飲食　上服與卧具　栴檀立精舍　以園林莊嚴
如是等布施　種種皆微妙　盡此諸劫數　以迴向佛道
若復持禁戒　清淨无缺漏　求於无上道　諸佛之所歎
若復行忍辱　住於調柔地　設衆惡來加　其心不傾動
諸有得法者　懷於增上慢　為此所輕惱　如是亦能忍
若復勤精進　志念常堅固　於无量億劫　一心不懈息
又於无數劫　住於空閑處　若坐若經行　除睡常攝心
以是因緣故　能生諸禪定　八十億万劫　安住心不亂
持此一心福　願求无上道　我得一切智　盡諸禪定際
是人於百千　万億劫數中　行此諸功德　如上之所說
有善男女等　聞我說壽命　乃至一念信　其福過於彼
若人悉无有　一切諸疑悔　深心須臾信　其福為如此
其有諸菩薩　无量劫行道　聞我說壽命　是則能信受
如是諸人等　頂受此經典　願我於未來　長壽度衆生
如今日世尊　諸釋中之王　道場師子吼　說法无所畏

BD03592號　妙法蓮華經卷五　（26–22）

若人悉无有　一切諸疑悔　深心須臾信　其福為如此
其有諸菩薩　无量劫行道　聞我說壽命　是則能信受
如是諸人等　頂受此經典　願我於未來　長壽度衆生
如今日世尊　諸釋中之王　道場師子吼　說法无所畏
我等未來世　一切所尊敬　坐於道場時　說壽亦如是
若有深心者　清淨而質直　多聞能總持　隨義解佛語
如是諸人等　於此无有疑
又阿逸多若有聞佛壽命長遠解其言趣是
人所得功德无有限量能起如來无上之慧
何況廣聞是經若教人聞若自持若教人持
若自書若教人書若以華香瓔珞幢幡繒蓋
香油蘇燈供養經卷是人功德无量无邊能
生一切種智阿逸多若善男子善女人聞我
說壽命長遠深心信解則為見佛常在耆闍
崛山共大菩薩諸聲聞衆圍繞說法又見此娑
婆世界其地瑠璃坦然平正閻浮檀金以界
八道寶樹行列諸臺樓觀皆悉寶成其菩
薩衆咸處其中若有能如是觀者當知是為
深信解相又復如來滅後若聞是經而不毀
呰起隨喜心當知已為深信解相何況讀誦
受持之者斯人則為頂戴如來阿逸多是善
男子善女人不須為我復起塔寺及作僧坊
以四事供養衆僧所以者何是善男子善女人
受持讀誦是經典者為已起塔造立僧坊供
養衆僧則為以佛舍利起七寶塔高廣漸小
至于梵天懸諸幡蓋及衆寶鈴華香瓔珞
末香塗香燒香衆鼓伎樂蕭笛箜篌種種儛
戲以妙音聲歌唄讚頌則為於无量千万億

BD03592號　妙法蓮華經卷五　（26–23）

以四事供養衆僧所以者何是善男子善女人
受持讀誦是經典者爲已起塔造立僧坊供
養衆僧則爲以佛舍利起七寶塔高廣漸小
至于梵天懸諸幡蓋及衆寶鈴華香瓔珞
末香塗香燒香衆鼓伎樂簫笛箜篌種種儛
戲以妙音聲歌唄讚頌則爲於无量千万億
劫作是供養已阿逸多若我滅後聞是經典
有能受持若自書若教人書則爲起立僧坊
以赤栴檀作諸殿堂三十有二高八多羅樹
高廣嚴好百千比丘於其中止園林流池經
行禪窟衣服飲食床褥湯藥一切樂具充滿
其中如是僧坊堂閣若干百千万億其數无
量以此現前供養於我及比丘僧是故我說
如來滅後若有受持讀誦爲他人說若自書
若教人書供養經卷不須復起塔寺及造僧
坊供養衆僧況復有人能持是經兼行布施
持戒忍辱精進一心智慧其德最勝无量无
邊譬如虛空東西南北四維上下无量无邊
是人功德亦復如是无量无邊疾至一切種智
若人讀誦受持是經爲他人說若自書若教人
書復能起塔及造僧坊供養讚歎聲聞衆僧
亦以百千万億讚歎之法讚歎菩薩功德又爲
他人種種因緣隨義解說此法華經復能清淨
持戒與柔和者而共同止忍辱无瞋志念堅固
常貴坐禪得諸深定精進勇猛攝諸善法利
根智慧善荅問難阿逸多若我滅後諸善男
子善女人受持讀誦是經典者復有如是諸

BD03592 號　妙法蓮華經卷五　（26–24）

他人種種因緣隨義解說此法華經復能清淨
持戒與柔和者而共同止忍辱无瞋志念堅固
常貴坐禪得諸深定精進勇猛攝諸善法利
根智慧善荅問難阿逸多若我滅後諸善男
子善女人受持讀誦是經典者復有如是諸
善功德當知是人已趣道場近阿耨多羅三藐
三菩提坐道樹下阿逸多是善男子若坐若立
若行處此中便應起塔一切天人皆應供養如
佛之塔尒時世尊欲重宣此義而說偈言
若我滅度後　能奉持此經　斯人福无量　如上之所說
是則爲具足　一切諸供養　以舍利起塔　七寶而莊嚴
表刹甚高廣　漸小至梵天　寶鈴千万億　風動出妙音
又於无量劫　而供養此塔　華香諸瓔珞　天衣衆伎樂
然香油蘇燈　周帀常照明　惡世法末時　能持是經者
則爲已如上　具足諸供養　若能持此經　則如佛現在
以牛頭栴檀　起僧坊供養　堂有三十二　高八多羅樹
上饌妙衣服　床臥皆具足　百千衆住處　園林諸流池
經行及禪窟　種種皆嚴好　若有信解心　受持讀誦書
若復教人書　及供養經卷　散華香末香　以須曼瞻蔔
阿提目多伽　薰油常然之　如是供養者　得无量功德
如虛空无邊　其福亦如是　況復持此經　兼布施持戒
忍辱樂禪定　不瞋不惡口　恭敬於塔廟　謙下諸比丘
遠離自高心　常思惟智慧　有問難不瞋　隨順爲解說
若能行是行　功德不可量　若見此法師　成就如是德
應以天華散　天衣覆其身　頭面接足禮　生心如佛想
又應作是念　不久詣道樹　得无漏无爲　廣利諸人天
其所住止處　經行若坐臥　乃至說一偈　是中應起塔

BD03592 號　妙法蓮華經卷五　（26–25）

是則為具足　一切諸供養　以舍利起塔　七寶而莊嚴
表剎甚高廣　漸小至梵天　寶鈴千万億　風動出妙音
又於无量劫　而供養此塔　華香諸瓔珞　天衣衆伎樂
然香油穌燈　周帀常照明　惡世法末時　能持是經者
則為已如上　具足諸供養　若能持此經　則如佛現在
以牛頭栴檀　起僧坊供養　堂有三十二　高八多羅樹
上饌妙衣服　床卧皆具足　百千衆住處　園林諸流池
經行及禪窟　種種皆嚴好　若有信解心　受持讀誦書
若復教人書　及供養經卷　散華香末香　以須曼瞻蔔
阿提目多伽　薰油常然之　如是供養者　得无量功德
如虛空无邊　其福亦如是　況復持經者　兼布施持戒
忍辱樂禪定　不瞋不惡口　恭敬於塔廟　謙下諸比丘
遠離自高心　常思惟智慧　有問難不瞋　隨順為解說
若能行是行　功德不可量　若見此法師　成就如是德
應以天華散　天衣覆其身　頭面接足礼　生心如佛想
又應作是念　不久詣道樹　得无漏无為　廣利諸人天
其所住止處　經行若坐卧　乃至說一偈　是中應起塔
莊嚴令妙好　種種以供養　佛子住此地　則是佛受用
常在於其中　經行及坐卧

妙法蓮華經卷第五

BD03592號　妙法蓮華經卷五　（26–26）

云何菩薩二種法施　一者世間法施　二者出世間法施　世間法施者
世間法[illegible]諸謂不淨觀若持息念若四靜慮若四梵住若四无
色定若餘世間共異生法　如是名為世間法施[illegible]　菩[illegible]摩訶薩
行世間法施已種種方便化導有情令其遠離世間諸法種種
方便化導有情令住聖法及聖法果
云何聖法及聖法果　已前並[illegible]未書並書

云何四念住名　謂於內身住循身觀於外身住循身觀於內外身住
循身觀具足正勤正知正念除世貪憂住身集觀住身[illegible]觀
由彼於身住循身觀住循集觀住身滅觀无所依止於諸世間
无所執受是為第一　於內受住循受觀於外受住循受觀於內外受
住循受觀具足正勤正知正念除世貪憂住受集觀住受滅觀
由彼於受住循受觀住受集觀住受滅觀无所依止於諸世間无所
執受是為第二　於內心住循心觀於外心住循心觀於內外心住循心
觀具足正勤正知正念除世貪憂住心集觀住心滅觀由彼於心住
循心觀住心集觀住心滅觀无所依止於諸世間无所執受是為
第三　於內法住循法觀於外法住循法觀於內外法住循法觀具
足正勤正知正念除世貪憂住法集觀住法滅觀由彼於法住循
法觀住法集觀住法滅觀无所依止於諸世間无所執受是名
第四　是名四念住　又於四百十四卷中念住等品十七之二子細具說
云何名四正斷　為令未生惡不善法不生故起欲發勤精進策心持心是
為第一　為令已生惡不善法斷故起欲發勤精進策心持心是為第二
為令未生善法生故起欲發勤精進策心持心是為第三　為令已生

BD03593號　大般若經名義釋（擬）　（6–1）

法觀住法集觀住法滅觀无所依止於諸世間无所執受是名
弟四是名四念住 又於四百十四卷中念住等品十七之一子細具說
云何名四正斷 為令未生惡不善法不生故起欲發勤精進策心持心是
為弟一為令已生惡不善法斷故起欲發勤精進策心持心是為弟二
為令未生善法生故起欲發勤精進策心持心是為弟三為令已生
善法堅住不忘脩滿倍增廣大智作證故起欲發勤精進策心持
心是為弟四是名四正斷 又於四百十四卷亦廣說
云何名四神足 欲三摩地斷行成就脩習神足依止猒依止離依止滅迴向於捨
是為弟一勤三摩地斷行成就脩習神足依止猒依止離依止滅迴向於捨
是為弟二心三摩地斷行成就脩習神足依止猒依止離依止滅迴向於捨是
為弟三觀三摩地斷行成就脩習神足依止猒依止離依止滅迴向於
捨是為弟四是名四神足
云何名五根 信根精進根念根定根慧根 是名五根
云何名五力 信力精進力念力定力慧力是名五力
云何名七等覺支 念等覺支擇法等覺支精進等覺支喜等覺支輕
安等覺支定等覺支捨等覺支 是名七等覺支
云何名八聖道支 正見正思惟正語正業正命正精進正念正定是名八聖道
云何名三解脫門 空解脫門 无相解脫門 无願解脫門是名三解脫門
云何名空解脫門 若空行相无我行相虛誑行相无自性行相心一境性是名空解脫門
云何名无相解脫門 若滅行相寂靜行相遠離行相心一境性是名无相解脫門
云何名无願解脫門 若苦行相无常行相顛倒行相心一境性是名无願解脫門
云何名八解脫 內有色觀外諸色是為弟一解脫內无色相觀外諸色是為弟二解脫
淨勝解身作證是為弟三解脫超一切色想滅有對想不思惟種種想入无邊虛
空无邊處空具足住是為弟四解脫超一切空无邊處入无邊識无邊處空具
足住是為弟五解脫超一切識无邊處入无少所有處空具足住是為弟
六解脫超一切无所有處入非想非非想處空具足住是為弟七解脫超一
切非想非非想處入想受滅定具足住是為弟八解脫是名八解脫
云何名為九次弟定 謂有一類離欲惡不善法有尋有伺離生喜樂初靜慮具足
住是為弟一復有一類尋伺寂靜內等淨心一趣性无尋无伺定生喜樂弟二靜
慮具足住是為弟二復有一類離喜住捨正念正知身受樂唯諸聖者能說
應捨具念樂住弟三靜慮具足住是為弟三復有一類斷樂斷苦先喜憂沒

BD03593號 大般若經名義釋(擬)

(6-2)

六解脫超一切无所有處入非想非非想處空具足住是為弟七解脫超一
切非想非非想處入想受滅定具足住是為弟八解脫是名八解脫
云何名為九次弟定 謂有一類離欲惡不善法有尋有伺離生喜樂初靜慮具足
住是為弟一復有一類尋伺寂靜內等淨心一趣性无尋无伺定生喜樂弟二靜
慮具足住是為弟二復有一類離喜住捨正念正知身受樂唯諸聖者能說
應捨具念樂住弟三靜慮具足住是為弟三復有一類斷樂斷苦先喜憂沒
不苦不樂捨念清淨弟四靜慮具足住是為弟四復有一類超一切色想滅有對想
不思惟種種想入无邊虛空空无邊處空具足住是為弟五復有一類超一切
空无邊處入无邊識識无邊處空具足住是為弟六復有一類超一切識无邊處
入无少所有无所有處空具足住是為弟七復有一類超一切无所有處入非想
非非想處空具足住是為弟八復有一類超一切非想非非想處入想受滅
定具足住是為弟九是名九次弟定
云何名為四聖諦智 苦智集智滅智道智是名四聖諦智
云何名為波羅蜜多 布施淨戒安忍精進靜慮般若方便善巧妙願力智波羅
蜜多 是波羅蜜多
云何名為諸空等智 內空智外空智內外空智空空智大空智勝義空智有為空智
无為空智畢竟空智无際空智散空智无變異空智本性空智自相空智
共相空智一切法空智不可得空智无性空智自性空智无性自性空智真
如智法界智法性智不虛妄性智不變異性智平等性智離生性智
法定智法住智實際智虛空界智不思議界智是名諸空等智
云何名為卅十地 極喜地離垢地發光地焰慧地極難勝地現前地遠行地不動地
善慧地法雲地是名卅十地
云何名五眼 宍眼天眼聖慧眼法眼佛眼是名五眼
云何名六神通 神境智證通天眼智證通天耳智證通他心智證通宿住隨念智證
通漏盡智證通是名六神通
云何名為如來十力 一切如來應正等覺是處非處如實知非處是為弟一
一切如來應正等覺於諸有情過去未來現在諸業及諸法受處因果
報皆實知是為弟二一切如來應正等覺於諸世間非一界種種界皆如
實知是為弟三一切如來應正等覺於諸世間非一勝解種種勝解
皆如實知是為弟四一切如來應正等覺於諸有情補特伽羅諸根勝
劣皆如實知是為弟五一切如來應正等覺於一切遍趣行皆如實知是
為弟六一切如來應正覺於諸根力覺支道支靜慮解脫等持等至

BD03593號 大般若經名義釋(擬)

(6-3)

故皆實知是為第二一切如來應正等覺於諸世間非一界種種界皆如
實知是為第三一切如來應正等覺於諸世間非一勝解種種勝解
皆如實知是為第四一切如來應正等覺於諸有情補特伽羅諸根勝
劣皆如實知是為第五一切如來應正等覺於一切遍趣行皆如實知是
為第六一切如來應正等覺於諸根力覺支道支靜慮解脫等持等至
雜染清淨皆如實知是為第七一切如來應正等覺以淨天眼超過於
人見諸有情死時生時諸善惡事如是有情因身語意三種惡行因諸
邪見因謗賢聖墮諸惡趣如是有情因身語意三種妙行因諸正
見因讚賢聖昇諸善趣生諸天中復以天眼清淨過人見諸有情死時
生時妙色惡色色從此復生善趣惡趣於諸有情隨業勢力生善惡趣
皆如實知是為第八一切如來應正等覺於諸有情過去無量諸宿住
事或一生或百生或千生或百千生或一俱胝生或百俱胝生或千俱胝
生或百千俱胝那庾多生或一劫或百劫或千劫或百千劫或一俱胝
劫或百俱胝劫或百千俱胝劫或百千俱胝那庾多劫乃至前際所有
諸行諸說諸相皆如實知是為第九一切如來應正等覺於諸漏盡無
漏心解脫無漏慧解脫皆如實知於自漏盡真解脫法自證通慧具
足而住如實覺受我生已盡梵行已立所作已辦不受後有是為第
十是名如來力 已前並在三百八十卷中說
云何內空 謂內法即是眼耳鼻舌身意 當知此中眼由眼空非
常非壞乃至意由意空非常非壞何以故本性爾故是為內空
云何外空 外謂外法即是色聲香味觸法當知此中色由色空非
常非壞乃至法由法空非常非壞何以故本性爾故是為外空
云何內外空 內外謂內外法即內六處及外六處當知此中內法
由外法空非常非壞外法由內法空非常非壞何以故本性爾故是為內外空
云何空空 空謂一切法空此空復由空空非常非壞何以故本性爾故
是為空空
云何大空 大謂十方即東西南北四維上下當知此中東方由東方空非常
非壞乃至下方由下方空非常非壞何以故本性爾故是為大空
云何勝義空 勝義謂涅槃當知此中涅槃由涅槃空非常非壞何以故本
性爾故是為勝義空
云何有為空 有為謂欲界色界無色界當知此中欲界由欲界空非常非

BD03593 號　大般若經名義釋（擬）　（6–4）

云何大空 大謂十方即東西南北四維上下當知此中東方由東方空非常
非壞乃至下方由下方空非常非壞何以故本性爾故是為大空
云何勝義空 勝義謂涅槃當知此中涅槃由涅槃空非常非壞何以故本
性爾故是為勝義空
云何有為空 有為謂欲界色界無色界當知此中欲界由欲界空非常非
壞何以故本性爾故是為有為空
云何無為空 無為謂無生無滅無住無異當知此中無為由無為空非常
非壞何以故本性爾故是為無為空
云何畢竟空 畢竟謂若法究竟不可得當知此中畢竟由畢竟空
非常非壞何以故本性爾故是為畢竟空
云何無際空 無際謂無初後際可得當知此中無際由無際空非常非
壞何以故本性爾故是為無際空
云何散無散空 散謂有放有棄有捨可得無散謂無放無棄無捨可得
當知此中散無散由散無散空非常非壞何以故本性爾故是為散無散空
云何本性空 本性謂若有為法性若無為法性如是一切皆非聲聞獨覺菩薩如來
所作亦非餘所作故名本性當知此中本性由本性空非常非壞何以故本
性爾故是為本性空
云何自共相空 自相謂一切法自相如變礙是色自相領納是受自相取像
是想自相造作是行自相了別是識自相如是等若有為法自相若
無為法自相是為自相 共相謂一切法共相如苦是有漏法共相無常是
有為法共相空無我是一切法共相如是等有無量共相當知此中自
共相由自共相空非常非壞何以故本性爾故是為自共相空
云何一切法空 一切法謂五蘊十二處十八界有色無色有見無見有對無對有
漏無漏有為無為是為一切法當知此中一切法由一切法空非常非壞何以故本性
爾故是為一切法空
云何不可得空 不可得謂此中求諸法不可得當知此中不可得由不可得空
非常非壞何以故本性爾故是為不可得空
云何無性空 無性謂此中無少性可得當知此中無性由無性空非常非
壞何以故本性爾故是為無性空
云何自性空 自性謂諸法能和合自性當知此中自性由自性空非常非壞

BD03593 號　大般若經名義釋（擬）　（6–5）

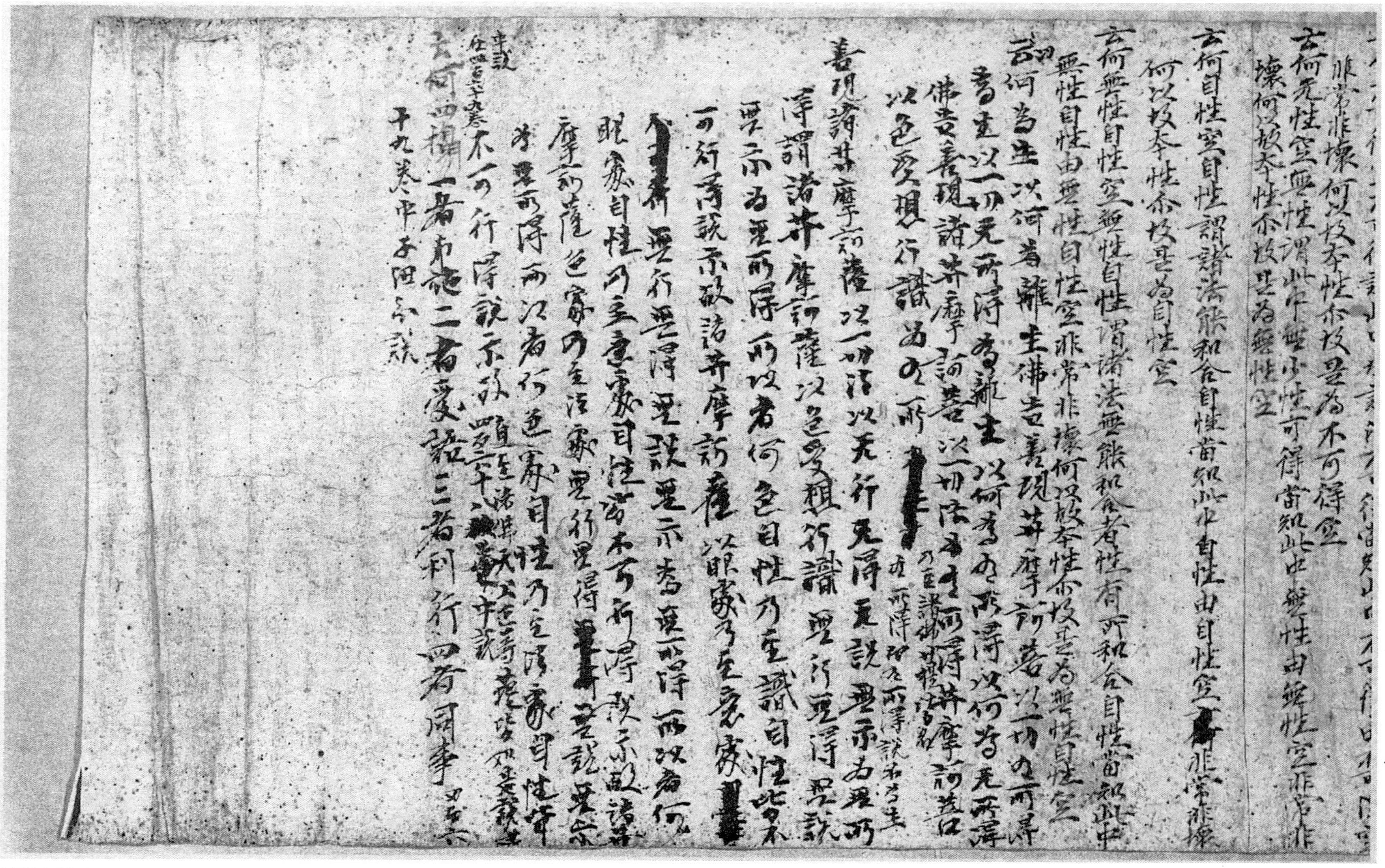

BD03593 號　大般若經名義釋（擬）　　（6–6）

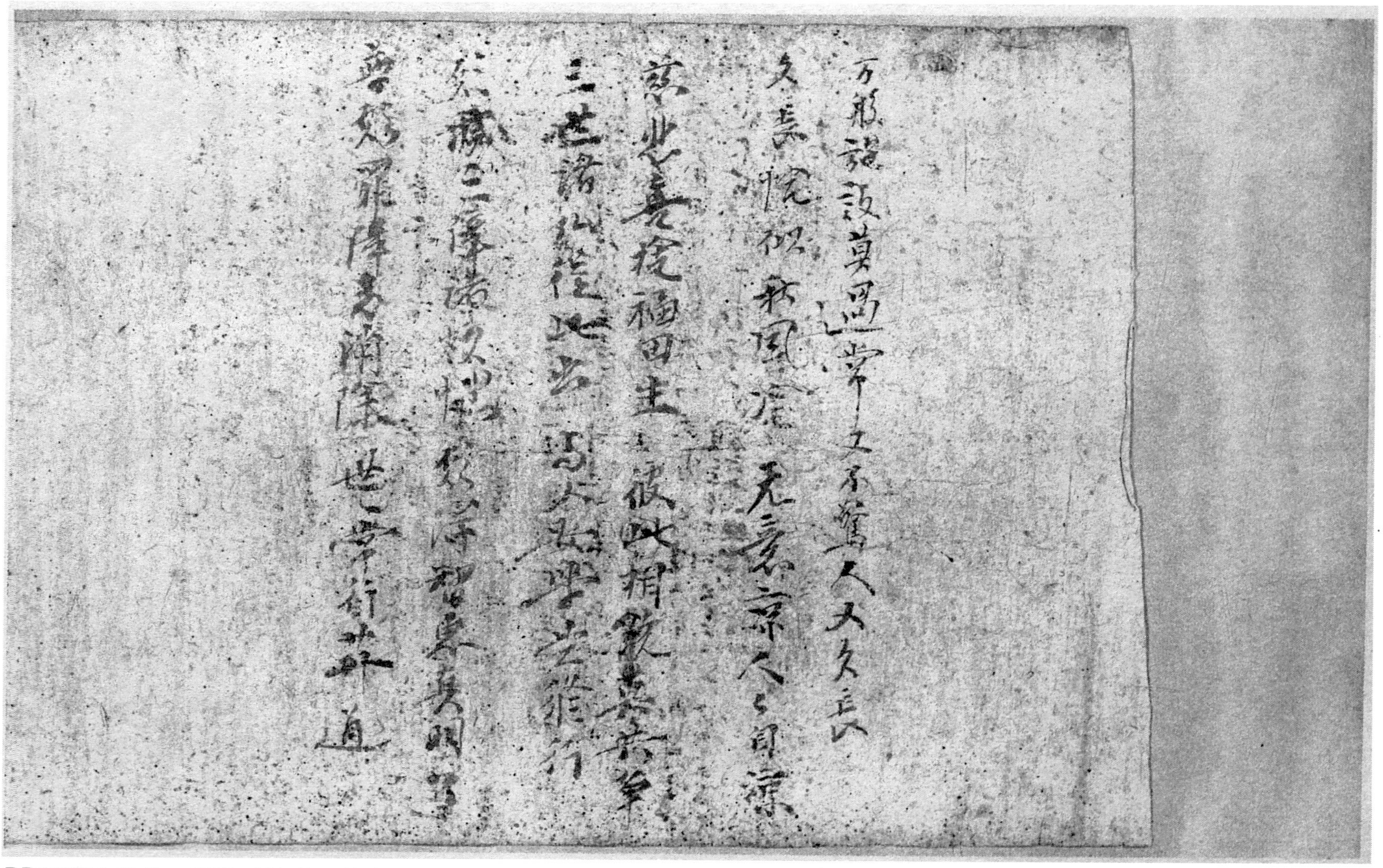

BD03593 號背　釋居遁詩偈三首（擬）　　（1–1）

大乘无量壽經
如是我聞一時薄伽梵在舍衛国祇樹給孤與大苾蒭僧千二百五十人大菩薩摩訶薩衆
俱同會坐尒時世尊告曼殊室利童子曼殊上方有世界名无量功德聚彼土有佛号
无量壽智决定王如來阿羅訶三藐三菩提現為衆生開示說法曼殊師聽南閻浮提
人皆短壽大限百年於中殀枉横死者衆曼殊如是无量壽如來功德名稱法要若有
衆生得聞名号若自書或使人書能為經卷受持讀誦若於舍宅所住之處以種種花鬘
瓔珞塗香末香而為供養如其命盡復得延年滿足百歲如是曼殊若有衆生得聞是
无量壽智决定王如來一百八名号者益其長壽若有衆生大命將盡憶念是如來名号
更得增壽如是曼殊若有善男子善女人欲求長壽於是无量壽如來一百八名号有
得聞者或自書使人書受持讀誦得如是善果報福具足陀羅尼曰
南謨薄伽勃底一阿波唎蜜多二阿喻紇硯娜三須毗你尸指多四羅佐耶五怛他羯他耶六
怛姪他唵七薩婆桑悉迦羅八波唎輸底九達磨底十伽迦娜十一莎訶其持迦底十二薩婆
婆毗輸底十三摩訶娜耶十四波唎婆嚂莎呵十五
世尊復告曼殊室利如是如來一百八名号若有自書或使人書為經卷受持讀誦如
壽盡復滿百年壽終此身後得往生无量福智世界无量壽淨土陀羅尼曰
南謨薄伽勃底一阿波唎蜜多二阿喻紇硯娜三須毗你尸指多四羅佐耶五怛他羯他耶六怛姪
他唵七薩婆桑悉迦羅八波唎輸底九達磨底十伽迦娜十一莎訶其持迦底十二薩婆婆毗輸底十三
摩訶娜耶十四波唎婆嚂莎呵十五
尒時復有九十九殑佛等一時同聲說是无量壽宗要經陀羅尼曰
南謨薄伽勃底一阿波唎蜜多二阿喻紇硯娜三須毗你尸指多四羅佐耶五怛他羯他耶六怛姪他
唵七薩婆桑悉迦羅八波唎輸底九達磨底十伽迦娜十一莎訶其持迦底十二薩婆婆毗輸底十三

BD03594號　無量壽宗要經　（6–1）

壽盡復滿百年壽終此身後得往生无量福智世界无量壽淨土陀羅尼曰
南謨薄伽勃底一阿波唎蜜多二阿喻紇硯娜三須毗你尸指多四羅佐耶五怛他羯他耶六怛姪
他唵七薩婆桑悉迦羅八波唎輸底九達磨底十伽迦娜十一莎訶其持迦底十二薩婆婆毗輸底十三
摩訶娜耶十四波唎婆嚂莎呵十五
尒時復有九十九殑佛等一時同聲說是无量壽宗要經陀羅尼曰
南謨薄伽勃底一阿波唎蜜多二阿喻紇硯娜三須毗你尸指多四羅佐耶五怛他羯他耶六怛姪他
唵七薩婆桑悉迦羅八波唎輸底九達磨底十伽迦娜十一莎訶其持迦底十二薩婆婆毗輸底十三
摩訶娜耶十四波唎婆嚂莎呵十五
尒時復有一百四殑佛等一時同聲說是无量壽宗要經陀羅尼曰
南謨薄伽勃底一阿波唎蜜多二阿喻紇硯娜三羅佐耶五怛他羯他耶六怛姪他唵七薩婆婆
悉迦羅八波唎輸底九達磨底十伽迦娜十一莎訶其持迦底十二薩婆婆毗輸底十三摩訶娜耶十四
波唎婆嚂莎呵十五
尒時復有七殑佛等一時同聲說是无量壽宗要經陀羅尼曰
南謨薄伽勃底一阿波唎蜜多二阿喻紇硯娜三須毗你尸指多四羅佐耶五怛他羯他耶六怛姪
他唵七薩婆桑悉迦羅八波唎輸底九達磨底十伽迦娜十一莎訶其持迦底十二薩婆婆毗輸底十三
摩訶娜耶十四波唎婆嚂莎呵十五
尒時復有六十五殑佛一時同聲說是无量壽宗要經陀羅尼曰
南謨薄伽勃底一阿波唎蜜多二阿喻紇硯娜三須毗你尸指多四羅佐耶五怛他羯他耶六怛
姪他唵七薩婆桑悉迦羅八波唎輸底九達磨底十伽迦底十一莎訶其持迦底十二薩婆婆毗輸
底十三摩訶娜耶十四波唎婆嚂莎呵十五
尒時復有五十五殑佛一時同聲說是无量壽宗要經陀羅尼曰
南謨薄伽勃底一阿波唎蜜多二阿喻紇硯娜三須毗你尸指多四羅佐耶五怛他羯他耶六怛姪
他唵七薩婆桑悉迦羅八波唎輸底九達磨底十伽迦娜十一莎訶其持迦底十二薩婆婆毗輸底十三
摩訶娜耶十四波唎婆嚂莎呵十五
尒時復有四十五殑佛一時同聲說是无量宗要經陀羅尼曰
南謨薄伽勃底一阿波唎蜜多二阿喻紇硯娜須毗你尸指多四羅佐耶五怛他羯他耶六怛姪他唵七
薩婆桑悉迦羅八波唎輸底九達磨底十伽迦娜十一莎訶其持迦底十二薩婆婆毗輸底十三摩
訶娜耶十四波唎婆嚂莎呵十五
尒時復有三十六殑佛一時同聲說是无量壽宗要經陀羅尼曰
南謨薄伽勃底一阿波唎蜜多二阿喻紇硯娜三須毗你尸指多四羅佐耶五怛他羯他耶六怛姪

BD03594號　無量壽宗要經　（6–2）

薩婆桑悉迦囉八波唎輸底九達磨底十伽伽娜十一娑摩訥伽底十二娑婆婆毗輸底十三摩
訶娜耶十四波唎婆囉莎訶十五
尒時復有三十六姟佛一時同聲說是無量壽宗要經陀羅尼曰
南謨薄伽勃底一阿波唎蜜多二阿喻紇硯那三須毗你悉指陀四囉佐耶五怛他羯他耶六怛姪
他唵七薩婆桑悉迦囉八波唎輸底九達磨底十伽伽娜十一娑摩訥伽底十二娑婆婆毗輸底十三
摩訶娜耶十四波唎婆囉莎訶十五
尒時復有二十五姟佛一時同聲說是無量壽宗要陀羅尼曰
南謨薄伽勃底一阿波唎蜜多二阿喻紇硯那三須毗你悉指陀四囉佐耶五怛他羯他耶六怛姪
他唵七薩婆桑悉迦囉八波唎輸底九達磨底十伽伽娜十一娑摩訥伽底十二娑婆婆毗輸底十三
摩訶娜耶十四波唎婆囉莎訶十五
尒時復有恒河沙姟佛一時同聲說是無量壽宗要經陀羅尼曰
南謨薄伽勃底一阿波唎蜜多二阿喻紇硯那三須毗你悉指陀四囉佐耶五怛他羯他耶六怛姪
他唵七薩婆桑悉迦囉八波唎輸底九達磨底十伽伽娜十一娑摩訥伽底十二娑婆婆毗輸
底十三摩訶娜耶十四波唎婆囉莎訶十五
善男子若有自書寫教人書寫是無量壽宗要經如其命盡復得長壽滿百年陀羅尼曰
南謨薄伽勃底一阿波唎蜜多二阿喻紇硯那三須毗你悉指陀四囉佐耶五怛他羯他耶六怛姪
他唵七薩婆桑悉迦囉八波唎輸底九達磨底十伽伽娜十一娑摩訥伽底十二娑婆婆毗輸
底十三摩訶娜耶十四波唎婆囉莎訶十五
若有自書寫教人書寫是無量壽宗要經讀誦受持畢竟不墮地獄在在所生得宿命智陀羅尼曰
南謨薄伽勃底一阿波唎蜜多二阿喻紇硯那三須毗你悉指陀四囉佐耶五怛他羯他耶六怛姪他唵七
薩婆桑悉迦囉八波唎輸底九達磨底十伽伽娜十一娑摩訥伽底十二娑婆婆毗輸底十三摩訶
娜耶十四波唎婆囉莎訶十五
若有自書寫教人書寫是無量壽宗要經受持讀誦如同書寫八万四千一切經典陀羅尼曰
南謨薄伽勃底一阿波唎蜜多二阿喻紇硯那三須毗你悉指陀四囉佐耶五怛他羯他耶六怛姪他
唵七薩婆桑悉迦囉八波唎輸底九達磨底十伽伽娜十一娑摩訥伽底十二娑婆婆毗輸底十三
摩訶娜耶十四波唎婆囉莎訶十五
若有自書寫教人書寫是無量壽宗要經受持讀誦即是書寫八万四千部建立塔廟陀羅尼曰
南謨薄伽勃底一阿波唎蜜多二阿喻紇硯那三須毗你悉指陀四囉佐耶五怛他羯他耶六怛姪他唵七
薩婆桑悉迦囉八波唎輸底九達磨底十伽伽娜十一娑摩訥伽底十二娑婆婆毗輸底十三摩訶
娜耶十四波唎婆囉莎訶十五

BD03594號　無量壽宗要經　（6–3）

摩訶娜耶十四波唎婆囉莎訶十五
若有自書寫教人書寫是無量壽宗要經受持讀誦即是書寫八万四千部建立塔廟陀羅尼曰
南謨薄伽勃底一阿波唎蜜多二阿喻紇硯那三須毗你悉指陀四囉佐耶五怛他羯他耶六怛姪他唵七
薩婆桑悉迦囉八波唎輸底九達磨底十伽伽娜十一娑摩訥伽底十二娑婆婆毗輸底十三摩訶
娜耶十四波唎婆囉莎訶十五
若有自書寫教人書寫是無量壽宗要經能消五无間等一切重罪陀羅尼曰
南謨薄伽勃底一阿波唎蜜多二阿喻紇硯那三須毗你悉指陀四囉佐耶五怛他羯他耶六怛姪他唵七
薩婆桑悉迦囉八波唎輸底九達磨底十伽伽娜十一娑摩訥伽底十二娑婆婆毗輸底十三摩訶
娜耶十四波唎婆囉莎訶十五
若有自書寫教人書寫是無量壽宗要經受持讀誦設有重罪猶如須彌盡能除滅陀羅尼曰
南謨薄伽勃底一阿波唎蜜多二阿喻紇硯那三須毗你悉指陀四囉佐耶五怛他羯他耶六怛姪他唵七
薩婆桑悉迦囉八波唎輸底九達磨底十伽伽娜十一娑摩訥伽底十二娑婆婆毗輸底十三摩訶
娜耶十四波唎婆囉莎訶十五
若有自書寫教人書寫是無量壽宗要經受持讀誦若魔魔之眷屬夜叉羅剎不得其便終无枉死陀
羅尼
南謨薄伽勃底一阿波唎蜜多二阿喻紇硯那三須毗你悉指陀四囉佐耶五怛他羯他耶六怛
姪他唵七薩婆桑悉迦囉八波唎輸底九達磨底十伽伽娜十一娑摩訥伽底十二娑婆婆毗輸
底十三摩訶娜耶十四波唎婆囉莎訶十五
若有自書寫教人書寫是無量壽宗要經受持讀誦當命終時有九十九姟佛現其人前並千佛授手
能遊一切佛剎莫於此經生疑惑陀羅尼曰
南謨薄伽勃底一阿波唎蜜多二阿喻紇硯那三須毗你悉指陀四囉佐耶五怛他羯他耶六怛
姪他唵七薩婆桑悉迦囉八波唎輸底九達磨底十伽伽娜十一娑摩訥伽底十二娑婆婆毗輸
底十三摩訶娜耶十四波唎婆囉莎訶十五
若有自書寫教人書寫是無量壽宗要經受持讀誦常得四大天王隨其衛護陀羅尼曰
南謨薄伽勃底一阿波唎蜜多二阿喻紇硯那三須毗你悉指陀四囉佐耶五怛他羯他耶六怛姪他唵七
薩婆桑悉迦囉八波唎輸底九達磨底十伽伽娜十一娑摩訥伽底十二娑婆婆毗輸底十三摩訶娜耶
波唎婆囉莎訶十五
若有自書寫教人書寫是無量壽宗要經受持讀誦當得往生西方極樂世界阿彌陀淨土陀羅尼曰
南謨薄伽勃底一阿波唎蜜多二阿喻紇硯那三須毗你悉指陀四囉佐耶五怛他羯他耶六怛姪他唵七
薩婆桑悉迦囉八波唎輸底九達磨底十伽伽娜十一娑摩訥伽底十二娑婆婆毗輸底十三摩
訶娜耶十四波唎婆囉莎訶十五

BD03594號　無量壽宗要經　（6–4）

波唎娑嚩莎訶十五
若有自書寫教人書寫是无量壽宗要經受持讀誦當得往生西方極樂世界阿彌陁淨土陁羅尼曰
南謨薄伽勃底一阿波唎蜜多二阿爺紇硯娜三須毗你尸栺多四囉佐耶五怛他羯他耶六怛姪他唵七
薩婆桒悲迦囉八波唎輸底九達磨底十伽迦娜十一莎訶其持迦底十二薩婆婆毗輸底十三摩
訶娜耶十四波唎娑嚩莎訶十五
若有方所自書寫使人書寫是无量壽經典之處則為是塔皆應恭敬作禮若是畜生亥為
烏獸得聞是經如是等類皆當不久得成一切種智陁羅尼曰
南謨薄伽勃底一阿波唎蜜多二阿爺紇硯娜三須毗你尸栺多四囉佐耶五怛他羯他耶六怛
姪他唵七薩婆桒悲迦囉八波唎輸底九達磨底十伽迦娜十一莎訶其持迦底十二薩婆婆毗
輸底十三摩訶娜耶十四波唎娑嚩莎訶十五
若有於是无量壽經自書寫使人書畢竟不受女人之身陁羅尼曰
南謨薄伽勃底一阿波唎蜜多二阿爺紇硯娜三須毗你尸栺多四囉佐耶五怛他羯他耶六怛姪
他唵七薩婆桒悲迦囉八波唎輸底九達磨底十伽迦娜十一莎訶其持迦底十二薩婆婆毗輸底十三
摩訶娜耶十四波唎娑嚩莎訶十五
若有能於是經少分能惠施者施於三千大千世界滿中七寶布施陁羅尼曰
南謨薄伽勃底一阿波唎蜜多二阿爺紇硯娜三須毗你尸栺多四囉佐耶五怛他羯他耶六怛姪
他唵七薩婆桒悲迦囉八波唎輸底九達磨底十伽迦娜十一莎訶其持迦底十二薩婆婆毗
輸底十三摩訶娜耶十四波唎娑嚩莎訶十五
若有能供養是經者則是供養一切諸經等无有異陁羅尼曰
南謨薄伽勃底一阿波唎蜜多二阿爺紇硯娜三須毗你尸栺多四囉佐耶五怛他羯他耶六
怛姪他唵七薩婆桒悲迦囉八波唎輸底九達磨底十伽迦娜十一莎訶其持迦底十二薩婆婆毗
輸底十三摩訶娜耶十四波唎娑嚩莎訶十五
如是毗婆尸佛　尸棄佛　毗舍浮佛　俱留孫佛　俱那含牟尼佛　迦葉佛　釋迦牟尼佛
若有人以七寶供養如是七佛其福有限書寫受持是无量壽經典所有功德不可數量陁羅尼曰
南謨薄伽勃底一阿波唎蜜多二阿爺紇硯娜三須毗你尸栺多四囉佐耶五怛他羯他耶六
怛姪他唵七薩婆桒悲迦囉八波唎輸底九達磨底十伽迦娜十一莎訶其持迦底十二薩
婆婆毗輸底十三摩訶娜耶十四波唎娑嚩莎訶十五
若有七寶等於須彌以用布施其福上能知其限量是无量壽經典其福不可知數陁羅尼曰
南謨薄伽勃底一阿波唎蜜多二阿爺紇硯娜三須毗你尸栺多四囉佐耶五怛他羯他耶六怛
姪他唵七薩婆桒悲迦囉八波唎輸底九達磨底十伽迦娜十一莎訶其持迦底十二薩婆婆

怛姪他唵七薩婆桒悲迦囉八波唎輸底九達磨底十伽迦娜十一莎訶其持迦底十二薩
婆婆毗輸底十三摩訶娜耶十四波唎娑嚩莎訶十五
若有七寶等於須彌以用布施其福上能知其限量是无量壽經典其福不可知數陁羅尼曰
南謨薄伽勃底一阿波唎蜜多二阿爺紇硯娜三須毗你尸栺多四囉佐耶五怛他羯他耶六怛
姪他唵七薩婆桒悲迦囉八波唎輸底九達磨底十伽迦娜十一莎訶其持迦底十二薩婆婆
毗輸底十三摩訶娜耶十四波唎嚩莎訶十五
如是四大海水可知滴數是无量壽經典所生果報不可數量陁羅尼曰
南謨薄伽勃底一阿波唎蜜多二阿爺紇硯娜三須毗你尸栺多四囉佐耶五怛他羯他耶六怛姪
他唵七薩婆桒悲迦囉八波唎輸底九達磨底十伽迦娜十一莎訶其持迦底十二薩婆婆毗輸
底十三摩訶娜耶十四波唎娑嚩莎訶十五
若有自書使人書寫是无量壽經典又能讓持供養即如恭敬一切十方佛土如來无有別異
陁羅尼曰　南謨薄伽勃底一阿波唎蜜多二阿爺紇硯娜三須毗你尸栺多四囉佐耶五怛
他羯他耶六怛姪他唵七薩婆桒悲加囉八波唎輸底九達磨底十伽迦娜十一莎訶其持迦
底十二薩婆婆毗輸底十三摩訶娜耶十四波唎娑嚩莎訶十五
布施力能成正覺　悟布施力人師子　布施力能聲普聞　慈悲階漸最能入
持戒力能成正覺　悟持戒力人師子　持戒力能聲普聞　慈悲階漸最能入
忍辱力能成正覺　悟忍辱力人師子　忍辱力能聲普聞　慈悲階漸最能入
精進力能成正覺　悟精進力人師子　精進力能聲普聞　慈悲階漸最能入
禪定力能成正覺　悟禪定力人師子　禪定力能聲普聞　慈悲階漸最能入
智慧力能成正覺　悟智慧力人師子　智慧力能聲普聞　慈悲階漸最能入
尒時如來說是經已一切世間天人阿脩羅揵闥婆等聞佛所說皆大歡喜信受奉行
佛說无量壽經

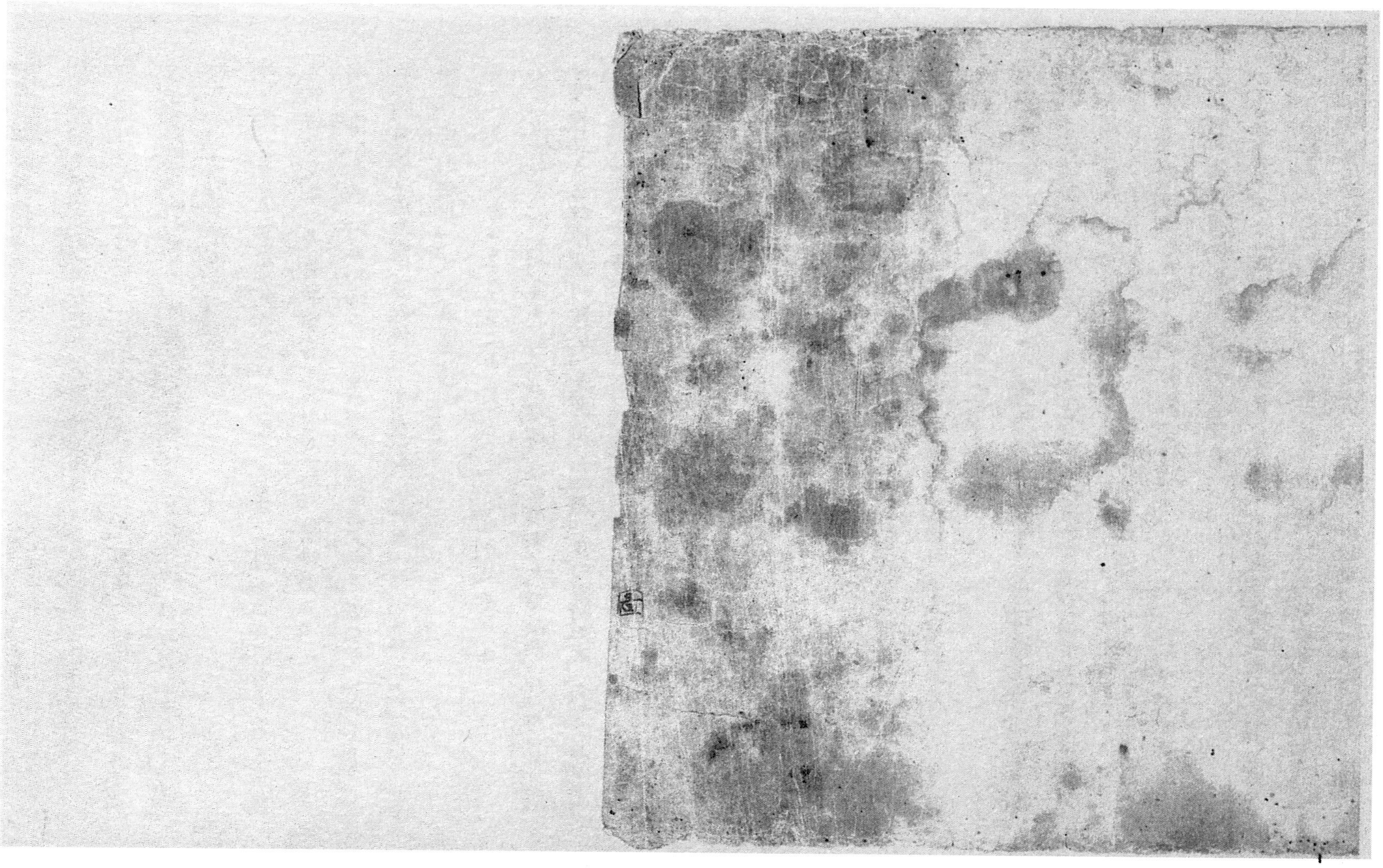

BD03594 號背　寺院題名　（1–1）

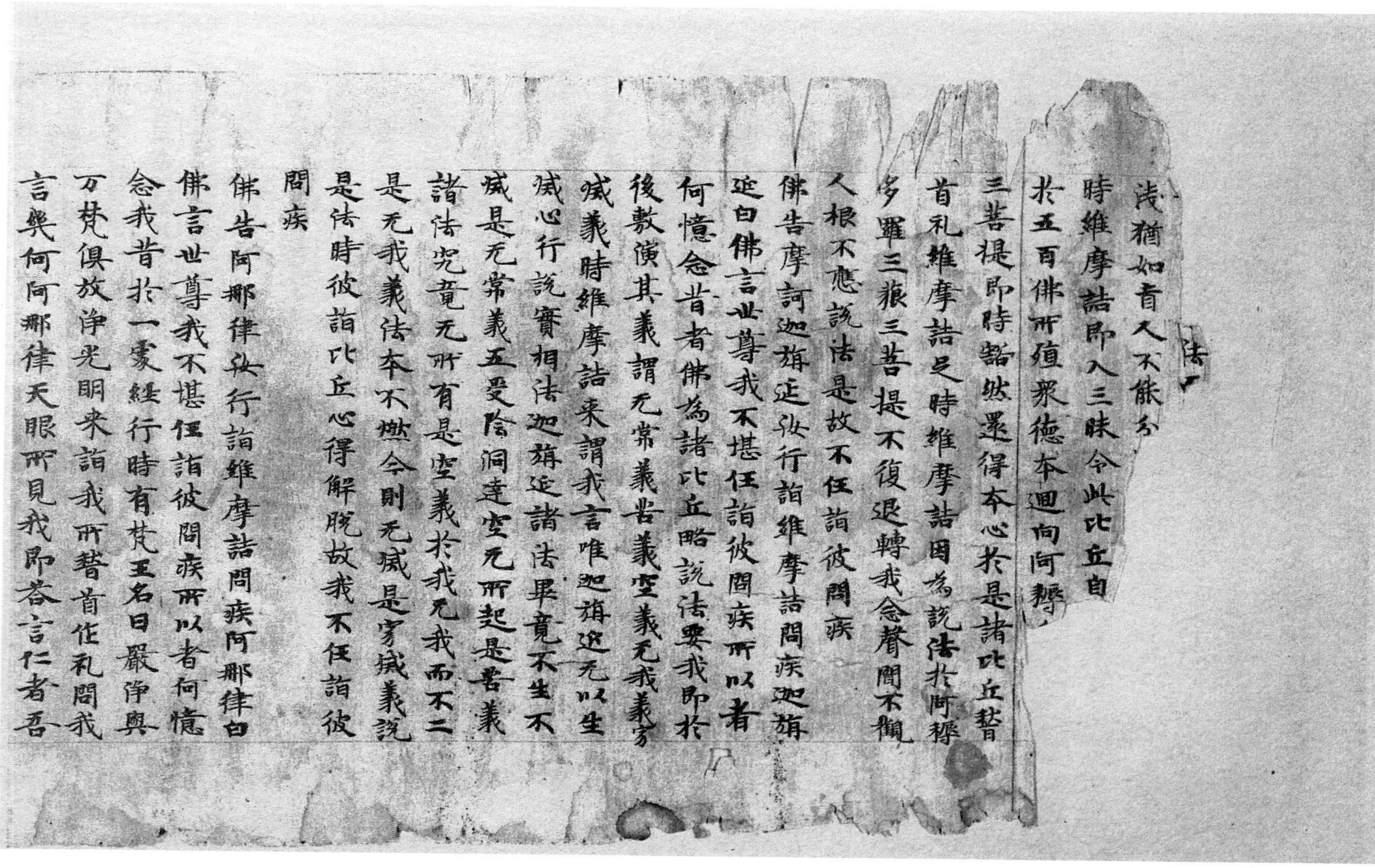

淺猶如盲人不能分
時維摩詰即入三昧令此比丘自
於五百佛所殖衆德本迴向阿耨
三菩提即時豁然還得本心於是諸比丘稽
首礼維摩詰足時維摩詰因為說法於阿耨
多羅三藐三菩提不復退轉我念聲聞不觀
人根不應說法是故不任詣彼問疾
佛告摩訶迦旃延汝行詣維摩詰問疾迦旃
延白佛言世尊我不堪任詣彼問疾所以者
何憶念昔者佛為諸比丘略說法要我即於
後敷演其義謂无常義苦義空義无我義寂
滅義時維摩詰來謂我言唯迦旃延无以生
滅心行說實相法迦旃延諸法畢竟不生不
滅是无常義五受陰洞達空无所起是苦義
諸法究竟无所有是空義於我无我而不二
是无我義法本不燃今則无滅是寂滅義說
是法時彼諸比丘心得解脫故我不任詣彼
問疾
佛告阿那律汝行詣維摩詰問疾阿那律白
佛言世尊我不堪任詣彼問疾所以者何憶
念我昔於一處經行時有梵王名曰嚴淨與
万梵俱放淨光明來詣我所稽首作礼問我
言幾何阿那律天眼所見我即荅言仁者吾

BD03595 號　維摩詰所說經卷上　（12–1）

佛告阿那律汝行詣維摩詰問疾阿那律白
佛言世尊我不堪任詣彼問疾所以者何憶
念我昔於一處經行時有梵王名曰嚴淨與
万梵俱放淨光明來詣我所稽首作礼問我
言幾何阿那律天眼所見我即荅言仁者吾
見此釋迦牟尼佛三千大千世界如觀掌中
阿摩勒果時維摩詰來謂我言唯阿那律天
眼為作相耶无作相耶假使作相則與外道
五通等若无作相即是无為不應有見世尊
我時默然彼諸梵聞其言得未曾有即為作
礼而問曰世孰有真天眼者維摩詰言有佛
世尊得真天眼常在三昧悉見諸佛國不以
二相於是嚴淨梵王及其眷屬五百梵天皆
發阿耨多羅三藐三菩提心礼維摩詰足已
忽然不現故我不任詣彼問疾
佛告優波離汝行詣維摩詰問疾優波離白
佛言世尊我不堪任詣彼問疾所以者何憶
念昔者有二比丘犯律行以為恥不敢問佛
來問我言唯優波離我等犯律誠以為恥不
敢問佛願解疑悔得免斯咎我即為其如法
解說時維摩詰來謂我言唯優波離无重增
此二比丘罪當直除滅勿擾其心所以者何
彼罪性不在內不在外不在中間如佛所說
心垢故衆生垢心淨故衆生淨心亦不在內
不在外不在中間如其心然罪垢亦然諸法
亦然不出於如如優波離以心相得解脫時
寧有垢不我言不也維摩詰言一切衆生心

BD03595號　維摩詰所說經卷上　（12–2）

彼罪性不在內不在外不在中間如佛所說
心垢故衆生垢心淨故衆生淨心亦不在內
不在外不在中間如其心然罪垢亦然諸法
亦然不出於如如優波離以心相得解脫時
寧有垢不我言不也維摩詰言一切衆生心
相无垢亦復如是唯優波離妄想是垢无妄
想是淨顛倒是垢无顛倒是淨取我是垢不
取我是淨優波離一切法生滅不住如幻如
電諸法不相待乃至一念不住諸法皆妄見
如夢如炎如水中月如鏡中像以妄想生其
知此者是名奉律其知此者是名善解於是
二比丘言上智哉是優波離所不及持律之
上而不能說我荅言自捨如來未有聲聞及
菩薩能制其樂說之辯其智慧明達為若此
也時二比丘疑悔即除發阿耨多羅三藐三
菩提心作是願言令一切衆生皆得是辯故
我不任詣彼問疾
佛告羅睺羅汝行詣維摩詰問疾羅睺羅白
佛言世尊我不堪任詣彼問疾所以者何憶
念昔時毗耶離諸長者子來詣我所稽首作
礼問我言唯羅睺羅汝佛之子捨轉輪王位
出家為道其出家者有何等利我即如法為
說出家功德之利時維摩詰來謂我言唯羅
睺羅不應說出家功德之利所以者何无利
无功德是為出家有為法者可說有利有功
德夫出家者為无為法无為法中无利无功
德羅睺羅出家者无彼无此亦无中間

BD03595號　維摩詰所說經卷上　（12–3）

說出家功德之利時維摩詰來謂我言唯羅
睺羅不應說出家功德之利所以者何无利
无功德是為出家有為法者可說有利有功
德夫出家者為无為法无為法中无利无功
德羅睺羅出家者无彼无此亦无中間離六
十二見處於涅槃智者所受聖所行處降伏
眾魔度五道淨五眼得五力立五根不惱於
彼離眾雜惡摧諸外道超越假名出淤泥无
繫著无我所无所受无擾亂內懷喜護彼意
隨禪定離眾過若能如是是真出家於是維
摩詰語諸長者子汝等於正法中宜共出家
所以者何佛世難值諸長者子言居士我聞
佛言父母不聽不得出家維摩詰言然汝等
便發阿耨多羅三藐三菩提心是即出家是
即具足尒時卅二長者子皆發阿耨多羅三
藐三菩提心故我不任詣彼問疾
佛告阿難汝行詣維摩詰問疾阿難白佛言
世尊我不堪任詣彼問疾所以者何憶念昔
時世尊身小有疾當用牛乳我即持鉢詣大
婆羅門家門下立時維摩詰來謂我言唯
阿難何為晨朝持鉢住此我言居士世尊身
小有疾當用牛乳故來至此維摩詰言止止
阿難莫作是語如來身者金剛之體諸惡已
斷眾善普會當有何疾當有何惱嘿往阿難
勿謗如來莫使異人聞此麁言无令大威德諸
天及他方淨土諸來菩薩得聞斯語阿難轉
輪聖王以少福故尚得无病豈況如來无量
福會普勝者哉行矣阿難勿使我等受斯

斷眾善普會當有何疾當有何惱嘿往阿難
勿謗如來莫使異人聞此麁言无令大威德諸
天及他方淨土諸來菩薩得聞斯語阿難轉
輪聖王以少福故尚得无病豈況如來无量
福會普勝者哉行矣阿難勿使我等受斯
恥也外道梵志若聞此語當作是念何名為師
自疾不能救而能救諸疾人可密速去勿使
人聞當知阿難諸如來身即是法身非思欲
身佛為世尊過於三界佛身无漏諸漏已盡
佛身无為不墮諸數如此之身當有何病時
我世尊實懷慚愧得无近佛而謬聽耶即聞
空中聲曰阿難如居士言但為佛出五濁惡
世現行斯法度脫眾生行矣阿難取乳勿慚
世尊維摩詰智慧辯才為若此也是故不任
詣彼問疾如是五百大弟子各各向佛說其
本緣稱述維摩詰所言皆曰不任詣彼問疾
菩薩品第四
於是佛告彌勒菩薩汝行詣維摩詰問疾彌
勒白佛言世尊我不堪任詣彼問疾所以者
何憶念我昔為兜率天王及其眷屬說不退
轉地之行時維摩詰來謂我言彌勒世尊授
仁者記一生當得阿耨多羅三藐三菩提為
用何生得受記乎過去耶未來耶現在耶若
過去生過去生已滅若未來生未來生未至
若現在生現在生无住如佛所說比丘汝今
即時亦生亦老亦滅若以无生得受記者无
生即是正位於正位中亦无受記亦无得阿
耨多羅三藐三菩提云何彌勒受一生記乎

若現在生現在生无住如佛所說比丘汝今
即時亦生亦老亦滅若以无生得受記者无
生即是正位於正位中亦无受記亦无得阿
耨多羅三藐三菩提云何弥勒受一生記乎
為從如生得受記耶為從如滅得受記耶若
以如生得受記者如无有生若以如滅得受
記者如无有滅一切衆生皆如也一切法亦
如也衆聖賢亦如也至於弥勒亦如也若弥
勒得受記者一切衆生亦應受記所以者何
夫如者不二不異若弥勒得阿耨多羅三藐
三菩提者一切衆生皆亦應得所以者何一
切衆生即菩提相若弥勒滅度者一切衆生
亦當滅度所以者何諸佛知一切衆生畢竟
寂滅即涅槃相不復更滅是故弥勒无以此
法誘諸天子實无發阿耨多羅三藐三菩提
心者亦无退者弥勒當令此諸天子捨於分
别菩提之見所以者何菩提者不可以身得
不可以心得寂滅是菩提滅諸相故不觀是
菩提離諸緣故不行是菩提无憶念故斷是
菩提捨諸見故離是菩提離諸妄想故鄣是
菩提鄣諸願故不入是菩提无貪著故順是
菩提順於如故住是菩提住法性故至是菩
提至實際故不二是菩提離意法故等是
菩提等虛空故无為是菩提无生住滅故知
是菩提了衆生心行故不會是菩提諸入不會
故不合是菩提離煩惱習故无處是菩提无
形色故假名是菩提名字空故如化是菩提

BD03595號　維摩詰所說經卷上　（12-6）

是菩提了衆生心行故不會是菩提諸入不會
故不合是菩提離煩惱習故无處是菩提无
形色故假名是菩提名字空故如化是菩提
无取捨故无亂是菩提常自靜故善寂是菩
提性清淨故无取是菩提離攀緣故无異
是菩提諸法等故无比是菩提无可喻故微
妙是菩提諸法難知故世尊維摩詰說是
法時二百天子得无生法忍故我不任詣彼問
疾
佛告光嚴童子汝行詣維摩詰問疾光嚴白
佛言世尊我不堪任詣彼問疾所以者何憶
念我昔出毗耶離大城時維摩詰方入城我
即為作礼而問言居士從何所來荅我言吾
從道場來我問道場者何所是曰直心是道
場无虛假故發行是道場能辨事故深心是
道場增益功德故菩提心是道場无錯謬故
布施是道場不望報故持戒是道場得願具
故忍辱是道場於諸衆生心无㝵故精進是
道場不懈退故禪定是道場心調柔故智慧
是道場現見諸法故慈是道場等衆生故悲
是道場忍疲苦故喜是道場悅樂法故捨是
道場憎愛斷故神通是道場成就六通故解
脫是道場能背捨故方便是道場教化衆生
故四攝是道場攝衆生故多聞是道場如聞
行故伏心是道場正觀諸法故卅七品是道
場捨有為法故諦是道場不誑世間故緣起
是道場无明乃至老死皆无盡故諸煩惱是

BD03595號　維摩詰所說經卷上　（12-7）

脫是道場能背捨故方便是道場教化眾生
故四攝是道場攝眾生故多聞是道場如聞
行故伏心是道場正觀諸法故卅七品是道
場捨有為法故諦是道場不誑世間故緣起
是道場无明乃至老死皆无盡故諸煩惱是
道場知如實故眾生是道場知无我故一切
法是道場知諸法空故降魔是道場不傾動
故三界是道場无所趣故師子吼是道場无
所畏故力无畏不共法是道場无諸過故三
明是道場无餘礙故一念知一切法是道場
成就一切智故如是善男子菩薩若應諸波
羅蜜教化眾生諸有所作舉足下足當知皆
從道場來住於佛法矣說是法時五百天人
皆發阿耨多羅三藐三菩提心故我不任詣
彼問疾
佛告持世菩薩汝行詣維摩詰問疾持世白
佛言世尊我不堪任詣彼問疾所以者何憶
念我昔住於靜室時魔波旬從万二千天女
狀如帝釋鼓樂絃歌來詣我所與其眷屬
稽首我足合掌恭敬於一面立我意謂是帝釋
而語之言善來憍尸迦雖福應有不當自恣
當觀五欲无常以求善本於身命財而脩堅
法即語我言正士受是万二千女可備掃洒
我言憍尸迦无以此非法之物要我沙門釋
子此非我宜所言未訖維摩詰來謂我言非
帝釋也是為魔來嬈固汝耳即語魔言是諸
女等可以與我如我應受魔即驚懼念維摩
詰將无惱我欲隱形去而不能隱盡其神力

BD03595 號　維摩詰所說經卷上　（12–8）

子此非我宜所言未訖維摩詰來謂我言非
帝釋也是為魔來嬈固汝耳即語魔言是諸
女等可以與我如我應受魔即驚懼念維摩
詰將无惱我欲隱形去而不能隱盡其神力
亦不得去即聞空中聲曰波旬以女與之乃
可得去魔以畏故俛仰而與尒時維摩詰語
諸女言魔以汝等與我今汝皆當發阿耨多
羅三藐三菩提心即隨所應而為說法令發
道意復言汝等已發道意有法樂可以自娛
不應復樂五欲樂也天女即問何謂法樂荅
言樂常信佛樂欲聽法樂供養眾樂離五欲
樂觀五陰如怨賊樂觀四大如毒虵樂觀內
入如空聚樂隨護道意樂饒益眾生樂敬養
師樂廣行施樂堅持戒樂忍辱柔和樂懃集
善根樂禪定不亂樂離垢明慧樂廣菩提
心樂降伏眾魔樂斷諸煩惱樂淨佛國土樂
成就相好故脩諸功德樂嚴道場樂聞深法
不畏樂三脫門不樂非時樂近同學樂於非
同學中心无恚㝵樂將護惡知識樂近善知識
樂心憙清淨樂脩无量道品之法是為菩薩
法樂於是波旬告諸女言我欲與汝俱還天
宮諸女言以我等與此居士有法樂我等甚
樂不復樂五欲樂也魔言居士可捨此女一
切所有施於彼者是為菩薩維摩詰言我已
捨矣汝便將去令一切眾生得法願具足於
是諸女問維摩詰我等云何止於魔宮維
摩詰言諸姊有法門名无盡燈汝等當學无

BD03595 號　維摩詰所說經卷上　（12–9）

切所有施於彼者是為菩薩維摩詰言我已
捨矣汝便將去令一切衆生得法願具足於
是諸女問維摩詰我等云何止於魔宮維
摩詰言諸姊有法門名无盡燈汝等當學无
盡燈者譬如一燈燃百千燈冥者皆明終不
盡如是諸姊夫一菩薩開導百千衆生令發
阿耨多羅三藐三菩提心於其道意亦不滅
盡隨所說法而自增益一切善法是名无盡
燈也汝等雖住魔宮以是无盡燈令无數天
子天女發阿耨多羅三藐三菩提心者為報
佛恩亦大饒益一切衆生尒時天女頭面礼
維摩詰足隨魔還宮忽然不現世尊維摩
詰有如是自在神力智慧辯才故我不任詣
彼問疾
佛告長者子善得汝行詣維摩詰問疾善
得白佛言世尊我不堪任詣彼問疾所以者何
憶念我昔自於父舍設大施會供養一切沙
門婆羅門及諸外道貧窮下賤孤獨乞人期
滿七日時維摩詰來入會中謂我言長者子
夫大施會不當如汝所設當為法施之會何
用是財施會為我言居士何謂法施之會法
施會者无前无後一時供養一切衆生是名
法施之會何謂也謂以菩提起於慈心以救
衆生起大悲心以持正法起於喜心以攝智
慧行於捨心以攝慳貪起檀波羅蜜以化
犯戒起尸波羅蜜以无我法起羼提波羅蜜以
離身心相起毗梨耶波羅蜜以菩提相起禪

慧行於捨心以攝慳貪起檀波羅蜜以化
犯戒起尸波羅蜜以无我法起羼提波羅蜜以
離身心相起毗梨耶波羅蜜以菩提相起禪
波羅蜜以一切智起般若波羅蜜教化衆生
而起於空不捨有為法而起无相示現受生
而起无作護持正法起方便力以度衆生起
四攝法以敬事一切起除慢法於身命財起
三堅法於六念中起思念法於六和敬起質
直心正行善法起於淨命心淨歡喜起近賢
聖不憎惡人起調伏心以出家法起於深心
以如說行起於多聞以无諍法起空閑處趣
向佛慧起於晏坐解衆生縛起脩行地以具
相好及淨佛土起福德業知一切衆生心念
如應說法起於智業知一切法不取不捨入
一相門起於慧業斷一切煩惱一切鄣㝵一
切不善法起一切善業以得一切智慧一切
善法起於一切助佛道法如是善男子是為
法施之會若菩薩住是法施會者為大施主
亦為一切世間福田世尊維摩詰說是法時
婆羅門衆中二百人皆發阿耨多羅三藐三
菩提心我時心得清淨歎未曾有稽首礼
維摩詰足即解瓔珞價直百千以上之不肯取
我言居士願必納受隨意所與維摩詰乃受
瓔珞分作二分持一分施此會中一最下乞
人持一分奉彼難勝如来一切衆會皆見光
明國土難勝如来又見珠瓔在彼佛上變成
四柱寶臺四面嚴飾不相鄣蔽時維摩詰現

瓔珞分作二分持一分施此會中一最下乞
人持一分奉彼難勝如来一切衆會皆見光
明國土難勝如来又見珠瓔在彼佛上變成
四柱寶臺四面嚴飾不相鄣蔽時維摩詰現
神變已作是言若施主等心施一最下乞人
猶如如来福田之相无所分別等于大悲不
求果報是則名曰具足法施城中乞人見是
神力聞其所說皆發阿耨多羅三藐三菩提
心故我不任詣彼問疾如是諸菩薩各各向
佛說其本緣稱述維摩詰所言皆曰不任詣
彼問疾

維摩詰經卷上

BD03595 號　維摩詰所說經卷上

（12–12）

皆趣入如大
等趣海印三摩地云何名為
地謂若住此三摩地時於諸
无所簡別如太虛空是故名為遍覆虛
摩地云何名為金剛輪三摩地謂若住此三
摩地時普能任持一切勝定令不散壞如金
剛輪是故名為金剛輪三摩地云何名為離
塵三摩地謂若住此三摩地時能滅一切煩
惱纏垢是故名為離塵三摩地云何名為遍
照三摩地謂若住此三摩地時遍照諸定令
其光顯是故名為遍照三摩地云何名為不
眴三摩地謂若住此三摩地時更不希求餘
定餘法是故名為不眴三摩地云何名為无
相住三摩地謂若住此三摩地時不見諸定
中有少法可住是故名為无相住三摩地云
何名為不思惟三摩地謂若住此三摩地時
所有下劣心心所法悉皆不轉是故名為不
思惟三摩地云何名為无垢燈三摩地謂若
住此三摩地時如持淨燈照了諸定是故名
為无垢燈三摩地云何名為无邊光三摩地
謂若住此三摩地時能發大光照光邊際是

BD03596 號　大般若波羅蜜多經卷四一四

（18–1）

思惟三摩地云何名為无垢燈三摩地謂若
住此三摩地時如持淨燈照了諸定是故名
為无垢燈三摩地云何名為无邊光三摩地
謂若住此三摩地時能發大光照无邊際是
故名為无邊光三摩地云何名為發光三摩
地謂若住此等持光間能發一切勝定光明
是故名為發光三摩地云何名為普照三摩
地謂若得此等持光間即能普照諸勝定門
是故名為普照三摩地云何名為淨堅定三
摩地謂若住此三摩地時得諸等持淨平等
性是故名為淨堅定三摩地云何名為无垢
光三摩地謂若住此三摩地時能普蠲除一
切定垢是故名為无垢光三摩地云何名為
發妙樂三摩地謂若住此三摩地時領受一
切等持妙樂是故名為發妙樂三摩地云何
名為電燈三摩地謂若住此三摩地時照諸
等持如電光焰是故名為電燈三摩地云何
名為无盡三摩地謂若住此三摩地時引諸
等持功德无盡而不見彼盡不盡相是故名
為无盡三摩地云何名為具威光三摩地謂
若住此三摩地時於諸等持威光獨威是故
名為具威光三摩地云何名為離盡三摩地
謂若住此三摩地時見諸等持一切无盡而
不見有盡不盡相是故名為離盡三摩地云
何名為无動三摩地謂若住此三摩地時令
諸等持无動无掉亦无戲論是故名為无動

BD03596號　大般若波羅蜜多經卷四一四　（18-2）

謂若住此三摩地時見諸等持一切无盡而
不見有盡不盡相是故名為離盡三摩地云
何名為无動三摩地謂若住此三摩地時令
諸等持无動无掉亦无戲論是故名為无動
三摩地云何名為无瑕隟三摩地謂若住此
三摩地時令諸等持見无瑕隟是故名為无
瑕隟三摩地云何名為日燈三摩地謂若住
此三摩地時令諸定門發光普照是故名為
日燈三摩地云何名為淨月三摩地謂若住
此三摩地時令諸等持除闇如月是故名為
淨月三摩地云何名為淨光三摩地謂若住
此三摩地時於一切等持得四无礙解是故
名為淨光三摩地云何名為發明三摩地謂
若住此三摩地時令諸定門發明普照是故
名為發明三摩地云何名為作所應作三摩
地謂若住此三摩地時辯諸等持所應作事
又令諸定所作事成是故名為作所應作三
摩地云何名為智幢相三摩地謂若住此三
摩地時見諸等持妙智幢相是故名為智幢
相三摩地云何名為金剛鬘三摩地謂若住
此三摩地時雖能通達一切法而不見有通
達相是故名為金剛鬘三摩地云何名為住
心三摩地謂若住此三摩地時心不動搖不
轉不照亦不損減不念有心是故名為住心
三摩地云何名為普明三摩地謂若住此三
摩地時於諸定明普能觀照是故名為普
明三摩地云何名為善住三摩地謂若住此三

BD03596號　大般若波羅蜜多經卷四一四　（18-3）

轉不照亦不損減不念有心是故名為住心
三摩地云何名為普明三摩地謂若住此三
摩地時於諸定明普能觀照是故名為普
明三摩地云何名為善住三摩地謂若住此三
摩地時於諸等持善能安住是故名為善住
三摩地云何名為寶積三摩地謂若住此三
摩地時觀諸等持皆如寶聚是故名為寶積
三摩地云何名為妙法印三摩地謂若住此
三摩地時能印諸等持以无印印故是故名
為妙法印三摩地云何名為一切法平等性
三摩地謂若住此三摩地時不見有法離平
等性是故名為一切法平等性三摩地云何
名為捨愛樂三摩地謂若住此三摩地時於
一切法捨諸愛樂是故名為捨愛樂三摩地
云何名為入法頂三摩地謂若住此三摩地
時於一切法能除闇障亦於諸定能為上首
是故名為入法頂三摩地云何名為飄散三
摩地謂若住此三摩地時飄散一切定執法
執是故名為飄散三摩地云何名為分別法
句三摩地謂若住此三摩地時善能分別諸
定法句是故名為分別法句三摩地云何名
為平等字相三摩地謂若住此三摩地時得
諸等持平等字相是故名為平等字相三摩
地云何名為離文字相三摩地謂若住此三
摩地時於諸等持不得一字是故名為離文
字相三摩地云何名為斷所緣三摩地謂若
住此三摩地時絕諸等持所緣境相是故名

BD03596 號　大般若波羅蜜多經卷四一四　　（18–4）

諸等持平等字相是故名為平等字相三摩
地云何名為離文字相三摩地謂若住此三
摩地時於諸等持不得一字是故名為離文
字相三摩地云何名為斷所緣三摩地謂若
住此三摩地時絕諸等持所緣境相是故名
為斷所緣三摩地云何名為无變異三摩地
謂若住此三摩地時不得諸法變異之相是
故名為无變異三摩地云何名為无品類三
摩地謂若住此三摩地時不見諸法品類別
相是故名為无品類三摩地云何名為无相
行三摩地謂若住此三摩地時於諸定相都
无所得是故名為无相行三摩地云何名為
離翳闇三摩地謂若住此三摩地時諸定翳
闇无不除遣是故名為離翳闇三摩地云何
名為具行三摩地謂若住此三摩地時於諸
定行都无見執是故名為具行三摩地云何
名為不變動三摩地謂若住此三摩地時於
諸等持不見變動是故名為不變動三摩地
云何名為度境界三摩地謂若住此三摩地
時超諸等持所緣境界是故名為度境界三
摩地云何名為集一切功德三摩地若住此
三摩地時能集諸定所有功德於一切法而
无集想是故名為集一切功德三摩地云何名
為決定住三摩地謂若住此三摩地時於諸
定心雖決定住而知其相了不可得是故名
為決定住三摩地云何名為无心住三摩地
謂若住此三摩地時心於諸定无轉无墮是

BD03596 號　大般若波羅蜜多經卷四一四　　（18–5）

為決定住三摩地謂若住此三摩地時於諸
定心雖決定住而知其相了不可得是故名
為決定住三摩地云何名為无心住三摩地
謂若住此三摩地時心於諸定无轉无墮是
故名為无心住三摩地云何名為淨妙花三
摩地謂若住此三摩地時令諸等持皆得清
淨嚴飾光顯猶如妙花是故名為淨妙花三
摩地云何名為具覺支三摩地謂若住此三
摩地時令一切定脩七覺支速得圓滿是故
名為具覺支三摩地云何名為无邊燈三摩
地謂若住此三摩地時於一切法皆能照了
譬如明燈是故名為无邊燈三摩地云何名
為无邊辯三摩地謂若住此三摩地時於一
切法得无邊辯是故名為无邊辯三摩地云
何名為无等等三摩地謂若住此三摩地時
於諸等持得平等性亦令諸定成无等等是
故名為无等等三摩地云何名為超一切法
三摩地謂若住此三摩地時善能超度三界
諸法是故名為超一切法三摩地云何名為
決判諸法三摩地謂若住此三摩地時於諸
勝定及一切法能為有情如實決判是故名
為決判諸法三摩地云何名為散疑網三摩
地謂若住此三摩地時於諸等持及一切法
所有疑網皆能除散是故名為散疑網三摩
地云何名為无所住三摩地謂若住此三摩
地時不見諸法有所住處是故名為无所住

地謂若住此三摩地時於諸等持及一切法
所有疑網皆能除散是故名為散疑網三摩
地云何名為无所住三摩地謂若住此三摩
地時不見諸法有所住處是故名為无所住
三摩地云何名為一相莊嚴三摩地謂若住
此三摩地時不見諸法二相可取是故名為
一相莊嚴三摩地云何名為引發行相三摩
地謂若住此三摩地時於諸等持及一切法
雖能引發種種行相而都不見能引發者是
故名為引發行相三摩地云何名為一行相
三摩地謂若住此三摩地時見諸等持无二
行相是故名為一行相三摩地云何名為離
行相三摩地謂若住此三摩地時見諸等持
都无行相是故名為離行相三摩地云何名
為妙行相三摩地謂若住此三摩地時令諸
等持起妙行相是故名為妙行相三摩地云
何名為達諸有底散壞三摩地謂若住此三
摩地時於諸等持及一切法得通達智如實
悟入既得入已於諸有法通達散壞令无所
遺是故名為達諸有底散壞三摩地云何名
為入施設語言三摩地謂若住此三摩地時
悟入一切三摩地法施設語言无著无礙是
故名為入施設語言三摩地云何名為解脫
音聲文字三摩地謂若住此三摩地時見諸
等持解脫一切音聲文字衆相寂滅是故名
為解脫音聲文字三摩地云何名為炬　熾然
三摩地謂若住此三摩地時於諸等　持威光

音聲文字三摩地謂若住此三摩地時見諸
等持解脫一切音聲文字衆相寂滅是故名
為解脫音聲文字三摩地云何名為炬熾然
三摩地謂若住此三摩地時於諸等持威光
照曜是故名為炬熾然三摩地云何名為嚴
淨相三摩地謂若住此三摩地時於諸等持
能嚴淨相謂於諸相皆能除滅是故名為嚴
淨相三摩地云何名為無標幟三摩地謂若
住此三摩地時於諸等持不見標幟是故名
為無標幟三摩地云何名為具一切妙相三
摩地謂若住此三摩地時諸定妙相無不具
之是故名為具一切妙相三摩地云何名為
不喜一切苦樂三摩地謂若住此三摩地時
於諸等持苦樂之相不樂觀察是故名為不
喜一切苦樂三摩地云何名為無盡行相三
摩地謂若住此三摩地時不見諸定行相有
盡是故名為無盡行相三摩地云何名為具陁
羅尼三摩地謂若住此三摩地時能總任持
諸定勝事是故名為具陁羅尼三摩地云何
名為攝伏一切正性邪性三摩地謂若住此
三摩地時於諸等持正性邪性攝伏諸見皆
令不起是故名為攝伏一切正性邪性三摩
地云何名為靜息一切違順三摩地謂若
住此三摩地時於諸等持及一切法都不
見有違順之相是故名為靜息一切違順三
摩地云何名為離憎愛三摩地謂若住此三
摩地時於諸等持及一切法都不見有憎愛

BD03596 號　大般若波羅蜜多經卷四一四　（18–8）

住此三摩地時於諸等持及一切法都不
見有違順之相是故名為靜息一切違順三
摩地云何名為離憎愛三摩地謂若住此三
摩地時於諸等持及一切法都不見有憎愛
之相是故名為離憎愛三摩地云何名為無
垢明三摩地謂若住此三摩地時於諸等持
都不見有明相垢相是故名為無垢明三摩
地云何名為具堅固三摩地謂若住此三摩
地時令諸等持皆得堅固是故名為具堅固
三摩地云何名為滿月淨光三摩地謂若住
此三摩地時令諸等持功德增益如淨滿月
光增海水是故名為滿月淨光三摩地云何
名為大莊嚴三摩地謂若住此三摩地時令
諸等持成就種種微妙希有大莊嚴事是故
名為大莊嚴三摩地云何名為照一切世間
三摩地謂若住此三摩地時照諸等持及一
切法令有情類皆得開曉是故名為照一切
世間三摩地云何名為定平等性三摩地謂
若住此三摩地時不見等持定散差別是故
名為定平等性三摩地云何名為有諍無諍
平等理趣三摩地謂若住此三摩地時不見
諸法及一切定有諍無諍性相差別是故名
為有諍無諍平等理趣三摩地云何名為無
巢穴無標幟無愛樂三摩地謂若住此三摩
地時破諸巢穴捨諸標幟斷諸愛樂無所
執是故名為無巢穴無標幟無愛樂三摩地
云何名為決定安住真如三摩地謂若住此

BD03596 號　大般若波羅蜜多經卷四一四　（18–9）

業究无標幟无愛樂三摩地謂若住此三摩
地時破諸業究捨諸標幟斷諸愛樂而无所
執是故名為无業究无標幟无愛樂三摩地
云何名為決定安住真如三摩地謂若住此
三摩地時於諸等持及一切法常不棄捨真
如實相是故名為決定安住真如三摩地云
何名為離身穢惡三摩地謂若住此三摩地時
令諸等持破壞身見是故名為離身穢惡三
摩地云何名為離語穢惡三摩地謂若住此
三摩地時令諸等持壞語惡業是故名為離
語穢惡三摩地云何名為離意穢惡三摩地
謂若住此三摩地時令諸等持壞意惡業是
故名為離意穢惡三摩地云何名為如虛空
三摩地謂若住此三摩地時於諸有情普能
饒益其心平等如太虛空是故名為如虛空
三摩地云何名為无染著如虛空三摩地謂
若住此三摩地時觀一切法都无所有如淨
虛空无染无著是故名為无染著如虛空三
摩地善現如是等有无量百千微妙希有勝
三摩地當知是為菩薩摩訶薩大乘相

第二分念住等品第十七之一

復次善現菩薩摩訶薩大乘相者謂四念住
云何為四一身念住二受念住三心念住四
法念住身念住者謂菩薩摩訶薩修行般若
波羅蜜多時以无所得而為方便雖於內身
住循身觀或於外身住循身觀或於內外身
住循身觀而永不起身俱尋思熾然精進正

BD03596號　大般若波羅蜜多經卷四一四　（18–10）

法念住身念住者謂菩薩摩訶薩修行般若
波羅蜜多時以无所得而為方便雖於內身
住循身觀或於外身住循身觀或於內外身
住循身觀而永不起身俱尋思熾然精進正
知具念調伏貪憂受念住者謂菩薩摩訶薩
修行般若波羅蜜多時以无所得而為方便
雖於內受住循受觀或於外受住循受觀或
於內外受住循受觀而永不起受俱尋思熾
然精進正知具念調伏貪憂心念住者謂菩
薩摩訶薩修行般若波羅蜜多時以无所得
而為方便雖於內心住循心觀或於外心住
循心觀或於內外心住循心觀而永不起心
俱尋思熾然精進正知具念調伏貪憂法念
住者謂菩薩摩訶薩修行般若波羅蜜多時
以无所得而為方便雖於內法住循法觀或
於外法住循法觀或於內外法住循法觀而
永不起法俱尋思熾然精進正知具念調伏
貪憂

云何菩薩摩訶薩修行般若波羅蜜多時以
无所得而為方便於內身住循身觀熾然精
進正知具念調伏貪憂善現若菩薩摩訶薩
修行般若波羅蜜多時以无所得而為方便
審觀自身行時知行住時知住坐時知坐臥
時知臥如如自身威儀差別如是如是熾然
精進正知具念調伏貪憂是為菩薩摩訶薩
修行般若波羅蜜多時以无所得而為方便
於內身住循身觀熾然精進正知具念調伏

BD03596號　大般若波羅蜜多經卷四一四　（18–11）

審觀自身行時知行住時知住坐時知坐卧
時知卧如如自身威儀差別如是如是熾然
精進正知具念調伏貪憂是爲菩薩摩訶薩
脩行般若波羅蜜多時以无所得而爲方便
於内身住脩身觀熾然精進正知具念調伏
貪憂復次善現若菩薩摩訶薩脩行般若波
羅蜜多時以无所得而爲方便審觀自身正
知往來正知瞻顧正知俯仰正知屈申服僧
伽胝執持衣鉢若食若飲偃息經行坐起承
迎寤寐語默入出諸定皆念正知是爲菩薩
摩訶薩脩行般若波羅蜜多時以无所得而
爲方便於内身住脩身觀熾然精進正知具
念調伏貪憂復次善現若菩薩摩訶薩脩行
般若波羅蜜多時以无所得而爲方便審觀
自身於息入時念知息入於息出時念知息
出於息長時念知息長於息短時念知息短
如轉輪師或彼弟子輪勢長時知輪勢長輪
勢短時知輪勢短是菩薩摩訶薩亦復如是
念知諸息若入若出長短差別是爲菩薩摩
訶薩脩行般若波羅蜜多時以无所得而爲
方便於内身住脩身觀熾然精進正知具念
調伏貪憂復次善現若菩薩摩訶薩脩行般
若波羅蜜多時以无所得而爲方便審觀自
身諸界差別所謂地界水火風界如巧屠師
或彼弟子斷牛命已復用利刀分析其身剖
爲四分若坐若立如實觀知是菩薩摩訶薩
亦復如是觀察自身地水火風四界差別是

若波羅蜜多時以无所得而爲方便審觀自
身諸界差別所謂地界水火風界如巧屠師
或彼弟子斷牛命已復用利刀分析其身剖
爲四分若坐若立如實觀知是菩薩摩訶薩
亦復如是觀察自身地水火風四界差別是
爲菩薩摩訶薩脩行般若波羅蜜多時以无
所得而爲方便於内身住脩身觀熾然精進
正知具念調伏貪憂復次善現若菩薩摩訶
薩脩行般若波羅蜜多時以无所得而爲方
便審觀自身從足至頂種種不淨充滿其中
外爲薄皮之所纏裹所謂此身唯有種種髮
毛爪齒皮革血肉筋脉骨髓心肝肺腎脾膽
胞胃大腸小腸屎尿涕唾涎淚垢汗痰膿肪
𦙶腦膜䐈膞如是不淨充滿身中如有農夫
或諸長者倉中盛滿種種雜穀所謂稻麻粟
豆麦等有明目者開倉觀之能如實知其中
唯有稻麻粟麦種種雜穀是菩薩摩訶薩亦
復如是審觀自身從足至頂不淨充滿不可
貪樂是爲菩薩摩訶薩脩行般若波羅蜜多
時以无所得而爲方便於内身住脩身觀熾
然精進正知具念調伏貪憂復次善現若菩
薩摩訶薩脩行般若波羅蜜多時以无所得
而爲方便往澹泊路觀所棄屍死經一日或
經二日乃至七日其身膖脹色變青瘀臭爛
皮穿膿血流出見是事已自念我身有如是
性具如是法未得解脫終歸如是是爲菩薩
摩訶薩脩行般若波羅蜜多時以无所得而

經二日乃至七日其身膖脹色變青瘀臭爛
皮穿膿血流出見是事已自念我身有如是
性具如是法未得解脫終歸如是為菩薩
摩訶薩脩行般若波羅蜜多時以无所得而
為方便於內身住循身觀熾然精進正知具
念調伏貪憂復次善現若菩薩摩訶薩脩行
般若波羅蜜多時以无所得而為方便往憺
怕路觀所棄屍死經一日或經二日乃至七
日為諸鵰鷲烏鵲鵄梟虎豹狐狼野干狗等
種種禽獸或啄或摣骨宍狼藉齚掣食噉見
是事已自念我身有如是性具如是法未得
解脫終歸如是為菩薩摩訶薩脩行般若
波羅蜜多以无所得而為方便於內身住循
身觀熾然精進正知具念調伏貪憂復次善
現若菩薩摩訶薩脩行般若波羅蜜多時以
无所得而為方便往憺怕路觀所棄屍禽獸
食已不淨潰爛膿血流離有无量種蟲蛆雜
出臭穢可汙過於死狗見是事已自念我身
有如是性具如是法未得解脫終歸如是
為菩薩摩訶薩脩行般若波羅蜜多時以无
所得而為方便於內身住循身觀熾然精進
正知具念調伏貪憂復次善現若菩薩摩訶
薩脩行般若波羅蜜多時以无所得而為方
便往憺怕路觀所棄屍蟲蛆食已宍離骨現
支節相連筋纏血塗尚餘腐宍見是事已自
念我身有如是性具如是法未得解脫終歸
如是為菩薩摩訶薩脩行般若波羅蜜多

薩脩行般若波羅蜜多時以无所得而為方
便往憺怕路觀所棄屍蟲蛆食已宍離骨現
支節相連筋纏血塗尚餘腐宍見是事已自
念我身有如是性具如是法未得解脫終歸
如是為菩薩摩訶薩脩行般若波羅蜜多
時以无所得而為方便於內身住循身觀熾
然精進正知具念調伏貪憂復次善現若菩
薩摩訶薩脩行般若波羅蜜多時以无所得
而為方便往憺怕路觀所棄屍已成骨瑣血
肉都盡餘筋相連見是事已自念我身有如
是性具如是法未得解脫終歸如是為菩
薩摩訶薩脩行般若波羅蜜多時以无所得
而為方便於內身住循身觀熾然精進正知
具念調伏貪憂復次善現若菩薩摩訶薩脩
行般若波羅蜜多時以无所得而為方便往
澹泊路觀所棄屍但餘眾骨其骨皓白色如
珂雪諸筋糜爛支節分離見是事已自念我
身有如是性具如是法未得解脫終歸如是
是為菩薩摩訶薩脩行般若波羅蜜多時以
无所得而為方便於內身住循身觀熾然精
進正知具念調伏貪憂復次善現若菩薩摩
訶薩脩行般若波羅蜜多時以无所得而為
方便往澹泊路觀所棄屍成白骨已支節分
散零落異方見是事已自念我身有如是性
具如是法未得解脫終歸如是為菩薩摩
訶薩脩行般若波羅蜜多時以无所得而為方
便於內身住循身觀熾然精進正知具念周

散零落異方見是事已自念我身有如是性
具如是法未得解脫終歸如是是爲菩薩摩
訶薩脩行般若波羅蜜多時以无所得而爲方
便於內身住脩身觀熾然精進正知具念調
伏貪憂復次善現若菩薩摩訶薩脩行般若
波羅蜜多時以无所得而爲方便往澹泊路
觀所棄屍諸骨分離各在異處足骨異處腨
骨異處膝骨異處髀骨異處髖骨異處脊骨
異處脇骨異處胷骨異處膊骨異處臂骨異
處手骨異處項骨異處頷骨異處頰骨異處
其髑髏骨亦在異處見是事已自念我身有
如是性具如是法未得解脫終歸如是是爲
菩薩摩訶薩脩行般若波羅蜜多時以无所
得而爲方便於內身住脩身觀熾然精進正
知具念調伏貪憂復次善現若菩薩摩訶薩
脩行般若波羅蜜多時以无所得而爲方便
往澹泊路觀所棄屍骸骨狼藉風吹日曝雨
灌霜封積有歲年色如雪見是事已自念
我身有如是性具如是法未得解脫終歸如
是是爲菩薩摩訶薩脩行般若波羅蜜多時
以无所得而爲方便於內身住脩身觀熾然
精進正知具念調伏貪憂復次善現若菩薩
摩訶薩脩行般若波羅蜜多時以无所得而
爲方便往澹泊路觀所棄屍餘骨散地經多
百歲或多千年其相變青狀如鴿色或有腐
朽碎末如塵與土相和難可分別見是事已自
念我身有如是性具如是法未得解脫終歸如

BD03596號　大般若波羅蜜多經卷四一四

（18–16）

摩訶薩脩行般若波羅蜜多時以无所得而
爲方便往澹泊路觀所棄屍餘骨散地經多
百歲或多千年其相變青狀如鴿色或有腐
朽碎末如塵與土相和難可分別見是事已自
念我身有如是性具如是法未得解脫終歸如
是是爲菩薩摩訶薩脩行般若波羅蜜多時
以无所得而爲方便於內身住脩身觀熾然
精進正知具念調伏貪憂善現諸菩薩摩訶
薩脩行般若波羅蜜多時以无所得而爲方
便如於內身如是差別住脩身觀熾然精進
正知具念調伏貪憂於外身住脩身觀於內
外身住脩身觀熾然精進正知具念調伏貪
憂隨其所應亦復如是善現諸菩薩摩訶薩
脩行般若波羅蜜多時以无所得而爲方便
於內外俱受心法住脩受心法觀熾然精進
正知具念調伏貪憂隨其所應皆應廣說善
現如是菩薩摩訶薩脩行般若波羅蜜多時
以无所得而爲方便於內外俱身受心法住脩
身受心法觀時雖作是觀而无所得善現當
知是爲菩薩摩訶薩大乘相
復次善現菩薩摩訶薩大乘相者謂四正斷
云何爲四善現若菩薩摩訶薩脩行般若波
羅蜜多時以无所得而爲方便於諸未生惡
不善法爲不生故生欲策勵發起正勤策心
持心是爲第一若菩薩摩訶薩脩行般若波
羅蜜多時以无所得而爲方便於諸已生惡
不善法爲令斷故生欲策勵發起正勤策心

BD03596號　大般若波羅蜜多經卷四一四

（18–17）

復次善現菩薩摩訶薩大乘相者謂四正斷
云何爲四善現若菩薩摩訶薩脩行般若波
羅蜜多時以无所得而爲方便於諸未生惡
不善法爲不生故生欲策勵發起正勤策心
持心是爲第一若菩薩摩訶薩脩行般若波
羅蜜多時以无所得而爲方便於諸已生惡
不善法爲永斷故生欲策勵發起正勤策心
持心是爲第二若菩薩摩訶薩脩行般若波
羅蜜多時以无所得而爲方便未生善法爲
令生故生欲策勵發起正勤策心持心是爲
第三若菩薩摩訶薩脩行般若波羅蜜多時
以无所得而爲方便已生善法爲令安住不
忘增廣倍脩滿故生欲策勵發起正勤策心
持心是爲第四善現當知是爲菩薩摩訶薩
大乘相

大般若波羅蜜多經卷第四百一十四

BD03596 號　大般若波羅蜜多經卷四一四　　（18–18）

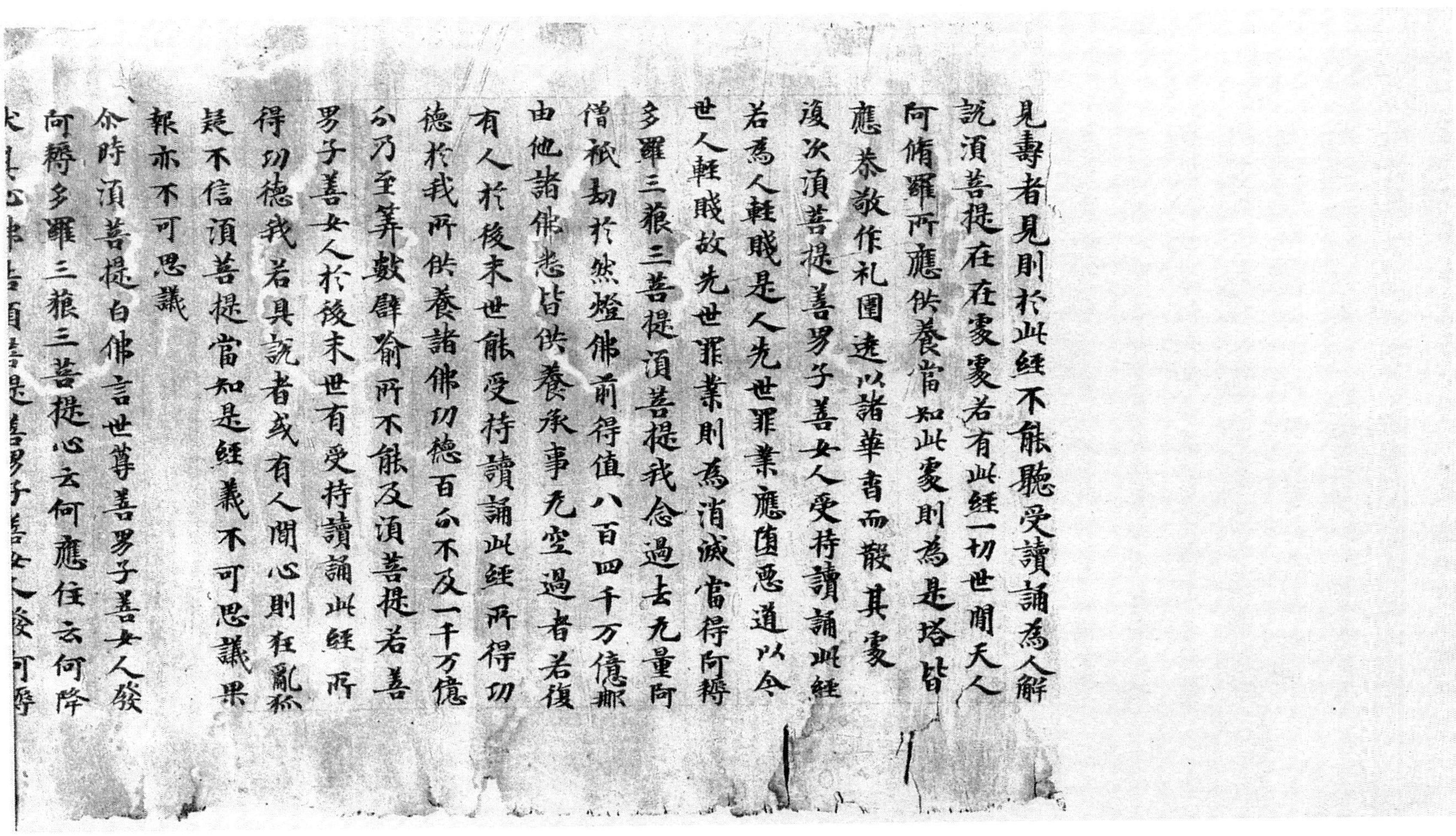

見毒者見則於此經不能聽受讀誦爲人解
說須菩提在在處處若有此經一切世間天人
阿脩羅所應供養當知此處則爲是塔皆
應恭敬作礼圍遶以諸華香而散其處
復次須菩提善男子善女人受持讀誦此經
若爲人輕賤是人先世罪業應墮惡道以今
世人輕賤故先世罪業則爲消滅當得阿耨
多羅三藐三菩提須菩提我念過去无量阿
僧祇劫於然燈佛前得值八百四千万億那
由他諸佛悉皆供養承事无空過者若復
有人於後末世能受持讀誦此經所得功
德於我所供養諸佛功德百分不及一千万億
分乃至筭數譬喻所不能及須菩提若善
男子善女人於後末世有受持讀誦此經所
得功德我若具說者或有人聞心則狂亂狐
疑不信須菩提當知是經義不可思議果
報亦不可思議
尒時須菩提白佛言世尊善男子善女人發
阿耨多羅三藐三菩提心云何應住云何降
伏其心佛告須菩提善男子善女人發阿耨

BD03597 號　金剛般若波羅蜜經　　（8–1）

疑不信須菩提當知是經義不可思議果
報亦不可思議
尒時須菩提白佛言世尊善男子善女人發
阿耨多羅三藐三菩提心云何應住云何降
伏其心佛告須菩提善男子善女人發阿耨
多羅三藐三菩提者當生如是心我應滅度
一切衆生滅度一切衆生已而无有一衆生
實滅度者何以故須菩提若菩薩有我相
人相衆生相壽者相則非菩薩所以者何須
菩提實无有法發阿耨多羅三藐三菩提者
須菩提於意云何如來於然燈佛所有法得
阿耨多羅三藐三菩提不須菩提言不也世
尊如我解佛所說義佛於然燈佛所无有
法得阿耨多羅三藐三菩提佛言如是如是
須菩提實无有法如來得阿耨多羅三藐三
菩提須菩提若有法如來得阿耨多羅三藐
三菩提者然燈佛則不與我授記汝於來世
當得作佛号釋迦牟尼以實无有法得阿
耨多羅三藐三菩提是故然燈佛與我授記
作是言汝於來世當得作佛号釋迦牟尼何
以故如來者即諸法如義若有人言如來得阿
耨多羅三藐三菩提須菩提實无有法佛得阿
耨多羅三藐三菩提須菩提如來所得阿耨多
羅三藐三菩提於是中无實无虛是故如來
說一切法皆是佛法須菩提所言一切法者
即非一切法是故名一切法須菩提譬如人

BD03597號　金剛般若波羅蜜經　（8–2）

耨多羅三藐三菩提須菩提實无有法佛得阿
耨多羅三藐三菩提須菩提如來所得阿耨多
羅三藐三菩提於是中无實无虛是故如來
說一切法皆是佛法須菩提所言一切法者
即非一切法是故名一切法須菩提譬如人
身長大須菩提言世尊如來說人身長大則
為非大身是名大身須菩提菩薩亦如是若
作是言我當滅度无量衆生則不名菩薩何
以故須菩提實无有法名為菩薩是故佛
說一切法无我无人无衆生无壽者須菩提
若菩薩作是言我當莊嚴佛土是不名菩薩
何以故如來說莊嚴佛土者即非莊嚴是
名莊嚴須菩提若菩薩通達无我法者如來
說名真是菩薩須菩提於意云何如來有肉
眼不須菩提言如是世尊如來有肉眼須菩
提於意云何如來有天眼不須菩提言如是
世尊如來有天眼須菩提於意云何如來有
慧眼不須菩提言如是世尊如來有慧眼須
菩提於意云何如來有法眼不須菩提言如
是世尊如來有法眼須菩提於意云何如來
有佛眼不須菩提言如是世尊如來有佛眼須
菩提於意云何恒河中所有沙佛說是沙不
須菩提言如是世尊如來說是沙須菩提於
意云何如一恒河中所有沙有如是等恒河
是諸恒河所有沙數佛世界如是寧為多不
須菩提言甚多世尊佛告須菩提尒所國
土中所有衆生若干種心如來悉知何以故如

BD03597號　金剛般若波羅蜜經　（8–3）

菩提於意云何恒河中所有沙佛說是沙不
須菩提言如是世尊如來說是沙須菩提於
意云何如一恒河中所有沙有如是等恒河
是諸恒河所有沙數佛世界如是寧為多不
須菩提言甚多世尊佛告須菩提尒所國
土中所有衆生若干種心如來悉知何以故如
來說諸心皆為非心是名為心所以者何須菩
提過去心不可得現在心不可得未來心
不可得須菩提於意云何若有人滿三千大
千世界七寶以用布施是人以是因緣得福
多不須菩提言如是世尊此人以是因緣得
福甚多須菩提若福德有實如來不說得
福德多以福德无故如來說得福德多
須菩提於意云何佛可以具足色身見不須
菩提言不也世尊如來不應以具足色身見
何以故如來說具足色身即非具足色身是
名具足色身須菩提於意云何如來可以具
足諸相見不須菩提言不也世尊如來不應
以具足諸相見何以故如來說諸相具足即
非具足是名諸相具足須菩提汝勿謂如來
作是念我當有所說法莫作是念何以故若
人言如來有所說法即為謗佛不能解我所
說故須菩提說法者无法可說是名說法
須菩提白佛言世尊佛得阿耨多羅三藐三
菩提為无所得耶如是如是須菩提我於阿
耨多羅三藐三菩提乃至无有少法可得是名

BD03597號　金剛般若波羅蜜經　（8–4）

人言如來有所說法即為謗佛不能解我所
說故須菩提說法者无法可說是名說法
須菩提白佛言世尊佛得阿耨多羅三藐三
菩提為无所得耶如是如是須菩提我於阿
耨多羅三藐三菩提乃至无有少法可得是名
阿耨多羅三藐三菩提復次須菩提是法
平等无有高下是名阿耨多羅三藐三菩
提以无我无人无衆生无壽者脩一切善法
則得阿耨多羅三藐三菩提須菩提所言善
法者如來說非善法是名善法須菩提若三
千大千世界中所有諸須弥山王如是等七寶
聚有人持用布施若人以此般若波羅蜜
經乃至四句偈等受持讀誦為他人說於前
福德百分不及一百千万億分乃至筭數譬
喻所不能及須菩提於意云何汝等勿謂如
來作是念我當度衆生須菩提莫作是念
何以故實无有衆生如來度者若有衆生如
來度者如來則有我人衆生壽者須菩提如來
說有我者則非有我而凡夫之人以為有我須
菩提凡夫者如來說則非凡夫須菩提於意
云何可以三十二相觀如來不須菩提言如
是如是以三十二相觀如來佛言須菩提若
以三十二相觀如來者轉輪聖王則是如來
須菩提白佛言世尊如我解佛所說義不
應以三十二相觀如來尒時世尊而說偈言
若以色見我以音聲求我是人行耶道不能見如來
須菩提汝若作是念如來不以具足相故得

BD03597號　金剛般若波羅蜜經　（8–5）

須菩提白佛言世尊如我解佛所說義不
應以三十二相觀如來尒時世尊而說偈言
若以色見我 以音聲求我 是人行耶道 不能見如來
須菩提汝若作是念如來不以具足相故得
阿耨多羅三藐三菩提須菩提莫作是念如來
不以具足相故得阿耨多羅三藐三菩提須
菩提汝若作是念發阿耨多羅三藐三菩提
者說諸法斷滅莫作是念何以故發阿耨
多羅三藐三菩提者於法不說斷滅相須菩
提若菩薩以滿恒河沙等世界七寶布施若
復有人知一切法无我得成於忍此菩薩勝
前菩薩所得功德須菩提以諸菩薩不受
福德故須菩提白佛言世尊云何菩薩不受
福德須菩提菩薩所作福德不應貪著
是故佛說不受福德須菩提若有人言如來
若來若去若坐若卧是人不解我所說義何
以故如來者无所從來亦无所去故名如來
須菩提若善男子善女人以三千大千世界
碎為微塵於意云何是微塵衆寧為多不須
菩提言甚多世尊何以故若是微塵衆實
有者佛則不說是微塵衆所以者何佛說微
塵衆則非微塵衆是名微塵衆世尊如來所
說三千大千世界則非世界是名世界何以故若
世界實有者則是一合相如來說一合相則
非一合相是名一合相須菩提一合相者則是
不可說但凡夫之人貪著其事

有者佛則不說是微塵衆所以者何佛說微
塵衆則非微塵衆是名微塵衆世尊如來所
說三千大千世界則非世界是名世界何以故若
世界實有者則是一合相如來說一合相則
非一合相是名一合相須菩提一合相者則是
不可說但凡夫之人貪著其事
須菩提若人言佛說我見人見衆生見壽者
見須菩提於意云何是人解我所說義不
須菩提言世尊是人不解如來所說義何以
故世尊說我見人見衆生見壽者見即非我
見人見衆生見壽者見是名我見人見衆生
見壽者見須菩提發阿耨多羅三藐三菩提
心者於一切法應如是知如是見如是信解不
生法相須菩提所言法相者如來說即非法
相是名法相須菩提若有人以滿无量阿僧
祇世界七寶持用布施若有善男子善女人
發菩薩心者持於此經乃至四句偈等受持
讀誦為人演說其福勝彼云何為人演說
不取於相如如不動何以故
一切有為法 如夢幻泡影 如露亦如電 應作如是觀
佛說是經已長老須菩提及諸比丘比丘尼
優婆塞優婆夷一切世間天人阿脩羅聞佛
所說皆大歡喜信受奉行

金剛般若波羅蜜經

心者於一切法應如是知如是見如是信解不
生法相須菩提所言法相者如來說即非法
相是名法相須菩提若有人以滿无量阿僧
祇世界七寶持用布施若有善男子善女
發菩薩心者持於此經乃至四句偈等受持
讀誦為人演說其福勝彼云何為人演說
不取於相如如不動何以故
一切有為法　如夢幻泡影　如露亦如電　應作如是觀
佛說是經已長老須菩提及諸比丘比丘尼
優婆塞優婆夷一切世間天人阿脩羅聞佛
所說皆大歡喜信受奉行

金剛般若波羅蜜經

BD03597號　金剛般若波羅蜜經　（8–8）

佛說阿弥陀經

如是我聞一時佛在舍衛國祇樹給孤獨園
與大比丘眾千二百五十人俱皆是大阿羅
漢眾所知識長老舍利弗摩訶目揵連摩
訶迦葉摩訶迦旃延摩訶俱絺羅離波多
周利槃陀迦難陀阿難陀羅睺羅憍梵波提
賓頭盧頗羅墮迦留陀夷摩訶劫賓那薄拘
羅阿㝹樓馱如是等諸大弟子并諸菩薩摩
訶薩文殊師利法王子阿逸多菩薩乾陀訶
提菩薩常精進菩薩與如是等諸大菩
薩及釋提桓因等无量諸天大眾俱
尒時佛告長老舍利弗從是西方過十万億
佛土有世界名曰極樂其土有佛号阿弥陀
今現在說法舍利弗彼土何故名為極樂其

BD03598號　阿彌陀經　（8–1）

尒時佛告長老舍利弗從是西方過十万億
佛土有世界名曰極樂其土有佛号阿弥陁
今現在說法舍利弗彼土何故名為極樂其
國衆生无有衆苦但受諸樂故名極樂又
舍利弗極樂國土七重欄楯七重羅網七
重行樹皆是四寶周帀圍繞是故彼國名曰
極樂又舍利弗極樂國土有七寶池八功德水充
滿其中池底純以金沙布地四邊階道金銀瑠
璃頗梨合成上有樓閣亦以金銀瑠璃頗梨車
璖赤珠馬瑙而嚴飾之池中蓮華大如車輪
青色青光黃色黃光赤色赤光白色白光
微妙香潔舍利弗極樂國土成就如是功
德莊嚴
又舍利弗彼佛國土常作天樂黃金為地晝
夜六時雨天曼陁羅華其國衆生常以清
旦各以衣裓盛衆妙華供養他方十万億
佛即以食時還到本國飯食經行舍利弗
極樂國土成就如是功德莊嚴
復次舍利弗彼國常有種種竒妙雜色之鳥
白鵠孔雀鸚鵡舍利迦陵頻伽共命之鳥是
諸衆鳥晝夜六時出和雅音其音演暢五根

BD03598號　阿彌陀經

（8–2）

極樂國土成就如是功德莊嚴
復次舍利弗彼國常有種種竒妙雜色之鳥
白鵠孔雀鸚鵡舍利迦陵頻伽共命之鳥是
諸衆鳥晝夜六時出和雅音其音演暢五根
五力七菩提分八聖道分如是等法其土衆生
聞是音已皆悉念佛念法念僧舍利弗汝
勿謂此鳥實是罪報所生所以者何彼佛國
土无三惡趣舍利弗其佛國土尚无三惡道
之名何況有實是諸衆鳥皆是阿弥陁佛欲
令法音宣流變化所作舍利弗彼佛國土微
風吹動諸寶行樹及寶羅網出微妙音譬如
百千種樂同時俱作聞是音者皆自然生
念佛念法念僧之心舍利弗其佛國土成就
如是功德莊嚴
舍利弗於汝意云何彼佛何故号阿弥陁舍
利弗彼佛光明无量照十方國无所鄣礙是
故号為阿弥陁又舍利弗彼佛壽命及其人
民无量无邊阿僧祇劫故名阿弥陁舍利弗
阿弥陁佛成佛已來於今十劫又舍利弗彼佛
有无量无邊聲聞弟子皆阿羅漢非是筭
數之所能知諸菩薩亦如是舍利弗彼佛國

BD03598號　阿彌陀經

（8–3）

阿弥陀佛成佛已來於今十劫又舍利弗彼佛
有无量无邊聲聞弟子皆阿羅漢非是筭
數之所能知諸菩薩亦如是舍利弗彼佛國
土成就如是功德莊嚴
又舍利弗極樂國土衆生生者皆是阿鞞䟦
致其中多有一生補處其數甚多非是筭數
所能知之但可以无量无邊阿僧祇劫說舍利
弗衆生聞者應當發願願生彼國所以者何
得與如是諸上善人俱會一處舍利弗不可
以少善根福德因緣得生彼國舍利弗若有
善男子善女人聞說阿弥陀佛執持名号若
一日若二日若三日若四日若五日若六日若
七日一心不亂其人臨命終時阿弥陀佛與
諸聖衆現在其前是人終時心不顛倒即得
往生阿弥陀佛極樂國土舍利弗我見是利故
說此言若有衆生聞是說者應當發願生彼
國土
舍利弗如我今者讚歎阿弥陀佛不可思議
功德東方亦有阿閦鞞佛須弥相佛大須弥
佛須弥光佛妙音佛如是等恒河沙數諸佛

BD03598號　阿彌陀經

（8–4）

舍利弗如我今者讚歎阿弥陀佛不可思議
功德東方亦有阿閦鞞佛須弥相佛大須弥
佛須弥光佛妙音佛如是等恒河沙數諸佛
各於其國出廣長舌相遍覆三千大千世界
說誠實言汝等衆生當信是稱讚不可思
議功德一切諸佛所護念經
舍利弗南方世界有日月燈佛名聞光佛大
焰肩佛須弥燈佛无量精進佛如是等　恒
河沙數諸佛各於其國出廣長舌相遍覆
三千大千世界說誠實言汝等衆生當信是
稱讚不可思議功德一切諸佛所護念經
舍利弗西方世界有无量壽佛无量相佛无
量幢佛大光佛大明佛寶相佛淨光佛如是
等恒河沙數諸佛各於其國出廣長舌相遍
覆三千大千世界說誠實言汝等衆生當信
是稱讚不可思議功德一切諸佛所護念經
舍利弗北方世界有焰肩佛最勝音佛難沮
佛日生佛網明佛如是等恒河沙數諸佛各
於其國出廣長舌相遍覆三千大千世界說
誠實言汝等衆生當信是稱讚不可思

BD03598號　阿彌陀經

（8–5）

舍利弗北方世界有燄肩佛最勝音佛難沮
佛日生佛網明佛如是等恒河沙數諸佛各
於其國出廣長舌相遍覆三千大千世界說
誠實言汝等衆生當信是稱讚不可思議
功德一切諸佛所護念經
舍利弗下方世界有師子佛名聞佛名光佛
達摩佛法幢佛持法佛如是等恒河沙數
諸佛各於其國出廣長舌相遍覆三千大千
世界說誠實言汝等衆生當信是稱讚不可
思議功德一切諸佛所護念經
舍利弗上方世界有梵音佛宿王佛香上佛
香光佛大燄肩佛雜色寶華嚴身佛娑羅
樹王佛寶華德佛見一切義佛如須弥山佛
如是等恒河沙數諸佛各於其國出廣長舌
相遍覆三千大千世界說誠實言汝等衆生
當信是稱讚不可思議功德一切諸佛所護
念經
舍利弗於汝意云何何故名一切諸佛所護念
經舍利弗若有善男子善女人聞是諸佛
所說名及經者是諸善男子善女人皆為

BD03598號　阿彌陀經

(8–6)

舍利弗於汝意云何何故名一切諸佛所護念
經舍利弗若有善男子善女人聞是諸佛
所說名及經者是諸善男子善女人皆為
一切諸佛共所護念皆得不退轉於阿耨多
羅三藐三菩提是故舍利弗汝等皆當信受
我語及諸佛所說舍利弗若有人已發願今
發願當發願欲生阿弥陀佛國者是諸人等
皆得不退轉於阿耨多羅三藐三菩提於彼
國土若已生若今生若當生是故舍利弗
諸善男子善女人若有信者應當發願生
彼國土舍利弗如我今者稱讚諸佛不可思
議功德彼諸佛等亦稱說我不可思議功德
而作是言釋迦牟尼佛能為甚難希有之事
能於娑婆國土五濁惡世劫濁見濁煩惱濁衆生
濁命濁中得阿耨多羅三藐三菩提為諸衆
生說一切世間難信之法舍利弗當知我於
五濁惡世行此難事得阿耨多羅三藐三菩
提為一切世間說此難信之法是為甚難佛
說此經已舍利弗及諸比丘一切世間天人阿

BD03598號　阿彌陀經

(8–7)

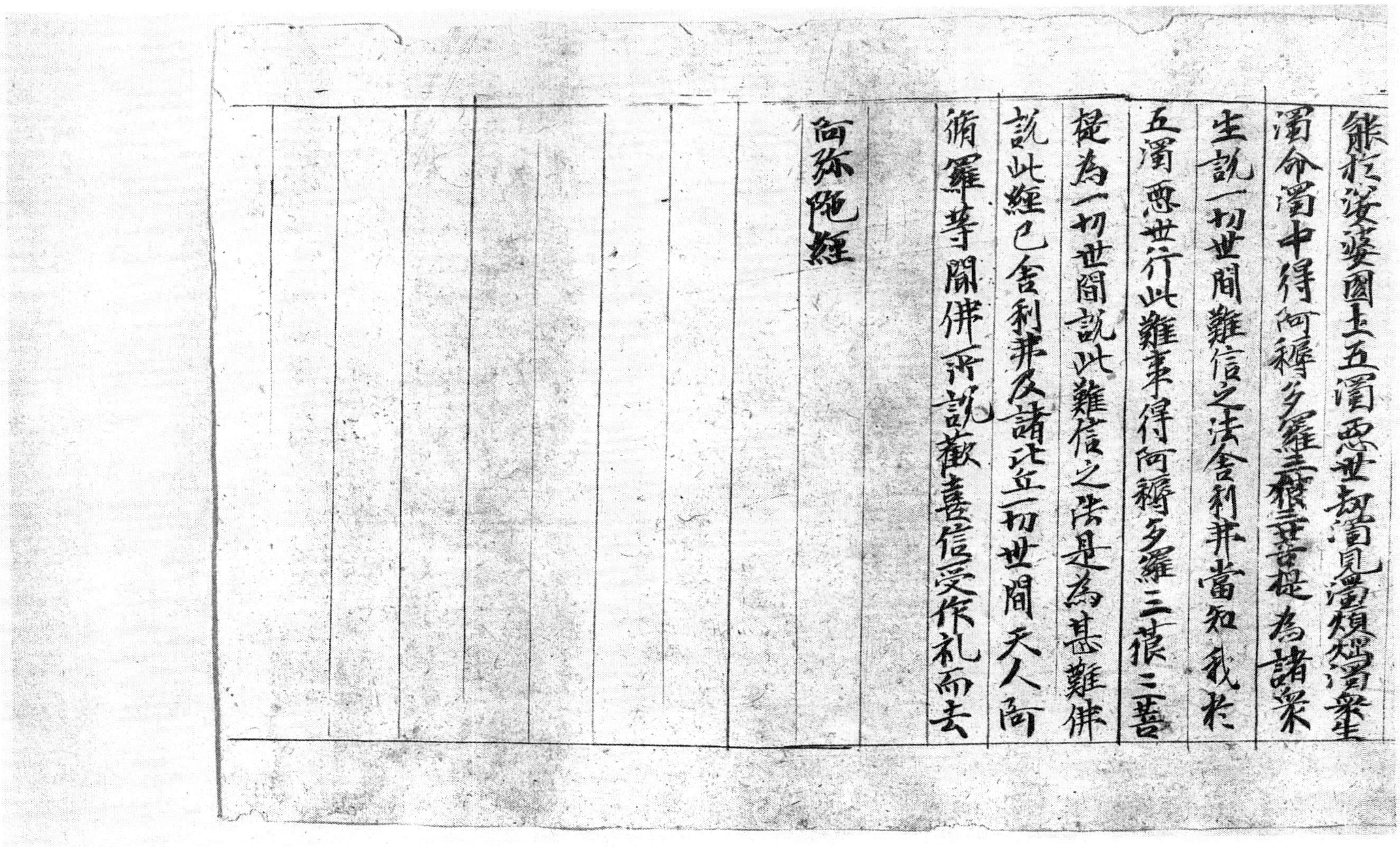

能於娑婆國土五濁惡世劫濁見濁煩惱濁衆生
濁命濁中得阿耨多羅三藐三菩提為諸衆
生說一切世間難信之法舍利弗當知我於
五濁惡世行此難事得阿耨多羅三藐三菩
提為一切世間說此難信之法是為甚難佛
說此經已舍利弗及諸比丘一切世間天人阿
脩羅等聞佛所說歡喜信受作禮而去
阿弥陀經

BD03598號　阿彌陀經　　（8–8）

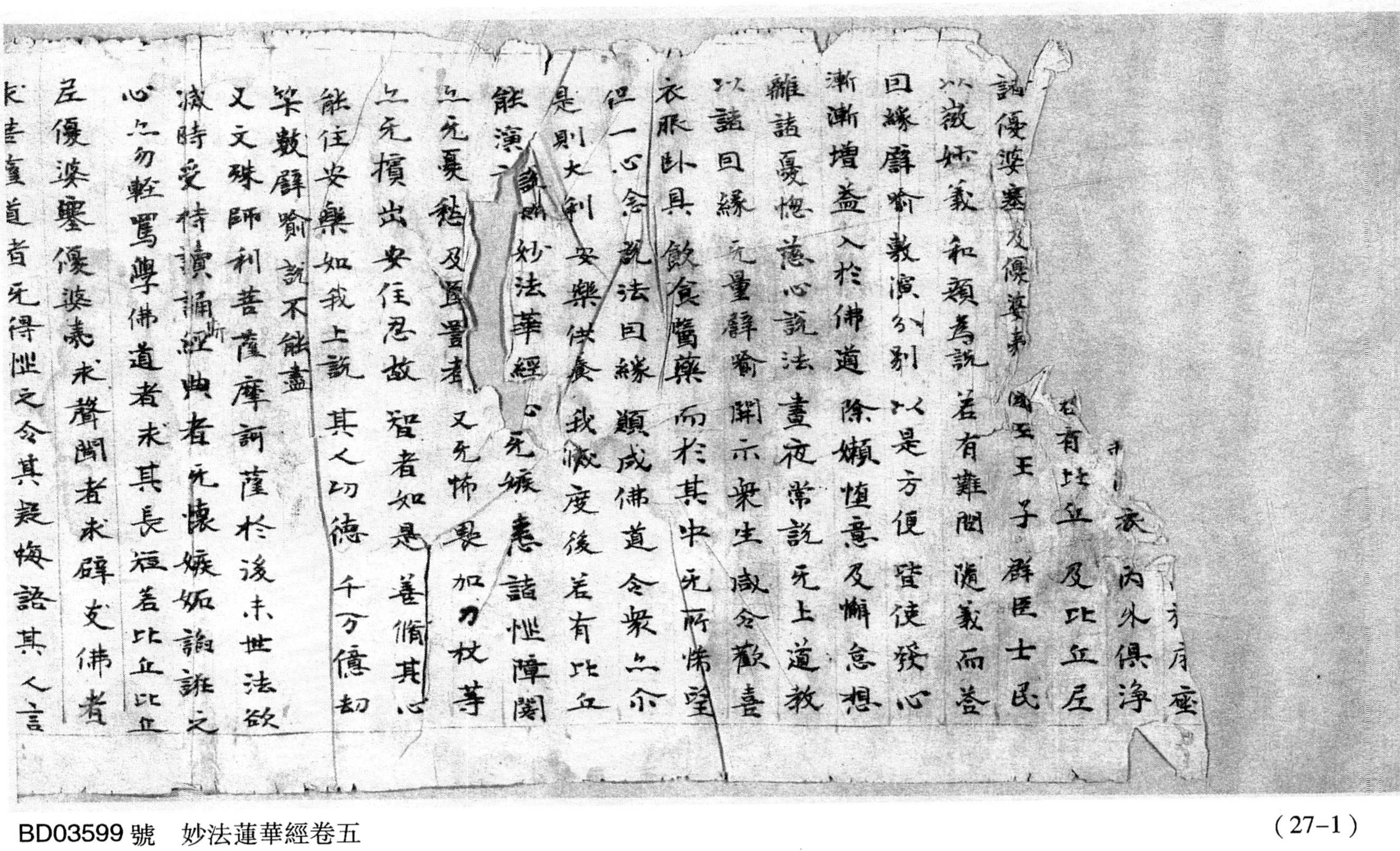

座
衣　内外俱淨
若有比丘　及比丘尼
諸優婆塞　及優婆夷　國王王子　群臣士民
以微妙義　和顏為說　若有難問　隨義而答
因緣譬喻　敷演分別　以是方便　皆使發心
漸漸增益　入於佛道　除嬾惰意　及懈怠想
離諸憂惱　慈心說法　晝夜常說　无上道教
以諸因緣　无量譬喻　開示衆生　咸令歡喜
衣服臥具　飲食醫藥　而於其中　无所悕望
但一心念　說法因緣　願成佛道　令衆亦尒
是則大利　安樂供養　我滅度後　若有比丘
能演說斯　妙法華經　心无嫉恚　諸惱障閡
亦无憂愁　及罵詈者　又无怖畏　加刀杖等
亦无擯出　安住忍故　智者如是　善脩其心
能住安樂　如我上說　其人功德　千万億劫
筭數譬喻　說不能盡
又文殊師利菩薩摩訶薩於後末世法欲
滅時受持讀誦斯經典者无懷嫉妒諂誑之
心亦勿輕罵學佛道者求其長短若比丘比丘
尼優婆塞優婆夷求聲聞者求辟支佛者
求菩薩道者无得惱之令其疑悔語其人言

BD03599號　妙法蓮華經卷五　　（27–1）

又文殊師利菩薩摩訶薩於後末世法欲
滅時受持讀誦斯經典者无懷嫉妬諂誑之
心亦勿輕罵學佛道者求其長短若比丘比丘
尼優婆塞優婆夷求聲聞者求辟支佛者
求菩薩道者无得惱之令其疑悔語其人言
汝等去道甚遠終不能得一切種智所以者何
汝是放逸之人於道懈怠故又亦不應戲論
諸法有所諍競當於一切衆生起大悲想於
諸如來起慈父想於諸菩薩起大師想於十
方諸大菩薩常應深心恭敬礼拜於一切衆
生平等說法以順法故不多不少乃至深愛
法者亦不為多說文殊師利是菩薩摩訶薩
於後末世法欲滅時有成就是第三安樂行者
說是法時无能惱亂得好同學共讀誦是
經亦得大衆而來聽受聽已能持持已能誦誦已
能說說已能書若使人書供養經卷恭敬尊
重讚歎尒時世尊欲重宣此義而說偈言
若欲說是經　當捨嫉恚慢　諂誑邪偽心　常脩質直行
不輕蔑於人　亦不戲論法　不令他疑悔　云汝不得佛
是佛子說法　常柔和能忍　慈悲於一切　不生懈怠心
十方大菩薩　愍衆故行道　應生恭敬心　是則我大師
於諸佛世尊　生无上父想　破於憍慢心　說法无障礙
第三法如是　智者應守護　一心安樂行　无量衆所敬
又文殊師利菩薩摩訶薩於後末世法欲滅時
有持是法華經者於在家出家人中生大慈心於

BD03599 號　妙法蓮華經卷五

（27–2）

第三法如是　智者應守護　一心安樂行　无量衆所敬
又文殊師利菩薩摩訶薩於後末世法欲滅時
有持是法華經者於在家出家人中生大慈心於
非菩薩人中生大悲心應作是念如是之人則
為大失如來方便隨宜說法不聞不知不覺不
解其人雖不問不信不解是經我得阿耨多
羅三藐三菩提時隨在何地以神通力智慧
力引之令得住是法中文殊師利是菩薩摩
訶薩於如來滅後有成就第四法者說是法
時无有過失常為比丘比丘尼優婆塞優婆
夷國王王子大臣人民婆羅門居士等供養
恭敬尊重讚歎虛空諸天為聽法故亦常
隨侍若在聚落城邑空閑林中有人來欲難
問者諸天晝夜常為法故而衛護之能令
聽者皆得歡喜所以者何此經是一切過去未
來現在諸佛神力所護故文殊師利是法華
經於无量國中乃至名字不可得聞何況得
見受持讀誦文殊師利譬如強力轉輪王起
種種兵而往討伐王見兵衆戰有功者即大
歡喜隨功賞賜或與田宅聚落城邑或與衣
服嚴身之具或與種種珍寶金銀琉璃車𤦲馬
瑙珊瑚虎珀象馬車乘奴婢人民唯髻中明
珠不以與之所以者何獨王頂上有此一珠若
以與之王諸眷屬必大驚怪文殊師利如來
亦復如是以禪定智慧力得法國土王於三界

BD03599 號　妙法蓮華經卷五

（27–3）

珠不以與之所以者何獨王頂上有此一珠若
以與之王諸眷屬必大驚怪文殊師利如來
亦復如是以禪定智慧力得法國王於三界
而諸魔王不肯順伏如來賢聖諸將與之共
戰其有功者心亦歡喜於四衆中為說諸經
令其心悅賜以禪定解脫無漏根力諸法之
財又復賜與涅槃之城言得滅度引導其心
令皆歡喜而不為說是法華經文殊師利如
轉輪王見諸兵衆有大功者心甚歡喜以此難
信之珠久在髻中不妄與人而今與之如來亦復
如是於三界為大法王以法教化一切衆生見賢聖
軍與五陰魔煩惱魔死魔共戰有大功勳滅
三毒出三界破魔網爾時如來亦大歡喜此法
華經能令衆生至一切智一切世間多怨難
信先所未說而今說之文殊師利此法華經是
諸如來第一之說於諸說中最為甚深末後
賜與如彼強力之王久護明珠今乃與之文殊
師利此法華經諸佛如來秘密之藏於諸經
中最在其上長夜守護不妄宣說始於今日乃
與汝等而敷演之爾時世尊欲重宣此義而
說偈言
常行忍辱 哀愍一切 乃能演說 佛所讚經
後末世時 持此經者 於家出家 及非菩薩
應生慈悲 斯等不聞 不信是經 則為大失
我得成佛 以諸方便 為說此法 令住其中
譬如強力 轉輪之王 兵戰有功 賞賜諸物

BD03599號　妙法蓮華經卷五　（27–4）

常行忍辱 哀愍一切 乃能演說 佛所讚經
後末世時 持此經者 於家出家 及非菩薩
應生慈悲 斯等不聞 不信是經 則為大失
我得成佛 以諸方便 為說此法 令住其中
譬如強力 轉輪之王 兵戰有功 賞賜諸物
象馬車乘 嚴身之具 及諸田宅 聚落城邑
或與衣服 種種珍寶 奴婢財物 歡喜賜與
如有勇健 能為難事 王解髻中 明珠賜之
如來亦爾 為諸法王 忍辱大力 智慧寶藏
以大慈悲 如法化世 見一切人 受諸苦惱
欲求解脫 與諸魔戰 為是衆生 說種種法
以大方便 說此諸經 既知衆生 得其力已
末後乃為 說是法華 如王解髻 明珠與之
此經為尊 衆經中上 我常守護 不妄開示
今正是時 為汝等說 我滅度後 求佛道者
欲得安隱 演說斯經 應當親近 如是四法
讀是經者 常无憂惱 又无病痛 顏色鮮白
不生貧窮 卑賤醜陋 衆生樂見 如慕賢聖
天諸童子 以為給使 刀杖不加 毒不能害
若人惡罵 口則閉塞 遊行无畏 如師子王
智慧光明 如日之照 若於夢中 但見妙事
見諸如來 坐師子座 諸比丘衆 圍繞說法
又見龍神 阿脩羅等 數如恒沙 恭敬合掌
自見其身 而為說法 又見諸佛 身相金色
放无量光 照於一切 以梵音聲 演說諸法

BD03599號　妙法蓮華經卷五　（27–5）

見諸如來　坐師子座　諸比丘衆　圍繞說法
又見龍神　阿脩羅等　數如恒沙　恭敬合掌
自見其身　而為說法　又見諸佛　身相金色
放無量光　照於一切　以梵音聲　演說諸法
佛為四衆　說無上法　見身處中　合掌讚佛
聞法歡喜　而為供養　得陀羅尼　證不退智
佛知其心　深入佛道　即為授記　成最正覺
汝善男子　當於來世　得無量智　佛之大道
國土嚴淨　廣大無比　亦有四衆　合掌聽法
又見自身　在山林中　脩習善法　證諸實相
深入禪定　見十方佛
諸佛身金色　百福相莊嚴　聞法為人說　常有是好夢
又夢作國王　捨宮殿眷屬　及上妙五欲　行詣於道場
在菩提樹下　而處師子座　求道過七日　得諸佛之智
成無上道已　起而轉法輪　為四衆說法　經千万億劫
說無漏妙法　度無量衆生　後當入涅槃　如烟盡燈滅
若後惡世中　說是第一法　是得大利益　如上諸功德

妙法蓮華經從地踊出品第十五

尒時他方國土諸來菩薩摩訶薩過八恒河沙數於大衆中起立合掌作礼而白佛言世尊若聽我等於佛滅後在此娑婆世界懃加精進護持讀誦書寫供養是經典者當於此土而廣說之尒時佛告諸菩薩摩訶薩衆止善男子不須汝等護持此經所以者何我娑婆世界自有六万恒河沙等菩薩摩訶薩一

精進護持讀誦書寫供養是經典者當於此土而廣說之尒時佛告諸菩薩摩訶薩衆止善男子不須汝等護持此經所以者何我娑婆世界自有六万恒河沙等菩薩摩訶薩一一菩薩各有六万恒河沙眷屬是諸人等能於我滅後護持讀誦廣說此經說是時娑婆世界三千大千國土地皆震裂而於其中有無量千万億菩薩摩訶薩同時踊出是諸菩薩身皆金色三十二相無量光明先盡在此娑婆世界之下此界虛空中住是諸菩薩聞釋迦牟尼佛所說音聲從下發來一一菩薩皆是大衆唱導之首各將六万恒河沙眷屬況將五万四万三万二万一万恒河沙等眷屬者況復乃至一恒河沙半恒河沙四分之一乃至千万億那由他分之一況復千万億那由他眷屬況復億万眷屬復千万百万乃至一万況復一千一百乃至一十況復將五四三二一弟子者況復單己樂遠離行如是等比無量無邊筭數譬喻所不能知是諸菩薩從地出已各詣虛空七寶妙塔多寶如來釋迦牟尼佛所到已向二世尊頭面礼足乃至諸寶樹下師子座上佛所亦皆作礼右繞三帀合掌恭敬以諸菩薩種種讚法而以讚嘆住在一面欣樂瞻仰於二世尊是諸菩薩摩訶薩從初踊出以諸菩薩種種讚法而讚於佛如是時間經五十小劫是時釋迦牟

二世尊頭面禮足及至諸寶樹下師子座上佛
所亦皆作禮右繞三帀合掌恭敬以諸菩薩種
種讚法而以讚嘆住在一面欣樂仰觀於二世尊
是諸菩薩摩訶薩從初踊出以諸菩薩種種
讚法而讚於佛如是時間經五十小劫是時釋迦牟
尼佛默然而坐及諸四衆亦皆默然五十小劫
佛神力故令諸大衆謂如半日尒時四衆亦以
佛神力故見諸菩薩遍滿無量百千万億國土
虛空是菩薩衆中有四導師一名上行二名
无邊行三名淨行四名安立行是四菩薩於其
衆中最為上首唱導之師在大衆前各共
合掌觀釋迦牟尼佛而問訊言世尊少病
少惱安樂行不所應度者受教易不令世
尊生疲勞耶尒時四大菩薩而說偈言
世尊安樂　少病少惱　教化衆生　得无疲惓
又諸衆生　受化易不　不令世尊　生疲勞耶
尒時世尊於菩薩大衆中而作是言如是如
是諸善男子如來安樂少病少惱諸衆生等
易可化度无有疲勞所以者何是諸衆生世
世已來常受我化亦於過去諸佛供養尊重
種諸善根此諸衆生始見我身聞我所說即皆
信受入如來慧除先修習學小乘者如是之人
我今亦令得聞是經入於佛慧尒時諸大菩
薩而說偈言
善哉善哉　大雄世尊　諸衆生等　易可化度

信受入如來慧除先修習學小乘者如是之人
我今亦令得聞是經入於佛慧尒時諸大菩
薩而說偈言
善哉善哉　大雄世尊　諸衆生等　易可化度
能問諸佛　甚深智慧　聞已信行　我等隨喜
於時世尊讚嘆上首諸大菩薩善哉善哉
善男子汝等能於如來發隨喜心尒時彌勒
菩薩及八千恒沙諸菩薩衆皆作是念我等
從昔已來不見不聞如是大菩薩摩訶薩衆
從地踊出住世尊前合掌供養問訊如來時
彌勒菩薩摩訶薩知八千恒河沙諸菩薩
等心之所念并欲自決所疑合掌向佛以偈
問曰
无量千万億　大衆諸菩薩　昔所未曾見　願兩足尊說
是從何所來　以何因緣集　巨身大神通　智慧叵思議
其志念堅固　有大忍辱力　衆生所樂見　為從何所來
一一諸菩薩　所將諸眷屬　其數无有量　如恒河沙等
或有大菩薩　將六万恒沙　如是諸大衆　一心求佛道
是諸大師等　六万恒河沙　俱來供養佛　及護持此經
將五万恒沙　其數過於是　四万及三万　二万至一万
一千一百等　乃至一恒沙　半及三四分　億万分之一
千万那由他　万億諸弟子　乃至於半億　其數復過上
百万至一万　一千及一百　五十與一十　乃至三二一
單己無眷屬　樂於獨處者　俱來至佛所　其數轉過上
如是諸大衆　若人行籌數　過於恒沙劫　猶不能盡知

百万至一万　一千及一百　五十與一十　乃至三二十
單己無眷屬　樂於獨處者　俱來至佛所　其數轉過上
如是諸大衆　若人行籌數　過於恒沙劫　猶不能盡知
是諸大威德　精進菩薩衆　誰為其說法　教化而成就
從誰初發心　稱揚何佛法　受持行誰經　脩習何佛道
如是諸菩薩　神通大智力　四方地震裂　皆從中踊出
世尊我昔來　未曾見是事　願說其所從　國土之名号
我常遊諸國　未曾見是衆　我於此衆中　乃不識一人
忽然從地出　願說其因緣　今此之大會　无量百千億
是諸菩薩等　皆欲知此事　是諸菩薩衆　本末之因緣
无量德世尊　唯願決衆疑
尒時釋迦牟尼佛分身諸佛從无量千万億他
方國土來者在於八方諸寶樹下師子座上結
跏趺坐其佛侍者各各見是菩薩大衆於三
千大千世界四方從地踊出住於虛空各白其
佛言世尊此諸无量无邊阿僧祇菩薩大衆
從何所來尒時諸佛各告侍者諸善男子
且待須臾有菩薩摩訶薩名弥勒釋迦牟
尼佛之所授記次後作佛已問斯事而今荅之汝
等自當因是得聞尒時釋迦牟尼佛告弥勒菩
薩善哉善哉阿逸多乃能問佛如是大事汝
等當一心被精進鎧發堅固意如來今欲顯
發宣示諸佛智慧諸佛自在神通之力諸佛
師子奮迅之力諸佛威猛大勢之力尒時世尊
欲重宣此義而說言

BD03599號　妙法蓮華經卷五　（27–10）

等當一心被精進鎧發堅固意如來今欲顯
發宣示諸佛智慧諸佛自在神通之力諸佛
師子奮迅之力諸佛威猛大勢之力尒時世尊
欲重宣此義而說言
當精進一心　我欲說此事　勿得有疑悔　佛智叵思議
汝今出信力　住於忍善中　昔所未聞法　今皆當得聞
我今安慰汝　勿得懷疑懼　佛无不實語　智慧不可量
所得第一法　甚深叵分別　如是今當說　汝等一心聽
尒時世尊說此偈已告弥勒菩薩我今於此大
衆宣告汝等阿逸多是諸大菩薩摩訶薩无
量无數阿僧祇從地踊出汝等昔所未見者
我於是娑婆世界得阿耨多羅三藐三菩薩
提已教化示導是諸菩薩調伏其心令發道意
此諸菩薩皆於是娑婆世界之下此界虛空
中住於諸經典讀誦通利思惟分別正憶念阿
逸多是諸善男子等不樂在衆多所有說常
樂靜處懃行精進未曾休息亦不依止人天而
住常樂深智无有障礙亦常樂於諸佛之法
一心精進求无上慧尒時世尊欲重宣此義
而說偈言
阿逸汝當知　是諸大菩薩　從无數劫來　脩習佛智慧
悉是我所化　令發大道心　此等是我子　依止是世界
常行頭陀事　志樂於靜處　捨大衆憒閙　不樂多所說
如是諸子等　學習我道法　晝夜常精進　為求佛道故

BD03599號　妙法蓮華經卷五　（27–11）

阿逸汝當知　是諸大菩薩　從无數劫來　脩習佛智慧
悉是我所化　令發大道心　此等是我子　依止是世界
常行頭陁事　志樂於靜處　捨大眾憒鬧　不樂多所說
如是諸子等　學習我道法　晝夜常精進　為求佛道故
在娑婆世界　下方空中住　志念力堅固　常懃求智慧
說種種妙法　其心无所畏　我於伽耶城　菩提樹下坐
得成最正覺　轉无上法輪　尒乃教化之　令初發道心
今皆住不退　悉常得成佛　我說實是語　汝等一心信
我從久遠來　教化是等眾
尒時彌勒菩薩摩訶薩及无數諸菩薩等心生
疑惑，怪未曾有，而作是念：云何世尊於少時間
教化如是无量无邊阿僧祇諸大菩薩，令住
阿耨多羅三藐三菩提？即白佛言：世尊，如來為
太子時，出於釋氏宮，去伽耶城不遠，坐於道場，
得成阿耨多羅三藐三菩提。從是已來，始過
四十餘年。世尊，云何於此少時大作佛事，以佛
勢力，以佛功德，教化如是无量大菩薩眾，當成
阿耨多羅三藐三菩提？世尊，此大菩薩眾，假使
有人於千万億劫數不能盡，不得其邊。斯等久
遠已來，於无量无邊諸佛所殖諸善根，成就
菩薩道，常脩梵行。世尊，如此之事，世所難信。
譬如有人色美髮黑，年二十五，指百歲人，言是我子；
其百歲人亦指年少，言是我父，生育我等。是
事難信。佛亦如是，得道已來，其實未久，而此
大眾諸菩薩等，已於无量千万億劫，為佛道
故，懃行精進，善入出住无量百千万億三昧

BD03599號　妙法蓮華經卷五　（27–12）

其百歲人亦指年少，言是我父，生育我等。是
事難信。佛亦如是，得道已來，其實未久，而此
大眾諸菩薩等，已於无量千万億劫，為佛道
故，懃行精進，善入出住无量百千万億三昧，
得大神通，久脩梵行，善能次第習諸善法，巧於問
答，人中之寶，一切世間甚為希有。今日世尊方云
得佛道時，初令發心，教化示導，令向阿耨多
羅三藐三菩提。世尊得道未久，乃能作此大功德
事。我等雖復信佛隨宜所說，佛所出言未曾虛
妄，佛所知者皆悉通達，然諸新發意菩薩，於
佛滅後，若聞是語，或不信受，而起破法罪業因
緣。唯然，世尊，願為解說，除我等疑，及未來世
諸善男子聞此事已，亦不生疑。尒時彌勒菩薩
欲重宣此義，而說偈言：
佛昔從釋種　出家近伽耶　坐於菩提樹　尒來尚未久
此諸佛子等　其數不可量　久已行佛道　住於神通力
善學菩薩道　不染世間法　如蓮華在水　從地而踊出
皆起恭敬心　住於世尊前　是事難思議　云何而可信
佛得道甚近　所成就甚多　願為除眾疑　如實分別說
譬如少壯人　年始二十五　示人百歲子　髮白而面皺
是等我所生　子亦說是父　父少而子老　舉世所不信
世尊亦如是　得道來甚近　是諸菩薩等　志固无怯弱
從无量劫來　而行菩薩道　巧於難問答　其心无所畏
忍辱心決定　端正有威德　十方佛所讚　善能分別說
不樂在人眾　常好在禪定　為求佛道故　於下空中住

BD03599號　妙法蓮華經卷五　（27–13）

從无量劫來　而行菩薩道　巧於難問荅　其心无所畏
忍辱心決定　端正有威德　十方佛所讚　善能分別說
不樂在人衆　常好在禪定　為求佛道故　於下空中住
我等從佛聞　於此事无疑　願佛為未來　演說令開解
若有於此經　生疑不信者　即當墮惡道　願今為解說
是无量菩薩　云何於少時　教化令發心　而住不退地
妙法蓮華經如來壽量品第十六
尒時佛告諸菩薩及一切大衆諸善男子汝等
當信解如來誠諦之語復告大衆汝等當信解如
來誠諦之語又復告諸大衆汝等當信解
如來誠諦之語是時菩薩大衆弥勒為首
合掌白佛言世尊唯願說之我等當信受
佛語如是三白已復言唯願說之我等當信
受佛語尒時世尊知諸菩薩三請不止而告之
言汝等諦聽如来秘密神通之力一切世間天
人及阿脩羅皆謂今釋迦牟尼佛出釋氏
宮去伽耶城不遠坐於道塲得阿耨多羅
三藐三菩提然善男子我實成佛已来无量
无邊百千万億那由他劫辟如五百千万億
那由他阿僧祇三千大千世界假使有人末為
微塵過於東方五百千万億那由他阿僧祇
國乃下一塵如是東行盡是微塵諸善男子
於意云何是諸世界可得思惟校計知其數
不弥勒菩薩等俱白佛言世尊是諸世界

BD03599 號　妙法蓮華經卷五　（27–14）

國乃下一塵如是東行盡是微塵諸善男子
於意云何是諸世界可得思惟校計知其數
不弥勒菩薩等俱白佛言世尊是諸世界
无量无邊非筭數所知亦非心力所及一切聲
聞辟支佛以无漏智不能思惟知其限數我
等住阿惟越致地於是事中亦所不達世尊
如是諸世界无量无邊
尒時佛告大菩薩衆諸善男子今當分明
宣語汝等是諸世界若著微塵及不著者盡
以為塵一塵一劫我成佛已來復過於此百千
万億那由他阿僧祇劫自從是来我常在此娑婆
世界說法教化亦於餘處百千万億那由他阿
僧祇國導利衆生諸善男子於是中間我說
然燈佛等又復言其入於涅槃如是皆以方便分
別諸善男子若有衆生来至我所我以佛眼
觀其信等諸根利鈍随所應度處處自說
名字不同年紀大小亦復現言當入涅槃又
以種種方便說微妙法能令衆生發歡喜心
諸善男子如来見諸衆生樂於小法德薄垢重
重者為是人說我少出家得阿耨多羅三藐
三菩提然我實成佛已来久遠若斯但以方
便教化衆生令入佛道作如是說諸善男子如
来所演經典皆為度脫衆生或說己身或說
他身或示己身或示他身或示己事或示他

BD03599 號　妙法蓮華經卷五　（27–15）

来所演經典皆為度脫衆生或說己身或說
他身或示己身或示他身或示己事或示他
事諸所言說皆實不虛所以者何如来如實
知見三界之相无有生死若退若出亦无在世
及滅度者非實非虛非如非異不如三界見
於三界如斯之事如来明見无有錯謬以諸衆
生有種種性種種欲種種行種種憶想分別故
欲令生諸善根以若干因緣譬喻言辭種種
說法所作佛事未曾暫廢如是我成佛已来
甚大久遠壽命无量阿僧祇劫常住不滅諸
善男子我本行菩薩道所成壽命今猶未
盡復倍上數然今非實滅度而便唱言當取
滅度如来以是方便教化衆生所以者何若佛
久住於世薄德之人不種善根貧窮下賤貪
著五欲入於憶想妄見網中若見如来常在不
滅便起憍恣而懷猒怠不能生難遭之想恭
敬之心是故如来以方便說比丘當知諸佛出
世難可值遇所以者何諸薄德人過无量百
千万億劫或有見佛或不見者以此事故我作
是言諸比丘如来難可得見斯衆生等聞如是
語必當生於難遭之想心懷戀慕渴仰於
佛便種善根是故如来雖不實滅而言滅度
又善男子諸佛如来法皆如是為度衆生
皆實不虛

語必當生於難遭之想心懷戀慕渴仰於
佛便種善根是故如来雖不實滅而言滅度
又善男子諸佛如来法皆如是為度衆生
皆實不虛
譬如良醫智慧聰達明練方藥善治衆病
其人多諸子息若十二十乃至百數以有事緣遠
至餘國諸子於後飲他毒藥藥發悶亂宛
轉于地是時其父還来歸家諸子飲毒或失
本心或不失者遙見其父皆大歡喜拜跪問
訊善安隱歸我等愚癡誤服毒藥願見救
療更賜壽命父見子等苦惱如是依諸經
方求好藥草色香美味皆悉具足擣篩和
合與子令服而作是言此大良藥色香美味
皆悉具足汝等可服速除苦惱无復衆患其諸
子中不失心者見此良藥色香俱好即便服之
病得除愈餘失心者遣父来雖亦歡喜問訊求索
治病然與其藥而不肯服所以者何毒氣深
入失本心故於此好色香藥而謂不美父作
是念此子可愍為毒所中心皆顛倒雖見我喜
求索救療如是好藥而不肯服我今當設方
便令服此藥即作是言汝等當知我今衰老
死時已至是好良藥今留在此汝可取服勿
憂不差作是教已復至他國遣使還告汝父
已死是時諸子聞父背喪心大憂惱而作是

便令服此藥可作是言汝等當知我今衰老
死時已至是好良藥今留在此汝可取服勿
憂不差作是教已復至他國遣使還告汝父
已死是時諸子聞父背喪心大憂惱而作是
念若父在者慈愍我等能見救護今者捨我
遠喪他國自惟孤露无復恃怙常懷悲感
心遂醒悟乃知此藥色味香美即取服之毒
病皆愈其父聞子悉已得差尋便來歸咸
使見之諸善男子於意云何頗有人能說此
良醫虛妄罪不不也世尊佛言我亦如是成
佛已來无量无邊百千万億那由他阿僧祇
劫為衆生故以方便力言當滅度亦无有能
如法說我虛妄過者尒時世尊欲重宣此義
而說偈言
自我得佛來　所經諸劫數　无量百千万　億載阿僧祇
常說法教化　无數億衆生　令入於佛道　尒來无量劫
為度衆生故　方便現涅槃　而實不滅度　常住此說法
我常住於此　以諸神通力　令顛倒衆生　雖近而不見
衆見我滅度　廣供養舍利　咸皆懷戀慕　而生渴仰心
衆生既信伏　質直意柔軟　一心欲見佛　不自惜身命
時我及衆僧　俱出靈鷲山　我時語衆生　常在此不滅
以方便力故　現有滅不滅　餘國有衆生　恭敬信樂者
我復於彼中　為說无上法　汝等不聞此　但謂我滅度
我見諸衆生　沒在於苦惱　故不為現身　令其生渴仰
因其心戀慕　乃出為說法　神通力如是　於阿僧祇劫

BD03599號　妙法蓮華經卷五　（27–18）

以方便力故　現有滅不滅　餘國有衆生　恭敬信樂者
我復於彼中　為說无上法　汝等不聞此　但謂我滅度
我見諸衆生　沒在於苦惱　故不為現身　令其生渴仰
因其心戀慕　乃出為說法　神通力如是　於阿僧祇劫
常在靈鷲山　及餘諸住處　衆生見劫盡　大火所燒時
我此土安隱　天人常充滿　園林諸堂閣　種種寶莊嚴
寶樹多華菓　衆生所遊樂　諸天擊天鼓　常作衆伎樂
雨曼陁羅華　散佛及大衆　我淨土不毀　而衆見燒盡
憂怖諸苦惱　如是悉充滿　是諸罪衆生　以惡業因緣
過阿僧祇劫　不聞三寶名　諸有脩功德　柔和質直者
則皆見我身　在此而說法　或時為此衆　說佛壽无量
久乃見佛者　為說佛難值　我智力如是　慧光照无量
壽命无數劫　久脩業所得　汝等有智者　勿於此生疑
當斷令永盡　佛語實不虛　如醫善方便　為治狂子故
實在而言死　无能說虛妄　我亦為世父　救諸苦患者
為凡夫顛倒　實在而言滅　以常見我故　而生憍恣心
放逸著五欲　墮於惡道中　我常知衆生　行道不行道
隨應所可度　為說種種法　每自作是意　以何令衆生
得入无上道　速成就佛身

妙法蓮華經分別功德品第十七

尒時大會聞佛說壽命劫數長遠如是无量
无邊阿僧祇衆生得大饒益於時世尊告彌
勒菩薩摩訶薩阿逸多我說是如來壽命
長遠時六百八十万億那由他恒河沙衆生得
无生法忍復千倍菩薩摩訶薩得聞持陁羅
尼門復有一世界微塵數菩薩摩訶薩得樂

BD03599號　妙法蓮華經卷五　（27–19）

无邊阿僧祇衆生得大饒益於時世尊告彌
勒菩薩摩訶薩阿逸多我說是如來壽命
長遠時六百八十万億那由他恒河沙衆生得
无生法忍復千倍菩薩摩訶薩得聞持陀羅
尼門復有一世界微塵數菩薩摩訶薩得樂
說无㝵辯才復有一世界微塵數菩薩摩訶
薩得百万億无量旋陀羅尼復有三千大千世
界微塵數菩薩摩訶薩能轉不退法輪復
有二千中國土微塵數菩薩摩訶薩能轉清
淨法輪復有小千國土微塵數菩薩摩訶薩
八生當得阿耨多羅三藐三菩提復有四四天
下微塵數菩薩摩訶薩四生當得阿耨多
羅三藐三菩提復有三四天下微塵數菩薩
摩訶薩三生當得阿耨多羅三藐三菩提復
有二四天下微塵數菩薩摩訶薩二生當得
阿耨多羅三藐三菩提復有一四天下微塵數
菩薩摩訶薩一生當得阿耨多羅三藐三菩
提復有八世界微塵數衆生皆發阿耨多羅
三藐三菩提心佛說是諸菩薩摩訶薩得大
法利時於虛空中雨曼陀羅華摩訶曼陀羅
華以散无量百千万億寶樹下師子座上諸佛
并散七寶塔中師子座上釋迦牟尼佛及久滅
度多寶如來亦散一切諸大菩薩及四部衆又
雨細末栴檀沈水香等於虛空中天鼓自鳴
妙聲深遠又雨千種天衣垂諸瓔珞真珠瓔珞摩

BD03599號　妙法蓮華經卷五　(27–20)

華以散无量百千万億寶樹下師子座上諸佛
并散七寶塔中師子座上釋迦牟尼佛及久滅
度多寶如來亦散一切諸大菩薩及四部衆又
雨細末栴檀沈水香等於虛空中天鼓自鳴
妙聲深遠又雨千種天衣垂諸瓔珞真珠瓔珞摩
尼珠瓔珞如意珠瓔珞遍於九方衆寶香
爐燒无價香自然周至供養大會一一佛上
有諸菩薩執持幡蓋次第而上至于梵天
是諸菩薩以妙音聲歌无量頌讚嘆諸佛
尒時弥勒菩薩從座而起偏袒右肩合掌
向佛而說偈言
佛說希有法　昔所未曾聞　世尊有大力　壽命不可量
无數諸佛子　聞世尊分別　說得法利者　歡喜充遍身
或住不退地　或得陀羅尼　或无㝵樂說　万億旋摠持
或有大千界　微塵數菩薩　各各皆能轉　不退之法輪
復有中千界　微塵數菩薩　各各皆能轉　清淨之法輪
復有小千界　微塵數菩薩　餘各八生在　當得成佛道
復有四三二　如此四天下　微塵諸菩薩　隨數生成佛
或一四天下　微塵數菩薩　餘有一生在　當成一切智
如是等衆生　聞佛壽長遠　得无量无漏　清淨之果報
復有八世界　微塵數衆生　聞佛說壽命　皆發无上心
世尊說无量　不可思議法　多有所饒益　如虛空无邊
雨天曼陀羅　摩訶曼陀羅　釋梵如恒沙　无數佛土來
雨栴檀沈水　繽紛而亂墜　如鳥飛空下　供散於諸佛
天鼓虛空中　自然出妙聲　天衣千万種　旋轉而來下

BD03599號　妙法蓮華經卷五　(27–21)

復有八世界　微塵數衆生　聞佛說壽命　皆發无上心
世尊說无量　不可思議法　多有所饒益　如虛空无邊
雨天曼陀羅　摩訶曼陀羅　釋梵如恒沙　无數佛土來
雨栴檀沉水　繽紛而亂墜　如鳥飛空下　供散於諸佛
天鼓虛空中　自然出妙聲　天衣千万種　旋轉而來下
衆寶妙香爐　燒无價之香　自然悉周遍　供養諸世尊
其大菩薩衆　執七寶幡蓋　高妙万億種　次第至梵天
一一諸佛前　寶幢懸勝幡　亦以千万偈　歌詠諸如來
如是種種事　昔所未曾有　聞佛壽无量　一切皆歡喜
佛名聞十方　廣饒益衆生　一切具善根　以助无上心
尒時佛告弥勒菩薩摩訶薩阿逸多其有衆
生聞佛壽命長遠如是乃至能生一念信解
所得功德无有限量若有善男子善女人為
阿耨多羅三藐三菩提於八十万億那由他劫
行五波羅蜜檀波羅蜜尸波羅蜜羼提波羅
蜜毗梨耶波羅蜜禪波羅蜜除般若波羅蜜
以是功德比前功德百分千分百千万億分不及其
一乃至筭數譬喻所不能知若善男子有如是
功德阿耨多羅三藐三菩提退者无有是處尒
時世尊欲重宣此義而說偈言
若人求佛慧　於八十万億　那由他劫數　行五波羅蜜
於是諸劫中　布施供養佛　及緣覺弟子　并諸菩薩衆
珎異之飲食　上服與卧具　栴檀立精舍　以園林莊嚴
如是等布施　種種皆微妙　盡此諸劫數　以迴向佛道

BD03599號　妙法蓮華經卷五　（27–22）

於是諸劫中　布施供養佛　及緣覺弟子　并諸菩薩衆
珎異之飲食　上服與卧具　栴檀立精舍　以園林莊嚴
如是等布施　種種皆微妙　盡此諸劫數　以迴向佛道
若復持禁戒　清淨无缺漏　求於无上道　諸佛之所歎
若復行忍辱　住於調柔地　設衆惡來加　其心不傾動
諸有得法者　懷於增上慢　為此所輕惱　如是亦能忍
若復懃精進　志念常堅固　於无量億劫　一心不懈息
又於无數劫　住於空閑處　若坐若經行　除睡常攝心
以是因緣故　能生諸禪定　八十億万劫　安住心不亂
持此一心福　願求无上道　我得一切智　盡諸禪定際
是人於百千　万億劫數中　行此諸功德　如上之所說
有善男女等　聞我說壽命　乃至一念信　其福過於彼
若人悉无有　一切諸疑悔　深心須臾信　其福為如此
其有諸菩薩　无量劫行道　聞我說壽命　是則能信受
如是諸人等　頂受此經典　願我於未來　長壽度衆生
如今日世尊　諸釋中之王　道場師子吼　說法无所畏
我等未來世　一切所尊敬　坐於道場時　說壽亦如是
若有深心者　清淨而質直　多聞能揔持　隨義解佛語
如是之人等　於此无有疑
又阿逸多若有聞佛壽命長遠解其言趣是
人所得功德无有限量能起如來无上之慧何
況廣聞是經若教人聞若自持若教人持若
自書若教人書若以華香瓔珞幢幡繒蓋
香油蘇燈供養經卷是人功德无量无邊能

BD03599號　妙法蓮華經卷五　（27–23）

人所得功德无有限量能起如来无上之慧何
況廣聞是經若教人聞若自持若教人持若
自書若教人書若以華香瓔珞幢幡繒蓋
香油蘇燈供養經卷是人功德无量无邊能
生一切種智阿逸多若善男子善女人聞我說
壽命長遠深心信解則為見佛常在耆闍
崛山共大菩薩諸聲聞衆圍遶說法又見此
娑婆世界其地琉璃坦然平正閻浮檀金以界
八道寶樹行列諸臺樓觀皆悉寶成其菩
薩衆咸處其中若有能如是觀者當知是為
深信解相又復如来滅後若聞是經而不毀
呰起隨喜心當知已為深信解相何況讀誦
受持之者斯人則為頂戴如来阿逸多是善
男子善女人不須為我復起塔寺及作僧房
以四事供養衆僧所以者何是善男子善女
人受持讀誦是經典者為已起塔造立僧房
供養衆僧則為以佛舍利起七寶塔高廣漸
小至于梵天懸諸幡蓋及衆寶鈴華香瓔珞
末香塗香燒香衆鼓伎樂簫笛箜篌種種儛
戲以妙音聲歌唄讚誦則為於无量千万億
劫作是供養已
阿逸多若我滅後聞是經典有能受持若自
書若教人書則為起立僧房以赤栴檀作諸
殿堂三十有二高八多羅樹高廣嚴好百千

阿逸多若我滅後聞是經典有能受持若自
書若教人書則為起立僧房以赤栴檀作諸
殿堂三十有二高八多羅樹高廣嚴好百千
比丘於其中止園林流池經行禪窟衣服飲
食牀蓐湯藥一切樂具充滿其中如是僧房若
干百千万億其數无量以此現前供養於我
及比丘僧是故我說如来滅後若有受持讀
誦為他人說若自書若教人書供養經卷不
須復起塔寺及造僧房供養衆僧況復有
人能持是經兼行布施持戒忍辱精進一心
智慧其德最勝无量无邊譬如虛空東西南
北四維上下无量无邊是人功德亦復如是无量
无邊疾至一切種智若人讀誦受持是經為
他人說若自書若教人書復能起塔及造僧
房供養讚歎聲聞衆僧亦以百千万億讚歎
之法讚歎菩薩功德又為他人種種因緣隨
義解說此法華經復能清淨持戒與柔和者
而共同止忍辱无瞋志念堅固常貴坐禪得
深定精進勇猛攝諸善法利根智慧善答問
難阿逸多若我滅後諸善男子善女人受持
讀誦是經典者復有如是諸善功德當知是
人已趣道場近阿耨多羅三藐三菩提坐道樹
下阿逸多是善男子若坐若立若行處是中
便應起塔一切天人皆應供養如佛之塔尒

讀誦是經典者復有如是諸善功德當知是
人已趣道場近阿耨多羅三藐三菩提坐道樹
下阿逸多是善男子若坐若立若行處是中
便應起塔一切天人皆應供養如佛之塔尒
時世尊欲重宣此義而說偈言
若我滅度後　能奉持此經　斯人福无量　如上之所說
是則為具足　一切諸供養　以舍利起塔　七寶而莊嚴
表刹甚高廣　漸小至梵天　寶鈴千万億　風動出妙音
又於无量劫　而供養此塔　華香諸瓔珞　天衣眾伎樂
然香油蘇燈　周匝常照明　惡世法末時　能持是經者
則為已如上　具足諸供養　若能持此經　則如佛現在
以牛頭栴檀　起僧房供養　堂有三十二　高八多羅樹
上饌妙衣服　牀卧皆具足　百千眾住處　薗林諸浴池
經行及禪窟　種種皆嚴好　若有信解者　受持讀誦書
若復教人書　及供養經卷　散華香末香　以須曼瞻蔔
阿提目多伽　薰油常然之　如是供養者　得无量功德
如虛空无邊　其福亦如是　況復持此經　兼布施持戒
忍辱樂禪定　不瞋不惡口　恭敬於塔廟　謙下諸比丘
遠離自高心　常思惟智慧　有問難不瞋　隨順為解說
若能行是行　功德不可量　若見此法師　成就如是德
應以天華散　天衣覆其身　頭面接足禮　生心如佛想
又應作是念　不久詣道場　得无漏无為　廣利諸天人
其所住止處　經行若坐卧　乃至說一偈　是中應起塔

BD03599號　妙法蓮華經卷五　　（27–26）

若復教人書　及供養經卷　散華香末香　以須曼瞻蔔
阿提目多伽　薰油常然之　如是供養者　得无量功德
如虛空无邊　其福亦如是　況復持此經　兼布施持戒
忍辱樂禪定　不瞋不惡口　恭敬於塔廟　謙下諸比丘
遠離自高心　常思惟智慧　有問難不瞋　隨順為解說
若能行是行　功德不可量　若見此法師　成就如是德
應以天華散　天衣覆其身　頭面接足禮　生心如佛想
又應作是念　不久詣道場　得无漏无為　廣利諸天人
其所住止處　經行若坐卧　乃至說一偈　是中應起塔
莊嚴令妙好　種種以供養　佛子住此地　則是佛受用
常在於其中　經行及坐卧

妙法蓮華經卷第五

BD03599號　妙法蓮華經卷五　　（27–27）

復爲諸人
教化成就　令住佛道　不輕命終
說是經故　得无量福　漸具功德　疾成佛道
彼時不輕　則我身是　時四部衆　著法之者
聞不輕言　汝當作佛　以是因緣　值无數佛
此會菩薩　五百之衆　并及四部　清信士女
今於我前　聽法者是　我於前世　勸是諸人
聽受斯經　第一之法　開示教人　令住涅槃
世世受持　如是經典　億億万劫　至不可議
時乃得聞　是法華經　億億万劫　至不可議
諸佛世尊　時說是經　是故行者　於佛滅後
聞如是經　勿生疑惑　應當一心　廣說此經
世世值佛　疾成佛道
妙法蓮華經如來神力品第二十一
尒時千世界微塵等菩薩摩訶薩從地踊出
者皆於佛前一心合掌瞻仰尊顏而白佛言
世尊我等於佛滅後世尊分身所在國土滅

BD03600號　妙法蓮華經卷六　（14–1）

妙法蓮華經如來神力品第二十一
尒時千世界微塵等菩薩摩訶薩從地踊出
者皆於佛前一心合掌瞻仰尊顏而白佛言
世尊我等於佛滅後世尊分身所在國土滅
度之處當廣說此經所以者何我等亦自欲
得是真淨大法受持讀誦解說書寫而供養
之尒時世尊於文殊師利等无量百千万億
舊住娑婆世界菩薩摩訶薩及諸比丘比丘
尼優婆塞優婆夷天龍夜叉乾闥婆阿脩羅
迦樓羅緊那羅摩睺羅伽人非人等一切衆
前現大神力出廣長舌上至梵世一切毛孔
放於无量无數色光皆悉遍照十方世界衆
寶樹下師子座上諸佛亦復如是出廣長舌
放无量光釋迦牟尼佛及寶樹下諸佛現神
力時滿百千歲然後還攝舌相一時謦欬俱
共彈指是二音聲遍至十方諸佛世界地皆
六種震動其中衆生天龍夜叉乾闥婆阿脩羅
迦樓羅緊那羅摩睺羅伽人非人等以佛
神力故皆見此娑婆世界无量无邊百千万
億衆寶樹下師子座上諸佛及見釋迦牟尼
佛共多寶如來在寶塔中坐師子座又見无
量无邊百千万億菩薩摩訶薩及諸四衆恭
敬圍繞釋迦牟尼佛既見是已皆大歡喜得
未曾有即時諸天於虛空中高聲唱言過此
无量无邊百千万億阿僧祇世界有國名娑

BD03600號　妙法蓮華經卷六　（14–2）

量无邊百千万億菩薩摩訶薩及諸四衆恭
敬圍繞釋迦牟尼佛既見是已皆大歡喜得
未曾有即時諸天於虚空中高聲唱言過此
无量无邊百千万億阿僧祇世界有國名娑
婆是中有佛名釋迦牟尼今為諸菩薩摩訶薩
說大乘經名妙法蓮華教菩薩法佛所護念
汝等當深心隨喜亦當礼拜供養釋迦牟尼佛
彼諸衆生聞虚空中聲已合掌向娑婆世
界作如是言南无釋迦牟尼佛南无釋迦牟
尼佛以種種華香瓔珞幡蓋及諸嚴身之
具珎寶妙物皆共遥散娑婆世界所散諸物
從十方来譬如雲集變成寶帳遍覆此間諸
佛之上于時十方世界通達无礙如一佛土尒
時佛告上行等菩薩大衆諸佛神力如是
无量无邊不可思議若我以是神力於无量
无邊百千万億阿僧祇劫為嘱累故說此經
功德猶不能盡以要言之如来一切所有之法
如来一切自在神力如来一切秘要之藏如
来一切甚深之事皆於此經宣示顯說是
故汝等於如来滅後應一心受持讀誦解說
書寫如說脩行所在國土若有受持讀誦解
說書寫如說脩行若經卷所住之處若於園
中若於林中若於樹下若於僧坊若白衣舍
若在殿堂若山谷曠野是中皆應起塔供養

BD03600號　妙法蓮華經卷六　（14–3）

故汝等於如来滅後應一心受持讀誦解說
書寫如說脩行所在國土若有受持讀誦解
說書寫如說脩行若經卷所住之處若於園
中若於林中若於樹下若於僧坊若白衣舍
若在殿堂若山谷曠野是中皆應起塔供養
所以者何當知是處即是道場諸佛於此得
阿耨多羅三藐三菩提諸佛於此轉于法輪
諸佛於此而般涅槃尒時世尊欲重宣此
義而說偈言

諸佛救世者　住於大神通　為悅衆生故　現无量神力
舌相至梵天　身放无數光　為求佛道者　現此希有事
諸佛謦欬聲　及彈指之聲　周聞十方國　地皆六種動
以佛滅度後　能持是經故　諸佛皆歡喜　現无量神力
嘱累是經故　讚美受持者　於无量劫中　猶故不能盡
是人之功德　无邊无有窮　如十方虚空　不可得邊際
能持是經者　則為已見我　亦見多寶佛　及諸分身者
又見我今日　教化諸菩薩　能持是經者　令我及分身
滅度多寶佛　一切皆歡喜　十方現在佛　并過去未来
亦見亦供養　亦令得歡喜　諸佛坐道場　所得秘要法
能持是經者　不久亦當得　能持是經者　於諸法之義
名字及言辞　樂說无窮盡　如風於空中　一切无障礙
於如来滅後　知佛所說經　因緣及次第　隨義如實說
如日月光明　能除諸幽冥　斯人行世間　能滅衆生闇
教无量菩薩　畢竟住一乘　是故有智者　聞此功德利
於我滅度後　應受持斯經　是人於佛道　決定无有疑

妙法蓮華經嘱累品第二十二

BD03600號　妙法蓮華經卷六　（14–4）

於如來滅後 知佛所說經 因緣及次第 隨義如實說
如日月光明 能除諸幽冥 斯人行世間 能滅衆生闇
教无量菩薩 畢竟住一乘 是故有智者 聞此功德利
於我滅度後 應受持斯經 是人於佛道 决定无有疑
妙法蓮華經嘱累品第二十二
尒時釋迦牟尼佛從法座起現大神力以右手
摩无量菩薩摩訶薩頂而作是言我於无
量百千万億阿僧祇劫修習是難得阿耨多
羅三藐三菩提法今以付嘱汝等汝等應當一
心流布此法廣令增益如是三摩諸菩薩
摩訶薩頂而作是言我於无量百千万億阿
僧祇劫修習是難得阿耨多羅三藐三菩提
法今以付嘱汝等汝等當受持讀誦廣宣此法
令一切衆生普得聞知所以者何如來有大
慈悲无諸慳悋亦无所畏能與衆生佛之
智慧如來智慧自然智慧如來是一切衆生
之大施主汝等亦應隨學如來之法勿生慳
悋於未來世若有善男子善女人信如來智
慧者當爲演說此法華經使得聞知爲令其
人得佛慧故若有衆生不信受者當於如來
餘深法中示教利喜汝等若能如是則爲已
報諸佛之恩時諸菩薩摩訶薩聞佛作是說
已皆大歡喜遍滿其身益加恭敬曲躬低頭
合掌向佛俱發聲言如世尊勑當具奉行唯
然世尊願不有慮諸菩薩摩訶薩衆如是三

報諸佛之恩時諸菩薩摩訶薩聞佛作是說
已皆大歡喜遍滿其身益加恭敬曲躬低頭
合掌向佛俱發聲言如世尊勑當具奉行唯
然世尊願不有慮諸菩薩摩訶薩衆如是三
反俱發聲言如世尊勑當具奉行唯然世尊
願不有慮尒時釋迦牟尼佛令十方來諸分
身佛各還本土而作是言諸佛各隨所安多
寶佛塔還可如故說是語時十方无量分身
諸佛坐寶樹下師子座上者及多寶佛并上
行等无邊阿僧祇菩薩大衆舍利弗等聲聞
四衆及一切世間天人阿脩羅等聞佛所說
皆大歡喜
妙法蓮華經藥王菩薩本事品第二十三
尒時宿王華菩薩白佛言世尊藥王菩薩云
何遊於娑婆世界世尊是藥王菩薩有若干
百千万億那由他難行苦行善哉世尊願少
解說諸天龍神夜叉乾闥婆阿脩羅迦樓羅
緊那羅摩睺羅伽人非人等又他國土諸來
菩薩及此聲聞衆聞皆歡喜尒時佛告宿王
華菩薩乃往過去无量恒河沙劫有佛號日
月淨明德如來應供正遍知明行足善逝世
間解无上士調御丈夫天人師佛世尊其佛有
八十億大菩薩摩訶薩七十二恒河沙大聲聲
聞衆佛壽四万二千劫菩薩壽命亦等彼國
无有女人地獄餓鬼畜生阿脩羅等及以諸難
地平如掌琉璃所成寶樹莊嚴寶帳覆上垂

八十億大菩薩摩訶薩七十二恒河沙大聲
聞衆佛壽四万二千劫菩薩壽命亦等彼國
无有女人地獄餓鬼畜生阿脩羅等及以諸難
地平如掌琉璃所成寶樹莊嚴寶帳覆上垂
寶華幡寶瓶香爐周遍國界七寶爲臺一樹
一臺其樹去臺盡一箭道此諸寶樹皆有菩
薩聲聞而坐其下諸寶臺上各有百億
諸天作天伎樂歌歎於佛以爲供養尒時彼
佛爲一切衆生憙見菩薩及衆菩薩諸聲聞
衆說法華經是一切衆生憙見菩薩樂習苦
行於日月淨明德佛法中精進經行一心求佛
滿万二千歲已得現一切色身三昧得此三
昧已心大歡喜即作念言我得現一切色三
昧皆是得聞法華經力我今當供養日月
淨明德佛及法華經即時入是三昧於虛空
中雨曼陁羅華摩訶曼陁羅華細末堅黑栴
檀滿虛空中如雲而下又雨海此岸栴檀之香
此香六銖價直娑婆世界以供養佛作是供
養已從三昧起而自念言雖以神力供
養於佛不如以身供養即服諸香栴檀
薰陸兜樓婆畢力迦沉水膠香又飲瞻蔔諸
華香油滿千二百歲已香油塗身於日月淨明
德佛前以天寶衣而自纏身諸香油以神
通力願而自然身光明遍照八十億恒河沙
世界其中諸佛同時讚言善哉善哉善男

BD03600 號　妙法蓮華經卷六　（14–7）

德佛前以天寶衣而自纏身諸香油以神
通力願而自然身光明遍照八十億恒河沙
世界其中諸佛同時讚言善哉善哉善男
子是真精進是名真法供養如來若以華香
瓔珞燒香末香塗香天繒幡蓋及海此岸栴
檀之香如是等種種諸物供養所不能及假使
國城妻子布施亦所不及善男子是名第一
之施於諸施中最尊最上以法供養諸如來
故作是語已而各嘿然其身火燃千二百歲
過是已後其身乃盡一切衆生憙見菩薩作
如是法供養已命終之後復生日月淨明德
佛國中於淨德王家結加趺坐忽然化生即
爲其父而說偈言
大王今當知　我經行彼處　即時得一切　現諸身三昧
勤行大精進　捨所愛之身
說是偈已而白父言日月淨明德佛今故現
在我先供養佛已得解一切衆生語言陁羅
尼復聞是法華經八百千万億那由他甄迦
羅頻婆羅阿閦婆等偈大王我今當還供
養此佛白已即坐七寶之臺上升虛空高七多
羅樹往到佛所頭面礼足合十指爪以偈讚佛
容顏甚奇妙　光明照十方　我適曾供養　今復還親近
尒時一切衆生憙見菩薩說是偈已而白佛
言世尊世尊猶故在世尒時日月淨明德佛
告一切衆生憙見菩薩善男子我涅槃時到

BD03600 號　妙法蓮華經卷六　（14–8）

尒時一切衆生憙見菩薩說是偈已而白佛
言世尊世尊猶故在世尒時日月淨明德佛
告一切衆生憙見菩薩善男子我涅槃時到
滅盡時至汝可安施床座我於今夜當般涅
槃又勅一切衆生憙見菩薩善男子我以佛
法囑累於汝及諸菩薩大弟子并阿耨多羅
三藐三菩提法亦以三千大千七寶世界諸
寶樹寶臺及給侍諸天悉付於汝我滅度後
所有舍利亦付囑汝當令流布廣設供養應
起若干千塔如是日月淨明德佛勅一切衆
生憙見菩薩已於夜後分入於涅槃尒時一
切衆生憙見菩薩見佛滅度悲感懊惱戀慕
於佛即以海此岸栴檀為𧂐供養佛身而以
燒之火滅已後收取舍利作八万四千寶瓶以
起八万四千塔高三世界表刹莊嚴垂諸幡
蓋懸衆寶鈴尒時一切衆生憙見菩薩復
自念言我雖作是供養心猶未足我今當更
供養舍利便語諸菩薩大弟子及天龍夜叉
等一切大衆汝等當一心念我今供養日月
淨明德佛舍利作是語已即於八万四千塔
前然百福莊嚴臂七万二千歲而以供養令
无數求聲聞衆无量阿僧祇人發阿耨多羅
三藐三菩提心皆使得住現一切色身三昧
尒時諸菩薩天人阿脩羅等見其无臂憂惱
悲哀而作是言此一切衆生憙見菩薩是我

BD03600 號　妙法蓮華經卷六　（14–9）

无數求聲聞衆无量阿僧祇人發阿耨多羅
三藐三菩提心皆使得住現一切色身三昧
尒時諸菩薩天人阿脩羅等見其无臂憂惱
悲哀而作是言此一切衆生憙見菩薩是我
等師教化我者而今燒臂身不具足于時一
切衆生憙見菩薩於大衆中立此誓言我捨
兩臂必當得佛金色之身若實不虛令我兩
臂還復如故作是誓已自然還復由斯菩薩
福德智慧淳厚所致當尒之時三千大千世
界六種震動天雨寶華一切人天得未曾有
佛告宿王華菩薩於汝意云何一切衆生憙
見菩薩豈異人乎今藥王菩薩是也其所捨
身布施如是无量百千万億那由他數宿王
華若有發心欲得阿耨多羅三藐三菩提者
能然手指乃至足一指供養佛塔勝以國城
妻子及三千大千國土山林河池諸珎寶物
而供養者若復有人以七寶滿三千大千世
界供養於佛及大菩薩辟支佛阿羅漢是人
所得功德不如受持此法華經乃至一四句
偈其福最多宿王華譬如一切川流江河諸
水之中海為第一此法華經亦復如是於諸
如來所說經中最為深大又如土山黑山小
鐵圍山大鐵圍山及十寶山衆山之中須弥
山為第一此法華經亦復如是於諸經中最
為其上又如衆星之中月天子最為第一此

BD03600 號　妙法蓮華經卷六　（14–10）

如來所說經中最爲深大又如土山黑山小
鐵圍山大鐵圍山及十寶山衆山之中須弥
山爲第一此法華經亦復如是於諸經中最
爲其上又如衆星之中月天子最爲第一此
法華經亦復如是於千万億種諸經法中最
爲照明又如日天子能除諸暗此經亦復如
是能破一切不善之暗又如諸小王中轉輪
聖王最爲第一此經亦復如是於衆經中最
爲其尊又如帝釋於三十三天中王此經亦
復如是諸經中王又如大梵天王一切衆生
之父此經亦復如是一切賢聖學无學及發
菩薩心者之父又如一切凡夫人中須陀洹
斯陀含阿那含阿羅漢辟支佛爲第一此經
亦復如是一切如來所說若菩薩所說若聲
聞所說諸經法中最爲第一有能受持是經
典者亦復如是於一切衆生中亦爲第一一切
聲聞辟支佛中菩薩爲第一此經亦復如是
於一切諸經法中最爲第一佛爲諸法王
此經亦復如是諸經中王宿王華此經能
救一切衆生者此經能令一切衆生離諸苦
惱此經能大饒益一切衆生充滿其願如清
涼池能滿一切諸渴之者如寒者得火如裸
者得衣如商人得主如子得母如渡得船如
病得醫如暗得燈如貧得寶如民得王如賈
客得海如炬除暗此法華經亦復如是能令

BD03600號　妙法蓮華經卷六

（14–11）

者得衣如商人得主如子得母如渡得船如
病得醫如暗得燈如貧得寶如民得王如賈
客得海如炬除暗此法華經亦復如是能令
衆生離一切苦一切病痛能解一切生死之縛
若人得聞此法華經若自書若使人書所得
功德以佛智慧籌量多少不得其邊若書是
經卷華香瓔珞燒香末香塗香幡蓋衣服
種種之燈蘇燈油燈諸香油燈瞻蔔油燈須
曼那油燈波羅羅油燈婆利師迦油燈那婆摩
利油燈供養所得功德亦復无量宿王華若
有人聞是藥王菩薩本事品者亦得无量无
邊功德若有女人聞是藥王菩薩本事品能
受持者盡是女身後不復受若如來滅後後
五百歲中若有女人聞是經典如說修行於
此命終即往安樂世界阿彌陀佛大菩薩衆
圍繞住處生蓮華中寶座之上不復爲貪欲
所惱亦復不爲瞋恚愚癡所惱亦復不爲憍
慢嫉妬諸垢所惱得菩薩神通无生法忍得
是忍已眼根清淨以是清淨眼根見七百万
二千億那由他恒河沙等諸佛如來是時諸
佛遙共讚言善哉善哉善男子汝能於釋迦
牟尼佛法中受持讀誦思惟是經爲他人說
所得福德无量无邊火不能燒水不能漂汝
之功德千佛共說不能令盡汝今已能破諸

BD03600號　妙法蓮華經卷六

（14–12）

佛道共讚言善哉善哉善男子汝能於釋迦
牟尼佛法中受持讀誦思惟是經為他人說
所得福德无量无邊火不能燒水不能漂汝
之功德千佛共說不能令盡汝今已能破諸
魔賊壞生死軍諸餘怨敵皆悉摧滅善男子
百千諸佛以神通力共守護汝於一切世間
天人之中无如汝者唯除如來其諸聲聞辟
支佛乃至菩薩智慧禪定无有與汝等者宿
王華此菩薩成就如是功德智慧之力若有
人聞是藥王菩薩本事品能隨喜讚善者是
人現世口中常出青蓮華香身毛孔中常出牛
頭栴檀香所得功德如上所說是故宿王華
以此藥王菩薩本事品囑累於汝我滅度
後後五百歲中廣宣流布於閻浮提无令斷
絕惡魔魔民諸天龍夜叉鳩槃茶等得其便
也宿王華汝當以神通之力守護是經所以
者何此經則為閻浮提人病之良藥若人有
病得聞是經病即消滅不老不死宿王華汝
若見有受持是經者應以青蓮華盛滿末香
供散其上散已作是念言此人不久必當取
草坐於道場破諸魔軍當吹法螺擊大法鼓
度脫一切眾生老病死海是故求佛道者見
有受持是經典人應當如是生恭敬心說是
藥王菩薩本事品時八万四千菩薩得解一
切眾生語言陀羅尼多寶如來於寶塔中讚
宿王華菩薩言善哉善哉宿王華汝成就不

BD03600號　妙法蓮華經卷六　（14–13）

絕惡魔魔民諸天龍夜叉鳩槃茶等得其便
也宿王華汝當以神通之力守護是經所以
者何此經則為閻浮提人病之良藥若人有
病得聞是經病即消滅不老不死宿王華汝
若見有受持是經者應以青蓮華盛滿末香
供散其上散已作是念言此人不久必當取
草坐於道場破諸魔軍當吹法螺擊大法鼓
度脫一切眾生老病死海是故求佛道者見
有受持是經典人應當如是生恭敬心說是
藥王菩薩本事品時八万四千菩薩得解一
切眾生語言陀羅尼多寶如來於寶塔中讚
宿王華菩薩言善哉善哉宿王華汝成就不
可思議功德乃能問釋迦牟尼佛如此之事
利益无量一切眾生

妙法蓮華經卷第六

BD03600號　妙法蓮華經卷六　（14–14）

著　録　凡　例

本目錄採用條目式著錄法。諸條目意義如下：

1.1　著錄編號。用漢語拼音首字“BD”表示，意為“北京圖書館藏敦煌遺書”，簡稱“北敦號”。文獻寫在背面者，標註為“背”。一件遺書上抄有多個文獻者，用數字1、2、3等標示小號。一號中包括幾件遺書，且遺書形態各自獨立者，用字母A、B、C等區別。

1.2　著錄分類號。本條記目錄暫不分類，該項空缺。

1.3　著錄文獻的名稱、卷本、卷次。

1.4　著錄千字文編號。

1.5　著錄縮微膠卷號。

2.1　著錄遺書的總體數據。包括長度、寬度、紙數、正面抄寫總行數與每行字數、背面抄寫總行數與每行字數。如該遺書首尾有殘破，則對殘破部分單獨度量，用加號加在總長度上。凡屬這種情況，長度用括弧標註。

2.2　著錄每紙數據。包括每紙長度及抄寫行數或界欄數。

2.3　著錄遺書的外觀。包括：(1) 裝幀形式。(2) 首尾存況。(3) 護首、軸、軸頭、天竿、縹帶，經名是書寫還是貼簽，有無經名號，扉頁、扉畫。(4) 卷面殘破情況及其位置。(5) 尾部情況。(6) 有無附加物（蟲繭、油污、線繩及其他)。(7) 有無裱補及其年代。(8) 界欄。(9) 修整。(10) 其他需要交待的問題。

2.4　著錄一件遺書抄寫多個文獻的情況。

3.1　著錄文獻首部文字與對照本核對的結果。

3.2　著錄文獻尾部文字與對照本核對的結果。

3.3　著錄錄文。

3.4　著錄對文獻的説明。

4.1　著錄文獻首題。

4.2　著錄文獻尾題。

5　著錄本文獻與對照本的不同之處。

6.1　著錄本遺書首部可與另一遺書綴接的編號。

6.2　著錄本遺書尾部可與另一遺書綴接的編號。

7.1　著錄題記、題名、勘記等。

7.2　著錄印章。

7.3　著錄雜寫。

7.4　著錄護首及扉頁的內容。

8　著錄年代。

9.1　著錄字體。如有武周新字、合體字、避諱字等，予以説明。

9.2　著錄卷面二次加工的情況。包括句讀、點標、科分、間隔號、行間加行、行間加字、硃筆、墨塗、倒乙、刪除、兑廢等。

10　著錄敦煌遺書發現後，近現代人所加內容，裝裱、題記、印章等。

11　備註。著錄揭裱互見、圖版本出處及其他需要説明的問題。

上述諸條，有則著錄，無則空缺。

為避文繁，上述著錄中出現的各種參考、對照文獻，暫且不列版本説明。全目結束時，將統一編制本條記目錄出現的各種參考書目。

本條記目錄為農曆年份標註其公曆紀年時，未進行歲頭年末之換算，請讀者使用時注意自行換算。

條　記　目　錄

BD03529—BD03600

1.1　BD03529 號
1.3　妙法蓮華經卷五
1.4　結 029
1.5　105:5575
2.1　(14+415.9+1.8)×26.4 厘米；9 紙；正面 247 行，行 17 字。背面 79 行，行字母不等。
2.2　01：14+27.8，24；　02：49.0，28；　03：49.0，28；
04：49.0，28；　05：49.4，28；　06：49.0，28；
07：49.0，28；　08：49.0，28；　09：44.7+1.8，27。
2.3　卷軸裝。首尾均殘。卷面有殘裂。有烏絲欄。
2.4　本遺書由 2 個文獻組成：(一)《妙法蓮華經》卷五，247 行，抄寫在正面，今編為 BD03529 號。(二)《藏文陀羅尼經》，79 行，抄寫在背面，今編為 BD03529 號背。
3.1　首 8 行上殘→大正 262，9/40A19～26。
3.2　尾行下殘→9/44A4。
8　7～8 世紀。唐寫本。
9.1　楷書。
11　圖版：《敦煌寶藏》，93/167B～176B。

1.1　BD03529 號背
1.3　藏文陀羅尼經
1.4　結 029
1.5　105:5575
2.4　本遺書由 2 個文獻組成，本號為第 2 個，抄寫在背面，79 行。餘參見 BD03529 號之第 2 項、第 11 項。
3.4　說明：
第 1、3、4、5 紙背面有藏文 79 行，爲藏文陀羅尼經，首尾均全，無首尾題。
7.3　有藏文雜寫："Co－am－vga gsog－po hwa－am－vga yo－vga le－zo－tse Sag－tshe"(似人名)。
8　8～9 世紀。吐蕃統治時期寫本。
9.1　楷書。
11　圖版：《敦煌寶藏》，93/167B～176B。

1.1　BD03530 號
1.3　大乘四法經論及廣釋開決記
1.4　結 030
1.5　221:7314
2.1　92×27.4 厘米；2 紙；65 行，行 28 字。
2.2　01：46.5，33；　02：45.5，32。
2.3　卷軸裝。首全尾脫。通卷下方破裂，尾紙上部有殘洞。有烏絲欄。
3.4　說明：
本文獻首全尾殘。吐蕃統治時期敦煌高僧法成所撰。未為歷代大藏經所收。《大正藏》第 85 卷依據斯 00216 號收入，但該號首部殘缺。本號可補其缺漏。
4.1　[大]乘四法經論及廣釋開決記(首)。
8　8～9 世紀。吐蕃統治時期寫本。
9.1　楷書。
9.2　經名每字有硃點。有硃筆斷句、科分。有行間校加字、倒乙。
11　圖版：《敦煌寶藏》，105/454B～455B。

1.1　BD03531 號
1.3　金剛般若波羅蜜經
1.4　結 031
1.5　094:4089
2.1　(27.5+197.5+4)×28.7 厘米；6 紙；125 行，行 17 字。
2.2　01：20.0，11；　02：7.5+38.5，25；　03：48.0，26；
04：49.0，27；　05：49.0，27；　06：13+4，09。
2.3　卷軸裝。首尾均殘。通卷殘破。卷首有 1 小殘片脫落，已綴接。背有古代裱補。有烏絲欄。已修整。
3.1　首 15 行下殘→大正 235，8/750A28～B13。
3.2　尾 2 行上下殘→8/751C10～12；
8　9～10 世紀。歸義軍時期寫本。
9.1　楷書。

11　圖版：《敦煌寶藏》，82/90A～92B。

1.1　BD03532 號
1.3　彌勒下生成佛經（鳩摩羅什本）
1.4　結 032
1.5　033∶0319
2.1　315.5×25.5 厘米；7 紙；176 行，行 17 字。
2.2　01：48.0，26；　02：48.0，28；　03：48.0，28；
04：48.0，28；　05：48.0，28；　06：48.0，28；
07：27.5，10。
2.3　卷軸裝。首尾均全。有烏絲欄。
3.1　首全→大正 454，14/423C5。
3.2　尾全→14/425C23；
4.1　佛說彌勒下生經（首）。
4.2　佛說彌勒下生經（尾）。
8　7～8 世紀。唐寫本。
9.1　楷書。"民"字缺末筆，避諱。
11　圖版：《敦煌寶藏》，58/37B～41B。

1.1　BD03533 號
1.3　大智度論卷五二
1.4　結 033
1.5　218∶7288
2.1　（3+68.5+5）×26.2 厘米；3 紙；47 行，行 17 字。
2.2　01：3+12，09；　02：35.5，22；　03：21+5，16。
2.3　卷軸裝。首尾均殘。通卷上下殘破。有烏絲欄。有劃界欄針孔。
3.1　首 3 行中下殘→大正 1509，25/434A21～24。
3.2　尾 3 行上中殘→25/434C9～13。
8　5～6 世紀。南北朝寫本。
9.1　隸楷。
11　圖版：《敦煌寶藏》，105/331A～332A。

1.1　BD03534 號
1.3　佛名經（十六卷本）卷一
1.4　結 034
1.5　061∶0515
2.1　（1+1319.5）×25.5 厘米；28 紙；726 行，行 17 字。
2.2　01：1+28.5，17；　02：50.0，28；　03：50.0，28；
04：50.0，28；　05：50.0，28；　06：50.0，28；
07：48.5，27；　08：50.0，28；　09：50.5，28；
10：50.0，28；　11：50.5，28；　12：50.5，28；
13：50.5，28；　14：50.0，28；　15：46.5，26；
16：50.0，28；　17：50.0，28；　18：50.0，28；
19：50.5，28；　20：50.0，28；　21：50.0，28；
22：50.5，28；　23：50.5，28；　24：50.5，28；
25：50.0，28；　26：50.0，28；　27：30.0，12；
28：12.0，拖尾。
2.3　卷軸裝。首殘尾全。經黄打紙，研光上蠟。接縫處有開裂，背有古代裱補。有燕尾。有烏絲欄。
3.1　首 1 行上中殘→《七寺古逸經典研究叢書》，3/第 6 頁第 9 行。
3.2　尾全→《七寺古逸經典研究叢書》，3/第 62 頁 738 行。
4.2　佛名經卷第一（尾）。
7.1　第 2 紙背上部有題記"周家佛名經"。
8　7～8 世紀。唐寫本。
9.1　楷書。
11　圖版：《敦煌寶藏》，59/484B～503A。

1.1　BD03535 號
1.3　維摩詰所說經卷上
1.4　結 035
1.5　070∶0884
2.1　（10.5+910）×24.5 厘米；20 紙；544 行，行 17 字。
2.2　01：10.5+12，25；　02：47.0，28；　03：47.0，28；
04：47.5，28；　05：47.5，28；　06：47.0，28；
07：47.5，28；　08：47.0，28；　09：47.5，28；
10：47.5，28；　11：47.0，28；　12：47.5，28；
13：47.5，28；　14：47.0，28；　15：47.5，28；
16：47.0，28；　17：47.0，28；　18：47.5，28；
19：47.5，28；　20：47.0，15。
2.3　卷軸裝。首殘尾全。卷首有殘洞，卷面有殘裂。脫落 2 塊殘片，已綴接。有燕尾。有烏絲欄。已修整。
3.1　首 6 行上中殘→大正 475，14/537B25～C1。
3.2　尾全→14/544A19。
4.2　維摩詰經卷上（尾）。
8　8～9 世紀。吐蕃統治時期寫本。
9.1　楷書。
11　圖版：《敦煌寶藏》，63/456A～469A。

1.1　BD03536 號
1.3　維摩詰所說經卷下
1.4　結 036
1.5　070∶0244
2.1　（2+434+2）×25 厘米；9 紙；244 行，行 17 字。
2.2　01：2+34，20；　02：50.0，28；　03：50.0，28；
04：50.0，28；　05：50.0，28；　06：50.0，28；
07：50.0，28；　08：51.0，28；　09：49+2，28。
2.3　卷軸裝。首尾均殘。經黄紙。上下邊略殘，中間有殘洞，接縫處多有開裂。有烏絲欄。
3.1　首行上下殘→大正 475，14/552B12～13。
3.2　尾行下殘→14/555B11。
7.3　卷面有雜寫"見"。
8　7～8 世紀。唐寫本。

9.1 楷書。
9.2 卷首及卷中若干經文有硃筆斷句。
11 圖版：《敦煌寶藏》，66/299A～304B。

1.1 BD03537 號
1.3 觀世音經
1.4 結 037
1.5 111:6232
2.1 175.3×24.2 厘米；4 紙；95 行，行 17 字。
2.2 01：53.3，30； 02：49.6，28； 03：47.4，27；
04：25.0，10。
2.3 卷軸裝。首殘尾全。卷首脆損嚴重，通卷脆裂。背有古代裱補。有烏絲欄。
3.1 首 2 行下殘→262，9/56C27～29。
3.2 尾全→9/58B7。
4.2 妙法蓮花經觀世音菩薩普門品第廾五（尾）。
8 9～10 世紀。歸義軍時期寫本。
9.1 楷書。
11 圖版：《敦煌寶藏》，97/424B～427A。

1.1 BD03538 號
1.3 四分律刪繁補闕行事鈔卷中
1.4 結 038
1.5 166:7021
2.1 （2.5+47.5）×27 厘米；1 紙；正面 30 行，行 35 字。
2.3 單葉綴邊裝。首尾均殘。卷尾下部殘缺。兩邊綴邊均殘缺。一面抄寫經文，尾有餘空。背面空白。有烏絲欄。
3.1 首殘→大正 1804，40/103C20。
3.2 尾全→40/104B27。
4.2 四分律刪繁補闕行事鈔中卷之下（尾）。
6.1 首→BD03503 號背。
8 8～9 世紀。吐蕃統治時期寫本。
9.1 楷書。
11 圖版：《敦煌寶藏》，103/458A～B。

1.1 BD03539 號
1.3 藥師琉璃光如來本願功德經
1.4 結 039
1.5 030:0261
2.1 （5+502.3）×25.3 厘米；12 紙；295 行，行約 17 字。
2.2 01：5+25，18； 02：45.5，28； 03：45.5，28；
04：46.0，28； 05：46.0，28； 06：46.0，28；
07：45.8，28； 08：46.0，28； 09：46.0，28；
10：46.0，28； 11：46.0，25； 12：18.5，拖尾。
2.3 卷軸裝。首殘尾全。首紙上下邊有殘缺破裂，卷尾有殘洞。尾有原軸，鑲嵌蓮蓬形軸頭。有燕尾。有烏絲欄。已修整。
3.1 首 3 行下殘→大正 450，14/404C22～24。
3.2 尾全→14/408B25。
4.2 藥師瑠璃光如來本願功德經（尾）。
8 7～8 世紀。唐寫本。
9.1 楷書。
11 圖版：《敦煌寶藏》，57/490A～496B。

1.1 BD03540 號
1.3 無量壽宗要經
1.4 結 040
1.5 275:7796
2.1 155.5×30.5 厘米；4 紙；111 行，行 30 餘字。
2.2 01：45.5，32； 02：45.0，33； 03：46.5，34；
04：18.5，12。
2.3 卷軸裝。首尾均全。卷面上下邊殘損和破裂。有烏絲欄。
3.1 首全→大正 936，19/82A3。
3.2 尾全→19/84C29。
4.1 大乘無量壽經（首）。
4.2 佛說無量壽經（尾）。
7.1 首紙背有寺院題名“普”（敦煌普光寺簡稱）。
8 8～9 世紀。吐蕃統治時期寫本。
9.1 行楷。
11 圖版：《敦煌寶藏》，107/633B～635A。

1.1 BD03541 號
1.3 四分律刪繁補闕行事鈔卷中
1.4 結 041
1.5 166:7018
2.1 （3+51）×27 厘米；1 紙；正面 40 行，背面 40 行，行字不等。
2.3 單葉綴邊裝。首尾均殘。兩邊綴邊均半殘。兩面抄寫經文，文字相連。有烏絲欄。
3.1 首正面殘→大正 1804，40/97B21。
3.2 尾背面殘→40/99B25。
3.4 說明：
本文獻正反面文字於大正 1804，40/98B23 處相連。
6.1 首→BD03504 號背。
6.2 尾→BD0353507 號。
8 8～9 世紀。吐蕃統治時期寫本。
9.1 楷書。
11 圖版：《敦煌寶藏》，103/452A～453B。

1.1 BD03542 號
1.3 四分律刪繁補闕行事鈔卷中
1.4 結 042
1.5 166:7026
2.1 （2.7+52）×27 厘米；1 紙；正面 39 行，背面 40 行，行字不等。

2.3 單葉綴邊裝。首殘尾全。一邊有綴邊，一邊綴邊半殘。兩面抄寫經文，文字相連。有烏絲欄。
3.1 首正面殘→大正 1804，40/82C22。
3.2 尾背面殘→40/85A2。
3.4 說明：
本文獻正反面文字於大正 1804，40/83C27 處相連。
6.1 首→BD03501 號背。
6.2 尾→BD03549 號。
8 9~10 世紀。歸義軍時期寫本。
9.1 楷書。
11 圖版：《敦煌寶藏》，103/513B~515A。

1.1 BD03543 號
1.3 妙法蓮華經玄贊卷一
1.4 結 043
1.5 109:6203
2.1 （2.7+377.4+4.4）×28 厘米；12 紙；234 行，行 21 字。
2.2 01：2.7+2.5，04；02：34.6，20；03：33.8，21；
04：34.7，21；05：35.2，22；06：35.0，21；
07：35.0，21；08：35.0，21；09：35.3，21；
10：35.3，20；11：35.5，20；12：25.5+4.4，18。
2.3 卷軸裝。首尾均殘。通卷破損嚴重。有上下邊欄。卷末附 4 塊殘片及 1 小包殘渣。已修整。
3.1 首 3 行上下殘→大正 1732，34/664A10~13。
3.2 尾 3 行上下殘→34/667C17~21。
8 7~8 世紀。唐寫本。
9.1 行楷。
9.2 有行間校加字。有倒乙。有硃筆斷句。
11 圖版：《敦煌寶藏》，97/295B~300A。

1.1 BD03544 號
1.3 四分律刪繁補闕行事鈔卷中
1.4 結 044
1.5 166:7014
2.1 （3+51）×27 厘米；1 紙；正面 40 行，背面 40 行，行字不等。
2.3 單葉綴邊裝。首殘尾全。一邊有綴邊，一邊綴邊半殘。兩面抄寫經文，文字相連。有烏絲欄。
3.1 首正面殘→大正 1804，40/89A24。
3.2 尾背面殘→40/91B8。
3.4 說明：
本文獻正反面文字於大正 1804，40/90B1 處相連。
6.1 首→BD03550 號背。
6.2 尾→BD03546 號。
8 8~9 世紀。吐蕃統治時期寫本。
9.1 楷書。
11 圖版：《敦煌寶藏》，103/444A~445B。

1.1 BD03545 號
1.3 金剛般若波羅蜜經
1.4 結 045
1.5 094:4015
2.1 332.9×25.5 厘米；8 紙；198 行，行 17 字。
2.2 01：46.0，28；02：46.0，28；03：45.8，28；
04：45.8，28；05：45.8，28；06：45.8，28；
07：45.7，28；08：12.0，02。
2.3 卷軸裝。首脫尾全。經黄紙。卷首有殘裂，接縫處有開裂，卷尾有多處蟲繭。背有古代裱補。有燕尾。有烏絲欄。
3.1 首殘→大正 235，8/750A19。
3.2 尾全→8/752C3。
4.2 金剛般若波羅蜜經（尾）。
8 7~8 世紀。唐寫本。
9.1 楷書。
11 圖版：《敦煌寶藏》，81/509B~513B。

1.1 BD03546 號
1.3 四分律刪繁補闕行事鈔卷中
1.4 結 046
1.5 166:7015
2.1 （3+51）×27 厘米；1 紙；正面 40 行，背面 40 行，行字不等。
2.3 單葉綴邊裝。首殘尾全。一邊有綴邊，一邊綴邊殘存一小段。兩面抄寫經文，文字相連。有烏絲欄。
3.1 首正面殘→大正 1804，40/91B8。
3.2 尾背面殘→40/93B13。
3.4 說明：
本文獻正反面文字於大正 1804，40/92B10 處相連。
6.1 首→BD03544 號背。
6.2 尾→BD03547 號。
8 8~9 世紀。吐蕃統治時期寫本。
9.1 楷書。
11 圖版：《敦煌寶藏》，103/446A~447B。

1.1 BD03547 號
1.3 四分律刪繁補闕行事鈔卷中
1.4 結 047
1.5 166:7016
2.1 51.5×27 厘米；1 紙；正面 40 行，背面 40 行，行字不等。
2.3 單葉綴邊裝。本葉首尾均全。兩邊綴邊均存。兩面抄寫經文，文字相連。有烏絲欄。
3.1 首正面殘→大正 1804，40/93B14。
3.2 尾背面殘→40/95B19。
3.4 說明：
本文獻正反面文字於大正 1804，40/94B18 處相連。
6.1 首→BD03546 號背。

6.2 尾→BD03504 號。
8 8～9 世紀。吐蕃統治時期寫本。
9.1 楷書。
11 圖版:《敦煌寶藏》, 103/448A～449B。

1.1 BD03548 號
1.3 妙法蓮華經玄贊卷一
1.4 結 048
1.5 410:8566
2.1 198.4×28.2 厘米; 5 紙; 138 行, 行字不等。
2.2 01: 21.0, 14; 02: 44.3, 31; 03: 44.4, 31;
04: 44.4, 31; 05: 44.3, 31。
2.3 卷軸裝。首尾均脱。卷首有殘洞、破裂, 接縫處均脱開, 斷爲 5 段。
3.1 首殘→大正 1723, 34/667C24。
3.2 尾全→34/670B8。
8 7～8 世紀。唐寫本。
9.1 草書。
9.2 有硃筆校改。有行間校加字。有倒乙。
11 圖版:《敦煌寶藏》, 110/597A～599A。

1.1 BD03549 號
1.3 四分律刪繁補闕行事鈔卷中
1.4 結 049
1.5 166:7027
2.1 52.5×27 厘米; 1 紙; 正面 40 行, 背面 40 行, 行字不等。
2.3 單葉綴邊裝。首尾均殘。兩邊綴邊均存。兩面抄寫經文, 文字相連。有烏絲欄。
3.1 首正面殘→大正 1804, 40/85A2。
3.2 尾背面殘→40/87A10。
3.4 説明:
本文獻正反面文字於大正 1804, 40/86A7 處相連。
6.1 首→BD03542 號背。
6.2 尾→BD03550 號。
8 8～9 世紀。吐蕃統治時期寫本。
9.1 楷書。
11 圖版:《敦煌寶藏》, 103/515B～517A。

1.1 BD03550 號
1.3 四分律刪繁補闕行事鈔卷中
1.4 結 050
1.5 166:7028
2.1 51.5×21 厘米; 1 紙; 正面 40 行, 背面 40 行, 行字不等。
2.3 單葉綴邊裝。首尾均殘。兩端綴邊均存。兩面抄寫經文, 文字相連。有烏絲欄。
3.1 首正面殘→大正 1804, 40/87A10。
3.2 尾背面殘→40/89A24。
3.4 説明:
本文獻正反面文字於大正 1804, 40/88A19 處相連。
6.1 首→BD3549 號背。
6.2 尾→BD03544 號。
8 8～9 世紀。吐蕃統治時期寫本。
9.1 楷書。
11 圖版:《敦煌寶藏》, 103/517B～519A。

1.1 BD03551 號
1.3 金剛般若波羅蜜經
1.4 結 051
1.5 094:3717
2.1 (3.5+383.2)×27.5 厘米; 9 紙; 222 行, 行 17 字。
2.2 01: 3.5+33.2, 21; 02: 48.7, 28; 03: 48.6, 28;
04: 48.7, 28; 05: 48.7, 28; 06: 48.7, 28;
07: 48.8, 28; 08: 48.6, 28; 09: 09.2, 05。
2.3 卷軸裝。首尾均殘。卷前部有等距離殘洞。有烏絲欄。
3.1 首 2 行中下殘→大正 235, 8/749A26～28。
3.2 尾殘→8/752A2。
8 9～10 世紀。歸義軍時期寫本。
9.1 楷書。
11 圖版:《敦煌寶藏》, 80/16B～21B。

1.1 BD03552 號
1.3 大般涅槃經(北本)卷二三
1.4 結 052
1.5 115v6425
2.1 780.6×25.5 厘米; 16 紙; 447 行, 行 17 字。
2.2 01: 48.5, 28; 02: 48.5, 28; 03: 48.8, 28;
04: 48.8, 28; 05: 48.8, 28; 06: 48.8, 28;
07: 48.8, 28; 08: 48.8, 28; 09: 48.8, 28;
10: 48.8, 28; 11: 48.8, 28; 12: 48.8, 28;
13: 48.8, 28; 14: 49.0, 28; 15: 48.8, 28;
16: 49.0, 27。
2.3 卷軸裝。首脱尾全。經黄紙。卷首有殘洞。背有古代裱補。有烏絲欄。
3.1 首殘→大正 374, 12/498C3。
3.2 尾全→12/503C24。
4.2 大般涅槃經卷第二十三(尾)。
7.1 首紙背有勘記"勘了"。
8 7～8 世紀。唐寫本。
9.1 楷書。
9.2 有硃筆行間校加字。
11 圖版:《敦煌寶藏》, 99/136B～147A。

1.1 BD03553 號
1.3 妙法蓮華經卷六

1.4 結053
1.5 105:5825
2.1 (3+429.8)×26.5厘米；11紙；242行，行17字。
2.2 01：3+38.4，24； 02：41.6，24； 03：41.6，24；
04：41.6，24； 05：41.7，24； 06：41.7，24；
07：41.7，24； 08：41.9，24； 09：41.9，24；
10：41.7，23； 11：16.0，03。
2.3 卷軸裝。首脱尾全。經黄打紙，研光上蠟。卷首有殘洞，卷下邊有殘缺，接縫處有開裂。有燕尾。有烏絲欄。
3.1 首2行下殘→大正262，9/51C27～29。
3.2 尾全→9/55A9。
4.2 妙法蓮華經卷第六（尾）。
8 7～8世紀。唐寫本。
9.1 楷書。
11 圖版：《敦煌寶藏》，95/284A～289B。

1.1 BD03554號
1.3 無常三啓經
1.4 結054
1.5 139:6672
2.1 128.5×25厘米；5紙；65行，行17字。
2.2 01：14.0，06； 02：25.5，15； 03：41.0，23；
04：41.0，21； 05：07.0，燕尾。
2.3 卷軸裝。首尾均全。通卷破損嚴重。卷首係歸義軍時期後補。尾有燕尾及芨芨草尾竿。背有古代裱補。有烏絲欄。已修整。
3.1 首全→大正801，17/745B7。
3.2 尾全→17/746B8。
4.1 佛説無常經，亦名三契經（首）。
4.2 佛説無常經一卷（尾）。
8 7～8世紀。唐寫本。
9.1 楷書。
9.2 有行間校加字。
11 從本號背面揭下古代裱補紙4塊，今編爲BD16079號。
圖版：《敦煌寶藏》，101/123B～125A。

1.1 BD03555號
1.3 妙法蓮華經卷六
1.4 結055
1.5 105:5659
2.1 (1+1041.4)×26厘米；22紙；599行，行17字。
2.2 01：1+41.4，25； 02：48.4，28； 03：49.3，28；
04：48.9，28； 05：49.0，28； 06：48.5，28；
07：48.3，28； 08：48.4，28； 09：48.3，28；
10：48.5，28； 11：48.5，28； 12：48.7，28；
13：48.7，28； 14：48.4，28； 15：48.3，28；
16：48.4，28； 17：48.7，28； 18：48.8，28；
19：48.7，28； 20：48.4，28； 21：48.6，28；
22：28.2，14。
2.3 卷軸裝。首殘尾全。卷面殘損有殘洞。背有古代裱補。
3.1 首1行上下殘→大正262，9/46B23。
3.2 尾全→9/55A9。
4.2 妙法蓮華經卷第六（尾）。
7.1 卷首背有卷次勘記“第六卷”。
8 8世紀。唐寫本。
9.1 楷書。
11 圖版：《敦煌寶藏》，93/579B～594A。

1.1 BD03556號
1.3 金剛般若波羅蜜經（兑廢稿）
1.4 結056
1.5 094:3527
2.1 242.8×27.8厘米；5紙；158行，行25～26字。
2.2 01：48.3，30； 02：48.5，33； 03：49.5，33；
04：48.0，33； 05：48.5，29。
2.3 卷軸裝。首尾均全。接縫處有開裂。卷背有鳥糞。尾有餘空。有烏絲欄。已修整。
3.1 首全→大正235，8/748C17。
3.2 尾缺→8/751B23。
4.1 金剛般若波羅蜜經（首）。
7.3 卷端上方有雜寫“金剛”二字。
8 9～10世紀。歸義軍時期寫本。
9.1 楷書。
9.2 有行間校加字。
11 圖版：《敦煌寶藏》，78/433B～436B。

1.1 BD03557號
1.3 金光明最勝王經卷五
1.4 結057
1.5 083:1721
2.1 (2.8+593)×25厘米；13紙；362行，行17字。
2.2 01：2.8+22.5，16； 02：47.5，29； 03：47.4，29；
04：47.8，29； 05：47.7，29； 06：47.5，29；
07：47.4，29； 08：47.5，29； 09：47.6，29；
10：47.3，29； 11：47.3，29； 12：47.5，30；
13：48.0，26。
2.3 卷軸裝。首殘尾全。卷面多處殘裂，有火燒殘洞。有燕尾。背有古代裱補。有烏絲欄。
3.1 首2行殘→大正665，16/423A10～11。
3.2 尾全→16/427B13。
4.2 金光明經卷第五（尾）。
5 尾附音義。
8 8世紀。唐寫本。
9.1 楷書。

11　圖版:《敦煌寶藏》,69/440B～448A。

1.1　BD03558 號
1.3　妙法蓮華經卷一
1.4　結 058
1.5　105:4690
2.1　146.3×26.5 厘米;4 紙;83 行,行 20 字(偈)。
2.2　01:47.1,28;　02:46.8,28;　03:46.7,27;
04:05.7,燕尾。
2.3　卷軸裝。首脱尾全。經黄紙。卷上邊殘損。尾有蟲繭。有烏絲欄。
3.1　首殘→大正 262,9/8C15。
3.2　尾全→9/10B21。
4.2　妙法蓮華經卷第一(尾)。
8　7～8 世紀。唐寫本。
9.1　楷書。
11　圖版:《敦煌寶藏》,85/289A～290B。

1.1　BD03559 號
1.3　大乘稻芉經隨聽疏
1.4　結 059
1.5　059:0493
2.1　(8+186.2+1)×27.3 厘米;6 紙;121 行,行字不等。
2.2　01:8+9,11;　02:40.0,23;　03:40.0,26;
04:39.7,25;　05:40.0,26;　06:17.5+1,10。
2.3　卷軸裝。首尾均殘。有折疊欄。已修整。
3.1　首 5 行上下殘→大正 2782,85/546A2。
3.2　尾行殘→85/548A7。
5　與《大正藏》本對照,文字略有不同。“大門第四”釋文不同,參見 85/546B27～28。
8　8～9 世紀。吐蕃統治時期寫本。
9.1　行書。
9.2　有行間校加字。
11　圖版:《敦煌寶藏》,59/347B～350A。

1.1　BD03560 號
1.3　妙法蓮華經卷三
1.4　結 060
1.5　105:4987
2.1　(5.4+942)×26.7 厘米;20 紙;551 行,行 17 字。
2.2　01:5.4+30.5,20;　02:47.6,28;　03:47.5,28;
04:47.4,28;　05:47.0,28;　06:47.2,28;
07:47.1,28;　08:48.2,29;　09:51.7,30;
10:50.1,29;　11:51.7,30;　12:51.2,30;
13:51.4,30;　14:51.7,30;　15:51.6,30;
16:51.4,29;　17:50.8,30;　18:50.7,29;
19:51.0,30;　20:16.2,07。
2.3　卷軸裝。首殘尾全。背有古代裱補。有烏絲欄。
3.1　首 2 行中上殘→大正 262,9/19A25～26。
3.2　尾全→9/27B9。
4.2　妙法蓮華經卷第三(尾)。
8　8 世紀。唐寫本。
9.1　楷書。
11　圖版:《敦煌寶藏》,87/489A～501B。

1.1　BD03561 號
1.3　大乘起信論略述卷下
1.4　結 061
1.5　432:8623
2.1　(4.2+1065.1)×28.2 厘米;28 紙;正面 699 行,行 23～26 字。背面 159 行,行字不等。
2.2　01:4.2+30.6,22;　02:38.2,25;　03:38.1,25;
04:38.2,25;　05:38.0,25;　06:38.2,24;
07:38.2,25;　08:38.0,25;　09:38.2,24;
10:38.6,24;　11:38.3,26;　12:38.3,24;
13:38.7,25;　14:38.2,24;　15:38.4,24;
16:38.5,25;　17:38.4,24;　18:38.4,25;
19:38.6,24;　20:38.6,25;　21:38.3,25;
22:38.3,25;　23:38.1,25;　24:38.4,27;
25:38.4,27;　26:38.3,27;　27:38.3,27;
28:38.3,26。
2.3　卷軸裝。首殘尾脱。首紙有殘洞,第 2 紙從中部撕斷爲 2 截。第 15 紙前有上下邊欄,以後各紙有烏絲欄或折疊欄。
2.4　本遺書包括 3 個文獻:(一)《大乘起信論略述》卷下,699 行,抄寫在正面,今編為 BD03561 號。(二)《六門陀羅尼經論廣釋》,141 行,抄寫在背面,今編為 BD03561 號背 1。(三)《六門陀羅尼經論廣釋疏》(擬),18 行,抄寫在背面,今編為 BD03561 號背 2。
3.1　首 3 行上下殘→大正 2813,85/1106B22～25
3.2　尾脱→85/1119A24。
5　與《大正藏》本對照,文字略有參差。
8　7～8 世紀。唐寫本。
9.1　楷書。
9.2　有重文號。
11　《敦煌劫餘錄》將本遺書正反面分别兩處著錄,故縮微膠卷號分别為 432:8623 與 447:8648。圖版:《敦煌寶藏》,111/28A～45B。

1.1　BD03561 號背 1
1.3　六門陀羅尼經論廣釋
1.4　結 061
1.5　447:8648
2.4　本遺書由 3 個文獻組成,本號為第 2 個,141 行,抄寫在背面。餘參見 BD03561 號之第 2 項、第 11 項。

3.1 首殘→大正 1361，21/879C2。
3.2 尾全→21/881B29。
4.2 六門陀羅尼經論廣釋一卷（尾）。
8 8~9 世紀。吐蕃統治時期寫本。
9.1 行書。
11 《敦煌劫餘錄》將本遺書正反面分別兩處著錄，故縮微膠卷號分別為 432：8623 與 447：8648。圖版：《敦煌寶藏》將本號的縮微膠卷號誤作 8623 號，111/28A~45B。

1.1 BD03561 號背 2
1.3 六門陀羅尼經論廣釋疏（擬）
1.4 結 061
1.5 447:8648
2.4 本遺書由 3 個文獻組成，本號為第 3 個，18 行，抄寫在背面。餘參見 BD03561 號之第 2 項、第 11 項。
3.4 説明：
本文獻首全尾缺。為對《六門陀羅尼經論廣釋》的疏釋，頗爲詳委。但僅疏釋《廣釋》之開頭部分，其後文缺。未為歷代大藏經所收。
8 8~9 世紀。吐蕃統治時期寫本。
9.1 行書。
11 《敦煌劫餘錄》將本遺書正反面分別兩處著錄，故縮微膠卷號分別為 432：8623 與 447：8648。圖版：《敦煌寶藏》將本號的縮微膠卷號誤作 8623 號，111/28A~45B。

1.1 BD03562 號
1.3 無量壽宗要經
1.4 結 062
1.5 275:7797
2.1 151×31.5 厘米；6 紙；107 行，行 30 餘字。
2.2 01：44.0，30； 02：18.0，19； 03：05.0，03；
04：17.0，11； 05：46.0，31； 06：21.0，13。
2.3 卷軸裝。首尾均全。首紙上下邊有殘缺。背有古代裱補。有烏絲欄。
3.1 首全→大正 936，19/82A3。
3.2 尾全→19/84C29。
4.1 大乘無量壽宗要經（首）。
4.2 無量壽宗要經（尾）。
8 8~9 世紀。吐蕃統治時期寫本。
9.1 行楷。
11 圖版：《敦煌寶藏》，107/635B~637A。

1.1 BD03563 號
1.3 淨度三昧經卷上
1.4 結 063
1.5 451:8654
2.1 （2.6+506.8+1.6）×25.4 厘米；16 紙；320 行，行 17 字。
2.2 01：2.6+1.6，03； 02：36.2，23； 03：36.6，23；
04：37.0，23； 05：36.7，23； 06：36.7，23；
07：36.8，23； 08：36.8，23； 09：37.0，23；
10：37.0，23； 11：36.8，23； 12：27.2，17；
13：36.8，23； 14：36.8，23； 15：36.8，23；
16：01.6，01。
2.3 卷軸裝。首尾殘。卷面殘破，有殘洞。有烏絲欄。有劃界欄針孔。
3.1 首 2 行下殘→《藏外佛教文獻》，7/237 頁第 11~13 行。
3.2 尾行下殘→《藏外佛教文獻》，7/265 頁第 11 行。
5 與《藏外佛教文獻》對照，分卷不同。
8 5~6 世紀。南北朝寫本。
9.1 楷書。
9.2 有重文號。
11 圖版：《敦煌寶藏》，111/94A~101B。

1.1 BD03564 號
1.3 大智度論卷八
1.4 結 064
1.5 434:8628
2.1 （1.5+36.5+1）×25.5 厘米；2 紙；21 行，行 17 字。
2.2 01：1.5+17.5，10； 02：19+1，11。
2.3 卷軸裝。首尾均殘。通卷下邊缺損。有烏絲欄。
3.1 首殘→大正 1509，25/119A11。
3.2 尾行上下殘→25/119B4~5。
8 6 世紀。南北朝寫本。
9.1 楷書。
11 圖版：《敦煌寶藏》，111/53B。

1.1 BD03565 號
1.3 淨度三昧經卷上
1.4 結 065
1.5 279:8222
2.1 （7+68.5）×25.5 厘米；3 紙；36 行，行 17 字。
2.2 01：7+4.5，07； 02：35.5，23； 03：28.5，06。
2.3 卷軸裝。首殘尾全。接縫處有開裂，卷面有破裂。有烏絲欄。
3.1 首 5 行中下殘→《藏外佛教文獻》，7/267 頁第 2~7 行。
3.2 尾全→《藏外佛教文獻》，7/270 頁第 3 行。
4.2 佛說淨度三昧經卷上（尾）。
5 與《藏外佛教文獻》對照，分卷不同。
8 7~8 世紀。唐寫本。
9.1 楷書。
9.2 有行間校加字。
11 圖版：《敦煌寶藏》，109/328A~329A。

1.1　BD03566 號
1.3　藥師如來本願經
1.4　結 066
1.5　029:0246
2.1　（10+128）×26.7 厘米；3 紙；84 行，行 17 字。
2.2　01：10+36，28；　02：46.0，28；　03：46.0，28。
2.3　卷軸裝。首殘尾脫。麻紙未入潢。卷端碎損。有烏絲欄。
3.1　首 4 行殘→大正 449，14/401B9～12。
3.2　尾殘→14/402B7。
6.2　尾→BD03568 號。
8　7～8 世紀。唐寫本。
9.1　楷書。
11　圖版：《敦煌寶藏》，57/430B～432B。

1.1　BD03567 號
1.3　灌頂章句拔除過罪生死得度經
1.4　結 067
1.5　248:7471
2.1　（1.6+348.9）×25.9 厘米；8 紙；198 行，行 17 字。
2.2　01：1.6+42.1，26；　02：44.0，26；　03：43.9，26；
04：44.0，26；　05：43.6，26；　06：43.6，26；
07：43.9，26；　08：43.8，16。
2.3　卷軸裝。首殘尾全。經黃紙。接縫處多脫開，卷面有殘裂。背有古代裱補。有烏絲欄。
3.1　首行上殘→大正 1331，21/533C25。
3.2　尾全→21/536B6。
4.2　佛說灌頂經一卷（尾）。
8　7～8 世紀。唐寫本。
9.1　楷書。
11　圖版：《敦煌寶藏》，106/357B～362A。

1.1　BD03568 號
1.3　藥師如來本願經
1.4　結 068
1.5　029:0249
2.1　322×26.7 厘米；7 紙；190 行，行 17 字。
2.2　01：46.0，28；　02：46.0，28；　03：46.0，28；
04：46.0，28；　05：46.0，28；　06：46.0，28；
07：46.0，22。
2.3　卷軸裝。首脫尾全。麻紙未入潢。接縫處有開裂。有烏絲欄。已修整。
3.1　首殘→大正 449，14/402B7。
3.2　尾全→14/404C7。
4.2　新翻藥師經一卷（尾）。
6.1　首→BD03566 號。
8　7～8 世紀。唐寫本。
9.1　楷書。
11　圖版：《敦煌寶藏》，57/442B～447A。

1.1　BD03569 號
1.3　妙法蓮華經卷二
1.4　結 069
1.5　105:4957
2.1　（40.8+235.8+6.8）×26.2 厘米；7 紙；166 行，行 17 字。
2.2　01：35.8，21；　02：5+42.4，28；　03：47.8，28；
04：47.8，28；　05：47.7，28；　06：48.2，28；
07：1.9+6.8，05。
2.3　卷軸裝。首尾均殘。經黃紙。卷首上部殘缺，接縫處有開裂。尾有蟲繭。有烏絲欄。
3.1　首 24 行上殘→大正 262，9/16C13～17A10。
3.2　尾 4 行下殘→9/19A7～11。
8　7～8 世紀。唐寫本。
9.1　楷書。
11　圖版：《敦煌寶藏》，87/321B～325B。

1.1　BD03570 號
1.3　四分比丘尼戒本
1.4　結 070
1.5　157:6973
2.1　（6.5+1207.5）×27 厘米；29 紙；722 行，行 20 字。
2.2　01：6.5+8.5，14；　02：44.0，26；　03：44.0，26；
04：44.0，26；　05：44.0，26；　06：44.0，26；
07：44.0，26；　08：44.0，26；　09：44.0，26；
10：44.0，26；　11：44.0，26；　12：44.0，26；
13：44.0，26；　14：44.0，26；　15：44.0，26；
16：43.5，26；　17：46.0，28；　18：20.0，12；
19：24.5，15；　20：46.0，28；　21：46.0，28；
22：46.0，28；　23：46.0，28；　24：46.0，28；
25：46.0，28；　26：46.0，28；　27：46.0，28；
28：46.0，28；　29：35.0，11。
2.3　卷軸裝。首殘尾全。卷面有殘裂，接縫處有開裂。有燕尾。背有古代裱補。有烏絲欄。
3.1　首 3 行中下殘→大正 1431，22/1031A25～29。
3.2　尾全→22/1041A18。
4.2　四分尼戒本（尾）。
8　8～9 世紀。吐蕃統治時期寫本。
9.1　楷書。
9.2　有行間校加字、行間加行、倒乙，有校改。
11　圖版：《敦煌寶藏》，103/191B～207A。

1.1　BD03571 號
1.3　大乘入楞伽經卷六
1.4　結 071

1.5　038:0372
2.1　374.8×27.5 厘米；8 紙；214 行，行 17 字。
2.2　01：31.5，18；　02：49.0，28；　03：49.0，28；
04：49.0，28；　05：49.0，28；　06：49.0，28；
07：49.3，28；　08：49.0，28。
2.3　卷軸裝。首殘尾脫。尾部有碎洞，有烏絲欄。
3.1　首斷→大正 672，16/624B3。
3.2　尾脫→16/628C12。
8　8～9 世紀。吐蕃統治時期寫本。
9.1　楷書。
11　圖版：《敦煌寶藏》，58/400B～405A。

1.1　BD03572 號
1.3　大般若波羅蜜多經卷一五九
1.4　結 072
1.5　084:2415
2.1　95.6×25.5 厘米；2 紙；56 行，行 17 字。
2.2　01：48.0，28；　02：47.6，28。
2.3　卷軸裝。首尾均脫。卷面殘破。有烏絲欄。
3.1　首殘→大正 220，5/855C19。
3.2　尾殘→5/856B17。
7.1　首紙背有卷次勘記“一百五十九”。
8　8～9 世紀。吐蕃統治時期寫本。
9.1　楷書。
11　圖版：《敦煌寶藏》，73/221A～222A。

1.1　BD03573 號
1.3　空號（金剛般若波羅蜜經）
1.4　結 073

1.1　BD03574 號
1.3　觀世音經（兌廢稿）
1.4　結 074
1.5　105:5968
2.1　86.5×28 厘米；2 紙；50 行，行 17 字。
2.2　01：46.5，27；　02：40.0，23。
2.3　卷軸裝。首全尾殘。首紙有殘裂。尾有餘空。有烏絲欄。
3.1　首全→大正 262，9/56C2。
3.2　尾缺→9/57A25。
4.1　妙法蓮華經觀世音菩薩普門品第二十五（首）。
8　9～10 世紀。歸義軍時期寫本。
9.1　楷書。
9.2　有行間校加字。
11　圖版：《敦煌寶藏》，96/235B～236B。

1.1　BD03575 號
1.3　大般涅槃經（北本　異卷）卷三七
1.4　結 075
1.5　117:6593
2.1　（5+443+3.5）×25.7 厘米；10 紙；243 行，行 17 字。
2.2　01：5+5，06；　02：50.0，28；　03：50.0，28；
04：50.0，27；　05：50.0，27；　06：50.0，26；
07：50.5，26；　08：50.5，27；　09：50.5，26；
10：36.5+3.5，22。
2.3　卷軸裝。首尾均殘。首紙上部殘缺，卷面有殘洞、殘裂。背有古代裱補。有烏絲欄。
3.1　首 3 行上殘→大正 374，12/583C12～13。
3.2　尾 2 行上殘→12/586C5～6。
5　與《大正藏》本對照，分卷不同。經文相當於《大正藏》卷第三十七迦葉菩薩品第十二之五至卷第三十八迦葉菩薩品第二之六。與其餘諸藏分卷亦均不同。現參照日本宮內寮本及《思溪藏》、《普寧藏》、《嘉興藏》本，暫定為卷三七。
8　5～6 世紀。南北朝寫本。
9.1　楷書。
9.2　有行間校加字。
11　圖版：《敦煌寶藏》，100/424A～430A。

1.1　BD03576 號
1.3　金剛般若波羅蜜經
1.4　結 076
1.5　094:3884
2.1　（12.2+185.9+6.8）×28 厘米；6 紙；126 行，行 17 字。
2.2　01：12.2，13；　02：48.0，28；　03：47.7，28；
04：47.7，28；　05：42.5+5，28；　06：01.8，01。
2.3　卷軸裝。首尾均殘。卷面有殘破，紙變色。上邊有蟲繭。有烏絲欄。
3.1　首 13 行下殘→大正 235，8/749B6～20。
3.2　尾 2 行上下殘→8/750C21～22。
8　8～9 世紀。吐蕃統治時期寫本。
9.1　楷書。
11　圖版：《敦煌寶藏》，81/59A～61B。

1.1　BD03577 號
1.3　藥師經疏
1.4　結 077
1.5　385:8512
2.1　（43+4.5）×27.5 厘米；2 紙；25 行，行 17 字。
2.2　01：39.0，21；　02：4+4.5，04。
2.3　卷軸裝。首脫尾殘。卷面下部有殘缺破損。有上下邊欄，豎欄為折疊欄。
3.1　首殘→大正 2767，85/312C1。
3.2　尾 2 行下殘→85/313A1。
8　7～8 世紀。唐寫本。
9.1　楷書。

9.2 有行間校加字。有倒乙、刪除號。
11 圖版:《敦煌寶藏》, 110/486A~B。

1.1 BD03578 號
1.3 金藏論
1.4 結 078
1.5 461:8695
2.1 170.2×29.8 厘米; 4 紙; 100 行, 行 25 字。
2.2 01: 43.5, 24; 02: 42.5, 26; 03: 42.2, 25;
04: 42.0, 25。
2.3 卷軸裝。首全尾脫。卷面有破裂。有折疊欄。
3.4 説明:
《金藏論》爲南北朝釋道紀所撰,未為歷代大藏經所收。本文獻存《歌梨王割截忍辱仙人節節支解緣》、《慈力王以血餧五夜叉緣》、《鹿野苑先置緣》等三篇。
8 9~10 世紀。歸義軍時期寫本。
9.1 楷書。
11 圖版:《敦煌寶藏》, 111/211B~213B。

1.1 BD03579 號
1.3 大般涅槃經(北本 異卷)卷六
1.4 結 079
1.5 115:6315
2.1 (7+914.4)×26.6 厘米; 21 紙; 513 行, 行 17 字。
2.2 01: 07.0, 護首; 02: 50.0, 27; 03: 51.5, 28;
04: 51.5, 28; 05: 51.0, 28; 06: 51.3, 28;
07: 51.2, 28; 08: 51.4, 28; 09: 51.5, 28;
10: 51.5, 28; 11: 51.5, 28; 12: 51.5, 28;
13: 51.3, 28; 14: 22.2, 12; 15: 40.5, 25;
16: 40.5, 25; 17: 40.5, 25; 18: 40.5, 25;
19: 40.5, 25; 20: 40.5, 25; 21: 34.0, 16。
2.3 卷軸裝。首尾均全。有護首,護首殘缺。卷面有殘裂。有燕尾。背有古代裱補。後 7 紙為南北朝寫本,有劃界欄針孔。前 14 紙為 8 世紀唐寫本。有烏絲欄。
3.1 首全→大正 374, 12/398A13。
3.2 尾全→12/404A29。
4.1 大般涅槃經四依品之二,六(首)。
4.2 大般涅槃經卷第六(尾)。
5 與《大正藏》本對照。卷品開合不同,品名不同。經文相當於《大正藏》卷六如來性品第四之三的大部及卷七如來性品第四之四的前部。與其餘諸藏分卷亦均不同。
8 5~6 世紀。南北朝寫本。
9.1 楷書。
9.2 有刮改、倒乙。
11 圖版:《敦煌寶藏》, 98/83B~95B。

1.1 BD03580 號
1.3 金剛般若波羅蜜經
1.4 結 080
1.5 094:3764
2.1 (5+317.6)×26 厘米; 8 紙; 182 行, 行 17 字。
2.2 01: 5+15.5, 12; 02: 14.5, 8; 03: 39.0, 22;
04: 49.5, 28; 05: 49.5, 28; 06: 50.0, 28;
07: 49.8, 28; 08: 49.8, 28。
2.3 卷軸裝。首殘尾脫。經黄打紙。首紙殘破,有殘洞。卷面有等距離殘洞若干,漸次變小。現第 2 紙為偽卷,乃近代有人將原第 2 紙(現第 3 紙)前部 8 行割截偷走,用偽卷 8 行替換。現偽卷已變色焦脆。有烏絲欄。
3.1 首 3 行上下殘→大正 235, 8/749B4~7。
3.2 尾殘→8/751B22。
8 7~8 世紀。唐寫本。
9.1 楷書。
11 圖版:《敦煌寶藏》, 80/235B~240A。

1.1 BD03581 號
1.3 大般涅槃經(北本 思溪藏)卷一六
1.4 結 081
1.5 115:6390
2.1 291.3×27.8 厘米; 6 紙; 161 行, 行 17 字。
2.2 01: 48.5, 28; 02: 48.5, 28; 03: 48.7, 28;
04: 48.8, 28; 05: 48.8, 28; 06: 48.0, 21。
2.3 卷軸裝。首脫尾全。有烏絲欄。
3.1 首殘→大正 374, 12/461B13。
3.2 尾全→12/463B9。
4.2 大般涅槃經卷第十六(尾)。
5 與《大正藏》本對照,分卷不同,經文相當於《大正藏》卷第十六梵行品第八之二至卷第十七梵行品第八之三。與《思溪藏》、《普寧藏》、《嘉興藏》分卷相同。
8 8 世紀。唐寫本。
9.1 楷書。
11 圖版:《敦煌寶藏》, 98/525A~529A。

1.1 BD03582 號
1.3 大佛頂如來密因修證了義諸菩薩萬行首楞嚴經卷八
1.4 結 082
1.5 442:8641
2.1 (2.7+284.5)×25 厘米; 6 紙; 162 行, 行 17 字。
2.2 01: 2.7+45, 27; 02: 48.0, 27; 03: 48.0, 28;
04: 48.0, 28; 05: 48.0, 28; 06: 47.5, 24。
2.3 卷軸裝。首殘尾全。卷首尾殘破嚴重,卷面有殘損。
3.1 首 1 行上中殘→大正 945, 19/144A12。
3.2 尾全→19/146A4。
4.2 大佛頂經卷第八(尾)。
8 9~10 世紀。歸義軍時期寫本。

9.1　楷書。
11　圖版：《敦煌寶藏》，111/74A～77B。

1.1　BD03583 號
1.3　大般若波羅蜜多經卷七一
1.4　結 083
1.5　084:2207
2.1　（16.5+264.7）×25.5 厘米；6 紙；167 行，行 17 字。
2.2　01：16.5+28，27；　02：46.7，28；　03：47.2，28；
04：47.5，28；　05：48.0，28；　06：47.3，28。
2.3　卷軸裝。首殘尾脱。卷面有殘裂，接縫處有開裂。有烏絲欄。已修整。
3.1　首 10 行上下殘→大正 220，5/399C5～18。
3.2　尾殘→5/401C4。
4.1　［大般若］波羅蜜多經卷□…□，/初分觀行品第十九之二/（首）。
6.2　尾→BD03779 號。
7.1　背面有勘記“一（本文獻袟内卷次）、八（所屬袟次）”。
8　8～9 世紀。吐蕃統治時期寫本。
9.1　楷書。
11　從本號背面揭下古代裱補紙 4 塊，今編爲 BD16089 號、BD16090 號、BD16091 號。
圖版：《敦煌寶藏》，72/256B～260A。

1.1　BD03584 號
1.3　大佛頂如來密因修證了義諸菩薩萬行首楞嚴經卷一〇
1.4　結 084
1.5　237:7424
2.1　（7.2+592.2）×26.2 厘米；12 紙；326 行，行 17 字。
2.2　01：7.2+42.6，27；　02：49.9，28；　03：50.1，28；
04：50.0，28；　05：50.1，28；　06：49.8，28；
07：49.8，28；　08：50.1，28；　09：50.1，28；
10：50.0，28；　11：50.1，28；　12：49.6，19。
2.3　卷軸裝。首殘尾全。經黄紙。首紙前部上下有殘損、破裂，接縫處有開裂。卷面有蟲繭。有燕尾。有烏絲欄。
3.1　首 3 行上殘→大正 945，19/151B20。
3.2　尾全→19/155B4。
4.1　□…□菩薩萬行首楞嚴經第十，/一名中印度那蘭陀大道場經於/灌頂部錄出別行/（首）。
4.2　大佛頂萬行首楞嚴經卷第十（尾）。
7.1　背面有勘記（古回鶻文或粟特文）兩處。
8　7～8 世紀。唐寫本。
9.1　楷書。
9.2　有硃、墨筆行間校加字、硃筆點去。
11　圖版：《敦煌寶藏》，106/211A～218B。

1.1　BD03585 號
1.3　大般若波羅蜜多經卷二四〇
1.4　結 085
1.5　084:2622
2.1　（1.5+417.8+6.4）×26.4 厘米；10 紙；251 行，行 17 字。
2.2　01：1.5+25，16；　02：47.7，28；　03：47.7，28；
04：47.7，28；　05：47.7，28；　06：47.6，28；
07：47.5，28；　08：47.6，28；　09：47.5，28；
10：11.8+6.4，11。
2.3　卷軸裝。首尾均殘。卷面有殘缺、殘洞，接縫處有開裂。有烏絲欄。
3.1　首行下殘→大正 220，6/209C20。
3.2　尾 4 行上下殘→6/212C7～10。
8　9～10 世紀。歸義軍時期寫本。
9.1　楷書。
11　圖版：《敦煌寶藏》，74/259A～264B。

1.1　BD03586 號
1.3　妙法蓮華經卷四
1.4　結 086
1.5　105:5252
2.1　506.7×27.5 厘米；11 紙；290 行，行 17 字。
2.2　01：47.0，26；　02：47.0，27；　03：46.0，27；
04：46.8，27；　05：46.8，27；　06：47.0，27；
07：46.5，27；　08：47.0，27；　09：46.8，27；
10：46.8，27；　11：39.0，21。
2.3　卷軸裝。首全尾殘。尾有餘空。背有古代裱補。有烏絲欄。
3.1　首全→大正 262，9/27B12。
3.2　尾缺→9/31C17。
4.1　妙法蓮華經五百弟子受記品第八，四（首）。
8　7～8 世紀。唐寫本。
9.1　楷書。
11　圖版：《敦煌寶藏》，90/353B～360B。

1.1　BD03587 號
1.3　佛名經（二十卷本）卷二〇
1.4　結 087
1.5　062:0596
2.1　948.5×27.2 厘米；20 紙；479 行，行 17 字。
2.2　01：16.0，護首；　02：49.0，25；　03：50.0，26；
04：50.0，26；　05：50.0，26；　06：50.0，26；
07：50.0，26；　08：50.0，26；　09：50.0，26；
10：50.0，26；　11：50.0，26；　12：50.0，26；
13：50.0，26；　14：50.0，26；　15：50.0，26；
16：50.0，26；　17：50.0，26；　18：50.0，26；
19：50.0，26；　20：33.5，12。
2.3　卷軸裝。首尾均全。有護首，護首下部殘缺。有烏絲欄。

3.4 說明：

本文獻首尾均全。是中國人抄輯諸經佛名編撰的《佛名經》。未為歷代大藏經所收。

4.1 佛說佛名經卷第二十（首）。

4.2 佛名經卷第廿（尾）。

8 7～8世紀。唐寫本。

9.1 楷書。

11 圖版：《敦煌寶藏》，60/225B～238B。

1.1 BD03588號

1.3 佛名經（十六卷本）卷一一

1.4 結088

1.5 063:0715

2.1 650.8×32厘米；15紙；314行，行17字。

2.2 01：42.5，20； 02：43.5，21； 03：43.5，21；
04：43.5，21； 05：43.4，21； 06：43.5，21；
07：43.5，21； 08：43.5，21； 09：43.5，21；
10：43.5，21； 11：43.5，21； 12：43.5，21；
13：43.5，21； 14：43.4，21； 15：43.0，21。

2.3 卷軸裝。首全尾脫。卷首中下部殘缺，首紙上部有殘洞。有烏絲欄。

3.1 首全→《七寺古逸經典研究叢書》，3/538頁第1行。

3.2 尾殘→《七寺古逸經典研究叢書》，3/560頁第298行。

4.1 佛說佛名經卷第十一（首）。

7.1 卷首背有卷次勘記“卷十一”。

8 9～10世紀。歸義軍時期寫本。

9.1 楷書。

9.2 上邊有校改字。

11 圖版：《敦煌寶藏》，61/502B～510A。

1.1 BD03589號

1.3 妙法蓮華經卷七

1.4 結089

1.5 105:6000

2.1 （10.5+83）×25.5厘米；2紙；56行，行17字。

2.2 01：10.5+36.5，28； 02：46.5，28。

2.3 卷軸裝。首殘尾脫。經黄打紙。首紙殘破。卷面有蟲繭。有烏絲欄。

3.1 首6行上殘→大正262，9/56C20～25。

3.2 尾殘→9/57B24。

8 7～8世紀。唐寫本。

9.1 楷書。

11 圖版：《敦煌寶藏》，96/297A～298A。

1.1 BD03590號

1.3 大般若波羅蜜多經卷三一八

1.4 結090

1.5 084:2865

2.1 （14.5+65.8）×25.3厘米；2紙；51行，行17字。

2.2 01：14.5+31.3，28； 02：34.5+4.6，23。

2.3 卷軸裝。首尾均殘。通卷有等距殘洞，上邊下邊殘破，卷面碎損嚴重。有烏絲欄。已修整。

3.1 首9行中下殘→大正220，6/621A20～28。

3.2 尾2行下殘→6/621C12。

6.2 尾→BD07365號。

8 8～9世紀。吐蕃統治時期寫本。

9.1 楷書。

11 圖版：《敦煌寶藏》，75/289A～290A。

1.1 BD03591號

1.3 大般涅槃經後分卷上

1.4 結091

1.5 118:6598

2.1 （6+975）×27.8厘米；22紙；576行，行17字。

2.2 01：6+25.5，18； 02：47.5，28； 03：47.5，28；
04：47.5，28； 05：47.5，28； 06：47.5，28；
07：47.5，28； 08：47.5，28； 09：37.0，22；
10：47.5，28； 11：47.5，28； 12：47.5，28；
13：47.5，28； 14：47.5，28； 15：47.5，28；
16：47.5，28； 17：47.5，28； 18：47.5，28；
19：47.5，28； 20：47.5，28； 21：47.5，28；
22：10.0，04。

2.3 卷軸裝。首殘尾全。首紙上部殘缺，接縫處有開裂。有烏絲欄。

3.1 首3行上殘→大正377，12/900A16～18。

3.2 尾全→12/906C10。

4.2 大般涅槃經後分卷上（尾）。

8 9～10世紀。歸義軍時期寫本。

9.1 楷書。

9.2 有行間校加字。

11 圖版：《敦煌寶藏》，100/450A～462B。

1.1 BD03592號

1.3 妙法蓮華經卷五

1.4 結092

1.5 105:5471

2.1 （6+924.5）×26.6厘米；21紙；566行，行17字。

2.2 01：6+38，28； 02：45.5，28； 03：45.9，28；
04：45.7，28； 05：45.7，28； 06：46.0，28；
07：46.0，28； 08：45.8，28； 09：46.0，28；
10：46.0，28； 11：46.0，28； 12：46.3，28；
13：46.3，28； 14：46.3，28； 15：46.3，28；
16：46.3，28； 17：46.5，28； 18：46.3，28；
19：46.5，28； 20：42.1，26； 21：15.0，08。

2.3　卷軸裝。首殘尾全。卷首殘破嚴重，接縫處有開裂。有刻劃欄。
3.1　首 4 行上下殘→大正 262，9/37C15～20。
3.2　尾全→9/46B14。
4.2　妙法蓮華經卷第五（尾）。
8　8 世紀。唐寫本。
9.1　楷書。
11　圖版：《敦煌寶藏》，92/305A～319A。

1.1　BD03593 號
1.3　大般若經名義釋（擬）
1.4　結 093
1.5　327：8380
2.1　222×30.5 厘米；6 紙；正面 143 行，行 30 字左右。背面 6 行，行 14 字。
2.2　01：12.5，06；　02：42.5，29；　03：42.5，31；
　　04：42.5，29；　05：42.5，29；　06：39.5，19。
2.3　卷軸裝。首尾均全。有折疊欄。
2.4　本遺書包括 2 個文獻：（一）《大般若經名義釋》，143 行，抄寫在正面，今編為 BD03593 號。（二）《釋居遁詩偈三首》（擬），6 行，抄寫在背面，今編為 BD03593 號背。
3.4　說明：
本文獻首殘尾全。內容為解釋《大般若波羅蜜多經》中的佛教名詞。未為歷代大藏經所收。
8　9～10 世紀。歸義軍時期寫本。
9.1　行書。
9.2　有墨筆塗抹。
11　圖版：《敦煌寶藏》，110/135B～138B。

1.1　BD03593 號背
1.3　釋居遁詩偈三首（擬）
1.4　結 093
1.5　327：8380
2.4　本遺書由 2 個文獻組成，本號為第 2 個，6 行，抄寫在背面。餘參見 BD03593 號之第 2 項、第 11 項。
3.3　錄文：
（一）
萬般施設莫過常，又不驚人又久長；
久長恰似秋風涼，無意涼人人自涼。
（二）
慈悲喜捨福田生，彼此相饒莫共爭；
三世諸佛從此出，與人安樂是修行。
（三）
願滅三障諸煩惱，願得智惠真明了；
普願罪障悉除滅，世世常行菩薩道。
（錄文完）
3.4　說明：
第一首詩可見《祖堂集》卷八、《禪門諸祖師偈頌》卷上之上等，為釋居遁所撰。其餘二首風格一致，應為同一人所撰。參見《敦煌詩集殘卷輯考》第 918 頁。
8　9～10 世紀。歸義軍時期寫本。
9.1　行楷。

1.1　BD03594 號
1.3　無量壽宗要經
1.4　結 094
1.5　275：7798
2.1　214.5×31.5 厘米；5 紙；138 行，行 30 餘字。
2.2　01：42.5，28；　02：43.0，29；　03：43.0，29；
　　04：43.0，29；　05：43.0，23。
2.3　卷軸裝。首尾均全。有烏絲欄。
3.1　首全→大正 936，19/82A3。
3.2　尾全→19/84C29。
4.1　大乘無量壽經（首）。
4.2　佛說無量壽經（尾）。
7.1　尾紙末有題名“索慎言”。首紙首背面有寺院題名“圖”（敦煌靈圖寺簡稱）。
8　8～9 世紀。吐蕃統治時期寫本。
9.1　楷書。
11　圖版：《敦煌寶藏》，107/637B～640A。

1.1　BD03595 號
1.3　維摩詰所說經卷上
1.4　結 095
1.5　070：0992
2.1　（5.5+445）×26.5 厘米；11 紙；261 行，行 17 字。
2.2　01：05.5，03；　02：46.0，28；　03：46.5，28；
　　04：46.5，28；　05：46.5，28；　06：46.5，28；
　　07：46.5，28；　08：46.5，28；　09：46.5，28；
　　10：46.5，28；　11：27.0，06。
2.3　卷軸裝。首殘尾全。打紙。第 2 紙上下邊有破裂，卷面有等距離蟲蛀小孔，有蟲繭。有燕尾。有烏絲欄。
3.1　首 3 行下殘→大正 475，14/541A4～7。
3.2　尾全→14/544A19。
4.2　維摩詰經卷上（尾）。
8　7～8 世紀。唐寫本。
9.1　楷書。
11　圖版：《敦煌寶藏》，64/298B～304B。

1.1　BD03596 號
1.3　大般若波羅蜜多經卷四一四
1.4　結 096
1.5　084：3084
2.1　（6.8+660.6）×25.7 厘米；15 紙；391 行，行 17 字。

2.2 01：6.8+16.8，14；　02：46.9，28；　03：47.0，28；
04：47.1，28；　05：47.1，28；　06：47.2，28；
07：47.2，28；　08：46.8，28；　09：47.0，28；
10：47.3，28；　11：47.1，28；　12：46.7，28；
13：47.2，28；　14：47.2，28；　15：32.0，13。
2.3 卷軸裝。首殘尾全。首紙上下有破裂殘損，接縫處有開裂。卷尾有原軸，兩端塗硃漆，軸頭已斷。有烏絲欄。
3.1 首4行下殘→大正220，7/75A20~24。
3.2 尾全→7/79C5。
4.2 大般若波羅蜜多經卷第四百一十四（尾）。
8 8世紀。唐寫本。
9.1 楷書。有武周新字"正"，使用不周遍。
11 圖版：《敦煌寶藏》，76/344B~353A。

1.1 BD03597號
1.3 金剛般若波羅蜜經
1.4 結097
1.5 094:4174
2.1 269×26厘米；7紙；145行，行17字。
2.2 01：41.5，24；　02：41.5，24；　03：41.5，24；
04：41.5，24；　05：41.5，24；　06：41.5，24；
07：20.0，01。
2.3 卷軸裝。首脫尾全。首紙下方破裂，第3、4紙接縫處脫開，卷後部上下方有破裂，卷尾有等距離蟲蛀小洞。通卷紙變色。有烏絲欄。
3.1 首殘→大正235，8/750C19。
3.2 尾全→8/752C3。
4.2 金剛般若波羅蜜經（尾）。
8 7~8世紀。唐寫本。
9.1 楷書。
9.2 有刮改。
11 圖版：《敦煌寶藏》，82/311A~314B。

1.1 BD03598號
1.3 阿彌陀經
1.4 結098
1.5 014:0118
2.1 280.1×26.7厘米；6紙；117行，行約17字。
2.2 01：46.0，20；　02：46.0，22；　03：47.7，22；
04：47.4，21；　05：46.0，20；　06：47.0，12。
2.3 卷軸裝。首尾均全。接縫處有開裂。有烏絲欄。已修整。
3.1 首全→大正366，12/346B25。
3.2 尾全→12/348A29。
4.1 佛說阿彌陀經（首）。
4.2 阿彌陀經（尾）。
8 9~10世紀。歸義軍時期寫本。
9.1 楷書。
9.2 有刮改。
11 圖版：《敦煌寶藏》，56/569A~573A。

1.1 BD03599號
1.3 妙法蓮華經卷五
1.4 結099
1.5 105:5472
2.1 （6.5+988.7）×25厘米；25紙；545行，行16~18字。
2.2 01：6.5+25，19；　02：41.0，23；　03：41.7，24；
04：41.8，24；　05：41.8，23；　06：41.5，23；
07：41.7，23；　08：41.5，23；　09：41.7，23；
10：41.7，23；　11：41.5，24；　12：41.8，23；
13：41.7，23；　14：41.7，23；　15：41.7，23；
16：41.8，23；　17：41.7，23；　18：41.8，23；
19：41.8，23；　20：41.7，22；　21：41.8，23；
22：41.6，22；　23：41.7，23；　24：40.0，19；
25：07.0，拖尾。
2.3 卷軸裝。首殘尾全。尾有原軸，兩端塗棕色漆。首紙有殘洞，接縫處多有開裂。有烏絲欄。
3.1 首4行殘→大正262，9/38A11~13。
3.2 尾全→9/46B14。
4.2 妙法蓮華經卷第五（尾）。
8 7~8世紀。唐寫本。
9.1 楷書。
9.2 有行間校加字。
11 圖版：《敦煌寶藏》，92/319B~334B。

1.1 BD03600號
1.3 妙法蓮華經卷六
1.4 結100
1.5 105:5797
2.1 （3.5+489）×26.5厘米；11紙；274行，行17字。
2.2 01：3.5+14.5，10；　02：50.0，28；　03：50.0，28；
04：50.0，28；　05：50.0，28；　06：50.0，28；
07：50.5，28；　08：50.0，28；　09：50.0，28；
10：50.0，28；　11：24.0，12。
2.3 卷軸裝。首殘尾全。首紙有殘裂。有烏絲欄。
3.1 首2行下殘→大正262，9/51B20~22。
3.2 尾全→9/55A9。
4.2 妙法蓮華經卷第六（尾）。
8 9~10世紀。歸義軍時期寫本。
9.1 楷書。
9.2 有刮改。
11 圖版：《敦煌寶藏》，95/168A~174A。

新舊編號對照表

一、千字文號與北敦號、縮微膠卷號對照表

千字文號	北敦號	縮微膠卷號
結 029	BD03529 號	105：5575
結 029	BD03529 號背	105：5575
結 030	BD03530 號	221：7314
結 031	BD03531 號	094：4089
結 032	BD03532 號	033：0319
結 033	BD03533 號	218：7288
結 034	BD03534 號	061：0515
結 035	BD03535 號	070：0884
結 036	BD03536 號	070：0244
結 037	BD03537 號	111：6232
結 038	BD03538 號	166：7021
結 039	BD03539 號	030：0261
結 040	BD03540 號	275：7796
結 041	BD03541 號	166：7018
結 042	BD03542 號	166：7026
結 043	BD03543 號	109：6203
結 044	BD03544 號	166：7014
結 045	BD03545 號	094：4015
結 046	BD03546 號	166：7015
結 047	BD03547 號	166：7016
結 048	BD03548 號	410：8566
結 049	BD03549 號	166：7027
結 050	BD03550 號	166：7028
結 051	BD03551 號	094：3717
結 052	BD03552 號	115：6425
結 053	BD03553 號	105：5825
結 054	BD03554 號	139：6672
結 055	BD03555 號	105：5659
結 056	BD03556 號	094：3527
結 057	BD03557 號	083：1721
結 058	BD03558 號	105：4690
結 059	BD03559 號	059：0493
結 060	BD03560 號	105：4987
結 061	BD03561 號	432：8623
結 061	BD03561 號背 1	447：8648
結 061	BD03561 號背 2	447：8648
結 062	BD03562 號	275：7797
結 063	BD03563 號	451：8654
結 064	BD03564 號	434：8628
結 065	BD03565 號	279：8222
結 066	BD03566 號	029：0246
結 067	BD03567 號	248：7471
結 068	BD03568 號	029：0249
結 069	BD03569 號	105：4957
結 070	BD03570 號	157：6973
結 071	BD03571 號	038：0372
結 072	BD03572 號	084：2415
結 073	BD03573 號	
結 074	BD03574 號	105：5968
結 075	BD03575 號	117：6593
結 076	BD03576 號	094：3884
結 077	BD03577 號	385：8512
結 078	BD03578 號	461：8695
結 079	BD03579 號	115：6315
結 080	BD03580 號	094：3764
結 081	BD03581 號	115：6390
結 082	BD03582 號	442：8641
結 083	BD03583 號	084：2207
結 084	BD03584 號	237：7424
結 085	BD03585 號	084：2622
結 086	BD03586 號	105：5252
結 087	BD03587 號	062：0596
結 088	BD03588 號	063：0715
結 089	BD03589 號	105：6000
結 090	BD03590 號	084：2865
結 091	BD03591 號	118：6598
結 092	BD03592 號	105：5471
結 093	BD03593 號	327：8380

結 093	BD03593 號背	327: 8380	結 097	BD03597 號	094: 4174
結 094	BD03594 號	275: 7798	結 098	BD03598 號	014: 0118
結 095	BD03595 號	070: 0992	結 099	BD03599 號	105: 5472
結 096	BD03596 號	084: 3084	結 100	BD03600 號	105: 5797

二、縮微膠卷號與北敦號、千字文號對照表

縮微膠卷號	北敦號	千字文號
	BD03573 號	結 073
014: 0118	BD03598 號	結 098
029: 0246	BD03566 號	結 066
029: 0249	BD03568 號	結 068
030: 0261	BD03539 號	結 039
033: 0319	BD03532 號	結 032
038: 0372	BD03571 號	結 071
059: 0493	BD03559 號	結 059
061: 0515	BD03534 號	結 034
062: 0596	BD03587 號	結 087
063: 0715	BD03588 號	結 088
070: 0244	BD03536 號	結 036
070: 0884	BD03535 號	結 035
070: 0992	BD03595 號	結 095
083: 1721	BD03557 號	結 057
084: 2207	BD03583 號	結 083
084: 2415	BD03572 號	結 072
084: 2622	BD03585 號	結 085
084: 2865	BD03590 號	結 090
084: 3084	BD03596 號	結 096
094: 3527	BD03556 號	結 056
094: 3717	BD03551 號	結 051
094: 3764	BD03580 號	結 080
094: 3884	BD03576 號	結 076
094: 4015	BD03545 號	結 045
094: 4089	BD03531 號	結 031
094: 4174	BD03597 號	結 097
105: 4690	BD03558 號	結 058
105: 4957	BD03569 號	結 069
105: 4987	BD03560 號	結 060
105: 5252	BD03586 號	結 086
105: 5471	BD03592 號	結 092
105: 5472	BD03599 號	結 099
105: 5575	BD03529 號	結 029
105: 5575	BD03529 號背	結 029
105: 5659	BD03555 號	結 055
105: 5797	BD03600 號	結 100
105: 5825	BD03553 號	結 053
105: 5968	BD03574 號	結 074
105: 6000	BD03589 號	結 089
109: 6203	BD03543 號	結 043
111: 6232	BD03537 號	結 037
115: 6315	BD03579 號	結 079
115: 6390	BD03581 號	結 081
115: 6425	BD03552 號	結 052
117: 6593	BD03575 號	結 075
118: 6598	BD03591 號	結 091
139: 6672	BD03554 號	結 054
157: 6973	BD03570 號	結 070
166: 7014	BD03544 號	結 044
166: 7015	BD03546 號	結 046
166: 7016	BD03547 號	結 047
166: 7018	BD03541 號	結 041
166: 7021	BD03538 號	結 038
166: 7026	BD03542 號	結 042
166: 7027	BD03549 號	結 049
166: 7028	BD03550 號	結 050
218: 7288	BD03533 號	結 033
221: 7314	BD03530 號	結 030
237: 7424	BD03584 號	結 084
248: 7471	BD03567 號	結 067
275: 7796	BD03540 號	結 040
275: 7797	BD03562 號	結 062
275: 7798	BD03594 號	結 094
279: 8222	BD03565 號	結 065
327: 8380	BD03593 號	結 093
327: 8380	BD03593 號背	結 093
385: 8512	BD03577 號	結 077
410: 8566	BD03548 號	結 048
432: 8623	BD03561 號	結 061
434: 8628	BD03564 號	結 064
442: 8641	BD03582 號	結 082
447: 8648	BD03561 號背 1	結 061
447: 8648	BD03561 號背 2	結 061
451: 8654	BD03563 號	結 063
461: 8695	BD03578 號	結 078